일본제국의 법과 조선기독교

일본제국의 법과 조선기독교

안 유 림 지음

景仁文化社

책머리에

한국교회사를 전공하려 진학했던 석사과정의 마지막 학기에 이토 히로부미의 식민정책에 대한 주제발표를 맡았던 것이 일제강점기 정책사를 평생의 연구과제로 삼게 된 시발점이었다. 1980년대 후반이었던 당시는 지금보다도 식민정책은 물론이고 식민통치를 주도했던 정책담당자들에 대한 연구 자체가 너무 부족했다. 연구사를 정리하면서 이렇게까지 연구가 되어있지 않다는 점이 놀라왔을 정도였다. 또 하나의 충격은『조선총독부관보』였다. 석사논문을 준비하면서 도서관에서『조선총독부관보』를 처음 펼쳐보았던 순간은 지금도 잊을 수가 없다. 일제강점기 내내 거의 매일 발행되었던 관보의 양은 상상이상으로 방대했고 그 내용은 온갖 종류의 법령들로 빽빽하게 채워져 있었다. '법령의 융단폭격'이라는 생각이 들었다. 문제는 법학적인 지식 없이는 법 자체의 해석은 물론이고, 법령 상호 간의 관계, 법 제정과 개정에서 드러나는 당국의 의도 등을 도저히 파악할 수 없었다는 점이다. 결국 1930년대 우가키 총독의 식민정책을 주제로 했던 석사학위논문은 관련 법제들을 제대로 다루지 못했고, 이것이 한국교회사에 대한 미련과 함께 두고두고 마음의 큰 짐으로 남았다. 석사학위를 마치고 역사공부를 지속하지 못했던 10여 년 동안 부족하나마 법학공부를 하고 다시 사학과에 돌아와 박사과정을 시작한 이유 중 하나는 그러한 아쉬움에 기인했다.

박사과정에서 포교규칙에 관한 논문을 작성하면서 구상하기 시작했던 학위논문의 주요한 골격은 철저하게 법제를 중심으로 한 기독교 정책사 부분에 집중되어 있었다. 그런데 법제를 중심으로 사료를 보기 시작하니 예상 외로 기독교 측의 대응상황이 구체적으로 드러났다. 이는 기독교계가 일제강점기에 남긴 방대한 기록들 덕분이기도 했지만, 법제의 운용에 대한 추적과 분석이 바로 대응양상과 직결되는 때문이었다. 식민정책사에서 법제, 특히 통첩과 같은 하위 행정명령들을 확인하고 집행과정을 규명하는 작업의 중요성을 또 다른 측면에서 체감할 수 있었던 기회이기도 했다. 덕분에 결과물인 학위논문은 처음의 계획과는 달리 정책과 대응의 두 부분이 양 축을 이루는 구조로 수정되어 식민정책사, 법제사이면서 한국교회사로서의 의미를 나름대로 가지게 되었다고 생각한다. 이 책은 그렇게 만들어진 2013년의 박사학위논문을 조금 더 수정하고 보완한 결과물이다. 커다란 틀의 변경은 없지만 몇 가지 오류를 바로잡고 부족한 내용을 보충했다. 또 자료면에서도 학위논문 작성시에 미처보지 못했던 장로교 노회들의 회의록과 일본제국의회 속기록 등을 검토해서 관련 내용에 반영했다.

　여전히 부족한 연구이지만 이만큼의 결과물이 나오기까지는 주위의 많은 관심과 도움이 있었다. 석사학위 지도교수 이배용 선생님, 박사학위 지도교수 정병준 선생님, 안식년 기간에 논문심사를 맡아주신 함동주 선생님과 늘 여러모로 배려해주신 이화여자대학 사학과의 교수님들께 감사드린다. 특히 정병준 선생님께서는 일면식도 없었던 나이 많은 제자를 맡아 수고를 아끼지 않으셨고, 항상 연구에 매진하시는 모습으로 큰 귀감이 되어 주셨다. 또 박사학위 심사위원장으로 논문이 잘 마무리되도록 지도해 주신 최기영 선생님과 눈이 많이 내린 추운 겨울에 지방에서 먼 길을 올라와 꼼꼼하게 논문심사를 해주신 문준영, 한규무 선생님께도 감사드린다.

　그 밖에도 공부를 중도에 포기하지 않을 수 있었던 데에는 여러 선생님들의 따뜻한 격려와 관심의 도움이 컸다. 박사과정 중에 수강했던 서정민, 이만열 선생님의 수업은 한국교회사에 무지했던 필자에게 꼭 필요한 시간이었다. 서정민 선생님은 처음 작성한 포교규칙 관련 논문을 한국기독교역사연구회의 세미나에 추천해 주시기도 했다. 이를 계기로 한국기독교역사연구회의 발표들에 참여하게 되어 논문작성에 여러모로 도움을 받았다. 이 책의 내용 중 기독교단체 재단법인화와 관련된 부분은 한국기독교역사연구회의 박사과정생 연구지원금을 받아 작성, 발표했던 논문을 토대로 발전시킨 것이기도 하다. 발표논문들에 논찬을 맡아주셨던 양윤혜, 윤선자, 이진구 선생님, 그밖에 여러 선생님들의 조언들을 통해 연구내용을 다듬고 발전시킬 수 있었다. 특별히 늘 존경해온 이만열 선생님의 격려와 관심은 나태해지는 자신을 앞으로 나아가게 하는 큰 동력이었다.

부족한 자식, 부족한 아내, 부족한 엄마로서 사는 몇 년 간 늘 기도해 주고 지지해준 가족들에게도 고마운 마음을 전하고 싶다. 공부하느라 바쁜 딸 대신 손주를 돌봐주신 부모님, 학위를 받았을 때 누구보다도 기뻐해 주신 시어머님, 든든하게 지원해준 남편과 잘 자라준 아들이 있어서 여기까지 올 수 있었다. 또 어려운 글들을 항상 읽고 다듬어준 벗 이정희 선생과 계속 기도해 주신 이명주 집사님을 비롯해 일일이 이름을 열거할 수 없는 친구들, 교우님들께도 감사드린다. 마지막으로, 출판의 기회를 주시고 원고를 책자로 잘 만들어 주신 경인문화사와 편집부 여러분들께도 감사를 표하고 싶다.

연구 불모지라고 할 수 있는 일제강점기 법제사 분야의 글을 써나가면서 눈 덮인 하얀 벌판에 혼자 서있는 듯 막막한 느낌이 들 때가 종종 있었다. 어디로 나아가야 옳은 길인지 판단하기 어려울 때 문득 먼저 앞서간 발자국들이 보이는 것처럼 선학들의 연구가 지표가 되어주었고, 그것조차 없어 막막할 때 한 걸음 한 걸음 인도하시는 하나님의 임재하심을 경험할 수 있었다. 미약하지만 이 책도 그러한 발자국들 중의 하나가 되기를 소망해 본다. 그리고 언젠가는 하얀 벌판이 발자국들로 가득해지는 그런 날이 오기를 기도한다.

2018년 4월 안 유 림

목차

⟨표⟩ 목차

서론

1. 연구의 목적과 의의

1854년 미국에 의한 개항 이후 일본에 들어온 기독교(개신교)에 대한 처리문제는 "明治시대의 一大問題이고 朝野의 오랜 苦心"[1]이었다. 메이지 정부의 담당자들이 인식하고 있었던 기독교의 가장 큰 문제는 근본교리가 근대 일본의 체제를 지탱하는 천황제 국체론과 맞지 않는다는 점, 그리고 서양열강을 배후로 한 종교라는 점이었다. 메이지 정부 주도자들과 서양세력의 침입에 위협을 느끼고 있던 일본 내 보수적인 사회세력들은 일본의 국체와 맞지 않는 "耶蘇敎는 단연코 국가의 禍가 될 것"이라는 시각을 공유하고 있었다.[2] 그럼에도 기독교가 근대 일본에서 공인된 이유는 '신교의 자유', 구체적으로는 기독교에 대한 포교의 자유 인정이 일본이 급속하게 추구해야 했던 서구적 근대화·문명화의 필수적인 전제 조건이었기 때문이다.

식민지의 위치에 있었던 우리 근대사의 시각에서는 일본을 제국주의 열강에 합류한 식민지배의 당사자로만 보는 경우가 많다. 그러나 이런 시각에서 흔히 간과하기 쉬운 부분 중 하나는 일본 역시 개항 이후 오랜 기간 서구와 맺은 불평등조약체제 아래에 놓여 있었다는 사실이다. 일본에서 서구와의 치외법권문제가 해결된 것이 1899년, 관세불평등의 해결

---

1) 『日本新聞』1899. 12. 2. 이 신문기사는 1900년 발간된 『宗敎法案雜簒』(渡辺兵吉 /編, 六合館)에 발췌·수록되어 있다.

2) 일본국립공문서관 소장문서 樞D00119100 『樞密院會議文書』私立學校令會議筆記, 1899. 7. 31.

은 1911년, 그리고 최종적으로 외국인 거류지와 관련된 永貸借地의 문제는 1942년에야 해결되었다.

직접적으로는 불평등조약을 해소하기 위한 서구와의 교섭 때문에, 나아가서는 제2차 세계대전 이전까지 영미 중심의 국제질서에 일본이 순응했기 때문에 서구와의 관계는 일본의 국내정책뿐 아니라 식민지정책에도 많은 영향을 미쳤다. 그 가운데 뜨거운 감자로 존재했던 것이 기독교문제였다. 메이지 정부의 담당자들은 일본 국내에서 기독교 공인방식의 결정과 제국헌법 내 신교의 자유조항 설치를 통해, 1899년 조약개정 이후는 기독교에 대한 각종 관련 법제의 제정을 통해 이 뜨거운 감자를 다루는 기회를 가질 수 있었다.

한편으로는 일본적 근대법의 구축과정과 맞물리고 다른 한편으로는 서구와의 관계설정에 맞물린 지점에서 형성된 이 법제들은 이후 일본의 제국화에 발맞추어 식민지들에 이식되었다. "근대화", "문명화"라는 식민통치 합리화의 슬로건에 딱 들어맞는 '근대법'은 가장 손쉽고 효율적인 식민통치의 도구였고, 기독교 관련 법제들도 마찬가지였다. 이렇게 일본이라는 필터를 통과하면서 일차적으로 변용된 근대법제들은 식민지의 사정, 통치방침에 따라 다시 한 번 변용되어 재활용되는 수순을 밟았다. 그런데 제국일본의 첫 식민지였던 대만과 달리, 조선은 일본 국내보다 더 왕성한 기독교세력의 중심지였다. 한말의 국가적인 위기상황에서 급속도로 성장한 기독교는 선교회·교회를 중심으로 각종 교육·사회사업을 운영하고 있었고 그에 따른 소유자산과 사회적인 위치도 상당했다. 강제병합 이후에도 조선의 기독교세력은 식민당국에 장악당하지 않고 전국적인 조직을 유지한 거의 유일한 집단으로 존재했다. 독립성을 유지한 조선의 기독교에는 일본의 국체와 양립할 수 없다는 원래의 낙인에 더해 排日의 낙인까지 추가되었다. 이미 통감부시기부터 일제당국자들은 조선기독교를 배일의 무리가 모인 "管內의 敵國"으로 인식하고 감시와 통제의 대상으로 간주했다.3) 이 같은 시각은 일제강점기 내내 지속되었고, 3.1운동 이후 외국인 선교사와 조선의 교회는 "배일 무리의 소굴"로서 "반도통치의 암"이라고까지 진단되었다.4) 그럼에도 기독교가 서양 열강을 배후로 하고 있다는 점이 일제의 고민이었다. 조선기독교에 대한 정책은 식민국과 피식민국 간의 양자관계만이 아니라, 서양이 개입된 다자관계가 고려되어야 했기 때문이다. 근대 일본의 기독교 통제법들이 조선에 이식되고 적용되는 과정에는 이러한 양상들이 오롯이 투영되어 있다.

그동안 일제강점기 식민정책사에 관한 연구들은 다방면에서 진행되어 왔다. 그러나 독립운동사에 비해 정책사 연구들은 여전히 많은 공백을 지니고 있다. 일제강점기의 기독교정책 또한 큰 공백으로 남아있는 부분이다. 그 중에서도 기독교를 대상으로 시행된 법제에 대한 연구는 거의 이루어져 있지 않다. 이같이 치밀하지 못한 정책사의 구조는 필연적으로 그에 대한 대응사의 주밀하지 못함으로 이어진다. 마치 작용과 반작용 같이 일제 식민정책의 세부적인 작동을 밝히는 작업은 그대로 독립운동사 내지 일제에 대한 대응의 움직임을 세밀하게 파악하기 위한 기초작업이 된다. '정책과 대응'은 떼려야 뗄 수 없는 관계로, 일제의 기독교정책에 대한 연구도 기독교계의 활동만큼 중요하지만 대부분의 일제 강점기 기독교사 연구는 기독교의 성장과 쇠퇴, 운동과 사업 등 기독교의 활동에 초점이 맞춰져 있다. 일제의 기독교정책은 각종 기독교사 개

---

3) 「機密秘收第一九九號 忠北地方 基督教勢力ニ對スル調査報告」1909년 7월 6일, 『統監府文書』8, 국사편찬위원회, 1999.
4) 6대 조선총독 우가키 가즈시게(宇垣一成)의 회고담이다. "주지하다시피 조선에는 이조시대부터 다수의 선교사가 들어와 상당한 토착의 민심을 얻고 있고, 그것이 병합 이후에 대부분 배일적인 것이 되어, 교회당은 배일 무리의 소굴이라 불리는 경향이 있고 1919년의 그 혐오스러운 만세소요에서 기독교도의 동정을 생각하면 외국인을 중심으로 이들을 의존하는 조선인은 반도통치의 암이라고 할 만큼 넓고 큰 문제였다." 齋藤子爵記念會/編, 『子爵齋藤實傳』4, 齋藤子爵記念會, 1941, 256~259쪽.

설서들에서 빠지지 않고 기술되지만, 기독교 운동과 사업의 일종의 배경으로서 약술되곤 한다. 정책을 다룬 연구들도 일부 있지만 기독교 관련 법제의 경우 1915년의 '포교규칙'이나 1915년 '개정사립학교규칙'을 중심으로 약간의 연구가 수행되었을 뿐이다. 주요한 기독교 통제법령들이 근대 일본에서 어떻게 형성되어 조선에 이식되고 변용되었는지, 또 그에 대한 조선기독교의 대응은 구체적으로 어떻게 전개되었는지 거의 밝혀져 있지 않다.

본 연구는 일제의 기독교 관련 법제들을 중심축으로 일제강점기 기독교정책의 성격과 그에 대한 조선기독교계의 구체적인 대응양상을 복원하려는 시도이다. 연구의 목적을 보다 상세히 정리하면 다음과 같다.

첫째, 조선기독교에 대한 항시적인 법적 통제의 구조를 규명하려 한다. 일제 말 신사참배 거부에 적용된 형사법제들 같이 어떤 사건을 계기로 한정된 시기에 기독교인이나 교회에 집중되었던 법제가 아니라, 일제강점기 전 시기에 걸쳐 일상적으로 조선기독교를 대상으로 적용된 법제들의 작동에 주목하였다. 따라서 기독교 조직의 근본단위인 포교기관, 기독교계의 대표적 주력 사업인 사립학교, 그리고 이들 조직과 사업 운영의 기반이었던 기독교단체의 법인에 관한 법령들의 이식과 운용이 중심 내용이 될 예정이다. 이 세 분야는 일제하 조선기독교의 유지와 활동을 위한 핵심이고 본질이었으며, 조선총독부의 종교행정, 기독교 관련 행정업무의 대부분을 차지하고 있었다.

포교기관과 기독교 단체 법인이 종교행정의 대상이 됨은 당연한 일이지만, 조금 특수한 부분은 사립학교라고 할 수 있다. 일제하 기독교의 선교사업은 학교만이 아니라, 병원, 고아원, 사회단체 등을 통해서도 전개되었지만 이들 분야는 학교에 비해 사업의 목적과 비중면에서 차이가 두어졌다. 기독교계 학교들은 교육목표를 기독교인의 양성에 두었고, 이는 근대 일본 교육체제의 근본방침인 '忠良한 臣民양성'과는 대치될 수밖에 없었다. 일본 역시 일찍부터 기독교계 학교들을 "학교와 사원을 겸하는 것"으로 "국가에 화를 초래할 것"으로 지목하고 있다.[5] 이 때문에 기독교계 사립학교에 대한 대책은 교육행정과 종교행정의 교집합적인 성격을 가지고 전개되었다. 기독교계 사립학교가 전체 교육계에서 차지하고 있던 비중으로 인해 종교행정의 외연이 교육행정으로까지 확대되었다고 할 수도 있다. 이런 상황은 '종교와 교육'의 주관부서가 일본에서는 문부성, 조선에서는 학무국으로 정해진 점에도 그대로 투사된다.

둘째, 이들 세 분야의 기독교 관련 법령들이 근대 일본에서 제정되는 과정과 법제의 성격을 밝히려 한다. 이는 이후 식민지 조선에 이식된 법령들의 母法들을 찾아 식민정책의 근원을 추적하는 작업일 뿐 아니라, 식민지와 식민본국의 법제들을 비교하여 식민지 법제의 성격을 분명하게 규명하기 위한 사전작업이기도 하다. 유사한 법제가 식민지 본국과 식민지에서 시행된 경우, 식민지라는 상황에서 얼마나 다르게 변용되고 작동되었는가를 밝혀내는 일은 식민정책의 성격규명에 중요한 열쇠가 된다고 보기 때문이다.

셋째, 이들 일본 법제가 식민지 조선에 이식되는 과정을 법제의 제정·공포·집행과 관련하여 정리하고, 일본 법제들과의 내용 비교를 통해 조선 법제의 특성과 당국의 의도를 추출하려 한다. 여기서는 조선 특유의 현상과 함께 서구와의 관계가 주요한 요소로서 다루어질 것이다. 서구세력을 배경으로 했던 기독교 관련 정책의 전개는 일본과 조선 모두에서 서양국가와의 관계가 고려되어야 했기 때문이다. 특히 불평등조약의 처리문제는 일본 내에서만이 아니라 식민지 조선에서도 동일하게 발생한 문제로, 기독교 관련 법제들의 제정과 운용에 큰 영향을 미쳤다고 생각된다.

---

5) 일본국립공문서관 소장문서 樞D00119100『樞密院會議文書』私立學校令會議筆記, 1899. 7. 31.

넷째, 통제의 대상에 따른 일제 기독교 정책의 층위를 분석하려 한다. 기독교 관련 정책과 법제의 시행이 각 선교회들 간에, 또 선교회와 조선 교회들에 대해 어떻게 진행되었는지를 검토함으로써, 법제의 적용과 집행을 둘러싼 유사성과 차별성의 존재여부를 점검하여 정책의 성격과 식민당국의 의도를 구체화하려는 작업이다.

다섯째, 이들 법제들에 대한 기독교 내부의 대응양상 역시 세분화해서 살펴보고자 한다. 선교사와 조선교회는 물론, 교파별로는 장로교와 감리교 등, 기독교 내부 집단의 대응양상들을 입체적으로 파악하려는 것이다. 특히 선교사와 분리된 조선교회의 움직임은 연구사적으로 잘 드러나 있지 않은 부분이다. 대개의 경우 조선 기독교계는 하나의 세력으로 서술되어 왔고, 식민정책에 대응한 주체로서 연구되어 온 것은 주로 외국인 선교사들이다.[6] 이는 쉽게 접근할 수 있는 방대한 양의 선교사 관련 자료가 남아있는 반면 조선교회 관련 자료는 부족한 부분이 많기 때문이기도 하지만, 한편으로는 실제 식민당국과의 교섭에서 선교사들이 전면에 나섰기 때문이기도 하다. 그럼에도 조선교회의 자구노력들이 존재했던 사실 역시 부인할 수 없으므로, 법제에 대한 대응측면에서 그러한 부분들을 찾아보려 한다. 이는 조선기독교에 대한 단선적인 분석을 지양하고, 일제하 기독교세력을 다양한 시각으로 조명하기 위해서도 필요한 시도라고 생각된다.

---

6) 이는 3.1운동 전후 미일관계와 선교사들의 활동을 다룬 나가타 아키후미(長田彰文)의 연구에서부터 사립학교를 둘러싼 선교사들의 대응에 주목한 李省展의 『미국선교사와 한국근대교육 - 미션스쿨의 설립과 일제하의 갈등』, 신사참배·교육사업과 관련된 안종철과 김승태의 연구에 이르기까지 공통적인 부분이다. 長田彰文, 『일본의 조선통치와 국제관계 - 조선독립운동과 미국 1910~1922』, 박환무/옮김, 일조각, 2008; 李省展, 『미국선교사와 한국근대교육 - 미션스쿨의 설립과 일제하의 갈등』, 서정민·가미야마 미나코/옮김, 한국기독교역사연구소, 2007; 안종철, 「미국 북장로교 선교사들의 활동과 한미관계, 1931~1948」, 서울대학교 박사학위논문, 2008; 김승태, 『한말·일제강점기 선교사연구』, 한국기독교역사연구소, 2006.

여섯째, 일제강점기 전반을 대상으로 기독교통제의 시기적인 성격을 분석하려 한다. 한국의 식민지화 작업이 시작된 통감부시기를 시작으로 1910년 병합전후, 불평등조약문제가 정리되어 법제가 완비된 1915년, 식민통치 방침에 변화가 있었던 1920년대, 전시체제의 특징이 드러나는 1930~1940년대를 나누어 관련 법제들의 제정과 개정, 적용의 추이를 분석하여 시기적인 특성을 규명하려 한다.

일제강점기 기독교 관련 법제들의 조선 이식과 전개, 이에 대한 대응의 다양한 측면을 검토하는 작업은 다음과 같은 의의가 있다고 생각한다. 첫째, 일제시대 기독교정책사·종교정책사뿐 아니라, 식민정책사를 보완하는 의의가 있다. 지금까지의 연구들은 정책과 법제의 원류라고 할 수 있는 식민지 본국 일본의 정책과 법제에 대한 고찰 내지 식민지 조선의 법제 자체에 대한 치밀한 분석 없이 진행된 경향이 적지 않다. 기독교 관련 법제에 한정되기는 하지만 일본 국내 법제의 등장과정과 성격을 밝히고 이것이 식민지에서 어떻게 변용되고 활용되었는지를 추적하는 것은 일본제국의 법적인 연쇄작용을 구체적으로 들여다보는 좋은 계기가 될 수 있으리라 여겨진다. 또한, 기존 법제사 연구들이 대부분 대표적인 법령들의 조문 정리에 그치는 경향이 있었던 데 비해 본 연구에서는 하위의 각종 행정명령들을 추적하여 실질적인 운용과 집행상황, 그리고 그에 대한 구체적인 대응양상을 밝히려 노력했다. 이는 일제시대 정책사에서 정태적인 연구에 머물렀던 법제사의 새로운 단면을 부각시켜 식민정책사를 보완하는 의미도 있으리라 생각한다.

둘째, 법제에 대한 조선기독교의 움직임을 추출하는 작업은 일제강점기 기독교 운동사 내지는 사회운동사를 보충하는 의미도 있으리라 생각된다. 일제시대 기독교 세력의 존재의미는 종교집단의 유지에 그치는 것이 아니었다. 기독교조직은 의도적이든 아니든 여러 가지 사회운동의 기반으로 활용되었다. 무단통치기에 식민당국에 종속되지 않은 채 살아남았던 전국적 조직이었고, 일제 전 시기에 걸쳐 그 조직을 기반으로 식민 당국에 대응한, 그리고 그에 대한 자료를 남긴 거의 유일한 세력이었다. 일제강점기 무장투쟁이 불가능했던 국내에서 문화운동, 교육운동 그리고 노동·농민운동 등으로 구성된 운동사에 일제의 법제에 대한 대응과 교섭, 지속적인 법적인 투쟁이 포함될 수 있다면 일제강점기 민족운동사도 더욱 다채로운 스펙트럼을 가지게 될 것이다.

셋째, 좀 더 큰 틀에서는 식민지 근대화, 식민지 근대성의 문제를 재검토해 보는 계기도 될 수 있을 듯하다. 주지하다시피 신앙의 자유는 양심의 자유와 직결되는 근대적 기본권의 핵심 중 핵심이다. 신앙의 자유가 일본제국헌법 아래에서 또, 식민지 법제 아래에서 과연 얼마나 보장되고 침해되었는지, 일본과 식민지 간에 법적 차별이 존재했는지를 규명하는 일은 그대로 '이식된 근대법'으로서의 식민법제를 평가할 수 있는 주요한 바로미터가 될 수 있다.

마지막으로, 한말 법적 규제의 방임상태에 있던 조선 기독교를 규율했던 일제의 법제들은 우리 역사상 처음으로 등장한 기독교에 관한 행정적인 통제법들이었다. 이런 의미에서 그 법제의 형태와 성격은 해방 이후 현재에 이르는 종교법제 내지 기독교법제의 현상에 어떠한 형태로든 지대한 영향을 미쳤을 것이 분명하다. 따라서 본 논문은 종교에 대한 국가의 법과 제도의 역사에 있어서 한말과 해방 이후의 연결고리를 밝히는 작업도 될 수 있으리라 여겨진다.

2. 선행연구의 검토

지금까지 일제강점기 기독교 정책사에 관한 연구는 대개 한국기독교사의 통사적인 연구들 속에서 일종의 시대적인 배경으로 다루어져 왔다.

예를 들어, 최초의 개신교사라고도 할 수 있는 백낙준의 『韓國改新敎史』는 시기적으로 1910년대까지를 대상으로 하지만, 1905~1910년에 이르는 기간 통감부의 기독교정책을 간단하게나마 서술하고 있다. 그러나 宣敎史적인 사관으로 쓰인 이 책은 선교사들의 활동이 중심 내용을 이루어 그 밖의 부분은 소홀할 수밖에 없었다. 이후 敎團史 내지 宣敎史적인 관점을 지양하고 민족교회론을 주창한 민경배의 『한국의 기독교회사』[7]는 '민족교회'라는 새로운 개념을 통해 기독교의 민족운동적인 성격과 역할을 주지시킨 연구이지만, 일제는 탄압의 주체로만 설정되어 구체적인 정책의 분석까지는 이루어지지 않았다. 이후 여러 전공의 기독교사 연구자들이 모여 실증적인 연구를 표방했던 한국기독교사연구회의 『한국기독교의 역사』1-3권(한국기독교역사연구소, 1990, 2006, 2009)은 역사학적인 접근방법으로 객관적인 서술을 시도하고 있지만, 역시 기독교정책은 배경적인 역할을 담당할 뿐이다. 이는 복음주의사관을 주장한 박용규의 『한국기독교회사』1, 2(생명의말씀사, 2004)에도 이어지는 특징이다. 요컨대 각자의 사관은 다르지만 이들 연구들은 모두 일제강점기 부분의 서술에서 기독교계 내부의 운동이나 움직임에 비중을 두고 일제의 정책 부분은 소략하고 있다. 특히 기독교 관련 법제에 대한 서술은 '포교규칙'의 경우 법의 명칭이 언급되어 있는 정도이고, '사립학교규칙'의 경우는 1915년 개정사립학교규칙의 종교교육 금지만이 간략하게 기술되는 식이다. 이러한 경향은 전반적인 일제시대사 연구에서 운동사에 비해 소홀히 취급되어 많은 연구 성과가 축적되지 못한 정책사의 한계를 그대로 투영하고 있다.

---

7) 백낙준, 『韓國改新敎史』, 연세대학교출판부, 1973; 1968년 처음 출간된 이 책은 1972년 자료들을 정리·추가하여 대한기독교서회에서 『한국기독교회사』로 재출간되었고, 1982년에는 개정판이 나온 뒤, 다시 1993년 연세대학교 출판부에서 새로운 개정판으로 간행되었다. 현재 국한문 혼용의 신개정판을 한글과 현대적인 문장으로 수정한 2007년판까지 출간되어 있다.

그런데 이 같은 연구 경향은 일제강점기 기독교 이외의 다른 종교정
책사 연구와도 비교되는 지점이다. 일제시대 종교정책사 중에서 천주교
와 불교에 대한 부분은 각각 윤선자의 『일제의 종교정책과 천주교회』
(경인문화사, 2001)와 김순석의 『일제시대 조선총독부의 불교정책과 불
교계의 대응』(경인문화사, 2004)이라는 성과물이 존재한다. 이들 연구는
식민당국이 불교와 천주교에 대해 시행했던 정책들과 각 종교의 대응들
을 일제 전 시기를 통해 정리함으로써 일제강점기 종교정책의 큰 틀을
파악하도록 해준다. 그러나 법제를 중심으로 다룬 연구들은 아닌 까닭에
관련 법제의 운용에 대해서는 미흡한 측면이 있다.

기타의 종교정책과 관련해서는 윤이흠의 『일제의 한국민족종교말살
책』(모시는 사람들, 2007)과 류미나, 정욱재에 의해 진행된 유교단체에
대한 연구들이 있다.[8] 일제강점기 공인종교에 포함되지 못했던 유사종
교와 유교에 대한 연구들은 당시 종교정책의 위계구조를 정리하는데 도
움을 준다. 반면, 기독교정책을 주제로 일제강점기 전반을 아우르는 연
구는 아직 나오지 않고 있다. 이런 상황에서 기독교 정책사의 연구는 통
감부시기 이토 히로부미의 선교사정책,[9] 병합 전후 일본조합교회의 조
선전도[10]와 105인사건,[11] 신사참배와 관련된 연구[12] 등 일부 주제에 편

---

8) 류미나, 「식민지권력에의 협력과 좌절 ― 經學院과 향교 및 문묘와의 관계를 중심
으로」, 『법한국문화』 36, 2005; 정욱재, 「1910~1920년대 경학원의 인적 구성과
역할」, 『정신문화연구』 30권 1호, 2007년 봄.

9) 윤경로, 「일제의 초기 기독교정책과 한인 기독교계의 대응」, 『한국사연구』 114,
2001; 윤경로, 「초대 통감 이토의 기독교인식과 '조선전도론'」, 『漢城史學』 24,
2009.

10) 윤경로, 「일제의 기독교 정책과 '조선전도론'(I)」, 『기독교사상』 34-4, 1990; 윤경
로, 「일제의 기독교 정책과 '조선전도론'(II)」, 『기독교사상』 34-5, 1990; 성주현,
「1910년대 식민지 조선의 일본조합교회 동향」, 『한국독립운동사연구』 24, 2005;
양현혜, 「일본 기독교의 조선전도」, 『한국기독교와 역사』 5, 1996; 한수신, 「일제
하 일본기독교의 한국전도론 연구 ― 乘松雅休와 渡瀨常吉의 비교연구」, 2000, 연세
대학교 석사학위논문; 한편, 韓晳曦의 『日本の朝鮮支配と宗敎政策』(未來社, 1989)

중되어 진행 중이다. 하지만 연구가 집중된 이들 분야에서도 일제의 정
책, 특히 법제와 관련된 연구는 치밀하게 진행되지 못했다. 신사참배에
관한 연구들도 대개는 기독교의 대응에 초점이 맞추어져 있다. 정책적인
부분은 한석희가 신사참배정책과 법제에 대한 개괄적이고 초기적인 분
석을 행한 바 있고, 김승태의 일련의 연구들이 식민통치 초기의 신사참
배 관련 정책들과 기독교계 학교에 대한 신사참배 강요정책들을 다루고
있지만 여전히 관련 법제와 세부적인 정책의 운용에 대해서는 연구가 부
족하다.13) 특히 신사참배정책은 일본에서의 신사참배정책과의 연계는

는 일본 불교, 일본 조합교회의 조선전도와 함께, 일제의 신사참배 강요정책을 다
루고 있다.

11) 윤경로, 『105人事件과 新民會研究』(一志社, 1990)는 이 사건에 관한 선구적인 연
구로 최근 개정증보판이 다시 발행되었다. 윤경로, 『105인 사건과 신민회연구』(한
성대학교출판부, 2012): 木下隆南, 「105인 사건과 청년학우회 연구」, 숭실대학교
박사학위논문, 2011.

12) 구라타 마사히코, 「일제하 한국기독교와 일본의 천황제와의 갈등관계에 대한 역
사적 고찰」, 『한국기독교사연구』 30, 1990; 김승태, 「일제하 주한 선교사들의 신
사문제에 대한 인식과 대응」, 『한국기독교의 역사적 반성』, 다산글방, 1994; 김양
선, 「신사참배 강요와 박해」, 『한국기독교와 신사참배문제』, 한국기독교역사연구
소, 1991; 사와 마사히코, 「일제하 신사문제와 기독교주의 학교」, 『한국기독교와
신사참배문제』, 한국기독교역사연구소, 1991; 山口公一, 「戰時期 朝鮮總督府의 神
社政策」, 『韓國史研究會論文集』 36, 1998; 손정목, 「조선총독부의 신사보급·신사
참배 강요정책 연구」, 『한국사연구』 58, 1987; 윤선자, 「일제의 神社 설립과 조선
인의 神社 인식」, 『역사학연구』 42, 2011; 이진구, 「신사참배에 대한 조선기독교
계의 대응양상 연구」, 『종교학연구』 7, 1988; 藏田雅彦, 「日本統治下朝鮮における
神社参拝問題と聖潔教会弾圧事件」, 『桃山學院大學キリスト教論集』 26, 1990; 長田
彰文, 「日本の朝鮮統治における皇民化政策と在朝米國人宣教師への壓力·追放－神社
参拝問題を中心に」, 『上智史學』 54, 2009; 靑野正明, 「朝鮮總督府の神社政策と敬神
崇祖」, 『桃山學院大學總合研究所紀要』 28, 2003; 한규완, 「일제말기 기독교학교에
대한 신사참배의 강요에 관한 연구」, 『한국교육사학』 11, 1989.

13) 한석희, 「신사참배의 강요와 저항」, 『한국기독교와 신사참배문제』, 한국기독교역
사연구소, 1991; 김승태, 「일본신도의 침투와 1910·1920년대의 신사문제」, 『한국
사론』 16, 1987; 김승태, 「1930년대 일제의 기독교계 학교에 대한 신사참배 강요
와 폐교전말」, 『한국근현대사연구』 14, 2000년 가을. 한편, 김승태는 최근의 저작

물론 1925년 치안유지법 공포 이후의 사상통제법체제, 1930년대의 心田 개발운동 등과의 연계성이 함께 다루어져야만 하는 부분이라, 정책사적 으로는 아직도 갈 길이 멀어 보인다.

이러한 상황은 일본기독교사 연구에서도 마찬가지이다. 현재 우리 학 계보다 기독교사 연구 자체가 열세에 있는 일본 학계에서 기독교사에 관 한 연구는 기독교계 대학의 소수 연구자들을 중심으로 이루어지고 있거 나, 교육사나 사상통제 등 기타 분야의 일환으로 행해지는 추세이다. 대표 적인 일본기독교사 연구자인 도히 아키오(土肥昭夫)의『일본기독교사』(기 독교문사, 1991)와『일본기독교의 史論的 이해』(한국기독교역사연구소, 1993)는 일본기독교사의 흐름을 파악하기 위해서 필요한 기초 저서임은 분명하지만, 우리 학계의 기독교 통사들과 마찬가지로 근대 일본의 기독 교정책에 대해서는 매우 간단히 서술되어 있다. 우리 학계의 경우 일본기 독교사 연구는 서정민에 의해 주도되었는데, 근대 일본의 기독교가 천황 제하에서 체제내화되는 과정과 일본기독교의 조선인식을 주요 과제로 하 고 있다. 이는 근대 일본기독교의 존재양태와 근대 한일기독교의 관계에 대한 중요한 연구들이지만 기독교정책에 관한 연구라고 볼 수는 없다.[14]

일본사에서 기독교 관련 정책이나 법제에 관한 분야별 연구는 주로 메이지 정부의 기독교정책,[15] 1939년의 '종교단체법'과 관련된 전시체

에서 일제의 기독교정책과 기독교계의 대응양상에 관한 총체적인 연구가 없는 것 을 지적하면서, 1930년대 이후의 신사참배정책과 그에 대한 기독교계의 대응, 부 일협력을 주제로 연구를 전개하고 있다. 김승태,『식민권력과 종교』, 한국기독교 역사연구소, 2012.

14) 서정민,『일본기독교의 한국인식』, 한울아카데미, 2000; 서정민,『한일기독교 관 계사연구』, 대한기독교서회, 2002.

15) 宮崎繁樹,「キリシタン禁制高札撤去の背景－從來の研究の問題点を洗い直す」,『サピエ ンチア 英知大學論叢』41, 2007; 山口輝臣,「歐化のなかの國家と宗教－明治十七年」, 『史學雜誌』104, 1995; 上村敏文,「明治維新政府の宗教政策－太政官布告令による 明治初期の宗教政策に關する一考察」,『テオロギア・ディアコニア』(日本ルーテル神學大 學) 31, 1998; 上村敏文,「明治維新政府の宗教政策 2－日の丸・君が代の法案化につ

제기 기독교정책에 집중되어 있고,[16) 그 외에는 교육사연구 분야에서
사립학교 관련 법제들을 다룬 것들이다.[17) 그 중에서는 히지카타 소노
코(土方苑子)를 중심한 일본 각종학교에 관한 연구와 근대 일본의 교육
행정과 교육법제에 관한 히라하라 하루요시(平原春好)의 일련의 연구들
이 근대 일본의 사립학교체제와 양태에 대해 참고가 된다.[18)

그러나 일본에도 조선의 '포교규칙'에 해당하는 일본의 '내무성령 제

いての一考察」, 『テオロギア·ディアコニア』 33, 1999; 小島伸之, 「明治32年宗教法案
論の再檢討」, 『宗教と社會』 4, 1998; 佐伯友弘, 「宗教法案の教育史的意義について」,
『キリスト教社會問題研究』 37, 1989; 中島三千男, 「明治國家と宗教－井上毅の宗教
觀·宗教政策の分析」, 『(神奈川大學) 歷史學研究』 413, 1974; 中島三千男, 「大日本
帝國憲法第二八條信仰自由規定成立の前史－政府官僚層の憲法草案を中心に」, 『日本
史研究』 168, 1976; 中島三千男, 「大日本帝國憲法第28條信仰自由規定の成立過程」,
『奈良大學紀要』 6, 1977; 中島三千男, 「明治憲法体制の確立と國家のイデオロギー政
策－國家神道体制の確立過程」, 『日本史研究』 176, 1977.

16) 日本基督教團史編纂委員會/編, 『日本基督教團史』, 日本キリスト教團出版局, 2004;
佐々木敏二, 「治安維持法改惡とキリスト教會」, 『キリスト教社會問題研究』 10, 1966;
하라 마코토, 『전시하 일본기독교사』, 서정민/옮김, 한들출판사, 2009; 赤澤史朗,
『近代日本の思想動員と宗教統制』, 校倉書房, 1985; 平野武, 「宗教団体法下の本願
寺派宗制」, 『龍谷法學』 42, 2010.

17) 谷雅泰, 「日本近代教育法制史槪說」, 『福島大學教育學部論集: 教育·心理部門』 71,
2001; 堀雅晴, 「私立大學における大學ガバナンスと私學法制をめぐる歷史的檢證」, 『立
命館法學』 316, 2007; 吉岡良昌, 「近代公教育における教育と宗教」, 『國際基督教大
學 I-A: 教育研究』, 1986; 吉田善明, 「國家管理のもとでの大學の生誕と展開」, 『明
治大學 法律論叢』 82, 2010; 吉田善明, 「國家管理のもとでの日本の大學の展開と崩
壞－大學令の公布から第二次世界大戰終了時まで」, 『明治大學 法律論叢』 83, 2010;
吉田昌弘/外, 「各種學校の歷史的研究」 1, 2, 『日本教育學會大會研究發表要項』 63,
2004; 松川成夫, 「明治期における教育と宗教の分離問題」, 『東京女子大學附屬比較文
化研究所紀要』 30, 1971.

18) 土方苑子/編, 『各鐘學校の歷史的研究』, 東京大學出版會, 2008; 平原春好, 「明治期における
教育行政の機構と思想－諮問機關としての高等教育會議とその改革運動」, 『東京大學教育學部
紀要』 6, 1964; 平原春好·神田修, 「戰前日本における教育行政法論の檢討－教育行政の意
義·性質·地方自治との關連などについて」, 『東京大學教育學部紀要』 9, 1967; 平原春好, 「戰
前日本の教育行政における命令主義」, 『東京大學教育學部紀要』 9, 1967; 平原春好, 「教育法
研究ノート(1)－小學校令と國民學校令との間」, 『東京大學教育學部紀要』 11, 1971.

41호'(1899)나 일본 기독교단체의 법인화 과정과 관련 법제를 연구한 논문 또는 이들 법제의 조선 이식과정을 연구한 논문은 아직 없는 것으로 보인다. 관련 연구로는 히사키 유키오(久木幸男)의 「訓令 12호의 思想과 現實」 1-3이 있다.[19] 1899년 일본 '사립학교령'과 종교교육 제한을 규정한 '문부성훈령 제12호'에 대한 이 연구에서 히사키는 훈령 제정의 배경과 과정, 훈령과 사립학교령과의 관계, 법령의 해석, 적용의 과정과 함께 기독교계를 포함한 일본 각계의 반응과 대응을 치밀하게 다루고 있다. 일본사에 한정되어 조선의 '사립학교규칙'과의 관련성 등은 전혀 언급되어 있지 않지만, 종교교육 제한조항으로 조선에도 큰 영향을 미친 문부성훈령 제12호에 대한 철저한 분석은 본 연구에도 많은 시사점을 던져주었다.

요컨대 현재까지 한국이나 일본 모두에서 일제강점기 조선의 기독교 정책이나 법제를 정면으로 다룬 연구는 없다고 할 수 있다. 일본 기독교 법제의 조선 이식에 대한 연구도 마찬가지이다.[20] 범주를 조금 더 좁혀

---

19) 久木幸男, 「訓令12号の思想と現實」 1-3, 『横浜國立大學教育紀要』 13-16, 1973~1976.

20) 이는 기본적으로 일제강점기 법제사 연구의 부족에 기인하는 문제이기도 하다. 한편, 본 논문의 작성과 관련된 연구로서 일본과 그 식민지에서의 불평등조약 개정문제를 다룬 연구들로는 아사노 토요미(浅野豊美)의 『帝國日本の植民地法制』(名古屋大學出判會, 2008), 문준영의 「이토 히로부미의 한국사법정책과 그 귀결-영사재판권 폐지 문제와의 관계를 중심으로」(『부산대학교 법학연구』 49권 1호, 2008)와 오가와라 히로유키(小川原宏幸)의 일련의 연구들이 있다. 小川原宏幸, 「日本の韓國司法權侵奪過程 -韓國の司法及監獄事務を日本政府に依托の件に關する覺書をめぐって」, 『明治大學大學院 文學研究論集』 11, 1999; 小川原宏幸, 「朝鮮における各國居留地撤廢交涉と條約關係」, 『明治大學大學院文學研究論集』 14, 2000; 小川原宏幸, 「日本の韓國保護政策と韓國におけるイギリスの領事裁判權-梁起鐸裁判をめぐって」, 『明治大學大學院 文學研究論集』 13, 2000; 小川原宏幸, 『伊藤博文の韓國併合構想と朝鮮社會-王權論の相克』, 岩波書店, 2010; 일본의 제국화에 따른 제국법체제로의 확대과정과 구조에 대한 연구를 수행해 온 아사노 토요미는 서양열강과 일본과의 관계에 주목하여 일본과 식민지에서 각각 진행된 치외법권 폐지문제가 일본제국의 법제에 미친 영향을 고찰하고 있다. 아사노의 주된 관심사는 제국 내 法域의 생성과 관련된 문제이지만, 치외법권을 포함

서 본 연구에서 다룰 예정인 포교규칙, 사립학교규칙, 법인 관련 법령에 대한 개별적인 부분을 정리하자면 우선, 사립학교규칙과 관련된 연구들이 있다. 근대교육에 관한 우리 학계의 연구들은 상당량 축적된 상태이고 일제강점기 사립학교에 관한 연구들은 많지만, 직접적으로 사립학교의 법제를 대상으로 한 연구들은 찾아보기 힘들다. 이와 관련된 연구들은 전반적인 교육사 연구 속에서 사립학교 법제를 부분적으로 언급하는 경향이 많다. 유봉호의 『한국교육과정사연구』(교학연구사, 1992)와 정재철의 『日帝의 對韓國植民地教育政策史』(일지사, 1985)가 대표적으로, 전반적인 일제 교육제도와 정책의 변화와 흐름을 추적하는 연구들이다. 손인수의 『韓國近代教育史』는 거의 유일한 일제시대 사립학교에 대한 개괄적인 연구서로 의미가 있지만, 이미 40여 년 전의 것으로 여러 부분에서 보완이 요구된다.[21] 유한철의 연구는 1908년의 사립학교령에 관련된 세심한 연구이지만, 기독교계 사립학교와 통감부 등과의 관련성 등은 제외되어 있고, 주로 사립학교령 공포 이후 한말의 언론분석을 통해 사립학교들에 대한 통제 상황에 집중하고 있다.[22]

사립학교규칙에 관한 연구는 아니지만 그와 관련된 '조선교육령'에 관한 연구로는 몇 가지 연구 성과가 존재한다. 강명숙의 연구들과 히로가와 도시코(廣川淑子)의 연구가 그것이다.[23] 이 연구들은 사립학교규칙

한 불평등조약의 존재가 일본의 근대법체제와 식민지 법체제에 미친 영향을 다루고 있어 본 연구에 시사한 바가 크다. 문준영과 오가와라의 논문은 통감부시기 이토 히로부미가 주도한 재판소 설치, 법전편찬사업 등이 영사재판권 철폐와 긴밀하게 연결되어 있는 점을 밝힌 것으로 병합 전후 서구와의 관계와 식민지 법제의 이식문제를 검토하는 데 필요한 배경지식을 제공해 주었다.

21) 손인수, 『韓國近代教育史』, 연세대학교출판부, 1971.

22) 유한철, 「韓末 私立學校令 以後 日帝의 私學彈壓과 그 特徵」, 『한국독립운동사연구』 2, 1988.

23) 廣川淑子, 「第二次朝鮮教育令의 成立過程」, 『北海道大學教育學部紀要』, 1977; 강명숙, 「일제시대 제1차 조선교육령 제정 과정 연구」, 『한국교육사학』 29권 1호, 2007; 강명숙, 「일제말기 학생 근로 동원의 실태와 그 특징」, 『한국교육사학』 30

의 전제가 된 조선교육령체제를 이해하기 위해서는 중요하지만, 조선교육령의 제정과 형태에 집중된 연구로서 사립학교규칙과의 관계나 기독교계 학교와의 관련성 등은 내용에서 제외되어 있다.

기독교계 학교에 관한 연구는 아니지만 일제시대 교육정책사에서 빼놓을 수 없는 연구자는 이나바 쯔기오(稻葉繼雄)이다. 통감부와 총독부에 걸쳐 통감과 일부 총독들, 담당 학무관료들에 대한 일련의 논문은 관련 연구의 수행에 꼭 참조해야만 하는 연구 성과들이다.[24] 이와 관련해서는 이명화의 「朝鮮總督府 學務局의 機構變遷과 機能」(『한국독립운동사연구』 6, 1992)도 있다. 이들 연구는 학무담당 관료들과 기구들을 다룬 점에서 일제강점기 교육행정사의 공백을 채울 수 있는 것들이고, 또한 총독부 학무국은 종교행정의 주무부서였기 때문에 종교행정과 관련해서도 중요한 논문들이라 할 수 있다.

한편, 조선을 비롯한 일본제국 식민지의 교육제도·법제를 '일본제국'의 국민적인 통합 달성의 척도로 삼아 횡적인 비교분석을 시도한 고마고메 다케시(駒込武)의 『식민지제국 일본의 문화통합』도 중요한 연구 성과이다.[25] 그러나 고마고메의 분석은 식민지 간에서만 이루어져 일본 내의 법제는 검토대상에서 제외되었고, 식민지 간의 법제 분석도 주로

권 2호, 2008; 강명숙, 「일제시대 제1차 조선교육령 제정과 학제 개편」, 『한국교육사학』 31권 1호, 2009; 강명숙, 「일제시대 제2차 조선교육령 개정 과정 연구」, 『교육사상연구』 23권 3호, 2009.

24) 稻葉繼雄, 「山梨總督時代の朝鮮敎育」, 『(九州大學)大學院敎育學硏究紀要』 8, 2005; 稻葉繼雄, 「塩原時三郎硏究: 植民地朝鮮における皇民化敎育の推進者」, 『(九州大學)大學院敎育學硏究紀要』 1, 1999; 稻葉繼雄, 「宇垣總督時代の朝鮮敎育」, 『(九州大學)大學院敎育學硏究紀要』 4, 2002; 稻葉繼雄, 「朝鮮總督府學務局長·學務課長の人事」, 『(九州大學)大學院敎育學硏究紀要』 11, 2008; 이나바 쯔기오, 『구한말 교육과 일본인』, 홍준기/옮김, 온누리, 2006.

25) 駒込武, 『식민지제국 일본의 문화통합』, 오성철·이명실·권경희/역, 역사비평사, 2008.

교육제도의 전체적인 틀을 정하는 '교육령'이 대상이 되어 사립학교 관계 법령은 분석되지 못하였다. 그럼에도 고마고메의 논의는 그 자신도 강조했듯이 사상사에만 치중하지 않고 법률과 제도의 중요성을 인식하여 그 부분을 보강한 것이[26] 새로운 점으로 평가할 만하다고 생각한다.

그 외 중등교육 수준의 사립각종학교 중 기독교계 학교들의 승격이나 지정문제들을 살펴보면서 관련 법규인 사립학교규칙과 함께 '전문학교 입학자검정규정' 등을 검토한 연구들이 있다.[27] 이 논문들은 사립학교 관련 정책에 대응한 기독교계의 움직임을 파악하는 데 많은 도움을 준다. 그러나 이들 논문에서도 법제에 관한 부분은 작은 비중을 차지하고 있어 관련 법제의 연구는 여전히 과제로 남아 있다. 조선의 사립학교 관련 법제의 모태인 일본과 조선 법령의 비교분석이나, 도입과정, 개정내용에 대한 세밀한 연구는 찾아볼 수 없다. 유일한 것이 이명실의 「일본 메이지 정부의 '문부성 훈령 12호'와 조선총독부의 '개정사립학교규칙'에 관한 고찰」(『한국교육사학』 30권 2호, 2008)이지만, 이 논문도 종교교육 금지조항 하나를 둘러싼 평면적인 비교·고찰에 그치고 있다.

다음에, '포교규칙'과 법인 관련 연구에서 빼놓을 수 없는 연구자는 윤선자이다. 윤선자는 『일제의 종교정책과 천주교회』에서 일제가 활용한 법령들에도 관심을 기울여 포교규칙과 사립학교규칙, 그리고 법인화 정책에 대한 서술을 빠트리지 않고 있다.[28] 다만, 이 연구는 법제사적인

---

26) 위의 책, 483쪽.

27) 權寧塤, 「日帝下 私立各鐘學校의 指定學校 昇格에 관한 一研究」, 『한국사연구』 13, 2004; 김경미, 「일제하 사립중등학교의 위계적 배치」, 『교육비평』 19, 2005; 박혜진, 「선천지역 미션스쿨의 지정학교 승격과 학교 인계 과정 연구」, 『역사학연구』 38, 2010; 박혜진, 「1920~30년대 미국북장로회선교부 관할 중등학교 운영과 한국인 인계과정 연구」, 숙명여자대학교 박사학위논문, 2012; 장규식·박현옥, 「제2차 조선교육령기 사립 중등학교의 정규학교 승격운동과 식민지 근대의 학교공간」, 『중앙사론』 32, 2010.

28) 앞에서 언급한 『일제의 종교정책과 천주교회』는 다음의 논문들이 집대성된 것이

시각에서 진행한 연구는 아닌 까닭에 관련 법령들에 대한 정밀한 분석에
까지는 이르지 못했고, 조선에 시행된 법령들의 모델이 된 일본 법제들
에 대한 인식도 결여되어 있다. 또한 어디까지나 천주교회에 대한 정책
이 중심 주제여서 조선기독교 전체를 포괄하는 연구는 아니었다. 후속연
구라고 할 수 있는 「일제하 종교단체의 경제적 기반 확보 과정」(『한국근
현대사연구』 24, 2003)은 재단법인화 과정에 대한 기독교(개신교)의 반
응을 유교, 불교의 경우와 함께 개괄적으로 다루면서 재단법인의 자산에
대해 분석하고 있다. 때문에 일제의 기독교단체 법인설립에 대한 정책변
화 과정과 시행 과정, 기독교 각 교단·선교회의 재단법인화 과정, 기독
교측의 대응 등을 구체적으로 다루고 있지는 않고, 중심 법제인 '조선민
사령'의 조항들과 '법인의 설립 및 감독에 관한 규정'(조선총독부령 제
71호)의 분석도 포함되어 있지 않다. 현재 포교규칙이나 기독교단체의
법인에 관한 연구는 윤선자의 논문들이 유일한 상황이므로, 관련 법령들
과 그에 대한 대응양상을 중심으로 일제강점기 기독교정책을 전반적으
로 검토해 볼 필요성은 여전히 남아있다고 할 수 있다.

3. 연구의 범위와 구성

본 연구에서 대상으로 하는 시기는 일본의 경우 기독교 관련 법제가
정비되는 1899년을 중심으로 하고, 조선의 경우 이들 법제들이 도입되
기 시작하는 통감부시기부터 1945년까지의 일제강점기 전체를 대상으
로 한다. 그 중에서도 법제가 도입되는 1908년 전후부터 법제가 완비되

다. 윤선자, 「일제하 조선천주교회의 법인화 과정」, 『北岳史論』 4, 1997; 「일본
군국주의 종교정책과 조선 천주교회의 신사참배」, 『한국사연구』 98, 1997; 「1915
년 포교규칙 공포 이후 종교기관 설립현황」, 『한국기독교와 역사』 8, 1998.

는 1915년의 시기와, 식민정책의 변화로 큰 폭의 개정과 정책의 변화가 이루어지는 1920년대에 중심을 둘 것이다.

연구의 대상인 '조선기독교'는 첫째, 일반적으로는 선교회와 조선교회를 통칭하는 개념이다. 그러나 식민정책의 적용대상으로서 양자가 구별될 때, 혹은 양자의 대응이 다르게 나타나거나 한 편만의 대응이 드러날 경우는 선교회·선교사와 조선교회를 구분하여 서술했다. 둘째, '조선기독교'는 교파적으로는 천주교를 제외한 개신교, 그 중에서도 장로교와 감리교를 주요 대상으로 한다. 다만, 때때로 대응의 양상 등에서 관련이 되거나 비교가 필요한 경우 또는 전체적인 추이를 보는 경우는 천주교나 기타 소수 교파도 대상으로 했다. 개신교 중에서도 장로교와 감리교를 주요 대상으로 한 이유는 천주교를 제외하면 일제시대 기독교도의 대부분이 이 두 교파 소속이었다는 대표성 때문이다.[29]

덧붙여 여기서 사용하는 '통제법' 내지 '통제'의 개념은 '억제'나 '억압'의 개념만이 아니라, 보다 넓은 의미에서 '관리' 내지는 '감독', 어떠한 특정한 정책방향으로의 '유도' 내지 '회유'까지를 담보하는 개념임을 밝혀둔다. 이러한 법적 통제의 의미규정은 1910년대의 무단통치, 1920년대의 '문화통치', 이후의 전시체제하에서 시기적으로 때로는 대상에 따라 변용되는 법제 운용을 포괄하기 위함이다. 단, 본 연구의 대상은 어디까지나 '식민지법'이라는 점을 기억할 필요가 있다. 법사회학적인 시각에서 '법'이란 본질적으로 사회지배 내지는 사회통제의 기능을 담당하는 것으로 규정된다. 이 같은 시각에서는 합법성과 정당성의 토대 위에 성립된 현재의 법제들도 사회통제의 도구로서 기능하는 것이 사실이다. 그러나 '식민지법'의 경우는 이러한 합법성과 정당성의 토대가 존재하지 않는 상황에서 강제적으로 이식되었다. 법의 정당성을 뒷받침해 줄

---

29) 『한국기독교의역사』 II 의 260~261쪽에 게재된 1925년~1941년간 각 교파별 신도수 표를 참조.

수 있는 사회적인 합의나 합법적인 절차, 사후적인 구제절차도 없는 식민통치 주체의 편의적인 통치수단으로서의 도구성이 강했다. 따라서 통제의 내용은 여러 모습을 포괄하고 있지만, 현재의 법제들이 가지고 있는 사회적인 통제성과 같은 수준의 통제로 읽혀서는 곤란하다고 생각한다. 법령이 이식되고 실행되었던 사회적·역사적 무대 자체가 다르기 때문이다.

이 같은 범주에서 본 연구는 다음과 같은 구성으로 전개될 예정이다. 제1장은 메이지 일본의 기독교 관련 법제들의 등장과정을 일본의 불평등조약 개정교섭과 그에 수반한 근대법체제의 형성과정과 관련하여 짚어 보면서 근대 일본의 종교정책과 기독교 법제의 성격을 점검해 보려 한다. 1889년 공포된 제국헌법 제28조 '신교의 자유' 조항의 성격도 이를 통해 설명될 것이다. 이어 1899년 제2차 야마가타 아리토모(山縣有朋) 내각에서 차례로 공포된 기독교 관련 법령들의 존재를 밝히고, 이들 법령의 제정과정과 제정의도, 내용과 성격 등을 검토하려 한다. 기독교의 포교기관, 선교회·교회의 법인, 그리고 기독교의 주력사업인 사립학교를 규율하기 위한 이 법제들은 근대 일본에서 기독교에 대한 행정적 통제의 기본법규였다. 일본이 근대국가로서 근대법체제를 정립해나가던 시점에서 서구와 연계된 기독교에 대해 어떻게 정책적으로 대응해 나갔고, 어떠한 법제를 수립해 나갔는지를 규명함으로써 이후 이를 기반으로 조선에서 펼쳐진 관련 정책과 법제의 의도·성격이 명확해지고 본국과 식민지 간의 차별점이 드러날 수 있다고 본다.

뒤 이은 2, 3, 4, 5장에서는 일본에서 공포되었던 기독교 관련 법제 세 가지가 식민지 조선에서 어떠한 방식으로 전개되었는지를 시기별로 분석한다. 2장과 3장은 1915년을 분기점으로 통감부시기부터 1920년 이전의 시기를 대상으로 한다. 기존의 일제시대사 서술들과 조금 다른 시기구분이 적용된 것은 두 가지 이유에서이다. 하나는 서술 분량상의 문제이다. 식민통치가 본격적으로 전개된 1910년대는 식민지 법제의 체제와 형태가 결정되었을 뿐 아니라 거의 모든 분야의 기본 법제들이 이식되는 시기였다. 이후의 시기에는 정책의 변경이나 식민당국의 교체 등에 따라 법제가 신설·폐지되거나 개정되는 상황들이 있지만 이들 법제를 기본적인 토대로 하여 진행되게 된다. 본 연구의 대상인 기독교 관련 법제들의 경우 제정 이후 폐지되는 일 없이 식민통치 전 기간을 존속했다. 자연적으로 1910년대 법제 도입기의 서술 분량이 많아 목차상 두 부분으로 나누게 되었다.

더욱 큰 이유는 1915년이 조선에서 기독교 통제법이 완비되는 중요한 시점이기 때문이다. 여기에는 서구열강이 불평등조약에 기초해 조선에서 누리던 치외법권, 거류지행정권 등의 문제를 일제당국이 해결해야만 했던 배경이 관련되어 있다. 2장은 불평등조약의 미해결 시기인 1905년부터 1910년대 중반까지 기독교 관련 법제의 도입과 적용이 유예된 상황에서, 조선에서의 신교의 자유 인정문제가 일본과 미국 정부 간에 어떻게 타결되었는지를 조선총독부의 종교행정 편제작업과 함께 정리한다. 또한 예외적으로 병합 이전부터 조선에 도입된 '사립학교령'(1908)과 병합 이후 '사립학교규칙'(1911), 그리고 법인설립 관련 법제들의 시행문제와 그에 대한 기독교계의 대응을 점검하려 한다. 특히 기독교 세력이 치외법권의 이점을 활용할 수 있었던 이 시기에 식민당국과 기독교계의 교섭은 어떠한 양상을 띠고 전개되었는지 주목할 것이다.

3장은 1915년 '포교규칙'과 '개정사립학교규칙'의 공포로 일제의 기독교 통제가 본격화된 무단통치 후반의 시기를 대상으로 한다. 서양열강들에게 조선병합을 승인받고 불평등조약과 관련된 문제들이 해결된 이 시기의 법들은 기독교계의 예상을 초월했다. 우선, 이들 법 등장의 前史로서 불평등조약문제의 처리과정과 함께 법제 이외의 수단을 통해 진행된 조선총독부의 기독교 관련 대책들을 살펴본다. 이어 포교규칙과 개정사립학교규칙의 성격을 일본 법제들과 비교해 분석하고, 이들 법제들에 대한 기독교계의 대응을 조명한다. 교육사업 등에서 장로교와 감리교가 처했던 당시의 상황을 통해 1920년대 이전부터 시작된 기독교에 대한 분열정책의 단면도 드러나리라 기대한다. 이와 함께 1910년대에는 결국 성과 없이 끝났지만 이후 지속적으로 전개된 기독교계의 법인설립 시도와 그 의미를 짚어보려 한다.

4장은 '문화통치'라 불리는 1920년대의 법제 운용과 그에 대한 기독교의 대응을 대상으로 한다. 우선, 1919년 3.1운동과 일본 내 정치상황 등에 기인한 식민통치의 외형적 방침 변화가 기독교 정책에는 어떻게 구현되었는지, 이 시기 법제의 성격과 본질은 어떠했는지를 주요 법제들의 개정과 적용과정을 통해 검토할 것이다. 1920년대는 일제당국이 통치방침의 변화를 선전하면서 관련 법제들에 큰 폭의 개정을 행하고 기독교단체의 법인설립을 허가한 시기였다. 그렇지만 오히려 기독교계 내부적으로는 장로교·감리교의 분열과 조선교회·선교회 사이의 분열이 두드러진 시기이기도 하다. 법제의 시행과정, 그에 대한 대응양상들과 관련하여 그 원인과 실제를 규명해보려 한다. 특히 1920년대 가장 큰 이슈였던 기독교단체 법인화의 문제를 중심으로 식민법제 운용의 측면을 조명할 생각이다.

5장은 1930년대에서 해방 직전까지, 즉 전시체제화 정책의 기반이 형성되기 시작하는 시기부터 본격적인 전시통제기를 대상으로 한다. 이 시기에 식민지 조선의 모든 물적·정신적 자원은 전쟁수행을 목표로 동원되고, 효율적인 동원을 위해 식민당국을 정점으로 한 중앙집권적인 체제로 재편되었다. 기독교계 역시 예외는 아니었다. 전시통제의 정점에서 결국 조선기독교는 식민체제에 완전히 종속되는 길을 걷게 된다. 이를 위해 조선에는 1939년 일본의 '종교단체법'이 적용되거나 의용되는 대신, 기존의 법령들이 개정되고 확대적용되어 끝까지 활용되었다. 이러한 법제의 운용을 통해 기독교의 포교조직이, 재산이, 학교들이 전시체제 내로 편입되는 과정을 추적할 것이다. 또한 이러한 상황하에도 계속된 조선교회의 자구노력들을 선교회 학교사업 인계나 장로교 노회의 재단법인 설립운동 등을 통해 살펴보려 한다.

제1장

메이지 일본의 기독교 관련 법제정비

1. 일본 근대국가체제의 성립과 기독교정책

1854년 개항 이후 일본은 대내적으로 근대국가의 시스템을 정비하면서 대외적으로 서구열강과 동등한 근대국가로 인정받아야 하는 과제를 짊어지고 있었다. 위로부터의 개혁을 담당한 메이지유신 주도층은 근대국가의 이념과 제도를 정비하면서 서구와의 불평등조약 개정을 위해 노력해야 했다. 이 과정에서 국가통합이념과 통합기제의 선택, 그 제도화와 법제화가 이루어졌고 이것이 근대국가 일본의 방향성을 결정했다. 근대 일본의 기독교 관련 정책들, 그리고 이를 뒷받침하는 법제들도 이 과정 속에서 형성되었다. 특히 외래종교였던 기독교에 대한 정책과 법제들은 '국가신도'로 상징되는 천황제 국가체제의 형성과 서구와의 불평등조약 개정과정이 교차하는 지점에서 결정되었다. 1889년 일본제국헌법이 표방하고 있는 '신교의 자유'의 성격과 1899년 등장한 일련의 기독교 관련 법제들은 이러한 특성들을 여실히 드러낸다.

1) 국가신도체제와 기독교 공인문제

메이지유신 직후 일본은 기독교를 금지하고 신도를 국교화하는 방침을 채용했다. 기독교에 대해 막부시대와 동일한 방침을 취한 것으로, "제정일치의 제도로 돌아가 천하의 신사들을 神祇官에 속하게 한다"고 선언한 1868년 3월 '태정관포고 제153호.'가 단적인 예이다. 근대국가로서 국민을 통합하는 새로운 사회편성의 이념을 신정국가원리에서 구했다고 할 수 있다.[1] 신도의 국교화 추진은 막부시대와 다른 새로운 국가 통합이념으로써 천황 중심의 국가종교를 내세우는 한편 그 통합이념에 배치되는 다른 종교는 금지하거나 규제하려는 진로 결정이었다.

유신 초기 廢佛毀釋의 신불분리정책도 이러한 방침을 반영하고 있다. 막부정권의 비호 아래 번창해 온 불교는 갑자기 외래종교로 취급되었다. 메이지 정부는 막부시대에 불교와 혼합되어 변형된 신도의 교리와 의식에서 불교적인 요소를 제거하는 작업과 함께 불교 사원과 불상을 파괴하는 사원 통폐합을 주도했다. 신사의 社格도 정비되었고, 1869년 7월에는 "惟神의 道를 宣揚"하기 위해 신도 포교를 담당하는 선교사의 포교활동을 명하는 포고가 발령되었다.[2] 이는 선교사의 포교활동으로 국민교화를 촉진하고, 개국 이후 유입이 염려되던 기독교를 막으려는 의도이기도 했다. 1871년 신설된 神祗省도 국가의 제사와 신도 관련 종교행정을 담당하는 제정일치적 성격의 기관이었다.

그러나 일반 국민에 대한 신도 포교활동의 성과는 기대와 달리 저조했고, 막부시대 내내 번성하면서 사회에 깊이 뿌리를 내리고 있었던 불교계의 반발도 거셌다. 결국 메이지 정부는 신도를 중심으로 불교와 유교를 통해 국민교화를 추진하는 방향으로 종교정책을 전환했다. 神祗省은 약 7개월 만에 폐지되고 1872년 신도와 불교를 함께 관리하는 敎部省이 종교행정의 중심기관으로 신설되었다.[3] 이로써 불교가 공인되기는

---

1) 上村敏文, 「明治維新政府の宗敎政策－太政官布告令による,明治初期の宗敎政策に關する一考察」, 56~58쪽; 關義央, 「公益法人規定の適用對象と民法施行法」, 『千葉大學人文社會科學研究』 23, 2011, 275쪽.
2) '惟神의 道'란 일본 신화의 神들이 통치하던 시대, 즉 인위적인 것이 가해지지 않은 神代부터 전해오는 그대로의 神道를 말한다. 본래 『일본서기』 등에 등장한 용어로 다른 용례로도 사용되었지만, 에도막부 시대 말기에 국학자들이 신도에서 불교와 혼합된 부분을 제거하고 순수한 고대의 신도사상으로 복귀하려는 정신을 표현하기 위해 재사용하기 시작했다고 한다. 鎌田東二/編著, 『神道用語の基礎知識』, 角川書店, 2006, 263~264쪽.

했지만 교파신도와 국가신도를 구별하여 국가신도를 일반 종교에서 분리하는 작업은 빠르게 진행되었다. 1873년 내내 祝日改定, 官幣諸社祭典의 지방관 참배, 紀元節과 官幣諸社官祭式制定, 神官奉務規則과 歷代皇靈·神宮 이하 祭祀·祝日 등의 세정·개정이 이어졌다. 이후에도 官國幣社定額布告, 神社祭式 등이 공포되어 국가신도체제는 계속 정비되었다.4) 1877년에는 教部省이 폐지되고 내무성 소속 社寺局이 신설되어 국가신도와 교파신도, 불교 관련 모든 업무가 이관되었고, 기독교 공인 이후인 1900년에는 神社局과 宗教局이 각각 국가신도와 공인종교(교파신도, 불교, 기독교)를 담당하는 별도의 기관으로 정비되었다.

일반 종교행정의 대상에서 국가신도를 격리시키는 과정을 통해 국가신도의 종교성을 부정하는 神社非宗教論은 외형적으로는 견고하게 자리잡았다. 그러나 쇼와 초기에도 내무성 내부에서 신사비종교론을 포기하고 국가신도를 종교행정의 대상으로 전환하려는 계획이 검토될 만큼 신도의 종교성은 부정할 수 없는 사실이었다. 메이지 초기의 신도국교화 정책은 외적으로만 포기되었을 뿐이다. 오히려 국가신도로 정립되어 가면서 비종교의 옷을 입고 위계상 공인종교의 상위에 초월적으로 위치하게 되었다고 할 수 있다.5) 메이지 정부로서는 천황제를 중심한 메이지

---

3) 笠原英彥/編, 『日本行政史』, 慶應義塾大學出版會, 2010, 251~252쪽.

4) 阪本是丸, 『近世·近代神道論考』, 弘文堂, 2009, 303쪽.

5) 위의 글, 367~376쪽; 국가신도는 근대 천황제국가의 국가종교로 일본의 전통적 종교의 하나인 神社神道를 皇室神道와 결합시킨 것이다. 국가의 제사가 된 신사신도는 신권 천황제와 신국 일본을 선전하는 이데올로기의 체계라고 할 수 있다. 또한 국가신도를 천황제 종교로서 총체적으로 파악하기 위해서는 교육칙어 등도 시야에 넣어야만 한다. 국가신도체제는 신사신도를 종교가 아닌 국가의 제사로서 위치지우고, 공인종교인 교파신도·불교·기독교의 신앙을 일단 용인하면서 이와는 별도로 신사신도에 대한 존숭을 요구했다. 신사신도는 실질적으로 국교였지만, 근대 천황제국가는 기독교에 관한 외국의 요구에 대응하여 근대국가체제를 갖출 필요에서 신사비종교론을 주장하게 된 것이다. 특히 근대 일본에서는 공인종교와 달리 국가신도에 대해서는 명확한 법적인 규정을 두지 않았다. 따라서 신사신도

초기의 신정국가원리를 결국 포기할 수 없었던 것이다. 국가신도를 국가의 宗社로서 일반 종교의 위에 놓는 방침은 그러한 고심의 결과물이라 할 수 있다.[6]

국가신도와 공인종교의 분리라는 방향은 사회통합을 위한 내부적인 모색이기도 했지만 대외적 문제해결을 위한 방편이기도 했다. 메이지 정부는 대내적으로 국가의 이념체계와 그에 부합하는 종교정책을 수립하면서 대외적으로는 기독교 유입을 비롯한 서양열강과의 관계를 조정하는 중첩적인 문제를 해결해야만 했다. 국가신도 정비작업을 주도한 기도 다카요시(木戸孝允), 이토 히로부미(伊藤博文) 등 조슈벌(長州閥)의 핵심 인물들은 개항 이후 서구와의 교류를 통해 신교의 자유와 정교분리의 원칙이 근대국가 건설을 위해 수용해야 할 필수적인 조건임을 인식하고 있었다. 문제는 포기할 수 없는 국가신도의 종교성, 천황제의 신성성이 기독교의 원리와는 본질적으로 양립 불가능하다는 것을 알면서도 신교의 자유를 인정해야 하는 점이었다. 이런 갈등상황 속에서 메이지 초기 기독교 포교활동은 외국인 거류지 내의 외국인들에게만 보장되었고, 거류지를 벗어난 일본 내지에서는 원칙적으로 인정되지 않았다. 메이지 정부는 1868년 3월 '太政官 第三札'로 막부시대와 동일한 '그리스도교(천주교) 금지령'을 선포했고, 1870년에는 우라카미(浦上) 지역에서 천주교도 박해사건을 일으켰다. 3천여 명이 유배에 처해진 박해는 외국공사들의 거센 항의에도 1873년 구미에 파견되었던 이와쿠라(岩倉) 사절단이 귀

를 국가의 제사로 정하고 비종교라고 정한 것은 행정상의 취급에 의한 것이었다. 쇼와 파시즘기가 되면 신사참배의 강제가 공공연하게 실행되고 국가권력의 종교에 대한 개입이 격화되어 일정 범위에서 인정되던 신교의 자유도 그 의미를 잃게 된다. 국가신도체제에 대한 법적 근거의 애매성은 결과적으로 무제약적인 국민지배를 용인했던 것이다. 국민의 정신적 자유를 지키기 위해 필수적인, 국가권력에 대한 제동장치가 존재하지 않았던 체재라고 할 수 있다. 日本近代法制史研究會/편, 『日本近代法120講』, 57~59쪽.

6) 阪本是丸, 『近世·近代神道論考』, 367~376쪽.

국하여 조언할 때까지 지속되었고, 600명 이상이 유배 중에 사망했다.[7]

이와쿠라 사절단의 파견은 일본이 신교의 자유와 정교분리 원칙의 필요성을 인식하게 된 가장 큰 계기였다. 사절단은 1871년 불평등조약 개정을 타진하기 위해 구미에 파견되었는데 외무경 이와쿠라 도모미(岩倉具視)를 필두로 이토 히로부미, 기도 다카요시, 오쿠보 도시미치(大久保利通) 등 메이지 정부의 지도자들이 대거 포함되었다. 사절단은 순방 당시 일본의 '그리스도교 금지령'에 대한 서구의 강한 비난을 직접 경험했다. 최초의 순방지 미국은 물론 영국, 프랑스, 이탈리아 등 유럽 각국에서 기독교 박해에 대한 여론의 비난과 신교의 자유에 대한 서양의 요구가 쏟아진 것이다.[8] 결국 이와쿠라는 귀국 전 '그리스도교 금지령'의 철폐를 지시하는 전보를 일본 정부에 발송했고[9] 이는 '그리스도교 금지령'이 1873년에 폐지되는 직접적인 원인이 되었다.

일본 개항 이후 금지령이 존재하고 있던 시기에도 일본 내 기독교는 꾸준히 성장하고 있었다. 1858년 미일수호통상조약 제8조로 미국인 거류지 내 신교의 자유와 예배소 건립이 인정되었다. 이어진 서구열강과의 조약체결로 각 거류지 내 예배소가 설립되고 각 교파별 선교사들이 일본에 건너오기 시작했다.[10] 1859년 천주교 파리외방선교회의 신부가 프랑스 총영사관의 부속사제 및 통역으로 요코하마에 입성했다. 1859년 하

---

7) 福島正夫/編, 『日本近代法體制の形成』, 日本評論社, 1982, 211쪽; 平澤信康, 「近代日本の敎育とキリスト敎」 3, 『鹿屋體育大學 學術研究紀要』 12, 1994, 89~90쪽; 마리우스 B. 잰슨, 『현대일본을 찾아서』 2, 김우영 등/역, 이산, 2006, 720쪽.

8) 山本茂, 『條約改正史』, 高山書院, 1943, 126~164쪽; 稲田正次, 『明治憲法成立史』 上, 有斐閣, 1960, 175~180쪽; 윤경로, 「일제의 기독교 정책과 '조선전도론'(Ⅰ)」, 104~106쪽.

9) 上村敏文, 「明治維新政府の宗敎政策 － 太政官布告令による明治初期の宗敎政策に關する一考察」, 58쪽.

10) 平沢信康, 「近代日本の敎育とキリスト敎」 2, 『鹿屋体育大学 学術研究紀要』 11, 1994, 167~168쪽.

코다테에는 러시아 영사관의 설치와 함께 정교회 성당이 건립되고 영사관 부속사제로 수도사가 파견되었다. 개신교의 경우 1859년 미국감독교회(성공회 계통), 캘빈파 계통의 개혁파교회, 장로교회 등에 소속된 선교사들이 나가사키 및 가나가와에 상륙하여 거류지를 중심으로 활동을 시작했다. 1872년 요코하마에서 개신교 최초의 교단인 일본기독공회가 캘빈파를 중심으로 설립되었다. 일본기독공회는 1877년 일본장로공회와 합동하여 일본기독일치교회가 되었고, 1890년 일본기독교회로 개칭하여 일본 최대의 개신교파로 자리잡았다. 한편, 미국해외전도단(American Board of Commissioners for Foreign Missions) 소속 회중파 선교사들의 포교활동으로 1878년 관서지방 9개 공회가 일본기독전도회를 설립하고, 1886년에는 일본조합교회로 발전하여 두 번째로 큰 개신교파를 이루었다. 그 외 감리교, 루터교, 침례교, 성공회 등 다른 교파들도 1880년대 후반에서 1900년대 초까지는 일본에서 교파를 조직하여 활동하게 되었다.[11]

1859년 미국선교사들이 건너오면서 시작된 거류지 내 학교설립 역시 기독교세의 증가를 도왔다. 선교사들의 교육사업은 서구 문물을 수용하려는 일본 내부의 요구와도 합치되어 구마모토 양학교 등 관공립학교에서 외국인에 의한 교육과 비공식적인 포교활동으로 확대되었다.[12] 이후 일본인 기독교 신도층이 성장함에 따라 이들 주도의 학교설립도 계속되었다. 1880년대 중반까지 서구문물의 도입이 붐을 이룬 이른바 '歐化主義' 시대는 기독교 포교의 융성기였다. 요코하마, 구마모토, 삿포로 등을 중심으로 서구 학문과 기독교를 받아들인 일본인 신도층이 형성되었고, 이들은 이후 일본 기독교계를 이끄는 지도자들로 성장했다.[13] 이는 거

---

11) 박규태, 「일본의 종교와 종교정책」, 『종교연구』 46, 2007, 150~151쪽.
12) 平沢信康, 「近代日本の敎育とキリスト敎」 4, 『鹿屋体育大学 学術研究紀要』 14, 1995, 70~73쪽.

류지를 기반한 서양 치외법권의 존속과 기독교 관련 법제의 미비로 일본 정부의 간섭이 불가능했던 덕분이기도 했다.

이런 상황에서 1873년 '그리스도교 금지령'의 폐지는 메이지 정부가 기독교를 '사실상' 공인한 것이나 마찬가지였다. 다만, 공식적인 선언이나 법령으로 공인이 명시화되지는 않았다. 기독교에 대한 공적인 허용이 필요하다는 것은 메이지 정부 당국자들 간에 공통적인 인식이었지만, 默許의 방침이 채택되었기 때문이다. 당시 메이지 정부 내에는 기독교 공인의 방법을 둘러싸고 크게 두 가지 입장이 존재했다. 이토 히로부미, 이노우에 가오루(井上馨)를 중심한 외무성의 노선과 야마가타 아리토모(山縣有朋), 이노우에 고와시(井上毅)로 대표되는 내무성의 노선이었다. 전자는 근대문명과 기독교를 분리할 수 없는 것으로 파악하여 일본이 근대화를 결정한 이상 기독교의 유입은 어쩔 수 없다고 보았다. 서양 거류지 외부로까지 확대되고 있는 포교활동을 규제하지 못하고 있는 실상에 대해 인정하고, 명시적으로 공인하지 않는 애매한 상황에서 국내 反기독교 결사들의 배외적인 움직임이 오히려 열강의 내정 간섭을 불러올 수 있음을 우려한 입장이다.[14] 이들은 차라리 기독교를 정식으로 공인하여 갈등을 정리하자고 주장했다. 불평등조약 개정작업의 주무부서로서 서구와의 관계를 고려해야만 했던 외무성의 입장이 반영되었다고 여겨진다.

한편, 종교행정의 담당자인 내무대신 야마가타 아리토모는 다른 입장을 취했다. 이노우에 고와시[15]에게 기안하도록 한「山縣參議宗敎處分意

---

13) 윤혜원,『일본기독교의 역사적성격』, 한국기독교역사연구소, 1995, 113~120쪽; 家永三郎/엮음,『근대일본사상사』, 48~49쪽.

14) 당시 서구와 맺은 각종 불평등조약의 개정을 추진하고 있던 외무대신 이노우에 가오루는 1884년 7월 내각에 제출한 건의안에서 이러한 의견을 개진했는데, 특히 선교사 살해가 프랑스의 침공을 부른 베트남의 예를 들면서 일본 국내의 反기독교 결사들이 외국 선교사를 공격할 가능성과 그것이 초래할 대외적인 위기를 염려하고 있다. 山口輝臣,「歐化のなかの國家と宗敎 - 明治十七年」, 47~48쪽.

15) 이노우에 고와시는 일본제국헌법과 교육칙어라는 메이지 국가의 이념적인 2대 지

見」에서 야마가타는 법률상으로는 종교의 자유를 인정하되 종래 인가한 공인종교 - 교파신도와 불교에는 기존의 법을 그대로 적용하고, 기독교는 '사실상' 용인한 채로 두자고 주장했다. 이토 히로부미 등이 법령 등으로 기독교의 공인을 명문화하는 적극적인 방법을 강구한데 비해, 야마가타는 공식적인 허용절차 없이 기존의 묵허상태로 두자고 주장한 것이다.16)

결국 기독교를 법령으로 명문화하여 공인하는 정책은 정부가 기독교의 교세확대를 지원하게 되는 결과를 낳을 수 있다는 우려에서 실현되지 않았다. 명시적인 기독교 공인은 국내 종교정책의 주관자인 내무대신의 찬성 없이는 실현되기 어려운 정책이기도 했다. 이토 히로부미와 함께 조슈벌의 양대 기둥이었던 야마가타 아리토모는 육군과 관료계층을 토대로 쇼와 초기까지 번벌관료세력의 정점에서 정계를 주도했던 인물이다.17) 야마가타는 1883년 12월 태정관 내무경을 시작으로 내각제도 성

주를 정립하는데 중핵적인 역할을 담당했던, 메이지 "국가기구의 창작자"라고도 평가되는 인물이다. 이노우에는 이토 히로부미의 지시에 의해 제국헌법을, 야마가타 아리토모의 지시에 의해 교육칙어를 기초하는 작업을 맡았고, 메이지 국가의 종교정책 결정에도 주요한 역할을 담당했다. 주자학을 중심으로 한 교육배경을 가지고 國學에 경도되었던 이노우에는 일생 기독교에 대한 적대적인 시각을 견지했다. 외래 종교인 기독교에 대한 방침을 적은 1872년의 『外敎制限意見案』에는 서구와의 관계 때문에 현실적으로 기독교를 금할 수는 없지만 그렇다고 종교의 자유를 인정해서는 안 되며, 제한의 條則을 설치하여 내적인 믿음에는 관대하게 하더라도 외적으로 발현하는 것은 금하는 방책을 펼 것을 주장하고 있다. 여기서 제한의 조칙이란 外敎書(聖書) 번역 금지, 설교 금지 등으로 매우 엄격한 내용이다. 中島三千男, 「明治國家と宗敎－井上毅の宗敎觀·宗敎政策の分析」, 『歷史學硏究』413, 1974, 29~34쪽.

16) 위의 글, 47~54쪽.

17) 1899년 일본제국헌법 제정 이후 초대 내각의 수상이기도 했던 야마가타는 육군 조슈벌의 최고 실권자로 육군원수, 내무대신, 내각총리대신(제3·9대), 원로, 사법대신, 추밀원의장(제5·9·11대), 육군제일군사령관, 귀족원의원, 육군참모총장 등의 위치에서 이토 히로부미와 함께 메이지 정계를 움직인 대표적인 인물이다. 조선의 병합정책을 비롯한 일본의 외교정책 내지 군부의 대외정략에 미친 야마가타의 영향은 잘 알려져 있는 부분이다. 야마가타는 군대와 정계에서 광범위한 파벌을 이끌어, 육군출신으로는 가쓰라 타로(桂太郎), 데라우치 마사다케(寺內正毅),

립 이후 3대 내각에서 계속 내무행정의 수장으로서 7년 이상을 관련 제도와 법제의 정비를 담당했다.[18] 특히 1889년 제1차 야마가타 내각(1889. 12~1891. 5) 시기에는 내각총리대신이면서 한동안 내무대신을 겸임하기도 했다.

뒤에서도 보겠지만, 야마가타가 관철시킨 묵허의 원칙은 일본제국헌법이 공포되고 기독교 관련 법제가 정비되는 과정에서도 그대로 이어진다. 일본에서 기독교의 공인은 헌법에서 규정된 신교의 자유의 '敎'에는 기독교도 포함된다는 형식을 취해, '해석상 公許'라는 애매한 방법으로 실현되었다.[19] 일본이 근대법체제를 정비해가면서 공포한 기독교 관련 법령들 역시 이 같은 '해석상 公許' 방침을 그대로 반영하고 있다.

메이지 일본은 근대국가로의 정비과정에서 천황제를 중심한 국가체제와 그를 뒷받침할 토대로서 국가신도체제를 채택했다. 국가신도의 하위에 위치하게 된 일반 종교들은 국가의 '공인'이라는 인증절차를 거쳐야만 했다. 천황제 국가원리에 배치되지 않는 전통종교인 교파신도와 불

고다마 겐타로(兒玉源太郎) 등이, 관료출신으로는 기요우라 게이고(淸浦奎吾), 히라타 도스케(平田東助), 오우라 가네다케(大浦兼武) 등이 山縣系, 山縣閥로 분류되고 있었다. 이토의 사후에는 "원로 중의 원로"로 불리며 1922년 죽기 전까지 번벌 관료세력의 정점에 있었다고 평가된다. 川田稔, 『原敬と山縣有朋: 國家構想をめぐる外交と內政』, 中央公論, 1998, 3~4쪽.

18) 야마가타는 태정관시대 내무경을 포함해 내각제도 정립 후 내무대신으로서 약 7년 7개월간(1883. 12. 12~1890. 5. 17) 메이지 국가의 내무행정 체계를 설계하고 정비했다. 근대 일본의 내무성은 지방관 인사는 물론 지방행정, 경찰, 신사, 토목, 종교 등의 광범위한 업무를 담당하여 "정부 내의 정부"라고 불린 기관이다. 특히 당시 경찰행정권의 범위는 언론, 출판, 결사, 일반보안, 풍속, 위생, 영업, 노동, 교통 등 제반에 걸쳐 있어 메이지시기 '출판조례', '신문지조례', '집회조례', '보안조례' 등은 모두 야마가타의 손을 거쳐 나왔다고 할 수 있다. 또한 7년 7개월이라는 기간은 역대 일본 내무대신 중 최장의 재임기간이다. 재임기간 2위인 하라 다카시(原敬)는 약 5년 동안을 내무대신으로 재임했다. 福田義也, 『內務省の社會史』, 東京大學出判會, 2007, 3쪽, 223~224쪽.

19) 山口輝臣, 「歐化のなかの國家と宗敎 – 明治十七年」, 62~65쪽.

교는 일찍이 종교행정의 대상이 되어 공인종교로 인정되었지만, 기독교의 상황은 많이 달랐다. 서구의 역사와 전통의 본류였던 기독교는 일본의 천황제 이념과는 처음부터 맞지 않았다. 그럼에도 메이지 정부는 정교분리와 신교의 자유라는 근대국가 원리를 수용해야만 했고, 서양과의 관계에서 어쩔 수 없이 기독교를 용인해야만 했다. 이는 묵허라는 사실상·해석상 공인의 형태로 표현되었다. 그러나 '사실상' 공인된 기독교에 대해서 메이지 정부는 어떠한 통제도 가할 수 없었다. 서구와의 불평등조약이 개정되어 거류지나 치외법권의 문제가 해결되고 사법적인 주권을 회복하기 전에는 서구 종교인 기독교에 대해 일본 국내법상의 통제가 불가능했기 때문이다. 교리의 내용상 신도와 전혀 양립할 수 없는, 그러나 배척할 수도 없는 기독교에 대한 대책 수립은 그야말로 메이지 정부의 難題였다고 할 수 있다.

2) 불평등조약 개정교섭과 내지잡거문제

1854년 미일화친조약 이래 일본은 서양 국가들과의 조약을 통해 제국주의 시대의 불평등조약체제에 편입되었다. 일본의 개항장들에는 각국 거류지가 설치되어 일본 '내지' 침투를 위한 서양의 거점이 마련되었다. 본래 거류지제도는 영국의 중국 침탈과정에서 만들어진 것으로, 개항장을 중심으로 설치된 거류지는 서양열강에 무역시장을 제공하고 중국 거주 외국인을 보호·관리하는 역할을 했다. 때문에 거류지체제는 거류지 방위를 명목으로 하는 군대주둔, 거류지에서의 상업활동을 위한 저율관세의 통상협정, 거류지 거주 외국인들에 대한 치외법권적인 영사재판권을 동반했다.[20] 이러한 체제에 편입됨으로써 일본은 '半식민지'라

---

20) 당시는 '영사재판권'과 '치외법권'이라는 용어가 조약이나 공문서 등에서 혼용되고 다양한 의미로 쓰였다. 그러나 법적으로 두 용어는 엄밀히 구별되어야 한다고

고 불리는 법적·통상적 무능력 상태에 위치하게 되었다.[21] 당시의 치외
법권 행사는 거류지 내의 입법행위는 물론 행정행위까지 수반한 것이 특
징으로, 치외법권에 의해 거류지에 체재하는 서양인에게는 모국의 주권
이 속인적으로 연장되었다. 이에 따라 거류지 주재 각국 영사는 모국의
민·형사법령 중 현지에 적절한 법령을 선택하여 영사관 명령으로 공시
하고, 이를 실행한다는 명목으로 자국 거류민에 대한 각종 행정권을 치
외법권의 일환으로 장악하고 있었다.

치외법권을 불평등조약의 본질이라고 하는 것은 편무적인 성격 때문
만이 아니다. 영역적인 성격을 갖는 주권 본래의 기능을 본질적으로 손
상시키기 때문이다. 거류지에서 인정되는 영사재판권은 거류지에 체재
하는 각국 영사가 자국민에 대한 재판관할권을 가지는 것으로, 자국민의
신체에 대해 본국의 주권이 영역을 초월해서 속인적으로 미치게 된다.
게다가 이러한 주권의 연장은 영사재판에만 그치지 않았다. 재판이 제대
로 기능하기 위해서는 범인을 체포할 수 있는 경찰력이 필요했고, 거류

한다. '치외법권'은 외국인이 현재 체재하고 있는 국가의 권력작용, 특히 재판권
에 복종하지 않을 수 있는 자격 또는 권리이다. 현재는 주로 외교사절에 대한 특
권과 면제를 의미하는 것으로, 일반 국제법에 의해 외교사절, 국가원수 등에 부여
되는 호혜적이고 영구적인 권리로서 체제국의 재판관할권에서 면제되는 소극적인
권리라는 의미로 쓰인다. 반면, '영사재판권'은 영사재판권을 부여한 국가의 영토
주권이 제한되는 특권으로, 한 국가의 국민이 다른 국가의 영역 내에 있으면서 재
류국의 국내법 및 관할권의 행사로부터 면제되어 본국의 영사가 재판을 하는 경
우로 조약에 의해 인정되는 편무적·잠정적 권리이며 본국이 외국에 재류하는 모
든 자국민에 대하여 외교적 보호권의 한 형태로서 재판권을 행사하는 적극적 권
리이다. 권한용, 「日帝식민통치기 朝鮮에 있어서의 不平等條約의 國際法的
效力」,『법사학연구』29, 2004, 227~228쪽; 이런 의미에서 영사재판권은 치외법
권적인 특권에 해당하지만 치외법권이 영사재판권인 것은 아니라고 할 수 있다.
그러나 이 글에서는 당시의 사료에 나오는 그대로 치외법권을 영사재판권의 의미
로 사용하였다.

21) W. G. ビーズリー,『日本帝國主義 1894~1945: 居留地制度と東アジア』, 杉山伸也/譯,
岩波書店, 1990, 7, 15~18쪽; 福島正夫/編,『日本近代法體制の形成』, 195~202쪽.

자국민 소유의 재산과 혼인 등의 신분을 공증하기 위한 행정자료로 거류민명부, 토지등기부 등도 갖추어야 했다. 행정에 필요한 재원을 거류민 사회에서 징수하는 세금제도는 물론, 세입으로 거류지 내 항만의 매립, 도로와 시가지 건설, 항만 등을 관리하는 행정능력도 당연히 필요했다. 그런 이유로 거류지에는 거류지규칙 등에 의거한 군대의 주둔, 영사관에 의한 과세권과 경찰권 행사가 인정되었다. 당시 일본 외무성이 각국 영사들이 장악하고 있던 일련의 권한들을 '치외행정권'으로 호칭한 이유이다. 더구나 이러한 행정권은 거류민의 활동 확대에 따라 거류민뿐 아니라 현지의 주민까지 대상으로 하는 영역적인 행정권으로 확대되어가는 매커니즘을 가지고 있었다.[22]

이 상황을 벗어나기 위해 메이지 정부는 대내적으로 근대국가의 시스템을 갖추면서 대외적으로 서구열강에게 근대적인 체제를 갖춘 주권국가로 인정받아야 했다. 법제적인 면에서 보면 전자는 근대법제의 도입과 시행으로, 후자는 서구와 맺은 불평등조약의 개정작업으로 실현되어갔다고 할 수 있다. 이 두 과제는 서로 긴밀하게 연결된 사안이었다. 근대법전의 편찬은 조약개정의 전제조건으로 서구열강이 일본에게 요구한 주요한 조건이었기 때문이다. 서구 각국은 조약개정 교섭과정에서 영사재판권을 철폐하기 위한 담보로 일본 근대법제의 완비를 강경하게 주장했다.[23] 일본의 완전한 주권을 인정하면서 평화적으로 대등한 통상관계를 맺으려면 적어도 투하자본의 보장을 포함한 상거래의 안전, 상거래 당사자의 생명·자유·재산의 보장이 실현되어야 한다는 논리였다.[24] 근대법에 의거한 보장 없이는 일본의 법질서를 따를 수 없다는 이유로 서

---

22) 浅野豊美, 『帝國日本の植民地法制』, 18~20쪽.
23) 山本茂, 『條約改正史』, 475쪽.
24) 長谷川正安·利谷信義, 「日本近代法史」, 『岩波講座 現代法 14: 外国法と日本法』, 36~37쪽; 福島正夫/編, 『日本近代法體制の形成』, 319~320쪽.

구 근대법의 도입과 함께 그 운용을 위한 사법·재판제도의 확립을 요구한 것이다. 메이지 정부는 서양의 요구를 충족시키기 위해 1890년 재판소구성법, 민법, 민사소송법, 상법, 형사소송법 등을 먼저 공포하고, 공포 이후 법전논쟁에 휘말려 시행이 연기된 민법과 상법을 제외하고는 다음해까지 앞의 모든 법률을 시행했다.[25]

이와쿠라 사절단 파견시부터 타진되었던 조약개정은 메이지 정부의 역대 내각이 추진했던 역점사업이었다. 초대 내각인 제1차 이토 히로부미 내각(1885. 12. 22~1888. 4. 30)의 외무대신 이노우에 가오루가 주도한 조약개정 작업이 실패한 뒤에도 이어지던 조약개정 교섭은 1892년 제2차 이토 내각에서 드디어 성과를 보았다. 무츠 무네미츠(陸奧宗光)가 외무대신으로 취임, 전면적인 조약개정을 추진하면서 1894년 8월 1일 청일전쟁 선전포고를 바로 앞에 두고 개정이 시작되었다. 가장 난항을 겪은 영국과의 협상이 타결되어 영일통상항해조약이 1894년 7월 16일 비준되었고, 이후 다른 14개국과의 조약도 1897년 오스트리아와의 조약

---

25) '법전논쟁'은 공포된 민법전과 상법전을 둘러싸고 일본의 학회, 법조계, 정계 등이 그 수정과 편찬연기를 주장하는 '연기파'와 실시를 주장하는 '단행파'로 나뉘어 4년간 격론을 벌인 일을 말한다. 민법전은 불평등조약 개정을 위한 근대법 정비의 필요에서 1870년 法卿 에토 신페이(江藤新平)의 주도하에 프랑스법의 번역으로 시작되어 프랑스법을 모범으로 만들어졌다. 민법은 1890년 공포되어 1893년 1월부터 시행될 예정이었으나, 공포 전부터 일본의 관습을 반영하지 않았다는 이의가 제기되는 등 법전에 대한 논쟁이 시작되어 결국 의회에서 민법시행연기법안이 통과되었다. 이후 이토 히로부미를 중심으로 구성된 법전조사회가 설치되어 구민법을 수정하는 작업이 이루어졌다. 이 과정에서 프랑스법이 아닌 독일법을 모범으로 한 민법전(메이지 민법)으로 변형되었고 재산법은 1896년에, 가족법은 1898년에 공포·시행되었다. 이 논쟁은 근대 일본의 법학계에서 독일법계가 우위를 점하는 결정적인 계기가 되었다. 프랑스법을 모범으로 했던 구민법이 천부인권설을 기초로 부르주아적인 자유주의·개인주의·민주주의적인 색채가 농후했던 데 비해, 메이지 민법은 천황제 지배를 확립할 목적으로 학계와 국민의 의식을 국권에 통합하는 형태를 모색했다고 평가된다. 日本近代法制史硏究會/編, 『日本近代法120講』, 128~141쪽.

체결을 끝으로 마무리 되어 1899년 7월 17일부터 시행하기로 정해졌다.[26] 1899년부터 발효되어 12년간 유효한 것으로 정해진 개정조약들은 관세문제에 있어서는 부분적인 회복에 그쳤지만, 영사재판권의 폐지, 상호적인 최혜국 조항으로의 변경 등 법적인 권리 면에서는 열강과 대등한 관계를 이루었다고 평가되었다.[27]

일차적인 조약개정이 이뤄진 1894년부터 개정조약을 실시하기로 약속된 1899년까지 약 5년의 기한은 조약개정의 실제 시행여부가 결정될, 일본의 국가적인 명운이 걸린 중요한 기간이었다. 이 기간 동안 이미 진행 중이던 근대법 도입 작업이 가속화되었다. 비준된 개정조약들은 시행일 일 년 전까지 서양 각국에 실시 개시의 통고를 하도록 되어 있었고, 개정조약 부속외교문서 등에서는 기본적인 근대법들이 완전히 시행될 때까지는 조인한 개정조약의 실시를 통지하지 않기로 약속했기 때문이다.[28]

약속된 기한에 맞추기 위해, 시행이 연기되었던 민·상법은 바로 수정 작업에 들어가 민법 총칙, 물권, 채권 3편은 1896년 법률 제69호로 의회에서 통과되고 나머지 친족, 상속 2편은 1898년 법률 제9호로 통과되었다. 두 법률은 조약개정 실시 통고일의 시한을 고려하여 칙령 제23호로

---

26) 鳥谷部銑太郎, 『內地雜居改正條約案內』, 博文館, 1899, 12~13쪽; 石井良助, 『일본의 근대화와 제도』, 구병삭/역, 교학연구사, 1981, 235쪽; 福島正夫/編, 『日本近代法體制の形成』, 205~253쪽.

27) 森谷秀亮, 『岩波講座 日本歷史 - 條約改正』, 岩波書店, 1934, 58~61쪽. 이때 해결되지 않은 관세 자주권의 완전한 회복은 개정조약의 12년 기한이 완료된 1911년 제2차 가쓰라 타로 내각에서 미일통상항해조약(1911. 2. 21)의 체결을 시작으로 이루어지게 된다.

28) 1899년 7월 17일부터 바로 개정조약을 실시하기로 한 미국 등 2개국을 제외하고는, 1년 전에 일본 정부에서 개정조약 실시를 위한 사전통지를 하도록 되어 있었다. 이 통지는 근대법전을 실행할 수 있을 때까지는 개정조약을 실시하지 않는다는 것을 영국·독일·이탈리아·러시아·스위스·오스트리아 등 9개국에 대해서는 외교문서로, 프랑스에 대해서는 선언서로 약속한 때문이었다. 山本茂, 『條約改正史』, 556, 621쪽; 中村菊男, 『近代日本の法的形成』, 有信堂, 1976, 228쪽.

1898년 7월 16일부터 시행되게 되었다. 상법의 경우도 조약개정을 위한 시간표에 맞추어 1899년 3월 9일 법률 제48호로 공포되고 칙령 제133호에 의해 같은 해 6월 16일부터 시행되었다.[29]

1899년은 개정조약이 실시되어 일본의 내지가 완전히 개방된 '제2의 개국'이면서 일본의 근대법체제가 전면적으로 확립된 시기로, 일본 근대법제사의 중요한 획기로 평가된다.[30] 법제의 정비와 함께 서구 각국의 치외법권, 거류지행정권이 소멸되고, 메이지 정부는 서양인과 일본인이 내지에 함께 거주하게 되는 이른바 '內地雜居'를 순조롭게 이루어야 하는 새로운 과제를 지게 되었다.

장기화되었던 조약개정 교섭과정에서 내지잡거문제는 이미 일본 사회 내부에 커다란 관심을 불러일으키고 있었다. 외국인에게 일본 영토 전부를 개방하면서 발생할 여러 문제들에 대한 예상과 대비책들을 둘러싸고 격렬한 토론과 논쟁이 일어났다. 외국인의 경제활동, 토지소유, 매장문화, 교육과 종교문제 등이 모두 쟁점화 되었다. 대표적인 배외론자로 反기독교론자로도 유명한 이노우에 데츠지로(井上哲次郎)는 1889년 저술한 『내지잡거론』에서 우승열패의 진화론에 입각해, 일본인과 서양인의 잡거가 실시되면 서양인에 비해 열등한 일본인의 민족정체성이 말살될 것이라 주장, 내지잡거와 조약개정 반대론을 주도했다.[31] 반대론자

---

29) 中村菊男, 『近代日本の法的形成』, 229~231쪽; 浅野豊美, 「국제관계로부터 본 대만법제의 기원-무쯔(陸奥)개정조약의 대만적용문제」, 이제수/역, 『법사학연구』 27, 2003, 72쪽.

30) 福島正夫/編, 『日本近代法體制の形成』, 7, 193쪽; 日本近代法制史研究會/編, 『日本近代法120講』, 95쪽; 浅野豊美, 『帝國日本の植民地法制』, 13쪽; 長谷川正安·利谷信義, 「日本近代法史」, 6~7쪽, 33쪽; 利谷信義, 「戦前の日本資本主義経済と法」, 渡邊洋三/編, 『岩波講座 現代法 7: 現代法と経済』, 岩波書店, 1966.

31) 今泉眞幸, 『日本組合基督教會』, 東方書院, 1934, 23쪽; 1888년 도쿄제국대학을 졸업하고 독일 유학 후 1890년 도쿄제국대학 철학과 교수로 부임했던 이노우에 데츠지로는 일본의 천황제 국체론을 중심한 국가주의적 사상을 주장하면서 反서구, 反기독교 여론을 주도했던 대표적인 인물이다. 1890년 교육칙어 배례문제로 우치

들이 '내지잡거강구회' 등의 단체를 결성해 여론을 주도하면서 이 논쟁
은 보수적인 배외주의 세력이 결집하는 기폭제가 되었다.[32] 1880년대
후반 이노우에 가오루가 추진했던 조약개정 작업이 실패한 배경에는 이
같은 내지잡거 반대여론이 한 축으로 존재했다.[33] 반대론 중에는 잡거
가 실현될 경우 외국선교사의 세력이 강화되고 외래종교인 기독교가 일
본 사회에 뿌리내릴 것을 우려하는 주장도 큰 비중을 차지했다.[34] 기독
교 세력에 대한 이들의 우려는 천황제 국가체제이념과 국가신도를 중심
한 제도를 정립해가고 있던 메이지 정부 주도층의 인식과도 공통분모를
가지고 있었다.

이런 상황에서 개정·시행된 영일 간의 조약 제1조 4항은 "양국 한편
의 신민은 다른 편의 영토 내에서 양심에 관한 완전한 자유 및 법률·칙
령·규칙에 따라 公私의 예배를 행할 권리와 함께 그 종교상의 관습에
따라 매장하기 위해 적당한 땅에 자국민을 매장할 권리를 향유할 것"이
라고 규정했다.[35] 즉, 일본법의 적용 외에 있던 기독교 신교활동이 일본
의 법률·칙령·규칙에 따르는 것을 조건으로 내지에서도 가능하게 된 것

무라 간죠(內村鑑三) 불경사건이 발생했을 때에도 기독교를 격렬하게 비난하는 선
봉에 섰다.

32) 표세만, 「메이지시대의 내지잡거」, 551~552쪽; 내지잡거론을 둘러싼 조약개정
찬반논쟁에 대해서는 다음을 참조. 박양신, 「明治中期 國民主義의 정치관과 세계
인식 – 陸羯南의 정치사상」, 『동양사학연구』 63, 1998.

33) 이토 히로부미 내각의 외무대신 이노우에 가오루는 1887년 외무성 내에 法律取調
委員會를 설치하여 근대법전 편찬사업을 주관하면서까지 조약개정을 적극적으로
추진했다. 그러나 외국과의 교섭은 잘 진행되지 않았고, 외국인 사법관을 채용하
고 주요 법률을 외국법에 맞추어 개정한 후 법안의 내용을 英文으로 번역하여 외
국에 통보한다는 굴욕적인 조약개정안이 사전에 유출되었다. 이로 인해 일본 내
에서 내지잡거반대론과 함께 1888, 1889년 두 차례의 대대적인 조약개정 반대운
동이 전개되면서 개정작업은 중단되었다.

34) 比屋根安定, 『日本基督教史』 5권, 敎文館, 1940, 169쪽.

35) 鳥谷部銑太郎, 『內地雜居改正條約案內』, 博文館, 1899, 118쪽.

이다. 일본의 내지가 서양세력에게 열리고 서양인들에게 일본의 법제가 시행된 것은 기독교를 대상으로 하는 법령들이 등장할 수 있는 필요충분 조건이 되었다.

1899년에 본격적으로 공포된 일련의 기독교 관련 법제들은 제2차 야 마가타 내각(1898. 11. 08~1900. 10. 19)에 의해 제정되었다. 종교행정 의 수장인 내무대신으로서 국가신도의 정립을 주도하고 기독교의 묵허 방침을 관철했던 야마가타 아리토모는 법제적으로 중요한 개정조약 실 시 전후의 시기에 내각을 이끌었다. 일제강점기 내내 천황에 충성하는 국민을 키우기 위한 이념적 도구로 활용된, 천황제 국가이념의 정수라 할 수 있는 '교육칙어'(1890) 역시 이때 만들어졌다.[36] 야마가타의 지시 에 의해 법제국장관 이노우에 고와시가 극비리에 기초한 교육칙어는 정 식의 법령이나 칙령의 형식이 아닌, 천황 개인의 의사표명 형식으로 공 포되어 추후 개정도 할 수 없는 초법적인 위치를 점하게 되었다.[37]

종교행정의 편제에 있어서도 제2차 야마가타 내각은 1876년 이래 존 속해온 내무성 社寺局을 폐지하고, 神社局과 宗教局을 별도로 두었다. 기존의 사사국이 신도와 불교 관련 업무를 총체적으로 담당했던 것과 달 리, 분리된 신사국은 국가신도만을 담당하고 종교국은 교파신도·불교· 기독교라는 공인종교를 담당하여 신사행정을 일반 종교행정에서 분리했

---

36) 교육칙어의 특색은 일본교육의 연원을 역대천황의 덕치와 그에 대한 신민의 일관 되고 변하지 않는 충성이라는 역사관계, 국체의 精華에 있다고 한 데 있다. 즉 "天壤無窮의 皇運을 扶翼해야 한다"는 천황제 수호·유지의 지상명령이 그 요체였 다. 家永三郞/엮음, 『근대일본사상사』, 73쪽; 1890년 교육칙어의 등장은 1899년 일본제국헌법 제정과 함께 메이지 국가이념의 원형이 완성된 사건으로 평가된다. 中島三千男, 「明治國家と宗教 – 井上毅の宗教觀·宗教政策の分析」, 36쪽.

37) 교육칙어의 제정은 당시에도 야마가타이기 때문에 가능했던 일로 평가되었다. "진 보사상이나 자유주의에 특별한 이해도 없고, 동정도 없는 山縣, 다만 國體와 祖宗 의 遺訓에 매진하는 것이 전부였던 山縣이야말로 가장 적당한 교육칙어의 翼贊者" 였다고 한다. 渡邊幾治郞, 『日本憲法制定史講』, 千倉書房, 1937, 372~377쪽.

다.38) 이는 국가신도를 기타 공인종교의 우위에 두는 행정체제의 정비
인 동시에 새로이 공인된 기독교를 단속하기 위한 종교행정의 정비작업
이기도 했다. 국가신도를 초월적인 위치에 두는 행정적인 정리와 함께
새로이 종교행정의 대상으로 편입된 기독교를 대상으로 하는 법령들도
준비되기 시작했다. 이와 관련 1899년 출판된 『內地雜居改正條約案內』
에는 다음과 같은 내용이 보인다.

> 종래 정부는 社寺局을 내무성에 설치하고 신도와 불교를 감독했다. 생각컨
> 대 이 제도는 반드시 신불 두 종교를 보호하기 위한 것이 아닐 터인데도 신불
> 두 종교의 신도들은 도리어 정부의 감독을 자신의 종교를 보호하는 정략에서
> 나온 것으로 오인한 일이 적지 않았다. 그러므로 정부가 만약 종교상의 감독
> 을 필요로 한다면 새로운 조약실시와 함께 이 감독권을 耶蘇敎까지 미치지
> 않을 수 없다. 다만 종교가 다르면 그 예배, 매장의 형식 및 기타의 관습도
> 같지 않아 종래 우리 정부가 시행했던 (신도와 불교에 대한) 宗敎取締法을 그
> 대로 耶蘇敎에 적용할 수 없음은 당연하지만, 이미 신도와 불교를 감독할 필
> 요가 있었다고 한다면 耶蘇敎도 또한 감독할 필요가 있을 것이다. 다만 가능
> 한 편파적인 감독을 피하고 그 감독을 위한 법 역시 가능한 종교의 자치구역
> 을 침입하지 않을 것을 희망할 뿐이다. (괄호: 저자).39)

조약개정 이후 법제정비와 맞물린 시기에 메이지 정부가 새로운 법제
를 마련하여 기독교에 대한 본격적인 감독을 행할 것임을 예측하면서,
이 법이 종교의 자유를 침해하지 않기를 바라는 내용이다. 이와 함께 주
목되는 것은 기존의 신도·불교 관련 법제들이 '보호'를 위한 것으로 받
아들여졌으나 실제는 '감독'을 위한 것이었음을 지적하고 있는 점이다.
이러한 예측과 우려대로 1899년에 등장한 일련의 기독교 통제법령들은

---

38) 塙叡,「內地雜居實施にともなう諸變革」,『東京工芸大学紀要』Vol.3, No.2, 1981, 37쪽.
39) 鳥谷部銑太郎,『內地雜居改正條約案內』, 119쪽. 이 책의 저자 도야베 센타로는 메
　　이지 시대 每日신문, 報知신문, 잡지 『太陽』의 기자 등으로 근무했던 인물이다.

하나같이 '기독교의 공인과 보호'라는 명분을 내세웠지만, 이 법령들의
실질적인 목적은 감독과 통제였다. 또한 이들 법령의 성격은 일본제국헌
법에서 결정된 '신교의 자유' 조항의 범주와 한계를 벗어날 수 없었다.

3) 1899년 일본제국헌법과 '신교의 자유'

　1889년 공포된 일본제국헌법은 메이지 정부가 취한 종교정책과 기독
교 공인정책의 틀을 보다 분명하게 보여준다. 기본적으로 일본제국헌법
은 전문에 해당하는 上諭에서 "萬世一系의 천황"이 헌법을 제정했음을
선언하고 '헌법 제1장 천황' 제1조에서 "대일본제국은 만세일계의 천황
이 통치한다"고 선언한 천황주권의 헌법이다. 천황의 권위를 확립하기
위한 국가신도체제와 조응하는 국가 기본법의 완성이었다고 할 수 있다.
헌법상 제국의회는 천황의 입법과 豫算議政에 대해 '협찬'하는 기관에
불과했고, 국무대신은 천황을 '보필'하는 기관, 재판소는 '천황의 이름으
로' 재판을 하는 기관이었다. 근대적 헌법의 가장 큰 특징인 삼권분립도
국민주권도 표명되지 않은 채 천황이 입법, 행정, 사법권을 각 정부기구
의 협찬을 받아 총람하는 군주주권의 헌법이었다. 천황제 국체론을 주창
한 당대의 법학자 호즈미 노부시게(穗積陳重)는 제국헌법을 "신권적 가
부장적 입헌주의 헌법"이라고 규정하였다.[40]

---

40) 石井良助,『日本法制史槪要』, 創文社, 1979, 207~208쪽; 한상범,「명치헌법과 식
　　민지 조선에서의 종교에 대한 규제」,『亞太公法研究』, 2권, 1993, 221쪽; 일본제
　　국헌법에 대해서 메이지시기 자유민권론자인 나카에 조민(中江兆民)은 "한번 읽
　　어보니 쓴웃음이 나올 뿐"이라 했고, 문부성 편집국장 등으로 교과서 편찬을 담당
　　하고 修身을 중시한 보수적인 사상가 니시무라 시게키(西村茂樹)도 "메이지의 헌
　　법정치를 보면 그 이름은 심히 아름답다. 그러나 그 내용은 지난 날 전제정치와
　　크게 다를 바가 없다. 왜 그런가. 서양의 헌법은 전적으로 民力에 의해 이루어진
　　것이다. 그렇기 때문에 民에게 이로운 것이 많다. 우리나라의 헌법은 전적으로 번
　　벌정부의 손으로 만들어졌다. 그렇기 때문에 정부 쪽에 유리하다"는 비평을 할 정

절대적인 신성불가침의 천황주권론이 토대가 되면서 일본국민은 천황에게 절대적인 복종을 바치는 존재로, 주권자가 아닌 천황이 정하는 법령의 범위 내에서만 권리를 누리는 '臣民'이 되었다.[41] 결과적으로 일본제국헌법에는 근대헌법상 폭넓게 규정되는 국민의 권리·자유 보장을 위한 기본권 조항들이 매우 부족했다. 18세기 서구의 성문헌법 역사가 시작된 지 100여 년이 지난 후에 나온 헌법임에도 그러했다.[42] 이는 제국헌법의 직접적인 모델로 거론되는 프로이센 헌법과 비교해도 훨씬 열등한 부분으로 지적된다.[43] 일본제국헌법 제2장 '신민의 권리·의무' 부분을 보면 이를 더욱 분명히 알 수 있다. 제19조에서 제30조에 걸쳐 포괄적이지 않은 근소한 권리 보장이 있을 뿐으로,[44] 이 때문에 일본제국

도였다. 家永三郎/엮음, 『근대일본사상사』, 72쪽.

41) 石井良助, 『日本法制史槪要』, 128쪽.

42) 18세기 서구의 성문헌법사는 1776년 미국의 독립선언과 이어 제정된 미합중국헌법, 1879년 프랑스 혁명시의 제1차 헌법(인권선언)으로부터 시작되어, 19세기 초반 이래 서구 각국은 성문헌법 제정의 파도에 휩쓸렸다. 1889년 공포된 일본제국헌법은 19세기 후반의 헌법임에도 그 이전 시기에 등장한 서구 여러 나라의 헌법들에 비해 진보적인 헌법이라 할 수 없었다. 安澤喜一郎, 「明治憲法論(一)」, 『法律論叢』, 45, 1972, 32~33쪽; 특히, 천황주권의 '외견적 입헌주의'와 '국민'이 아닌 '신민'에게 주어진 기본권의 취약성은 일본제국헌법의 대표적인 특성으로 지적된다. 芦部信喜, 『憲法』, 有斐閣, 2008, 18~20쪽; 野中俊彦·中村睦男·高橋和之·高見勝利, 『憲法』, 有斐閣, 2006, 47~50쪽; 長尾一雄, 『日本國憲法』, 世界思想社, 1998, 5~11쪽.

43) 직접적인 모델이 된 프로이센의 헌법과 비교해 보아도 일본제국헌법은 권력분립이나 기본권 규정에서 훨씬 열등했다. 이런 점에서 일본제국헌법은 프로이센헌법보다 군주권이 강했던 남부독일 제후국의 헌법들을 참조했다고 보기도 한다. 이와 관련된 자세한 내용들은 다음 논문들을 참조. 橋本誠一, 「帝國憲法の再檢討 — 比較憲法史的考察を手がかり」, 『靜岡大學法経研究』 42, 1994; 小森義峯, 「明治憲法とプロシア憲法の比較憲法的考察」, 『憲法論叢』 5; 石村修, 「プロイセン憲法と明治憲法 — 二つの憲法の關係」, 『聖學院大學總合硏究所紀要』 48, 2010.

44) 일본제국헌법상 신민의 기본권은 ①규정된 이외의 권리의무에 대해서는 일절 보장하지 않는 '법률 없으면 권리 없다'는 것을 전제로 한 보장이고, ②규정된 권리의무들도 모두 "법률이 정하는 것에 따라" 또는 "법률의 범위 내에서"라는 제한

헌법은 기본권의 형식을 빌려 사실상은 신민의 권리를 엄격하게 제한했다고도 평가된다.[45]

신교의 자유를 규정한 일본제국헌법 제28조 역시 이 '신민의 권리·의무' 장에 속해있다. 당시 헌법 제28조는 일본 내 신교의 자유를 법적으로 선언함으로써 이미 공인종교였던 교파신도와 불교 이외에 기독교를 법적으로 공인했다고 간주되어 일본 기독교계에서 환영받기도 했다. 그런데 이 조항은 신교의 자유와 함께 국가의 통제를 전제한 제한적인 종교의 자유를 선포한 데 불과했다.

"일본신민은 안녕질서를 방해하지 않고 신민으로서의 의무에 위배되지 않는 한에 있어 신교의 자유를 가진다"는 일본제국헌법 제28조는 그 자체가 취약성을 가지고 있는 조항이다. 이 조항에서 규정하는 신교의 자유는 국가의 안녕질서 유지와 천황의 신민으로서의 의무가 전제된 제한적 의미의 자유였다. 일본제국헌법 기본권 조항들의 특징인 법률유보는 붙어있지 않지만, 대신에 "안녕질서"와 "신민의 의무"라는 제한이 가해져 있다. 특히 이후 "신민의 의무" 속에는 국가신도를 숭배할 의무가 포함되어 있다고 해석되어 제28조는 기독교를 비롯한 모든 종교가 천황을 정점으로 하는 국가신도 아래 복속되게 하는 실질적인 종교통제의 준거점으로 기능했다.[46]

헌법초안을 작성한 과정을 살펴보면 제28조의 뿌리를 더욱 분명히 알 수 있다. 잘 알려진 대로 일본제국헌법은 엄중한 경계 속에서 이토 히로

－법률유보가 붙은 것들로 무조건적인 보장은 하나도 없고, ③모든 보장들은 제31조에 의해 전시 혹은 국가사변시 천황대권의 행사에 의해 제한될 수 있으며, ④제32조에 의해 군인에게는 "육해군의 법령 또는 기율에 저촉하지 않는 한"에서만 보장되는 것들이었다. 安澤喜一郎,「明治憲法論(続)」,『法律論叢』(明治大學法律研究所) 46, 1973, 29~30쪽.

45) 長谷川正安·利谷信義,「日本近代法史」, 41~43쪽.

46) 서정민,『한일기독교관계사연구』, 22~23쪽; 윤혜원,『일본기독교의 역사적 성격』, 132~133쪽; 中島三千男,「大日本帝國憲法第28條信仰自由規定の成立過程」, 127쪽.

부미를 주축으로 한 소수의 인원에 의해 비밀리에 만들어졌다. 헌법제정
회의가 소집되지도, 헌법제정을 위한 민의의 수렴과정도 없었다. 심지어
민간의 헌법안[私擬憲法] 작성은 보안조례에 의한 검속대상이었다. 엄
중한 경계 속에서 소수의 인원이 비밀리에 기초한 일본제국헌법은 천황
이 내리는 흠정헌법으로서 국민에게 강요되었다.[47]

일본제국헌법의 초안 작성에는 이노우에 고와시의 역할이 특히 컸다
고 알려져 있다. 또한 1878년부터 일본 정부의 고문으로 활동한 독일 법
학자 뢰슬러(Roesler)의 견해도 이노우에를 통해 많은 부분이 반영되었
다.[48] 뢰슬러는 제28조의 제정과도 깊이 관련되어 있다. 그는 이노우에

---

47) 이토 히로부미는 1882년부터 1년간 독일에서 일본제국헌법 제정을 위한 연구를
마치고 돌아왔다. 귀국 후 이토는 이노우에 고와시(井上毅), 이토 미요지(伊東巳代
治), 가네코 겐타로(金子堅太郎)와 함께 헌법 제정에 착수했다. 최초의 헌법초안은
이노우에 고와시가 작성한 두 개의 초안(甲案·乙案)과 뢰슬러(Roesler) 작성의 초
안, 그리고 이토 자신의 초안을 검토하여 기초되었는데 이노우에의 초안들이 기
본이 되었다고 알려져 있다. 헌법 초안의 작성 작업은 나츠시마(夏島)라는 고립된
섬에 있는 이토 히로부미의 별장에서 비밀리에 이루어졌고, 초안의 심사도 이토
의 고안에 의해 설치된 추밀원에서 이루어졌다. 이토 자신을 위원장으로 궁중 내
에서 접근을 차단하고 이루어진 추밀원심의는 황족, 고문관, 내각의 대신을 포함
한 31인으로 구성되었고, 헌법초안뿐 아니라 참조자료들도 회의장 밖으로 반출이
금지되었다. 清水伸, 『明治憲法制定史』 中, 原書房, 1973, 139쪽; 安澤喜一郎, 「明
治憲法論(一)」, 39~49쪽.

48) 일본제국헌법 제정에 영향을 미친 독일 법학자들로는 슈타인(Lorenz von Stein)과 그
의 제자인 그나이스트(Rudolf von Gneist), 일본에서 고문으로 근무했던 뢰슬러
(Hermann Roesler)와 모세(Isaac Albert Mosse)가 거론된다. 그 중 뢰슬러는 법학과 경
제학 박사학위를 취득하고 독일 로스톡(Rostock)대학에서 국가학 교수로 재직했던
인물로 국가의 권한강화를 중요시 한 보수적인 公法학자였다. 그는 15년간이나 일본
정부의 고문으로 체재하면서 이토 히로부미의 신임하에 특히 일본제국헌법과 상법
의 기초에 크게 관여했다. 家永三郎/엮음, 『근대일본사상사』, 72쪽; 清水伸, 『明治憲
法制定史』 上, 原書房, 1971, 261~264쪽; 崔京玉, 「日本의 明治憲法制定에 있어서
外國人의 影響」, 『헌법학연구』 제7권 제1호, 2001, 242~247쪽; 高田晴仁, 「日本商
法の源流·ロェスレル草案－ロェスレル型 株式會社を例として」, 『日本法の中の外國法－
基本法の比較法的考察』, 早稲田大學比較法研究所/編, 2014, 176~177쪽.

고와시를 비롯한 헌법초안 작성자들에게 '신교의 자유'는 일본이 근대 법치국가가 된 것을 외국에 대해 표명하기 위해서도 헌법상 필수적인 조항이긴 하지만, 가능한 애매하게 규정해서 종교에 대한 정부의 활동을 자유롭게 할 필요가 있다고 충고했다.[49]

본래 신교의 자유는 좁게는 신앙고백의 자유(양심의 자유)를 의미하고 넓게는 종교행사 또는 예배의 자유와 종교적 결사 특히 종교단체를 조직할 자유를 포함한다. 그런데 뢰슬러는 종교가 정신·경제상 국민생활의 기초이고 종파의 분열은 정치상의 분열을 초래하기 때문에 정부가 종교를 통일하는 데에 힘써야 한다고 조언했다. 일본 정부는 "올바른 종교[政教]"와 "그릇된 종교[謬教]"를 구별하고 후자에 대해서는 전자와 동등한 자유로운 권리를 부여해서는 안 되며, 이러한 정책을 시행하기 위해서는 헌법상 신교의 자유의 규정이 애매하게 두어져야 한다는 주장이다. 결국 헌법초안 작성시 신교의 자유조항에 포함될 것이 논의되던 '歸依의 자유', '信向 및 本心의 자유', '예배의 자유' 등은 뢰슬러의 권고대로 모두 삭제되고 포괄적인 '신교의 자유'만이 남게 되었다. 헌법을 기초할 때부터 제28조는 종교의 자유보장 자체보다는, 종교에 대한 정부의 통제에 더 많은 재량을 부여하는 데 중점을 두고 만들어졌다고 할 수 있다.[50]

일본제국헌법 제28조를 동시대 헌법들의 종교적 자유 조항들과 비교해 보아도 그러한 점은 분명히 드러난다.[51] 1850년 프로이센 헌법은 종

---

49) 中島三千男, 「大日本帝國憲法第28條信仰自由規定の成立過程」, 『奈良大學紀要』 6, 1977, 132~133쪽.

50) 위의 글; 현행 일본국 헌법 제20조 신교의 자유조항은 구체적으로 자유의 내용을 규정하고 있다. 이와 비교해 보면 일본제국헌법의 문제점을 뚜렷이 알 수 있다.
제20조 1. 신교의 자유는 누구에 대해서도 이를 보장한다. 어떠한 종교단체도 국가에서 특권을 받거나 정치상의 권력을 행사해서는 안 된다.
2. 누구라도 종교상의 행위, 축전, 의식 또는 행사에 참가할 것이 강제되지 않는다.
3. 국가 및 그 기관은 종교교육 기타 어떠한 종교적 활동도 해서는 안 된다.

교적 자유의 향유를 위해 公民의 의무를 지켜야 함을 규정하면서도 신앙고백의 자유, 종교단체의 결성과 종교행사의 자유를 구체적으로 보장하고 있고(제12조), 1867년 오스트리아 헌법도 국민의 의무를 손상하지 않는 한 완전한 信條 및 양심의 자유를 보장하면서, 종교단체의 宗旨 실행과 내부 사무에 대한 자주적 관리권은 물론 예배·교육·자선의 목적을 위한 시설·기부금·기금을 소유하고 향유할 권리를 규정하고 있다(제14조, 제15조). 1830년 프랑스헌법, 1831년 벨기에헌법도 신교의 자유와 함께 예배의 자유를 보장하고 있다.[52]

헌법의 제정과정에서 드러나는 일본 정부의 종교에 대한 통제의지는 헌법해석 내지 운용의 측면에서도 그대로 이어진다. 천황기관설로 유명한 근대 일본의 헌법학자 미노베 다츠키치(美濃部達吉)는 1920년대 말 일본제국헌법 제28조의 해석을 놓고 정부와 논쟁을 벌였다. 1929년 의회심의에 붙여졌던 종교단체법안과 관련하여 나온 일본 정부의 공식 입

---

51) 일부 연구에서는 일본제국헌법상 '신교의 자유'의 성격을 당시 유럽 헌법들과 유사한 수준의 것으로 - 미국이나 프랑스 보다는 훨씬 미흡한 것을 인정하면서도 기타 유럽 국가들의 표준에는 도달한 것으로 평가하기도 한다. Jason Ānanda Josephson, *The invention of religion in Japan*, Chicago: The University of Chicago Press, 2012, pp.226~232; 그러나 헌법의 역사는 조문만을 단순 비교하는 것이어서는 안 된다. 그 제정과정을 연구하는 헌법체제성립사, 실질적 적용과정을 연구하는 헌법체제운용사, 헌법에 대한 당대의 해석을 연구하는 헌법사상사(헌법학설사)로 구성되는 憲法史의 측면을 두루 검토할 때 일본제국헌법 제28조는 제정과 운용·해석과정 모두에서 당대의 유럽헌법들과 유사한 것으로 평가되어서는 안 될 것으로 생각된다. 헌법사적으로 일본제국헌법 제28조는 천황제 및 국가신도체제와 분리될 수 없기 때문이다. 이 때문에 히라노 타케시(平野武)는 파시즘기 독일·이탈리아와 비교해도 두드러질 정도로 "근대국가 중 일본만큼 극심한 종교탄압이 행해진 국가는 없다"고 평가하고 있다. 平野武, 『明治憲法制定とその周邊』, 晃洋書房, 2004, 18, 31쪽.

52) 尾崎利生, 「明治立憲主義と信敎の自由規定 - 帝國憲法第二八條の成立過程を中心にして」, 『東京家政學院大學紀要』 30, 1990, 105쪽; 西岡祝, 「權利宣言規定の比較硏究 - 明治憲法と同時代の憲法」, 『福岡大學法學論叢』 53, 2009, 282쪽.

장은 제28조가 보장하는 신교의 자유는 오직 종교를 신앙할 자유 즉 내심의 자유만을 의미하는 것으로, 종교행위 특히, 종교결사의 자유는 포함되어 있지 않다는 것이었다.[53] 그야말로 종교에 대한 더 많은 통제권을 당국에 부여하기 위한, 제28조 본래의 설치 의도가 잘 발현된 주장이었다. 미노베는 이에 대해 이 조항을 정부와 같은 식으로 해석한다면 제28조는 온전한 양심의 자유일 뿐이므로 헌법에 규정될 필요도 없다고 지적했다. 헌법에 규정되지 않더라도 당연히 내심의 자유는 누구도 침해할 수 없는 것이기 때문이다. 미노베는 과거 종교탄압의 역사에 비추어 보거나 외국의 헌법조항을 참고해 보면 이 조항은 당연히 '종교행위의 자유'까지 보장하는 의미로 해석해야 한다고 주장했다. 즉 "안녕질서를 방해하지 않고 신민으로서의 의무에 위배되지 않는 한" 종교와 관련된 집회결사의 자유는 헌법상 보장되어야 했다.[54] 그러나 천황기관설 논쟁의 결과에서도 알 수 있듯이 미노베의 주장은 이미 가속도를 내며 굴러가던 일본의 천황제 국가주의를 막을 수 없었다.

제한적인 신교의 자유를 규정한 제국헌법체제하에서 메이지유신 초기 실패했던 신도국교화 정책은 '신사비종교론'으로 업그레이드되었다. 일본제국헌법과 뒤를 이어 공포된 '교육칙어'(1890)는 국가신도를 국민도덕의 지표로, 천황제 이데올로기로 완성시켰다. 본질상 종교인 국가신도는 종교가 아닌 국가의 제사로서 별도로 취급되고, 그 아래 범주에 교파신도, 불교, 기독교라는 공인종교와 종교로 인정받지 못한 비공인종교인 유사종교가 위계적으로 위치하게 되었다. 일본제국헌법 제28조의 신교의 자유는 국가신도의 존재를 전제로 한 제도적 범위 내의 자유였다고 할 수 있다.[55] 결국 신교의 자유조항은 메이지 정부의 서구화 정책의 산

---

53) 美濃部達吉,「宗教團體法案と信教の自由」,『現代憲政評論』, 岩波書店, 1930, 316~324쪽.
54) 위의 글.
55) 日本近代法制史硏究會/편,『日本近代法120講』, 58쪽.

물로 기독교 공인의 옷을 입고 있었지만, 그 이면은 절대주의적인 반동으로 기독교를 배격할 준비를 갖춘 것이었다.56) 공인종교로서 명시적인 법적 공인을 받지 못하고 있던 일본 기독교계는 헌법이 신교의 자유를 인정하자, 이를 기독교 공인으로 해석하고 환영했다. 그러나 제국헌법 제28조는 원래부터 정부의 종교에 대한 간섭을 예정하고 있었고, 조약개정 이후 메이지 정부의 기독교에 대한 법적 통제는 기독교의 포교기관과 조직, 사업을 국가신도체제 아래 종속시키는 방향으로 전개되었다.

2. 1899년 기독교 통제법의 제정과 성격

1894년 이후 개정된 서양 각국과의 조약 중 종교 관련 규정에서 기독교에 대한 관대한 취급이 인정되고, 기독교의 일본 내지 포교가 자유화되자 불교계를 중심으로 기독교 공인에 대한 비난이 들끓었다. 조약개정 이후 내지가 개방되면서 기독교에 관한 대처문제는 메이지 정부에게도 긴급한 현안이었다. 메이지 정부 내에서는 이 문제를 다루기 위한 법제의 제정이 여러모로 고려되었다. 내지잡거문제에서 파생될 기독교의 본격적인 일본 유입과 보급, 그에 대한 관리·감독을 준비하기 위해 신도, 불교, 기독교 등 기타 종교와의 복잡한 관계 속에서 '宗敎取締法', '神社法', '佛敎法', '耶蘇敎取締法' 등 여러 형태의 법안제정이 논의되었다.57) 이러한 움직임들은 제2차 야마가타 내각에서 두 가지 방향으로 전개되었다. 하나는 기독교를 포함한 공인종교 모두를 대상으로 한 포괄적인 종교법의 제정 시도였고, 다른 하나는 칙령이나 행정명령인 省令의 형태로 기독교 관련 법제를 별도로 발령하는 것이었다. 결과적으로 종교

---

56) 隅谷三喜男, 『近代日本の形成とキリスト敎』, 新敎出版社, 1961, 111쪽.
57) 佐伯友弘, 「宗敎法案の敎育史的意義について」, 207~209쪽.

법안은 1900년 의회에서 부결되어 법 제정에 실패했지만, 기독교 포교 기관과 기독교단체의 법인, 기독교계 학교를 규제하는 법제들이 칙령과 행정명령의 형태로 제정되어 시행되었다.[58]

1) 포교기관 규제: 내무성령 제41호

기독교 관련 법령들 중에서 가장 먼저 등장한 1899년 내무성령 제41 호 '신불도 이외의 종교선포 및 전당·회당 등에 관한 규정'은 기독교의 포교기구와 조직에 대한 행정적인 통제를 위한 법령이다.[59] 기독교의 내지 포교에 대한 대책으로 기독교 기관들을 규제·감독하는 한편, 종교 문제와 관련하여 국제적인 신용을 얻기 위해 개정조약이 실시되는 7월 에 기독교를 종교행정의 대상으로 공인했다고 할 수 있다.[60] 1899년 7월 3일 『能仁新報』에는 다음과 같은 내용의 기사가 실려 있다.

> 개정조약 실시를 위한 준비의 하나로 기독교 단속에 관한 규정이 마련될 것이라는 이야기가 전부터 있었는데 드디어 내무대신이 조만간 이에 관한 성령을 발령할 것이라 한다. 원래 기독교에 대해서는 모두 이때까지 방임주의를 취해, 가령 교회당 설립과 같은 경우는 완전히 묵허되어 있어 단속상 적당치 않은 점이 적지 않았으므로 이제부터는 회당 설치 등의 경우 일일이 인가를 받게 하는 등 여러 가지 단속 규정이 설치될 것이라 한다.[61]

---

58) '종교법안'은 1900년 당시에는 불교계의 반대 등으로 의회에서 부결되어 법 제정 에 실패했지만 공인종교를 하나의 법률로 규율하려는 시도는 이후에도 계속되어, 종교법제의 제정은 1927년, 1929년에도 시도되었고 결국 1939년 '종교단체법'의 형태로 공포되기에 이른다.

59) 이 법령은 당시 문서들에서 '神佛道以外의 宗敎宣布者 및 說敎所·講義所의 設立 移轉廢止 等에 관한 屆出規程', '宗敎宣布에 관한 屆出方', '神佛道以外의 宗敎宣 布 및 宇堂會堂 등에 관한 規程' 등으로도 불렸다.

60) 山口和孝, 「文部省訓令第十二號(1899)と宗敎的情操敎育ノ涵養二關スル文部次官通 牒(1935)について」, 『國際基督敎大學學報 I-A: 敎育硏究』 22, 1979, 46쪽.

이 기사에서 언급된 법령의 원안인 '신불도 이외의 종교에 관한 省令案'은 야마가타 내각의 내무대신 사이고 츠구미치(西鄕從道)가 1899년 6월 16일 각의에 제출한 상태였다. 법령안은 같은 날 총리대신 야마가타 본인이 겸직하고 있던 법전조사회 총재에게 송부되어 법전조사회의 심의·수정을 거쳐 6월 24일 다시 총리대신 야마가타에게 보내졌다.[62] 이후 각의에서 최종 승인되어 7월 27일 내무성령 제41호(全 6조)로 공포되었다. 조약개정 실시일인 7월 17일을 열흘 지나서였다. 사실상 거류지 밖에서 외국인 선교사의 포교활동이 행해지더라도 제지할 수 없었던 이전과는 달리 외국인에 대한 법적 규제가 가능해지자 곧바로 법령을 시행할 수 있도록 대비한 것이다. 내무대신이 법령안을 각의에 제출하면서 밝힌 법령제정의 이유는 다음과 같다.

종래 신불도 이외의 종교는 행정상 종교로서 특별히 이를 취급하지 않았지만, 이미 헌법에서 신교의 자유를 허용하고 또한 신조약에 의해 조약체결국의 자유신앙 및 堂宇의 건설, 의식의 집행을 허용한 지금에는 전과 같이 이를 방임함이 타당하지 않다. 대개 신조약 실시 후는 내지잡거도 허용되고 현재 우리나라의 예수교도 및 그 포교를 위한 堂宇는 그 수가 적지 않으므로 이제 이를 종교로서 취급함이 타당할 것이다. 그런데 이를 종교로 취급함도 신불 두 종교에 대한 형평과 관련하여 본래부터 중대한 문제에 속하여 하루아침에 이를 결정하기 어렵다. 즉 일반종교에 대한 방침과 제도는 지금 조사 중이므로 조사를 마칠 때에는 각기 법률안을 만들어 각의를 청할 것이지만, 이제 신

---

61) 「耶蘇教取締に就て」, 『能仁新報』 598호, 1899년 7월 3일. 이 기사는 일본 기독교사 관련 사료들을 수집, 소개한 「小澤三郎編日本プロテスタント史史料(三) - 文部省訓令一二號とその反響」(杉井六郎/편, 『キリスト教社會問題研究』 22, 1974) 185~186쪽에 수록되어 있다.

62) 법전조사회는 법전논쟁 이후인 1893년 제2차 이토 히로부미 내각에서 설치한 기관으로, 민·상법을 기초하고 형법을 개정하는 등 1903년 폐지될 때까지 법령의 기초, 심의 등을 담당했다. 내각 안에 설치된 기관으로, 조사회의 총재는 내각총리대신이 맡는 관례로 인해 야마가타 내각에서는 야마가타 아리토모 자신이 법전조사회 총재직을 맡고 있었다.

불 이외의 종교에 대해서는 별지와 같은 省令을 발포하는 것으로 한다.[63]

기존에 적용법령도 없이 묵허 상태로 방치되어 있던 기독교에 대해 개정조약의 실시에 맞춰 공인과 함께 행정적인 통제를 가할 방침으로, 조사 중에 있는 종교법안에 우선해서 일단 성령을 공포하겠다는 의도이다. 이 請議書의 이어진 부분에서 사이고는 회당·설교소 같이 포교의 근본이 되는 "有形의 설비"에 대해서는 공포될 성령으로 우선 단속하고, 교파와 같은 "無形의 설비"는 행정명령으로 규정할 사항이 아니므로 이후에 법률로 제정할 계획임을 밝히고 있다.[64]

그런데 당시의 내각 관계 서류는 내무성령 원안의 일부 내용을 두고 내각 내에서도 상당한 갈등이 있었음을 보여준다. 법전조사회와 내각의 심의과정에서 문제가 되었던 조항들은 결국 삭제되어 공포되었지만, 삭제된 부분을 둘러싼 논의의 과정을 통해 법령의 제정의도와 성격은 더욱 분명히 드러난다. 내무대신이 제출한 원안에서 특히 문제가 된 부분은 두 가지인데 우선, 제1조와 제2조의 요건사항 중 "종교의 敎旨 및 儀式의 大要" 라는 내용이었다. 제1조는 종교의 선포에 종사하려는 자(포교자)가 신고해야 하는 요건사항, 제2조는 종교용 장소의 허가를 받기 위해 종교용 장소의 설립자가 제출해야 하는 요건사항들을 규정하고 있다. 두 조항은 요건 중에 공통적으로 "종교의 敎旨 및 儀式의 大要"를 지방

---

63) 일본국립공문서관 소장문서 類00868100「神仏道以外ノ宗教ニ對シ內務省令ヲ以テ取締法ヲ設ク附省令案」,『公文類聚』第23編, 明治32年, 第三十五卷;『公文類聚』은 1886년 2월 '公文式'에 의해 법률의 형식이 법률, 칙령, 閣令, 省令으로 정비되면서 메이지 정부가 공문서의 원본 등을 편철한 책이다. 여기에는 법령의 입안부터 제정에 이르는 심의과정이 그대로 담겨있다. 일본국립공문서관 디지털 아카이브 (http://www.digital.archives.go.jp)와 아시아역사자료센터(http://www.jacar.go.jp)에서 대개의 내용을 열람할 수 있다. 앞으로는 '일본국립공문서관 소장문서 類00861100 -00600'의 형식으로 표기하기로 한다.

64) 위의 자료.

장관에게 제출하도록 의무화했다. 이는 내무대신이 제출한 청의서에서도 특별히 강조되고 있는 부분으로 이 조항들은 유형의 설비에 대한 取締는 물론, 정부가 해당 종교와 포교자의 상태를 파악하여 그에 대한 取締를 실시하는데 편의를 제공하는 핵심적인 내용이었다.[65]

또 하나 문제가 된 부분은 원안의 제5조였다. 최종적으로 전체 삭제된 제5조의 원래 모습은 다음과 같다.

> **제5조** 지방장관은 다음의 경우 제2조의 허가를 취소할 수 있다.
> 　　1. 설립을 요하는 이유가 소멸한 때.
> 　　2. 관리자 또는 설립자가 제4조 제2호의 허가를 받지 않고 제2조 제
> 　　　2호 내지 제5호에 기재된 사항을 변경한 때.
> 　　3. 지방장관이 공익을 해친 것으로 인정하는 때.[66]

원안의 제5조는 종교용 장소의 설립허가를 지방장관이 취소할 수 있는 경우들을 규정하고 있다. 지방장관에게 종교용 장소의 설립허가권을 인정한 제2조에 이어 설립취소권도 인정하여 종교기관에 대한 지방관의 권한을 강화한 내용이다.

이 문제의 두 부분은 법전조사회 심의와 내각 심의 과정에서 수정·삭제되어 공포된 법령에서 사라졌다. 삭제의 이유는 관계 자료에 첨부된 외무대신 아오키 슈조(靑木周藏)의 의견서를 통해 추정할 수 있다. 아오키는 제국헌법 제28조에서 신앙의 자유를 허용한 이상 일개의 성령으로 종교의 교지를 제출하게 함은 헌법에도 위배될 뿐 아니라, 이는 내무대신의 말과 달리 사실상 무형의 설비에 대한 取締라는 점을 지적했다. 또한 신교의 자유를 공인한 입헌국가는 寺院에 대해 소극적인 태도를 취하여 법인제도나 집회법으로 이러한 부분을 규율하고 있으므로 이들 조

---

65) 위의 자료.
66) 위의 자료.

항들은 삭제해야 한다는 주장을 펴고 있다.[67] 이에 대해 "종교단체 取締
의 시작으로서 …… 우선 유형의 설비에 대한 取締法을 설치하려는 것
으로 …… 제5조를 부활시켜 법령의 위엄을 보전하고 그 强行을 기하는
것이 필요"하다는 반대론도 한 편에서 계속 존재했다.[68] 결국 아오키가
반대한 부분이 모두 삭제되어 법령으로 공포된 상황을 보면 외국과의 관
계 조율을 위한 외무대신의 의견이 결정적으로 반영되었다고 생각되지
만, 보다 강력한 단속법규를 만들려 했던 법령의 본래 목적과 그에 토대
하고 있는 법령의 근본적인 성격을 유추할 수 있다.

　신교의 자유가 헌법상 명기된 이후 구체적으로 기독교를 대상으로 한
법령은 내무성령 제41호가 처음으로, 이로 인해 기독교는 새롭게 종교행
정의 대상이 되었다. 당시 일본 사회 일부에서는 이 법령을 내지잡거의
실시에 따라 외국선교사를 보호하면서도 동시에 단속하기 위해 교회의
설립과 선포에 관해 규정한 것이라 평가하기도 했다.[69] 당시 일본 기독

---

67) 위의 자료; 이 자료에서 아오키 외무대신의 의견은 두 부분에 제시되어 있다. 하
　나는 6월 16일 내무대신이 총리대신에게 각의를 신청하면서 보낸 문서의 지령안
　중 내무성령 제41호의 원안 제1조에 附箋으로 첨부된 내용이고, 다른 하나는 이
　자료의 마지막 부분에 첨부되어 있는 7월 12일자로 제출된 의견서이다. 이 두 의
　견서 모두에서 주목되는 부분은 외무대신 아오키 슈조와 농상무대신 소네 아라스
　케(曾禰荒助)의 手決이 함께 남아있는 점이다. 아오키의 견해에 대해 소네가 지지
　하고 있었다는 의미로 읽힌다.
68) 위의 자료; 인용문은 이 자료의 맨 처음에 등장하는 1899년 7월 18일자 각의결정
　문의 내용으로, 법령공포일의 10여일 앞에 해당한다. 이 각의결정문에는 아오키
　와 소네의 手決만이 빠져 있을 뿐 야마가타 총리대신을 포함한 나머지 내각 각료
　들이 결제서명을 하고 있는 점으로 보아 당시 내각의 대부분은 내무성의 원안을
　지지했을 가능성이 크다. 7월 27일 내무성령 제41호의 공포일까지 어떠한 사정에
　의해 아오키의 견해가 힘을 얻게 되어 문제의 조항들이 삭제되었는지는 앞으로
　더 검토되어야 할 부분이다.
69) 今泉眞幸,『日本組合基督教會』, 31쪽; 일본에 거주하던 외국선교사들의 평가는
　각자의 출신 국가에 따라 조금 엇갈렸던 것 같다. 1899년 8월 미국장로교 선교사
　랜디스(H. M. Landis)와 임브리(William Imbrie) 간의 서한에 의하면, 독일 출신
　하스(Hass) 선교사는 독일의 종교법안과 비교해 내무성훈령이 자유롭다고 생각한

교계는 대체로 내무성령 제41호를 기독교에 대한 법적공인으로 받아들여 환영을 표시했다.[70]

그러나 법령제정의 과정에서 문제가 된 조항들이 삭제되었음에도 불구하고, 법령의 내용을 검토하면 이 법령의 실질적인 목적이 보호보다는 단속에 있었음이 더욱 분명해진다. 법령의 내용을 표로 정리하면 다음과 같다.

〈표 1〉'신불도 이외의 종교선포 및 전당·회당 등에 관한 규정'의 구조

법규명 / 법 조항	신불도 이외의 종교선포 및 전당·회당 등에 관한 규정 (1899 내무성령 제41호)
법 적용 대상	신불도 이외의 종교
포교자 요건 (제1조)	종교의 선포에 종사하려는 자 신고내용 기재문서+이력서를 갖춰 주소(혹은 居所) 관할 지방장관에게 신고
① 문서 구비사항	종교의 명칭·포교의 방법
② 예외조항	同令 시행 전부터의 종사자 또는 설립자(또는 관리자)가 同令 시행 후 2개월 내 관할 지방장관에 신고 *신고 없는 경우는 허가를 받지 않은 것으로 간주
③ ①의 각 요건 변경시 필요요건	각 요건 변경시 또는 주소(居所)이전시는 2주간 이내 관할 지방장관에게 신고

반면 미국인 선교사들은 훈령을 짐스럽고 귀찮다고 여기고 있다고 적고 있다.(杉井六郎, 「小澤三郎編日本プロテスタント史史料(五)－文部省訓令一二號とその反響」, 198쪽). 내무성령 제41호의 서구법적인 모델이 있다면 영미계 법제보다는 독일 법제에서 뿌리를 찾아 볼 필요가 있다고 생각된다.

70) 1899년 8월 『讀賣新聞』의 보도에는 다음과 같은 내용이 보인다. "내무성에서 전에 省令을 발하여 일반 종교의 신고를 하도록 告示한 것에 대해서는 종래 단순히 默認에 지나지 않던 外敎徒도 처음으로 종교로서 공인된 것을 기뻐하고 있는 모양으로 外敎徒는 목하 各派 교섭의 위에 일제히 신고의 준비를 하고 있다." 『讀賣新聞』 1899. 8. 9. (杉井六郎, 「小澤三郎編日本プロテスタント史史料(四)－文部省訓令一二號とその反響」, 『キリスト敎社會問題研究』 23, 1975, 187쪽).

(제4조)	*포교자 사직시는 관할 지방장관에게 신고
종교용 장소 설립요건(제2조)	장소 설립자가 아래의 6개 요건 갖춰 제출＋소재지 관할 지방장관의 허가
① 요건사항	1. 설립을 요하는 이유 2. 설치를 끝낼 기한 3. 명칭, 소재지와 부지 및 건물에 관한 중요 사항, 도면 첨부 4. 종교의 명칭 5. 관리 및 유지 방법 6. 담당포교자 둘 경우 그 자격 및 선정방법
② 설치기한에 설립하지 못한 경우	요건 2호의 설치기한에 설치를 못한 경우는 설립허가의 효력이 상실됨
③ 각 요건 변경의 경우	설립자(또는 관리자)가 이유를 갖춰 관할 지방장관에게 신고
④ 장소 폐지·이전의 경우	2주 이내 관할 지방장관에게 신고
⑤ 법시행 전의 경우	법 시행 전 종교용 장소의 설립자(혹은 관리자)는 요건사항을 법 시행 후 2개월 이내 관할 지방장관에게 신고
종교용 장소 설립자의 보고의무 (1905. 12. 개정)	설립자 또는 관리자는 매년 12월 31일 현재의 신도수를 다음해 1월 31일까지 관할 지방장관에게 신고

* 출전: 高松泰介/編, 『現行宗敎法令』, 有斐閣書房, 1902.

법령의 명칭은 "신불도 이외의 종교"를 포함하여 기독교를 대상으로 함을 완곡하게 표시했다. 이어 제5조에서 "신불도의 포교자 및 그 사원·불당·교회소 등의 설립·이전·폐지에 관해서는 모두 종전의 규정에 의한다"고 하여 신불도는 이 법령의 적용을 받지 않음을 명시하였다. 신도와 불교에 대해서는 이미 1884년 '太政官布達 제19호'로 기본법규를 제정했고 그 외에도 각종 법령들이 존재했다.[71] 때문에 내무성령 제41호는 사실상 기독교만을 대상으로 하고 있었음에도 고의적으로 '기독교'를 명시하지 않았다고 할 수 있다. 실제로도 1939년 '종교단체법' 실시 이전까지 내무성령 제41호는 기독교 이외의 종교에는 적용된 경우도 없었다.[72] 이러한 불명확한 표현방식은 메이지 정부의 기독교 공인에 대한

---

71) 根本松男, 『宗敎團體法論』, 嚴松堂書店, 1941, 150~151쪽.

묵허 즉 '사실상 公許'방침의 영향이 이어진 것으로 보인다. 이로 인해 1899년 기독교 관련 법령들의 공포 이후에도 일본 사회 일부에서는 기독교는 공인종교가 아니라는 주장이 반복적으로 등장하게 된다.[73]

법령의 적용대상은 개개의 포교담당자, 포교기관의 설립자·관리자 그리고 포교기관이다. '교단'이나 '교파'는 언급되어 있지 않다. 포교기관의 설립, 이전, 변동을 중심으로 포교기관과 관련된 포교자·설립자·관리자를 규제하고 있을 뿐이다. 포교자의 경우 개인의 이력과 함께 종교의 명칭과 포교의 방법, 그에 관한 변동사항을 지방장관에게 보고하도록 의무화했다.[74] 종교용 장소의 설립자나 관리자는 설립, 변동, 이전 등 종교용 장소에 관한 6가지의 세세한 설립요건을 갖춰 지방장관에게 허가를 받아야 했다. 인가제도가 아닌 관할 행정기관의 재량권을 인정하는 허가제도를 택한 점에서 종교기관의 설립을 통제하려는 목적이 드러난다. 특히 1900년 5월 1일 발령한 명령(종교국 통첩 甲第4號)[75]은 제2조의 6가지 요건은 총괄된 일체로 취급하여 설립허가조건으로 하는 것으로 일부라도 변경이 있으면 자연히 허가의 효력 자체가 소멸되고 새롭게 설립허가를 받게 하는 것이 입법취지임을 밝히고, 요건사항의 변경이 있는 경우 변경사항만 따로 허가를 받는 것이 아님을 담당관청에 주의시키고 있다. 즉, 6가지 요건사항 중 하나라도 변경이 있으면 설립허가 자체가 취소되고, 다시 모든 요건사항을 구비하여 재허가를 받아야 한다.[76] 또한

---

72) 위의 책.

73) 新田邦達, 『宗敎行政法要論』, 敬文堂書店, 1933, 274쪽.

74) 위의 책, 275~276쪽.

75) 일제강점기 일본 내는 물론 조선에서도 많이 사용되던 행정명령들은 省令의 예에서 보이듯 발령기관에 의해 분류되기도 했지만, 명령의 성격에 의해서는 指令, 訓令, 通牒 등으로 분류되었다. 그 중 '통첩'은 동등한 관청 상호 간 또는 상급관청에서 하급관청에 대해 일정한 사무를 알리고 지시하기 위해 사용되던 행정명령의 형식이다.

76) 高松泰介/編, 『現行宗敎法令』, 168쪽; 宗敎行政研究會/編, 『宗敎法令類纂』, 棚澤

허가받은 설립기한 안에 종교용 장소를 완공하지 못할 경우도 허가의 효력을 자동상실하도록 규정하여 예배장소 확대를 통제했다.

법규상으로 보면 주요 감독기관은 지방장관이다. 그러나 실제로는 중앙성부의 대신이 관여하도록 규정한 하위명령들이 존재했고, 이 명령들은 점점 더 추가되어 본래 법령보다 단속의 정도가 강화되었다. 1899년 7월 27일 지방 도청과 府縣에 발령된 '내무성 훈령 제727호'는 지방장관이 내무성령 제41호에 의거하여 허가·불허가 처분을 할 때는 처분 전에 의견을 갖추어 내무성에 제출하도록 하고, 신고서를 수리한 때도 사본을 내무성에 제출하도록 하고 있다.[77] 그 중에서도 종교용 장소 설치 규정에 감독명령들이 집중적으로 보강되었는데, ①1899년 10월 5일 종교국 통첩(社甲 제27호)은 제2조의 설립원에 대해 지방장관이 본청(내무성)에 허가·불허가를 물을 때는 원 법령 제2조의 요건들에 더하여 추가된 9개 사항도 지방장관이 상세히 취조하여 첨부하도록 규정하였다.[78] ②1900년 7월 21일 종교국 통첩(秘甲 제250호)은 이 9개의 사항에 추가하여, 교회당 등의 설립이 安寧風俗에 관계있는지 또는 분쟁을 야기할 혐의가 있는지도 조사하여 첨부하게 했다. ③1901년 2월 5일 종교국 통

書店, 1934, 233쪽.

77) 宗敎行政硏究會/編, 『宗敎法令類纂』, 233쪽.

78) 위의 책, 233~234쪽; 추가되어 있는 9개의 요건은 다음과 같다.
   1. 本會堂 건설을 요하는 상세한 이유
   2. 本會堂에 속하는 신도 수
   3. 本會堂과 같은 敎에 속하는 기설의 회당에서 本會堂과 그 거리가 가장 가까운 것의 명칭·소재지 및 그 거리
   4. 本會堂 부지의 소유자 및 그 소유자의 승낙 유무
   5. 本會堂 건설비의 총액 및 그 비용의 출처와 각자 부담한 금액
   6. 관리자를 두는 경우는 그 자격 및 선정의 방법과 그 권한
   7. 관리자될 자가 예정된 경우 그 人名 및 이력
   8. 유지비의 예산 및 支辦의 방법과 永續재산이 있는 경우 그 액수
   9. 담당 포교자가 예정된 경우 그 人名 및 이력

첩(宗甲 제2호)은 설립허가요건 중 일부를 변경하거나 같은 市·村 내로 이전하는 경우도 위의 통첩들의 모든 사항을 다시 취조해서 첨부하도록 했다. 또 교회·강의소 종류의 건설비나 유지비를 지불하거나 보조하는 전도회사, 교회, 기타 종교단체가 있으면 그 소재지, 명칭, 금액 및 그 금액의 定期와 영구지불 여부, 조건의 유무, 조건이 있는 경우는 조건의 내용, 설립하려는 교회 등과의 관계 등을 상세히 취조하도록 규정했다.[79] 포교기관의 양적 확대를 엄격하게 규제하려 한 의도를 읽을 수 있으며, 법령 자체의 내용보다 훨씬 강도 높은 기준이 내규로 적용되었음을 알 수 있다.[80]

나아가 내무성령 제41호는 1905년 12월 전 7조로 개정(내무성령 제23호)되어 종교용 장소의 설립자 혹은 관리자가 매년 관할 지방장관에게 현재의 신도수를 신고하도록 보강되었다. 또 1913년 내무성 소속 종교국이 문부성으로 이관된 후 문부성령으로 발령된 '문부성 훈령 제10호'(1914. 12)는 지방장관이 이를 매년 2월 말까지 문부대신에게 보고하도록 했다.[81] 1919년 3월 3일 종교국 통첩(發宗 제11호)은 선교자로서 公安 기타 풍속 등에 관해 특별히 주의를 요하는 자가 있을 때 지방장관

---

79) 위의 책, 133~236쪽.

80) 이와 관련해서, 히사키 유키오(久木幸男)는 1899년 내무성령 제41호는 종교시설의 설립 등을 지방장관의 허가사항으로 하여 내무성의 재량에 맡긴 데 그친 것으로, 당시의 야마가타 내각이 기독교의 내지 진출에 대해 불교계만큼 커다란 위기감을 갖고 있지 않았다고 판단했다. 久木幸男, 「訓令12号の思想と現實」 3, 71쪽; 그러나 이 같은 견해는 본 법령의 하위명령들을 제대로 검토하지 않고 내린 결론이라는 문제가 있다. 실제는 내무성령 제41호 하위의 행정명령들에 의해 내부적으로 보다 강화된 지시방침들이 존재했고, 지방장관 선에서의 재량에 그치거나 성령에 규정된 사항만 조사한 것이 아니었다.

81) 1914년 문부성 훈령 제10호는 제5조에 "제2조에 의해 설립한 堂宇·會堂·說教所 또는 講義所 類의 설립자 또는 관리자는 매년 12월 31일 현재의 신도수를 다음해 1월 31일까지 관할 지방장관에게 신고할 것"이라고 되어 있다. 新田邦達, 『宗教行政法要論』, 287쪽.

또는 경시총감이 조사하여 그때마다 문부대신에 통보하도록 지시하고 있다.[82]

법령의 내용이나 공포 이후의 적용과정을 볼 때 내무성령 제41호는 기독교 통제법의 성격을 가지고 있었다. 메이시 정부가 선전한 '보호'라는 것은 기독교를 법적으로 인정하여 공인종교로 자리매김했다는 점뿐이다. 그런데 그 공인이라는 것도 여전히 '해석상의 公許'방침이 반영된 모호한 형태였다. 내무성령 제41호를 매우 간단한 단속법규라고 보았던 당시의 교회사 연구자 야마모토 히데테루(山本秀煌)도 기독교의 포교활동은 내무성령 제41호가 없이 기독교가 묵허되어 있던 이전 상태가 "어떠한 단속도 없이 교회의 설립·폐지, 교사의 신분·진퇴에 관해" 극히 자유로웠다고 기록하고 있다.[83]

더욱이 내무성령 제41호는 개개의 포교소·포교자를 단위로 적용되는 법령이었다. 포교소들을 포괄하는 교단 내지 교파가 현실적으로 존재하고 있었음에도 불구하고 교단·교파의 설치규정을 비롯한 관련 법규는 없었다. 이는 1899년 12월 제국의회에 제출된 '종교법안'도 마찬가지였다.[84] 내무성령 제41호가 기독교 공인의 의미가 있었음에도 불구하고 기독교의 대표단체라 할 수 있는 교단에 대한 법 적용을 의도적으로 피한 것은 교단을 법적으로 공인함으로 인해 그 사회적인 위상이나 영향력이 강화될 것을 우려한 까닭이라 생각된다. 포교소·포교자를 개개의 단위로 취급하여 교단에서 법적으로 분리시킴으로써 교단의 개별 포교단

---

82) 위의 책, 274~287쪽.

83) 山本秀煌, 『日本基督教會史』, 日本基督教會事務所, 1929, 282쪽: 야마모토 히데테루(山本秀煌)는 일본 초기 기독교 수용 그룹 중 하나인 요코하마 밴드에 속하는 인물로 장로교 개혁파 소속 一致신학교를 졸업, 요코하마·오사카 등지에서 목사로 시무하고 메이지학원 신학부 교수로 교회사 강의를 맡았다. 일본기독교사 연구의 선구자로 평가되며 종교법안 반대활동으로도 알려져 있다.

84) 1899년의 종교법안 역시 개별 교회와 사찰에 대한 설립규정만을 갖추고 있다.

위에 대한 영향력은 약화시키고, 대신 행정상 통제의 영향력은 말단까지 미치게 한 것이다.

내무성령 제41호는 이같이 하위의 행정명령들을 통해 통제성을 강화하는 방향으로 유지되다가 1900년 제정에 실패한 종교법안의 후신인 '종교단체법'이 1939년 제정되면서 이에 흡수되어 폐지되었다. 기독교 교단에 대한 법적인 설립규정은 이 법에 비로소 등장한다. 따라서 내무성령 제41호로 규율되던 시기는 "교단과 같은 포괄적인 단체가 사실상 존재하고 있었지만 법적으로는 공인되지 않은 상태"였다고 할 수 있다.[85]

2) 사립학교 종교교육 제한: 사립학교령과 문부성훈령 제12호

메이지유신 이후 서양 거류지를 중심으로 설립되었던 기독교계 사립학교들은 포교의 주요한 수단으로 조약개정 이후 내지로의 본격적인 진출을 앞두고 있었다. 교육제도의 확립은 메이지 정부에게도 가장 시급하고 중요한 과제 중 하나로 유신 초기부터 근대국가에서 필요로 하는 지도자 교육(고등교육)과 징병제 등에 필요한 일반시민 교육(초등교육)이라는 이분법적인 목표를 달성하기 위한 국가주도적 교육체제의 정비가 계속되고 있었다.[86] 1871년 7월 문부성 설치 이후 최초로 발령된 근대적 교육법령 '學制'(1872. 9. 5. 太政官布告 제214호)는 공교육 우선원칙을 확립하고, 사숙개설 허가제 등으로 사학을 비롯한 학교통

---

85) 根本松男, 『宗敎團體法論』, 嚴松堂書店, 1941, 151쪽; 1939년 종교단체법안의 심의를 위한 제국의회에서 문부성 종교국장 마츠오 쵸우조(松尾長造)도 지금까지 기독교 교단은 "법제상으로는 없는 것으로 사실상으로만 존재"하는 상태였다고 발언하고 있다. 「帝七十四會 帝國議會衆議院 宗敎団体法案委員會 議事速記録 第二回」1939. 2. 27, 2쪽, 帝国議会議録検索システム http://teikokugikai-i.ndl.go.jp.
86) 福島正夫/編, 『日本近代法体制の形成』上, 日本評論社, 1982, 360~388쪽.

제의 교육방향을 드러냈다.87) 메이지 정부는 학제 폐지 후 공포한 1879년의 교육령(太政官布告 제40호)체제하에서 신고만으로 학교의 설치·폐지가 가능한 자유설립주의를 잠시 취하기도 했다. 그러나 교육을 통한 자유민권운동의 확대를 우려하여 1880년 개정교육령(太政官布告 제59호)으로 학교설립 인가제로 전환했고 교칙과 학과내용 등에 대한 문부대신과 지방관의 권한을 강화한 간섭교육령체제로 복귀했다.88) 1885년 제1차 이토 히로부미 내각의 문부대신 모리 아리노리(森有禮)에 의해 공포된 諸學校令(소학교령·중학교령·제국대학령·사범학교령)은 칙령의 형식으로 공포된 최초의 교육법령들로 학교체제의 국가통제 강화라는 방향을 확정지었다.89) 이후 1890~1900년대에 걸친 약 20년간은 메이지 공교육체제로 불리는 절대주의적 경향의 학교법제가 형성되어 간 시기였다.90)

1899년 사립학교령 공포 이전 사립학교에 대한 법제는 따로 마련되지 않아 각종 법령 속에 관련 규정이 산재해 있었다. 이 시기 주목되는 것이 1879년과 1880년 교육령 제2조의 '各種學校'이다.91) '각종학교'란

---

87) 野々目晃三, 「明治(前·中)期におけるキリスト教學校設立と發展 – 桃山學院の位置づけの試みとして」, 『桃山學院大學キリスト教論集』 16, 1979, 81쪽.

88) 위의 글, 75쪽; 堀雅晴, 「私立大学における大学ガバナンスと私学法制をめぐる歴史的検証」, 227쪽; 谷雅泰, 「日本近代教育法制史概説」, 9~10쪽; 佐藤秀夫, 『教育の文化史』 1, 15쪽.

89) 초대 문부대신 모리 아리노리는 메이지 일본 관립교육의 총설계사로 불리는 인물로 영국 주재 공사로 근무하던 때에 헌법 조사차 유럽에 온 이토 히로부미와 만나 일본의 교육제도 구상에 의기투합했고 이후 이토가 내각을 구성하자 문부대신으로 임명되었다고 한다. 취임 이후 소학교부터 대학에 이르는 교육제도를 국가주도의 틀에 맞춰 재편했다고 평가된다. 平沢信康, 「近代日本の教育とキリスト教」 7, 『鹿屋体育大学 学術研究紀要』 18, 1997, 32쪽; 佐藤秀夫, 『教育の文化史』 1, 阿吽社, 2004, 22, 147쪽.

90) 佐藤秀夫, 위의 책, 22, 99~100, 147쪽.

91) 1879년과 1880년 교육령 제2조는 각각 다음과 같다.
· 학교는 小學校·中學校·大學校·師範學校·專門學校·其他 各種의 學校로 한다.

정부에 의해 정비되고 제도화된 정규학교에 대해 '정규 외의 기타' 모든 학교를 총칭하는 말로, 설립주체에 의해서는 공립과 사립으로 나뉘고 그 형태는 다종다양했다. '기타'라고 하는 불명확한 법령상의 위치를 가진 각종학교는 실제로 상당수 존재했음에도 근대 일본에서 법제상 적용규정이 별도로 마련되지 않아 법규의 적용면에서도 매우 애매한 존재였다.92) 때문에 사립학교령 제정 이전의 사립학교는 법적으로 ①소학교·중학교 관계 법령에 의해 설치된 학교 중 설립자가 私人인 '법령이 규정하는 사립학교'와, ②私人이 설립한 학교로서 법령의 규정에 의하지 않은 '사립각종학교'로 존재하고 있었다.93) 제학교령이 실시된 이후 소학교를 제외하면 각종학교가 98%에 달했고 그 대부분이 사립학교였다. 1880년대 전반 무렵 사립중학교는 전체 중학교 중 약 8할을 차지했는데 이를 지탱한 것이 기독교계 학교들이었다고 한다.94)

사립학교령 공포 이전 각종학교로 존재하던 기독교계 사립학교들은 관련 법령이 없었던 덕분에 정부의 별다른 간섭 없이 종교교육의 자유를 누렸다. 하지만 이러한 묵인정책은 점차 변화를 보인다. 우선, 사전작업으로 메이지 초기에 장려되던 신관·승려의 종교교육을 금지하는 조치가 취해졌다.95) 1873년 5월 신관·승려의 종교강설은 학과시간 외에만 하도

· 학교는 小學校·中學校·大學校·師範學校·專門學校·農學校·商業學校·職工學校·其他 各種의 學校로 한다.

92) 吉田昌弘 外, 「各種學校の歷史的研究」1, 128~129쪽.

93) 土方苑子, 「井上毅文政期の私立学校取締法案」, 『東京大學大學院教育學硏究科紀要』 46, 2007, 3~4쪽.

94) 특히 1880년의 개정교육령은 학교설립 인가주의를 취했고 이어 발령된 '중학교교칙대강'(1881.7. 문부성포달 제28호)은 중학교의 학과목과 매주 수업시간수를 세세히 규정하였다. 또한 1886년의 '중학교령'이 고등중학교는 관립으로, 尋常중학교만을 공·사립으로 허가함에 따라 고등보통교육을 하는 사립학교는 각종학교로서 취급되었다. 위의 글; 平澤信康, 「近代日本の教育とキリスト教」6, 『鹿屋體育大學學術研究紀要』16, 1996, 10쪽; 平澤信康, 「近代日本の教育とキリスト教」7, 『鹿屋體育大學學術研究紀要』18, 1997, 31쪽.

록 하는 제한이 가해지고, 6월에는 '文部省布達 제87호'로 기독교 선교
사를 학교 교사로 고용할 수 없도록 했다. 이어 8월에 교도직 신관·승려
에게도 학교 교사의 겸임이 금지되고, 9월에는 '학제 2편'의 종교교육
규정이 모두 삭제되었다.96) 학교 내에서 신도와 불교의 종교교육을 인
정한다면 기독교계 학교의 종교교육을 공식화하는 빌미가 될 수 있다는
우려 때문이었다. 공교육 우선과 사학통제, 교육과 종교의 분리라는 당
국의 기본 방침을 앞세워 학교 내 종교교육, 특히 기독교 교육에 대한
차단시도가 행해졌다고 할 수 있다. 법제화되지는 못했지만 1893
년~1894년 이노우에 고와시가 문부대신으로 재임 중이던 시기에 기안
된 '私立學校監督條規' 제18조는 "사립학교에서는 神佛 또는 종교에 관
한 교육을 시행할 수 없다"고 못박고 있다. 일본 당국 내부에 1899년
사립학교 종교교육 금지조항의 연결고리가 되는 논의들이 계속 존재했
음을 보여준다.97)

개정조약 실시일인 1899년 7월 17일이 다가오자 기독교계 사립학교
에 대한 대비책은 본격적으로 가시화되기 시작했다. 6월 21일 내각 심의
에 사립학교령안을 제출하면서 문부대신 가바야마 스케노리(樺山資紀)
가 밝힌 법령 제정이유도 이 같은 상황을 지적하고 있다.

---

95) 鈴木美南子, 「近代日本の教育における宗教の意義に關する覺え書き－戰前を中心に」,
『フェリス女學院大學紀要』15, 1980, 48~49쪽.

96) 위의 글. 메이지 초기 신관·승려에게 신사·사찰 내 중소학교의 개설을 촉구하고
(1873. 3. 13, 文部省布達 제27호), 신관·승려의 종교 관련 강설시간을 법령으로
정했던 '學制 2編'(1873. 3. 18)은 외국 사상과 세력이 증대하는데 대한 우려에서
전통 종교인 신불의 교지를 교육에 이용하려 한 것이다. 학제 2편은 '신관·승려학
교의 일'을 정해, 학제에서 최초로 종교교육의 규정이 등장했다. 신관·승려가 대
중소학교의 교원면허장을 가지고 신사나 사찰 내에서 보통교육을 시행하는 경우
종교 관련 강설은 1주 4일 내에서 2시간으로 하고, 학과시간 외라면 특별한 제한
이 없었다.

97) 土方苑子, 「井上毅文政期の私立學校取締法案」, 8쪽.

사립학교의 설치·폐지·기타의 감독에 관해서는 종래 법령의 설치가 완전하지 않고 …… 각종 법령 중에 산재할 뿐으로 종종 그 균형을 잃거나 불편하고 不備한 점이 적지 않았는데 (개정)조약실시의 기일이 앞으로 다가와 거류지제도 폐지 후 거류지 내에 설치된 각종학교 또한 문부성 밑으로 들어오게 됨으로써 이에 각종사립학교에 통용될 규정을 설치하여 감독의 방법을 분명히 할 필요에 의해 별지의 勅令案을 갖춰 지급으로 각의를 청함. (괄호: 필자).98)

야마가타 내각의 사립학교령안은 내각 심의 이전인 1899년 4월 이미 고등교육회의에 제출된 상태였다.99) 당시 제출된 원안은 관립공학교의 보완적 기능을 담당한다는 私學觀 아래 사립학교의 독자성을 제한하고 사립학교를 강한 국가통제 아래 두려는 내용이었다.100) 그 중 제17조가 "소학교, 중학교, 고등여학교 기타 학과과정에 관해 법령의 규정이 있는 학교 및 정부의 특권을 부여받은 학교에서는 종교교육을 시행하거나 종교상의 의식을 행할 수 없다"는 종교교육 금지조항이다.101) 정규 사립학교에 일체의 종교교육을 금지하는 이 조항은 총리대신 야마가타의 방침에 따라 설치되었다고 한다.102) 원안은 고등교육회의 심의 후 수정의견과 함께 법전조사회 심의에 제출되었는데, 고등교육회의 심의과정을 통

---

98) 일본국립공문서관 소장문서 類00861100-00600『公文類聚』第二十三編, 明治三十二年 第二十八卷 學事門, 學制, 文書 6.

99) 1896년 12월 '고등교육회의규칙'에 의해 설치된 고등교육회의는 문부대신의 감독에 속한 교육 관련 자문기구였다. 의원은 제국대학 총장 및 문부성의 각 과장, 고등사범학교장 등으로 구성되었고 문부대신의 奏請에 의해 내각이 임명했다.

100) 山口和孝, 「文部省訓令第十二號(1899)と宗敎的情操敎育ノ涵養ニ關スル文部次官通牒(1935)について」, 44~45쪽.

101) 比屋根安定,『日本基督敎史』5권, 170쪽.

102) 히지카타 소노코(土方苑子) 등의 연구에 의하면, 문부성 내에는 개정조약 실시 후 기독교를 포함한 종교교육을 허용하려는 견해도 일부 존재했으나, 내무성과의 관할문제 등으로 인해 별다른 활동은 하지 않았다고 한다. 이후 1898년 2월 야마가타 내각이 발족하면서, 야마가타와 가바야마에 의해 정규 사립학교에는 종교교육을 금지한다는 일관된 방침을 취하게 되었다. 土方苑子/編,『各種學校の歷史的研究』, 東京大學出版會, 2008, 330~331쪽.

해 제10조로 위치가 변경되면서 "종교상의 의식을 행하거나 과정으로
종교상의 교육을 시행할 수 없다"로 수정된 상태였다. 이는 종교교육이
'과정 외'로는 시행될 수 있도록 완화된 내용이다.[103]

그러나 이어진 법전조사회와 내각의 심의과정에서 사립학교령의 종
교교육 조항을 삭제하고, 삭제한 부분은 별도로 문부성령으로 제정하는
방침이 최종적으로 확정되었다.[104] 이 과정을 내각 관계 자료를 통해 살
펴보면, 7월 4일 법전조사회에서 총리대신에게 보낸 문서에는 사립학교
령안을 수정한 별지가 첨부되어 있는데 제10조에 줄이 그어져 삭제되어
있다. 이어 7월 11일의 각의결정문에는 "제10조는 특히 본령에 규정함
이 타당하다고 인정되지 않아 삭제함이 타당하다. 단 소학교·중학교·고
등여학교·기타 학과과정에 관해 법령의 규정이 있는 학교에는 과정으로
는 물론 과정 외로도 종교상의 의식을 행하거나 종교상의 교육을 시행할
수 없으므로 문부성에서 그 취지를 훈시함이 마땅할 것"이라는 대안이
등장한다.[105] 그런데, 이 각의결정문은 附箋으로 수정된 것으로 수정된
원래의 내용은 "제10조는 법전조사회에서 삭제되었지만 이는 부활시켜
야 함이 마땅하다고 생각된다. 다만 내무성은 제10조의 부활에 동의를
표하지 않음"이라 되어 있다. 이를 볼 때, 문부대신 가바야마는 제10조
의 부활을 계속 고집했지만 내무성의 반대로 좌절되었고,[106] 그 대안으

---

103) 久木幸男,「訓令12号の思想と現實」1,『横浜國立大學教育紀要』13, 1973, 6쪽.
104) 일본국립공문서관 소장문서 類00861100-00600 『公文類聚』第二十三編, 明治三
   十二年 第二十八卷 學事門, 學制, 文書 6.
105) 위의 자료.
106) 이와 관련 히사키 유키오(久木幸男)는 문부성이 결국은 내무성의 정책노선과 타
   협하기로 결정한 것으로 판단했다. 즉 당시 내무성이 제정을 추진하던 종교법의
   기본 입장이 교단박멸이 아닌 교단 약체화와 장악에 있고, 문부성도 사립학교령
   원안의 사립학교 박멸론에서 사학의 존립인용과 감독강화라는 노선으로 전환하
   여 훈령으로 제정하기로 했다고 보았다. 또한 이후 훈령의 수정적용도 같은 맥락
   에서 이루어진 일로 보고 있다. 久木幸男,「訓令12号の思想と現實」3,『横浜國立
   大學教育紀要』16, 1976, 84쪽; 반면, 법전조사회의 사립학교령안 심의과정에서

로 제10조를 칙령인 사립학교령에서 삭제하는 대신 별도의 문부성령으로 제정한다는 방침이 채택되었음을 알 수 있다. 제정될 문부성령의 내용은 "과정으로는 물론 과정 외로도" 종교교육이 불가능한 것으로 정해졌다. 이에 따라 7월 17일 내각서기관장이 문부차관에게 보낸 '통첩안'은 다음과 같다.

> 문부성에서 각의에 제출한 사립학교령 중에 原案 제10조는 특히 규정할 필요가 없음으로 삭제하기로 각의결정되었지만, 내각은 이에 대해 정부의 방침을 결정해 둘 필요를 인정해 다음과 같이 의결했음을 통첩함. 소학교·중학교·고등여학교·기타 학과과정에 관해 법령의 규정이 있는 학교에서 <u>과정으로는 물론 과정 외로도</u> 종교상의 의식을 행하거나 종교상의 교육을 행할 수 없음. (밑줄: 필자).107)

내무성은 불교 각 파의 학교에는 사립학교령을 적용하지 않고 별도로 할 것을 희망하였으나 불교 학교만 제외할 수는 없어 희망대로 되지 않았다고 하고, 또한 神職과 敎員을 양성하던 神宮皇學館, 國學院에 대한 사립학교령 적용여부를 놓고 내무성과 문부성 사이에 결정적인 대립이 있었다는 연구도 있다. 左伯友弘, 「宗敎法案の敎育史的意義について」, 207쪽; 따라서 칙령에서 훈령으로 제정하는 방침의 변경은 문부성의 입장 전환보다는 종교계 학교에 대한 문부성과 내무성의 관할문제에 기인하지 않았을까 생각된다. 본래부터 불교 각 종파의 學林 등은 내무성 社寺局 관할하에 있었는데 사립학교령의 제정으로 기독교계 사립학교에 대한 관할권이 문부성에 주어지면서 기타 종교계 사립학교에 대한 관할권이 문제되었을 것이기 때문이다. 사립학교령은 칙령이라 모든 사립학교가 적용대상이지만, 문부성훈령은 문부성 소관의 사립학교들만 적용대상으로 한다. 즉, 본래 내무성 관할에 속해 있던 불교나 신도 관계 학교들이 제10조가 부활된 사립학교령에 따르게 되면 종교교육에 제한을 받는 상황에 처하게 된다. 이런 측면에서 당시의 상황을 문부성의 방침변경만으로 설명하기보다는, 내무성 소속 종교학교들의 사립학교령 적용을 두고 발생한 대립에 주목할 필요가 있다고 보인다. 앞으로 관련 자료의 확충과 연구가 필요한 부분이다. 덧붙여, 이 시기 종교와 교육 분야에서 내무성과 문부성 간의 업무가 중첩된 부분이 많아 두 기관 사이의 갈등이 종종 드러나곤 했던 것은 사실이며, 당시 일본 내 언론도 이 같은 문제를 지적하고 두 관청의 관할을 분명히 할 것을 요청하기도 했다. 『日本』 1899. 5. 60, 杉井六郎, 「小澤三郎編日本プロテスタント史料(三) ─ 文部省訓令一二號とその反響」, 181쪽.

107) 일본국립공문서관 소장문서 類00861100-00600 『公文類聚』 第二十三編, 明治三

한편, 제10조를 문부성훈령으로 발령하기로 한 결정은 서양 각국의 비판을 회피하려는 목적도 컸다.[108] 1899년 4월 고등교육회의에 제출된 이후 사립학교령안은 이미 "사립학교 박멸령"으로 불리면서 언론에 보도되어 기독교 학교 관계자, 선교사, 외국공사들의 거센 반발 속에 반대 운동과 항의가 격화되고 있었다.[109] 1899년 4월 문부성 참사관 겸 서기관으로 임명되어 19년간 문부관료로 근무한 다도코로 요시하루(田所美治)도 1939년 종교단체법안 심의를 위한 제국의회에서 1899년의 문부성 훈령 제12호는 훈령이지만 내용은 중대한 칙령사항을 규정한 것으로 당시의 조약개정과 外教(기독교) 문제라는 정세를 배경으로 눈에 띄는 것을 피하기 위해 훈령의 형식으로 나왔다고 발언한 바 있다.[110]

그런데, 훈령공포라는 정부 방침의 결정과 여론의 반대에도 법령 공포의 마지막 절차로 회부된 추밀원심의에서는 종교교육 조항에 대한 부활 논의가 또다시 등장한다.[111] "耶蘇教는 전국에 신도 20만에 불과하

十二年 第二十八卷 第二十八卷 學事門, 學制, 文書 6.

108) 내부적으로는 종교교육 금지를 고집했던 가바야마 문부대신도 외부적으로는 자신은 결코 종교주의 교육을 억누르기 위해 훈령을 공포한 것이 아니라면서, 훈령 제12호는 결코 새로운 내용이 아니라 모두 종례의 예규를 편찬해서 발표한 것에 지나지 않고 사립학교령에서 종교교육 규정을 삭제하고 훈령으로 이를 塡補시킨 것은 자신이 크게 고려한 결과로서, 그렇게 하지 않았다면 종교교육의 전도에 일층 심하게 장애를 일으켰을 것이라고 변명하고 있다. 『福音新報』 1900. 1. 17, 杉井六郎, 「小澤三郎編日本プロテスタント史史料(五)－文部省訓令一二號とその反響」, 184쪽.

109) 『日本』 1899. 5. 7. 杉井六郎, 「小澤三郎編日本プロテスタント史史料(五)－文部省訓令一二號とその反響」, 171쪽; 선교사들과 외국영사들에 의한 반대운동 등은 『日本』 (1899. 4. 28; 1899. 5. 3; 1899. 5. 4), 『能仁新報』 1899년 5월 8일자 등에도 실려 있다. 杉井六郎, 「小澤三郎編日本プロテスタント史史料(五)－文部省訓令一二號とその反響」, 168~173쪽.

110) 일본국립공문서관 소장 A10113415800 「田所美治外四名叙勳並勳章加授ノ件」 1942; 『第七十四會 帝國議會貴族院 宗教団体法案特別委員會 議事速記錄 第十三 號』 1939. 2. 9, 8쪽, 帝國議會會議錄檢索システム http://teikokugikai-i.ndl.go.jp.

111) 추밀원은 1884년 4월 일본제국헌법의 심의를 위해 이토 히로부미가 고안, 설치

지만 세력 있는 사람 중에 그에 귀의한 자도 있고 이런 사정 때문에 학
교를 종교를 넓히는 수단으로 이용함에 이르러 사원을 건축하기보다는
학교를 세워 사원과 학교를 겸하게 하는 방법을 편리하게 여기게 될 것
이고 …… 학교와 사원을 겸하는 것을 설치함은 국가에 화를 초래함이
될 것인데 …… 유대국가의 종교로서 우리 국민과는 혈맥을 달리하여
도저히 우리 국체와는 맞지 않으므로 …… 학교 겸 사원이 되지 않도록
하고 싶은 희망에서" 종교교육 금지조항을 사립학교령에 다시 포함시켜
야 한다는 주장이다.112) 기독교계 사립학교를 단순한 교육기관이 아닌
일본 국체와 양립할 수 없는 기독교 포교기관으로 간주한 메이지 지도층
의 위기의식을 읽을 수 있다. 이에 대해 회의에 참석한 정부위원은 내각
도 사립학교에 종교교육을 허용하지 않을 방침이지만, 각의에서 이 조항

한 기관이다. 그 후 추밀원은 일본제국헌법상 헌법과 그 부속법, 皇室典範에 관
한 사항, 긴급칙령·조약 등 국정 중요사항에 관한 천황의 자문기관이 되었다.
1889년 제1차 야마가타 내각은 추밀원관제의 개정에 착수, 천황의 추밀원에 대
한 자순은 내각의 주청에 기초해서 행해지는 것으로 정했다. 즉 내각이 요청하
는 경우에만 자순이 행해질 수 있도록 하여 내각의 책임범위를 넓히고 추밀원
스스로 적극적으로 자순을 주청하지 못하도록 하는 수순이었다. 나아가 제2차
야마가타 내각은 일종의 비밀 내규로서 '樞密院諮詢事項에 관한 御沙汰書'
(1900. 4. 9)를 발령해 교육제도의 기초에 관한 칙령도 추밀원심의에 붙이도록
확정했다. 이로써 교육제도에 관한 기본적 사항의 대부분은 법률의 형식이 아닌
칙령과 이하의 행정명령으로 정해지게 되었다. '교육법규의 칙령주의 내지 명령
주의'라 할 수 있다. 문부성에서 작성된 관련 교육법령의 원안들은 내각심의를
통과한 후 천황열람의 형식을 거쳐 천황의 최고자문기관인 추밀원에 부의되고
추밀원의 심의를 거쳐 천황칙재의 형식인 칙령으로 공포되었다. 이 같은 명령주
의 원칙의 결과 ①교육은 완전히 천황제 관료의 지배하에 놓이게 되고, ②교육
방침 결정에 의회의 관여를 배제하여 국민은 교육에 대해 완전히 수동적이 되었
으며, ③교육내용의 정치적·종교적 성격(국가신도)이 강화되는 결과를 낳았다.
관련된 자세한 내용은 다음 연구들을 참조. 방광석, 『근대일본의 국가체제 확립
과정 - 이토 히로부미와 제국헌법체제』, 혜안, 2008; 由井正臣 편, 『樞密院の研
究』, 吉川弘文館, 2003; 平原春好, 「戰前日本の敎育行政における命令主義」, 『東
京大學敎育學部紀要』 9, 1967.

112) 일본국립공문서관 소장문서 樞D00119100 「樞密院會議文書 私立學校令會議筆記」.

을 칙령에 규정할 것이 아니라 문부성령으로 공포하기로 결정했다고 설
명하여 양해를 구하고 있다.113)

결국 종교교육과 의식의 금지를 문부성령으로 별도로 공포하기로 한
것은 교육에 관한 기본방침을 정하는 가장 상위 법령인 '칙령'으로 종교
교육 금지를 명문화하는 부담은 피하면서도, 기안 당시부터 관철하려 했
던 종교와 교육의 분리를 법제도 내에서 명확히 하려 한 고육책이었다고
생각된다. 7월 말 추밀원심의를 통과한 사립학교령은 종교교육 금지조
항이 삭제되어 8월 2일 칙령 제359호로 공포되었다.114) 그리고 바로 다
음 날인 8월 3일 종교교육 금지를 내용으로 하는 문부성훈령 제12호가
발령되었다.

사립학교령은 사립학교에 관한 근대 일본 최초의 법령이었고, 종교교
육 금지조항을 제외하더라도 기안과정부터 드러나듯 기독교계 사립학교
를 의식하고 그 감독을 염두에 두고 만들어진 법령이었다. 감독의 범위
는 사립학교의 설립과 폐지, 교장과 교원의 자격, 설비와 수업내용에 이
르기까지 폭넓었다.

---

113) 위의 자료.
114) 아시아역사자료센타 소장문서 A03020416400 「勅令 第359號 私立學校令」.

〈표 2〉 1899년 일본 사립학교령의 구조

법령의 내용＼법령의 명칭	사립학교령(1899년 8월 2일, 칙령 제359호)
사립학교 감독권 (제1조)	별도의 규정 없는 한 지방장관의 감독에 속함
학교설립·폐지 규정 (제2조)	설립은 감독관청의 인가 폐지·설립자 변경은 감독관청에 보고(開申) * 설립인가를 받지 않은 기설 사립학교는 본 명령의 시행일부터 3개월 이내 본 명령에 의한 인가를 받을 것(부칙 제19조)
사립학교장·교원 관련 규정 (제3조-제7조)	1. 사립학교 교장 혹은 학교대표·教務掌理者의 결정은 감독관청의 인가 필요
	2. 사립학교 교장·교원의 자격제한 　① 중죄를 범한 자. 단, 국사범으로 복권된 자 제외 　② 定役(징역)이 부과된 경죄를 범한 자 　③ 파산·家資分散의 선고를 받은 후 복권되지 않은 자 / 身代限의 처분 후 채무변상이 끝나지 않은 자** 　④ 징계로 면직된 후 2년이 경과하지 않거나, 징계가 면제되지 않은 자 　⑤ 교원면허장 박탈처분을 받고 2년이 경과되지 않은 자 　⑥ 性行不良으로 인정되는 자
	3. 사립학교 교원 자격 　① 相當학교의 교원면허장 소지자 　② ①의 면허소지자 외에는 학력 및 국어에 통달함을 증명+문부대신의 인가(소학교, 맹아학교 및 소학교 류의 각종학교 교원은 지방장관의 인가) / 단, 외국어, 전문학과, 특종기술을 교수하는 교원 및 외국인만을 위해 설립된 학교의 교원은 국어통달의 증명 불필요 　③ ②의 증명이 불충분하다고 인정시는 감독관청은 본인의 지망에 의한 시험실시 가능
	4. 사립학교 교원·교장의 인가취소가 부적당하다고 인정시 감독관청의 인가 취소 가능
	5. 본령 시행 현재 사립학교 교장·교원은 본령 시행 후 3개월 내 계속 재직할 뜻을 감독관청에 보고하고 제3조·제5조의 인가를 받을 것. 단, 당해 학교의 교원면허장 소지자 제외(부칙 제20조)
입학연령 제한 (제8조)	공립학교에 대용하는 사립소학교를 제외하고 취학의무를 마치지 않은 학령아동의 입학금지
사립학교 설비·수업 등의 통제 (제9조)	사립학교의 설비·수업·기타사항이 교육상 유해하다고 인정시는 감독관청의 변경명령 가능
감독관청의	① 법령규정 위반시

학교폐쇄명령 (제10조)	② 안녕질서 문란 혹은 風俗壞亂 우려시 ③ 6개월 이상 규정수업을 하지 않은 경우 ④ 제9조의 감독관청 명령을 위반한 경우 * 폐쇄명령이 있는 경우는 訴願法에 의한 소원가능(제12조)
벌칙규정 (제13조-제15조)	감독관청의 학교폐쇄명령 등 각종 명령과 규정 위반시 5원~100원의 벌금을 규정
기타	감독관청에게 학교사업으로 인정된 때는 이를 관계자에게 통지하고 본 명령의 규정에 따를 것(제11조) 위반시는 벌칙적용(제13조) 문부대신은 본 명령의 시행을 위해 필요한 명령을 발할 수 있음(제17조)

* 출전: 高松泰介/編, 『現行宗教法令』, 有斐閣書房, 1902.
** 家資分散은 채무자가 빚을 전부 갚을 능력이 없을 때 법원에서 강제집행처분으로 전 재산을 채권자에게 적절히 분배하는 것. 身代限은 에도막부 시대 빚을 갚지 못하게 된 채무자에 대하여 관청이 전 재산을 몰수하여 채권자에게 제공함으로써 채무를 이행하게 한 제도.

사립학교령에서 사립학교의 주된 감독관청은 지방장관이다. 하지만 제1조 "사립학교는 별단의 규정이 있는 경우를 제외하고는 지방장관의 감독을 받는다"는 규정에서 "별단의 규정이 있는 경우"는 소학교·중학교·고등여학교·전문학교[115] 등에 관한 제학교령을 말한다. 따라서 ①사립학교로서 소학교령·중학교령·고등여학교령·전문학교령 등의 규정에 의해 인가받은 정규의 사립학교는 각기 해당 법령들에 의해 문부대신의 감독을 받고, ②별도의 법령에 의한 인가가 없는 사립각종학교는 사립학교령에 의한 지방장관의 감독만을 받는다는 의미이다.[116] 또한 ①의 정규 사립학교는 각 학교 해당 법령의 규정 외에도 사립학교령이 적용되어 이중의 규제를 받아야 했다.[117]

감독관청의 권한도 상당히 커서 제9조와 제10조에 의해 "교육상 유해하다고 인정"될 때는 설비와 수업내용, 기타 사항까지 변경할 수 있는

115) 1903년 3월의 '전문학교령'(칙령 제61호)은 사립전문학교의 설립을 인정하고 있다.
116) 澤柳政太郎, 『我國の教育』, 同文館, 1910, 385, 388~390쪽.
117) 谷雅泰, 「日本近代敎育法制史槪說」, 15쪽.

명령이 가능하고, 이 명령을 어기거나 "안녕질서 문란 혹은 風俗壞亂이
우려"되는 등의 경우는 학교폐쇄명령까지 가능했다. 폐쇄명령에 대해서
는 訴願法에 의한 소원이 가능했지만 소원을 문부대신이 판결하기 때문
에 요식적인 규정에 불과했다.118)

   법령제정 과정부터 외국인의 학교 관여를 막고 종교와 교육의 분리를
목적으로 한다고 지목되었던 제5조의 교원자격 규정도 기독교계 학교에
게는 문제되는 조항이었다. 종교교육 금지조항과 달리 이 조항은 사립학
교령 속에 살아남았는데, 교원의 자격에 국어(일본어) 통달의 증명을 조
건으로 하여 외국인의 교원임용을 차단하려는 의도였다.119)

   또한 제17조는 사립학교령에 규정이 없는 부분은 언제라도 문부성령
으로 발령이 가능하도록 하여 교육법규의 명령주의적인 특성을 그대로
보여준다.120) 8월 3일 문부성령 제38호로 발령된 '사립학교령시행규칙'
도 그 일부로, 시행규칙은 사립학교 설립인가시 필요한 요건들을 세목화
하고 있다.121) 같은 날 발령된 종교교육을 금지한 문제의 문부성 훈령
제12호의 내용은 다음과 같다.

   일반의 교육을 종교 이외의 것으로 세우는 것은 學政上 가장 필요한 일이
   다. 따라서 관립·공립학교 및 교과과정에 관해 법령의 규정이 있는 학교에 있
   어서는 과정 외로 종교의 교육을 시행하거나 종교의식을 행하는 것을 허락할

118) 久木幸男, 「訓令12号の思想と現實」 2, 41쪽.
119) 『東北新聞』 1889. 7. 22, 杉井六郎, 「小澤三郎編日本プロテスタント史史料(三) -
    文部省訓令一二號とその反響」, 188쪽.
120) 각주 111번의 내용을 참조.
121) 시행규칙은 제1조와 2조에서 설립인가 신청에는 설립의 목적, 명칭, 위치, 학칙,
    경비 및 유지방법을 기재한 서류와 함께 校地·校舍·기숙사의 도면을 첨부하도
    록 하고, 학칙의 경우에는 수업연한·학생·학기·휴일, 학과과정·수업시간, 시험,
    입학과 퇴학, 수업료·입학료, 상벌, 기숙사, 직원의 직무 관련 사항을 포함하도
    록 하였다. 학교에 대한 세세한 정보들을 입수하여 인가대상 사립학교의 성격을
    정확히 파악하고 감독하기 위한 목적이다.

수 없다.122)

학과과정에 관해 법령의 규정이 있는 학교 즉 사립학교로서 제학교령
에 의한 인가를 받은 정규 사립학교의 경우는 과정 내에서는 물론 과정
외로도 종교교육과 종교의식을 행할 수 없다는 의미이다. 훈령 제12호는
사립학교에 대해 설립과 교수의 자유를 박탈하고 공적인 성질을 요구한
것으로,123) 학교교육에 있어 교육칙어의 절대화라는 기성사실을 보다
명확히 했다고 평가된다.124) 즉 신사비종교론과 함께 종교와 교육의 분
리를 내세워 서양종교인 기독교의 부식을 방지하고, 교육칙어로 대변되
는 천황 신격화체제를 확립하기 위한 포석이었다고 하겠다. 훈령은 종교
교육을 각종학교 내로 봉쇄하기 위한 것으로, 즉 기독교 학교에 대해 종
교교육을 포기하고 정규학교가 되거나, 정규학교가 되는 것을 포기하고
각종학교로 남는 선택을 강요했다. 각종학교화의 선택은 학교로서의 발
전을 포기하는 것으로 바로 교세부진과 연결되는 길이었다.125)

그렇지만 훈령 제12호는 몇 달 후 문부성통첩(普通・專門兩學務局共
同通牒, 1899. 10. 12)으로 수정되었다. 이 통첩은 정규학교에서 "학교
의 사업으로 하지 않는 校舍 내의 종교상 講話・儀式"을 용인하는 지침
이었다. 훈령은 변경하지 않은 채 새로운 행정명령으로 정규학교의 '과
정 외' 종교의식과 교육을 허용하는 실질적인 수정을 가했다고 할 수 있
다.126) 여기에는 여론의 비판, 영국・미국 공사를 동원한 선교사들과 기
독교계의 항의, 소학교 폐교 상황의 속출이라는 여러 원인이 작용했다.

---

122) 高松泰介/編, 『現行宗敎法令』, 26쪽.
123) 山口和孝, 「文部省訓令第十二號(1899)と宗敎的情操敎育ノ涵養ニ關スル文部次官
    通牒(1935)について」, 47~48쪽.
124) 鈴木美南子, 「近代日本の敎育における宗敎の意義に關する覺え書き－戰前を中心に」,
    50~51쪽.
125) 久木幸男, 「訓令12号の思想と現實」 3, 82, 90쪽.
126) 久木幸男, 「訓令12号の思想と現實」 2, 40~44쪽.

당시 도쿄의 일간지 중 발행부수 1위의 신문이었던 『萬朝報』는 일종의 훈령무효 캠페인을 전개했다. 예를 들어 1899년 9월 4일자 논설 「문부성 훈령의 무효」는 법체계상 칙령의 하위명령인 훈령이 칙령인 사립학교령이 금하지 않은 사립학교의 종교교육을 금하는 것은 무효임을 주장하고 있다. 『만조보』는 이 문제를 문부성 참여관 등 당국자들에게 질의해서 답변을 게재했고 여기서 당국자들은 문제점을 인정할 수밖에 없었다.[127]

또한 훈령 공포 직후 대표적인 미션스쿨인 青山학원, 麻布英和학교, 同志社, 立敎중학교, 明治학원, 名古屋英和학원의 대표자들은 1899년 8월 16일 도쿄에 모여 대책을 논의하고, 훈령 제12호는 헌법상 인정된 신교의 자유를 위반하는 것이므로 기독교 학교들은 정부가 제공하는 특권을 얻거나 유지하기 위해 절대 타협하지 말 것을 결의했다.[128] 기독교계 소학교를 포함한 종교주의 소학교의 경우는 각종학교로 전환하거나 폐교하는 방침을 채택해 폐교하는 소학교가 속출했다. 이로 인해 사립소학교 비율이 기타 지역에 비해 월등히 높았던 도쿄 지역에서는 초등교육의 위기상황이 초래되었다.[129] 이처럼 대내외적인 압력으로 문부성은 한발 물러설 수밖에 없었다. 이런 상황에서 기독교 학교들이 종교교육의 자유를 위해 각종학교로 남기를 선택한다면 문부성의 규제를 받지 않는

---

127) 久木幸男, 「訓令12号の思想と現實」 2, 40~44쪽.

128) 『基督教新聞』 1899. 9. 1; 이때 작성된 진정서인 「開書」의 全文은 『基督教新聞』 1899. 9. 1.자에 게재되어 있다. 杉井六郎, 「小澤三郎編日本プロテスタント史史料(四) – 文部省訓令一二號とその反響」, 200~201쪽.

129) 1889년의 통계에 의하면 도쿄 시내의 공립소학교는 77교, 아동 숫자 47,005명인데 비해 사립소학교는 279교, 아동 40,294명에 달했다. 공립소학교 29,370교에 아동 4,000,973명, 사립소학교 454교에 아동 61,445명이라는 전국통계와 비교하면 도쿄 시내에 압도적인 사립소학교 집중현상이 있었음을 알 수 있다. 당시 『時事新報』의 보도로는 도쿄시와 같은 곳은 종교주의 소학교의 폐교와 동시에 바로 그 학교의 생도 수천을 수용할 교육장소를 설치하지 않으면 안 되는 상황에 처했다고 한다. 『日本』 1899. 9. 3, 杉井六郎, 「小澤三郎編日本プロテスタント史史料(四) – 文部省訓令一二號とその反響」, 45~46, 208쪽.

상태가 되므로, 차라리 훈령의 수정을 통해 이들 학교를 정규학교화하여 문부행정 내에 머물게 하는 길을 선택했다고도 볼 수 있다.[130]

실제로 기독교계 학교들 중에는 立敎·麻生중학과 같이 사실상 과정 외로서 종교교육을 계속하는 식으로 훈령의 수정적용 방침을 받아들인 학교들도 일부 존재했다. 그러나 明治학원 같이 문부대신이 직접 설득했음에도 불구하고 훈령 적용을 거부하여 각종학교로 남는 길을 선택한 기독교 학교들도 많았다. 각 학교의 설립모체인 교파나 전도회사가 저마다 훈령에 대한 대처방침이 달라 학교 간의 대응방법들은 차이가 있었다. 그렇지만 결과적으로 훈령 제12호는 기독교계 사립학교를 감소시키고 설립을 거의 정지시키는 효과를 낳았다.[131]

이후 문부성은 지정학교제도나 특전부여와 같은 별도의 방법으로 각 종학교로 남은 기독교계 학교들이 종교교육을 포기하도록 유도했다. 특히 각종학교에 대한 징병유예 특전의 적용, 전문학교 입학자격의 부여 등을 통해 문부성은 기독교계 남자 중등학교에 대해 상당히 큰 힘을 행사할 수 있었다. 특전의 부여절차는 '公立私立學校 認定에 관한 규칙'과 '專門學校入學者檢定規程', '高等學校大學豫科入學者選拔試驗規程' 등으로 정해졌다.[132] 또한 사립각종학교와 법령상의 사립학교를 확실하게

---

130) 久木幸男, 「訓令12号の思想と現實」 3, 84~85쪽.

131) 기독교계 학교의 설립상황은 메이지 원년 20개교, 10년대 35개교, 20년대 13개교에 비해 훈령이 공포된 메이지 30년대는 4개교, 40년대는 1개교에 머무르고 있다. 高宇, 「近代日本における國家とミッション·スクール」, 『東京大學大學院敎育學研究科紀要』 50, 2011, 36쪽.

132) 久木幸男, 「訓令12号の思想と現實」 3, 85~90쪽; 三上敦史, 「近代日本における '中學校程度'の認定史」, 『北海道大學大學院敎育學研究院紀要』 103, 2007, 59~62쪽; 1910년까지 부여된 특권들을 몇 가지 살펴보면 다음과 같다. ①사립학교 중 문부대신의 심사를 거쳐 공립중학교와 동등 이상으로 인정한 학교의 졸업생은 2년 복무하는 보통의 육군현역이 아니라, 만기시에 예비하사·사관에 임명되는 1년의 지원병이 될 수 있었다. 또한 해당 학교에 재학하는 기간 동안은 28세까지 징집을 유예할 수도 있다. ②사립학교 중 법률학을 가르치는 학교로

구분하기 위해 각종학교들이 '대학과', '대학부', '전문과', '전문부', '중학', '중학부', '고등여학부' 등 정규학교와 유사한 명칭을 사용하지 못하도록 차단하는 조치도 취해졌다.[133]

훈령 제12호가 적용상의 수정이라는 변화를 겪으면서 존속된 가운데 사립학교령은 1911, 1919, 1923, 1941년 4차례의 개정을 거친다. 이 중 1919년의 개정은 제10조 감독관청의 사립학교 폐쇄명령 조건 중에 "법령의 규정에 의해 감독관청이 내린 명령에 위반한 때"가 추가된 내용이고, 나머지는 관련 법령의 개정 등에 동반하여 이루어진 소폭의 개정이다.[134] 눈여겨 볼 것은 1911년 7월 29일 칙령 제218호로 대폭 개정된 법령이다.[135] 1911년의 개정사립학교령은 사립학교 폐지와 설립자 변경이 모두 감독관청의 인가사항이 되고(제2조), 감독관청이 부적당하다고 인정하는 경우 교원·교장의 해직명령이 가능해지는(제7조) 등 감독관청의 통제권이 강화되었다. 특히 새롭게 추가된 두 개의 조항은 다음과 같다.

> **제2조의 2** 私人으로서 중학교 또는 전문학교를 설립하려는 때는 학교유지에 족한 수입을 발생시키는 자산 및 설비 또는 이에 필요한 자금을 갖춰 민법에 의한 재단법인을 설립할 것.

사법대신이 적당하다고 지정하는 학교의 졸업생은 판사·검사·변호사 시험에 응시자격을 부여했다. ③사립학교 중 사범학교·중학교·고등여학교의 졸업생을 입학시키는 학교로서 수업연한 3개년 이상의 과정을 가지고 중등학교의 교원에 필요한 학과를 교수하는 학교는 문부대신의 심사를 거쳐 졸업생에 시험을 보지 않고 검정하여 중등학교 교원 면허장을 부여했다. ④인가를 받은 사립중학교는 일반 공립중학교와 동등하게 졸업생이 고등학교, 기타 전문학교에 입학할 자격이 주어졌다. 澤柳政太郎, 『我國の敎育』, 同文館, 1910, 390~393쪽.

133) '1904년 4월 22일 宗敎局通牒 제36호 각종학교의 명칭에 관한 건', '1904년 4월 19일 文部次官通牒 제28호', 新田邦達, 『宗敎行政法要論』, 298~299쪽.
134) 예를 들어 1941년의 개정은 '소학교령'이 '국민학교령'으로 변경됨에 따라 '소학교령'에 의해 준용되던 조항이 '국민학교령'으로 명칭 부분이 바뀐 내용이다.
135) 『法令全書』, 內閣印刷局, 1911, 278~280쪽.

제11조의 2 중학교 또는 전문학교의 설립자는 매 학년 또는 매 사업연도의 개시 전에 수지예산을 정하여, 매 학년 또는 매 사업연도의 종료 후 수지결산을 하여 감독관청에 제출할 것.

감독관청은 필요하다고 인정될 때는 수지예산의 변경을 명할 수 있음.

제2조의 2는 정규학교인 중학교·전문학교를 사립학교로 설립하려는 경우 재단법인 설립을 의무화하고 있다. 1898년 민법이 시행된 이후부터 일본의 사립 고등교육 기관들은 자체적으로 법인화를 목표로 노력하고 있었고, 그 결과 1911년 개정사립학교령 공포 훨씬 이전인 1898년 早稻田, 1900년 同志社, 1904년 明治학원, 1907년 慶應義塾 등이 각기 사단 또는 재단법인을 민법에 의거하여 설립했다. 이는 학교의 존립기반을 강화하고 법인격을 가진 독립된 권리의무의 주체로서 자율성을 강화하기 위해서였지만, 문부성의 감독 아래 들어가 천황제 공교육체제에 편입되는 계기가 되기도 했다.[136]

요컨대 1899년 문부성훈령 제12호 이후 일본의 기독교계 학교들은 ①정규학교로 등록하여 과정 외로 종교교육을 하는 경우와, ②사립각종학교로 남아 과정으로 종교교육을 하는 두 갈래 길로 나뉘었다. 사립각종학교로 남는 경우는 오직 사립학교령의 적용만을 받을 뿐이므로, 교과과정이나 교과서의 선택에 있어서 자유로웠다. 단, 각종학교로 남는 경우에도 '전문학교입학자 검정규정' 등에 의한 특전을 받기 위해서는 정규학교들과 동등 이상의 요건이 필요했음은 물론이다.[137] 1911년의 개정령도 이러한 방침은 원칙적으로 같았다. ①의 경우는 재단법인 설립이 강제되지만, ②의 경우는 재단법인을 설립하지 않아도 되었다. 1911년의 개정령은 정규학교체제에 편입된 사립학교들의 시설·자본을 확충

---

136) 大迫章史, 「私立高等教育機關の民法による法人化過程 － 同志社と慶應義塾の比較分析」, 『東北大學大學院敎育學硏究科硏究年報』 52, 2004, 88쪽.

137) 土方苑子/編, 『各種學校の歷史的硏究』, 68쪽.

시켜 천황제 공교육체제의 한 축으로 기능하게 하기 위한 법제였다.

그런데 사립학교 법인들은 이미 민법의 법인 관련 조항들과 1899년 발령된 '문부대신의 주관에 속한 法人의 설립 및 감독에 관한 규정'(1899. 8. 16, 문부성령 제39호)의 적용을 받고 있었다. 다음 절에서 다룰 1899년 문부성령 제39호는 민법에 규정된 법인들 중 "문부대신의 감독권한에 속하는 법인들"에 관한 추가적인 준수사항을 정하고 있다. 따라서 사립학교들이 법인을 설립하는 경우 당연히 문부성훈령 제39호가 적용되었다. 이들 법령과 연계된 일본의 사립학교 통제체제는 1945년까지 큰 변동 없이 유지·작동되었다.

3) 기독교단체 법인화 규제: 문부성령 제39호

공익법인의 설립·감독 관련 규정인 문부성령 제39호는 1939년 '종교단체법' 제정 이전 기독교단체 법인과 사립학교 법인에 모두 적용된 법령이다. 그렇지만 이 법령이 직접적으로 기독교단체 법인에 적용되기까지는 복잡한 이면의 과정들이 존재했다. 첫 단추는 기독교단체 법인설립의 법적인 근거가 마련된 메이지 민법(1896년 공포, 법률 제89호)의 시행이었다. 1898년 7월 16일부터 시행된 '민법'과 그 부속법인 '민법시행법'(1898. 6. 21, 법률 제11호)은 공익법인에 대한 규정들을 담고 있었다.

> **민법 제33조** 법인은 本法 기타 법률의 규정에 의하지 않으면 성립할 수 없다.
> **민법 제34조** 제사·종교·자선·학술·기예 기타 공익에 관한 社團 또는 財團으로서 영리를 목적으로 하지 않는 것은 주무관청의 허가를 얻어 법인으로 할 수 있다.
> **민법시행법 제19조** 민법시행 전부터 독립의 재산을 가진 사단 또는 재단으로서 민법 제34조에 열거된 목적을 가진 것은 법인으로 할 수 있다.
> 前項의 법인의 대표자는 민법 제37조 또는 제39조 사항 기타 사원 또는

기부자가 확정된 사항을 기재한 서면을 작성하여 민법시행일부터 3개월 내에 주무관청에 제출하여 그 인가를 청할 것을 요한다. 이 경우 주무관청은 그 서면이 민법 기타의 법령에 위반한 때 혹은 공익을 위해 필요하다고 인정된 때는 그 변경을 명할 것을 요한다.

前項의 규정에 따라 인가를 얻은 서면은 정관 또는 기부행위와 동일한 효력을 가진다.

민법시행법 제28조 민법 중 법인에 관한 규정은 당분간 神社·寺院, 祠宇 및 佛堂에는 적용되지 않는다.

메이지 민법은 제33조 이하에서 영리법인을 제외한 공익법인 중 주무관청의 허가를 필요로 하는 '허가법인'의 설립과 조직, 해산과 청산 등에 관해 규정했다. 이어 민법시행법은 민법시행 전에 이미 사단·재단으로서 실체가 있었던 경우에 설립되는 '인가법인'에 관해 명시했다. 당시 민법과 민법시행법 제정의 기초작업은 이토 히로부미가 총재를 맡은 법전조사회에서 담당했는데 이 과정에서 법인규정과 관련되어 이후 계속 영향을 미치게 된 두 가지 문제가 시작되었다.

하나는 제사·종교법인의 인정문제였다. 메이지 민법 제34조의 공익법인 조항 중 특히 "종교"가 명기된 이유는 서양의 예를 모방하여 가장 보편적인 내용을 담았기 때문이다.[138] 본래 이 조항은 교회뿐 아니라 신사·사찰에 대한 법인격 인정도 염두에 두고 있었다. 그런데 법안을 기초하는 과정에서 내무성은 법전조사회에 민법 제34조의 "제사·종교" 부분을 삭제해줄 것을 건의했다. 기독교의 교회와는 다른 일본 독자적인 신사에 대해 서양의 제도를 참고해서 기초된 민법의 법인 관련 규정을 적용할 수 없다는 주장이었다. 내무성의 건의는 민법 조문에는 수용되지 않았지만 결국 민법의 부속 법률인 민법시행법 제28조를 통해 관철되었다.[139] 민법시행법 제28조에 의해 신사와 사찰에는 민법의 공익법인 규

---

138) 關義央, 「公益法人規定の適用對象と民法施行法」, 278쪽.
139) 위의 글, 277~280쪽.

정의 적용이 유예되었고, 이것이 이후 종교법인 설립과 관련된 법령의 구조가 복잡해지는 하나의 원인이 되었다.

또 하나는 민법 제33조에 의해 민법 이외의 특별법에 의한 공익법인 설치 가능성이 열려진 점이다. 법전조사회의 기초위원이면서 법인 관련 규정의 직접 담당자였던 호즈미 노부시게(穗積陳重)의 제안에 따라 들어간 제33조의 "本法 기타 법률에 의하지 않으면"이라는 부분이 그것이다.140) 이 조항을 근거로 1899년 '종교법안'을 시작으로 1939년 '종교단체법'의 공포로 끝을 맺는 일련의 종교법 제정 시도가 일본 정부에 의해 계속되게 된다. 이미 민법과 민법시행법의 제정과정에서 종교법인을 민법에 의한 일반적인 私法人으로 취급하지 않을 수 있는 통로가 예비되었다고 할 수 있다.141)

민법시행법 제28조에 의해 법인설립 규정의 적용이 유예된 신사·사찰 등을 제외하고는, 1898년 민법 시행일 이후 종교단체의 공익법인 설립이 가능해짐으로써 주무관청을 정하고 그에 따른 세부절차를 규정할 법령이 필요해졌다. 결과적으로 기독교단체의 법인은 문부성령 제39호 '문부대신의 주관에 속한 法人의 설립 및 감독에 관한 규정'(1899. 8. 16)의 적용을 받게 되었다. 그런데 문부성령 제39호가 기독교단체 법인에 적용되기까지는 몇 가지 법령들과 법률안이 공포되고 폐기되는 복잡

---

140) 위의 글, 277쪽; 호즈미 노부시게는 근대 일본의 법학계에 큰 영향력을 행사한 호즈미가의 일원으로 도쿄제국대학 법대교수, 귀족원 의원, 추밀원 의장 등으로 활동했다. 그의 장남 호즈미 시게토오(穗積重遠)는 일본 가족법의 대가이며, 삼남 호즈미 신로쿠로(穗積眞六郞)는 1930년대 조선총독부 식산국장 등으로 재직했다. 또한, 천황주권설로 유명한 헌법학자 호즈미 야츠카(穗積八束)는 노부시게의 동생으로, 노부시게와 함께 조슈벌 내지 야마가타 아리토모의 정책에 이론적 토대를 제공한 인물로 지목된다.

141) 1899년 12월 야마가타 내각에서 의회에 제출한 종교법안의 제1조는 "공연히 종교를 선포하거나 종교상의 의식을 집행함을 목적으로 하는 사단 혹은 재단은 本法에 의하지 않으면 법인이 될 수 없다"고 하여 '종교선포와 종교의식 집행을 목적'으로 하는 법인은 민법이 아니라 종교법에 의거할 것을 명확히 하고 있다.

한 과정이 존재했다. 이를 순서대로 정리하면 다음과 같다.

1. 1898년 4월 28일 내무성령 제10호
2. 1898년 9월 1일 문부성령 제19호
3. 1899년 7월 27일 내무성령 제41호
4. 1899년 8월 16일 문부성령 제39호
5. 1899년 12월 의회에 제출되어 1900년 3월 부결된 종교법안
6. 1900년 8월 1일 내무성령 제39호

1과 2의 법령은 민법 시행(1898. 7. 16)에 대비하여 그 전후에 발령된 것으로 주무관청과 인허가 절차만을 간단하게 규정한 형태이다.[142] 1은 민법 제34조에 의한 내무대신 주관의 법인, 2는 문부대신 주관의 '학술·교육' 관련 법인이 대상이다. 당시는 아직 공인종교에 대한 행정업무가 내무성 소관이었기 때문에 2의 법령에서는 '종교'를 제외한 '학술·교육' 관계 법인만을 대상으로 명기하고 있다.

문제는 3의 공포에서 시작되었다. 1899년 내무성령 제41호(신불도 이외의 종교선포 및 전당·회당 등에 관한 규정)로 기독교가 공인되면서, 민법 법인규정의 적용이 유예된 신도·불교와는 달리, 기독교단체에는

---

142) 1898년 내무성령 제10호는 2개의 조문으로 이루어져 있다.
　　제1조 사단 또는 재단으로서 민법 제34조에 의해 법인으로 함에 내무대신의 허가를 요하는 것은 주된 사무소 소재지의 지방장관을 경유하여 그 신청서 2통을 제출 할 것. 그 허가를 얻어 설립한 법인 및 민법시행법 제19조의 법인으로 내무대신이 인가하는 경우 또한 같음.
　　제2조 前條의 법인이 내무대신에게 제출할 願届書는 주된 사무소 소재지의 지방장관을 경유할 것.
　　『法規類抄』下, 內務省總務局文書課, 1900, 453쪽; 한편, 1898년 문부성령 제19호는 다음과 같다. "민법 제34조에 의해 학술교육에 관한 사단 또는 재단을 법인으로 하려는 자 또는 학술교육에 관한 사단 또는 재단으로서 민법시행법 제19조에 해당하는 자는 그 사무소 소재지의 지방장관의 허가 또는 인가를 받을 것." 『官報』, 1899. 9. 1, 內閣印刷局.

법인규정이 적용되어 법인설립이 가능하게 되었기 때문이다. 그런데 앞
절에서 보았듯 내무성령 제41호는 포교자와 포교소에 대한 규정만 담고
있을 뿐, 법인의 설립에 대한 아무런 내용도 담고 있지 않아 그에 대한
후속 법령이 필요한 상황이 되었다. 기독교 공인과 법인화가 가능해짐으
로써 그에 대한 불교계의 반발이 극심해지고 있던 상황에서 종교 관련
사무의 주무기관인 내무성에서는 아무런 지침이 나오지 않고 있었다.

이에 반해, 문부성은 4번의 문부성령 제39호 '문부대신의 주관에 속
한 法人의 설립 및 감독에 관한 규정'을 공포했다. 1898년 문부성령 제
19호를 더욱 구체화한 이 성령은 제1조에서 다음과 같이 규정하고 있다.

> **제1조** 민법 제34조에 의해 문부대신의 허가를 얻어 사단 또는 재단을 법
> 인으로 하려고 할 때는 그 설립자가 사단인 경우는 정관, 자산의 총액 및
> 사원의 인원수, 재단인 경우는 기부행위 및 자산의 총액을 구비하여 신청
> 서를 문부대신에게 제출할 것.[143]

법령의 이름에서는 물론 조항의 내용에도 2와는 달리 구체적으로 '학
술·교육'이라는 제한이 들어가 있지 않다. 따라서 이 성령은 문부성의
소관이 분명한 학술·교육 관련 법인에는 당연 적용되고, 문부성 주관사
무의 변경여부에 따라 민법 제34조의 "제사·종교·자선·학술·기예 기타
공익에 관한" 법인에도 적용될 여지를 남기고 있었다.

종교사무의 주관부서였던 내무성이 문부성령 제39호와 같은 구체적
인 절차를 담은 법령을 내놓지 않고 있었던 이유는 당시 내무성이 모든
공인종교를 통일적으로 규율하는 종교법의 제정을 추진하고 있었기 때
문이다. 내무성의 종교법 기안은 야마가타 아리토모가 내각을 조직한 직
후부터 시작되었다. 개정조약 실시와 내지잡거에 대비하기 위해 종교에

---

143) 川邊次郎/編, 『敎育法規』, 南中舍, 1900, 334~336쪽.

관한 통일적 법규가 필요하다는 법제국장관 히라타 도스케(平田東助)의
건의에 야마가타가 적극 동조하여 힘을 기울인 결과물이었다.[144] 종교
법의 원안은 개개의 교회와 사찰에 대해 "종교의 선포 또는 종교상의
의식집행을 목적으로 하는" 법인을 인정하고 있지만, '교파'와 '종파'에
대해서는 '유지를 위한' 법인만을 인정했다.[145] 따라서 1899년 종교법안
의 주안점은 교회와 사찰의 개별적인 법인화는 거의 강제하면서도 교
파·종파 자체의 법인화는 불허하는 데 있었다고 평가된다.[146] 개별 종교
단체는 교파·종파에서 독립시켜 개개의 법인으로 행정적으로 관리하면
서도, 개별 종교단체를 통할하는 교파·종파는 사회적으로 약체화시키려
는 목적이었다. 이는 당시 제국의회의 종교법안 심의과정에서도 계속 문
제로 지적되었던 부분이다.[147] 1899년 제국의회의 종교법안 심의과정에
서 당시의 내무성 社寺局長 시바 쥰로쿠로(斯波淳六郎)는 교파·종파를
특별히 법인으로 인정해야할 필요가 없다고 단언했지만,[148] 1939년 종
교단체법안을 심의한 제국의회 특별위원회에서 문부성 종교국장 마츠오
쵸우조(松尾長造)의 발언은 전혀 달랐다.

144) 德富猪一郎, 『公爵山縣有朋傳』 下, 山縣有朋傳公記念事業會, 1933, 380~383쪽.

145) 1899년의 종교법안은 처음에 정부가 제국의회에 제출했던 원안과 귀족원 특별
위원회의 심의를 거쳐 변경된 수정안의 두 가지가 존재한다. 원안, 수정안 모두
교파·종파 자체에 대해서는 법인설립을 허용하지 않고 있다. 수정안 제6조는
"종교에 관한 사단 또는 재단은 다음에 열거한 것을 제외하고 법인이 될 수 없
다"고 하면서 ①교회, ②사찰, ③교파 또는 종파에 속한 재단, ④교파·종파·교
회·사찰을 유지하는 사단 또는 재단으로 법인 자격을 한정하고 있다.

146) 久木幸男, 「訓令12号の思想と現實」 3, 75~79쪽.

147) 宗教行政研究會/編, 『宗教法案資料: 第14, 52, 56回 帝國議會 貴族院議事速記錄』,
宗教行政研究會, 1934, 14~15쪽; 「第十四會 帝國議會貴族院 宗教法案外一件特
別委員會 議事速記錄 第一號」 1899. 2. 16, 11쪽.

148) 「第十四會 帝國議會貴族院 宗教法案外一件特別委員會 議事速記錄 第一號」 1899.
2. 16, 11쪽.

지금까지는 교파, 종파, 교단 등은 법인이 될 방법이 열려있지 않아 대단히 불편을 겪고 있었습니다. 부득이 교파, 종파 자체를 법인으로 할 수 없어 그 대신 보호자 같은 의미로 주된 것들은 민법 제34조에 의한 維持法人을 만들고 있습니다. 유지법인이 後見役 같이 되어 人格과 같이 교파, 종파의 활동이 간접적으로 행해지고 있습니다. (교파·종파가 법인이 되면) 이제부터는 …… 재산권의 주체가 되어 독자의 경제활동, 법률행위도 할 수 있게 될 것이고 …… 지금은 교파, 종파 등이 법인이 아니기 때문에 교파, 종파 자체가 어떠한 사업의 주체가 되는 것도 불가능한 상태입니다. 예를 들면 교파, 종파 등에서 학교를 경영하거나 사회사업을 하거나 기타 여러 가지 공익사업을 경영하는 경우 직접 설립자가 되는 것이 불가능하기 때문에 자연히 교파, 종파의 관장 등이나 그 중의 주요 인물이 개인명의로 설립자가 되어 있습니다. 그렇지만 주요 인물이 다른 곳으로 전임하거나 종파의 관장이 변경되거나 하면 일일이 그 수속을 해서 설립자를 변경해야 합니다. 그러나 이제부터는 법인격을 획득하게 되면 …… 번거로운 수속을 하지 않아도 좋고 …… 문부대신이 말씀하셨듯이 세간의 신용도 높아지고 제3자가 안심할 수 있다는 매우 큰 이익이 있다고 생각합니다. (괄호: 필자).[149]

이 후대의 발언을 통해 보더라도 1899년의 교파·종파 법인설립 불허 방침은 종교단체가 아니라 정부의 필요에 의한 것이었음을 분명하게 알 수 있다.

결과적으로 1899년의 종교법안은 지나친 종교간섭을 이유로 불교계를 중심한 여론의 큰 반발을 일으켜 1900년 3월 2일 귀족원에서 부결되었다.[150] 이로써 조약개정 이후 당국이 설계한 종교에 대한 근본적인 대책은 좌절되었다. 차선책으로 정부가 발령한 것이 6번의 내무성령 제39호 '종교의 선포 또는 종교상의 의식집행을 목적으로 하는 법인의 설립에 관한 규정'이다.

---

149) 「第七十四會 帝國議會貴族院 宗敎團體法案特別委員會 議事速記錄 第二號」 1939. 1. 26, 7쪽.
150) 위의 글, 81쪽.

언뜻 1900년 내무성령 제39호는 부결된 종교법안의 유산을 물려받았을 것으로 생각할 수 있지만, 형태 자체가 종교법안에 비해 매우 간략하게 되어 있다. 제1조는 다음과 같다.

> **제1조** 종교의 선포 또는 종교상의 의식집행을 목적으로 하는 사단 또는 재단을 법인으로 하려할 때는 설립자는 정관 또는 기부행위 이외에 다음 사항을 기재한 서면을 제출할 것.
> 1. 종교의 명칭 및 소속 교파·종파의 명칭
> 2. 의식 및 포교의 방법
> 3. 포교자의 자격 및 선정방법
> 4. 신도와 법인과의 관계
> 5. 신도 및 사원된 자의 인원수
> 6. 종교의 용도에 제공되는 堂宇·敎會所·會堂·說敎所 또는 講義所 종류를 갖춘 것은 그 명칭, 소재지 및 설립허가의 연월일.[151]

제1조는 물론 전체 4조항으로 구성된 법령 안에는 적용대상인 종교의 범위도, 법인 인정의 범위도 규정되어 있지 않다. 내무성이 공인종교의 주관부서였기 때문에 공인종교인 교파신도, 불교, 기독교가 대상이라 추정할 수도 있지만 법령의 명칭은 물론 제1조의 시작에 '내무대신의 주관에 속하는'이라는 문구도 없고, 교회·사찰 내지 교파·종파의 어디까지를 법인으로 인정할 것인지의 내용도 없다. 단지 제4조에서 "본령에 의해 서면을 제출한 경우 神佛道의 교파 또는 종파에 속한 것은 모두 管長의 添書를 첨부할 것"이라 하여 신도와 불교만이 직접적으로 거론되고 있을 뿐이다. 이 법령에서 의미 있는 부분은 "종교의 선포 또는 종교상의 의식집행을 목적으로 하는" 종교법인이 인정되어 있다는 점이다.

'법인'이란 본래 아무런 법적인 권리능력이 없는 단체에 법적인 권리

---

151) 川邊次郎/編, 『敎育法規』, 334~335쪽.

능력을 일부 부여하는 제도이다. 따라서 법인의 법인격, 즉 법적인 권리
능력은 법령의 규정에 따라 사단법인의 경우 정관, 재단법인의 경우 기
부행위로 정해진 '목적의 범위 내에서만' 주어진다. 메이지 민법 제43조
역시 "법인은 법령의 규정에 따라 정관 또는 기부행위로 인해 정해진
목적의 범위 내에서 권리를 가지고 의무를 부담한다"고 규정하고 있다.
또 메이지 민법 제71조는 "법인이 그 목적 이외의 사업을 하는 경우"
주무관청은 그 허가를 취소할 수 있도록 되어 있다.[152] 해당 단체의 법
적인 권리능력 범위를 결정짓는 만큼 법인의 설립목적은 매우 중요하다
고 할 수 있다. 이런 까닭에 종교법인의 경우 그 목적이 '종교선포·의식
집행'인 것과 단순히 '재산의 유지'인 것은 권리능력 범위는 물론 사회
적인 위치와 활동영역까지 다르게 결정짓는 본질적인 문제이다. 종교법
인이 실질적인 활동을 보장받기 위해서는 종교선포·의식집행을 목적으
로 하는 법인으로 설립되어야 하는 이유가 여기에 있다. 하지만 이 같은
법인은 이후에도 상당한 기간, 실제로는 1939년 종교단체법의 공포 이
전에는 설립될 수 없었다.

　　1913년 6월 관제개정으로 내무성에 소속되어 있던 종교국이 문부성
으로 이전되었다.[153] 이로써 국가신도와 유사종교는 내무성이, 신도·불

---

152) 1898년 민법시행법 제23조도 민법시행법 제19조 1항의 법인이 그 목적 이외의
　　사업을 하거나 인가의 조건을 위반하고 기타 공익을 해할 행위를 한 때에는 주
　　무관청이 법인의 해산을 명할 수 있도록 하고 있다.

153) 종교국의 이전에 대해 당시 일본 여론은 찬반으로 나뉘어졌고, 반대하는 입장에
　　서는 '문부성 훈령 제12호'로 종교와 교육의 분리를 원칙으로 내세운 상황에서
　　종교국을 교육의 주무부서인 문부성에 이관한 것은 잘못된 길로 돌아간 것이라
　　는 비판들도 있었다. 반면, 종교교육 관련자들 중에는 정부의 정책에서 소외받던
　　종교가 국민교육의 적극적 역할을 부여받게 된 의미로 환영하는 의견도 있었다.
　　그렇지만 스즈키 미나코(鈴木美南子)가 지적했듯이, 종교국의 문부성 이전은 종
　　교의 존중이 아니라 교육칙어와 국체관념을 기반으로 한 국민교육에 협력하는
　　'종교의 이용'이라는 의미로 해석되어야 할 것이다. 鈴木美南子, 「近代日本の教
　　育における宗教の意義に關する覺え書き－戰前を中心に」, 48~50, 54쪽.

교·기독교의 공인종교는 문부성이 담당하는 종교행정의 틀이 확립되었다. 자연스럽게 종교법인은 문부대신의 주관에 속하여 사립학교 법인과 동일하게 문부성령 제39호의 적용을 받게 되었다. 그런데, 문부성령 제39호(1899)는 내무성령 제39호(1900) - 공교롭게 법령의 번호도 같다 - 와 달리, "종교의 선포 또는 종교상의 의식집행을 목적으로 하는" 종교법인에 대해서 명시적으로 규정하지 않고 "민법 제34조에 의해 문부대신의 허가를 얻어야" 하는 법인을 대상으로 하고 있다. 따라서 이후 '문부성령 39조에 의거한 법인'에는 '종교선포·의식집행 목적'의 종교법인이 자연스럽게 배제될 수 있었다.

1933년 출판된 『宗教行政法要論』은 종교단체의 법인설립과 관련된 항목에서 다음과 같은 설명을 하고 있다.

> 민법 제34조 및 '문부대신의 주관에 속한 법인의 설립 및 감독에 관한 규정'(1899년 문부성령 제39호)으로써 법인설립의 수속을 정하고 또 '종교의 선포 또는 종교상의 의식집행을 목적으로 하는 법인의 설립 등에 관한 규정'(1900년 내무성령 제39호)으로써 이러한 법인설립에 관한 특별한 省令을 발함에 의해 법인설립을 할 수 있도록 된 것으로 해석되어야 한다. <u>그러나 종교법인의 설립이 허가된 것은 교파·종파·사원·교회소 등의 유지재단과 사단 뿐으로 교의의 선포, 의식의 집행을 목적으로 하는 것에는 아직 허가된 일이 없다.</u> 이러한 이유는 寺院·祠宇·佛堂이 오늘날까지 법인이 될 수 없음에도 불구하고 신불도의 교회소·堂宇·회당 등에 법인을 인정함은 寺院과 균형을 잃어 또한 민법의 정신에 위반하는 때문이다. 이 같은 해석은 민법 제정 이래 주무관청의 행정방침으로서 <u>따라서 1900년 8월 1일 내무성령 제39호는 절반은 空文으로서 존재하는 것이 된다.</u> (밑줄: 필자).[154]

요컨대 1933년까지도 '종교의 선포와 의식집행을 목적'으로 하는 법인은 설립된 일이 없고, 오직 '종교단체를 유지하기 위한 목적'의 재단·

---

154) 新田邦達, 『宗教行政法要論』, 81쪽.

사단법인 설립만이 허가되었다. 그리고 그 이유는 민법제정 이후 계속된
주무관청의 행정방침에 따른 결과라고 한다.[155] 1941년 '종교단체법' 제
정 이후 출간된 『宗敎團體法論』도 1890년 내무성령 제39호에 의해 민
법상의 법인으로서 설립이 허가된 敎會所 등은 하나도 없으며, 이는 종
교단체법 제정시까지 보류되어 결국 내무성령 제39호는 死文이 되어버
렸다고 기록하고 있다.[156] 이와 관련 1922년의 문부성 종교국 통첩으로
다음과 같은 것이 있다.

> '종교에 관한 법인 취급방법'(1922. 5. 30, 發宗45號; 각 지방청에 발한 종
> 교국통첩): 종래 종교에 관한 법인에 대해서는 교육에 관한 법인과 다르게 한
> 것도 있었으나 1899년 8월 문부성령 제39호는 종교법인에도 이를 적용하는
> 것으로 결정됨으로써 잘 헤아려 취급하기 바람. 따라서 해당 관내에 주된 사
> 무소를 가진 종교법인으로 종래 사업보고를 제출하지 않은 것에 대해서는 장
> 래 제출할 것을 지시하기 바람.[157]

1899년의 문부성령 제39호가 교육에 관한 법인은 물론 종교에 관한
법인에도 당연히 적용되는 것임을 각 지방청에 주지시키는 내용이라 할
수 있다.

일련의 과정을 통해 메이지 정부는 결국 종교단체, 특히 교파·종파
자체의 법인설립은 배제하고 그 '유지법인'만을 인정하려 한 1899년 종
교법안의 방침을 관철했다고 보인다. 종교법안 제정 실패 후 대용물로서
발령된 내무성령 제39호는 실제 적용되지 않았다. 이어서 1913년 종교
국 자체를 문부성으로 이관함으로써 문부성령 제39호는 내무성령 제39
호를 대신하여 자연스럽게 종교법인 설립의 기본법규가 되었다. 결과적

---

155) 위의 글, 82쪽.
156) 根本松男, 『宗敎團體法論』, 451~452쪽.
157) 東京行政學會, 『最新文部省例規總覽』, 玄文社, 1938, 266~267쪽.

으로 종교의 선포·의식집행을 목적으로 하는 법인의 설립은 회피될 수 있었다.

일본의 경우 기독교단체 법인설립의 추이는 각 단체마다 조금 차이를 보인다. 우선, 일본의 외국선교회 법인들은 관련 법제의 마련 직후인 1901년부터 법인설립을 시작하여 대부분의 선교회단체들이 1906년경까지 법인설립을 완료했다.[158] 이후에는 개별 교회들의 법인설립이 진행되었다. 교단 유지재단의 법인화는 더 늦은 시기에 이루어졌다. 일본 최대의 기독교단체인 장로파 '일본기독교회'는 1924년 1월 21일 '일본기독교회 유지재단'의 인가를 받아 소속 교회들의 재단가입을 시행했다.[159] 감리파인 '일본감리교회'의 정확한 법인설립 연대는 알 수 없지만, 1923년 문부성 종교국에서 발행한 『宗敎制度調査資料』를 보면 이미 '일본감리교회 유지재단'이 설립되어 있고 각 지역 교회소유의 부동산을 여기에 기부하는 형태를 갖추고 있다.[160] 일본조합교회는 교회별로 관리인을 두거나 유지재단을 설립해오다 1924년 11월 '재단법인 일

---

158) 『宗敎要覽』, 文部省宗敎局, 1916, 193~198쪽; 1890년 내무성령 제39호는 제정 이후 적용된 적이 없다고 하고 1913년 종교국이 문부성으로 이전되기 전에는 1899년 문부성령 제39호도 적용되지 않았을 것이다. 따라서 1913년 이전에 설립된 선교사 단체의 법인이나 교회 법인들은 민법의 공익법인 규정에만 근거해서 설립되었을 것으로 생각된다. 그런데 종교요람에 기재된 선교사 단체의 재단·사단의 명칭들에는 "유지재단·사단"이라는 문구가 포함되어 있지 않기 때문에 법인의 성격이 분명하지 않은 부분이 있다. 이 부분은 추후에 자료를 보강하여 연구할 필요가 있다고 보인다.

159) 일본기독교회의 내부조직은 개별교회의 의결·집행기관인 小會, 지역교회 대표들의 모임으로 그 지역에 대한 의결·집행기관인 中會, 中會의 대표들로 구성되는 중앙의 의결·집행기관인 大會로 단계적으로 구성되었지만, 한동안은 개별 교회 단위로만 유지재단법인을 설립하는 형식을 취했다. 개별 교회들은 일본기독교단 유지재단법인이 인가를 받은 1924년 이후에야 그 유지재단에 가입하고 있다. 『宗敎制度調査資料』, 文部省宗敎局, 1923, 2-3, 14~15쪽; 日本基督敎會事務所/編, 『日本基督敎會年鑑』, 日本基督敎會財務局, 1937, 98~103쪽.

160) 『宗敎制度調査資料』, 49~50쪽.

본조합교회 유지재단'을 설립하고 있다.[161] 이 같은 유지목적의 법인 이외에 종교선포·의식집행 목적의 종교법인은 1939년 종교단체법으로 관제의 강제적인 틀 안에서 교단·교파·종파의 설립이 법적으로 인정되면서 비로소 가능해진다.[162] 따라서 1939년 종교단체법 성립 이전의 시기에 '문부대신의 주관에 속한 법인의 설립 및 감독에 관한 규정'은 사립학교를 포함한 교육·학술관련 법인뿐 아니라 종교 관련 법인에 대해서도 기본적인 법규로 기능했다고 볼 수 있다.

문부성령 제39호는 상위법인 민법과 민법시행법의 공익법인에 대한 규정들보다 설립과 감독 부분에서 규제를 더욱 강화하고 있다. 제34조부터 제84조에 이르는 메이지 민법의 공익법인에 대한 조항들은 민법 제1편 제2장 중에 법인의 설립, 관리, 해산, 벌칙조항으로 구성되어 있다. 이 중에서 법인설립과 주무관청의 감독에 관한 부분을 더 자세히 규율해 놓은 것이 문부성령 제39호이다. 먼저 민법과 민법시행법상 법인설립과 관련된 주요 규정을 정리하면 다음과 같다.

〈표 3〉 메이지 민법의 공익법인 설립과 감독 관련 규정

메이지 민법(1896년 4월 법률 제89호) 제34조 이하의 공익법인	
법인설립요건	1. 제사·종교·자선·학술·기예 기타 공익목적의 비영리 사단 또는 재단
	2. 주무관청의 허가(제34조)
	3. 설립행위(제37조, 39조) ① 사단법인은 정관의 작성. 정관에 다음 사항을 기재(제37조) 　1. 목적 　2. 명칭 　3. 사무소 　4. 자산에 관한 규정 　5. 이사의 임면에 관한 규정

161) 『日本組合基督敎會規約』, 日本組合基督敎會本部, 1938, 34~36쪽.
162) 根本松男, 『宗敎團體法論』, 150~153쪽.

	6. 사원자격의 득실에 관한 규정 * 정관 변경은 주무관청의 인가를 받지 않으면 효력이 없음(제38조) ② 재단법인은 기부행위로 제37조 기재사항의 1-5호를 정할 것 (제39조)
주무관청의 업무감독권 (제67조)	주무관청은 언제라도 직권으로 법인의 업무 및 재산상황을 검사할 수 있음 * 벌칙규정: 주무관청의 업무감독시 방해하는 경우 법인의 이사·감사 또는 청산인에 5엔 이상 2백 엔 이하의 過料부과 가능(제84조)
주무관청의 설립허가취소권 (제71조)	법인이 그 목적 이외의 사업을 하거나 설립허가를 얻은 조건에 위반, 기타 공익을 해할 행위를 한 때

* 출전: 高松泰介/編, 『現行宗敎法令』, 有斐閣書房, 1902.

〈표 4〉 민법시행법의 공익법인 설립과 감독 관련 규정

민법시행법(1898년 6월 법률 제11호) 제19조의 공익법인	
법인설립요건 (제19조 1항)	1. 민법 시행 전부터 독립의 재산을 가진 사단 또는 재단 2. 민법 제34조의 목적(제사·종교·자선·학술·기예 기타 공익목적)을 가진 것일 것 [당연설립]
법인의 신고의무 (제19조 2항, 3항)	다음의 서면을 작성하여 민법시행일부터 3개월 내 주무관청에 제출하여 인가신청 1. 사단법인의 경우는 민법 제37조, 재단법인의 경우는 민법 제39조 게재사항을 기재한 서면 제출 2. 기타 사원이나 기부자가 정한 사항 * 인가를 얻은 서면은 정관, 기부행위와 같은 효력을 지님 주무관청은 서면의 내용이 민법 기타 법령에 反하거나 공익을 위해 필요할 때는 변경을 명령해야 함
주무관청의 법인해산명령권 (제23조)	민법시행법 제19조 1항의 법인이 그 목적 이외의 사업을 하거나 인가를 얻은 조건에 위반, 기타 공익을 해할 행위를 한 때

* 출전: 高松泰介/編, 『現行宗敎法令』, 有斐閣書房, 1902.

민법과 민법시행법의 법인을 비교할 때 가장 큰 차이는 성립요건이다. 민법의 법인이 설립행위와 주무장관의 허가를 성립요건으로 하는 것과 달리,[163] 민법시행법 제19조 1항의 법인은 이미 민법시행 전에 재단·

사단의 실질을 가진 것이었음을 증명하면 주무관청의 인·허가를 요하지 않고 민법시행의 날로부터 당연히 설립된 것으로 인정되었다.[164]

따라서 민법시행 전부터 민법 제34조의 공익목적을 가지고 독립된 재산을 가지고 있던 재단·사단은 민법시행과 함께 법인으로 성립된 것으로 간주되고, 이후 정관을 작성해 주무관청에 신고하여 인가를 받는다.[165] 당연설립이므로 허가가 아닌 인가를 받고, 일단 설립이 인정된 이후는 민법 제67조 주무관청의 업무감독을 비롯한 민법 규정의 적용을

---

163) 靑木法律事務所, 『民法判例集』, 11쪽; 참고로 현재의 우리 민법에서는 등기가 법인 성립요건으로 되어있으나, 메이지 민법에서 등기는 제3자 대항요건이었다. 메이지 민법 제45조 2항은 "법인의 설립은 그 주된 사무소의 소재지에서 등기를 하지 않으면 그로써 타인에게 대항할 수 없다"고 하고 있다. 普文學會/編, 『民法問題義解』, 淸水書店, 1909, 47쪽.

164) 宮田四八郞, 『民法施行法講義』, 大日本新法典講習會, 1901. 38쪽; 三淵忠彦, 『日本民法新講』, 梓書房, 1929. 112쪽; 당시 일본에서는 "민법시행 전에 설립된 재단으로서 민법 제34조의 목적을 가진 것은 민법시행법 제19조에 의해 민법시행의 날부터 당연히 법인으로 되는 것으로(當然設立), 그 대표자가 민법시행법의 시행일에서 3개월 내에 동조 제2항의 수속을 하지 않았더라도 그 법인은 여전히 존속하는 것으로 한다"는 판례도 확립되어 있었다(1907. 2. 9. 大判). 靑木法律事務所/編 『民法判例集』, 有斐閣, 1910, 495쪽.

165) 본래대로 정의하자면 법적으로 '인가'란 신고자가 일정의 요건사항을 구비하여 행정관청에 통지하면 행정관청은 그 수령을 거절할 수 없는데 비해, '허가'는 형식적 요건을 갖추어 제출하더라도 그 수령의 여부가 관청의 자유재량에 맡겨져 있다. 그렇지만 실제 법의 운용과정에서는 인가가 허가의 의미로 사용되기도 하고, 허가가 인가의 의미로 사용되는 경우도 많았다. 이 때문에 1939년 '종교단체법안'의 심의과정에서도 인가와 허가의 행정상 해석문제가 논의되었다. 이 논의에서도 본래 '인가'란 법률로 정한 조건의 사실이 존재한다는 것을 직권으로 확인하는 개념으로 당해 법률에서 제시한 조건이 구비된 사실만 인정되면 일정한 법적 효력이 부여되고, '허가'란 행정관청의 허가처분에 의해 비로소 권리가 생기거나 소멸하는 개념으로 이해되어야 하지만, 당시는 혼용되어 사용되는 문제가 있다고 지적한다(「第十四會 帝國議會衆議院 宗敎團體法案委員會議錄 第十二號」 1939. 3. 16, 19쪽). 그러나 최소한 본 연구에서 다루는 기독교 관련 통제법들 특히, 뒤의 장들에서 살펴볼 조선의 법제들에서는 명확하게 '인가'와 '허가'가 본래의 의미대로 사용되고 있음을 볼 수 있다.

받게 된다. 1899년 문부성령 제39호는 법인의 설립과 감독 부분에 대한 규제를 강화한 것이므로, 당연설립인 민법시행법의 법인은 문부성령 제39호의 설립 관련 규제는 회피할 수 있지만 설립 이후의 감독규정은 동일하게 적용받는다.

〈표 5〉 1899년 '문부대신의 주관에 속한 법인의 설립 및 감독에 관한 규정'의 구조

법령의 명칭 \ 법령의 내용	문부대신의 주관에 속한 법인의 설립 및 감독에 관한 규정 (1899년 문부성령 제39호)
법적용대상 (제1조/제3조)	민법 제34조의 법인 중 문부대신이 주무관청인 허가법인(제1조)
	민법시행법 제19조의 법인 중 문부대신이 주무관청인 인가법인 (제3조)
설립요건(제1조)	민법 제34조의 법인: 설립자는 다음 사항을 구비한 신청서를 문부대신에게 제출+문부대신의 설립허가 1. 사단: 정관·자산총액·사원수 2. 재단: 기부행위·자산총액 * 문부대신에게 제출하는 서류는 모두 법인의 주된 사무소 소재지의 지방장관을 경유할 것+지방장관은 이에 대한 상세한 의견을 첨부하여 제출할 것(제2조)
법인의 의무 (제3조/제4조)	1. 설립허가·민법시행법 제39조에 의한 인가시 지체 없이 다음 사항을 지방장관에게 보고(제3조) ① 정관 또는 기부행위 ② 이사 및 감사의 성명, 주소 ③ 재산목록 및 사단법인의 경우 사원수 (①, ②호 사항 중의 변경시에도 같음)
	2. 매년의 조사와 보고(제4조) - 매년 4월 30일까지 다음사항을 지방장관에게 제출 ① 사단법인: 재산목록·사원수 ② 재단법인: 재산목록 단, 사업년도를 설치한 법인은 그 연도의 말일부터 30일 이내에 제출할 것
지방장관의 감독·통제권 (제5조/제6조/제7조)	법인의 업무감독권(제5조)
	법인의 감독상 필요한 보고 요구권 / 실제 업무·재산상황 검사권 (제6조)
	민법 제71조와 민법시행법 제23조 해당 행위 인정시 그 사유를 상세하게 갖추어 문부대신에 보고(제7조)

* 출전: 川邊次郎/編, 『敎育法規』, 南中舍, 1900.

문부성령은 설립요건에서 민법규정의 설립요건보다 몇 가지 기재사항을 추가하고 이 사항들을 문부대신에게 서면으로 제출하도록 명확히 정하고 있다. 또 설립허가·인가시와 매년 4월말까지 법인의 상황을 보고하게 하여 민법에는 없는 의무를 추가했다.

전반적으로 법령의 규제강화는 특히 지방장관의 권한강화와 연관되어 있다. 설립허가 신청이나 매년의 보고시 경유하도록 한 규정 외에도 지방장관은 법인의 업무에 대한 감독권을 가진다. 주무관청인 문부대신의 지휘하에 해당 법인에 대한 직접적인 파악이 가능한 지방장관의 감독권을 강화하여 이중의 통제망을 만들었다.[166] 이후 1904년 개정법령에서는 제5조, 제6조가 삭제되고 제4조는 전면 수정되었다. 두 조항의 삭제로 지방관의 권한은 축소되는 대신 사업상황, 경비, 수입과 지출 등을 매년 문부대신에게 보고하는 의무가 제4조로 신설되었다.

나아가 문부성령 제39호는 1911년 개정사립학교령에서 사립중학교·전문학교에 재단법인 설립이 의무화되면서 적용의 폭이 확대되었고, 1918년 12월 '대학령'의 공포로 사립대학의 재단법인에도 적용되게 되었다.[167] 이후 변경 없이 오랜 기간 유지된 '문부대신의 주관에 속한 법인의 설립 및 감독에 관한 규정'은 1936년 11월 다시 한 번의 개정을 겪는다. 개정법령(1936. 11. 15, 문부성령 제19호)은 일본의 파시즘화가 본격화되었던 당시의 상황을 반영하듯 더욱 통제성이 강화된 조항들로 구성되어 있다. 변경된 내용들은 법인설립 허가신청시 구비요건의 강화, 각종 보고의무와 사무소에 대한 서류·장부 비치의무의 신설 등이고, 특히 제13조는 이들 각종 의무 위반시의 벌금이나 과료를 규정한 벌칙조항이다. 개정령은 종교관계 법인에 대해서는 1939년 종교단체법 제정으

---

166) 堀雅晴, 「私立大學における大學ガバナンスと私學法制をめぐる歷史的檢證」, 227쪽.
167) 1918년 '대학령' 공포 이후에 1903년 '전문학교령'에 기초했던 사립학교들이 대학으로 승격하게 되고 1932년까지 26개의 사립대학이 성립하게 되었다. 堀雅晴, 「私立大學における大學ガバナンスと私學法制をめぐる歷史的檢證」, 225쪽.

로 적용되지 않게 되었지만, 사립학교 법인에 대해서는 1945년까지 지속적으로 영향력을 발휘했다.[168] 실제로 개정령이 등장한 1930년대 중반은 종교관계 법인들은 대부분 설립이 완료된 상태이기도 했고, 종교단체에 대해서는 새로운 법률-'종교단체법'을 제정하기 위한 준비가 진행되고 있던 시기였다. 때문에 개정령에서 요건이 강화된 법인설립 규정의 적용대상은 주로 사립학교 법인들이었을 것으로 생각된다. 신설된 제6조 문부대신에 대한 수지예산 보고규정도 종교 관련 유지법인에 대해서는 의무를 면제하고 있다.[169]

　결국, '문부대신의 주관에 속한 법인의 설립 및 감독에 관한 규정'은 민법과 함께 ①1939년 종교단체법 성립 이전까지 死文化된 내무성령 제39호를 대신하여 종교법인들의 기본법으로, ②일본 패전 이전 사립학교의 재단법인을 규율하는 기본법으로서 민법 조항들로는 부족하다고 판단되는 이들 법인에 대한 규제·감독 내용을 채워주는 역할을 수행했다고 할 수 있다.

　개정조약의 실시와 함께 일본의 근대법체제가 일단 완성된 1899년은 근대법에 의한 기독교 통제망이 구축된 시기이기도 했다. 서구 근대법의 원형에서 변용된 일본근대법의 문제 내지 한계는 그대로 기독교 관련 법제에도 투영되었다. 신도국교화 정책의 외형적인 포기 이후에도 천황제 국체의 神聖性은 근대국가 일본이 지켜야 하는 제1가치였다. 이와 영합할 수 없는 것으로 낙인찍힌 기독교는 '법적으로 명시된' 공인을 받지

---

168) 종교국이 문부성으로 이관된 후인 1913년도의 『日本帝國文部省年報』를 보면, 문부성령 제39호의 허가에 의해 설립된 법인은 教育會, 學校, 學會 및 俱樂部, 宗敎關係의 항목으로 구분되어 통계 처리되고 있다. 여기서 "學校"는 사립학교, "宗敎關係"는 개별 교회의 법인을 포괄하는 종교 관련 법인이다. 『日本帝國文部省年報』第41年報(大正2年 4月-3年 3月) 上, 文部大臣官房文書課, 18~19쪽.
169) 개정법령의 全文은 뒤의 부록을 참조.

못했고, 정규 사립학교로 인가를 얻어 종교교육을 실시할 수 없었으며, 종교의식·선포 목적의 법인으로 존재할 수 없었다.

1899년 제정된 기독교 관련 법제들의 특징은 몇 가지로 정리된다. 첫째, 전체로서가 아니라 분리·분할된 단위로서 통제한 점이다. 교단·교파가 아닌 개별 교회, 교단·교파의 대표자가 아닌 개별 교회의 설립자를 대상으로 하고, 사립학교는 학교령으로 인가받은 사립학교와 사립각종학교로 분리하고, 재단사무와 학교사무를 분리하여 통할했다. 법인으로서는 종교의식과 선포를 목적으로 하는 교단·교파 법인은 인정하지 않고 교회와 선교회 단위로 오직 유지목적의 법인만을 인정했다. 둘째, 지방장관과 중앙정부의 연계로 이루어진 2중의 중층적인 감독구조이다. 법령 내에 명시적으로 내무대신의 권한이 규정되어 있지 않은 내무성령 제41호의 경우는 하위의 통첩들을 통해 이중적인 통제망을 완성했다. 셋째, 1900년 종교법안이 부결됨에 따라 의회가 관여할 수 있는 법률의 형식이 아니라, 칙령이나 행정명령을 통해 규율하는 체제로 정비되었다. 메이지시기 행정권력을 장악한 번벌 중심 지배집단의 의사를 그대로 법령화할 수 있는 형식이었다.

법제의 성립과 적용과정에서 긴밀하게 연계된 1899년의 내무성령 제41호, 사립학교령과 문부성훈령 제12호, 문부성령 제39호는 기독교에 대한 행정통제의 기본 체제를 이루었다. 이 체제는 이후 다소의 개정을 거치지만 그 틀을 유지하면서 1939년 '종교단체법'(법률 제77호) 등장 전까지 지속되었다. 1938년 '국가총동원법'을 통과시킨 히라누마 기이치로(平沼騏一郎) 내각에서 제정·공포한 종교단체법으로 인해 포교기관에 대한 내무성령 제41호와 문부성령 제19호(1936년 개정법령)의 적용은 중지되었다. 전시체제와 파시즘체제의 정점에서 성립된 종교단체법은 국가신도를 제외한 공인종교와 비공인종교(유사종교)를 적용대상으로 하여, 이들 모두를 문부성의 통일적인 행정관할하에 두기 위한 것이었다.[170] 이 법에서 '종교단체'는 신도의 교파, 불교의 종파, 기독교의 교단으로 정해져 있다.[171] 기존에 법적인 근거가 없던 기독교의 교단은 이 법으로 인해 법적인 근거를 가지게 되었고 종교행위 목적의 법인설립도 가능하게 되었다. 하지만 이는 정부의 지도 아래 교단이 하나로 통합되는 작업을 전제로 했다. 특히 종교단체법은 교파·종파에는 管長을, 기독교 교단에는 敎團統理者를 설치하여 종교단체를 대표, 통리하도록 하고 이들의 취임에는 문부대신의 인가를 받도록 했다. 관장과 교단통리자를 통해 정부가 손쉽게 교단 내부에 대해 감독하고 지배권을 장악하려는 의도였다.[172] 종교단체법 공포 이후 일본 기독교계는 정부의 지도에 따라 하나의 교단을 결성할 것을 결의하고 합동준비위원회를 발족시켰다. 이 과정에서 교파 간의 교리나 정치구조의 차이는 모두 무시되었고, 1941년 6월 24일 창립총회를 통해 하나의 '일본기독교단'으로 통합되어 일본 파시즘체제의 한 기둥으로서 충실하게 역할을 수행해 갔다.[173]

---

170) 관련 내용은 다음 연구들을 참조할 것. 日本基督敎團史編纂委員會/編, 『日本基督敎團史』, 日本キリスト敎團出版局, 2004; 原誠, 「日本基督敎團とファシズム時代」, 『基督敎研究』 第61卷 第1号, 1999; 原誠, 『전시하 일본기독교사』, 서정민/역, 한들출판사, 2009.

171) 根本松男, 『宗敎團體法論』, 嚴松堂書店, 1941, 18~20쪽.

172) 平野武, 「宗敎団体法下の本願寺派宗制」, 『龍谷法學』 42, 2010, 1531쪽.

173) 日本基督敎團史編纂委員會/編, 『日本基督敎團史』, 86~113쪽.

제2장

한국병합 전후 기독교 관련
법의 제정과 기독교계의 동향

1. 통감부의 기독교정책과 1908년 사립학교령

1) 한말 기독교의 치외법권적 위치와 통감부의 기독교정책

일본 내의 기독교는 법적 규제가 가능하게 된 1899년 이래 관련 법령들에 의해 규율되었다. 일본이 해외영토를 확장함에 따라 기독교에 관한 법제들은 일본의 식민통치방침 아래 식민지에 이식되는 수순을 밟았다. 그런데 1905년 '보호국'화된 한국[1]에서 기독교문제는 일본 국내보다 더 복잡한 양상을 띠고 있었다. 이는 서양이 한국에서 행사 중이던 치외법권으로 인해 기독교에 대한 직접적인 통제가 불가능했다는 점, 그리고 일제가 한국의 기독교를 독립운동과 연계된 것으로 인식하고 있었다는 점에 기인한다. 병합 전후 일제의 기독교정책을 설명하기 위해서는 이 두 가지 상황이 검토될 필요가 있다.

통감부시기 한국에는 여전히 서양 각국과 한국 정부 사이의 기존 조약들이 존속하고 있었다. 병합 이전의 '보호국' 한국에서 서양의 치외법권 등은 소멸되지 않았다. 일본은 1895년 대만 영유의 경험을 통해 식민지와 서양 간에 존재하는 불평등조약문제를 다루어본 경험이 있기는 했지만, 한국에서 이 문제는 훨씬 방대하고 어려운 과제였다. 한국과 서양 간의 조약 또는 계약들, 그에 따라 서양 각국이 한국에서 소유한 권리들은 다종다양했다. 이는 일본이 한국에서 식민화 정책을 효율적으로 시행하면서 병합으로 가는 기반을 마련하기 위해 일차적으로 처리해야 할 장

---

1) 본 연구에서는 병합 이전은 '한국', 병합 이후는 '조선'으로 표기한다.

애물이었다.

불평등조약 관련 문제는 서양세력을 배경으로 하는 기독교와도 밀접하게 연관되어 있었다. 한국에서 치외법권을 누리는 외국인 선교사의 숫자나 선교사업의 규모는 대만과는 비교할 수 없을 정도였다. 일본의 대만 영유 당시 대만에 진출해 있던 기독교는 스코틀랜드 장로교, 캐나다 장로교와 천주교뿐이었고, 선교사의 숫자도 극소수에 불과했다. 영유 이후도 대만에는 앞의 교단들 외에 외국선교회의 직접적인 파견은 없었고 일본성공회, 일본기독교회, 일본조합교회 등이 일본에서 건너가 전도활동을 하는 상황이었다.[2] 이에 비해 한국의 경우는 천주교는 물론이고 미국 남·북장로교, 미국 남·북감리교, 호주 장로교, 캐나다 장로교, 제칠안식교, 구세군, 영국성공회, 성결교, 러시아 정교 등 많은 외국 교파의 선교사들이 파견되어 전국 각지에서 포교활동뿐 아니라 병원, 학교 등 많은 사회사업을 운영하고 있었다.[3] 선교사들의 신변과 사업은 치외법권으로 보장되었기 때문에 통감부나 한국 정부의 행정·사법권으로는 그에 대한 통제가 사실상 불가능했다.

1906년 2월 통감부 설치 이후 초대 통감으로 부임한 이토 히로부미는 이 같은 문제해결의 적임자였다. 이토는 일본에서의 불평등조약 개정작업과 대만영유시 서구와의 조약처리문제를 총리대신으로서 진두지휘했던 경험이 있었다. 이토가 추진한 '한국의 시정개선' 사업이 한국 사법제도의 근대화를 내세웠던 것도 서구와의 조약개정을 염두에 둔 일이었다.[4] 조약개정의 필요성에 대한 인식은 이토 혼자만의 것이 아니라 일본

---

2) 『臺灣事情』, 臺灣總督府, 1923, 118~123쪽.

3) 재한 선교사의 숫자에 대해서 1912년도 『朝鮮總督府統計年報』는 1910년 299명, 1911년 307명, 1912년 363명으로 기록하고 있다. 한편, 미국장로교 해외선교본부 총무였던 아서 브라운(Arthur J. Brown)은 *The Korean conspiracy case*에서 1912년 미국인 선교사 숫자만 약 330명이라고 밝히고 있기도 하다. Arthur Judson Brown, *The Korean conspiracy case*, Northfield Press, New York, 1912, pp.22~23.

의 내각을 비롯한 식민정책 추진자들의 공통적인 생각이었다. 1905년 4월 8일 제1차 가쓰라 타로 내각의 각의결정 '韓國保護確立의 件'에는 이러한 인식이 분명히 드러난다.

(한국)보호권의 확립은 이에 의해 바로 한국과 열국 간에 존재하는 조약을 폐지하는 효과는 없으므로 치외법권 및 협정세율에 관해서 열국은 또한 종전의 지위를 보유할 것이다. 그에 대해서는 스스로 전후의 방책이 없지 않다. 즉 치외법권에 관해서는 (일본)제국은 마땅히 일정한 시기에 적당한 사법제도를 한국에 시행함으로써 외국인에 대한 法權을 장악하는 것으로 하고 또 세율에 관해서는 장래 제국과 열국 간의 조약개정의 시기에 맞춰 필요한 협정을 함을 得策으로 한다고 생각한다. (괄호: 필자).5)

이와쿠라 사절단의 일원으로 기독교 공인, 일본제국헌법 제정에 이르기까지 메이지 정부의 기독교 관련 정책수립에 깊숙이 관여했던 이토는 서구와의 관계에서 신교의 자유보장은 불가결하지만 통제 역시 중요함을 체득하고 있었다. 병합 이전 시기 이토가 한국에서 추진한 조약개정 작업은 사법개량과 한국법전의 편찬 등을 통해, 기독교 정책은 1908년 '사립학교령'의 제정과 시행을 통해 살펴볼 수 있다.

현실적으로 기독교에 대한 법적·행정적 통제가 어려웠음에도 통감부

---

4) 「韓國施政改善ニ關スル協議會 會議錄」第六, 第九, 第十‒第十四回,『統監府文書』1, 국사편찬위원회, 1998; 이토 히로부미의 사법정책, 제2차 한일협약과 조약개정문제에 관한 자세한 내용은 다음 논문들을 참조. 小川原宏幸,「日本の韓國司法權侵奪過程‒韓國の司法及監獄事務を日本政府ニ依托の件ニ關する覺書をめぐって」; 문준영,「이토 히로부미의 한국사법정책과 그 귀결‒영사재판권 폐지문제와의 관계를 중심으로」.

5) 이 자료는『日本外交文書』에도 실려 있지만, 여기서는 일본외무성 외교사료관 소장문서인「閣議決定書輯錄」의 원본파일을 참조했다. 표지에 '極秘'표시가 되어 있는 이 자료에는 1901년 11월부터의 일본 각의결정과 원로회의 결정사항들이 수록되어 있다. 일본외무성 외교사료관 소장문서 B04120013400「閣議決定書輯錄」第二卷 第26號 自明治34年11月, 外務大臣官方文書課.

시기 일제가 한국기독교에 대한 대책마련을 포기할 수 없었던 것은 기독교 세력을 배일의 온상이라 판단했기 때문이기도 했다. 천황제체제에 대항성을 가진 위험한 외래종교라는 일본 내의 낙인에 더하여 한국의 기독교에는 독립운동의 배경세력이라는 낙인이 추가되어 있었다. 더욱이 한국기독교의 배일, 반일적인 성향은 한국인 신도들뿐 아니라 선교사들에게도 공통적이라는 것이 일제의 분석이었다. 일제는 자신들의 방침에 협조적인 선교사들도 일부 있지만, 대부분의 선교사들이 배일적인 언동과 치외법권적인 특권으로 한국인 신도들을 모으고 배후에서 조종하고 있다고 보았다.[6]

통감부시기 급성장한 한국 기독교의 교세도 일제의 위기의식을 가중시켰다.[7] 청일전쟁, 러일전쟁을 계기로 급격히 증가한 한국의 기독교세는 일본의 침략이 노골화되는 과정에서 1907년의 대부흥운동에 이어 백만인구령운동으로 이어지며 더욱 교세를 확장하고 있었다.[8] 교세확장의 기회를 놓치지 않기 위해 미국의 모든 선교본부들은 1905년부터 1910년

---

6) 「憲機第五八七號 米國人宣教師グリンフイールトノ排日煽動 內查報告」 1909년 3월 18일, 「憲機第一七○七號 韓國基督敎現況 視察結果 報告」 1909년 9월 2일, 「高秘收第六二六二號ノ一 基督敎 暴徒ニ關スル件」 1909년 11월 6일, 「憲機第二二一八號 治外法權撤去後ニ對スル耶蘇宣教師等ノ杞憂」 1909년 11월 16일, 『統監府文書』 6, 國史編纂委員會, 1999; 「高秘收第三○一七號ノ一 全羅北道地方에서의 信徒擴張을 위한 甘言利說 流布事例 報告 件」 1909년 5월 27일, 「機密秘收第一九九號 忠北地方 基督敎勢力ニ對スル調査報告」 1909년 7월 6일, 『統監府文書』 8.

7) 국가기록원 소장문서 CJA0004734 「明治四十三年五月二十三日 憲機第一一九二號 耶蘇敎徒百萬人募集에 관한 件」, 『耶蘇敎에관한 諸報告』.

8) 미국 남·북감리회와 장로교 선교보고서를 중심으로 작성한 통계를 보면 1894~1896년, 1905~1906년 신도 숫자가 급증하고 있다. 특히 최대 교단이었던 장로교의 경우 1895년 2백 명 미만이던 세례교인이 1896년 이후 2천명 이상으로 10배 이상의 성장을 보였고, 1906년 이후에는 감리교 세례교인 1만 명 이상, 장로교 5만 명 이상으로 집계되어 있다. 한국기독교사연구회/편, 『한국기독교의역사』 I, 254~255쪽; 그런데, 이는 세례·학습교인만의 통계로 실제 출석 교인수는 이보다 훨씬 더 많았을 것으로 생각된다.

사이 선교사 수를 이전의 두 배, 혹은 그 이상으로 증가시켰다. 통계에 의하면 1905년에 비해 1907년의 교회숫자는 100%, 전도소의 숫자는 111.2%, 학습·세례교인 수는 각각 98%, 155%의 증가율을 보이고 있다.9)

기독교세의 팽창을 마주한 일제당국은 급기야 "管內에 하나의 敵國이 생기는 것과 같은 결과에 이를 것을 우려"하게 되었다.10) 그럼에도 통감부나 한국 정부가 기독교 세력에 대한 직접적인 통제권을 가지고 있지 못하다는 점이 당국의 골칫거리였다. 외국인에 대한 행정권·사법권을 확보하지 못한 상태에서 서구세력과 연계된 기독교의 기관이나 사업에 대해 단속이나 규제를 시행하는 것은 불가능했다. 일본 국내에서도 기독교 통제법제의 제정과 시행이 서구와의 불평등조약문제가 해결된 이후에나 가능했던 일이었던 만큼, 일제당국자들은 그 어려움을 잘 인식하고 있었다. 따라서 이 시기 기독교에 대한 통감부의 대책은 다음 두

---

9) 민경배, 『한국기독교회사』(연세대학교 출판부, 2008) 306쪽에 게재된 다음의 표를 참조.

연도	교회수	전도소	세례교인	학습교인	헌금(원)
1905	321	470	9,761	30,136	1,352,876
1906	642	1,045	18,964	99,300	5,319,785
증가율(%)	100	111.2	98	155	198

이 표는 언더우드(H. G. Underwood)의 책 *The Call of Korea*를 근거로 작성되었다고 한다. 한편, 1912년도 『朝鮮總督府統計年報』에 근거하면 1910년~1912년간 아래의 표와 같은 통계가 가능하다. 단, 아래 표의 신도 수는 학습·세례교인으로 분류되어 있지 않아 범주가 불명확하다. 또한 1912년은 '포교규칙'(1915) 공포 이전으로 총독부가 교회들에 대한 공식 보고체계를 갖추고 있지 않은 시점이었으므로 총독부 자체의 조사에 의한 통계일 가능성이 크다. 즉 어떠한 경로로 수집된 통계인지 확실치 않다.

연도	교회당	강의소	기타 집회소	선교사(미국인)	조선인 신도
1910	738	223	973	277(158)	198,635
1911	781	223	959	307(180)	280,834
1912	834	339	1,072	363(224)	271,478

10) 「機密秘收第一九九號 忠北地方 基督敎勢力ニ對スル調査報告」 1909년 7월 6일, 『統監府文書』 8, 국사편찬위원회, 1999.

가지로 모아졌다.

우선은 기독교 세력에 대한 내부적인 감시와 조사의 진행이었다. 당시 통감부는 한국기독교에 대한 공식적인 통계조사조차 공공연히 시행할 수 없었다. 1908년 통감부 서기관 겸 경성이사청 이사관과 통감부 총무장관 대리 사이에 오간 왕복문서에는 그러한 고심이 잘 드러난다. 기독교 포교상태 조사를 위한 출장신청서에서 통감부 서기관은 다음과 같이 적고 있다.

> 한국 시정의 개선에 직접·간접의 영향을 미치는 기독교 포교사업은 반드시 정밀조사를 요하는 안건으로 생각됨에도 아직 종합적인 포교사업의 조사도 이뤄지지 않은 상태입니다 …… 경성 부근조차 아직도 특별히 이러한 조사에 착수한 일이 없어 지난해 10월 …… 본관 자신이 외국인 측의 여러 방면을 동분서주하여 다니면서 간신히 학교, 병원, 고아원, 양육소, 시약소 등의 설비 및 상황의 대략을 조사한 형편입니다.[11]

덧붙여 조사의 방법에 대해서도 매우 조심스럽게 다음과 같은 접근 방식을 제안하고 있다.

> 조사하는 때에 본관이 직접 외국선교사를 방문하여 통감부의 명령을 받아 종교상에 관한 사실무근의 풍설 기타 그릇된 의심·오해 등을 일소하기 위해 특별히 파견되었다는 뜻을 밝히고 아울러 포교의 상태를 상세히 청취하고 싶다고 그들에게 설명하고 싶습니다만, 이렇게 이야기해도 문제가 없을지, 또는 교회·설교소·학교·병원 등을 실지로 견학 조사할 때 본관의 명의로 그들의 자선사업에 10圓 내지 20圓 정도의 기부를 할 수 있다면 곧 감정의 융화를 얻어 취조상 가장 좋을 것으로 생각되어 위 기부금 총액 5萬圓의 지출이 가능한지 여쭙니다.[12]

---

11) 「統發第一三二八號 布教事業取調ノ爲出張ノ件」 1908년 2월 24일, 『統監府文書』 1, 국사편찬위원회, 1998.

12) 위의 자료.

이에 대해 통감부 총무장관 대리는 이 사안이 "目下의 急務"임을 인
정하여 출장을 허가하면서도, "통감부의 명령으로 외국선교사를 접견하
거나 금원을 기증함은 도리어 다른 오해를 불러올 우려도 있다. 단순히
통감부에서 지방상황 시찰을 명령받은 차에 그들을 접견하는 것으로 하
고 귀관 개인의 배려라고 설명하여 기부금 등의 조치를 하는 것이 마땅
하다고 생각된다"고 지시하고 있다.13) 일본 식민정책의 실시를 위해 기
독교에 대한 조사가 필수적임을 인식하고 있으면서도 선교사의 사업에
대해 행정적인 권한이 없었던 통감부의 딜레마를 잘 보여준다.

이런 상황에서 한국의 기독교 세력에 대한 경계와 감시는 경찰 내지
한국주둔군을 주축으로 하는 일종의 기밀적인 조사업무로 자리잡았다.
병합 전후의 시기에 경찰·육군(조선주차군) 계통과 지방행정기관, 외사
담당 기구에서 수집된 기독교 관련 정보들은 통감부와 총독부의 담당자
들, 통감·총독을 비롯하여 일본의 외무대신, 육군대신, 총리대신 등에게
전달되었다. 조사내용은 교회나 학교·병원 등 기독교 관련 기관의 통계
적인 증감상황은 물론 선교사와 한국 기독교인의 세세한 동정, 기독교
집회의 일정과 집회 중의 논의·연설 내용, 각종 교회 내부의 사건과 문
제들이 총망라되어 있다.14)

내부적인 조사작업과는 별도로 이토를 위시한 일제당국자들은 대외적
으로 외국인 선교사들에 대해 회유적인 태도를 취해 이들을 지지자로 포
섭하려 시도했다. 선교사들을 회유하기 위하여 개인적인 교류는 물론 교

---

13) 위의 자료.

14) 수많은 일본 공사관기록들과 통감부문서들, 병합 이후의 총독부문서들이 이를 입
    증한다. 국가기록원 소장문서 CJA0004734 『耶蘇教에관한 諸報告(明治43년6월)
    (地方部)』;『韓國獨立運動史資料 38: 宗教運動編』, 국사편찬위원회, 2002. 『韓國
    獨立運動史資料 38: 宗教運動編』은 일본외무성 외교자료관에 소장 중인 1911~
    1926년간의 자료인 『不逞團關係雜件 鮮人의 部 鮮人과 宗教』(全 3권, 2,700여 쪽)
    을 정리해 펴낸 것이다.

회 건축시 거액의 건축비를 제공하거나 친일적인 외국인과 교섭하여 활용하는 방법 등이 동원되었다.[15] 이토는 직접 미감리교 감독 해리스(M. C. Harris) 등의 선교사들과 접촉하여 정치와 종교의 분리를 내세우면서 협조를 구했다.[16] 한국 주재 선교사들은 이미 청일전쟁시기부터 미국 정부와 선교본부로부터 한국 내정에 간섭하지 말라는 지시를 받고 있었고, 1901년에는 조선장로교 연합공의회에서 선교본부의 지시에 따라 정치불간섭방침을 표명한 일도 있었다.[17] 따라서 정교분리의 원칙 자체에는 크게 반대할 이유가 없었다. 일제는 정교분리론을 명분으로 정치색을 배제한 기독교의 포교를 적극적으로 후원하겠다고 설득한 셈이다.

이런 배경하에 통감부시기 기독교 관련 법령의 도입은 선교사들과의 관계를 갈등 없이 유지하는 교섭방식으로 추진되었다. 1899년 일본 국내에서 공포되었던 기독교 관련 법령들을 모델로 병합 이전에 한국에서 공포·시행된 법령으로는 1906년 통감부령 제45호 '종교의 선포에 관한 규칙'과 1908년 칙령 제62호 '사립학교령'이 있다. 전자는 통감부령으로 조선에서 포교활동을 하는 일본인에게 적용되었던 규칙이다. 일본인 포교활동의 대상으로 "제국신민 또는 한국인 또는 양 국민"까지 포괄하도록 한 점,[18] 외국인 거류지를 넘어 한국의 내지로 확대되어가는 미국선교사 중심의 포교상황에 위기감을 느낀 통감부가 일본인의 포교를 적극 장려하기 위해 도입했다는 점에서[19] 1915년에 등장하는 포교규칙의 전단계로 주목할 필요는 있지만, 이는 한국인이나 외국인 선교사들에게 직

---

15) 윤경로, 「일제의 기독교 정책과 '조선전도론'(Ⅰ)」, 108~111쪽.

16) 『朝鮮の統治と基督敎』, 朝鮮總督府, 1923, 6쪽.

17) 김승태, 『한말·일제강점기 선교사연구』, 47쪽.

18) 1908년의 『統監府法規提要』에는 '종교의 선포에 관한 규칙'에서 규정한 서식들이 몇 가지 게재되어 있는데, 그 인가신청서 중에는 포교의 대상을 "帝國臣民 또는 韓國人 또는 兩國民"으로 구체적으로 명기하도록 정하고 있다.

19) 渡邊彰, 「宗敎制度の綱要」, 『朝鮮總督府地方行政講習會講演集』, 1921, 223~224쪽.

접 적용되는 법령은 아니었다.

병합 이전 시기 한국 기독교계를 직접적인 대상으로 공포된 법령은 '사립학교령'이 유일하다. 기독교의 포교기관, 법인과 관련된 법제들이 병합 이후에 공포된 것과 달리 기독교계 사립학교에 대한 법령만은 일찌 감치 발령되었다. 치외법권으로 인한 법 집행의 곤란함을 감수하면서도 1908년 사립학교령이 공포·시행된 데에는 기본적으로 일제당국이 가졌 던 근대교육에 대한 인식과 함께 한국의 사립학교 성장에 대한 위기의식 이 자리하고 있었다.

메이지 정부의 담당자들에게 교육은 곧바로 국방과 연결된 시급한 국 가적 과제였다. 일본제국헌법 공포 후 첫 내각을 조직했던 이토 히로부 미와 초대 문부대신 모리 아리노리는 근대 일본의 국가주도적인 교육체 제의 틀을 마련했다. 이토와 모리의 공통분모는 '국가의 치안을 도모하 는 교육'이었다.[20] 교육은 개인에게 지식을 공급하기 위해서가 아니라 국가의 존립에 필요한 국민을 길러내기 위해 필요했다. 하지만 국가적으 로 지극히 중대한 교육은 짧은 기간 급속한 성공을 기할 수 없는 사업이 었다. 교육사업은 그 성과가 후세에, 적어도 30년 후에나 결과가 나타나 는 지난한 사업이기 때문이다.[21]

초대 통감으로 부임한 이토가 1907년 5월 '한국시정방침'에서 교육사 업을 시정개선과 함께 "한국 目下의 急務"라고 강조한 것도 이러한 인 식에서 비롯되었다.[22] 교육은 식민지인의 양성, 식민지 체제정비와 장기 적인 체제안정의 확보를 위해 양보할 수 없는 시급한 식민지화의 기초작 업이었다. 제1차 한일협약 이후 학부 학정참여관 시데하라 다이라(幣原 坦)가 주도하고 있던 한국교육의 개조사업은 이토의 부임으로 가속화되

---

20) 『伊藤公全集』 3, 伊藤公全集刊行會, 1927, 16~19쪽.

21) 위의 자료, 18쪽.

22) 「韓國施政方針」 1907년 5월 30일, 『伊藤公全集』 2, 伊藤公全集刊行會, 1927, 453쪽.

었다. 이토는 우선 시데하라를 파면하고 통감부 사무관으로 재직 중이던
타와라 마고이치(俵孫一)을 학부차관으로 취임시켰다. 타와라는 오키나
와현 등에서 내무 관련 지방관으로 근무하다 이토에게 발탁되어 통감부
에 들어온 인물로 교육행정의 경험은 전혀 없었다. 이 인사에는 신속한
업무 진척을 위해 학자출신보다는 관료출신의 실무자를 선호한 이토의
의사가 크게 작용했다.[23]

1906년 8월 공포된 諸學校令(사범학교령, 고등학교령, 외국어학교령,
보통학교령)을 통해 볼 때 이 시기 일제가 목표한 한국 교육정책의 지향
점은 관공립 보통학교 중심의 저급한 교과과정을 통한 식민지화의 준비
였다. 1907년 보통학교령 시행규칙 개정으로 전국의 관·공립 보통학교
에 부임한 일본인 교사들에게 이토는 다음과 같이 지시하고 있다. "한국
의 계발은 교육에 기대하는 바가 많다. 따라서 제군의 임무는 실로 중차
대한 것이다. 만약 불행히도 교육의 효과를 거둘 수 없다면 일본제국은
한국을 계발할 수가 없다."[24]

1907년 7월 제3차 한일협약에 근거해 통감의 추천으로 일본인이 한
국 관리로 임명될 수 있게 되자, 각 부의 정책을 입안할 수 있는 고등관,
판임관에 일본인이 집중적으로 배치되었다.[25] 교육행정제도 역시 이에
발맞추어 정비되어 1895년 3월의 '學部官制'(칙령 제46호)로 설치되었
던 학무국은 1907년의 '學部官制'(칙령 제54호)와 '學部分課規程'(1908.
1. 28)을 통해 제학교령체제에 부응하는 업무내용을 담당하게 되었다.

1908년경 대한제국 학부는 일본인 관리들로 장악되어 학부 본청에만
30명 정도의 일본인이 근무하고 있었다.[26] 대표적인 인물이 일본 문부성

---

23) 이나바 쯔기오, 『구한말 교육과 일본인』, 홍준기/옮김, 온누리, 2006, 103~105쪽.

24) 「普通敎育に從事する日本人敎師に」 1907년 4월 14일, 『伊藤公全集』 2, 246쪽.

25) 이성열, 『대한제국 말기 일본인 학무관료의 교육간섭과 한국인의 교육구국운동
    에 관한 연구』, 성균관대학교 박사학위논문, 2002, 20쪽.

26) 이나바 쯔기오, 『구한말 교육과 일본인』, 168~169쪽.

에 근무하다 중학교 교장을 거쳐 1908년 3월 학부 서기관으로 부임한 구마모토 시게키치(隈本繁吉)였다. 병합 이후 구마모토는 조선총독부 초대 학무과장으로서 학제 관련 의견서들을 제출하고, 1911년 2월 대만총독부 학무과장으로 전임했다. 그의 조선총독부 재임기간은 4개월도 되지 않지만 구마모토는 조선교육령의 원안을 기초하여 식민지 교육법제에 큰 영향을 미쳤다고 평가된다. 통감부시기 구마모토는 학부 제2과장을 맡아 1908년 8월 공포된 일련의 교육구국운동에 대한 규제법들 - '사립학교령', '學會令', '書堂에 관한 훈령' 등의 제정과 시행에 참여했다.27)

1906년 제학교령의 제정, 1907년 일본 교원의 부임, 1908년 학부행정의 장악으로 한국의 교육개조를 위한 기초는 어느 정도 완성되었지만, 일제의 목표달성을 위해서는 아직 큰 장벽이 존재했다. 바로 외국인 선교사가 설립에 관여한 사립학교들이었다. 일본 내에서와 마찬가지로 한국에서도 교육은 기독교 선교사업의 주축 분야였다. 더구나 구한말 민족적인 위기감 속에서 사립학교의 숫자는 확장일로에 있었고 "교회 옆에 학교" 혹은 "학교 옆에 교회"라는 말이 있을 정도로 기독교계 학교의 성장세는 뚜렷했다.28)

1908년 12월 구마모토가 학부차관 타와라에게 제출한 보고서 「北韓地方 基督教學校 視察復命」은 당시 학무담당 실무관료들의 기독교계

---

27) 稲葉継雄, 「朝鮮總督府學務局長·學務課長の人事」, 77쪽; 이성열, 『대한제국 말기 일본인 학무관료의 교육간섭과 한국인의 교육구국운동에 관한 연구』, 200쪽.

28) 손인수, 『韓國近代敎育史』, 26쪽; 1909년 미국북장로교 해외선교회 총무 아서 브라운은 한국에서 북장로교의 초등교육 상황을 다음과 같이 보고하고 있다. "우리 선교부에서는 전국 각지에 589개의 초등학교를 가지고 있다. 그 대부분이 지방 지교회에 분산되어 있다. 사실상 한인 교회당이 서있는 곳마다 초등학교가 並立되어 있지 않은 곳이 없다. 어떤 곳에는 독립한 학교건물을 가지고 있으며, 어떤 곳에서는 예배당을 학교 교사로 겸용하고 있다. 이 589개 학교는 한인교인들이 자력으로 운영하고 있다. 매우 놀라운 사실이 아닐 수 없다." 백낙준, 『韓國改新敎史』, 연세대학교출판부, 1973, 422쪽, 재인용.

사립학교에 대한 인식을 잘 보여준다.[29] 여기서 구마모토는 한국의 기독교세는 세계종교사상 두드러지는 현상으로 사립학교 숫자 역시 불교 등 기타 종교학교와 비교할 수 없을 만큼 대단한 것이라, 한국에서 "교육 대 종교의 문제는 거의 구미 기독교 국가와 동일하여 교육 대 기독교의 문제로 간주"할 수 있는 지경이라고 평가했다. 특히 가장 큰 교파인 미국장로파와 감리파는 미국 정부의 원조와 보호를 배경으로 하여 교세를 늘려가고 있다면서 "그 활동의 원동력의 근본 축인 교육"의 문제점들을 다음과 같이 지적하고 있다. ①기독교계의 교육제도는 현재 한국 정부의 학제보다 완비되어 소학교, 중학교, 대학교의 13년 과정을 완비하고 있고, ②교과과정은 학과목의 대다수가 종교에 속하여 이를 통해 입학생의 대부분이 기독교 신자로 양성되고, ③정치적으로 배일적인 내용의 교과서를 많이 채용하고, ④이렇게 양성된 졸업생들은 기독교계 이외의 사립학교들에서도 널리 교원으로 활동하며 "스스로 선교의 조수가 되어 장로교와 감리교의 희망에 응하는 교육자로 활동"하고 있다는 것이다.

일제당국자들에게 일본의 국체론과 합치할 수 없는 기독교가 배일적인 학교 교육을 통해 급속하게 성장하고 있는 것은 커다란 위기상황이었다. 당국이 법적으로 손을 쓸 수 없는 서구세력과 결탁되어 있는 점은 더욱 문제였다. 이러한 위기의식은 실질적인 통제권한과 수단의 부재에도 불구하고 사립학교에 대한 법 제정이 서둘러진 하나의 배경이 되었다.

사립학교령의 공포가 필요했던 또 하나의 원인은 일반 사립학교 통제에 대한 필요성이었다. 여기서 기독교계 학교의 처리문제는 법령의 실효성과 연관된 중요한 문제로 등장한다. 종래 대한제국 학부의 학사행정은

---

29) 「北韓地方ニ於ケル基督教學校視察復命」 1908년 12월 5일, 『統監府文書』 8, 국사편찬위원회, 1999. 이 문서는 『日本植民地教育政策史料集成(朝鮮編)』(渡部学·阿部洋/編, 龍溪書舍, 1987~1991) 중 63~69권에 수록된 '表孫一·隈本繁吉關係文書' 중의 하나로 63권에 실려 있기도 하다.

거의 관공립학교 위주로 진행되어 사립학교의 존폐를 비롯한 사립학교에 대한 행정사무는 처리되고 있지 않았다. 학무당국 스스로 사립학교에 대해서는 어떠한 종류의 학교가 있는지, 명칭과 교육수준, 학교의 상황 등을 전혀 알지 못해 "학사행정상 일대 결점"이라고 자평하는 상황이었다.[30] 시데하라의 주도로 1906년 8월 공포된 학교령들은 일단은 관공립 학교체제를 마련하기 위해서였다. 그러나 전체적인 교육제도의 구상을 실현하기 위해서는 당시 한국교육의 큰 비중을 차지하고 있던 사립학교들을 모두 국가중심 교육체제 내부로 포섭해야만 했다. 그런데 전체 사립학교에 대한 법적인 통제는 기독교계 사립학교들이 법령에 자발적으로 순응하지 않는 한 불가능했다. 한국인이 설립한 사립학교들이 사립학교령의 통제를 피하기 위해 기독교계 학교에 편입하는 대규모 이탈이 발생할 경우, 사립학교령은 空文이 될 수밖에 없기 때문이다. "한국인이 설립한 사립학교들에 법규를 적용하려면 외국인 선교사가 설립에 관계한 사립학교들에도 같은 처분이 이루어져야"했던 강력한 이유이다.[31] 법령의 실효성을 확보하기 위해서는 기독교계 사립학교를 법 적용대상으로 포섭하는 것이 반드시 필요했다.

단속의 의지와 필요는 넘쳐났지만 실질적인 법규가 존재하지 않는 상황에서 1906년 제학교령 공포 이후 1908년 사립학교령 공포에 이르는 기간 동안 사립학교에 대한 법제와 행정은 교육제도의 빈틈으로 남아 있을 수밖에 없었다. 이와 관련 오가와라 히로유키(小川原宏幸)는 통감부

---

30) 「韓國敎育ノ旣往及現在」, 學部, 1909, 『日本植民地敎育政策史料集成(朝鮮編)』 63, 46쪽.

31) 弓削幸太郞, 『朝鮮の敎育』, 自由討究社, 1923, 76쪽. 유게 코타로(弓削幸太郞)는 병합 이후 1911년 4월에서 1921년 12월까지의 긴 기간 총독부의 학무과장으로 재임했던 인물이다. 이 책에서 유게는 통감부시기의 교육정책을 회고하면서 당시 조선에서 기독교 학교의 문제는 국민교육상 중대한 관계를 가진 것이었고, 조선에서 사립학교의 일을 이해하려면 반드시 기독교의 상황과 기독교 학교의 상황을 알지 않으면 안 되었다고 기록하고 있다.

시기 일본인 관료에 의해 장악된 학부가 한국의 사립학교를 억제하려 한 방침을 가지고 있었음은 인정하지만, 이는 1906년 제학교령의 단계에서 가 아니라 1908년 8월 사립학교령의 공포를 시작으로 방침이 전환된 것이라 보고 있다.[32] 하지만 방침이 전환되었다기보다는, 사립학교령 공포이전 시기는 사립학교 억제책의 실행을 위한 준비기간으로 생각된다. 1906년 8월에서 1908년 사립학교령 공포 전후의 시기는 한국법령인 사립학교령에 복종할 의무가 없는 기독교계 학교들을 사립학교령 체제 내로 포섭하기 위한 교섭기간이었기 때문이다. 일본 국내에서 통감부의 활동을 선전하기 위해 출간된 『統監府施政一斑』(1907)에도 제학교령에 대해 설명하면서 "(한국의) 사립학교는 그 수가 결코 적지 않지만 아직이를 단속할 하등의 법규가 없다. 따라서 학교의 숫자조차 실제로 알 수없다. 이번의 정리는 우선 관공립학교를 주로 하여 다소의 개선을 이룬뒤 서서히 이를 감독하려고 한다"고 하여 사립학교에 대한 단속과 감독은 단지 연기되어 있을 뿐임을 밝히고 있다.[33]

사립학교령의 제정과 시행은 외교적인 교섭과 선교사들과의 협력이라는 형식을 취하여 어렵게 이루어져 갔다. 법령 공포 이전 일제당국과 기독교계는 사전 교섭을 통한 조율과정을 거쳤고, 당국은 기독교계에 법령 적용을 위한 사후적인 편의를 제공했다.

---

32) 小川原宏幸, 「統監府下學府の初等教育政策の展開－私立學校令を中心として」, 『(明治大學)文學硏究論集』 9, 1998, 134쪽. 1908년 사립학교령 공포 이전의 시기는 서구열강과의 치외법권문제를 해결하기 위한 기간으로, 억제책을 '실행하지 않은 것이 아니라 할 수 없었던 것일 뿐이기 때문에' 방침의 전환이라 보기는 어렵다고 생각된다.

33) 『統監府施政一斑』, 統監府, 1907, 146쪽.

2) 통감부와 선교회의 사립학교령 관련 교섭

기독교계 사립학교에 사립학교령을 적용하기 위한 당국과 선교사들의 교섭과정은 자료상으로는 1907년 말부터 1909년까지 찾아볼 수 있다. 1905년 조직된 한국복음주의선교회공의회(The General Council of Protestant Evangelical Missions in Korea, 이후 '선교회공의회')의 교육위원회 위원장 모펫(Moffet)의 보고에 의하면, 1908년의 본격적인 교섭에 앞서 1907년 11월에 모펫 자신이 기독교 교육사업의 규모와 성격에 대한 자세한 내역서를 준비했고 이를 미국영사를 통해 이토 통감과 미국 정부에 제출했다고 한다.[34] 이와 관련 1909년 2월 13일 미국영사가 통감부 외사총장 나베시마 게이지로(鍋島桂次郞)에게 보낸 문서에는 "한국복음주의연합선교회의 교육사업" 문제를 논의하기 위해 1907년 12월 11일 최초로 문서를 발송했고 이후 수많은 협의와 연락이 있었음이 언급되어 있다.[35] 모펫이 자료들을 제출한 뒤 본격적으로 선교사와 당국 간 교섭이 본격화되었음을 알 수 있다. 이 협의는 영국영사의 대리를 겸한 미국영사를 통로로 영미 정부도 관련된 일종의 국가 간 외교협상 형식으로 진행되었다.

1907년 11월 이전의 상황에 대해서는 앞으로 더 관련 자료를 조사할 필요가 있지만, 협상 시작의 계기와 관련해서 이토 히로부미와 미국 대통령 루즈벨트(T. Roosevelt) 사이의 교섭에 관한 기사가 눈에 띈다. 「한국에서의 일본의 至難事」라는 제목으로 1909년 12월 12일 상해 발행의 『東亞로이드』에 실린 이 기사에는 이토가 루즈벨트와 교섭하여 "경성 주재 미국총영사에게 한국의 선교사들이 관리하는 모든 학교(약 1천)는

---

34) *Annual meeting of the General Council of Protestant Evangelical Missions in Korea, 1908*, p.16.

35) 「學一發第一三號 私立學校令 施行에 따른 在韓 基督敎宣敎師 等과의 會談內容 通知 件」 1909년 2월 23일, 『統監府文書』 8.

한국 학부대신의 감독에 복종하여 宗教教授를 제외하고는 학부대신이 정한 교칙에 따라 설비하고 학부대신이 인가·편찬한 교과서만을 사용할 것을 한국에 있는 미국선교사 및 學校監理者에게 訓達하게 했다"고 되어 있다.[36] 이 훈달을 계기로 선교사 측과 당국의 교섭이 시작되었다고 한다면, 1907년 11월에 모펫이 선교사업 관련 자료를 "미국영사를 통해 이토와 미국 정부에 제출"한 점이 설명된다. 원칙적으로 사립학교령의 적용대상이 아닌 선교사 측에서 그 적용을 둘러싼 협상을 먼저 요청하고 이를 위해 자료를 제출할 이유는 없기 때문이다.

추후의 협상과정에서도 드러나듯이 법 적용이라는 합의 도출이 절실했던 쪽은 일제당국이었다. 직접 선교사들과 수차례 협상에 임했던 학부차관 타와라도 사립학교령 적용문제를 "의논을 통해 결정한다는 것은 매우 불이익한 일이어서 학무당국자는 물론 통감부, 영사관원 등이 협력하여 알선한 결과 점차 선교사 등에게 법령의 진의를 이해하게 할 수 있었다"고 진술하고 있다.[37] 병합 이후 1911년 4월에서 1921년 12월까지 총독부 학무과장으로 재임했던 유게 코타로(弓削幸太郎)도 "(통감부

---

36) 이 기사의 日譯文은 表孫一·隈本繁吉關係文書에 속해 『日本植民地教育政策史料集成(朝鮮編)』 63권에 수록되어 있다. 또한 1909년 12월 발행된 일본 잡지 『太陽』 제15권 제16호에도 이토가 루즈벨트에게 전보를 쳐서 한국의 모든 종교학교를 학부의 감독 아래 두고 종교적인 신앙과 관련된 것을 제외하고는 학부가 정한 교과서를 쓰도록 했다는 기사가 있다고 한다. 이나바 쯔기오, 『구한말 교육과 일본인』, 121쪽; 당시 일본은 러일전쟁 기간 미국에게 원조를 받았고 러일전쟁 이후는 가쓰라·테프트밀약(1905. 7. 29)의 체결, 루즈벨트의 중재에 의한 러일 간 포츠머스 강화조약(1905. 9)의 체결 등에서도 볼 수 있듯이 미국과 긴밀한 외교적 협조관계에 있었다. 미국과의 일련의 관계에서 직접적인 중계역할을 담당한 것이 루즈벨트와 하버드대 동문이자 이토의 측근이었던 가네코 겐타로(金子堅太郎)였음을 고려하면, 한국선교사 문제와 관련해 이토가 루즈벨트에게 도움을 요청하는 것은 충분히 가능했으리라 여겨진다. 단, 이 『東亞로이드』 등의 기사는 이토와 루즈벨트 간 교섭이 이루어진 날짜, 훈달이 내려진 날짜 등을 언급하고 있지 않아 추후 조사가 더 필요하다고 생각된다.

37) 『觀察使會議要錄』, 學部, 1909, 16~17쪽.

시기) 기독교 학교의 설립자는 대개 외국인으로 치외법권하에 있었기 때문에 그 취급에 애를 먹었다. 당시 한국에서 외국인은 매우 방자해서 사립학교령에 의한 수속들도 정부 쪽에서 간원해서 점차 이를 실행하는 상태였다 …… 이러한 여파 때문에 사립학교문제가 병합 후에 있어서도 교육행정 최고의 어려운 문제가 된 것이다"라고 적고 있다.[38]

일단 개시된 양측의 협상은 1908년 8월 26일 '사립학교령'(칙령 제62호)의 공포를 전후로 나누어 볼 수 있다. 전반부가 공포될 법제의 내용을 조율하기 위해서였다면, 후반부의 협상은 이미 공포된 법제의 적용여부를 둘러싸고 이루어졌다. 사립학교령 공포를 전후한 시기에 선교회공의회 교육위원회 위원장으로 통감부와 협상을 담당했던 모펫은 미북장로교 선교회연회(1908. 8. 23~9. 1)에서 그 경과를 다음과 같이 보고하고 있다.

한국복음주의연합 선교회공의회 교육위원회는 여러 번 모임을 갖고, 우리 학교들과 정부와 관련된 문제에 대해 영미영사들의 이해를 얻었고, 새먼스(Sammons) 영사와 함께 소네(曾禰) 부통감, 학무당국과 회담했다. 위원회는 우리 교육사업의 규모와 성격에 대한 정보를 제공하고, 정부의 교육법규들이 우리 교육사업을 고려하여 제정될 것을 요청했고, 우리 학교들이 정부가 관공립학교에 대해 세운 기준에 도달하거나 기준을 뛰어넘는 경우 우리 학생들과 졸업생들이 관공립학교에 인정되는 것과 같은 인정을 받을 것을 요청했다. 또한 위원회는 기독교가 우리의 모든 학교들에서 당연히 교수되어야 함을 명백히 밝혔다. 위원회는 매우 정중한 대접을 받았고 회담은 정부당국과 선교회의 교육적인 상호이해에 조화로운 관계를 약속하는 것처럼 생각된다.[39]

보고 그대로 1907년 말에서 1908년 전반기 동안 선교사들은 선교회

---

38) 弓削幸太郎, 『朝鮮の教育』, 79~80쪽.

39) *Minutes and reports of the annual meeting of the Korea Mission of the Presbyterian Church in the U.S.A, 1908*, p.47.

공의회의 교육위원회를 중심으로 당국이 곧 공포할 예정인 사립학교령에 대해 논의하고 영미영사들과 협조하여 당국과 회담을 열었다. 회담을 통해 선교사들이 법령의 적용을 받아들이는 대신, 선교사의 요구들을 당국이 수용하는 식으로 사립학교령의 내용을 사전에 조율할 수 있었다. 이 회담은 영국영사의 대리를 겸한 미국영사의 주선하에 선교사 대표 겸 교육위원회 위원장 모펫을 비롯, 커를(H. Currell), 롭(A. F. Robb), 게일(J. Gale), 휘트모어(N. C. Whittemore), 벙커(D. A. Bunker), 해리슨(W. Harrison), 하운셀(Hounshell) 등 외국인 선교사들과 통감 대리 자격의 부통감 소네 아라스케(曾禰荒助), 통감부 서기관 고마츠 미도리(小松綠), 기타 학무당국자들이 참석했다. 그 가운데 1908년 3월 9일의 회담은 각서(memorandum)로 작성되어 영미영사와 통감부에 제출되었다.[40]

각서에 따르면 선교사들은 기독교 교육의 원칙을 강조하고 기독교 학교에 대한 차별금지 등을 당국에 요청했다. 이에 대해 통감 대리 소네는 "종교는 완전히 자유이며 각자의 신앙에 맡겨져야 한다"는 말로 선교사들의 불안을 불식시켰다. 하지만 각서의 내용을 검토하면 협의가 원만하게만 진행된 것은 아니었음을 알 수 있다. 특히 통감부 서기관으로 이후 통감부 외무부장을 거쳐 조선총독부 외사국장으로 임명되는 고마츠 미도리가 선교사들을 향해 던진 질문들이 그러했다. 고마츠는 선교사들에

---

40) 이 각서의 요지는 1908년 선교회공의회 연회록과 1908년 10월 15일자 *The Korea Mission Field*에 게재되었고, 각서의 전문은 현재 일어 역문으로도 남아있다. 일어 역문으로 「在韓國新敎傳道協會聯合會敎育部委員ト統監代理トノ會見覺書」라고 표기되어 있는 이 자료는 국립중앙도서관에 소장되어 있다. 작성자와 출처가 남아있지 않은 채 제목과 "譯文"이라는 표시만 되어 있는 자료의 뒷부분에는 이 각서가 회견 중 화두에 올랐던 점들을 약술한 것으로서 위원의 희망을 기술한 문서로 제출해달라는 통감 대리의 요청에 응하여 위원장 모펫이 통감 대리에게 제출한 것이라고 밝혀져 있다. 자료의 한글 번역문은 김승태의 번역으로 『한국기독교역사연구소소식』(4, 1991)에 게재되기도 했다. 관련 연구로 다음 부분을 참조. 김승태, 『한말·일제강점기 선교사연구』, 59~61쪽.

대해 ①일본의 교회학교는 정부의 교육제도와 별도로 되어있는데 한국의 교회학교는 정부의 규칙들을 준수할 것인가, ②교회학교의 교육과정을 관립학교와 동일하게 할 계획인가, ③미국의 학교는 성서를 교과목중에 넣고 있지 않은데 교회학교에서는 종교교육을 어떻게 할 것인가라는 낯선 질문들을 던지고 있다. 그럼에도 선교사들은 부통감 소네의 말을 신뢰한 것으로 보인다. 협의 이후 선교사들은 회합에 임하는 당국의 태도가 매우 정중했다고 평가하고, 선교사 측이 정부의 법령과 방침에 따라 교육사업을 진행하겠다는 데 대해 당국이 감사하는 태도였다고 보고하면서 낙관적인 교섭결과를 예측하고 있다.[41] 각서의 말미에 정리되어 있는 선교사들의 요청사항은 다음과 같다.

1. 우리 학교들의 교과과정과 관련해서 우리는 관공립학교와 동등한 표준을 유지하려 한다. 물론 기독교는 도덕과 종교의 기초로서 교수될 것이다.
2. 우리는 정부가 우리의 학교들과 졸업생들에게 관공립학교와 그 졸업생과 동등한 취급을 받도록 고려해주기를 요청한다. 물론 우리는 우리 학교들을 관공립학교의 수준보다 열등하지 않도록 유지할 것이다.
3. 우리 학교들을 정부의 규정과 방침에 일치하도록 하기 위해 우리는 관공립학교들의 규정들과 교과과정들에 대한 정보를 얻기를 원한다. 우리는 우리 학교들과 그 방침에 관해 정부가 완전한 정보를 얻도록 편의를 제공할 것이다.[42]

여기서 선교사들은 기독교계 학교를 관공립학교 수준으로 유지하고 그에 대한 정보를 제공하며 정부의 법령에 따르는 대신에, 기독교 교육을 그대로 고수한다는 방침을 천명하고 기독교계 학교와 졸업생에 대해

---

41) *Fourth Annual meeting of the General Council of Protestant Evangelical Missions in Korea, 1908,* p.16.
42) 요구사항은 일어로 기재된 「在韓國新教傳道協會聯合會教育部委員卜統監代理卜ノ會見覺書」의 기록에 다소 오류가 있는 것으로 보여 *The Korea Mission Field*에 실린 영어원문을 바탕으로 수정했다.

법적으로 차별 없이 대우하도록 요구했다.

이후 선교회공의회 교육위원회의 산하에는 각 학년에 맞는 학과과정을 준비하기 위한 소위원회들이 구성되었다. 또한 1908년 당국은 유화적인 제스처의 일종으로 세브란스 의학전문학교의 제1회 졸업생 7명에게 정식 인정과 개업면허장을 부여했다.[43] 모펫은 "당국과의 협의에서 정부당국이 우리가 표명한 원칙을 인정했으므로, 정부가 세브란스 의학전문학교의 졸업생에게 수료증을 준 것과 같이 그러한 인정이 계속 보장될 것이라고 믿는다"고 전망하고 있다.[44]

각서 교환 이후 당국과의 교섭이 잠시 중단된 상태에서[45] 1908년 8월 26일 '사립학교령'(칙령 제62호)과 '私立學校令頒布에 관한 訓令'(학부훈령 제2호)이 '書堂에 관한 訓令'(학부훈령 제3호)과 함께 공포되고, 뒤이어 8월 28일 '公私立學校認定에 관한 規程'(학부령 제15호), '私立學校補助規程'(학부령 제14호), '敎科用圖書檢定規程'(학부령 제16호), '學會令'(칙령 제63호)이 공포되어, 9월 1일에 모두 관보에 게재되었다. 사립학교에 적용될 이들 법령들은 일단 외형적으로는 3월 9일 회담의 각서에서 선교사들이 요청한 사항들을 반영하고 있다. '사립학교령'은 종교교육에 대한 규제조항을 설치하지 않았고, '公私立學校認定에 관한 規程'은 사립학교가 관리임용과 상급학교 진학에서 공립학교와 같이 인정받을 수 있는 길을 열어주는 법령이었다. 그럼에도 학부대신이 지방관들에게 발령한 '私立學校令頒布에 관한 訓令'(학부훈령 제2호)을 보면 아직은 사립학교령 적용여부에 대한 양측의 합의가 완전히 이루어지지

43) 백낙준, 『韓國改新敎史』, 419쪽.

44) *Fourth Annual meeting of the General Council of Protestant Evangelical Missions in Korea, 1908*, p.17.

45) 모펫은 3월의 회담 이후로 9월 초 선교회공의회의 연회가 열릴 때까지 당국과의 교섭은 더 이상 없었음을 보고하고 있다. *Fourth Annual meeting of the General Council of Protestant Evangelical Missions in Korea, 1908*, p.17.

않았음을 알 수 있다. 훈령은 당국이 선교사들에 대해 사립학교령을 강
제할 권한은 없지만, 장차 사립학교령에 의한 인가를 자발적으로 신청하
도록 지방관들도 당국의 방침을 숙지하여 실수가 없도록 하라는 지시를
내리고 있기 때문이다.[46] 당국은 선교사들의 요청사항을 반영하여 법령
을 공포한 뒤 그 반응을 예의 주시하고 있었다.

그런데 사립학교령은 공포 즉시 한국 내 여론에 의해 사립학교 박멸
책으로 지목되었다.[47] 『大韓每日申報』, 『皇城新聞』 등의 신문과 『大韓
學會月報』, 『西北學會月報』 등의 학회지를 중심으로 사립학교령에 대
한 비판과 반대론이 들끓었다. 사립학교령은 기본적으로 학부대신의 인
가를 받지 않으면 신규학교의 경우 설립 자체가 불가능했고, 기설학교의
경우는 법령 시행일부터 6개월 내에 인가를 받도록 규정하고 있었다. 따
라서 인가를 받지 않고 사업을 계속한다면 학부대신의 명령에 의해 수업
이 금지되거나 학교가 폐쇄될 수도 있었다. 선교사와 관계없는 일반 사
립학교의 경우는 '예외 없이' 사립학교령의 적용대상이었기 때문에 이러
한 반응은 당연했다. 인가조건을 갖추어 정해진 기한 내에 인가를 받지
못하면 학교사업을 지속할 수 없었기 때문이다. 이러한 불안은 기독교계
학교에도 파급되어 한국인 목사, 전도사 등 한국인 관계자들을 중심으로
기독교계 학교에 사립학교령을 적용하는 것을 반대하는 주장이 커져갔
다.[48] 법 적용여부의 선택지가 없는 일반 사립학교와 달리, 기독교계 사
립학교는 선택지가 있었기 때문에 당국으로서는 그 이탈을 최대한 막아
야만 했다.

---

46) 『私立學校令』, 學部, 1908.
47) 유한철, 「韓末 私立學校令 以後 日帝의 私學彈壓과 그 特徵」, 12쪽.
48) 「韓國敎育と警察行政」, 學部, 1909, 7~8쪽; 「韓國敎育ノ現狀」, 學部, 1910, 46~47
   쪽. 이 두 자료는 각각 『日本植民地敎育政策史料集成(朝鮮編)』 66권과 63권에 수
   록되어 있다. 모두 학부차관 타와라의 글로 전자는 경찰부장회의 석상의 연설요강
   이고 후자는 대신회의 석상에서 演述한 내용이다.

1908년 10월 19일 학부차관 타와라는 한성부 내 사립학교와 학회의 대표자들을 소집했다. 타와라는 사립학교령이 정치와 교육을 혼동하는 교육에 유해한 환경을 바로잡으려는 것은 사실이지만, "耶蘇학교를 폐멸하려 한다는 것"이나 "耶蘇학교를 인가하지 않을 것"이라는 것은 모두 잘못된 소문일 뿐이라고 항변했다.[49] 정치와 교육의 분리는 주장하면서도 종교와 교육의 분리는 아님을 강조한 발언이다. 동시에 일제당국자들은 선교사들과 수차례의 협의를 진행했다. 모펫에 이어 교육위원회 위원장직을 맡은 게일(Gale)의 보고에 의하면 선교회공의회 교육위원회 소속 선교사들은 타와라를 비롯하여 기독교 신자였던 대심원장 와타나베 토오루(渡邊暢), 경성공소원 판사 미야케 초사쿠(三宅長策) 등과 회견을 거듭했고, 그 결과 "당국이 우리 교육사업을 방해할 의향은 조금도 없음을 확신하게 되었다"고 한다.[50]

기독교계의 불안을 잠재우고 계열 학교의 인가신청을 앞당기기 위해 당국은 각 선교회들에 배포할 사립학교령 등이 포함된 인쇄물과 그 영문번역물을 무료로 제공하기로 했다. 또한 타와라는 선교사들에게 ①인가신청서를 접수한 지방관들은 거절, 지연 등 어떠한 변칙도 없이 바로 신청서를 학부로 송부하도록 할 것, ②교과과정의 경우 장로회가 작성해 제시한 교과과정에 대해 아무 반대 없이 인정할 것과, ③자발적인 기부금 외에 학교 관련 세금을 지방관들이 징수함은 금지되어 있다는 것을 보증했다.[51]

그럼에도 양측의 협상은 해를 넘겨 1909년까지 계속되었다. 특히 1909년에는 선교회공의회와 당국의 협상은 없었지만, 장로교선교회와 당국 간 협상이 계속되었다. 장로교선교회 연회록에 의하면 1909년 장

---

49) 『漢城府內私立學校·學會代表者招集席上 學部次官演說筆記』, 學部, 1908.

50) *The Korea Mission Field*, Vol. 6, No. 10, 1908, pp.146~147.

51) 위의 자료.

로교공의회가 정부당국과 수차례 협의를 가졌고, 외국인과 한국인 대표들로 구성된 대표단이 학부차관과 두 차례의 긴 회담을 가졌다.[52] 두 차례의 회담 중 2월 8일의 회담내용은 통감부문서에서도 확인된다.[53] 이 회담에는 회담을 중개한 일본기독교회의 선교사 커티스(F. S. Curtis) 외에 모펫, 휘트모어(Whittemore), 쿤스(Koons) 선교사와 韓錫晋 목사, 鄭益魯 장로, 崔寬屹, 金灌根의 한국인 대표자 4인이 동석했다. 미국 북장로교 소속 선교사들과 한국인 기독교 지도자들로 구성된 것으로, 한국인들의 참석은 사립학교령 공포 이후 장로교계를 중심으로 한국인 학교관계자들의 반발이 있었던 데에 기인한 것으로 보인다.

이날 회담의 주요 쟁점은 교회 소속 학교의 처리문제였다. 감리교회에도 소규모의 교회학교들이 있었지만, 장로교회의 경우 교회별로 소규모 사립학교들이 활발하게 운영되고 있었고 북장로교의 중심지였던 서북지방에는 이러한 학교들이 집중되어 있었다.[54] 이들 기독교 학교 중 외국인 선교사가 직접 지도에 관계하고 있는 학교는 소수의 초등학교와 중등 이상의 학교들이었고 나머지 대부분의 초등학교는 한인 목사의 경영에 맡겨져 있었다.[55] 해당 지역 교회의 자력으로 운영되던 교회 소속

---

52) *Minutes and reports of the annual meeting of the Korea Mission of the Presbyterian Church in the U.S.A., 1909*, p.29.

53) 이 문서는 「學一發第一三號 私立學校令施行에 따른 在韓基督敎宣敎師 等과의 會談內容通知件」이라는 제목 하에 別紙 一 로 「在韓基督敎宣敎師와의 會談內容」이, 別紙 二로 미국영사가 외무총장 나베시마에게 보낸 문서인 「基督敎 福音宣敎團의 敎育事業에 관한 件(Educational Work of Protestant Evangelical Missions in Korea)」이 첨부되어 있다. 「學一發第一三號 私立學校令施行에 따른 在韓基督敎宣敎師 等과의 會談內容通知件」 1909. 2. 23, 『統監府文書』 8, 1999.

54) 1903년의 경우 장로교 전체 소학교 중 76%, 1904년에는 77%가 평양과 선천지역에 설립되어 있어, 이 장로교 학교들을 중심으로 기독교계 소학교의 3/4 이상이 평양과 선천지방에 설립되어 있는 상황이었다. 權芳蘭, 「교회부속 소학교의 설립과 운영, 1882~1905」, 『교육학연구』 37권 3호, 1999, 45~48쪽.

55) 「韓國敎育ノ現狀」, 57쪽.

학교들은 선교사들이 운영에 직접 관여하는 학교들에 비해 설비나 규모 면에서 뒤쳐질 수밖에 없었다. 회담에서 한석진은 교회가 설립한 학교의 숫자가 적지 않고 각처에 있지만, 이들은 중심이 되는 본교의 부속학교 형태로 그 시설은 서당과 같은 상황이라고 설명하고 있다.[56]

한석진의 주장은 본교만 사립학교령에 따른 등록을 하고 소규모의 교회학교들은 別立으로 취급, 서당과 같은 것으로 인정받고자 한 것이다. 당시 '서당에 관한 훈령'에 의해 서당의 경우는 인가나 등록절차 없이 존속할 수 있었기 때문이다. 그러나 타와라는 생도수가 적고 정도가 저급하더라도 학교로 개별 등록해야 한다고 주장하며 요청을 거절했다. 이어 타와라는 인가신청은 학교의 운영·존속과 아무런 관계가 없는 행위임을 강조하며 이들을 설득하고 있다.

결국 장로교 내에서는 선교사들과 조선인 목사 등이 모여 논의한 결과, 사립학교령에 따른 인가를 받기로 결정했다. 이 과정에서 한국인 목사들은 "통감정치하에서 발포된 한국법령에 굴복함은 우리 기독교도로서 참을 수 없는 것"이라 반발했기 때문에 선교사들은 이를 지도하는데 큰 곤란을 겪었다.[57] 장로교 내의 이러한 반발 때문에 1909년 초 장로교

---

56) 「學一發第一三號 私立學校令施行에 따른 在韓基督教宣教師 等과의 會談內容通知件」 1909. 2. 23; 초기의 교회 부속 소학교는 교회건물을 이용하고 한 명의 조선인 교사가 교육을 전담하는 형태가 대부분이었고 교과과정도 전통적인 한문과 함께 산술, 역사, 국어 등과 성경공부로 이루어져 있었다. 교사의 부족으로 근대적인 교과목의 경우 선교사들이 순회하면서 지도하는 경우도 많았다. 權芳蘭, 「교회부속 소학교의 설립과 운영, 1882~1905」, 49~55쪽; 한석진의 진술에 의한다면 1909년경에도 이 같은 체제는 크게 변하지 않았던 것 같다. 현재 이들 교회학교들에 관한 연구는 매우 미진한 상태이다. 권방란도 지적하듯이 남겨져 있는 사료들의 대부분이 선교사들이 중심이 되어 운영하던 중·고등 교육기관에 관한 기록들이기 때문이다. 그렇지만 숫자적으로 훨씬 큰 비중을 차지하고 있었던 소규모 교회학교들은 한국인들에 의한 자립적인 학교운영을 밝히고 이를 통해 교육, 나아가서는 한말 구국운동의 성격을 규명하는 측면에서도 중요하다고 생각된다. 앞으로 개별 교회, 지역별 자료의 발굴과 연구가 필수적인 부분이라 생각된다.

가 별도로 타와라와 회담을 개최해야 했고 전체 기독교계의 사립학교령 수용결정이 지체될 수밖에 없었다고 보인다. 한국인 관계자들의 반대를 봉합한 사립학교령 적용교섭은 1909년 2월 중에 드디어 마무리된다.[58] 교섭의 결과는 1909년 2월 13일자로 미국영사가 외사총장 나베시마에게 발송한 문서를 통해 알 수 있다.

---

57) 俵孫一, 「在韓宣教師ニ對スル意見」, 1910, 『日本植民地教育政策史料集成(朝鮮編)』 67; 단, 이 자료에는 장로교 선교사들과 한인 목회자들의 회합이 1909년 2월에 열렸다고만 되어 있어 2월 8일 열린 타와라와의 회담과 선후관계가 명확하지 않다. 그러나 사립학교령 공포 이후 장로교 내 한국인 관계자들을 중심으로 법령에 대한 반대의견이 상당해 이를 수습할 필요가 있었던 것은 분명한 사실로 보인다. 또한 장로교 선교사들 내에서도 사립학교령을 반대하는 입장이 존재했다. 안식년을 맞아 요양과 모금활동 등으로 1906년 여름부터 해외에 체제하고 있던 언더우드(H. G. Underwood)는 북장로회 선교사로 활동하다 1908년 미국으로 돌아간 홀(Ernert F. Hall)의 편지를 선교본부의 브라운에게 전달하고 있는데, 이 편지에서 홀은 사립학교령에 의해 일본인은 모든 학교를 등록시키기 원하고 등록을 위해서 정부에서 승인한 교과서만 사용할 것을 요구한다면서, 이는 일본인들이 선교회 학교사업을 무력하게 만들려는 것이고 애국심과 연결된 책들의 사용을 반대하여 마치 '언론의 자유가 없는 터키인'과 같은 상황에 놓이게 만드는 것이라 지적하고 있다. 따라서 한국의 선교회는 이에 대해 단호한 입장을 견지하여 일본인들에게 양보하지 말아야 할 것이며, 선교본부 역시 대책을 세울 것을 촉구하고 있다. 언더우드 역시 사립학교령의 목적이 기독교 교육의 억압이라고 생각한다면서 브라운에게 이 문제를 조사할 것을 부탁하고 있다. 이만열·옥성득/편역, 『언더우드 자료집』 IV, 8~11쪽; 그러나 선교회연회록 등을 보면, 1908년의 사립학교령과 관련해서 선교본부가 어떤 행동을 취한 것으로는 보이지는 않는다. 언더우드 역시 모든 협상이 마무리 된 1909년 중반에야 한국에 돌아오기 때문에 이와 연관된 직접적인 활동을 찾아보기 어렵다.

58) 그렇지만 1939, 1941년 기독교 학교 통계를 정리한 <표 22>에 비춰 볼 때 일제 말기까지도 여전히 서당, 강습소의 형태로 남아 있는 교회학교의 비중이 높은 것을 알 수 있다. 1939년의 경우 장로교 소속 학교 중에서 사립학교규칙에 의한 초등 정도의 사립학교가 82개인데 대해 서당·강습소가 80개로 비슷한 숫자이고, 장로교 전체 학교수 283개 중 1/3을 차지하고 있다. 1920년대 "문화통치"시기 이후 설립된 경우도 있겠지만, 사립학교령은 물론 병합 이후 사립학교규칙의 적용을 받지 않는 교회 소속 학교들이 일제 말기까지 여전히 많이 존재하고 있었던 것은 의미가 있다고 할 수 있다.

상기 주제(기독교 복음선교단의 교육사업에 관한 건)에 관한 1907년 12월 11일자 본인의 최초 문서(제998호) 및 그 후 수많은 협의와 여러 가지 문서들을 상기하시기를 요청하면서 또한 오늘 아침 우리의 회담을 염두에 두고서, 본인은 관련된 선교사들이 한국 정부의 규정에 의하여 그들의 학교를 등록하는 경우 기독교 신앙교육의 자유와 기존 기독교 학교사업의 계속을 위한 상호협력이 보장되고 기독교 학교와 그 졸업생들이 정부학교와의 차별 없이 정부학교가 누리는 인정과 혜택을 받는다는 조건하에 그 같은 등록에 기꺼이 응할 것임을 귀하에게 알립니다. (괄호: 필자).59)

이를 보면 2월 8일 회담 이후 사립학교령 적용에 관한 선교사들의 최종 승낙이 있었다고 생각된다. 미국영사는 이 문서의 마지막 부분에서 선교사들의 승낙에 대응해 다음 단계도 관련 당국이 구체적인 지시를 공표할 것을 요청하고 있다.

이후 교섭종결 직전에 발생한 송병준 관련 사건과 그에 대한 처결상황은 일제당국이 실제 교섭의 타결 전까지 기독교계 사립학교의 사립학교령 수용에 대해 얼마나 노심초사하고 있었는지를 단적으로 보여준다. '송병준 관련 사건'이란 2월 16일 내부대신 송병준이 일본 기자들과 담화 중 재한 선교사들을 비방한 말이 일본 신문에 보도된 사건이다. 송병준의 발언은 미국선교사들이 기독교인을 선동하고 그 배후에는 미국 정부가 있으므로 용단을 내려 선교사들을 진압해야 한다는 내용이었다. 소네 부통감은 일본에 체재 중인 이토 통감에게 이를 즉각 알리면서 미국

---

59) 「學一發第一三號 私立學校令施行에 따른 在韓基督教宣教師 等과의 會談內容通知件」1909. 2. 23, 『統監府文書』8; 새먼스가 발송했던 문서의 내용은 당시 성공회 주교였던 터너에 의해 뮈텔 주교에게도 전달되어 뮈텔 주교의 일기에도 기록되어 있다. 일기에 기록된 바에 의하면 선교사들은 ①인가된 학교에서 그리스도교적 종교교육의 자유, ②그리스도교적 학교사업을 계속하기 위한 학교 간의 상호협조, ③그리스도교 학교와 그 학교 졸업생들이 공립학교와 같은 인정과 대우를 받게 하여 차별대우를 없앨 것에 대한 명백한 보증을 요구했다고 한다. 『뮈텔주교일기』 4권(한국교회사연구소/역주, 1998), 1909년 2월 23일.

인 선교사 등이 설립에 관련된 사립학교가 모두 사립학교령에 의거하는 것으로 협의가 성립되려는 때에 송병준이 경솔한 행동을 했다고 비난했다.60) 이에 대한 기독교계의 항의를 조기에 수습하기 위해 이토는 송병준에게 사직서를 제출하도록 지시하여 2월 25일 사직서를 접수, 지급으로 수리했다.61) 이어 2월 27일 주일 미국대사에게 사건에 대한 해명과 신교의 자유를 보장하는 서한을 발송하여 사건을 신속하게 마무리했다.62)

송병준 사건의 마무리와 함께 당국은 서둘러 사립학교 관련 교섭을 종결지었다. 2월 27일 재한 미국영사는 선교회공의회 교육위원회 의장 게일에게 기독교계 사립학교에서 종교교육의 자유를 보장한다는 통감부 외무총장 나베시마의 확실한 보장을 받았음을 통지하고 있다.

나는 이제 한국 정부의 법령들에 따라 등록하는 경우에 선교회 학교들에서 '기독교 敎授의 자유'가 어떠한 방식으로도 간섭받지 않을 것이라는 통감부 외무총장 나베시마 게이지로의 확실한 보장을 (선교회공의회의 교육)위원회에 전달할 수 있게 되었다. 나는 더 나아가 정부당국이 기독교 교육사업에 모든 가능한 편의를 제공하려 한다는 것을 확신하고, 당국이 나를 확신시키기 위해 (선교회) 학교들이 여타의 사립학교들과 똑같은 지위에서 모든 특권을 누릴 것임을 통감부 외무부에 언명하도록 요청했음을 확신한다. 더욱이 그 보장은 "여타의 사립학교와 동등한 등급의 모든 기독교 학교들은 사립학교와 관련된 법령들과 규정들 - 칙령 제62호 사립학교령, 칙령 제63호 학회령, 학부령 제14호 私立學校補助規程, 학부령 제16호 敎科用圖書檢定規程, 학부령 제18호 學部編纂敎科用圖書發賣規程, 학부고시 제6호 私立學校學則記載例를 따름으로써 다른 사립학교들에 인정되는 특혜들을 부여받을 것"이라는 것이다. (괄호: 필자).63)

---

60) 「發六號 米國宣敎師二關スル宋內部大臣談話ノ件」 1909. 2. 19, 『統監府文書』 1, 1998. 다음 연구도 참조. 김승태, 『한말·일제강점기 선교사연구』, 57~59쪽.

61) 「來電第四號 至急暗號 宋內相ノ辭表 接受 件」 1909. 2. 26, 『統監府文書』 9, 1999.

62) 「號外 宋內相談話二關シ米國大使照會ノ件」 1909. 2. 28, 『統監府文書』 10, 2000.

63) *Annual meeting of the General Council of Protestant Evangelical Missions in Korea, 1909.* p.24; *OFFICIAL MINUTES OF THE KOREA ANNUAL CONFERENCE OF THE*

이 보장에 따라 드디어 선교회들은 소속 사립학교들의 등록에 착수했다. 그런데 사립학교령의 적용 자체에는 동의했지만 선교회별로는 다소 입장 차이가 있었던 것으로 보인다. 북감리교 선교회는 선교회 학교들에 대한 사립학교령의 적용문제는 약간의 어려움은 있었지만 미국영사의 주선으로 "호혜적인 협정"으로 마무리 되었다고 자평했다. 이는 종교교육의 자유에 대한 공적인 승인이고 성경을 교과서로 사용하는 것에 대한 인정이며, 계속 발전 중인 기독교 학교사업에 대한 보장이라는 것이다. 연회록은 "이 협정은 한국의 교육발전에 크게 중요한 역사적인 문서가 될 것이다"라고 기록하고, 이러한 협정이 가능하게 한 이토 통감에 대한 감사를 표시하고 있다.

> 이는 伊藤公이 한국에서의 기독교 선교사업과 한국 국민의 도덕적·정신적 향상에 대한 호의적인 관심을 보여준 많은 사례 중의 하나이다. 우리는 그가 항상 한국의 선교사업에 대해 보여준 한결같은 우정과 배려를 알고 있다.[64]

반면, 한국인 관계자들의 반발이 컸던 북장로교 선교회는 당국과의 교섭을 중재한 미국영사 새먼스(Thomas Sammons)에 대한 감사만을 표

METHODIST EPISCOPAL CHURCH, 1909, Seoul: Methodist Episcopal Church, pp.37~38; 한편, 당시 상황을 기록한 뮈텔 주교의 1909년 2월 23일자 일기에 의하면 새먼스 영사가 1909년 2월 13일자 문서를 발송한 후 통감부의 회답이 없자, 나베시마를 만나러 갔고 그에게 구두로 보장을 받았다고 한다. 그러나 아직 문서의 요청들이 주관 부서인 학부에는 접수된 것 같지 않아 명확한 대답은 없는 상태였다고 적고 있다. 2월 27일 새먼스 영사가 게일에게 밝힌 '확실한 보장'도 학부대신이 아니라 외무총장 나베시마의 보장이라는 점에서 그 보장이 뮈텔이 기록한 구두약속이었는지 혹은 문서로 된 보장이 이후에 별도로 있었는지는 알 수 없으나, 학부대신의 보장은 아니었던 것으로 보인다. 뮈텔은 자신의 경우 타와라 학부 부대신에게 구두로 충분한 보장을 받아 학교의 인가에 아무 문제가 없을 것이라 자신하고 있다. 『뮈텔주교일기』 4권, 1909년 2월 22일, 2월 23일.

64) *MINUTES OF THE KOREA ANNUAL CONFERENCE OF THE METHODIST EPISCOPAL CHURCH, 1909*, p.37.

시하고 있다. 북장로교는 "기독교 학교경영에 대한 정부의 태도는 아직 명확히 정의되지 않는다. 그러나 학교경영의 세부적인 일들에 간섭하려는 의도는 없다고 추정할 수 있는 타당한 이유가 있어 보인다"고 하여 사립학교령과 관련한 당국의 방침을 수용하면서도 여전히 당국의 태도에 대한 의심을 내비치고 있다.[65] 선교회공의회 역시 선교회 학교에서 종교교수를 인정받은 것에 대해서는 "특별한 특혜의 인정"으로 보고 있지만, 정부가 사립학교령에 의한 등록을 요구하는 것은 한국인을 위한 모든 학교들을 당국의 시선하에 두는 것이라고 지적했다. 교과서의 인가에 대해서도 "우리에게 가장 어렵고 고통스러운 문제"라면서 학부가 제시한 역사과목 인가 교재의 목록은 치명적인 결함이 있고, 교과서를 인가하는 학부의 규정들에 대해 완전히 파악할 수 없으며, 그들의 주된 요망은 "정치적인 성격을 지닌 모든 책들을 피하는 것으로 보인다"고 하여 선교사들의 입장에서도 사립학교령의 적용을 환영하기만 한 것은 아니었음을 알 수 있다.[66]

그러나 적극적으로 환영을 표시했건 미온적인 반응을 보였건 일단 사립학교령에 의한 등록을 하기로 결정한 이상, 기독교계 사립학교는 당국의 교육행정체제에 포섭되게 되었다. 이 결정은 선교사들의 입장에서는 당국과의 사전 조율과정을 거쳐 자신들의 의견을 법령의 내용에 반영하는 형식으로 이루어졌고, 법령의 공포 이후에도 다시 그 내용을 놓고 적용과 관련된 사후 조정을 거친 비교적 만족스러운 결과물이었다. 당국과의 사전·사후 교섭도 불가능한 채 법령의 일방적 적용대상이기만 했던 일반 사립학교들과는 완전히 다른 상황이었다. 특히 일본 국내에서는

---

65) *Minutes and reports of the annual meeting of the Korea Mission of the Presbyterian Church in the U.S.A. 1909*, p.72.

66) *Annual meeting of the General Council of Protestant Evangelical Missions in Korea, 1909*, pp.23~24.

1899년 '문부성훈령 제12호'의 공포로 정규 사립학교에서는 과정 외로도 종교교육이 금지된다는 법령 - 이후 수정되어 적용되기는 했지만 - 이 존재했던 것과 비교하면, 종교교육 제한조항이 한국의 사립학교령에 포함되지 않은 것은 큰 성과로서 "특별한 특혜의 인정"이라 여겨질 만도했다. 하지만 이 같은 선교사들의 선택은 결국 기독교계 사립학교 이외의 일반 사립학교들에게는 당국의 통제를 피할 비상구까지 봉쇄됨을 의미했다. 1909년 7월 17일 타와라의 관찰사들에 대한 훈시는 이러한 상황을 잘 보여준다.

> 선교사들이 자진해서 최초의 인가를 받게 된 일은 교육행정상 매우 경하할 사건으로서 만약 저들이 학부의 감독을 받지 않겠다고 했다면 한국의 교육행정은 전부를 통할함에 이르지 못하는 매우 우려할 결과를 낳았을 것이다.[67]

그런데 사실상 교섭의 결과는 선교사들이 일순위로 주장한 종교교육의 자유확보라는 측면에서도 완벽하지 않았다. 사립학교령은 명문으로 종교교육의 자유를 보장하고 있지는 않았기 때문이다. 단지 사립학교령에 종교교육을 제한한다는 내용이 포함되지 않았고 별도의 종교교육 제한법령도 공포되지 않았을 뿐이다. 따라서 1908년 사립학교령체제하에서는 법령에 명문의 규정이 없는 것이 종교교육의 자유를 인정한 것으로 해석되었다고 할 수 있다. 적극적인 선언의 방식이 아니라 소극적인 해석에 의한 자유였다. 따라서 종교교육의 자유가 장래 어느 정도까지 허용될 것인가 하는 문제, 즉 사립각종학교에서만 허용될 것인가 아니면 정규의 사립학교에서도 허용될 것인가는 애매모호한 상태로 제학교령과 사립학교령의 해석에 달려 있게 되었다.

---

67) 『觀察使會議要錄』, 1909, 17쪽.

3) 사립학교령(1908)의 제정과 기독교계 학교에 대한 적용

1908년 '사립학교령'은 기존 연구에서 일제 사학탄압의 시작으로 지목되어 중요시 되어왔다. 그럼에도 주로 학교설립 인가나 교과서 관련 통제조항 위주로 주요 조항들만 열거하고 지나가는 경우가 대부분이고, 구체적인 내용의 분석이나 당시 일본의 사립학교령과의 비교·분석은 전혀 이루어져 있지 않다. 일부 연구는 1908년의 '사립학교령'을 1900년 대한제국의 '사립학교규칙'을 좀 더 구체화한 것으로 보고 법령의 내용면에서는 특별히 탄압적인 항목으로 단정할 수 있는 것이 없다고 평가하기도 한다.[68] 하지만 1908년의 '사립학교령'은 대한제국의 사립학교규칙과는 완전히 다른 법적인 체제를 가지고 있고 내용과 형식상 1899년 일본의 '사립학교령'과 유사하다.[69] 또한 1908년의 '사립학교령'은 병합 이후 공포된 총독부의 사립학교규칙들과도 내용면에 있어 연속선상에 놓여있다. 법령의 구조와 내용에 있어서는 1908년의 '사립학교령'이 1911년 '사립학교규칙'의 토대가 되고, 1915년 '개정사립학교규칙'으로 이어진다. 1908년 '사립학교령'의 모법은 1899년 공포된 일본의 '사립학교령'(칙령 제359호)과 '사립학교령시행규칙'(문부성령 제38호)으로 보

---

68) 유한철, 「韓末 私立學校令 以後 日帝의 私學彈壓과 그 特徵」, 11쪽. 유한철의 경우 사립학교령의 조항보다는 그 실질적인 적용의 부분에서 탄압적인 성격을 규명하는 데 주력하고 있다.

69) 실제로 1900년 대한제국의 사립학교규칙은 다음과 같이 6개조로 이루어진 짧은 내용에 불과하다.
  1. 各處 小學校教員을 38人 以上 募集하여 가르친다.
  1. 各項 課程은 官立學校規則에 의한다.
  1. 每月末에 學員 數爻 調査한다.
  1. 四季朔에 學業을 試驗한다.
  1. 各項 事件을 校長이 判斷하고 學部로 직접 하지 못한다.
  1. 教師가 怠慢하면 校長과 學務局長이 輕重에 따라 面責 施罰한다.
  『고종시대사』 5집, 국사편찬위원회, 1971, 59~60쪽.

아야 하고, 그래야만 병합 이후 1911년의 '사립학교규칙'(조선총독부령 제114호)과의 연결성도 제대로 파악된다. 1908년 '사립학교령'의 구체적인 내용을 조문 순서대로 파악하면 다음과 같다.

〈표 6〉 1908년 사립학교령의 주요 내용

법령의 명칭 법령의 내용	사립학교령(1908년 8월 26일: 칙령 제62호)
사립학교령의 성격규정(제1조)	사립학교에 대한 일반법: 별단의 규정이 있는 것을 제외하고 모두 본령의 규정에 의함
사립학교 설립요건 등(제2조)	설립하려는 자가 7개 요건 갖춰 제출 + 학부대신의 인가
① 요건사항	1. 학교의 목적, 명칭 및 위치 2. 학칙 3. 校地·校舍의 평면도 4. 1개년의 수지예산 5. 유지방법. 단, 기본재산 또는 기부금의 경우 증빙서류를 첨부 6. 설립자, 학교장 및 교원의 이력서 7. 교과용 도서명
② 요건사항 異動의 경우	4호 이외의 경우 학부대신에게 보고 승계자·親任者 보고시는 이력서 첨부
③ 개교·폐지의 경우	설립자가 학부대신에게 보고
학칙 기재사항(제3조)	1. 수업연한 및 학년에 관한 사항 2. 학과목 및 그 정도, 매주의 교수시간 3. 學員·學徒의 정원 4. 입학자 자격, 기타 입학·퇴학에 관한 사항 5. 수업료, 입학료 등에 관한 사항 6. 기타 학교에서 필요로 인정되는 사항
사립학교 명칭 규제(제4조)	사립학교는 그 명칭에 '私立'의 2字를 붙일 것
학교장 설치의무(제5조)	학교장을 설치. 학교장은 학교를 대표하고 敎務를 掌理할 것
교과용 도서규정(제6조)	학부가 편찬한 것 또는 학부대신의 검정을 받은 것 중에 선택 이 외의 도서 사용시 학부대신의 인가를 요함

장부 비치 의무(제7조)	사립학교에는 다음의 장부를 비치할 것 1. 학적부 및 출석부 2. 직원명부 3. 회계에 관한 장부
설립자·학교장· 교원자격 제한 (제8조)	1. 禁獄 이상의 형에 처했던 자. 단 特使復權된 자 제외 2. 징계처분에 의해 免官되고 2년이 경과하지 않은 자. 단 징계가 면제된 자 제외 3. 敎員許狀 환수처분을 받고 2년이 경과하지 않은 자 4. 操行不良으로 인정할 자
학부대신의 설비·수업 등 통제(제9조)	설비, 수업, 기타 사항이 부적당하다고 인정될 때 학부대신은 그 변경을 명할 수 있음
학부대신의 학교 폐쇄명령권 (제10조)	1. 법령의 규정에 위배한 경우 2. 안녕질서를 문란하게 하거나 풍속을 壞亂할 우려가 있는 경우 3. 6개월 이상 규정의 수업을 하지 않은 경우 4. 제9조에 의한 학부대신의 명령을 위배한 경우
학부대신의 수업 금지권(제11조)	설립인가를 받지 않고 학교사업을 한 경우
학교장의 매년 보고의무(제12조)	교장은 매년 5월말 현재의 직원성명, 담당학과목, 학년별 學員·學徒 재적자 수 및 출석자 수, 교과용 도서명, 회계상황에 관한 보고서를 작성하여 다음달 중 학부대신에게 보고
지방관의 감독권 등(제13, 14조)	지방관은 학부대신의 지휘를 받아 소관 사립학교를 감독 本令에 의해 학부대신에게 제출하는 서류는 관할 지방관을 경유할 것
서당에 대한 적용제외(제15조)	本令은 서당에는 적용을 제외
부칙	시행기일 – 1908년 10월 1일부터 시행
	기설 사립학교는 기존 설립인가 여부와 관계없이 모두 本令 시행일부터 6개월 이내에 本令의 규정에 준해 학부대신의 인가를 받을 것

* 출전: 『私立學校令』, 學部, 1908.

1899년 일본의 사립학교령을 정리한 제1장의 <표 2>와 비교해 보면, 두 법령이 비슷한 구조를 갖추고 있지만 한국의 사립학교령이 훨씬 많은 통제규정을 포함하고 있음을 한 눈에 알 수 있다.[70] 법령의 내용은 크게 일본의 사립학교령을 뼈대로, 제2조 설립인가와 제4조 학칙기재사항의 요건 부분에 일본의 '사립학교령시행규칙'의 내용이 수정·삽입되어 있는 형식이다. 사립학교 설립자·학교장·교원의 자격제한 사유에서 보이는 "操行不良한 자"라는 모호한 항목이나, 가장 극단적인 조치인 학교폐쇄명령의 사유 중 "안녕 질서를 문란하게 하거나 풍속을 괴란할 우려가 있는 경우"라는 부분은 행정권력의 자의적인 판단을 가능하게 하는 포괄적인 규정으로 일본의 사립학교령과 동일한 조항이다. 제1조를 시작으로 주로 통제규정에 속하는 제4조, 제6조, 제7조, 제11조, 제12조, 제15조는 일본 법령에는 없는 것이 추가되었고, 그 외의 조항은 약간씩 변경된 부분이 보인다.

먼저 눈에 띄는 것은 일본의 사립학교령이 제1조에서 주요 감독관청을 지방장관으로 한 데 비해 한국의 법령은 학부대신을 주요 감독기관으로 하고 제13조, 제14조를 통해 지방관을 경유하는 이중적인 통제망을 갖추고 있는 점이다. 일본의 경우는 별단의 규정－소학교·중학교·고등여학교·전문학교령에 의한 인가 없이 사립학교령에 따른 인가만을 받는 사립각종학교는 지방장관의 감독만을 받도록 되어 있다. 이에 비해 한국의 경우는 정규 사립학교만이 아닌 사립각종학교까지 모두 중앙기관인 학부대신의 직접적인 감독권이 미치는 구조이다.

직접적인 감독권을 가진 주 감독기관의 권한도 일본과 비교해 광범위하다. 학부대신은 사립학교 설치의 인가권자이면서, 일본과 달리 사립학교가 사용하는 교과용 도서의 검정권 내지 인가권을 가지고 있다. 일본의 경우 지방장관은 사립학교의 주 감독관청으로 설립인가권, 설립·수업 등에 대한 변경명령권과 학교폐쇄명령권의 행사기관이지만 한국에서는 학부대신의 지휘를 받아 사립학교를 감독하고, 각종 제출서류를 점검

---

70) 1899년의 일본 사립학교령은 1911년, 1919, 1923, 1941년 4차례의 개정을 거친다. 따라서 1908년 한국 사립학교령 제정 당시 일본 현행의 법령은 1899년 처음 공포된 법령과 동일한 상태였다.

하여 중앙에 전달하는 1차 창구로 기능할 뿐이다. 더욱이 학부대신은 일본과 동일한 설비·수업 등에 대한 변경명령권(제9조), 학교폐쇄명령권(제10조)에 더하여 수업금지권(제11조)도 가지고 있다. 여기에 매년 학교장이 학부대신에게 사립학교상황에 대한 보고를 하게 하여(제12조) 당국이 가장 시급하게 여겼던 학교에 관한 상황 파악을 가능하게 하고 이에 근거한 학교대장을 편성할 수 있게 하였다.

학부대신이 가지는 권한 중에서도 교과용 도서에 대한 것은 더욱 주목된다. 한국 사립학교의 교과용 도서는 학부편찬이거나 학부대신의 검정을 거쳐야 하고 그 외의 경우는 학부대신의 인가를 받아야만 한다. 제6조에 의해 사립학교령의 공포와 함께 공포된 '教科用圖書檢定規程', '學部編纂敎科用圖書發賣規程'은 사립학교에서 사용하는 교과서에도 적용된다. 이는 정규 사립학교만이 아니라 사립학교령의 규제만을 받는 사립각종학교에도 교과서에 대한 당국의 통제가 시행됨을 의미한다. 당시 일본의 법령에는 사립각종학교의 교과용 도서에 대한 규정이 없어 정규 사립학교만 교과서 관련 규제를 받았다. 따라서 일본의 사립학교는 각종학교로 있는 이상은 교과과정이나 교과서와 관련된 제한을 받지 않았다.[71] 이에 비해 사립학교령 공포 이후 한국에서는 교과용 도서의 인가 청원서는 사립학교 설립인가 청원서와 동시에 제출되어야 했고 학부 내 교과서의 인가사무를 주관하는 편집국과 사립학교 설립인가를 주관하는 학무국이 상호 협동하여 심사를 담당했다. 설립인가 청원서와 동시에 제출하는 점에서도 알 수 있듯이 교과용 도서의 심사는 동일한 책이라 해도 개개의 학교별로 진행되었다. 즉 "기독교 학교와 같이 한 종파가 수백의 학교를 지배하고 있어 동일한 교과용 도서를 채용하는 경우도" 학교마다 개별로 심사를 받아야 했다.[72] 학부대신의 인가를 받은 교

---

71) 多田鐵雄, 「各種學校の性格」, 『敎育社會學硏究』 6, 1954, 49쪽.
72) 「韓國敎育ノ旣往及現在」, 70쪽; 이 점에 대해 1910년 7월의 「敎科用圖書一覽」에

과용 도서 중에는 신·구약 성서도 포함되어 있을 정도로 심사는 엄중한 형식으로 진행되었다고 한다.[73]

인가신청시의 요건도 강화되어 있다. 인가요건사항 중 4, 6, 7호와 5호의 단서조항은 일본 법에는 없는 내용이다. 기본재산이나 기부금 관련 증빙서류와 설립자·학교장·교원의 이력서를 요구한 것은 사립학교의 재정기반, 인적 구성요소에 대한 통제의도를 보여준다. 7호에서 요구한 교과용 도서목록은 제6조의 교과용 도서통제와 맞물려 있는 조항이라 하겠다. 학칙기재사항(제3조)의 경우도 일본의 '사립학교령시행규칙'은 학년·학기·휴일, 시험, 상벌, 기숙사, 직원의 직무에 관한 사항을 한정해서 명시적으로 규정하고 있지만, 한국 사립학교령은 제3조 6호에서 "기타 학교에서 필요로 인정되는 사항"이라는 포괄적인 내용으로 바뀌어 필요한 부분은 하위 행정명령으로 얼마든지 첨가할 수 있도록 되어있다.

마지막으로, 한국의 사립학교령은 설립자 관련 규제도 강화되어 있다. 사립학교 인가신청요건에서 설립자의 이력서까지 첨부하도록 하고 학교를 개교하거나 폐지할 때 설립자가 직접 학부대신에게 보고하도록 하였다. 또 제8조에서는 일본 법령이 학교장과 교원에 대한 자격만 제한하고 있는 것과 달리 설립자에 대한 자격까지 제한하고 있다. 禁獄 이상의 형에 처했던 자, 징계처분에 의해 免官되고 2년이 경과하지 않은 자, 敎員許狀 환수처분을 받고 2년이 경과하지 않은 자, 操行不良으로 인정되는 자는 사립학교의 교장·교원이 될 수 없음은 물론 스스로 사립학교를 설립할 수도 없다. 제2조의 설립인가 요건규정과 함께 당국의 구미에 맞지

는 學部認可敎科用圖書의 목록을 제공하면서 "左記 도서는 사립학교에서 학부에 사용인가를 청원한 것 중에 인가한 도서로 그 효력은 인가를 받은 학교에만 있는 것인즉 다른 사립학교가 이를 사용하고자 하는 경우에는 사립학교령 제6조 제2항에 의하여 학부대신의 인가를 받음이 가함"이라고 적시하고 있다. 「敎科用圖書一覽」, 1910, 學部編輯局, 『日本植民地敎育政策史料集成(朝鮮編)』 67.

73) 高橋濱吉, 『朝鮮敎育史考』, 帝國地方行政學會 朝鮮本部, 1927, 178쪽.

않는 사립학교의 설립 자체를 막는 주요한 필터장치라고 할 수 있다.

요컨대 법적인 내용에서 1908년의 사립학교령은 동일한 시기 일본에서 시행되던 사립학교령보다 월등하게 통제적인 장치들을 장착하고 있었다. 대한제국의 사립학교규칙(1900)과 비교해서는 말할 필요도 없다. 재정기반이 취약했던 일반 사립학교들의 입장에서 보자면 이 법은 분명히 학교말살책이었다. 인가조건의 요건사항들을 구비하기도 어려웠을 것이고 "操行不良으로 인정"되는 자 등은 학교장·교원은 물론 설립자도 될 수 없다는 자격제한도 큰 장벽이 되었을 것이다.[74] 이러한 조항들을 겨우 충족시킨다 하더라도 사후적으로 학부대신의 임의적인 판단에 기초해 집행이 가능한 학교폐쇄권이 명시되어 있다. 기독교계 학교 중 장로교회의 교회학교와 같이 한국인·한국교회가 주도했던 소규모 사립학교들은 반발할 수밖에 없었다. 그럼에도 선교사들의 요구사항을 반영하는 형식을 취하고 있었던 이 법령은 최종적으로 기독교계에 수용되었다. 하지만 실제 당국의 본심은 법 적용의 상황을 통해서도 알 수 있듯이 선교사들의 바람과는 거리가 있었다고 하겠다.

선교사들의 핵심적 요구사항이었던 종교교육의 자유보장은 사립학교령 내에 일본의 문부성훈령 제12호와 같은 내용을 명시하지 않음으로써 충족되었다. 사립학교령의 적용을 받기로 한 기독교계 학교에서 종교교육은 법령에 구체적으로 자유가 명기되어 보장된 것이 아니라, 명기하지 않는 방식으로 소극적으로 보장되었다. 문제는 이런 상태로 보장된 자유가 일본의 문부성훈령 제12호(1899)와 마찬가지로 사립각종학교에서의 자유만을 의미하는 것인지, 아니면 정규 사립학교에도 인정되는 것인지가 분명하지 않다는 점이다. 예를 들어 1906년 제정된 한국의 '보통학교령'의 경우 제6조에서 보통학교의 교과목을 수신, 국어, 한문, 일어 등으로 규정하고 제7조에서는 교과목을 가감하려면 학부대신의 인가를 받도

---

74) 유한철, 「韓末 私立學校令 以後 日帝의 私學彈壓과 그 特徵」, 11~16쪽.

록 정하고 있다. 이 법령하에서 기독교계 사립학교가 사립학교령의 적용
뿐 아니라 보통학교령의 적용도 받는 정규의 사립보통학교가 된다면 종
교교육이 자유롭게 실시될 수 있는가. 보통학교령의 규정대로라면 그렇
지 않다. 성경수업의 경우는 제6조에 정해진 교과목 이외의 것이므로 학
부대신의 인가를 받아야 하기 때문이다. 인가여부는 당국에 달려 있게
된다. 선교사들은 이 같은 부분을 간과하고 있었던 것으로 보인다. 반면
1909년 학부 발행의 자료를 보더라도 당국은 이 문제를 분명히 인식하
고 있었다.

> 종교와 학교의 관계에 대해 별도의 명문으로 이를 표시한 것은 없으나 사
> 립학교 방면에서는 종교는 완전히 자유이다. 이는 일본 학제의 원칙과 다른
> 것 같지만 이는 표면적인 관찰로서, 사실은 그렇지 않다. 생각컨대 일본의 소
> 학교령과 같은 일정한 교과과정을 규정한 것이 (한국의) 보통학교령이므로 가
> 까운 시기에 직접 종교를 가르칠 여지가 없는 것은 일본과 다를 것이 없다.
> 나아가 고등학교, 사범학교 등도 역시 종교를 용납할 여지는 존재하지 않는
> 다. (밑줄·괄호: 필자).[75]

사립학교가 각종학교로 있는 한 종교에 관해 완전히 자유이다. 그러
나 일정한 교과과정을 규정한 보통학교령의 적용을 받는 정규의 사립보
통학교가 된다면 종교교육의 자유는 주어지지 않는다는 이야기다. 문부
성훈령 제12호가 시행되던 당시 일본의 상황과 유사하다. 선교사들이 이
내용에 관해 정확히 인식하고 있었는지는 확실치 않다. 다만 1908년 2
월의 각서에서 선교사들은 기독교계 학교를 관공립 수준으로 유지하는
대신 관공립학교와 같은 수준의 특혜와 종교교육의 자유를 요구하고, 지
속적인 교육사업의 확장이 당국과의 협력 속에 추진되도록 요청했다.[76]

---

75) 「韓國教育ノ既往及現在」, 48~49쪽; 高橋濱吉, 『朝鮮教育史考』, 312쪽.
76) 「學一發第一三號 私立學校令施行에 따른 在韓基督教宣教師 等과의 會談內容通知
件」 1909. 2. 23, 『統監府文書』 8.

결과적으로 당국의 조건을 받아들여 협상을 타결하고 또 환영한 것을 볼 때, 선교사들은 기독교계 학교의 객관적인 교육과정과 설비가 당국의 기준에 부합하게 되면 자신들의 요청이 받아들여지리라 기대한 듯하다.

일제당국 역시 정규 사립학교에는 종교교육이 허용되지 않는다는 점을 드러내놓고 주장하지는 않았다. 당국으로서는 기독교계 학교들이 아무 의심 없이 사립학교령의 인가를 완료하는 것 자체가 시급한 목표였기 때문이다. 이로 인해 사립학교령 공포 이후 실제적인 법령의 적용상황은 외형적으로는 별다른 문제없이 진행되었다. 일단 당국은 사립학교령의 개개 조항의 구체적인 적용은 뒤로 미루고 학교대장 편제와 위험한 교과서 사용 단속을 일차적인 목표로 하여 인가작업에 박차를 가했다.

당국과 선교사 측의 동상이몽에도 불구하고 갈등이 발생하지 않은 것은 병합 이전 시기 사립학교 관련 행정사무가 거의 인가신청과 그 처리작업에만 집중되어 있었기 때문이기도 했다. 선교사들에게 정규학교로의 등록은 교육사업이 확장될 미래의 일이었다. 일제당국도 사립학교 감독의 행정방침을 1기와 2기로 나누어, 제1기는 법령에 따른 설립인가를 받게 하여 학부의 인가 없는 사립학교는 존재하지 않도록 하는 것만을 목표로 했다. 때문에 구체적인 내용의 개선에 착수하는 것은 제2기로 미뤄졌다.[77] 이에 따라 사립학교령의 일부 조항은 의도적으로 적용이 연기되었다. 타와라는 각 도 관찰사들에게 ①사립학교령 제9조 학부대신의 학교설비·수업 등에 대한 변경처분은 장래에 그 실시를 기대할 것, ②제10조 학부대신의 학교폐쇄처분은 잠시 空文으로 취급할 것을 지시하고 일단 인가작업을 서둘러 진행하도록 주문했다.[78] 더불어 인가신청의 요건 불비를 이유로 인가를 거절한다면 신청 자체를 하지 않을 것을 우려하여 설립인가와 요건사항을 별도로 간주하도록 지시하기도 했다.[79] 인가신청

---

77) 『觀察使會議要錄』 1909, 7~8쪽.

78) 위의 자료.

을 독려하기 위한 편법적인 법 운용이라 할 수 있다.

　기독교계 학교의 인가신청에 편의를 제공하기 위해 인가의 기한도 연장되었다. 1909년 2월에야 사립학교령의 적용에 관한 타협이 이루어진 만큼 사립학교령 공포 6개월 이내에 인가를 받도록 규정한 부칙의 연장 적용이 불가피했던 탓이다. 1909년 4월 타와라는 다음과 같이 예상하고 있다.

　　현재 학부에 제출된 인가청원서는 1,708개에 불과하다. 내가 추정하기로 전국 사립학교의 숫자는 3, 4천을 넘을 것이다. 따라서 학부에서 수리한 청원 건수는 비교적 소수라고 생각한다 …… 예수교 선교사가 인가를 받을 뜻을 알린 것이 올해(1909) 2월이므로 3월을 기한으로 전부 제출하는 것은 도저히 불가능하다. 따라서 선교사로부터 기한연기의 희망이 있었지만 법령개정은 쉽게 동의할 것이 아니므로, 실제의 취급을 연장하도록 3월에 제5호 훈령을 공포하여 3월의 기한 후에도 권유하여 인가청원을 제출하게 하도록 훈달했다. 어차피 한국 전체의 사립학교에 대해 인가를 마치려면 적어도 올 한해는 요할 것이라 예상한다. (괄호: 필자).[80]

　이와 함께 외국선교사가 사립학교를 인가신청하면 지방관이 거부하지 않도록 지시하는 훈령이 도 관찰사들에게 발령되었고, 통감부의 이사관들에게도 선교사들이 인가신청과 관련하여 관청과의 의사소통 부족이나 교회당 및 부속학교 부지의 처리문제로 곤란한 경우 특히 관대하게 처우하도록 지시했다.[81] 1909년 7월 17일의 관찰사회의에서도 타와라

---

79) 「韓國敎育ノ旣往及現在」, 57쪽; 인가 속도를 올리기 위해 인가요건사항의 심사도 인가와 다른 별도의 문제로 취급되었다. 예를 들어 사립학교설립인가 청원서의 첨부서류 중 유지방법으로 잡세 혹은 공공적인 수입을 기재한 경우에 일단은 인가처분을 할 수 있지만, 이 인가는 학교설립의 인가라는 의미만 있을 뿐, 첨부서류의 사항을 인가한 것이 아니라고 간주한다는 것이다. 『觀察使會議要錄』 1909, 12~13쪽.

80) 「韓國敎育ノ旣往及現在」, 57~58쪽.

81) 『觀察使會議要錄』 1909, 18쪽; 「機密第四六八號 外國人宗敎團體가 設立한 學校

는 제출된 인가청원서 중 반수만이 처리되었다면서 빠른 수속을 당부하고, 기독교계 학교는 인가하지 않는다는 이유로 원서를 進達하지 않는 경우가 없도록 재차 주의를 주고 있다. 특히 사립학교령은 서당이 아닌 이상 모두 인가가 필요함을 원칙으로 한다고 강조하면서 이들을 권유하여 빠짐없이 인가신청을 하도록 지방관들을 독려하고 있다.[82]

1910년 5월 실제 인가된 사립학교 1,973개 중에는 기독교계 학교가 주류인 종교학교가 746개로[83] 여전히 전체 인가학교 수는 학무당국이 예상한 숫자보다 훨씬 낮았다. 당시 통계에서 종교학교는 거의 전부가 기독교계 학교로, 불교 기타 종교에 속하는 것은 도합 10개를 넘지 않았다.[84]

〈표 7〉 1910년 사립종교학교 인가 상황

지역＼학교상황	학교수	사립학교령 제12조의 보고제출 학교수	직원수	재적 학생수	경비(円)
경기도	69	64	320	4,006	35,280
충청북도	7	7	18	184	1,465
충청남도	18	18	51	876	4,166
전라북도	27	27	71	941	6,667
전라남도	7	6	17	325	2,679
경상북도	65	64	148	1,196	6,406
경상남도	16	14	49	506	6,877
황해도	144	133	339	3,160	18,542
강원도	4	4	12	170	1,815

에 韓國私立學校令 適用問題에 관한 件」1909. 3. 26, 『統監府文書』8.

82) 『觀察使會議要錄』1909, 18~19쪽.

83) 『第一次朝鮮總督府統計要覽』, 1911; 가장 왕성한 기독교 세력인 장로교와 감리교 학교는 1909년 현재 각각 605개와 200개로 집계되고 있다. 「韓國敎育ノ現狀」, 1910, 49~56쪽.

84) 「明治43年7月13日 韓國駐箚各道憲兵大將(警務部長)會議席上 俵學部次官演說要領」, 『日本植民地敎育政策史料集成(朝鮮編)』66.

평안남도	248	217	171	6,289	35,656
평안북도	125	116	307	3,363	23,554
함경남도	16	16	60	566	4,686
합계	746	686	1,563	21,582	147,793

* 출전: 『第一次朝鮮總督府統計要覽』, 1911.
** 사립종교학교는 학과과정 중 종교과목을 가한 학교를 의미함.

당국은 인가학교의 수가 예상보다 적은 원인을 유지방법이 확실한 학교가 아닌 경우 인가신청을 하지 않고 스스로 폐교한 것이 많기 때문이라 판단하고, 인가청원시 요건사항으로 증빙서류를 첨부한 학교의 유지방법을 제출하도록 한 조항을 사립학교 폐교의 큰 원인으로 분석하고 있다.[85] 이미 인가를 받은 학교들 가운데서도 폐교의 수속을 한 경우도 있고, 폐교의 수속을 할 예정인 학교들이 적지 않은 상태였다. 예를 들어 사립학교가 100개에 달하던 평북 선천의 경우 사립학교령에 의한 인가 이후는 20~30개로 감소하는 등, 전반적으로 감소추세를 보이고 있었다.[86]

인가제가 기독교계 사립학교에도 적용됨으로써 1908년의 사립학교령은 사립학교 감독행정의 제1기 목표를 충실히 달성했다. 수많은 사립학교가 정리되고, 학부의 인가가 없는 사립학교는 존립할 수 없게 되어 당국의 학사행정은 한국 내 모든 학교를 장악하게 되었다. 이제 적용을 유보하고 있던 학부대신의 통제권들을 활용한 본격적인 정리작업을 실행할 수 있는 토대가 마련되었다. 사립학교 감독행정의 제2기를 맞이하게 된 1910년 7월 병합의 목전에서 타와라는 헌병대장과 각 도 경무부장들에게 기독교계 학교에 대해 종래와 같은 시찰과 기밀보고를 부탁하면서, 사립학교령에 의거한 단속을 신중하게 실행하도록 요청하고 있다.

---

85) 「韓國敎育ノ現狀」, 66쪽.
86) 당시 일제당국은 폐교가 늘어나는 상황을 선교사들이 오히려 기회로 삼아 본국의 자금을 모아 유지가 곤란한 학교들에 재원을 공급할 가능성을 경계하고 있다. 위의 자료.

이제부터 그들(외국인 선교사들)의 학교에 대해서는 사립학교령에 적당하
다고 인정되는 감독방법을 강구함이 조금도 불가하지 않지만 그 단속의 실제
에 이르러서는 다소의 어림짐작도 없도록 懇切丁寧이 임해야 할 것은 대개 그
들을 대하는 데 있어 잊지 말아야 할 필요가 있다고 믿는다. (괄호: 필자).[87]

이런 신중한 행보로 1908년의 사립학교령하에서 당국은 '교육과 정
치의 분리'를 앞세워 사립학교 통제의 명분을 삼고, '교육과 종교의 분
리'를 내세우지 않음으로써 기독교 학교들을 포섭하는데 성공했다. 결과
적으로 사립학교들이 정리된 숫자를 보면, 이 방법은 구국운동을 목표로
양산된 수많은 한말의 사립학교들을 제거하는 데 효과적이었다. 또한 한
국인 교역자들이 운영하면서 반일적인 교육을 한다고 당국에 지목되던
교회학교들의 정리에도 어느 정도 효과가 있었다. 통감부시기의 이 같은
성과를 바탕으로 기독교계 사립학교에 대한 당국의 다음 과제는 '교육과
정치의 분리'를 더욱 엄밀하게 완수하는 것과 '교육과 종교의 분리' 작
업을 본격적으로 시작하는 것이었다. 더하여 사립학교 이외에 기독교 포
교기관에 관한 통제도 시작되어야 했다. 그런데 병합과 함께 그에 대한
장벽으로 재등장한 것이 치외법권문제였다.

---

87) 「明治43年7月13日 韓國駐箚各道憲兵大將(警務部長)會議席上 俵學部次官演說要領」,
  『日本植民地教育政策史料集成(朝鮮編)』 66.

2. 병합 초기 기독교계 학교·법인 통제의 법적 整地작업

1) '신교의 자유' 보장문제와 총독부 종교행정의 편제

(1) 일본제국헌법의 적용문제와
미·일의 '신교의 자유' 관련 협의

1910년 한국은 일본의 식민지로 완전히 편입되었다. 일본이 편입한 식민지의 법체제를 결정하는 과정에서 가장 큰 쟁점은 일본제국헌법의 시행여부였다. 이는 식민지에서 서구열강이 종래 행사하던 치외법권을 비롯한 각종 권리들을 회수하고, 일본의 식민통치체제를 구축하는 것과 긴밀하게 관련된 문제이기도 했다. 서구열강은 일본 식민지에 체류하는 자국민들이 일본 국내와 동일한 수준의 법제에 의해 재산권 등의 각종 권리와 사법적인 보호를 보장받아야 한다고 요구했기 때문이다. 그렇지만 동일한 문제가 발생했던 일본 최초의 식민지 대만에서도 일본제국헌법의 적용을 인정하는 데는 상당한 시일이 소요되었다.[88] 일본의 영토 확장에 따라 헌법이 식민지에 당연히 시행되는 것으로 인정한다면 서구인에 동일한 법적 권리를 보장하는 것은 간단한 문제가 될 터였다. 그러나 식민지에는 일본제국헌법의 직접적인 적용을 회피하기 위한 논리와

---

88) 청일전쟁 이후 일본 영토에 편입된 대만에 대한 일본제국헌법의 적용 여부는 일본 국내에서도 큰 쟁점이었다. 헌법의 대만시행에 대한 방침은 정확하게 정리되지 않은 채 1898년 제3차 이토 내각에서 대만총독 고다마 겐타로(兒玉源太郞)에게 발령한 內訓 제626호에 의해 내부방침으로 일단 결정되었다. 그 기본 내용은 헌법이 대만에 '시행된 것으로 간주'한다는 것이었다. 이후 일본 정부가 공개적으로 대만에 대한 헌법시행의 입장을 공표한 것은 1899년 3월 야마가타 내각이 "대만에 헌법은 시행된 것으로 한다"는 공식 견해를 제국의회에서 표명하면서였다. 春山明哲, 「明治憲法體制と臺灣統治」, 39쪽; 淺野豊美, 『帝國日本の植民地法制』, 94쪽; 문준영, 「제국일본의 식민지형 사법제도의 형성과 확산-대만의 사법제도를 둘러싼 정치·입법과정을 중심으로」, 209쪽.

장치가 필요했다.

헌법의 식민지 시행여부는 왜 문제시되었을까. 두 가지 측면에서 정리해 보자면, 하나는 식민지 획득 이전에 일본인을 대상으로 만들어진 헌법의 기본권 조항 즉 신민의 권리의무 조항들을 식민지인에게 그대로 보장할 수 없기 때문이었고, 다른 하나는 의회·정당세력의 관여를 배제한 번벌내각 중심의 식민통치를 위해서였다. 만약 헌법이 식민지에 그대로 시행된다고 한다면, 일본 국내와 같이 일일이 의회의 협찬을 경과하지 않으면 법률사항을 식민지에 공포할 수 없기 때문이다. 그럼에도 불구하고 식민지의 불평등조약 처리를 위한 조건으로서, 그리고 식민지 통치의 부정적인 평가를 상쇄하기 위한 수단으로서 헌법이 시행된다고 '간주'해야 했던 것이 일본제국법체제하 식민지 통치의 가장 큰 모순 중 하나였다.

1910년 제3대 통감이자 초대 조선총독으로 내정된 가쓰라 내각의 육군대신 데라우치 마사다케(寺內正毅)는 조슈벌, 야마가타(山縣) 파벌의 직계로 조선 식민통치에 대한 흔들림 없는 '武斷的' 구상을 가지고 있었던 인물이었다. 이는 조선의 법적 시스템 구축에 있어서도 마찬가지였다. 대만영유 이후 일련의 과정을 통해 식민지에 대한 제국헌법의 적용이 공식적으로 확인된 뒤임에도 데라우치는 한국에는 헌법을 시행하지 말자는 주장을 계속했다. 데라우치의 견해는 한국통감으로 내정되었음을 통보받은 이후 야마가타와 가쓰라에게 제출한 의견서에도 잘 드러난다. 1910년 4월 제출된 「合倂後 半島統治와 帝國憲法과의 關係」라는 의견서는 당시 육군성 참사관 겸 법제국 참사관으로 데라우치의 지휘 아래 식민법제의 준비를 담당하고 있던 아키야마 마사노스케(秋山雅之介)가 작성했다. 의견서의 주된 주장은 병합 후 한국에서 헌법의 시행을 반대하고 총독에게 일반적 위임입법권을 부여하는 것이다. 여기서 데라우치는 대만과 달리 조선에는 헌법을 시행하지 않고 천황의 대권으로 통치하고, 이를 위해 대만과 같은 특수법률이 아닌 천황의 조서를 공포하자고 주장했다.[89] 1910년 6월 3일의 각의결정은 이 의견을 반영하여 헌법이 아닌 천황의 대권으로 조선을 통치할 것을 명시하고 있다.[90] 데라우치는 통감으로 정식 임명된 뒤 조직한 병합준비위원회에서도 헌법불시행방침을 강력하게 밀고 나갔다.[91] 그러나 최종적으로 1910년 7월 2일 각의결정은 헌법은 조선에 당연시행되는 것으로 간주하되 부분적인 條章의 실행은 불가한 것으로 결정되었다.[92]

조선에 식민법제의 정착이 어느 정도 이루어진 1916년 1월 『朝鮮及滿洲』에 실린 아키야마의 인터뷰 기사는 조선에서의 헌법시행에 관한 데라우치와 총독부의 방침이 어떠한 것이었는지를 분명히 보여준다. 데라우치와 함께 조선에 건너와 각종 법령의 제정에 관여했던 아키야마는 이 인터뷰에서 조선에 헌법이 실시되는 것은 1910년 각의에서 정한 바로 당연한 일이지만, 일본과 사정을 달리하는 까닭에 조선에 헌법 전부를 시행할 수는 없다고 한다. 따라서 총독에게 헌법의 除外法規를 제정하는 政令權을 부여한 것이라고 전제하면서, 조선에서 일본 헌법의 완

---

89) 이 의견서는 寺內正毅關係文書에는 물론 『公文別錄』에도 남아 있다. 『寺內正毅關係文書: 首相以前』, 山本四郎/編, 京都女子大學, 1984; 일본국립공문서관 소장문서 A03023678200 「合倂後韓半島統治ト帝國憲法トノ關係」, 『公文別錄』 韓國倂合ニ關スル書類, 明治四十二年 – 明治四十三年 第一卷.

90) 小川原宏幸, 『伊藤博文の韓國倂合構想と朝鮮社會 – 王權論の相克』, 368, 376쪽.

91) 小松綠, 『朝鮮倂合之裏面』, 中外新論社, 1920, 93~95쪽.

92) 이에 대해 병합준비위원회에 참여했던 고마츠 미도리(小松綠)의 기록은 다음과 같다. "어쩔 수 없이 이론상 새로운 영토에서는 헌법이 당연히 행해지는 것으로 하고 실제로는 헌법의 條章을 실행할 수 없으므로, 헌법의 범위 내에서 특별법을 제정할 것으로 한다는 불철저한 결정이었다. 한편, 헌법이 새로운 영토에 시행되지 않는다고 해도 칙령으로 중요 규정은 전부 발포할 수 있는 것이다. 또한 헌법이 시행된다고 한다면 엄격히 말하자면 내지와 같이 일일이 의회의 협찬을 경과하지 않는다면 법률사항을 공포할 수 없는 것이지만, 이는 실제로 불가능한 방식이므로 대만의 선례에 따라 법률사항을 총독의 명령으로 공포하는 방법을 취하도록 되었다." 小松綠, 『朝鮮倂合之裏面』, 96쪽.

전한 시행-참정권을 포함한 언론출판, 집회결사의 자유와 같은 기본권 조항의 시행은 100년 후에도 불가능한 일로 전망하고 있다.[93]

아키야마가 말한 의회를 경유하지 않고 발령되는 법률-'政令'은 식민지 조선의 주요 법제 중 하나인 '制令'을 가리킨다. 조선총독은 내각 총리대신을 거쳐 천황의 칙재를 얻는 형식으로 일본의 법률에 해당하는 제령을 제정할 수 있었다. 제령은 주로 일본의 법률을 依用하는 경우 즉 일본 법률에 변경을 가하여 조선에 시행할 때 사용되었다.[94] 조선총독의 제령 제정권을 정한 '조선에 시행할 법령에 관한 건'은 1910년 8월 22일 야마가타 아리토모가 의장으로 주재한 추밀원심의에서 일사천리로 통과되었다.[95] 병합조약에 맞추어 8월 29일 일단 긴급칙령으로 공포되었다가 1911년 3월 25일 법률 제30호 '조선에 시행할 법령에 관한 법률'로 다시 제정된 이 법에 근거해 제령과 조선총독부령을 기본으로 하는 조선 법체제의 기초가 형성되었다. 법률 제30호는 일본 의회가 특별히 제정할 수 있는 소수의 법률을 제외하고, 군부세력을 기반으로 한 일본의 내각과 조선총독부라는 행정권력이 식민지 입법을 거의 완전히 장악할 수 있도록 해준 중요한 수단이었다. 병합 당시뿐 아니라 일제강점기 내내 이 같은 구조는 계속 유지되었다.

1910년 8월 29일 병합 당일, 데라우치 총독의 장황했던 諭告와 訓示 중 어디에도 조선민중에게 일본제국헌법의 기본권을 보장한다는 선언은 없었다. 조선민중에 대한 유고에서는 조선왕족에 대한 처우, 양반유생에

---

93) 秋山雅之介,「朝鮮と憲法」,『朝鮮及滿洲』102, 1916. 1, 33~34쪽.

94) 의용된 제령은 본국의 법률과는 완전히 다른 것으로 간주되었다. 따라서 일본에서 법률의 개폐가 있는 경우에도 그 효과가 식민지 조선에 당연히 미치는 것은 아니었으며, 또한 총독은 일본에서의 법률에 개폐가 없는 경우에도 언제든지 제령의 개폐를 통해 그 법률의 시행여부 및 시행의 정도를 좌우할 수 있었다. 김창록,「식민지 피지배기 법제의 기초」,『법제연구』제8호, 1995, 69~73쪽.

95) 일본국립공문서관 소장문서 A03033574500「朝鮮ニ施行スヘキ法令ニ關スル件」,『樞密院會議筆記』.

대한 은전과 표창, 지세경감, 병원설치 등이 천황의 시혜로 열거되고 있을 뿐이다. 일본제국 신민의 기본권과 관련하여 유일하게 유고의 마지막 부분에 들어가 있는 것이 '신교의 자유' 보장이다.

> 신교의 자유는 문명열국이 모두 인정하는 것이다. 各人이 숭배하는 敎旨에 의해 安心立命을 구하는 것은 본래 그러한 것이지만 종파의 異同으로 함부로 분쟁을 일으키거나 신교를 명목으로 정사를 논의하는 것같이 다른 뜻을 기획한다면, 즉 良俗을 害하고 安寧을 방해하는 것으로 마땅히 法을 案하여 처단하지 않으면 안 된다. 그러나 儒佛諸敎와 기독교 모두 그 本旨는 필경 인심과 세태의 개선에 있으므로 시정의 목적과 배치되지 않을 뿐 아니라 도리어 도움이 될 것임을 의심치 않는다. 이로써 각종의 종교를 대함에 조금도 親疎의 念이 없게 함은 물론, 포교와 전도에 대해 적당한 보호와 편의를 부여함을 아끼지 않을 것이다.[96]

근대 문명국에서 인정되는 기본권은 신교의 자유만이 아닌데도 유독 신교의 자유만을 거론하여 보장할 것임을 선언하고 있다. 물론 이 경우에도 신교의 자유가 일본제국헌법상 보장된 신민의 기본권으로서 선언되지는 않았다. 또 종교를 명목으로 정치적인 행위를 할 경우에는 처단할 것임을 경고하고, 법적인 규제도 내비치고 있다. 하지만 어찌되었든 신교의 자유는 일본제국헌법의 기본권 중에서 유일하게 병합 당일부터 보장이 선언된 기본권이라 할 수 있다. 이는 헌법상의 기본권 중 참정권이나, 집회결사의 자유, 언론의 자유에 비교해 정치적으로 이용될 가능성이 적고 법적인 단속이 가능할 것으로 당국이 판단했기 때문일 수도 있지만, 그보다는 서구세력과 밀접하게 연관된 기독교에 대해 자유를 보

---

96) 이 유고는 『朝鮮總督府官報』(1910. 8. 29)에 공포되었다. 여기서는 『朝鮮近代史料研究: 友邦シリーズ』 속의 「韓國併合及朝鮮總督府施政關係文書」 중에 있는 자료를 사용했다. 이 자료 중에는 같은 날 행해진 이사관, 총독부의 직원들, 도장관에 대한 총독훈시 원고도 함께 실려 있다. 『朝鮮近代史料研究: 友邦シリーズ』 6, 社團法人友邦協會, 2001, 32쪽.

장할 수밖에 없는 상황이었기 때문이다.

데라우치는 1910년 9월 1일 총독부 영자 기관지 *The Seoul Press*에 게재된 기사에서 외국인 선교사들에 대한 인상을 묻는 질문에 대해 다음과 같이 답하고 있다.

> 신교의 자유는 항상 존중될 것이며, 나는 정치에 관여하지 않는 모든 종교적 신조들의 포교를 용이하게 하고 그에 대해 적절한 보호를 부여하려 한다. 나는 외국인 선교사들의 선한 사업에 진심으로 감사하는 한 사람이며, 우리는 인민의 보편적인 상황을 개선시키려 한다는 동일한 목적을 가지고 있으므로 그들의 사업은 전혀 어떠한 지장도 받지 않을 것이다.[97]

이처럼 신교의 자유보장을 강조한 것은 서양열강의 치외법권을 조선에서 완전히 철폐하지 못한 상황에서 그 폐지를 위한 순조로운 교섭을 위해 어쩔 수 없는 선택이기도 했다. 유고와 같은 날 식민통치를 직접 일선에서 담당할 도 장관들에게 행해진 총독 훈시에서는 이런 속내가 잘 드러나 있다.

> 조선의 종교에 관해서는 耶蘇教가 비교적 널리 행해지고 있다. 그리고 그 포교의 당초에는 한국정치가 매우 해이해서 선교사는 제멋대로 포교에 종사하는 상황이었다. 신교의 자유는 古來을 통해 변경할 것이 아니므로 장래에도 또한 이 취지대로 나아갈 수밖에 없지만, 금후 조선이 우리 통치하에 들어온 이후는 정치·기강이 문란한 시대와는 다소 그 취지를 달리하여 정치상 필요한 단속을 할 것을 요한다. 종교와 정치는 혼동할 것이 아니므로 종교관계의 학교와 같은 것도 상당한 감독을 요함은 물론이다. 그러나 치외법권이 행해지고 있고 법규는 아직 완비되지 않았으므로 우선은 이를 철회해야 할 것이므로,

---

97) *The Seoul Press*, 1910. 9. 1. 이 신문기사의 내용은 조선 주재 미국영사에 의해 미국 무장관에게 보고되고 있다. 「한일합방과 조선총독부의 정책」, 『원문정보 마이크로 필름자료: 미국무부소장한국관계문서』, 자료번호 3-004541-023-0042, 한국독립운동사정보시스템(https://search.i815.or.kr/Main/Main.jsp, 이후 URL은 생략).

그 사이에 있어서는 無用한 논의를 야기시키지 않도록 주의해야 한다.98)

내부적으로 발령된 위의 훈시는 외부적으로 공포된 유고와는 달리 유·불교 등에 대한 언급은 전혀 없이 바로 기독교만을 지목하여 신교의 자유문제와 그 단속문제를 조선의 치외법권 철폐와 연결지우고 있다. 신교의 자유는 보장할 수밖에 없지만, 종교학교의 정치적인 교육내용이나 활동에 대해서는 통제하겠다는 의지를 분명히 한 것이다. 다만 아직은 치외법권문제가 해결되지 않았고 관련 법규도 정비되지 않은 상황이라 그에 관한 감독을 놓고 분쟁을 일으킬 필요가 없으므로 본격적인 단속은 보류한다는 의미이다. 일본 자신의 조약개정 교섭에서 얻은 경험, 대만 영유시의 경험, 영일동맹을 기축으로 한 당시 일본 정부의 영미중심 외교노선, 조선에서 당면과제가 된 불평등조약 개정문제가 복합적인 배경으로 작용했다고 하겠다.

실제로 이 훈시가 행해진 직후 9월에서 10월에 걸쳐 미국과 일본 정부 사이에는 치외법권을 포함, 조선에서 미국이 가진 기존 권익의 보장과 관련된 협의가 진행되었다. 신앙의 자유와 선교사업에 대한 보장도 주요한 안건 중 하나였다. 미국무장관 녹스(Knox)의 지시를 받은 주일 미국대사 오브라이언(O'Brien)은 1910년 9월 20일 일본 외무대신에게 관련 사안들에 대한 문서를 발송했다.99) 이 문서는 병합 이후 조선에서 미국의 영사재판권 유지, 자국민에 대한 일본 법률의 적용, 거류지 등 부동산에 대한 권리유지문제와 함께 선교사들의 사업에 대한 보장을 요청하고 있다. 오브라이언은 기독교 교육사업과 기타 사업들이 통감부시기 장려되고 보장되었음을 상기시키면서, 이러한 보장이 병합 이후에도

---

98) 日本外務省/編, 『外地法制誌 9: 日本統治時代の朝鮮』, 36쪽.

99) 「O'Brien이 Knox에게 보낸 문서 NO.1235」, 『원문정보 마이크로필름자료: 미국무부 소장한국관계문서』, 자료번호 3-004541-023-0054, 한국독립운동사정보시스템.

지속될 것을 요청하고 있다. 이와 함께 오브라이언은 현지사정을 알아보
고자 대사관 직원인 스카일러(Schuyler)를 서울에 파견했다. 스카일러와
의 면담에서 총독부 외사국장 고마츠 미도리는 오브라이언이 일본 외무
대신 고무라에게 만족스러운 답변을 받을 것이라 장담했다. 재조선 영미
영사, 다수의 총독부 관리들과 미국인 사업가들, 선교사들과의 면담을
통해 스카일러는 미국의 사업가나 선교사들 대부분은 병합에 대한 큰 우
려를 하지 않고 있으며, 일본의 통치가 미국의 일반적인 이해관계는 물
론 선교·교육사업에 해가 되지 않을 것이라 보고했다.[100] 고마츠가 장담
한 바와 같이 일본 외무대신은 1910년 10월 6일 오브라이언에게 발송한
문서에서 미국의 선교사업을 재보장했다.

> 일본제국 정부는 완전한 신앙의 자유를 인정하며 선교회들이 관련된, 조선
> 의 통치에 해를 끼치지 않는 모든 교육과 기타 훌륭한 사업들을 보호하고 장려
> 하는 기존의 방침을 바꿀 의도가 없습니다 …… 결론적으로 저는 미국 정부가
> 이 문서를 통해 조선에 거주하는 미국시민의 이해관계에 대한 적절한 보장과
> 관련된 의문들에 대해 만족하고 신뢰할 만한 설명을 얻었기를 희망합니다.[101]

이후 오브라이언은 영사재판과 관련된 사법적 보호문제에 대해서는
보다 구체적인 보장을 요구하는 문서를 다시 발송하고 있지만 선교사업

---

100) 「O`Brien이 Knox에게 보낸 문서 NO.1239」, 『원문정보 마이크로필름자료: 미국
    무부소장한국관계문서』, 자료번호 3-004541-023-0059, 한국독립운동사정보시스
    템. 이 문서에는 4개의 첨부문서가 포함되어 있는데 그 중 하나가 1910년 10월
    12일자 스카일러(Schuyler)의 보고서이다.
101) 「小村이 O`Brien에게 보낸 문서 NO.12」. 이 문서 역시 위의 문서 「O`Brien이
    Knox에게 보낸 문서 NO.1239」에 첨부되어 있다. 고무라(小村)와 오브라이언
    간에 교환된 문서들은 일어 번역본과 함께 일본외무성 외교사료관에도 소장되
    어 있고 디지털 원문자료로 검색가능하다. 日本外務省 外交史料館 소장문서
    B03041226200, 「1910年 9月 20日から 1910年 11月 5日」, 『外務省記錄』 1門
    政治, 4類 國家及領域, 1項 亞細亞.

과 관련된 보장에 대해서는 더 이상 이의를 제기하고 있지 않다. 1910년 10월 오브라이언과 고무라 외무대신 간의 왕복문서로 확인된 선교사업 관련 내용은 통감부시기 선교사들이 받았던 내용의 재보장으로 재한 선교사들에게도 그대로 수용된 것으로 보인다. 이와 관련 선교회 문서들은 이토 통감하에서 누렸던 최고 수준의 종교교육의 자유가 병합 당시에도 일본제국 정부에 의해 재보장되었다고 기록하고 있다.102)

병합 직후 총독 유고에서 신교의 자유를 보장하면서도 "良俗을 害하고 安寧을 방해하는 것은 法을 案하여 처단"할 것이라고 선언했지만, 유교와 불교에 관한 법령만 공포된 것은 이런 배후의 사정 때문이었다. 당국은 별다른 장애 없이 손쉽게 통제할 수 있었던 유교와 불교에 대한 행정적인 정리와 통제작업을 먼저 진행했다. 유교의 경우 1911년 6월 '經學院規程'(조선총독부령 제73호)으로 조선시대의 성균관을 개편한 경학원을 설치해 각지의 향교, 문묘, 유림단체와 협력하는 중심기관으로 삼았다. 이후 경학원은 성균관이 가졌던 교육기능을 제외한 공자에 대한 제사와 사회교화 활동을 수행하는 총독부의 선전기구로 활용되었다.103) 향교재산을 부윤·군수 등이 관리하도록 정한 1910년 학부령 제2호 '향교재산관리규정'은 병합 이후에도 존속되었다.

불교의 경우도 1911년 6월 '사찰령'(제령 제7호), '사찰령시행규칙'(조선총독부령 제84호)으로 전국의 사찰을 통폐합하여 30本寺체제로 개편했다. 일제당국은 본사 주지들에 대한 인가권과 사찰재산의 매각에 대한 허가권 등 재정권을 장악하는 한편, 30본사 주지들을 주임관급으로 대우하고 사찰 소속의 재산을 관리하도록 하여 식민통치의 협력세력으

---

102) *Senate of the educational federation of Christian missions in Korea, no. 6., 1914, p.17; Minutes and reports of the annual meeting of the Korea Mission of the Presbyterian Church in the U.S.A., 1914*, p.39.

103) 류미나, 「식민지권력에의 협력과 좌절 - 經學院과 향교 및 문묘와의 관계를 중심으로」, 158~159쪽.

로 포섭했다.[104] 한국의 유교·불교 조직은 별다른 대응도 해보지 못한 채 법제의 공포와 시행으로 간단하게 총독부에 접수되었다. 게다가 유교의 경우는 이후 '포교규칙'(1915)으로 공인종교에서 제외되어 단순한 사회교화이념으로 자리하게 되었다.[105] 불교는 공인종교로는 인정되었지만, '사찰령'에 사찰창립에 관한 규정이 없었던 탓에 일제강점기 내내 새로운 사찰 건립조차 불가능한 채로 현상유지에 급급해야 했다.[106] 식민지 조선에서 약속된 신교의 자유는 이러한 전면적 통제를 전제로 했다. 신도와 교파신도를 제외하고, 서구세력과 연계된 기독교만 이 틀에서 다소 예외였을 뿐이다.

다음 장에서 자세히 보겠지만, 조선에서 관세 등 경제적인 이권을 10년간 보장받은 영국이 1911년 1월 영사재판권의 포기를 공식적으로 선언했다. 이후 기타의 서양 국가들은 공식적인 선언 없이 묵인하는 형태로 이를 승인했고, 거류지문제가 해결된 1914년에야 조선의 조약개정문제가 완전히 해결되었다. 치외법권문제가 정리된 후 공포된 1911년 10월의 사립학교규칙과 1912년의 법인 관련 규정, 거류지문제가 처리된 뒤에 나온 1915년의 개정사립학교규칙, 포교규칙은 이러한 일련의 불평등조약문제의 해결과정과 맥을 같이하고 있다. 치외법권문제가 해결되어 포교규칙이 공포되는 1915년까지는 기독교 포교기관을 대상으로 한 행정적인 법제의 공백기였다고 할 수 있다. 마치 일본 자신의 조약개정사에서 볼 수 있듯이 1899년 이전 시기에 기독교 포교기관에 대한 법적인 통제가 존재할 수 없었던 것과 같다. 식민당국이 조선기독교에 대한 통제의 필요성을 인식하지 못했기 때문도, 특별히 통제의 방법을 연구하

---

104) 김순석, 『일제시대 조선총독부의 불교정책과 불교계의 대응』, 43~62쪽.
105) 박승길, 「일제무단통치시대의 종교정책과 그 영향」, 『현대한국의 종교와 사회』, 문학과지성사, 1992, 54쪽; 김순석, 『일제시대 조선총독부의 불교정책과 불교계의 대응』, 66쪽.
106) 김순석, 『일제시대 조선총독부의 불교정책과 불교계의 대응』, 222쪽.

기 위한 시일이 필요했기 때문도 아니었다. 앞 장에서 보았듯이 '신불도 이외의 종교선포 및 전당·회당 등에 관한 규정'(1899, 내무성령 제41호)이나, 이를 기초로 통감부시기 조선에 거주하는 일본인을 대상으로 발령된 '종교의 선포에 관한 규칙'(1906, 통감부령 제45호)은 이미 존재하고 있었다.

후발 제국주의 국가 일본은 조선의 영유를 열강들에게 인정받으면서 외교적으로 무리 없는 병합절차를 진행해야 했다. 서구와의 불평등조약 문제가 완전히 해결되지 않았던 병합 초기에 기독교에 대한 본격적인 법적 통제는 잠시 연기되었을 뿐이다. 다만 1908년 '사립학교령'으로 이미 식민지 법체제에 포섭된 기독교계 사립학교에 대해서는 그 연계선상에서 1911년 '사립학교규칙'이 제정되어 적용되게 된다.

(2) 조선총독부 종교행정의 편제

병합 직후 조선총독부의 조직과 구성이 정비되면서 종교행정과 관련된 기관들도 설치되었다. 일제강점기 종교행정은 담당 조직과 기구의 배치라는 측면에서는 1910년대는 물론 그 이후에도 수차례 변화를 겪지만, 대체로 일본 내각의 내무성과 문부성에 해당되는 내무와 학무 관련 기관들에 의해 주도되었고, 감독·단속행위에는 경찰 부서가 깊이 관여했다. 불평등조약문제 등이 해결되지 않았던 1910년대 종교행정의 특색이라면 기독교 관련 사안들에 외사기구들이 중요한 역할을 담당한 점이라 할 수 있다.

1910년 9월 30일 '조선총독부관제'(칙령 제354호)의 발령으로 조선총독부는 총독 관방 외에 5부(총무부·내무부·탁지부·농상공부·사법부)로 구성되었다. 계속하여 공포된 '조선총독부사무분장규정'(1910. 10. 1, 조선총독부령 제2호)에 의해 내무부 소속의 지방국과 학무국이 종교행정과 관련된 업무를 담당하게 되었다. 지방국은 "종교 및 享祀에 관한 사항"의 주무부서, 학무국은 사립학교를 비롯한 교육행정의 주무부서로 설치되었다. 중앙에 이어 지방 단위에는 '道事務分掌規程'(1910. 10. 1, 조선총독부령 제3호)으로 도 내무부 소속의 학무계에서 교육과 종교사무를 함께 주관했다.

이러한 체제는 1919년의 관제개정시에도 유지되었다. 총독부의 경우는 1915년 '조선총독부사무분장규정'의 개정(5. 1, 조선총독부령 제26호)으로 내무부 지방국이 폐지되면서 내무부는 제1과, 제2과와 학무국으로 나누어지고 신사·사원에 관한 사무와 종교·향사에 관한 사무는 내무부 제1과에 속하게 되었다. 이 형태는 몇 년 간 유지되다가 1919년의 관제개정으로 내무국과 학무국이 독립된 부서로 분리되면서 학무국이 종교와 교육을 모두 주관하는 부서가 된다. 따라서 학무국이 독립하기 이전인 1910년대 종교행정의 주무부서는 내무부라고 할 수 있다. 그 외에 경무총감부의 高等警察課 機密係는 외국인에 관한 사항과 함께 종교취체를 담당하여 종교에 대한 경찰통제의 업무를 수행했다.[107] 일본의 경찰기구가 내무성 소속이었던 것과 달리 무단통치기 조선의 경무총감부는 내무부는 물론 여타 행정관서와 독립된 총독부 직속 기구로 설치되어 위력을 과시했는데, 그 안에 공식적인 업무로서 종교통제가 포함되어 있었다.[108]

---

107) '朝鮮總督府警務摠監部事務分掌規程'(1910. 10. 1, 조선총독부령 제4호) 제3조는 다음과 같이 고등경찰과 기밀계의 관장 사무로 종교취체에 관한 사항을 명시하고 있다.
제3조 고등경찰과에 機密係와 圖書係를 설치한다.
機密係는 다음 사무를 관장한다.
1. 査察에 관한 사항
2. 집회, 多衆운동 및 결사에 관한 사항
3. 暗號에 관한 사항
4. 宗敎取締에 관한 사항

이 시기 기독교와 관련된 사무에서 주목해야 하는 또 하나의 부서는 외사국이다. 통감부시기 외무부를 전신으로 하여 병합 이후 총독부 총무부에 소속되었다가 1912년 이후 총독관방에 속하게 된 외사국은 '통감부사무분장규정'이나 '조선총독부사무분장규정'에 의하면 주로 외국과의 조약이나 영사관, 외국인에 관련된 사무를 담당하는 기관이었다.[109] 따라서 조약개정 교섭 자체는 물론 조약개정이 완료된 직후까지 외국인 선교사들과 관련된 문제는 각국 영사관과 외사국이 함께 처리하는 경우가 많았다. 『公文別錄』의 한국병합 관계 서류에 수록된 문서에 근거하여 통감부 외무부와 총독부 외사국의 사무 중 선교사 관련 업무만을 비교·정리해 보면, 이 두 기관이 모두 선교사와 교회 관련 사무를 담당했음을 알 수 있다.[110]

---

108) 무단통치기 종교통제에 경찰력이 동원되었던 것은 공공연한 사실이다. 여기에는 기독교단체에 대한 정찰이나, 예배 등의 집회에 대한 일상적인 검속 외에도 종교단체에 대한 행정적인 사무 관여까지 포함되었던 것으로 생각된다. 종교단체의 법인 인정과 관련된 부분에서도 이러한 측면을 엿볼 수 있다. 일례로 1917년 카톨릭 경성교구의 법인화를 추진하던 뮈텔 주교는 내무국 장관 우사미(宇佐見勝夫), 외사과장 히사마츠(久水三郎)와 면담했는데 "이런 종류의 일에 있어서는 경찰의 야마가타 대좌의 말이 있어야 하는 것" 같아 당시 법인신청 사무를 대리 중이던 일본인 변호사가 야마가타를 만나기로 했다고 기록하고 있다. 여기서 야마가타란 경무총장 아카시(明石元二郎)의 부관 출신으로 당시 경무총감부 고등경찰과장으로 재직 중이던 야마가타 노리(山形閑)를 말한다. 법인설립 관련 사무에도 주관 부서이던 내무국과 외사과는 물론 경무총감부가 어느 정도 개입하고 있었을 가능성이 있다. 『뮈텔주교일기』 6권(한국교회사연구소/역주, 2002), 1917년 3월 26일.

109) '통감부사무분장규정'(1907. 4, 통감부훈령 제10호: 10월 개정 통감부훈령 제21호)에 의한 외무부의 사무는 ①영사관 및 외국인에 관한 사항, ②한국이민에 관한 사항, ③조약 및 取極書에 관한 사항, ④의식 및 서훈에 관한 사항이다. 1910년 10월 공포된 '조선총독부사무분장규정'(조선총독부령 제2호)도 외사국의 사무에 관해 ①조약 및 협정에 관한 사항, ②영사관 및 외국인에 관한 사항, ③해외이민 및 재외조선인에 관한 사항, ④露淸국경에 관한 사항으로 정하고 있다.

110) 이 문서의 명칭은 「統監府外事部總督府外事部事務對照」라고 되어 있어 '통감부외무부'를 '외사부'로 잘못 기재하고 있다. 그러나 문서 내용 중에는 '외무부'로

〈표 8〉 통감부 외무부·총독부 외사국의 '외국인선교사 및 소속 敎徒 관계사무' 대조

통감부 외무부	총독부 외사국
외국선교사가 행정·사법상의 처분에 대해 우리 관헌의 주의를 환기시킨 사건 1. 우리 경찰·헌병 또는 군대와 선교사 사이에 발생한 紛議 2. 韓人교도 取締에 관한 불만	同上
정치상 불온한 언행에 관한 韓人교도와 외국선교사 관계사건	정치상 불온한 언행에 관한 조선인 교도와 외국선교사 관계사건(당분간 증가할 전망)
외국선교사가 관련된 교회부속 학교와 교육법령 관계사건	同上
외국선교사의 포교사업 또는 부속교육 및 자선사업에 필요한 부동산요구에 관한 사건	同上
외국인 선교사 소유지 관계 紛議사건	同上
韓人교도가 외국선교사에 기대어 납세 기타 법령에 반항한 사건	同上(점차 소멸할 전망)
외국선교사의 操縱에 관한 사건	同上

* 출전: 일본국립공문서관 소장문서 A03023677100「統監府外事部總督府外事部事務對照」,『公文別錄』韓國併合二關スル書類 明治四十二年－明治四十三年 第一卷.

 "韓人 敎徒"의 명칭이 "조선인 교도"로 바뀌고, 정치상 불온한 언행 사건이 당분간 증가할 것, 법령위반 사건은 점차 감소할 것이라는 전망을 붙인 외에는 대동소이한 내용이다. 병합 전후시기 두 기관의 업무는 큰 변화가 없었다고 할 수 있다. 치외법권이나 거류지문제가 해결되기

제대로 표기되어 있다. 일단은 일본국립공문서관에 자료 명칭으로 등록되어 있어 오기 그대로 표기했다. 참고로『公文別錄』은『公文錄』,『太政類典』에 수록되어야 할 일본 내각이 취급한 공문서 중 기밀성 때문에 별도로 철해진 것으로, 메이지 초기부터 일본 패전에 이르는 기간 일본의 내정·외교에 걸친 문제와 사건들에 대한 자료들이다. 따라서 일본근대사 연구에 매우 중요한 문서군이라 할 수 있다.『公文別錄』은 1978년 일부 공개되었지만, 전부가 공개된 것은 2000년 10월로 일본국립공문서관 디지털 아카이브(http://www.digital.archives.go.jp)와 일본국립공문서관 아시아역사자료센터(http://www.jacar.go.jp)에서 일부를 열람할 수 있다.

전까지는 유사한 상황이 계속되었기 때문이다. 외사국은 조선 내 서양 거류지문제가 해결된 이후 총독관방 외사과로 축소, 개편되었다.

1910년대 전반까지 총독부의 기독교 관련 행정업무는 주로 기독교계 사립학교에 관한 일이었다. 1915년 포교규칙 공포 이후에야 기독교 포교기관에 대한 업무가 추가되면서 내무부 제1과가 설치되었고, 1919년 이후 기독교에 대한 회유정책이 가시화되면서 학무국에 宗敎課가 설치되었다. 무단통치시기 헌병경찰의 업무였던 종교통제가 외형적으로나마 제거되는 것도 1919년 종교과의 설치와 함께 개정된 '조선총독부사무분장규정'(1919. 8. 20, 조선총독부령 제30호)에 의해서이다. 여기에 더하여 1915년을 전후한 시기까지 기독교 관련 업무에 큰 영향력을 가졌던 외사국의 존재 역시 병합 초기 불평등조약 개정작업과 깊이 관련되어 있던 기독교 통제의 성격을 보여주는 부분이라 할 수 있다. 이처럼 1910년대 총독부에서 기독교 관련 업무는 내무부, 경무총감부, 외사국에 걸쳐 있었고 이는 1910년대 법령과 관련된 기독교계와의 교섭이나 기타 사건의 처리, 법령의 집행과정에서도 그대로 드러난다.

한편, 1910년대 기독교 관련 법령들의 제정은 내무부 소속 관료들이 담당했을 것으로 보인다. 관련 자료들이 많이 남아있는 사립학교 관계 법령의 경우 내무부장관과 함께 학무국 소속 관료들이 주축이 되었음이 명확하다. 그러나 1912년의 '법인의 설립 및 감독에 관한 규정'(조선총독부령 제71호)이나 1915년의 '포교규칙'(조선총독부령 제83호)의 경우는 법령 기안서류가 남아 있지 않아 정확한 입안자를 알 수 없다. 1911년 '사찰령'의 입안자가 내무부 지방국의 촉탁 와타나베 아키라(渡邊彰)라는 기록이 남아 있는 것으로 보아[111] 내무부 소속 관리들의 기안이었

---

111) 崔錦峰, 「31本寺住持會同見聞記」, 『佛敎』 2, 佛敎社, 14~15쪽(김순석, 『일제시대 조선총독부의 불교정책과 불교계의 대응』, 45쪽에서 재인용); 사찰령의 입안자가 와타나베 아키라였다는 것은 당시 조선총독부 참사관으로 근무하고 1920년대에는 총독부 학무과장으로 재직했던 하기와라(萩原彦三)의 회고에서도 증명

을 가능성은 크다. 다만, 당시 내무부 지방국장 오하라 신조(小原新三)는 회고담에서 지방제도와 관련된 업무수행에 대해서만 밝히고 있고,[112] 병합 초기 작성한 南鮮지방 시찰보고서에도 수많은 항목과 내용 중에 종교에 대한 언급은 다음과 같이 간략하게 남기고 있다.

> 종교에 관해서는 주로 다음의 두 가지 점에 대해 주의하여 시찰했지만 선교사 또는 승려 등에 대해 정밀한 조사를 할 겨를이 없어 주로 지방경찰관헌에게 청취한 것에 지나지 않음.
> 1. 耶蘇敎의 세력 및 그에 기대거나 품은 사상 중 위험한 것이 있지는 않은가.
> 2. 조선 종래 종교의 消長 및 위험사상의 유무.
> 이 두 가지 점에 대해서 南鮮 지방에 대해서는 대개 우려할 만한 것이 없고 세력도 팽창하는 경향 없음.[113]

이는 기독교 세력이 비교적 활발하지 않았던 지역을 시찰했기 때문일 수도 있지만 기본적으로 1915년 이전 내무부 지방국의 업무 중심은 종교보다는 지방제도에 있었기 때문으로 생각된다. 특히 1915년 이전에는 기독교 관련 업무가 사립학교문제에 치중되어 있었기 때문에 같은 내무부 안에서도 지방국보다는 학무국의 역할이 클 수밖에 없었다. 당시의 내무부는 우사미 가츠오(宇佐美勝夫)를 장관으로 하여 학무국장 세키야 데이자부로(關屋貞三郎), 학무과장 유게 코타로(弓削幸太郎)가 무단통치기 내내 재직했고, 유게의 경우는 1920년대 초까지 재직하면서 제2차 조선교육령의 입안에도 관여하고 있다.

일제강점기 조선총독부에서 법령의 제정과정은 대개 담당 관료의 기

되다. 萩原彦三, 『私の朝鮮記錄』 1960, 67~68쪽. 이 자료는 植民地帝國人物叢書 30권(朝鮮編 11, ゆまに書房, 2010)에 수록되어 있다.

112) 小原新三, 「地方振興會の創設」, 朝鮮新聞社/編, 『朝鮮統治の回顧と批判』, 龍溪書舍, 1936, 55~58쪽; 지방국장 오하라는 1910년 임명된 이후 1915년 지방국 폐지시까지 국장으로 재직했다.

113) 小原新三, 『草をむしる』, 佐藤喜八郎/編, 小原新三翁古稀記念會, 1942, 150쪽.

안을 시작으로 각 課·局·部의 의견을 정리하고, 때로는 총독관방인 參
事官의 동의를 얻어 정무총감과 총독의 결재를 얻는 절차를 거쳤다.[114]
특히 일본 내각, 때로는 추밀원의 심의절차를 거쳐야했던 칙령이나 제령
과 달리, 조선총독부령(부령)의 제정은 대개 총독부 내부에서 결정되었
던 것으로 보인다. 물론 모든 부령이 총독부 내부에서 결정되었다고 단
정할 수는 없다. 1921년 칙령인 '조선교육령' 개정 당시 조선총독부가
총독부령인 '전문학교규칙', '사립학교규칙'에 관해서도 본국의 척식국,
법제국 등과 의견을 조율하고 있기 때문이다.[115] 또한 법안에 따라서는
일본 내각과 총독부 간의 사적인 통로 등을 통한 물밑협상들도 고려해야
만 한다.

　그런데 데라우치 총독 시기 조선총독부는 특별히 총독의 의사가 강하
게 반영되는 구조였다. 이는 어떠한 문제에 대해서도 항상 자신의 견해
를 가지고 고집하는 것으로 유명했던 데라우치 본인의 성향에도 기인했
다. 데라우치에게 다른 견해를 제시하거나 최종 결재를 받는 것이 쉬운
일이 아니었다는 총독부 관리들의 회고담은 상당히 많이 남아 있다. 데
라우치는 당시 일본 정부를 장악하고 있던 元老 야마가타 아리토모와
총리대신 가쓰라 타로의 전폭적인 지원을 받았다. 데라우치 자신도 조선
총독 직위와 함께 1911년 8월까지 가쓰라 내각의 육군대신을 겸임하면
서 주요 각의결정에 직접적으로 참여할 수 있었다. 총독부의 요직이 데
라우치와 정무총감 야마가타 이사부로(山縣伊三郎)에 의해 수족과 같은
인물들로 충원되고 큰 변동 없이 유지되었던 상황도 무단통치기 정책결

114) 故宇佐美勝夫氏紀念會/編, 『宇佐美勝夫之追憶錄』, 91쪽; 제령의 경우는 박성진과
　　이승일의 연구에 의해 그 대체적인 제정경로가 밝혀져 있다. '총독부 각국의 기
　　안→총독관방의 심사→총독결재→일본 내각 법제국→척무성→각의결정→내각
　　총리대신의 상주와 천황의 재가'라는 절차가 그것이다. 박성진·이승일, 『조선총
　　독부공문서－일제시기 기록관리와 식민지배』, 역사비평사, 2007, 252~262쪽.
115) 『동아일보』 1921. 10. 31, 1921. 12. 17, 1922. 1. 27.

정 구조의 성격을 잘 보여준다.

정무총감 야마가타는 데라우치의 요청에 의해 데라우치의 통감 부임 시 부통감으로 취임한 인물로 야마가타 아리토모의 양아들[養嗣子]이었다.116) 총독 재임시기 데라우치는 자신이 직접 면담이나 서한을 통해 야마가타 아리토모와 조선통치방침 등을 협의하기도 했지만 정무총감을 통로로 야마가타와 협의하는 경우도 많았다.117) 그 외 데라우치와 밀접한 관련이 있는 인맥을 살펴보자면 조슈벌 육군대장으로 대만총독을 지낸 고다마 겐타로(兒玉源太郞)의 아들이면서 데라우치의 사위인 고다마 히데오(兒玉秀雄)가 있다. 그는 통감부 총무부 회계과장 겸 통감비서관을 거쳐 조선총독부에서는 회계국장 겸 총독비서관, 후에는 총독부 총무국장으로 데라우치를 보좌했다. 총독비서관은 총독의 명을 받아 기밀사무를 담당하는 직책으로, 고다마는 병합 전후 가쓰라 내각의 서기관장 시바타 카몬(柴田家門)과 함께 총독부와 일본 내각 사이에서 각종 기밀사무의 연락을 담당하고 있다. 시바타 역시 데라우치와 인척관계이다. 이런 관계에서 병합 전후 가쓰라 내각과 조선총독부 간 의사소통은 데라우치－고다마－시바타－가쓰라의 라인을 통해 매끄럽게 조율되었다고 보인다.

군사와 경찰계통의 인사 역시 데라우치와 긴밀한 관계에 있는 인물들로 충원되었다. 데라우치의 오른팔로 유명했던 아카시 모토지로(明石元二郞)가 통감부 경무총장에 이어 총독부 경무총장으로 헌병경찰제도를 이끌었고, 조선주차군사령관으로는 1908년 하세가와 요시미치(長谷川好道)의 뒤를 이어 부임했던 오쿠보 하루노(大久保春野)가 유임되었다. 오쿠보 역시 데라우치와 인척관계에 있는 인물이다.118) 법적으로도 무

---

116) 小川原宏幸, 『伊藤博文の韓國併合構想と朝鮮社會－王權論の相克』, 367쪽.

117) 『寺內正毅關係文書』(日本國會圖書館 憲政資料室, 국사편찬위원회 소장)에는 이와 관련 山縣伊三郞이 寺內正毅에게 보낸 서한들이 남아 있다.

단통치기의 조선총독은 조선주둔군을 통솔하는 권한이 있었지만 인적 구성 역시 이를 뒷받침하고 있었다.

기독교 관련 업무에 깊이 관여했던 초대 총독부 외사국장 고마츠 미도리는 외무관료 출신으로 고다마 히데오와 함께 요동수비군에 근무했고, 러일전쟁기에는 외무성 군정관으로 따렌(大連)에 파견되어 육군대신 데라우치와 인연을 맺었다.[119] 이런 이유로 이토에게 발탁되어 통감부 서기관을 거쳐 통감부 외무부장으로 재임한 뒤에도 총독부 외사국장으로 임명된 것으로 생각된다. 게이오대학을 졸업한 뒤 미국의 예일과 프린스턴대학에서 정치학을 전공한 고마츠는 외교와 선교사 관련 업무에 적임자로 평가되었을 것이다. 고마츠는 데라우치가 한국통감으로 임명된 직후 일본에서 조직한 병합준비위원회에서도 한국 병합과 관련된 외교사무 부분의 준비를 담당했다.

무단통치기 총독부의 법 제정과 관련해서는 앞서 언급했던 총독관방 참사관 아키야마 마사노스케도 빼놓을 수 없다. 육군대신 데라우치 휘하에서 육군성 참사관으로 한국병합과 관련된 법적인 준비를 담당했던 아키야마는 데라우치에게 가장 부족한 부분인 법률적인 지식을 보완해 주고 조선병합 이래 제반의 법규를 완비한 인물이라고 평가된다.[120] 참사

---

118) 오쿠보 하루노의 처 조카딸 중 하나가 데라우치와, 다른 하나는 당시 가쓰라 내각의 서기관장으로 병합준비위원회 위원이기도 했던 시바타 카몬과 결혼해서, 오쿠보는 데라우치의 외숙부가 되는 셈이었고 이런 관계로 거의 정년에 달할 때까지 현역으로 조선주차군사령관으로 근무할 수 있었다고 한다. 鵜崎熊吉, 『人物評論 薩の海軍 長の陸軍』, 政教社, 1913, 255~256쪽.

119) 小松綠, 「倂合に直面して」, 朝鮮新聞社/編, 『朝鮮統治の回顧と批判』, 11~12쪽.

120) 아키야마는 도쿄제국대학 법학과를 졸업하고 외무성에서 근무한 국제법 전문가로, 육군확장을 연구하기 위해 1896년 러시아에 왔던 데라우치와의 만남을 계기로 1904년 육군성 참사관에 발탁되어 러일전쟁기 전시 법규들을 기획, 입안하면서 데라우치의 신임을 얻었다. 또한 데라우치와 인척관계인 시바타도 아키야마의 친구로 그를 데라우치에게 추천했다고 한다. 秋山雅之介傳記編纂會/編, 『秋山雅之介傳』, 秋山雅之介傳記編纂會, 1941, 101, 139, 378쪽.

관은 공식적인 직위로는 칙임관인 장관이나 국장보다 아래였지만, 데라우치 총독 당시 조선총독부 참사관은 이후의 시기에는 상상할 수 없을 만큼 광범위한 권한을 가지고 있어 "內地로 말하자면 법제국 장관으로서 내각 서기관장의 일부를 겸하고, 입법·행정·사법·외교 기타 部局 전체에 관련해서 根柢的인 업무를" 맡고 있었고 그 중심에 아키야마가 있었다고 한다.[121] 특히 아키야마는 1912년 4월까지 일본 육군성 참사관과 일본 내각의 법제국 참사관도 계속 겸임하는 상태였기 때문에[122] 조선에서 기안한 법령의 법제국 심사에도 많은 편의를 제공했을 것으로 보인다. 아키야마는 조선총독부관제는 물론 아카시 모토지로와 함께 헌병경찰제도에, 상공과장 히토미 지로(人見次郎)와는 회사령에, 지방국장 오하라 신조와는 郡의 통폐합에, 학무국장 세키야 데이자부로와는 교육제도 관련 법제 기초에 관여하는 등 데라우치의 의도를 반영하여 각종 법령을 정비하고 발령하는 작업에 참여했다.[123] 아키야마는 원래 국제법을 전공한 인물이었지만 자신의 전공 분야를 초월해서 강경하고 무단적인 데라우치의 대변인 역할을 맡았다고 할 수 있다.

종교행정의 주축이던 내무관료는 내무성 출신인 정무총감 야마가타 이사부로가 인선을 맡아 자신의 인맥을 동원해 충원했다. 야마가타는 일본에서 종교국 서기관으로 다년간 근무하던 우사미 가츠오를 내무부장관으로 임명했다. 야마가타와 우사미는 도쿠시마현 지사와 참사관으로 함께 근무한 사이였다. 이어 우사미의 추천으로 학무국장 세키야 데이자부로와 지방국장 오하라 신조 등이 임명되었다.[124] 세키야와 오하라는

---

121) 위의 책, 140쪽.

122) 위의 책, 124쪽.

123) 위의 책, 131~134, 142~145, 357쪽; 小森德治, 『明石元二郎』, 臺灣日日新報社, 1928, 459~460쪽.

124) 학무국장 세키야와 토목국장 모치지 로쿠사부로(持地六三郎), 취조국장 이시즈카 에조(石塚英藏)는 고다마 겐타로(兒玉源太郎)의 밑에서 함께 일하던 관료들

우사미와 제일고등학교, 도쿄대학 선후배 사이였고, 우사미의 정책은 거의 오하라의 머리에서 나온다는 소문이 있을 만큼 둘은 막역한 사이였다고 한다.125) 학무국장 유게 코타로는 가고시마현 학무과장 근무시의 상사였던 세키야에 의해 발탁되었다.126)

무단통치기 내무관료 중에서는 장관인 우사미의 역할이 컸던 것으로 보인다. 당시 우사미는 지방행정으로부터 종교·교육·사회사업 등에 걸친 많은 분야를 관할하는 내무부의 업무를 통할하고, 그 중에서도 지방행정과 조선교육의 방침을 수립에 큰 역할을 담당했다고 평가되었다. 특히 "조선교육을 통일하고 기초와 방침을 수립하고, 문제의 耶蘇사립학교를 교육령에 의거하게 하고 조선의 교과서를 용도에 맞게 하고, 문제투성이였던 종교를 학교에서 단연 분리시키는" 일에 기여했다는 평이 있는 것을 보면,127) 1911년의 사립학교규칙과 1915년 개정사립학교규칙의 제정에도 큰 역할을 했을 것으로 여겨진다. 우사미는 데라우치가 총독을 그만두고 일본에 돌아간 뒤에도 하세가와 총독 밑에서 근무하면서 여전히 데라우치에게 총독부의 업무와 근황들을 보고하고 있다.128)

일제강점기 조선총독들은 가까운 인맥을 동원하여 총독부 인사에 활용하곤 했지만 이렇게까지 사조직에 가까운 형태로 이루어진 구성은 드

이기도 했다. 이형식, 「무단통치 초기(1910.10~1914.4)의 조선총독부－인사·관제개혁·예산을 중심으로」, 『일본역사연구』 3, 2011, 177~184쪽.

125) 朝鮮公論社/編, 『人物評論 眞物歟贋物歟』, 朝鮮公論社, 1917, 210쪽; 阿部薫/編, 『朝鮮功勞者銘鑑』, 民衆時論社, 1935, 20쪽; 故宇佐美勝夫氏紀念會/編, 『宇佐美勝夫之追憶錄』, 故宇佐美勝夫氏紀念會, 1943, 83~86쪽.

126) 稻葉繼雄, 「朝鮮總督府學務局長·學務課長の人事」, 77쪽.

127) 朝鮮公論社/編, 『人物評論 眞物歟贋物歟』, 7~8쪽.

128) 「寺內正毅宛 宇佐美勝夫書翰」, 『寺內正毅關係文書』. 『寺內正毅關係文書』 중 우사미와 고마츠의 서한은 역사문제연구소에서 방광석 선생님 지도하에 진행 중인 일본어 초서반에서 함께 강독자료로 다룬 것 중 일부를 재검토한 것임을 밝혀둔다. 물론 사용한 자료에 대한 책임은 전적으로 필자에게 있다.

물었다. 데라우치의 경우는 일본에서도 조슈벌 내지 야마가타 파벌의 실세였고 병합정책과 관련해 이들의 전폭적인 지원을 받고 있었다. 1913년 야마모토 곤노효에(山本權兵衛) 내각(1913. 2~1914. 4) 시기에는 잠깐의 예외도 있었지만,[129] 데라우치는 총독 사임 이후 1916년 10월에 자신의 내각을 구성할 만한 세력을 중앙정계에 유지하고 있었다. 무단통치기 조선에서 시행된 정책과 법제에는 그만큼 데라우치와 야마가타 파벌의 입김이 거세게 작용했다. 조선의 교육제도에 관한 데라우치의 관심과 영향력 역시 지대했던 것으로 전해진다. '조선교육령'과 '사립학교규칙'(1911)의 공포가 병합 이후 일 년 넘게 미뤄진 주된 이유의 하나도 그 때문이었다.

2) 조선교육령(1911)체제와 사립학교규칙(1911)의 종교교육 제한

한국병합 이후 명실상부하게 조선의 전권을 장악하면서 출범한 조선총독부는 사전에 치밀하게 준비한 계획대로 통치의 틀인 법체제 정비작업을 신속하게 진행했다. 이 정비작업에서 일단 연기된 부분 중의 하나가 학제였다.[130] 학제는 별도로 제정되지 않고 통감부시기 그대로인 채 1년 동안 존치되었는데[131] 이는 데라우치의 의도가 반영된 결과였다.

데라우치가 교육제도를 매우 중요한 문제로 간주하고 직접 관여하면서 추진한 일은 잘 알려져 있다. 학무과장 유게는 "데라우치 백작은 일에 매진하는 인물이었지만 교육문제에는 더욱 각별했다. 조선교육령 제

---

129) 이형식, 「조선총독의 권한과 지위에 대한 시론」, 『사총』 72, 2011, 220쪽.

130) 강명숙, 「일제시대 제1차 조선교육령 제정 과정 연구」, 『한국교육사학』 29권 1호, 2007, 3쪽.

131) 關屋貞三郞, 「朝鮮敎育の方針」, 『公立普通學校敎員講習會講演集』, 朝鮮總督府內務部學務局, 1916, 5쪽.

정에 대해서는 스스로 방침을 보이며 입안을 시키고 관료들을 모아 회의를 진행하면서 직접 의논을 좌우했다. 펜으로 정정하거나 가필하는 곳도 많고, 한번 정한 방침의 실행에는 마치 군대에서 상관이 부하를 지휘·훈련하는 것 같은 철저함을 보이는 태도였다"고 기록하고 있다.[132] 또한 데라우치는 도 장관회의, 도 내무부 장관회의, 학교장회의, 도 학무주임 회의 등을 열어 직접 교육방침을 시달하고 연일 회의석상에서 지방의 상황을 보고받아 지시를 내리고, 지방순시를 할 때면 지방당국에 교육상황을 보고받아 정정하거나 학교를 방문하여 학교장·교원에 대해 조선교육의 방침 및 각 학교의 교육방침을 직접 자문했다. 부하들에게도 학교의 감독·지도를 다그쳐 당시 소수에 불과했던 총독부 학무관리들을 전 조선에 걸쳐 산재한 약 2천의 관공사립학교에 1년 1회 순회하도록 하고 전체 학사상황을 총독에게 보고하게 했다.[133] 신중을 기하기 위해 교육법제의 공포를 데라우치가 의도적으로 지연시켰다는 것이 당시 내무·학무 관료들의 공통적인 증언이다.[134]

신중에 신중을 기해 등장한 1911년의 조선교육령체제는 학제의 내용 면에서 보자면 교육칙어에 기초한 충량한 신민의 양성, 시세와 민도의 적합성을 내세운 실업교육·보통교육 중심의 저급한 식민지인 차별교육을 본질로 했다. 그런데, 교육체제의 결정에 있어 데라우치가 중요시한 것은 학제의 내용만은 아니었다고 생각된다. 학제의 법제적인 형태도 교육제도 구상의 주요한 부분이었다.

1911년 '조선교육령'(8. 23, 칙령 제229호) 공포로 조선의 학제는 천황의 칙령으로 제정되는 조선교육령이라는 큰 틀과 그 하위에 보통학교,

---

132) 弓削幸太郎, 『朝鮮の教育』, 120~121쪽.

133) 위의 글.

134) 關屋貞三郎, 「朝鮮教育の方針」, 5쪽. 「1916년 10월 12일 寺內正毅宛 宇佐美勝夫書翰」, 『寺內正毅關係文書』.

고등보통학교, 실업학교 등의 개별 학교령들이 조선총독부령의 형태로 제정되는 위계적인 법체제로 확립되었다. 1911년 10월 20일 조선총독부령 제114호로 공포된 '사립학교규칙' 역시 그 위계하에 포함되어 있다. 칙령인 교육령 밑에 布達 등의 형식으로 개별 학교령들이 위치하는 위계적인 형태는 일본에서는 1885~1886년 소학교령, 중학교령, 제국대학령 등이 각기 별개의 독립된 칙령으로 제정되면서 폐지된 체제였다. 이후 일본에서는 모든 교육 관련 법령들은 천황의 대권에 근거한 칙령의 형식으로 전환되었다. 반대로 조선에서는 통감부시기 대한제국 칙령의 형태로 존재했던 개별 학교령들이 모두 조선총독부령으로 제정되어, 칙령인 조선교육령을 상위법으로 하는 위계구조로 재편되었다.

기존 연구는 조선교육령의 제정 이유를 일본과 달리 식민지에서는 교육에 관한 근본 훈령이 필요하다는 인식에서 기인했다고 보고 있다.[135] 이것도 중요한 이유였음은 물론이다. 여기에 추가하자면, 법제적으로 조선교육령체제의 중요한 의미는 식민지 본국의 내각과 추밀원이 제정절차에 관여하는 '칙령'인 조선교육령을 제외하면, 각 학교의 구체적인 제도와 내용이 조선총독부령으로 제정되어 총독의 재량에 맡겨질 수 있는 점이라고 생각된다. "조선의 교육은 총독의 권한에 위임되어 있고 內地의 文政과는 전혀 연결이 없다"는 평은 여기에 기인했다.[136] 이를 뒷받침해주는 사실이 야마가타-가쓰라-데라우치 라인에 의해 전격적으로 통과된 제1차 조선교육령의 공포 과정이다.

1911년 8월 23일 공포된 조선교육령은 교육 관련 칙령의 제정절차상 관례화되어 있던 추밀원의 諮詢을 생략한 채, 총리대신 가쓰라 타로의 직접 상주로 천황의 재가를 얻어, 가쓰라가 사임하기 바로 전날 전격적으로 공포되었다. 추밀원의 자순을 생략하고 직접 상주하기로 한 8월 21

---

135) 강명숙, 「일제시대 제1차 조선교육령 제정 과정 연구」, 4~6쪽.
136) 靑柳綱太郎, 『總督政治史論』, 京城新聞社, 1928, 279쪽.

일의 각의결정에는 당시 도쿄에 머물고 있던 데라우치도 가쓰라 내각의
육군대신 자격으로 동참하고 있다.[137] 추밀원의장 야마가타 아리토모,
총리대신 가쓰라, 조선총독 데라우치의 합의하에 주도된 조선교육령의
공포는 일본과는 다른 교육법체제를 총독의 재량으로 구축하려는 의도
에서 비롯되었다.[138] 이렇게 구축된 식민지 교육법체제는 1919년 대만
교육령 제정으로 이어져 일본 식민지 교육체제의 모델이 되었다는 점에
서도 중요하다.

기독교계 사립학교와 관련해 볼 때 조선교육령체제의 의미는 첫째,
조선교육령 제1조에서 밝히고 있듯이 조선교육령이 조선 내의 모든 조
선인 교육에 적용되는 기본법이 된다는 점에서 찾을 수 있다. 법령의 형
식으로는 유례가 없는 '綱領'이라는 부분이 제1장으로 설치되어 있는 점
도 이 때문이다. 교육칙어에 기초한 충량한 국민양성(제2조)과 시세와
민도에 적합한 교육(제3조)을 기축으로 하는 강령은 특히 조선교육제도
의 근간으로 강조되었다. 이로 인해 엄밀히 말하면, 사립각종학교인 기
독교계 학교에서 종교상의 교의를 가르치거나 종교의식을 거행하는 자
유도 교육의 근본에 있어서는 이 강령들에 위반할 수 없다. 조선 내 모
든 학교는 교육칙어의 취지에 적합한 인물을 양성하는 의무를 가지므로
여기에 위배된다면 사립학교도 사립학교규칙에 의한 상당한 처분을 면
할 수 없게 된다.[139] 따라서 조선교육령이 조선교육의 기본법으로 존재

---

137) 일본국립공문서관 소장문서 A01200074000 「朝鮮敎育令ヲ定ム」, 『公文類聚』第
    三十五編 明治44年 第十七卷.

138) 공식 절차인 추밀원의 자순을 거치지 않은 조선교육령의 공포는 추밀원의원들의
    큰 반발을 불렀고, 이후 사이온지(西園寺) 내각과 오쿠마(大隈) 내각하에서 식민
    지 교육제도에 관한 사항은 반드시 추밀원의 자순을 거치도록 결정하는 배경이
    되었다. 이에 관해서는 다음의 연구를 참조. 望月雅士, 「樞密院と政治」; 岡本眞
    希者, 「樞密院と植民地問題」, 由井正臣/편, 『樞密院の硏究』, 吉川弘文館, 2003.

139) 弓削幸太郎, 「朝鮮敎育法規」, 『公立普通學校長 講習會講演集』, 朝鮮總督府內務
    部學務局, 1912, 33~34쪽.

하고 있는 이상, 천황제 국체론을 기본정신으로 하는 교육칙어는 기독교계 학교에서도 예외 없는 근본이념이 되어야 하고 교육칙어의 정신을 기준으로 한 잣대는 언제든지 기독교계 학교에 적용될 수 있었다.

둘째, 조선교육령은 '제2장 학교'에서 보통학교, 고등보통학교, 관립고등보통학교, 여자고등보통학교, 관립여자고등보통학교, 실업학교, 간이실업학교, 전문학교를 조선인 학교의 종류로 정하고 있다. 이어 제30조에서 "본 장에 게시된 이외의 학교에 관해서는 조선총독이 정하는 바에 의한다"라고 규정했다. 이에 따라 조선교육령에 학과과정이나 내용, 학년 등의 규정이 존재하지 않는 사립각종학교의 경우는 법적으로 온전히 조선총독의 손 안에 놓이게 되었다고 할 수 있다.

대부분의 기독교계 학교가 속해 있던 사립각종학교에 대한 정책이 총독에게 달려있었다는 점에서 이들 학교에 대한 총독부의 인식과 그에 따른 정책 목표는 어떤 것이었는지 검토해 볼 필요가 있다. 이와 관련해 주목되는 자료가 호즈미 야츠카(穗積八束)가 학무국장 세키야에게 보낸 서한이다. 호즈미는 천황주권설을 주도한 대표적인 헌법학자로 야마가타 파벌의 이론적인 지주역할을 담당했던 인물이다. 조선의 학제를 준비 중이던 1911년 초 학무국장 세키야로부터 최초로 완성된 학제안의 검토와 비평을 부탁받은 호즈미가 보낸 4월 29일자 서한은 "조선의 學政에 다대한 공헌을 한 것"으로 평가되었는데 그 가운데 사립학교와 외국선교사 경영의 종교학교문제가 긴 항목으로 논해지고 있다.

교육은 국가통치권의 행위에 속하는 다른 행정과 다를 것 없는 국가의 사무로 국가가 私人에게 명하여 행하게 하는 사무이다. 사립학교라도 그 경영은 私人의 일이지만 그 교육의 본질은 私人의 자유에 일임할 것이 아니다 …… 외국선교사가 설립한 종교학교 같은 것은 소문이 전하는 바에 의하면 상당히 경계해야 할 듯하다 …… 외국인에 관한 것이라면 여러 가지로 당국이 고심한 바가 있을 것이다. 그렇지만 기탄없이 말하자면 소위 耶蘇教의 본의는 원래 국체 및 도덕의 근본과 맞지 않는 것임을 고백하지 않을 수 없다 …… 인간을 평등하다고 하고 尊卑의 구별을 이치가 아니라하는 교의와 皇位를 신성하다고 하고 君父를 존경하고 先朝를 예배하는 교의는 완전히 그 주의를 달리한다. 우리나라에서 耶蘇教 선교사 등은 이를 조화시키려고 시도하는 것 같으나, 만약 조화할 수 있다면 耶蘇의 근본정신을 逸失한 일종의 道德教가 될 뿐이다 …… 이 본래의 교의의 정신에 착안하여 상당한 단속을 할 것을 간절히 바라마지 않는다. 일이 外交에 관련된 이야기라 용이하지 않아 감히 논의하길 꺼린다.[140]

이러한 생각은 1910년 10월 5일 데라우치가 도 장관들에게 행한 훈시와도 일맥상통하고 있다.

사립학교 중에는 조선인이 설립에 관계한 것도 있지만 그 다수는 선교사가 경영에 관계하고 있고 그 생도수 약 20만을 웃돌아 보통학교 생도수를 초과하고 있다. 교육제도는 금후의 조사를 따라 개정할 것을 기하고 있는 까닭에 종래의 제도에 변경을 가하지 않았지만 …… 이 같은 외국인의 경영관계에 특히 주의를 기울이는 이유는 그 때문에 중대한 정치상의 문제를 양성함을 두려워함이 아니라, 이미 기술한 것 같이 조선의 치외법권 철거는 제반의 시설이 아직 완비되지 않았으므로 특히 그 사이에 주의할 필요를 인식하는 까닭이다. 교육의 방침에 대해서는 이미 말한 바와 같이 조만간 그 개정을 행하려 한다.[141]

1940년대 초 총독부 학무국장을 지낸 오노 겐이치(大野謙一)는 데라우치의 이 훈시는 사립학교에 대해 절대로 방임을 인정하지 않는 의연한 태도로 임할 것과 종래 치외법권하에 있던 기독교 선교사의 정치적인 관계 및 그 경영에 속하는 학교의 감독에 관해 매우 깊이 있는 준비를 고려하고 있음을 드러낸 것이라 평가하고 있다.[142] 이런 의미에서 1911년

---

140) 大野謙一, 『朝鮮教育問題管見』, 1931, 新興教育研究所, 43쪽. 이 책은 『日本植民地教育政策史料集成(朝鮮編)』 28권에 수록되어 있다.
141) 弓削幸太郎, 『朝鮮の教育』, 112~113쪽; 大野謙一, 『朝鮮教育問題管見』, 30~33쪽.

의 사립학교규칙은 일본 국체와 맞지 않는 기독교 사립학교에 대한 철저한 감독의 필요성과 외국과의 관계상 자제할 필요성 두 가지가 절충된 결과물이었다고 할 수 있다.

〈표 9〉 1911년 사립학교규칙의 주요 내용

법령의 명칭 / 법령의 내용	사립학교규칙(1911년 10월 20일: 조선총독부령 제114호)
사립학교규칙의 적용대상(제1조)	조선인을 교육하는 사립학교는 특별한 규정이 있는 것을 제외하고 本令에 의함
사립학교 설립요건 (제2조)	사립학교를 설립시 다음 각호의 사항을 갖춰 조선총독의 인가를 받을 것 1. 목적 2. 명칭, 위치 3. 학칙 4. 校地·校舍의 평면도(평수 및 부근의 상황기재), 그 소유자 5. 1년의 수지예산 6. 유지방법. 단, 기본재산·기부금은 증빙서류 첨부 7. 설립자, 학교장, 교원의 성명과 이력서
설립요건 사항 중 변경(제3조)	① 前條 제1호·제3호, 설립자·학교장 변경시는 조선총독의 인가 필요 ② 제2호·제4호·제6호의 사항, 교원의 변경시는 조선총독에게 신고. 단, 설립자·학교장·교원 변경시는 이력서를 첨부
개교·폐지(제4조)	설립자는 지체 없이 조선총독에게 신고
설립인가효력의 상실(제5조)	① 설립인가 후 6개월 이내에 개교하지 않은 경우 ② 6개월 이상 소정의 수업을 하지 않은 경우
학칙기재사항 (제6조)	1. 수업연한, 교과목, 교과과정 및 매주 교수시간 수에 관한 사항 2. 생도의 정수 3. 학년, 학기 및 휴업일에 관한 사항 4. 입학자의 자격 및 입학·퇴학에 관한 사항 5. 수업료에 관한 사항 6. 앞의 각호 이외에 학교에 필요하다고 인정하는 사항
사립학교 명칭 규제(제7조)	사립학교는 그 명칭에 "사립"의 문자를 붙일 것

---

142) 大野謙一, 『朝鮮教育問題管見』, 33쪽.

학교장 설치의무(제8조)	학교장을 설치. 학교장은 학교를 대표하고 교무를 掌理할 것
교과용 도서 제한 (제9조)	① 조선총독부가 편찬한 것 또는 조선총독의 검정을 받은 것을 사용 ② 前項의 교과용 도서가 없을 때는 조선총독의 인가를 받아 前項 이외의 도서를 사용할 수 있음
교과용 도서 사용절차 (제10조)	① 제9조 1항의 도서 사용시 : 도서의 명칭, 책수, 사용할 학년, 저역자·발행자 성명, 발행연월일을 갖춰 조선총독에게 신고 ② 제9조 2항의 도서 사용시 : 도서의 명칭, 책수, 사용할 학년, 저역자·발행자 성명, 발행연월일을 갖춰 신청
설립자·학교장· 교원자격 제한 (제11조)	1. 禁獄 또는 禁錮 이상의 형에 처했던 자. 단, 특사·복권된 자 제외 2. 파산 또는 家資分散의 선고를 받고 복권되지 않은 자 또는 身代限의 처분을 받고 채무의 변상을 완료하지 않은 자** 3. 징계로 면직에 처한 뒤 2년을 경과하지 않은 자. 단, 징계를 면제받은 자 제외 4. 교원면허장 被奪처분을 받고 2년을 경과하지 않은 자 5. 性行不良으로 인정할 자
총독의 인가취소권, 해고명령권(제12조)	① 사립학교의 설립자가 제11조의 각호의 하나에 해당하는 경우 조선 총독의 설립인가 취소 가능 ② 학교장·교원이 제11조의 각호의 하나에 해당하는 경우 조선총독은 설립자에 대해 그 해고를 명령 가능
총독의 설비·수업 등 변경명령권(제13조)	학교의 설비, 수업, 기타사항을 부적당하다고 인정할 때 총독은 그 변경명령가능
총독의 학교폐쇄명령권 (제14조)	다음의 각호의 하나에 해당하는 경우 조선총독은 사립학교 폐쇄명령 가능 1. 법령의 규정에 위반한 경우 2. 안녕질서를 문란케 하거나 풍속을 壞亂할 우려가 있는 경우 3. 제13조에 의한 명령에 위반한 때
表簿 비치의무 (제15조)	사립학교는 다음의 表簿를 비치할 것 1. 학적부, 출석부 2. 직원명부, 이력서 3. 교과용 도서 배당표 4. 회계에 관한 장부, 校地·校舍의 도면
每年의 보고의무 (제16조)	학교장은 매년 5월말 현재의 직원의 성명, 그 담당학과목, 학년별 재적자 수 및 출석자 수, 교과용 도서 배당표, 회계의 상황을 다음달 중 조선총독에게 보고

書堂에 대한 적용제외(제17조)	本令은 서당에는 적용을 제외	
道長官의 감독권 (제18조)	특별한 규정이 있는 경우를 제외하고 사립학교는 도 장관의 감 독에 속함	
附則	시행기일 : 本令은 1911년 11월 1일부터 시행	
	本令시행 전에 설치인가를 받은 사립학교는 本令에 의해 설치 한 사립학교로 간주함	

　* 출전: 『朝鮮總督府官報』 1911. 10. 24.
　** 家資分散이나 身代限은 파산의 한 형태임.

위의 표를 1908년의 '사립학교령'과 비교할 때 가장 먼저 눈에 띄는 것은 감독주체의 변화이다. 학부대신이 행사하던 인가권이나 학교폐쇄 명령권 등이 조선총독에게 이관되었다. 또 지방관은 학부대신의 지휘를 받아 사립학교를 감독하던 위치에서 제18조에 의해 사립학교 감독의 주무부서로서 감독권이 확대되었다. 새롭게 추가된 조항도 많아졌고 각종 감독권한도 강화되었다. 제5조의 학칙 기재사항 중에는 새로이 교과과정과 학년, 학기, 휴업일에 관한 사항이 추가되었고 제11조의 자격요건에도 파산의 경우가 추가되었다. 제12조에는 총독의 인가취소·해고명령권을 신설해 제11조의 흠결이 학교장·교원에게 있는 경우는 총독이 해고할 수 있게 하고, 설립자에게 흠결이 있는 경우는 학교설립 인가 자체를 취소할 수 있도록 하여 학교의 존립과 연계시켰다.[143]

이와 관련 당국은 사립학교규칙 공포 이후 폐지될 기독교 학교들에 대한 대비책도 주도면밀하게 준비했다. 1912년 1월 평안남도 내무부장

---

143) 이 신설된 조항과 관련하여 1913년 1월 내무부장관이 도장관들에게 내린 통첩 '사립학교의 설치 기타 수속의 건'에는 종교학교의 경우 사립학교 설립수속시 소속 교파를 서류의 첫 머리에 명기하고, 설립자·교장·교원이 변경된 경우에는 사립학교규칙 제11조의 자격요건에 규정된 사항에 해당하는지 여부와 종교관계 자에 대해서는 소속 교과 및 적임자인지 아닌지에 대한 지방관의 참고의견을 함께 제출하도록 지시하고 있다. 국가기록원 소장문서 CJA0004677 「사립학교의 설치기타수속의건」, 『例規(學務)』.

이 평안남도 부윤·군수 앞으로 발령한 '폐지사립학교 재산처분의 건'은 사립학교가 폐지되는 경우 학교의 건물, 기타 재산이 학교설립자나 직원의 의사대로 종교회당·강습소 등에 양도되는 일을 막기 위해, 기부에 의해 설립된 사립학교는 폐지시 그 잔여재산을 해당 지역의 면장이 보관하도록 지시했다. 이 명령은 총독에게까지 보고되었고, 잔여재산을 부근 공립보통학교의 기본재산으로 편입시키도록 변경되어, 5월에는 내무부 장관이 도장관들 앞으로 발하는 통첩으로 재발령되었다.[144] 교회가 운영하는 학교가 많던 평안남도에서 학교폐지시 학교로 사용하던 건물 등의 시설을 교회로 돌리는 것을 막기 위해 시작된 조치가 전국적으로 확대된 셈이다.

1911년 사립학교규칙은 전반적으로 지방관과 총독의 감독·통제권이 강화되었지만 종교교육과 관련된 규정은 새로이 추가되지 않았다. 대신 학부대신의 인가를 얻으면 지정된 교과목을 가감할 수 있도록 하여 교과목 수정의 길을 열어 놓았던 1906년 '보통학교령' 제7조가 1911년의 '보통학교규칙'(1911. 10. 20, 조선총독부령 제110호)에서 삭제되었다. 이는 정규 사립보통학교에서 당국의 인가를 얻어 종교를 교육할 가능성이 없어진 것을 의미한다. 나아가 통감부시기에는 내부적인 훈시에서만 언급되던 '정규학교에서 종교와 교육의 분리'가 공공연하게 선포되었다. 1911년 조선교육령과 사립학교규칙 제정시 나온 데라우치 총독의 유고가 그것이다.

사립학교의 교육도 또한 법령에 준거하여 제국 교육의 本旨에 위배되어서는 안 될 것이 당연한 것으로 지도, 유도를 요함이 절실하다. 또한 신교는 각인의 자유이지만 제국의 學政에는 일찍이 국민의 교육을 종교 이외의 것으로 세우는 주의로 하는 까닭에 관립·공립학교는 물론 특별히 법령으로서 학과과정을 규정한 학교에는 종교상의 교육을 시행하거나 그 의식을 행함을 허용하

144) 국가기록원 소장문서 CJA0004467 「폐지사립학교재산처분건」, 『法令例規(學務)』.

지 않을 것이다. 당사자는 모름지기 이 취지를 체득하여 자녀교육이 나아갈
길을 잘못하지 않도록 기해야 할 것이다. (밑줄: 필자).145)

밑줄 친 부분은 1899년 종교교육을 금지한 일본의 문부성훈령 제12
호와 거의 유사한 내용이다. "과정 외로"라는 말이 빠져 있어 그 부분만
명확치 않을 뿐이다. 신교의 자유는 인정하겠지만 종교와 교육은 분리시
키겠다는 방침을 대외적으로 분명히 하고 있다. 이로써 사립학교가 각종
학교에 머물러 있는 경우는 종교교육의 자유를 유지하지만 정규학교에
편입되기 위해서는 이를 포기해야함이 분명해졌다.

이런 상황 속에서 선교사들을 중심으로 한 기독교계의 대응은 당국의
방침을 수용하여 학교들의 기준을 관공립학교에 맞춰나가면서 그 틀 안
에서 종교교육의 자유를 확보하려는 것으로 나타났다. 선교회공의회는
병합 이후 당국과의 협의에 대비해 언더우드(H. G. Underwood) 등의 주
도로 선교회공의회 내에 교육정보국(The Educatinal Information Bureau)
을 설립하고, 이어 선교회들의 연합조직인 교육재단위원회(The Educational
Foundation Committee)를 조직했다. 언더우드가 의장으로 선임된 교육재
단위원회는 각 선교회별로 한 명씩 구성된 평의회(Senate)를 구성해, 선
교회의 학교들을 일정한 수준으로 유지·통일하여 교육적인 효율성을 추
구하고, 학무당국과의 협조를 통해 정부당국의 기준에 맞는 교육체계를
갖추기 위한 활동을 전개하는 것이 목적이었다.146) 즉 선교사들은 병합시
선교사업에 관한 당국의 재보장을 수용하고, 변화된 환경 속에서 당국과

---

145) 『朝鮮彙報』 1915. 9, 82쪽; 『朝鮮總督府官報』 1911. 11. 1.

146) *Annual meeting of the General Council of Protestant Evangelical Missions in Korea.,
1911*, p.44; *Minutes and reports of the annual meeting of the Korea Mission of the
Presbyterian Church in the U.S.A., 1911*, pp.31~34; Harles D. Stokes, 『미국감리
교회의 한국선교역사, 1885~1930』, 장지철·김흥수/옮김, 한국기독교역사연구
소, 2010, 239쪽.

협의를 지속하면서 교육사업을 발전시켜나가고자 했다.

조선교육령과 사립학교규칙이 실시되자 교육재단위원회는 대표자를 총독부에 보내 법령 실시와 관련된 설명을 듣고 이를 각 선교회 및 부속학교에 통지하고, 학교의 교과과정을 당국의 기대에 일치하도록 정하기 위해 당국과 협의를 거듭했다. 협의를 통해 기독교계 사립각종학교 중 보통학교 정도의 것은 '보통학교규칙', 고등보통 정도의 것은 '고등보통학교규칙' 또는 '여자고등보통학교규칙'에 준하여 정하고, 다만 聖書 一科를 더하기로 결정되었다. 해당 학교들에는 이 방침을 전달하여 교과를 통일·정리하고 당국의 승인을 얻은 교과서표를 만들어 각 학교에 배포했다.[147]

그러나 유게 학무과장도 지적했듯 교육재단위원회는 "외국인 선교사들만의 단체로 조선인은 사업에 전혀 참여할 수 없었고, 조선인은 도리어 사업의 목적물"로 보는 한계를 가지고 있었다.[148] 선교사들은 한일병합을 인정하고 치외법권을 폐기한 영미의 외교적인 노선에 따르면서, 종교교육의 자유에 대한 당국의 재보장을 신뢰하고 법령의 틀 안에서 가능한 자유를 확보하려 노력했다고 하겠다. 하지만 이는 당국의 입장에서 보자면 사립학교들의 부적절한 교과과정과 교과서를 법령의 지침에 따라 신속하게 통일하고, 독립사상을 주입하는 것으로 지목되어 온 조선인 교회가 운영하는 학교들을 체제 안으로 포섭하는데 도움을 주는 행동이기도 했다.

1911년 사립학교규칙이 공포된 단계에서 기독교계 사립학교는 정규학교가 아닌 각종학교로 남는 한에서만 종교교육이 가능하게 되었다. 관공립학교와 같은 수준으로 교과과정과 교과서를 통일하여 최종적으로 진학이나 취업에서 관공립학교와 같은 특혜를 받으려 했던 선교사들의

---

147) 弓削幸太郎, 『朝鮮の敎育』, 189쪽.
148) 위의 책, 186쪽.

당초 목표는 멀어지고 있었다. 더구나 당국의 사립학교 규제는 이것이 끝이 아니었다. 1915년의 개정사립학교규칙이 기다리고 있었다.

3) 법인 관련 법제 도입과 기독교계의 법인설립 시도

1911년 사립학교규칙과 함께 일본의 기독교 관련 법제 중 조선에 이식된 것이 1912년의 조선총독부령 제71호 '법인의 설립 및 감독에 관한 규정'이다. 1899년 '문부성령 제39호'를 모범으로 하는 이 법령은 1912년 3월 공포된 '조선민사령'(제령 제7호)으로 일본 민법 제34조의 공익법인 규정이 도입됨에 따라 그에 근거해 제정되었다. 하지만 이후 진행상황을 보면 적어도 무단통치시기에 일제당국은 기독교단체에 민법 제34조에 의거한 법인설립을 인정할 의도가 전혀 없었다. 오히려 병합 이후의 불안한 정세 속에서 법인설립을 추진한 것은 기독교계였다.

한말에는 법적으로 법인설립은 물론 외국인 토지소유도 허락되지 않았다. 조선 개항 이후 1883년 영국과의 조약에서 개항지와 경성 일부 구역, 그 주위 10리 이내에서 외국인의 토지와 가옥의 임차·소유가 부분적으로 인정되었다.149) 시간이 경과함에 따라 실제로는 허가된 지역 외에도 한국인의 명의를 빌린 외국인의 토지매매가 전국적으로 확대되었다.150) 하지만 법적으로는 여전히 매매가 금지된 상태였다.151) 대한제국의 『刑法大全』制4節 國權毀損律에도 "각국과의 조약에서 허가한 지역

---

149) 四方博, 「朝鮮における近代資本主義の成立過程」, 『朝鮮社會經濟史研究』(京城帝國大學法文學會第一部論集 第六冊), 刀江書院, 1933, 24쪽.

150) 위의 글, 27~29쪽.

151) 갑오개혁기 설치되었던 군국기무처에서 1894년 발령한 법안에도 그 같은 내용이 규정되어 있다. '土地·山林·礦山을 本國入籍人이 아니면 占有·賣買를 不許하는 件'(議定存案 第一, 開國503年 9月 1日)에서 "國內土地山林礦山 非本國入籍人 不許占有及賣買事"라고 하고 있다. 『韓末近代法令資料集』, 송병기 外/편. 대한민국 국회도서관, 1970, 97쪽.

외에 官有·私有의 田土·森林·川澤·家屋을 외국인에게 潛賣하거나, 외국인을 쫓아 借名詐認하는 자, 借名詐認하는 자에게 그 사정을 알면서 매매한 자는 효수한다"는 엄벌규정이 있다.[152]

법률상으로 외국인의 토지소유가 완전히 합법화된 것은 1906년 10월 '土地家屋證明規則'(칙령 제65호)과 11월 '土地家屋證明規則施行細則'(法部令 제4호)이 공포되면서부터이다. 토지가옥증명규칙과 그 시행세칙은 토지 등을 거래한 후에는 군수나 부윤의 증명을 받을 수 있게 하고(제1조), 군수와 부윤은 이를 토지건물증명대장에 기입하도록 하였다. 이 때 매매계약의 당사자 일방 혹은 쌍방이 외국인인 경우는 일본인 이사관의 査證이나 증명을 받도록 규정하였다.[153] 이들 법령의 주목적은 일본인이 한국토지의 소유권을 획득할 수 있게 하는 데 있었지만, 이로 인해 실제는 외국인 소유이면서 한국인 명의로 되어 있던 탈법적인 토지소유 관계를 정리하고 외국인 명의로 등록할 수 있는 길이 열리게 되었다. 그러나 토지가옥증명은 등기제도의 실시를 전제로 잠정적으로 시행된 것으로 모든 토지거래자가 증명을 받도록 강제할 수 있는 법도 아니었고, 증명을 받아도 제3자에게 자신의 소유를 입증할 수 있는 대항요건이 되지는 못했다.[154]

1910년 3월부터 시작된 토지조사사업이 진행되면서 1912년 3월 18일 '朝鮮民事令'(제령 제7호)과 함께 '朝鮮不動産登記令'(제령 제9호)이 공포되어 비로소 등기 관련 제도가 법제화되었다. 하지만 토지조사사업

---

152) 『刑法大全』, 大韓國法部, 1906.

153) 제2차 한일협약(을사조약)에 의해 한국 내 외국인에 관한 한국의 사무는 통감 또는 이사관이 장악하게 되었다. 『韓國施政一般』 1(韓國土地制度), 통감부, 1906, 2~5쪽; 일본 이사관의 査證이나 증명에 대해서는 통감부령 제42호 '土地建物證明規則'(1906년 11월 16일)에서 사증의 수수료는 50錢으로 정하고 사증이나 증명을 한 뒤 이사관이 군수·부윤에게 통지하여 토지건물증명대장에 기재하게 했다. 『土地建物證明ニ關スル諸法令及實例要錄』, 統監府地方府, 1909, 1쪽.

154) 김병화, 『韓國司法史』, 일조각, 1995, 178쪽.

이 1918년 10월에야 완료되었고, 등기제도는 토지조사가 완료된 지역에
따라 순차적으로 시행되었으므로 한동안은 기존의 증명제도와 등기제도
가 공존하는 상황이었다.[155] 토지조사사업의 진행과정에서 특히 국유토
지와 관련하여 소유권 관계가 불명확할 경우에는 당국의 수탈 대상이 될
위험성도 많았기 때문에 당시 기독교 선교회들은 등기령이 시행되는 지
역에 맞추어 가능한 한 신속하게 대응하려 노력했다.[156] 감리교 선교사
스미스(F. H. Smith)의 회고에 의하면 병합 이전 각국 영사관에 등록되
었던 부동산들이 병합 이후 토지조사사업이 행해진 혼란한 상황 속에서
모든 종류의 방식을 활용해 공식적으로 등록되었다고 한다. 미국교회의
명의나 선교단체의 명의도 사용되었지만 대부분은 개인명의로, 심지어
조선을 떠났거나 이미 사망한 개인명의로도 등록되었다. 토지대장에 기
재되거나 법원에 정식으로 등기되기도 했지만, 여전히 미등록 자산들도
상당수 존재했다. 또 등기된 경우에도 소유권 이전등기와 보존등기가 뒤
섞여 있었다.[157] 이런 상황에서 기독교단체들은 소유권문제 정리와 법인
화를 통해 단체의 존립과 안정을 확보해야 할 필요성을 절감하고 있었다.

앞서 언급했듯 일제당국이 공포한 법령 중에서 법제적으로 종교단체
를 법인화할 수 있는 단서가 열린 것은 1912년 3월 18일의 '조선민사령'
의 공포(4. 1. 시행)로부터이다. 제령으로 공포된 조선민사령은 제1조에
서 일본 민법과 민법시행법, 민사소송법을 비롯한 23개 법령을 열거하고
"本令 기타의 법령에 특별한 규정이 있는 경우를 제외하고는" 이들 23

---

155) 위의 책, 177쪽.

156) 김수태, 「한말 일제강점기 내포지역의 천주교」, 『한국근현대사연구』 31, 2004,
    121~122쪽; 『뮈텔주교일기』 4권(한국교회사연구소/역주, 1998), 1909년 10월
    20일; 『뮈텔주교일기』 5권, 1912년 4월 12일, 7월 9일, 1913년 1월 13일, 1914
    년 1월 9일, 4월 13일 4월 15일; 工藤忠輔, 「朝鮮に於ける公益法人に就いて」, 『朝
    鮮及滿洲』 83, 1914, 29쪽.

157) Frank Herron Smith, "The Transfer of Mission Property", *The Korea Mission Field*,
    1923, Vol. 19, No. 7., pp.147~148.

개 법령이 민사에 적용된다고 규정했다. 민사령 제1조에 의해 의용된 일본 민법 제34조와 민법시행법 제19조에는 제1장에서 <표 3>과 <표 4>로 정리한 종교단체 법인화에 관한 규정들이 포함되어 있었다.

유의할 것은 조선민사령이 공포되었다고 해서 위의 두 가지 법인 관련 규정이 곧바로 조선에 적용되는 것은 아니라는 점이다. 이는 조선민사령이 제령으로 제정되었기 때문이다.[158] '제령인 조선민사령이 적용된다는 것'은 조선민사령 제1조에서 열거한 일본 민법 등 23개 법령이 일본과 동일한 법으로 시행되지 않음을 의미한다. 법령으로서의 민법 등은 이미 존재를 잃은 것이고, 민법 등 23개 법령 중 조선에 필요한 일부를 내용으로 하는 조선민사령이 시행될 뿐이었다. 직설적으로 말하자면 식민통치권력의 자의적인 판단에 의해 민법 등 23개 법령의 내용이 조선에서 적용·비적용·변용되는 여부가 결정된다는 의미이다.

일단 조선민사령에 의해 공익법인 조항이 도입됨에 따라 조선총독부령 제71호 '법인의 설립 및 감독에 관한 규정'이 1912년 3월 30일 공포되었다.[159] 조선민사령 공포 후 곧 제정된 이 부령은 일본의 1899년 문부성령 제39호 '문부대신의 주관에 속한 법인의 설립 및 감독에 관한 규정'을 모법으로 했다.[160] 두 법령의 주요 내용을 표로 정리, 비교해 보면 다음과 같다.

---

158) 각주 94)의 내용을 참조.

159) 『朝鮮總督府官報』 1912. 3. 30.

160) 宗教行政研究會/編, 『宗教法令類纂』, 263~264쪽.

〈표 10〉 1899년 문부성령 제39호와 1912년 조선총독부령 제71호의 비교

법령의 내용 ＼ 법령의 명칭	문부대신의 주관에 속한 법인의 설립 및 감독에 관한 규정 (1899년 문부성령 제39호; 1904년 改正 同 제23호)	법인의 설립 및 감독에 관한 규정(1912년 조선총독부령 제71호)
법적용대상	민법 제34조의 허가법인(제1조) 민법시행법 제19조의 인가법인 (제3조)	민법 제34조의 허가법인 (제1조)
설립요건	민법 제34조의 법인의 경우만 해당 (제1조) 1. 사단 : 정관·자산총액·사원수 2. 재단 : 기부행위·자산총액	1. 사단 : 정관·자산총액·사원수 2. 재단 : 기부행위·자산총액
법인의 보고의무	1. 허가/인가시 지체 없이 다음 사항을 지방장관에게 보고(제3조) ① 정관 또는 기부행위 ② 이사 및 감사의 성명, 주소 ③ 재산목록 및 사단법인의 경우 사원수 (①, ②호의 변경시에도 같음) 2. 매년의 조사와 보고(매년 3월말의 조사에 의해 다음 달의 재산목록을 첨부+다음 사항을 문부대신에게 보고) ① 법인의 목적인 사업의 상황 ② 前年 중 處遇의 요건 ③ 前年의 경비, 수입지출금액 및 그 費目 ④ 사단법인의 경우 사원수	1. 허가시 지체 없이 다음 사항을 도장관에게 보고(제2조) ① 정관 또는 기부행위 ② 이사 및 감사의 성명, 주소 ③ 재산목록 및 사단법인의 경우 사원수 (①, ②호의 변경시에도 같음) 2. 매년의 조사와 보고(매년 3월말의 조사에 의해 다음 달의 재산목록을 첨부+다음 사항을 조선총독에게 보고) ① 법인의 목적인 사업의 상황 ② 前年 중 處務의 要目 ③ 前年의 경비, 수입지출금액 및 그 費目 ④ 사단법인의 경우 사원수
지방장관· 道 장관의 법인에 대한 통제권	민법 제71조와 민법시행법 제23조에 해당하는 행위시 그 사유를 상세하게 갖추어 문부대신에 보고	1. 법인의 업무감독 2. 감독상 필요한 보고 요구권/업무·재산상황 검사권. 검사성적은 지체 없이 총독에게 보고 3. 법인이 민법 제71조에 해당하는 행위시 조선총독에게 보고

* 출전: 『朝鮮總督府官報』 1912. 3. 30; 宗敎行政硏究會/編, 『宗敎法令類纂』, 棚澤書店, 1934.

법인설립요건을 강화하고 법인의 보고의무를 규정한 점은 두 법령에

서 모두 공통적이다. 그러나 지방장관이나 도 장관이 법인에 대해 행사하는 통제권의 경우는 총독부령 쪽이 훨씬 강화되어 있다. 조선의 도 장관은 공익법인의 업무를 감독하고 감독상 필요한 보고를 언제나 요구할 수 있으며, 업무와 재산상황을 검사할 수 있는 권한을 지니고 있다. 그런데 <표 10>의 일본 문부성령은 1904년 한 번의 개정을 거친 것임을 기억할 필요가 있다. 앞의 <표 5>에서 정리한 1899년의 문부성령이 개정된 것으로, 그 개정부분이 바로 지방장관의 법인에 대한 통제권 부분이다. 개정 전과 후의 문부성령과 총독부령의 관련 조항을 표로 정리하면 다음과 같다.

〈표 11〉 일본·조선 법령 간 법인에 대한 지방행정기관의 권한 비교

법령의 내용 \ 법령의 명칭	문부대신의 주관에 속한 법인의 설립 및 감독에 관한 규정(1899년 문부성령 제39호)	문부대신의 주관에 속한 법인의 설립 및 감독에 관한 규정(1904년 개정 문부성령 제23호)	법인의 설립 및 감독에 관한 규정(1912년 조선총독부령 제71호)
지방장관·道장관의 법인에 대한 통제권	1. 법인의 업무감독 2. 감독상 필요한 보고 요구권/업무·재산상황 검사권 3. 민법 제71조와 민법시행법 제23조에 해당하는 행위시 그 사유를 상세하게 갖추어 문부대신에게 보고	민법 제71조와 민법시행법 제23조에 해당하는 행위시 그 사유를 상세하게 갖추어 문부대신에 보고	1. 법인의 업무감독 2. 감독상 필요한 보고 요구권/업무·재산상황 검사권. 검사성적은 지체 없이 총독에게 보고 3. 법인이 민법 제71조에 해당하는 행위시 조선총독에게 보고

위의 표에서 1899년 일본 문부성령에 존재하다가 1904년 개정 문부성령에서는 삭제된 지방장관의 통제권 두 가지(1, 2)가 조선총독부령에서 부활한 것을 볼 수 있다. 첫째, 일본에서는 1904년 문부대신에 대한 매년의 보고의무가 신설되면서 삭제된 지방장관의 권한들이 조선에서는 총독에 대한 매년의 보고의무와 함께 도입되었다. 둘째, 총독부령에는

문부성령에 없는 상위기관에 대한 보고의무, 즉 "총독에의 지체 없는 보고"도 추가되어 있다. 조선에서 유사한 법규를 제정하면서 일본에서는 이미 8년 전에 삭제된 통제조항들을 강화시켜 재활용했다고 할 수 있다.

문부성령과 총독부령이 대상으로 하고 있는 법인의 종류도 주목할 필요가 있다. 문부성령 제39호는 제1조에서 '민법 제34조의 법인'과 '민법시행법 제19조의 법인' 모두를 대상으로 함을 명확히 하고 있어, 일본에서는 민법과 민법시행법의 법인이 공존하고, 문부성령이 상위의 두 법률을 보완하는 관계에 있다. 하지만 조선의 경우는 상황이 달랐다. 총독부령 제71호는 민법 제34조의 법인만을 대상으로 명시하고 있다. 따라서 민법 제34조의 법인은 조선에서 설립가능하고 일단 설립절차에 들어가면 총독부령의 규제를 받는 것이 확실하다. 그런데 민법시행법 제19조의 법인은 대상으로 하고 있지 않기 때문에 민법시행법이 규정하는 인가법인이 조선에서 인정될 것인가의 여부는 애매하게 된다. 덧붙여 조선민사령 부칙 제81조는 "이 令 시행 전 발생사항으로 조선인 외의 관계자가 없는 경우에 한해 민법시행법 중 민법 시행 전에 발생한 사항의 규정을 준용한다"고 하고 있다. 그렇다면 외국인 선교사가 설립에 관여하고 있는 경우, 조선의 기독교단체 법인은 민법시행법의 인가법인으로 성립할 수가 없다. 결국 법 제정 당시부터 일제당국은 조선에서 민법시행법 제19조의 법인은 인정할 의도가 없었다고 보아야 할 것 같다. 또 이후의 경과에서 드러나듯이 민법 제34조의 법인 역시 조선의 기독교단체에 대해서는 허가해 줄 의사가 없었다고 보인다.

마지막으로 총독부령 제71호와 관련하여 짚고 넘어가야 할 것은 1900년 8월 1일 공포된 내무성령 제39호 '종교의 선포 또는 종교상의 의식집행을 목적으로 하는 법인의 설립에 관한 규정'이다. 제1장에서 검토했듯이 내무성령 제39호는 "종교의 선포, 종교상의 의식집행을 목적으로 하는" 본격적인 종교법인에 대한 법령이었다. 그러나 일본에서도

이 법령은 사문화되어 적용되지 않았고, 종교단체 법인에는 문부성령 제
39호만이 적용되었다. 조선의 종교법인 관련 법에서 내무성령의 내용은
전혀 참조되지 않은 것으로 볼 때, 일본에서도 허용되지 않은 종교의 선
포 또는 종교상의 의식집행을 목적으로 하는 종교법인은 조선에서 원칙
적으로 배제되었음을 알 수 있다.

그럼에도 법제가 도입되자 기독교계는 법인설립을 계획하고 그 실현
을 위해 노력했다. 당시 법인화에 반대한 것은 천주교 대구교구의 드망
즈(Demange) 주교 정도였다. 드망즈는 법인이 설립된 이후 당국의 통제
가 강화되고 당국의 재산현황 파악을 통해 교회재산이 차압될 것을 우려
했다. 따라서 교회법인 명의보다는 외국인 명의로 두는 편이 안전하다고
여겨 대구교구의 법인설립을 추진하지 않았다.[161] 반면, 같은 천주교단
내에서도 경성교구의 뮈텔(Mutel) 주교는 법인설립에 열성적이었고 다
른 개신교단들도 마찬가지였다.[162] 법적인 통제에서 벗어나기보다는 법
체재 내에서 안정성을 확보하는 것이 교단 존립에 필수적이라 판단했고,
또 시대적인 상황이 이 문제를 시급한 당면과제로 만들었기 때문이다.

기독교 측에서 법인조직 작업에 돌입한 것은 조선민사령과 '법인의
설립 및 감독에 관한 규정'이 공포된 직후부터이다. 병합 초기 토지조사
사업 등에 수반한 소유권 관계의 혼란상황 등은 이를 촉진했다. 1912년
3월 관련 법제들이 공포되자, 법인제도는 교단의 법적인 지위확보뿐 아
니라 재정적으로도 이점이 큰 제도로 떠올랐다. 소유지마다 각각 개인명
의로 등기하기보다는 법인을 설립해서 총괄적으로 등기하는 방법이 절
차적으로 효율적이고 경제적으로도 이익이었기 때문이다. 특히 1912년
3월 22일 '조선등록세령'이 공포되어(4. 1. 시행, 제령 제16호) 부동산등

---

161) 윤선자, 「일제하 종교단체의 경제적 기반 확보 과정」, 70쪽.
162) 일찍부터 법인화를 추진했던 뮈텔도 법인이 되는 것은 교단의 자유를 구속받는
　　상황에 처할 것임을 우려하고는 있었으나 당시 상황에서 교단의 독립과 존립을
　　위해 법인화를 선택했던 것으로 생각된다. 『뮈텔주교일기』 5권, 1915년 7월 6일.

기시의 세금이 정해졌기 때문에 법인설립의 필요성은 더욱 커졌다.[163] 미등기 부동산도 아직 많은 상황에서 개인명의로 등기를 완료했다가 나중에 법인으로 인정받아 다시 등기한다면 등록세를 중복납부해야 했고, 그렇다고 기존 상태로 마냥 두면서 등기 자체를 하지 않기에는 소유관계가 확정되지 않는데서 오는 위험부담이 너무 컸다. 토지조사사업 등을 빌미로 당국의 수탈대상에 포함될 우려도 있었다.[164] 하루빨리 법인으로 인정받아 법인으로서 소유권등기를 마치는 것이 가장 합리적인 방법으로 여겨졌다.

조선기독교회 중 가장 큰 규모의 북장로교보다 훨씬 많은 부동산 자산을 소유했던 천주교회는 뮈텔 주교를 중심으로 법인설립과 등기를 추진했다.[165] 병합 이전인 1909년에 이미 천주교회는 부동산을 사단 혹은 재단법인 명의로 소유하는 것에 대해 통감부에 문의하고 있다.[166] 1912년 8월의 『뮈텔주교일기』에는 뮈텔 주교가 직접 총독부 외사국장 고마츠 미도리와 토지조사국을 방문해 교단명의로 등기하는 문제와 교단의 법인인정문제를 교섭했다고도 기록되어 있다.[167] 뮈텔은 1914년 8월 29일 일본인 변호사 구도 타다스케(工藤忠輔)를 만나 법인격 취득문제를 상담하면서 당국과의 본격적인 교섭도 진행했다.[168] 뮈텔 주교의 부탁

---

163) 『뮈텔주교일기』 5권, 1912년 4월 12일.

164) 윤선자, 「일제하 종교단체의 경제적 기반 확보 과정」, 70쪽.

165) 1920년대 각 교단 인가신청서에 나타난 자산규모를 보면 천주교 경성교구의 자산규모가 북장로교의 약 2배에 달함을 볼 수 있다. 윤선자, 「일제하 조선천주교회의 법인화 과정」, 262쪽.

166) 「韓國 天主敎會所有 不動産 取得方法 照會 件」, 『統監府文書』 1; 뮈텔 주교는 1907년에도 교단이 일본에서와 같이 법인 자격을 획득할 수 있는지에 대해 프랑스 영사에게 문의한 적이 있고 이에 대해 영사는 비공식적으로 알아보겠다고 대답한 바 있다. 『뮈텔주교일기』 4권, 1907년 6월 19일.

167) 『뮈텔주교일기』 5권, 1912년 8월 24일, 8월 26일.

168) 『뮈텔주교일기』 5권, 1914년 8월 29일, 8월 31일, 1915년 7월 6일; 『뮈텔주교일기』 6권, 1917년 3월 14일, 3월 15일; 구도 타다스케(工藤忠輔)는 1911년 도쿄

을 받은 프랑스 영사도 총독부와의 교섭에 동참했다. 천주교단의 노력은 해를 넘겨 계속되지만 1919년까지 큰 진전 없이 주교 개인명의의 등기만 허용되었을 뿐이다.[169]

기독교계의 경우 민사령 공포 이후 법인화 움직임이 구체적으로 드러나는 것은 장로교이다. 장로교는 조선교회와 선교회 모두에서 1910년대에 법인을 조직하려 한 움직임을 찾아 볼 수 있다. 조선교회의 경우 장로교총회록에 장로교회가 조선민사령 공포 이전에 이미 법인 인가를 얻으려 시도했고 클라크(C. A. Clark)와 한석진이 이를 담당했었다는 기록이 보이지만, 분명한 날짜나 그 밖의 진행사실은 기재되어 있지 않다.[170] 명확한 기록이 나타나는 것은 조선민사령 공포 이후로,[171] 장로교의 법인조직 논의는 1912년 9월 제1회 조선예수교장로회 총회부터 나타난다. 제1회 총회는 "총회 산하 각 교회에 속한 토지·가옥의 처리방법으로써 법률에 의하여 관청의 허가를 받아 사단(법인)을 조직할 것"을 결의하고 있다.[172] 총회록에 나타난 결의 사항은 다음과 같다.

제국대학 법학과를 졸업하고 조선총독부 사법부에 소속되어 1년간 근무한 뒤 사직, 1913년 10월 경성에서 변호사로 개업한 인물이다. 『한국근현대인물자료』, 국사편찬위원회 한국사데이터베이스, NIKH.DB-im_215_20311. 당시 천주교회뿐 아니라 여러 기독교단체의 법인화 수속을 대리했던 것으로 보인다.

169) 『뮈텔주교일기』 5권, 1913년 1월 13일, 1915년 7월 5일;『뮈텔주교일기』 6권, 1917년 2월 19일, 3월 26일, 3월 30일, 5월 23일, 11월 19일, 1918년 1월 1일, 8월 26일, 9월 7일, 9월 14일, 12월 26일, 1919년 2월 21일, 3월 2일, 3월 3일.

170) 『조선예수교장로회총회 제14회 회록』 1925, 40쪽; 국가기록원 소장문서 CJA 0027590 『사찰향교문묘기타』.

171) 『뮈텔주교일기』에 의하면 1917년 3월 14일 주교가 일본인 변호사인 구도(工藤忠輔)를 만나러 갔을 때, 그에게서 이미 2년 전에 안식교의 법인 신청서가 제출되었고, 남부침례교와 호주침례교의 신청과 구세군의 재단법인 신청이 (1917년) 2월 22일에 그를 통해 총독부에 제출되었으나 아직 아무것도 받아들여지지 않았다는 말을 들었다고 한다. 『뮈텔주교일기』 5권, 1914년 8월 29일;『뮈텔주교일기』 6권, 1917년 3월 14일.

172) 『조선예수교장로회총회 제1회 회록』 1912, 26쪽.

1. 법률에 의지하여 관청허가를 받아 사단(법인)을 조직할 일.
2. (사단법인의) 사원은 본 총회에 속한 목사와 장로로 정할 일.
3. 설립사원은 원두우(H. G. Underwood), 마포삼열(Moffett), 곽안련(Clark), 위대모(Whittmore), 주공삼, 김필수, 홍승한, 김규식, 함태영 9인으로 정할 일.
4. 설립에 관한 사항 : 사단의 명칭, 규칙, 사원의 조직, 관청허가 등은 설립원에게 전권위임 할 일.
5. 사단설립 전에 각 교회에서 그 교회의 대표자나 혹 목사, 장로의 명의로 증명을 낼 일. (괄호: 필자).[173]

처음에는 재단법인이 아니라 사단법인으로 신청할 계획으로, 1912년 11월 土地文券委員들이 경성에 모여 임원을 선정하고 일본 북장로회 선교회의 授權會章程을 모본으로 총회수권회장정과 사단법인 인허청원서를 제정했다.[174] 김규식이 대표로 이를 총독부에 제출했다. 청원서 제출 후에 위원회는 대표자를 총독부에 파송하여 내무부장관 우사미와 몇 차례 교섭을 벌였다. 1913년 제2회 총회에서 토지문권위원은 다음과 같은 낙관적인 보고를 하고 있다.

작년 총회 후에 문권위원이 즉시 모여서 임원을 선정하고 수권장정과 인허청원제정위원을 정하여 그 위원이 일본 북장로회미션의 수권회장정을 모본으로 써서 총회수권회장정을 제정하고 또 인허청원을 제정한 후 11월에 본 위원 등이 경성에 모여서 그 장정과 청원서를 축도통과하고 또 국어로 번역하여 본회 서기 김규식씨가 총독부에 제출하였더니 내무부장관 宇佐美씨가 그 이유를 자세히 물으심으로 말로 대답도 하고 또 설명하는 편지를 보내었더니

---

173) 『조선예수교장로회총회 제1회 회록』 1912, 26~27쪽.
174) 土地文券委員은 곽안련, 원두우, 마삼열, 위대모, 홍승한, 김필수, 박승봉(김규식 대리), 함석진(함태영 대리), 이일영(주공삼 대리)로, 사단법인의 설립사원과 같은 사람이 임명되었음을 알 수 있다. 총회 당시 김규식은 오스트레일리아에 간 관계로 박승봉이 대리하게 되었다고 한다. 『조선예수교장로회총회 제2회 회록』 1913, 40, 66쪽.

내무장관이 그 편지를 본 후 13도 교회에 그 일을 조사하기를 시작하였고 또 작일 상오에 위원 중 대표자를 총독부에 파송하여 그 청원서를 더 자세히 설명하고 의론한 즉 내무장관 宇佐美씨가 우리 청원서를 다시 상고하고 며칠 후 결정하도록 다시 의론하겠다 회답하셨은즉, 오래지 아니하여 인허를 받을 줄 믿사오며.[175]

하지만 기대와 달리 장로교회는 1914년 1월 총독부에서 청원서가 법률상으로 문제가 있어 인허할 수 없다는 회답을 받았다. 이에 따라 1914년 3월 평양에서 모인 토지문권위원회는 적극적으로 문제를 해결하기 위해 일본인 변호사를 고용해 대리신청하기로 결정했다. 그 뒤 사단보다는 재단이 유리하다는 변호사의 조언과 재단법인 하나만을 허락할 듯하다는 우사미의 언질에 따라 사단이 아닌 재단법인을 신청하기로 계획을 수정하였다.[176] 이 일본인 변호사는 앞에 언급한 구도 타다스케로,[177] 총회록에 적힌 날짜대로라면 천주교보다는 장로교에서 먼저 법인문제를 그에게 의뢰한 것으로 보인다.

구도 변호사와 우사미 내무부장관의 교섭 결과, 6월부터 토지문권위원회는 조선 내 재판소 구역에 따른 8개 재단법인에 더하여 별도의 재단 설치를 위한 평북지역을 합해 총 9개의 재단을 두기로 결정하고, 설립이사를 정하고 모범청원서를 준비하기 시작했다. 1914년 9월 제3회 총회는 이 작업을 토대로 각 노회별로 하나 내지 둘의 재단을 두고 각 노회

---

175) 같은 책, 39~40쪽.

176) 『조선예수교장로회총회 제3회 회록』, 1914, 8쪽; 교회의 경우 법적인 성격은 사람들의 모임이므로 사단에 더 가깝지만, 법인설립의 목적이 주로 재산의 보전에 있는 것이면 재단법인으로 하는 것이 적절하다고 한다. 田中藤次郎, 「宗教及び祭祀に關する法人」, 『朝鮮』 192, 1931. 128쪽; 또한 일본 민법상 사단법인으로 신청할 경우가 재단법인의 경우보다 사원 관련 신고요건들이 추가되어 있어 더 번거롭고 규제도 많았다.

177) 「史料集」 第2, 1919년 9월, 上海, 『한국독립운동사자료』 4, 국사편찬위원회 한국사데이터베이스, NIKH.DB-kd_004_0020_0130_0010.

가 즉시 이사를 택하고 재단청원서를 준비해서 문권위원의 지시대로 차
례로 신청하기로 의결했다.[178]

　총회 결의에 따라 평남노회가 먼저 재단설립을 준비하기 시작했다.
1915년 9월 총회에서는 평남노회의 준비가 완료되어 수개월 후에는 평
남노회재단이 설립될 것을 예상하고 차례로 다른 노회도 서류제출을 준
비하도록 당부하고 있다.[179] 그러나 다음해 1916년의 총회록에는 여전
히 평남노회에서 작년 총회에서 결의한 대로 제출 서식을 모두 준비하였
으나 제출하지 않고 기다리는 중이라는 보고내용만 보인다.[180] 이후 한
동안 총회록에는 재단청원문제가 다뤄지지 않다가 1919년 10월 제8회
총회에서 "작년에 한 일이 없으므로 보고할 것이 없다"는 재단부의 기록
만이 나타난다.[181] 활발하게 진행되던 재단법인 신청작업이 1915년 후
반에서 1916년을 기점으로 갑자기 정지되는 양상을 보이고 있다. 총회
록에 재단법인 신청문제가 재등장하는 것은 1920년대에 들어와서이다.

　한편, 장로교 선교회의 경우 1914년 연회록부터 법인조직의 움직임이
보인다. 법인설립을 위해 필요한 요건들이 확인됨에 따라 장로교 선교회
운영위원회는 선교본부의 조선 내 자산을 유지하기 위한 법인을 조직하
기로 결정하고, 이를 위해 선교회 회계담당자인 젠소(M. Genso)를 선교
회 회계 겸 서기관으로, 언더우드, 샤록스(Sharrocks), 레이너(Reiner), 피
터스(Pieters), 밀러(Miller), 모펫(Moffett), 홀드크로프트(Holdcroft), 카긴
(Kagin)을 법인의 이사로 임명하였다.[182] 1915년에도 ①선교본부의 재
산을 개인명의로 맡고 있는 선교회 구성원은 회계담당자의 지도에 따라

---

178) 『조선예수교장로회총회 제3회 회록』 1914, 9~10쪽.

179) 『조선예수교장로회총회 제4회 회록』, 1915, 31쪽.

180) 『조선예수교장로회총회 제5회 회록』, 1916, 19쪽.

181) 『조선예수교장로회총회 제8회 회록』, 1919, 22쪽.

182) *Minutes and reports of the annual meeting of the Korea Mission of the Presbyterian Church in the U.S.A, 1914.*, p.10, 18.

신탁선언의 증서를 회계담당자 명의로 만들고, ②회계담당자는 선교회의 각 스테이션(station)에 신탁선언을 위한 형식과 지침을 보내기로 결정하여 법인설립을 위한 작업을 지속하고 있다.[183) 신탁선언증서는 선교사 개인명의로 위탁되어 있던 재산들이 사실은 선교회 재산임을 입증하는 증거자료로 작성되었다. 실제로 1920년대 총독부에 제출된 선교회들의 법인신청 서류들에는 이 같은 신탁증서들이 모두 첨부되어 있다. 그런데 선교회 역시 조선장로교회와 마찬가지로 1916년부터는 이러한 움직임이 중단된다. 1919년에 이르러 선교회법인설립위원회(Mission Incorporation Committee)의 젠소가 법인설립이 진전이 있기는 하지만 여전히 설립을 위한 여러 가지 방법들을 검토 중이라고 보고하고 있을 뿐이다.[184) 장로교회와 마찬가지로 선교회 법인설립에 관한 논의가 본격적으로 다시 등장하는 것은 1920년부터이다.

1912년 관련 법제 도입과 함께 활발히 추진되던 장로교의 법인화 작업이 1915~1916년을 기점으로 주춤하게 된 것은 직접적으로는 총독부 당국자가 법인설립 불허방침을 언명한 데 기인했다. 또 기독교 내부적으로는 1915년 공포된 포교규칙, 개정사립학교규칙과 관련된 총독부와의 교섭이 법인설립보다 우선시되었기 때문으로 보인다. 1914년 거류지문제의 해결을 끝으로 서구와의 불평등조약문제가 모두 타결되자 본격적으로 등장한 기독교 통제법 — 포교규칙과 개정사립학교규칙은 기독교계에 커다란 충격을 안겼다. 기독교계는 당장의 설립이 불가능해 보이는 법인문제는 잠시 보류하고 새로이 공포된 두 가지 법제에 대한 대응에 집중해야만 했던 것이다.

---

183) *Minutes and reports of the annual meeting of the Korea Mission of the Presbyterian Church in the U.S.A, 1915.*, p.51.

184) *Minutes and reports of the annual meeting of the Korea Mission of the Presbyterian Church in the U.S.A, 1919.*, p.27.

통감부시기부터 1915년 이전까지의 시기는 조선에 본격적인 기독교 통제법체제를 구축하기 위해 일부 법제가 이식된 준비기라고 할 수 있다. 1899년 일본에서 등장한 기독교 통제법령 중 사립학교 관련 법제가 가장 먼저 1908년 사립학교령으로 이식되어 기독교의 주축 사업인 교육사업을 통제하기 시작했다. 1911년 조선교육령과 함께 제정된 사립학교규칙은 종교교육의 자유를 사립각종학교에만 허용하여 통감부시기의 통제보다 한발 더 나아갔다. 그런데 이는 더 큰 통제의 밑그림을 준비한 것에 지나지 않았다. 통감부시기와 달리 조선교육령체제하의 사립학교규칙은 교육칙어를 식민지교육의 최고이념으로 하는 체제에 기독교계 사립학교를 편입시켰고, 사립각종학교에 대한 총독의 전횡을 가능하게 만들었다. 이러한 틀을 기반으로 1915년의 개정사립학교규칙이 등장하게 된다.

사립학교의 종교교육과 함께 이 시기 기독교단체에 최대 현안으로 떠오른 것이 법인설립문제였다. 법인에 관한 법령은 병합 초기 조선민사령과 함께 도입되었다. 당국의 통제를 감수하더라도 법적인 지위와 재산에 대한 권리를 안전하게 확보하려 한 기독교계는 법인화를 추진했지만 지속적인 좌절을 맛보아야 했다. 마치 일본에서 1900년의 내무성령 제39호 '종교의 선포 또는 종교상의 의식집행을 목적으로 하는 법인의 설립에 관한 규정'이 空文으로 존재한 것과 같이, 1910년대 총독부령 제71호 '법인의 설립 및 감독에 관한 규정'은 조선기독교 단체에게는 없는 것이나 마찬가지였다. 이런저런 평계로 거절된 법인설립 작업은 1915년 이후 정지 상태에 들어간다.

이 시기 포교기관에 대한 통제는 통감부시기의 '종교의 선포에 관한 규칙'에서 그 단초를 찾아볼 수는 있지만, 이 법은 조선의 포교기관을 대상으로 한 것은 아니었다. 조선기독교 포교기관에 대한 본격적인 통제법령의 출현은 불평등조약문제가 타결되기를 기다리고 있었다.

제3장
1915년 기독교 통제법의 완비와
기독교계의 반응

1. 불평등조약과 총독부의 이중적 기독교대책

1) 조선 내 불평등조약 정리작업의 전개

병합 초기 조선의 식민통치에 필요한 기본적 법제들은 조선총독부와 일본 내각의 사전계획과 긴밀한 협의를 통해 신속하게 이식되었다. 그러나 조선을 일본의 완전한 지배 아래 놓인 식민지로 만들기 위해서는 전체적인 법체제의 재편이 필요했고 이를 달성하기 위해서는 여전히 해결해야 할 과제들이 산적해 있었다. 그 중 시급하고도 주요한 과제가 외국세력과 관련된 불평등조약들의 처리문제였다. 한국에서 치외법권의 철폐는 일본의 法權을 조선에 시행하기 위한 최우선적인 전제로 통감부시기부터 지속적으로 시도되어 왔다. 1910년 7월 6일 한국병합을 확정한 일본 각의결정도 "반도를 명실공히 우리 통치하에 두고 또 한국과 諸外國과의 조약관계를 소멸시키는 것은 제국 백년의 長計"라고 명시하고 있다.[1] 이와 관련해 데라우치 주도의 병합준비위원회가 작성하여 1910년 7월 8일 각의결정된 「倂合實行方法細目」은 조선의 치외법권과 거류지제도에 대한 처리는 시일이 소요될 것이므로 일단은 현상을 유지하면서 정리할 방침임을 밝히고 있다.[2]

서구열강이 식민지를 병합한 경우 피식민지국의 기존 조약들은 모두

---

1) 日本外務省/編, 『外地法制誌 9: 日本統治時代の朝鮮』, 文生書院, 1990, 9, 83~88쪽.
2) 위의 책, 99~100쪽; 일본국립공문서관 소장문서A03023679900 「韓國倂合ノ際ニ 於ケル處理法案大要閣議決定」, 『公文別錄』 韓國倂合ニ關スル書類 明治四十二年 －明治四十三年 第一卷.

무효로 되는 것이 전례였기 때문에 이론적으로만 보자면 당연히 일본은
한국병합과 함께 서양 국가들에 대해 불평등조약의 소멸을 주장할 수 있
었다. 그렇지만 후발제국주의 주자로서 삼국간섭의 경험을 겪었던 일본
은 외교적인 마찰 없이 한국의 병합을 보장받고자 했다. 따라서 일본은
조선병합시 서구열강에 대해 치외법권의 철폐문제를 제외하고는 일단
자신의 이익을 양보하는 자세를 취했다. 1910년 7월 17일 일본 정부는
일본의 관세법을 조선에 적용하지 않고 향후 10년간은 한국과 서양이
맺은 기존조약의 수출입관세를 유지하기로 결정했다고 영국 정부에 통
고했다. 이로 인해 기존 체약국가들은 조선에서 모두 같은 권리를 누리
게 되었다.[3]

1910년 8월 29일 일본 외무성은 한국과 각종 조약을 체결하고 있던
서구 각국(독일, 미국, 오스트리아, 벨기에, 청국, 덴마크, 프랑스, 영국,
이탈리아) 및 러일전쟁 이후 포츠머스조약으로 최혜국대우를 약속받은
러시아에 병합조약 및 '한국병합에 관한 선언'을 통보했다. 이 선언에서
일본은 한국과 외국 간의 기존 조약들을 무효로 하는 대신 일본과 외국
사이의 조약들을 적용할 것을 선언하고, 외국인들은 일본의 법권하에서
사정이 허락하는 한 일본 국내와 동일한 권리 및 특전을 향유할 것이며
그들의 기득권도 보호될 것이라 밝히고 있다.[4] 통감부에서도 이 방침에
따라 '병합조약의 결과 한국과 열국과의 조약소멸 및 이에 대신하는 제
국과 열국과의 조약적용에 관한 건'을 내부적인 지침으로 발령하여 "일
본국과 열국 간의 현행 조약은 적용이 가능한 한 조선에서 적용하고 在
留 외국인은 제국법권하에서 사정이 허락하는 한 제국 내지와 동일한
권리와 특전을 향유하고 그 적법한 기득권을 향유할 것"임을 명시하고

---

3) 小川原宏幸, 『伊藤博文の韓國併合構想と朝鮮社會 – 王權論の相克』, 395~397쪽.
4) 小川原宏幸, 「日本の韓國司法權侵奪過程 – 韓國の司法及監獄事務を日本政府に依
　 托の件に關する覺書をめぐって」, 『明治大學大學院 文學研究論集』 11, 1999, 103쪽.

있다.[5]

일본이 경제적인 부분들을 포기하면서 꼭 얻어내려 한 치외법권 철폐를 위한 교섭은 국가별로 조금 복잡한 양상을 띠었다. 경제적인 이해관계를 우선시한 영국은 관세문제가 해결되자 1911년 1월 24일 추밀원령으로 조선에서 영국 영사재판규칙을 병합조약 실시일부터 폐지함을 공식적으로 선언했다.[6] 그러나 기타 서양 국가들의 경우는 동일한 방식으로 진행되지 않았다.[7] 특히 미국은 일본과 동일한 수준의 법률 및 재판소가 조선에 설치되어 완전히 기존 사법제도를 대신할 때까지는 영사재판을 지속할 것을 강하게 희망하고 있었다.[8] 1910년 9월에서 10월에 걸쳐 미국과 일본 사이에 진행된 협의는 결국 일본 측이 일본 국내와 같은 수준의 법률적용과 재판, 감옥사무의 개량, 경찰 관계 이외의 거류지 행정의 현상유지, 신교의 자유와 선교사업의 보장 등을 재조선 미국인들에게 보장함으로써 일단락되었다.

그럼에도 미국은 영국과 달리 치외법권 포기에 대한 공식적인 입장을 대외적으로 표명하지 않았다. 이를 반영하듯 1910년대 총독부 문서들이나 관계자들의 증언에는 지속적으로 치외법권문제로 인한 외국인, 외국인 사업과 관련한 법 집행의 주의사항 내지 곤란함에 대한 기록들이 많이 등장한다.[9] 병합 이후 상당한 시일이 경과한 1912년에도 미국북장로

---

5) 국가기록원 소장문서, CJA0004668 「병합조약의 결과 한국과 열국과의 조약의 소멸 및 이에 대신하는 제국과 열국과의 조약적용에 관한 건」, 『統監府例規』.

6) 日本外務省/編, 『小村外交史』, 原書房, 1966, 855쪽; 그 내용은 1911년 2월 14일 駐英일본대사가 小村外相에게 보낸 런던발 電文으로 국가기록원에도 소장되어 있다. CJA0018268 「영국영사재판권철거에 관한 건」.

7) 日本外務省/編, 『小村外交史』, 854~859쪽.

8) 위의 책, 856쪽.

9) 弓削幸太郎, 『朝鮮の教育』, 自由討究社, 1923, 184~186쪽; 「朝鮮における司法制度近代化の足跡」, 『朝鮮近代史料研究: 友邦シリーズ』 6, 2001, 111쪽; 기타 사법사무나 경찰사무도 '司法警察官外國人에 관한 執務心得' 등의 규정을 통해 외국

교 해외선교본부의 브라운(A. J. Brown)이 미국무부에 대해 조선 내 치외법권의 폐지여부를 확인할 정도였다.[10] 이에 대해 미국무장관은 "다른 모든 관련국 정부들과 마찬가지로 미국 정부도 그에 대한 명확한 선언이라는 조치를 취하지는 않았지만 조선에서 일본의 사법관할을 원칙적으로 실질적으로 인정하고 있다"고 답변하고 있다. 이러한 불투명한 상황은 치외법권에 관한 한, 특히 미국과는 명시적인 선언이나 조약 없이 양해하는 수준으로 처리되었기 때문이었다.

애매하게나마 치외법권 문제는 1911년 초반 이후 타결되었고 관세의 문제는 10년의 유예기간 이후 폐지하기로 결정되었지만 외국인 거류지 문제는 여전히 큰 해결과제로 남아 있었다. 병합 당시 서구 각국의 거류지는 인천, 진남포, 군산, 목포, 마산, 성진에 위치하고 있었는데[11] 영사관뿐 아니라 거류민단, 각국거류지회, 위생회 등의 단체가 조직되어 거류지 내의 학교운영은 물론 도로건설, 수도설비 같은 토목공사를 주도하는 행정권을 행사하고 있었다. 더구나 병합 당시는 실질적으로 거류지 밖에도 많은 외국인들이 거주하는 상태로, 거류지 행정권은 사실상 거류지 너머까지 확장되어 있는 상태였다.[12] 중앙집권적 식민통치를 위해 필요불가결한 지방제도와 행정, 그에 따른 세제정비를 거류지제도가 가로막고 있었다고 할 수 있다. 이는 데라우치 총독의 표현대로 "面 이외의 지역에서는 독립한 內鮮人 및 외국인이 각각 별개의 행정권 아래 위치"하고 있는 상황이었다.[13] 조선의 상황은 일본에서 1899년 7월 개정

인에 대한 사건은 인지 단계에서부터 주의를 기울이고 있다. 국가기록원 소장문서 CJA0018268 「司法警察官에 대한 檢事正訓示」.

10) 「월슨이 아서 브라운에게 보낸 편지」, 『원문정보 마이크로필름자료: 미국무부소장한국관계문서』, 한국독립운동사정보시스템.

11) 그 외 일본전관거류지와 중국전관거류지가 각기 부산·인천·원산에도 설치되어 있었다. 「地方自治의 沿革 및 그 實績」, 『중추원조사자료: 中樞院 官制 改正에 관한 參考資料』, 국사편찬위원회 한국사데이터베이스, NIKH.DB-ju_016_006_0010_0020.

12) 『每日申報』 1913. 11. 2.

조약 실시로 외국인 거류지가 폐지됨과 동시에 일반 지방행정구역인 市·區로 편입된 것과는 다른 상황이었다. 병합과 동시에 공포된 '거류지 행정사무에 관한 건'(1910. 8. 29. 제령 제2호)으로 경찰에 관한 사항 외에는 일단 유예기간이 주어진 외국거류지의 행정정리 작업은 거류지에 대한 정밀한 조사와 함께 몇 년간이나 계속되었다.

조선총독부에서 외국영사들과의 거류지정리 협의를 담당한 것은 외사국장 고마츠 미도리였다. 고마츠의 주도로 1913년 2월 17일부터 9차례의 재선 외국 거류지 정리에 관한 협의회를 거쳐, 1913년 4월 21일 '在朝鮮各國居留地制度廢止에 관한 朝鮮總督府外事局長 및 當該締約國領事官協議會議定書'의 체결이 이루어졌다. 이어 1913년 10월 30일 거류지 철폐지역을 중심으로 府制가 공포되고 1914년 4월 1일 실시되어 치외행정권 문제의 완전한 해결을 보게 되었다. 이로써 "제반적인 조사를 행함과 동시에 관계 諸外國과 협상을 완수해서 1914년 4월 1일부터 이러한 (거류지 내의) 諸制度를 철폐하고 府制를 시행하여 內鮮人은 물론 舊거류지 내에 거주하는 외국인도 일반 행정의 밑에 통할하도록" 되었다.[14]

당시 서양 거류지 내에는 각국 영사관과 외국인들의 거주지가 몰려 있기도 했지만, 교회나 학교, 병원 등의 기독교 관련 시설들, 기독교기관 소유인 부동산도 상당수 존재했을 것으로 생각된다. 1883년 조선과 영국이 체결한 수호통상조약에 의해 각 개항장의 거류지 및 雜居地(거류지밖 10里 이내)에서 포교와 예배의 자유를 인정한 결과, 거류지와 잡거지를 중심으로 기독교의 포교가 시작되었기 때문이다. 1910~1920년대

---

13) 「訓示」, 『朝鮮總督府官報』, 1914. 9. 10. 이는 중추원 직원에 대한 데라우치 총독의 훈시로, 여기서 "面 이외에서는"이라고 한 것은 1910년 9월 30일 '조선총독부 지방관제'(칙령 제357호)를 공포해 面을 설치, 면장을 두고 면장은 군수의 지휘 감독하에 행정사무를 처리하도록 했기 때문이다.

14) 「總督府施設歷史調查書類」, 『寺內正毅關係文書: 首相以前』, 204쪽.

조선총독부 내무부 지방국과 학무국 종교과의 촉탁으로 오랜 세월 근무
한 와타나베 아키라(渡邊彰)는 거류지 중심의 '限地布敎'가 미국선교사
들을 중심으로 각국 공동의 자유활동지역인 遊步地域 내로 발전했고,
결국 거류지 밖으로까지 진출하는 '越界布敎'로 진행되었다고 기술하고
있다.15) 더구나 각국 거류지는 경성, 부산, 인천을 비롯한 지방 중심지에
설치되어 있어 이들 지역에서 일본 법권의 확보는 상징적으로도, 실질적
으로도 통치상 긴요한 부분이었다.

기독교 관련 통제법령들이 등장한 것은 거류지 행정권이 완전히 철폐
되어 府制가 실시되고 永代借地와 관련 세금문제가 타결되어 서양세력
과의 법적인 문제가 완전히 정리된 시점이었다. 일본에서 1899년 개정
조약 실시로 영사재판권과 함께 거류지 행정권이 회수된 뒤에야 기독교
관련 법령들이 제정된 것과 같은 구도였다. 이는 기독교세력에 대한 통
제문제로 인해 서양과의 교섭에 생길 수 있는 장애를 회피한 것이면서,
실질적으로 일본의 법권이 식민지 전체에 실행될 수 있기를 기다린 것이
기도 했다. 일단은 신교의 자유를 천명하면서 서양세력의 기득권을 보장
하고, 외교적인 교섭을 통해 법권을 회수한 뒤에야 본격적인 기독교 통
제정책을 시행할 수 있었던 것이다. '경학원규정'(1911. 6. 15, 부령 제
73호), '사찰령'(1911. 6. 3, 제령 제7호) 등 조선의 다른 종교 관련 통제
법들이 1911년에 공포된 것과 달리 기독교 관련 법제는 1915년에 본격
적으로 등장한 이유이다.

일본과 마찬가지로 조선에서도 조약개정 특히 거류지 행정권의 회수
가 포교의 자유에서 통제로 가는 분기점이었다. '포교규칙' 발령 다음날
인 1915년 8월 17일과 18일 이틀간 총독부 기관지 『경성일보』에 게재
된 포교규칙에 대한 해설도 이전에는 종교단체의 포교에 대해서 통감부
시기 공포된 '종교의 선포에 관한 규칙'(통감부령 제45호)만이 있었을

---

15) 渡邊彰, 「宗敎制度の綱要」, 『朝鮮總督府地方行政講習會講演集』, 1921, 223쪽.

뿐이지만 이는 일본인에게만 적용되었던 반면 포교규칙은 일본인, 조선인, 외국인까지 적용되는 법규라는 점, 종래 전혀 법규의 구속을 받지 않았던 조선인, 외국인 포교자들에게는 다소 복잡한 수속일 수도 있으나 이로써 조선인과 외국인 모두 포교자라는 '법적인 공인'을 받게 된다는 점을 강조하고 있다.[16] 일본인부터 외국인까지 공평하게 적용되는 법령, '공인' 종교, '공인' 포교자라는 미끼를 내걸고 있었지만 포교규칙은 당국 스스로도 인정하듯이 "미치는 범위가 꽤 광범위한" 법령이었다.[17]

2) 조선기독교에 대한 회유와 탄압

서양거류지에 대한 지난한 조사와 교섭이 계속되는 와중에 유일하게 법제화된 사립학교규칙의 적용을 제외하면, 기독교세력과 관련된 법적인 조치는 일단 유예된 상태였다. 하지만 유예기간 동안 총독부가 두 손을 놓고 있었던 것은 아니다. 법령에 의한 행정적인 통제와는 또 다른 의미에서 강력한 대책이 실행되었다. 일본조합교회에 의한 조선인 전도공작과 105인 사건이 그것이다.

회유책의 일단으로 볼 수 있는 일본기독교 교단에 의한 조선전도는 조선총독부에 의해 주도되었다. 미국전도회사의 보조를 거부하고 1894년 선교회에서 독립한 일본조합교회가 총독부와의 교섭을 통해 조선전도를 위한 교단으로 선정되었다.[18] 조합교회는 병합 2개월 후인 1910년

---

16) 『京城日報』 1915. 8. 17, 8. 18.
17) 『京城日報』 1915. 8. 17.
18) 애초에 총독부는 일본의 가장 큰 기독교교단이던 일본기독교회의 지도자 우에무라(植村正久)에게 조선전도를 제의했다. 그러나 우에무라 자신도 반대하고, 총독부 측에서도 일본기독교회는 조선에도 들어와 있는 미국의 장로회 교단이었기 때문에 곤란하다고 생각하여 이 시도는 중단되었다. 당시 일본기독교회는 조선전도보다는 재조선 일본인에 대한 전도에 관심이 있었다고 하며, 지도자였던 우에무라 역시 일본인은 아직 조선인에 대해 전도자로서의 신용을 얻지 못하고 있다고 판

10월 제26회 총회에서 만장일치로 "새롭게 더해진 조선동포의 교화"에 착수하기로 결의하고 실행위원을 선출, 다음해 6월 와타세 츠네요시(渡瀨常吉)를 주임으로 하는 조선전도를 개시했다. 이후 데라우치 총독은 오쿠마 시게노부(大隈重信), 시부사와 에이이치(澁澤榮一)와 함께 조선 전도의 원조를 위해 조합교회가 도쿄, 오사카, 고베의 유지들로부터 기부금을 얻도록 조력했다. 또 총독부는 1910년부터 기밀비에서 매년 6천 엔을 익명기부의 형식으로 조선 조합교회에 지원했다.[19] 1914년 일본 국내의 조합교회 예산이 12,058엔이었으니 이는 상당히 큰 액수였다.[20] 총독부의 후원 아래 조합교회는 기존의 재조선 일본인 조합교회 조직을 기반으로 전면적인 조선전도를 개시했다. 경성에는 한양교회와 한양신학교를 설립했고, 1910년대에 지속적으로 일본교계 지도자들이 참석한 대규모 설교회와 전도회를 개최하여 대대적인 포교에 나섰다.[21]

조선총독부는 그 외에도 조합교회의 교세를 확장하기 위해 여러 방법들을 동원했다. 재정적으로 취약한 조선인 교회들에게 자금을 제공해 조합교회 교단에 가입시키는 방법이 대표적이었다. 당시 조선에서 외국선교사들에 대해 반감을 가지고 있던 일부 교회들이 여기에 포섭되었다.[22] 이들 '加入교회'에 의해 교단 자체의 규모를 늘리는 한편 총독부의 직접

단했다고 한다. 韓晳曦, 『日本の朝鮮支配と宗敎政策』, 93쪽; 양현혜, 「일본 기독교의 조선전도」, 189~190쪽.

19) 韓晳曦, 『日本の朝鮮支配と宗敎政策』, 93~94쪽.

20) 한수신, 「일제하 일본기독교의 한국전도론 연구 - 乘松雅休와 渡瀨常吉의 비교연구」, 2000, 연세대학교 석사학위논문, 37쪽.

21) 金文吉, 『近代日本キリスト敎と朝鮮 - 海老名彈正の思想と行動』, 明石書店, 1998. 138쪽; 韓晳曦, 『日本の朝鮮支配と宗敎政策』, 64쪽; 성주현, 「1910년대 식민지 조선의 일본조합교회 동향」, 266~271쪽.

22) 서정민, 『한일기독교 관계사연구』, 180쪽; 성주현, 「1910년대 식민지 조선의 일본 조합교회 동향」, 255쪽; 한수신, 「일제하 일본기독교의 한국전도론 연구 - 乘松雅休와 渡瀨常吉의 비교연구」, 67~68쪽.

적인 물리력도 동원되었다. 헌병·순사들이 직접 조선인들에게 기독교를 믿으려면 조합교회에 가도록 권장하는 방법이었다.[23] 이 같은 방식은 오히려 조선인 전도의 위기를 불러올 것이라는 비판이 일본 기독교 내에서 나올 정도였다.[24] 무단통치의 삼엄한 사회분위기 속에서 헌병의 권고는 협박이나 마찬가지였기 때문이다. 박은식의 『한국독립운동지혈사』에는 일단 조합교회의 유인에 넘어가 가입했다가 탈퇴하려 하면 '배일파'라고 하여 날마다 헌병이나 경찰이 쫓아다니며 정탐하고 괴롭혔다는 기록도 남아 있다.[25] 온갖 편법의 동원으로 1919년 3.1운동 이전까지 조합교회의 교세는 급속히 확장되어 교회수 약 10배, 교인수 약 27배, 교역자수 약 13배의 성장을 이루었다.[26]

조선기독교를 일본 기독교화하기 위한 일종의 회유책이 조합교회를 통한 전도였다면, 병합 초기 기독교에 대한 강경한 방침이 잘 드러나는 것이 1911년의 105인 사건 - 소위 '데라우치 총독 암살미수사건'의 조작이다. 조선주차헌병사령관 겸 경무총감 아카시 모토지로(明石元二郎)가 계획·주도한 것으로 알려진 105인 사건은 외형적으로는 총독 암살미수로 포장된 정치적 사안이었지만, 실제 목적은 기독교 중심지인 서북지역의 기독교세를 억누르고 배일적 성향의 선교사들을 추방하려는 데 있었다.[27] 당시 검사로서 공판에 참여한 마츠데라 다케오(松寺竹雄)에 의하

23) 金文吉, 『近代日本キリスト教と朝鮮－海老名彈正の思想と行動』, 142~145쪽.

24) 佐藤繁彦, 「鮮人전도의 위기」, 『福音新報』 1255호, 1919. 7; 渡瀬常吉, 「鮮人전도의 위기를 읽고」, 『基督教世界』 1867호, 1919. 7. 이 두 글은 모두 『한일그리스도교 관계사자료』에 실려 있다.

25) 박은식, 『한국독립운동지혈사』, 서문당, 1987, 124쪽.

26) 서정민, 『한일기독교 관계사연구』, 179쪽.

27) 한국기독교사연구회/편, 『한국기독교의역사』 I, 308~314쪽; 특히 기소자들 중에는 안창호를 중심으로 조직된 비밀결사인 신민회 가입자가 많아 105인 사건은 신민회를 중심한 서북지역 반일민족인사들과 기독교계 반일세력을 일소할 의도에서 조작된 사건으로 평가된다. 105인 사건의 구체적인 관련 인물들과 공판과정, 선교

면 아카시는 "이 기회에 不逞의 무리를 일망타진하여 근저로부터 제거
하려고 부하들을 독려했다"고 한다.[28] 1911년 10월 평북 선천의 신성중
학교 교사·학생 27명의 체포로 시작된 이 사건은 조선에서 서양 각국과
의 치외법권문제가 타결된 후 얼마 지나지 않아 발생했다는 점에서도 주
목된다. 당시 평양재판소 검사였던 가키하라 타쿠로(柿原琢郞)는 다음과
같이 회고했다.

> 선교사 경영의 학교기숙사 및 그 사택을 매우 엄중하게 구석구석 수색했지
> 만 一物一點도 수확이 없었고 또 停車場 검증의 결과도 경무총감부에서의 자
> 백과 합치하지 않아 나로서도 사건의 내용은 알지 못했지만 상당히 어려운 사
> 건이라고 생각했습니다. 메이지 16, 17년 이래 평양 및 선천을 중심으로 미국
> 선교사가 西鮮에 부식한 세력은 매우 컸고 조선인은 그에 귀의하고 크게 신뢰
> 해 어느 사이엔가 一大敵國의 양상을 보였기 때문으로, 병합 이후 얼마 되지
> 않은 때에 그 거택 및 경영하는 학교 등에 우리 법권을 실행한 것은 실로 커
> 다란 영단이었습니다. 사법부 장관과 고등법원 검사장은 상당히 고려한 후에
> 이를 결정했다고 언뜻 들었습니다. …… 이 사건 검거의 결과는 …… 완전히
> 좋지 않게 끝나 일거에 적의 아성을 함락하려다 실패한 모습이었습니다.[29]

가키하라는 치외법권을 회수한 지 얼마 되지 않은 시기에 일본의 법
권을 선교사의 사업에 관해 실행한 것 자체가 당국으로서는 큰 결정이었
다고 평가하고 있다. 그만큼 일제당국은 기독교세력에 대해 위기의식을
가지고 있었고, 105인 사건을 통해 선교사를 비롯한 조선기독교의 지도
층을 무력화시키려고 했다. 사건 처리과정에서 조선기독교인에 대한 기
소와 구금 등의 법적인 처리는 당국의 계획대로 전개되었다. 하지만 선
교사들에 관한 처리는 의도대로 진행되지 못했다. 선교사들 배후의 외국

사들의 대응, 신민회와의 관련성 등에 관해서는 다음 연구를 참조. 윤경로, 『105
인 사건과 신민회 연구』, 한성대학교출판부, 2012.
28) 小森德治, 『明石元二郎』, 475~476쪽.
29) 「朝鮮における司法制度近代化の足跡」, 『朝鮮近代史料研究: 友邦シリーズ』 6, 111쪽.

과의 관계가 발목을 잡은 때문이다.

외사국장 고마츠의 기록에 의하면 아카시는 "그 직책을 걸고" 맥퀸 (McCune) 선교사는 물론 일본·조선의 감리교 감독 해리스까지 체포할 것을 강경하게 주장했고 총독부 사법장관 구라토니 유사부로(倉富勇三郎), 검사총장 고쿠분 산가이(國分三亥), 검사 마츠데라 다케오(松寺竹雄)도 모두 그에 동의했지만, 자신의 반대로 관철하지 못했다고 한다.[30] 당시 친일적인 선교사로 유명했던 해리스마저 사건에 연루될 경우, 사건 자체의 신빙성이 떨어지게 될 뿐 아니라 일본·조선 양측의 감리교 총감독인 해리스를 체포할 경우에 발생할 외교적 파장도 고려할 수밖에 없었을 것으로 보인다. 당국으로서도 선교사들에 대한 수색과 조사까지는 집행할 수 있었지만, 체포와 추방까지 추진하기에는 힘이 달렸던 탓이다.

사건의 초기부터 총독부와 일본 정부는 선교사들의 동태를 주시하면서 사건이 외교적으로 확대되는 것을 우려하고 있었다. 공판 시작 이전인 1912년 1월 7일 데라우치 총독이 가쓰라 총리대신에게 보낸 서한에는 "지금 조선의 형세는 음모사건으로 구인된 자들에 대해 소수의 선교사가 불평을 작은 소리로 주장하는 외에는 대체로 조용하니 안심하시라"는 내용이 들어있다.[31] 하지만 재판의 진행과 함께 피의자들에 대한 고문과 강제자백의 정황이 밝혀지면서, 105인 사건은 세계적으로 여론의 관심이 집중되는 미일 간의 외교적인 사안으로 확대되었다.[32]

---

30) 「明治45年7月22日 寺內總督宛 小松綠書翰」, 『寺內正毅關係文書』, 日本國會圖書館 憲政資料室, 국사편찬위원회 소장(마이크로필름).

31) 『桂太郎關係文書』, 千葉功/編, 東京大學出版會, 2010, 276쪽.

32) 한국기독교사연구회/편, 『한국기독교의역사』 I, 322쪽; 木下隆南, 「105인 사건과 청년학우회 연구」, 42~54쪽; 재판이 진행되면서 재한선교사들 사이의 여론도 매우 악화되어 갔던 듯하다. 당국의 정책에 비교적 협조적이었던 카톨릭 경성교구의 뮈텔 주교조차 1912년 7월 9일 경무총감 아카시를 직접 찾아가 "기소장이 아주 졸렬해 보인다고 아주 솔직하게 말했다"고 기록하고 있을 정도였다. 『뮈텔주교일기』 5권(한국교회사연구소/역주, 1998), 1912년 7월 9일.

1차 공판이 진행 중이던 1912년 7월과 8월 외사국장 고마츠가 도쿄 체제 중이던 데라우치에게 보낸 서한들에는 당시의 급박한 정황에 분주히 대응을 모색하는 총독부의 상황이 잘 드러난다.[33] 105인 사건의 진행이 처음에는 경찰에 의해 주도되다가 재판 회부 이후 선교사가 관련된 외교문제로 확장됨에 따라 외사국의 관여가 커졌음도 알 수 있다. 특히 1912년 8월 25일 서한에서 고마츠는 뉴욕 출장에서 돌아온 아키야마 마사노스케의 보고를 다음과 같이 전달하고 있다.

秋山 참사관이 돌아와 구미의 현상을 자세하게 보고했습니다. 일단 秋山를 도쿄에 보내 각하(寺內총독)에게 보고하게 하고 싶습니다. 秋山의 이야기로는 미국의 유식자 사이에서는 선교사문제 등에 중요성을 두는 자들이 많지 않다고 하므로, 일일이 변명 따위를 하는 것은 오히려 세상 사람들의 주의를 끌 뿐으로 그다지 변명하지 않고 가능한 침묵을 지키는 편이 낫다고 생각합니다. 때때로 오보의 교정 정도로 그치되 단, 침묵은 공격을 시인하는 것으로 속단될 수 있으므로 지난번 말씀드린 에딘버러 전도대회에 대한 보고와 관련해서는 그 황당무계함을 *Seoul Press*를 통해 반박할 예정입니다. 어제 松寺(105인 사건 담당검사)의 논고는 지극히 명확하여 우리에게 유리한 감상을 부여하고 있습니다. (괄호: 필자).[34]

---

33) 이 서한들에서 고마츠는 ①데라우치에 대한 사건 관련 보고는 촌각을 잃지 않도록 시시각각 전신으로 할 것이며, ②고문과 관련된 소문에 대응하기 위해 총독부 기관지인 경성일보와 *The Seoul Press*에 반박기사를 게재하고, ③볼얀(J. Boljahn) 등을 통해 선교사들의 의향·동향을 살피고, ④일본외무성에서 통보하는 미국의 상황은 총독부 사법부장관, 경무총장에게 회람시키고 관련된 영자신문들의 번역은 사건담당 재판관 등에게까지 제공하고 있다고 밝히고 있다. 참고로, 독일인 볼얀(Boljahn)은 대한제국시기 학부에서 초빙하여 관립한성외국어학교 독어교사를 지낸 인물이다. 고마츠의 편지들을 볼 때 선교사와 독일영사관에 대한 정보를 일제 당국에 제공하는 역할을 했던 것으로 보인다. 「明治45年7月2日 寺內總督宛 小松綠書翰」, 「明治45年7月22日 寺內總督宛 小松綠書翰」, 「大正元年 8月9日 寺內總督宛 小松綠書翰」, 「大正元年 8月25日 寺內總督宛 小松綠書翰」, 『寺內正毅關係文書』, 日本國會圖書館 憲政資料室, 국사편찬위원회 소장(마이크로필름).

34) 「大正元年 8月25日 寺內總督宛 小松綠書翰」, 『寺內正毅關係文書』, 日本國會圖書

105인 사건에 대한 미국 본토의 반응에 촉각을 세우면서도 선교사들의 영향력을 낮추어 보면서 그에 대한 대응을 준비하고 있다. 이러한 총독부의 관측대로 1912년 9월 28일의 제1심 판결은 123명의 기소자 중 105명에게 유죄를 선고했다. 하지만 1913년 10월 고등법원에서는 윤치호 등 6명에게만 실형이 선고되어 99명이 석방되었고, 실형이 선고되었던 6명도 1915년 2월 천황대관식 특사로 전원 풀려났다. 재판과정을 통해 사건구성의 모순들이 폭로된 점들과 함께 1심 판결 이후 서구 여론의 공격과 외교적인 공세가 거세진 것이 큰 이유였다.[35] 데라우치 관계문서에 남아있는 1915년 1월 오쿠마 수상에게 보낸 서한의 기안문을 보면 데라우치는 6인의 사면은 선교사들의 수차례에 걸친 운동과 진정 때문으로 자신의 본심이 아니었다고 밝히고 있다.[36]

이는 가키하라 검사의 말처럼 "완전히 좋지 않게 끝나 일거에 敵의 아성을 함락하려다 실패한 모습"이었을 수도 있다.[37] 일제당국의 본래 목표에는 못 미쳤겠지만, 분명히 105인 사건은 백만인전도의 구호 아래 파죽지세로 뻗어나가던 기독교세력의 성장세를 늦추는 데에는 나름의 역할을 수행했다고 보인다. 105인 사건의 주요 타겟이었던 장로교의 경우 1911년과 1912년의 통계를 비교하면, 목사·장로 등 교직자는 다소 증가했지만 선교비의 증가에도 불구하고 전체 교인수는 전년도에 비해 2만 명이나 감소했고 연간 세례교인과 학습교인도 각각 천 명, 5천 명 정도가 감소하고 있다.[38] 기독교 성장세의 방향을 돌려놓은 105인 사건

館 憲政資料室, 국사편찬위원회 소장(마이크로필름); 당시 아키야마의 출장의 공식적인 목적은 뉴욕에서 열린 만국적십자총회 참석이었으나 이면의 목적이 있었던 것으로 보인다. 또한 에딘버러 전도대회의 일이란 선교사들이 에딘버러에서 열린 세계선교대회에서 105인 사건의 조작과 고문상황 등을 알린 일을 말한다.

35) 윤경로, 『105인 사건과 신민회연구』, 165~172쪽.

36) 「總督謀殺計劃犯人特赦의 件 書翰案과 返翰」, 山本四郞/編, 『寺內正毅關係文書: 首相以前』, 京都女子大學, 1984, 116~117쪽.

37) 「朝鮮における司法制度近代化の足跡」, 『朝鮮近代史料硏究: 友邦シリーズ』 6, 111쪽.

은 그 종결시점이 기독교에 대한 법적인 통제가 본격적으로 준비, 시행
되는 시점과도 묘하게 겹쳐져 있다. 일제는 105인 사건의 처리에 대해
방향을 전환하면서 한편으로는 법제를 통한 기독교통제를 준비하고 있
었다. 후일 상해임시정부에서 발간한 자료집은 1915년에 등장한 '포교
규칙'을 "所謂 寺內 謀殺事件의 代用物"이라 평가하고 있다.[39] 105인
사건의 종결은 기독교통제의 끝이 아니라 또 다른 형태의 보다 지속적이
고 철저한 통제의 시작이었던 셈이다.

2. 기독교 포교기관 통제와 종교교육 금지

1) 포교규칙(1915)과 기독교 포교기관 통제

1915년 8월 16일 조선총독부령 제83호로 공포된 '포교규칙'은 조선
의 종교, 그 중에서도 기독교의 포교기관 통제를 위한 기본법이었다. 포
교규칙은 직접적으로 법령의 자구 자체에 기독교를 대상으로 한다고 명
시하고 그 종교기관과 종교선포자를 대상으로 설립과 조직, 자격 등을
행정적으로 규율한 법이다.

1939년 일본의 '종교단체법'이 조선에는 시행되지 않았기 때문에 포
교규칙은 명실상부하게 일제강점기 내내 조선기독교의 조직과 활동을
규율했던 통제의 기본법이었다. 또한 이 법은 일본의 식민지들에서 시행
된 기독교통제법의 모델이 되었다는 점에서 더욱 중요하다. 한국보다 먼
저 일본 식민지가 되었던 대만의 경우 기독교세가 미약해 포교규칙이나

---

38) 한국기독교사연구회/편, 『한국기독교의역사』 I, 319쪽.
39) 「七. 朝鮮基督敎會에 對흔 日本의 壓迫」, 『대한민국임시정부자료집 7: 한일관계사료
집』, 국사편찬위원회 한국사데이터베이스, NIKH.DB-ij_ 007_0020_00070.

종교단체법과 유사한 법령의 제정이 없었지만, 사할린(樺太)과 남양군도
에는 각각 1920년과 1931년 '포교규칙'이라는 명칭으로 법령이 제정되
었다.[40] 만주의 '關東州及南滿洲附屬地寺院敎會廟宇其他布敎所規則'
도 포교규칙과 유사하다고 한다.[41]

포교규칙은 제1조에서 신도·불도·기독교를 대상으로 한다고 밝히고
있지만, 불교는 1911년의 '사찰령'으로, 신도는 포교규칙과 같은 날 발
령된 '신사사원규칙'(조선총독부령 제82호)을 기본법제로 삼고 있었으므
로, 포교규칙은 기독교를 주요 대상으로 한 법이었다고 할 수 있다.[42]
1923년 조선총독부에서 발행한『조선의 통치와 기독교』도 포교규칙이
기독교를 대상으로 제정되었다고 명시하고 있다.[43]

기존 연구에서 포교규칙의 모법에 대해서는 구체적인 논의 없이 1898

---

40) 『內外地法令對照表』, 拓務大臣官方文書課, 1941, 5쪽. 대만에서는 어떠한 법령으
   로 기독교를 규율했는지에 대해서는 추가적인 연구가 필요하다.
41) 최봉룡, 『만주국의 종교정책과 재만 조선인 신종교』, 2009, 태학사, 191쪽.
42) '신사사원규칙'의 제정 이유에 대해 총독부는 병합 후 일본인 이주자가 증가하면
   서 신사나 사원을 설립하기 위한 법규가 없으므로 겪는 불편을 해소하고, 유지방
   법도 없이 건립되거나 시설이 미비한 채로 설립되어 그 존엄을 실추시킬 우려에
   서 마련한 것이라 밝히고 있다. 특히 신사의 경우는 일본 국체와도 밀접한 관계가
   있어 설립과 유지에 대해 신중한 주의를 요하여 일본 본토와 같은 제도를 갖추게
   한 것이라고 한다. 『朝鮮彙報』 1915. 8, 조선총독부, 54쪽; 결국 '신사사원규칙'은
   식민지에서 본국의 종교적 위세를 유지하기 위한 보호의 방책이었고, 포교규칙은
   조선에서 교파신도를 공인종교로 육성하기 위한 것이었다고 할 수 있다. 이와 관
   련된 연구는 다음을 참조. 윤선자, 「일제의 神社 설립과 조선인의 神社 인식」, 『역
   사학연구』 42, 2011.
43) 『朝鮮の統治と基督敎』, 朝鮮總督府, 1923, 7쪽; 단, 조선에 들어온 일본 불교에 대
   해서는 사찰령이 아닌 포교규칙을 적용한 것으로 보이며, 조선 불교의 경우도 매
   년의 보고의무 등 사찰령에서 다루지 않았던 새로운 규정의 경우는 적용을 받았
   다. 그러나 이미 사찰령에 의한 보고체계가 확보되어 있었기 때문에 큰 부담은 아
   니었다고 한다. 포교규칙의 시행으로 가장 큰 타격을 받은 것은 기독교였다. 『매일
   신보』 1939. 7. 29; 김순석, 『일제시대 조선총독부의 불교정책과 불교계의 대응』,
   58~68쪽.

년 일본의회에 상정되었던 '종교법안'이 모델이며 일본에서는 종교계의
반대로 제정되지 못한 법안의 내용이 조선에서 먼저 공포된 것이라고 하
는 견해가 수용되어 왔다.[44] 그러나 제1장에서 일본의 기독교 관계 법령
을 검토하면서 보았듯이 포교규칙의 모법은 1898년의 종교법안이 아니
라 1899년의 내무성령 제41호 '신불도 이외의 종교선포 및 전당·회당
등에 관한 규정'이다. 그 근거는 몇 가지로 정리될 수 있다.

첫째, 조선총독부가 자체적으로 밝힌 법의 연원이 분명하다. 총독부
는 포교규칙 제정 당시 『조선휘보』 등을 통해 포교규칙은 "일본 본국의
'성령 제41호 종교선포에 관한 단속규정'과 유사한 것"이라고 밝히고 있
고,[45] 1921년 간행된 『조선의 통치와 기독교』에서는 "大正 4년(1915)에
포교에 관한 종전의 규칙들을 정리하여 포교규칙을 발포했다"고 하고
있다.[46] 여기서 '성령 제41호 종교선포에 관한 단속규정'은 1899년 내
무성령 제41호 '신불도 이외의 종교선포 및 전당·회당 등에 관한 규정'
을 이른다. 이와 관련해 또 하나 기억해야 할 것은 통감부시기 제정되었
던 '종교의 선포에 관한 규칙'(통감부령 제45호)이다. 이 규칙은 포교규
칙의 부칙 제17조에 의해 포교규칙에 흡수·정리되어 폐지되었다. 포교
규칙의 성격을 분명히 하기 위해서는 이들 세 법령 간의 유사성과 차이
점을 함께 비교 검토해 볼 필요성이 있다고 생각한다.

둘째, 내용과 형식면에서 나타나는 내무성령 제41호와 포교규칙의 유
사성이다. 내무성령은 전체 7조로 이루어진 간략한 규정으로 구조와 내

---

44) 윤선자에 의하면 1898년부터 의회에 몇 차례에 걸쳐 상정되었다가 1939년 4월에
   야 일본에서 공포된 '종교단체법'(법률 제77호)의 원안 중에 하나였던 1899년 종
   교법안이 포교규칙의 모델이라고 한다. 따라서 부칙 4개조를 포함하여 총 19개조
   로 이루어진 포교규칙은 종교단체법 보다 간략하여 자의적인 해석이 가능했던 것
   으로 평가하고 있다. 윤선자, 『일제의 종교정책과 천주교회』, 70~71쪽.
45) 『朝鮮彙報』 1915. 8, 56쪽; 「朝鮮布教規則 (一)」, 『京城日報』 1915. 8. 17.
46) 『朝鮮の統治と基督教』, 7쪽.

용면에서 포교규칙과 상당한 유사성을 보이고 있다. 신고의 형식 등을 상세하게 정하고 있는 부속법령의 각종 형태들도 유사하다.[47] 반면에 1899년의 종교법안은 전문 53개조로 총칙, 교회 및 사원, 교파 및 종파, 교사, 벌칙의 5개 장과 부칙으로 이루어져 있어 구조와 분량 면에서 포교규칙보다 훨씬 방대하고, 형식 역시 의회의 협찬을 요하는 '법률'이며 민법의 특별법에 해당한다.[48] 이런 면에서 포교규칙은 형식이나 내용 모두 종교법안보다는 내무성령 제41호를 모델로 했음이 확실하다.

셋째, 일본과 조선 간 법령의 규정형식이다. 조선총독의 입법권은 제령과 총독부령으로 행사되는데 제령이 일본의 법률에 해당하는 것이라면, 총독부령은 일본의 칙령·각령·성령에 해당된다. 따라서 의회에서 제정된 법률이 조선에 의용되는 경우는 제령으로 공포되었고, 명령이나 규칙이 조선에 실행될 경우는 대개 총독부령으로 공포되었다. 포교규칙의 경우 법률보다 하위인 명령에 해당하는 내무성령이 모법이었기 때문에 총독부령으로 제정되었다고 보는 것이 타당할 것 같다.

포교규칙의 모법인 내무성령 제41호와 통감부령 제45호의 내용을 공통적인 법조항을 중심으로 포교규칙과 비교·분석해보면 다음과 같다.

〈표 12〉 포교규칙과 내무성령·통감부령의 비교

법규의 이름 주요 법조항	포교규칙 (1915. 조선총독부령 제83호)	신불도 이외의 종교선포 및 전당·회당 등에 관한 규정 (1899. 내무성령 제41호)	종교의 선포에 관한 규칙(1906. 통감부령 제45호)
법 적용 대상	신도·불교·기독교	신불도 이외의 종교	신도·불교 기타 종교의 종파
포교자 자격요건	종교의 선포에 종사하려는 자 : 자격증명문서+이력서	종교의 선포에 종사하려는 자 : 신고내용 기재문서+이력서 → 주소/거소	제국신민으로 조선에서 포교하려는 자 : 자격요건+이력서

---

47) 『宗敎法令類纂』, 225~238쪽.

48) 위의 책, 38쪽.

	→ 조선총독에게 신고	관할 지방장관에게 신고	→ 통감의 인가
①제출문서의 구비사항	종교 및 교파·종파 명칭/교의의 요령/포교방법	종교의 명칭/포교방법(1905년 개정으로 신설)	종교의 명칭/포교방법
②예외조항	포교관리자를 둔 교파·종파, 조선사찰에 속한 자는 '敎義의 요령'은 생략 가능	同令 시행전부터의 종사자는 설립자(또는 관리자)가 同令 시행 후 2개월 내 관할 지방장관에게 신고	
③①의 각 요건 변경시 필요요건	각 요건 변경시 : 10일 이내 조선총독에게 신고 *포교자 성명변경, 거주지 이전, 포교폐지시 : 10일 이내 조선총독에 신고	각 요건 변경시/주소(거소) 이전시 : 2주간 이내 관할 지방장관에게 신고 *포교자 사직시 : 관할 지방장관에게 신고	
종교용 장소 설립요건	종교용 장소를 설립하려는 자 : 7개 요건사항 구비 → 조선총독의 허가	종교용 장소를 설립하려는 자 : 6개 요건사항 구비 → 소재지 관할 지방장관의 허가	종교용 장소를 설립하려는 교종파의 관리자/포교자 : 3개 요건사항 구비 → 소재지 관할 이사관의 인가
①요건사항	1. 설립을 요하는 이유 2. 명칭 및 소재지 3. 부지의 면적 및 건물의 평수, 그 소유자의 성명 및 도면 4. 종교 및 교파, 종파의 명칭 5. 포교담임자의 자격 및 그 선정방법 6. 설립비 및 그 支辨방법 7. 관리 및 유지방법	1. 설립을 요하는 이유 2. 설치를 끝낼 기한 3. 명칭, 소재지와 부지 및 건물에 관한 중요 사항, 도면첨부 4. 종교의 명칭 5 관리 및 유지 방법 6. 담당포교자 둘 때는 그 자격 및 선정방법	1. 명칭 및 소재지 2. 종교의 명칭 3. 관리 및 유지방법
②각 요건 변경 경우	2호 내지 7호의 사항 변경시는 사유를 갖춰 조선총독의 허가받을 것	이유를 갖춰 관할 지방장관에게 신고할 것	
③ 장소 폐지의 경우	10일 내 조선총독에게 신고	2주 이내 관할 지방장관에게 신고	
매년 신고의무	포교관리자는 포교담임자를 둔 경우, 매년 12월 31일 현재 소속 포교자 명부(성명+거주지기재)	전당 등의 설립자 혹은 관리자는 매년 12월 31일 현재 신도수 → 다음해 1월 31일까지	

	를 작성 → 다음해 1월 31일까지 총독에게 신고	관할 지방장관에게 신고 (1905년 12월 개정으로 신설된 조항)	
	포교관리자 또는 포교담 임자는 매년 12월 31일 현재 소속 사원·교회당· 설교소 별도로 신도수 및 해당년도의 신도증감수 → 다음해 1/31까지 총 독에게 신고		
*포교규칙 고유조항	제3, 4, 5, 6, 7 / 13, 14, 15조 / 부칙		

* 출전: 『朝鮮總督府官報』 1915. 8. 16; 『宗敎法令類纂』 1934; 『統監府法規提要』, 1908.

이들 법규들의 구조와 내용을 보면, 포교규칙은 제1조에서 다른 두 개 법령과 달리 기독교가 대상임을 분명히 하고 있다. 내무성령 제41호가 기독교의 묵허방침에 맞추어 법령의 명칭을 "신불도 이외의 종교"로 하여 기독교가 대상인 것을 완곡하게 표시하고, 제5조에서 신불도를 법령에서 적용제외하여 사실상 기독교만을 대상으로 했던 것보다 훨씬 구체적이다.[49] 통감부령 제45호의 경우는 기독교를 명시하지는 않았지만 내무성령과는 달리 기독교와 교파신도·불교에도 적용되어 통감부시기 일본 기독교와 교파신도·불교의 조선 진출에 이용되었다.[50] 포교규칙의 경우는 기독교를 대상으로 함을 분명히 밝히면서 기독교 외에 교파신도·불교까지 포괄하고 있다. 병합 이후 조선에서 불교와 교파신도는 각

---

49) 내무성령 제41호의 제5조는 다음과 같다. "신불도의 포교자 및 그 사원·불당·교회소 등의 설립·이전·폐지에 관해서는 모두 종전의 규정에 의한다."

50) 渡邊彰, 「宗敎制度の綱要」, 223~224쪽; 국가기록원 소장문서 CJA0004731 『宗敎에 관한 雜件綴(明治39年2月 - 明治42年)』에는 통감부시기 '종교의 선포에 관한 규칙'에 의해 인가를 받은 일본 불교·교파신도·기독교 기관의 서류들과 관련 통계 등이 포함되어 있다. 당시 인가를 받아 조선에 들어온 일본 종교는 불교와 교파신도가 대부분이고 일본 기독교의 경우는 둘 셋 정도로 조선인 전도목적이 아닌, 재한 일본인 전도목적이었다.

각 기본적인 적용법규가 별도로 마련되었지만, 일단 포교규칙에 함께 규정함으로써 기독교만 차별적으로 통제한다는 비난을 회피할 수 있었을 것으로 보인다. 실제로는 기독교를 주 대상으로 하는 법령이므로 다른 종교는 고려할 필요 없이 당국의 의도대로 그때그때 개정할 수 있어 편리했을 터이기도 했다. 더 중요한 포교규칙 제1조의 존재이유는 조선에서 '공인종교'의 범주를 선포한 점이었다. 즉 교파신도와 불교, 기독교만이 공인종교로 인정되었다.[51]

공인종교로 인정된다는 것은 종교행정의 대상이 되어 행정적인 통제 안에서 '신교의 자유'를 보장받는 합법적인 종교로 위치된다는 의미였다. '국가신도 – 공인종교(불교·교파신도·기독교) – 유사종교'라는 위계화된 틀에 편입되어 합법적인 종교로서 사회적인 활동을 보장받는 대신 당국의 행정적인 통제에 종속된다는 뜻이다. 공인종교 이외의 것은 유사종교로 구별되어 종교단체가 아닌 일반결사로서 포교규칙이 아닌 형사법규의 적용을 받는 단속대상이었다. 유사종교는 집회결사의 자유가 인정되지 않던 무단통치하에서 保安法, 保安規則, 集會取締 등의 대상이 되었다. 때문에 공인종교 인정여부는 '종교'로 존속할 수 있는지의 사활이 걸린 문제였다.[52] '유사종교'는 개념 자체에서 유사성과 사이비성을 포함하고 있어 종교인 것 같으나 종교가 아닌 집단, 다분히 허위적이고 미신적이며 사기성이 깃든 사교집단이라는 의미가 들어있다. 일제는 한국의 천도교 같은 신종교를 유사종교라 칭하면서 구한말 정강의 해이, 사회의 불안 및 시세변천의 부산물로서 발생한 것이라고 규정했다.[53]

---

51) 渡邊彰, 「宗敎制度の綱要」, 218쪽.

52) 山口輝臣, 「宗敎と市民の誕生」, 歷史學硏究會·日本史硏究會/編, 『日本史講座』, 東京大學出版會, 2005, 37쪽.

53) 윤선자에 의하면 '유사종교'라는 개념은 일제가 한민족 정신의 말살과 정신적인 침략을 목적으로 한국혼과 민족의식을 바탕으로 창립된 종교들을 탄압하기 위해 사용하기 시작한 개념이라고 한다. 윤선자, 「일제의 종교정책과 新宗敎」, 『한국근

특히 일제가 감시에 주력했던 대상은 혹세무민의 유사종교보다는 민족
운동과 연계된 유사종교들로, 이들의 종교행위는 곧바로 치안의 문제로
간주되었다.[54]

포교규칙 제15조는 총독이 필요한 경우 종교유사단체로 인정한 것에
포교규칙을 준용할 수 있도록 하고 있다.[55] 1899년 내무성령 제41호에
는 존재하지 않는 이 같은 조항은 정책적으로 공인종교와 유사종교를 완
전히 구별하여 공인종교에는 정치적인 색채를 배제하여 사회교화를 위
한 순수한 종교단체로만 머무르게 하고, 유사종교에는 공인종교에 준하
는 대우를 받을 수 있는 여지를 두어 행정통제의 테두리 안으로 포섭하
기 위한 유인책을 마련한 것이다. 결과적으로 포교규칙 제1조에 의해 조
선의 종교체계는 초종교인 국가신도를 정점으로 공인종교인 교파신도·
불교·기독교가 위치하고, 가장 하단에는 유사종교가 놓이는 위계적인
모습을 갖추게 되었다고 할 수 있다.

다음으로, 포교자의 자격요건 조항에서 포교규칙의 경우 모든 면에서
다른 두 법령보다 강화되어 있음을 명확히 알 수 있다. 첫째, 포교자 자
격을 신고하는 경우 그 신고대상이 조선총독이다. 포교규칙은 모든 허가
와 신고의 접수 대상을 조선총독으로 정하여 내무성령의 '관할 지방장
관'에 비해 한층 강화하고 있다. 내무성령과 비슷한 수준의 규제를 가하
려면 조선총독이 아니라 각 도 장관으로 규정되었어야 한다. 이는 조선총
독 중심의 중앙집권적 행정체제의 특질이 법제에 반영된 것이기도 하다.

둘째, 포교자 자격요건을 변경하는 경우의 신고기간은 10일로, 내무

현대사연구』 13, 2000, 73쪽; 유사종교로 규정된 대표적인 경우가 천도교로서, 천
　도교를 탈정치화시키려는 일제의 탄압은 1920년대까지도 계속되었다. 박승길, 「일
　제무단통치시대의 종교정책과 그 영향」, 『현대한국의 종교와 사회』, 43쪽.

54) 윤선자, 「일제의 종교정책과 新宗敎」, 『한국근현대사연구』 13, 2000, 73~78쪽.

55) 포교규칙 제15조는 다음과 같다. "조선총독은 필요한 경우 종교유사단체로 인정
　하는 것에 本令을 準用할 수 있다."

성령의 2주에 비해 단축되었고 포교자 변경이나 거주지 이전의 경우도
총독에게 신고하도록 요건이 강화되었다.

셋째로, 포교자가 제출하는 문서의 구비요건도 포교규칙의 경우 다른
두 법령보다 '교파·종파의 명칭', '敎義의 요령'이라는 항목이 추가되었
다. 중요한 것은 '교의의 요령'을 기재하도록 강제하여 신앙의 내용에까
지 간섭할 수 있는 길을 열어놓은 점이다. '교의의 요령'은 앞의 1장에서
보았듯이 일본의 경우 1899년 내무성령 제41호의 법령안 심의 과정에서
외무대신 아오키 슈조(靑木周藏)의 반대로 삭제되었던 '敎旨 및 儀式의
大要'의 '敎旨'에 해당하는 부분이다. 일본에서는 자체적인 심의과정에
서 과도한 요건으로 판단해 삭제했던 부분이 조선에서 재등장하고 있다.
이 요건은 일본의 법령에서는 1939년 종교단체법의 교파·종파·교단의
설립요건으로 처음 등장한다. 일본법에 비해 '선구적인' 포교규칙의 통
제성을 보여주는 측면이다.[56]

종교용 장소설립의 요건 역시 포교규칙의 경우가 7개로 가장 많다.
설립 부지와 건물 소유자의 성명뿐 아니라 설립비와 지불방법까지 신고
하도록 하여 내무성령에 비해 경제적인 측면의 파악과 통제까지 의도했
다. 요건을 변경하는 경우도 내무성령이 지방장관에 '신고'하는 데 비해,
포교규칙은 조선총독에게 '허가'를 얻도록 하여 총독의 재량권을 강화하
고 있다. 이는 통감부령이 통감이 아닌 소재지 관할 이사관의 '인가'로
그치는 것과도 다르다. 포교규칙은 포교장소를 폐지하는 경우에도 신고
기간을 보다 짧게 설정하고 있다.

더 큰 문제는 포교자와 관련된 부분이다. 종교용 장소(포교소)는 제9

---

56) 1939년 일본의 종교단체법에서 교단 등의 설립시에 '敎義의 大要'를 요구한 것은
국가가 종교의 깊숙한 근본에까지 침투하여 감독하고 간섭할 수 있도록 한 것으
로, 각 종교는 국가의 지도에 의해 신앙내용까지 변경될 수 있다는 우려가 극히
커짐으로써 신교의 자유가 침해된 것이라고 평가되는 부분이다. 日本基督教團史
編纂委員會/編, 『日本基督教團史』, 日本キリスト敎團出版局, 2004, 185~186쪽.

조의 예시에 의하면 "교회당, 설교소, 강의소의 類"이다. 그런데 이 장소들을 허가받기 위한 요건사항 중 내무성령의 경우는 "담당포교자를 둘 때는 그 자격 및 선정방법"으로 포교소를 담당할 포교자의 설치여부가 임의적이다. 반면, 포교규칙은 "포교담임자의 자격 및 그 선정방법"을 구비하도록 되어 있어 종교용 장소마다 담당포교자의 설치가 강제된다.57) 당시 한국교회의 상황에서 포교소에 이 같은 요건을 갖추거나, 포교소마다 자격을 갖춘 포교담임자를 두는 일은 무리였다.58)

끝으로 매년 1월 31일까지의 신고에서 내무성령은 신도수만 신고하도록 요구한데 비해, 포교규칙은 포교관리자 또는 포교담임자에게 성명과 거주지를 기재한 소속 포교자의 명부와 소속 교회당·설교소마다 별도의 신도수 및 해당년도의 신도증감수를 조사해서 제출하도록 했다. 직접적인 통제가 효율적으로 기능하도록 포교지도자에 대한 정보와 교세 관련 통계를 정확하게 파악하기 위한 방식이었다.

이 같이 두 법령과의 공통적인 조항에서도 포교규칙은 이미 모든 면에서 이전의 법령들보다 강화된 내용을 갖추고 있다. 그런데 차별성과 통제성의 강화는 포교규칙에만 고유한 조항들에서 더욱 두드러진다. 이 부분은 크게 포교관리자에 대한 규정(제3조~제7조와 제 13조), 벌칙조항(제14조), 위에서 살펴본 종교유사단체에 대한 규정(제15조), 부칙 4개 조의 4부분으로 나누어 볼 수 있다.

57) 「布敎規則發布 (二)」, 『京城日報』 1915. 8. 18.
58) 『신한민보』 1916. 5. 25.

〈표 13〉 포교규칙에 고유한 법규내용

		포교규칙 고유의 내용
포교관리자 관련 규정 (제3조-제7조 /제13조)	설치의 경우	① 신도 각 교파·일본의 불도 각 종파 포교시 → 그 교파·종파의 관장이 임명(제3조)
		② ①이외의 교파/종파에서 총독이 필요 인정시 설치가능 (제6조)
		③ ①이외의 교파/종파에서 그 규약 등에 의해 두는 경우 (제7조)
	설치요건	1. 종교 및 그 교파·종파의 명칭 2. 敎規 또는 宗制 3. 포교의 방법 4. 포교관리자의 권한 5. 포교자 감독의 방법 6. 포교관리사무소의 위치 7. 포교관리자의 성명 및 그 이력서 　①의 포교관리자 : 조선총독의 인가 　②와 ③의 포교관리자 : 10일 이내 신고(변경시도 같음)
	총독의 변경명령권 (제4조)	포교관리자가 부적당하다고 인정하거나 위의 3, 4, 5의 요건 이 부적당하다고 인정시는 총독의 포교관리자 변경명령 가능
	거주요건	포교관리자는 조선에 거주할 것을 요함
	신고의무	포교담임자를 둔 포교관리자는 매년 12/31 현재 소속포교자 명부를 작성 → 다음해 1/31까지 총독에게 신고(제5조)
		포교관리자 또는 포교담임자는 매년 12/31 현재 소속 사원·교 회당·설교소 별도의 신도수 및 해당년도의 신도 증감수 → 다음해 1/31까지 총독에게 신고(제12조)
	副書첨부의무	포교관리자를 둔 교파·종파에 속한 자가 本令에 의한 허가/신 고시는 포교관리자의 副書를 첨부해야 함
벌칙조항		제9조, 제10조 위반시 백원이하의 벌금 또는 科料에 처함(제14조)
종교유사단체에 대한 준용규정		조선총독은 필요한 경우 종교유사단체에 本令을 준용할 수 있음 (제15조)
부칙 (제16조-제19조)		시행일자 1915년 10월 1일
		통감부령 제45호를 폐지함
		本令 시행 전 통감부령에 의해 인가된 경우의 처리(제18조)
		本令 시행시 기존의 포교자 등+제18조에 해당 않는 경우의 처리

제일 먼저 눈에 띄는 포교관리자 관련 규정들은 포교규칙 공포 당시
에 가장 문제가 된 부분이면서 포교규칙의 특징을 가장 잘 나타내 주는

부분이다. 사실상 1899년 일본의 내무성령 제41호와 조선의 포교규칙이 구별되는 핵심적인 부분이라고 할 수 있다. 후술할 선교사들과의 교섭과정에서 드러나는 당국의 포교관리자 설치 의도는 각 교파·종파 소속 포교자들을 '감독'하는 자로서 총독부의 교파·종파에 대한 통제를 손쉽게 하기 위한 것으로 보인다. 그러나, 포교관리자 개념은 법령 안에서 명확하게 규정되어 있지 않았고, 당국도 선교사들과의 교섭에서 일관된 태도를 취하지 않았다. 비교대상인 이들 세 법령 안에서 등장하는 포교자들에 대한 용어들 역시 제각각이라 당시 교회의 실무자들이 포교규칙에 따른 신고를 하기 위해 겪었을 혼란을 이해할 수 있다. 각 법령 별로 법조항과 관련된 쓰임에 따라 포교종사자 관련 용어를 정리해 보면 다음과 같다.

〈표 14〉 포교규칙·내무성령·통감부령의 포교종사자 용어정리

	내무성령 제41호	통감부령 제45호	포교규칙
포교의 개시주체	종교의 선포에 종사하려는 자 = 포교자	제국신민으로 한국에서 포교하려는 자 = 포교자	종교의 선포에 종사하려는 자 = 포교자
		제국의 신도·불교·기타 종교의 교·종파의 관장 → 교·종파 관리자 임명	신도 각 교파·내지의 불도 각 종파의 관장 → 포교관리자 임명
포교소의 설립주체	종교용장소의 설립자	교·종파 관리자/포교자	종교용 장소의 설립자
포교소의 관리	종교용장소의 관리자		
교파·종파의 공식대표		교·종파 관리자	포교관리자
포교소 구비요건	담당포교자(임의설치) ≤포교자		포교담임자(강제설치) ≤포교자
포교자의 하위개념	담당포교자≤포교자	소속포교자	포교담임자≤포교자

　　기독교의 경우 교단마다 유사한 직책에 다른 명칭들이 여러 가지로
사용되고 있었기 때문에 포교자, 포교담임자의 범주에 어떠한 직책을 포
함시켜야 할지를 정하는 것도 문제였다. 정리하자면 우선, '포교자'는 가
장 포괄적인 개념이다.[59] 특히 개인이 단독으로 포교하는 경우는 포교
의 개시자, 포교소의 설립자, 내무성령의 담당포교자나 포교규칙의 포교
담임자가 모두 단독 '포교자' 한 사람일 수도 있다. 개인 포교자가 그
밑에 다른 포교자들을 두고 포교를 하는 경우는 개인 포교자를 포교자
로, 다른 포교자들을 담당포교자·포교담임자·소속포교자라고 호칭한다.
특히 개별 포교소가 구비해야 할 요건으로 내무성령은 담당포교자, 포교
규칙은 포교담임자라는 호칭을 사용하고 있다.

　　가장 문제가 되는 '포교관리자' 개념은 포교규칙 특유의 것이다. 내무
성령에는 포교소를 관리하는 '종교용 장소의 관리자'가 있지만 이것은
'교파·종파'를 대표하는 포교관리자와는 달리 '하나의 포교소'를 대표하
는 개념으로, 종교용 장소의 설립자가 대치할 수 있는 지위였다. 개개의
포교소·포교자만을 법적인 적용단위로 한정한 내무성령은 의도적으로
교파·종파와 관련된 조항을 두지 않았다. 하지만 총독부는 조선기독교
에 대해서는 개별적인 통제도 필요하지만 전체 교파에 대한 통제도 유보
해 둘 수 없는 문제로 판단한 것으로 보인다. 그렇다고 교파·종파의 존
재를 법적으로 인정한 것은 아니다. 단지 그 '관리자'만이 필요했을 뿐
이다. 여기서 조선 특유의 포교관리자 조항이 등장했다. 총독부도 법령

---

59) 포교규칙에서 사용하는 '포교자'의 개념 내지 범주에 대해서 총독부 통계를 보면
　　1914년까지는 '선교사'와 '조선인 목사 및 助師'로 구분되던 것을 1915년 포교규
　　칙 시행 이후부터는 모두 '포교자'로 통일하고 있다. 즉 '포교자'는 외국인 선교사
　　(목사)와 조선인 목사 그 외의 助師들을 모두 포괄하는 범주라 할 수 있다. 助師는
　　개신교의 경우 목사 이외의 종교선포자들로, 장로회의 경우는 강도사, 장로, 집사,
　　권서인, 전도인 등이 포함되었다. 윤선자, 「1915년 <포교규칙> 공포 이후 종교
　　기관 설립현황」, 117쪽.

제정의 이유를 밝히면서 특히 제3조의 포교관리자에 관한 규정은 '기독교에 속한 교파'를 대상으로 하여 설치했다고 인정하고 있다.[60]

이 개념은 일단은 통감부령 제45호의 '교파·종파관리자'를 참고로 만들어낸 개념이라고 보여진다. 실제로 통감부시기의 공문서는 물론 병합 이후 포교규칙 공포 이전 『조선총독부관보』에도 일본의 신도·불교·기독교의 교파·종파를 대표하는 포교관리자 임명 처분들이 종종 게재되고 있어 통감부시기 실제 행정사무에서는 '포교관리자'라는 용어가 사용되었음을 알 수 있다.[61] 그러나 통감부령의 포교관리자(교파·종파관리자)는 소속 포교자의 성명과 자격, 직책의 변동을 관할 이사관에게 신고할 의무만 있을 뿐으로, 통감은 포교관리자에 대해 어떠한 권한도 가지고 있지 않았다. 이에 비해 포교규칙에서 총독은 포교관리자에 대한 임의적인 임명권과 변경명령권 등을 가지고 있다.

당국의 포교관리자 설치의도와 관련해서는 학부차관 타와라 마고이치가 총독부 학무과장 구마모토 시게키치에게 남긴 「在韓宣敎師에 대한 意見書」라는 문서가 참고가 된다.[62] 1910년 경 작성된 것으로 추정되는 이 문서는 조선인에 대해 큰 영향력을 가지고 있는 외국인 선교사들에 대한 대책으로 일본인에 의한 불교·기독교의 전도 등과 함께, 각 선교회의 '중앙감독자'와 연락을 충실히 할 것을 제안하고 있다. 타와라는 미

---

60) 『朝鮮彙報』 1915. 8, 57쪽.

61) 통감부령 제45호의 제2조는 다음과 같다. "前條의 경우를 제외하고 帝國臣民으로서 종교의 선포에 종사하려할 때는 종교의 명칭 및 포교의 방법에 관한 사항을 갖춰 이력서를 첨부하여 所管 理事官을 경유해 통감의 인가를 받을 것." 국가기록원 소장문서 『宗敎에 관한 雜件綴(明治39年2月-明治42年)』에는 이 조항에 의해 선정된 '宗敎布敎管理者一覽表'가 '宗敎單獨布敎者 一覽表'와 함께 포함되어 있다. 국가기록원 소장문서 CJA0004731 『宗敎에 관한 雜件綴(明治39年2月-明治42年)』; 「彙報-布敎管理者認可」, 『朝鮮總督府官報』 1910. 9. 21, 1911. 3. 6, 1911. 5. 6, 1911. 7. 15, 1913. 3. 12, 1914. 2. 5, 1915. 6. 12.

62) 「在韓宣敎師ニ對スル意見書」, 渡部學·阿部洋/編, 『日本植民地敎育政策史料集成(朝鮮編)』 67, 龍溪書舍, 1991.

국감리교회의 감독 해리스 등을 예로 들면서 통감부시기 이들 각 교파의 중앙감독자는 일부 선교사들이나 한인 목사·전도사들과는 달리 일본의 통치에 호의적인 태도를 보여 소속 선교사들이 가진 일본에 대한 반감을 없애는 데에 기여했음을 지적했다. 따라서 선교사들이나 한인 목사들이 정치나 시사를 논의하여 민심을 선동하는 경우에는 당국이 이들을 일일이 상대하기보다 중앙감독자를 압박하여 그들을 감독하게 하는 것이 효과적이라는 주장이다.

실제로 타와라의 의견이 반영되어 포교규칙의 포교관리자 규정이 설치된 것인지는 앞으로 더 검토가 필요하겠지만, 조선의 종교문제를 담당한 실무자들이 이러한 견해를 가지고 있었다는 점은 고려할 필요가 있다고 생각된다. 다만, 이 의견서에는 중앙감독자의 이용방법만이 제시되어 있을 뿐 그 임명이나 변경에 관한 당국의 권한에 대해서는 논의되어 있지 않다. 포교규칙에 의한 포교관리자 조항 중 제7조 2항은 교파·종파 내에서 임의적으로 포교관리자를 설치하도록 하고, 제6조는 조선총독이 필요하다고 인정하는 경우 포교관리자를 설치할 권한을 부여하고 있다. 총독에게 설치권한을 부여한 것도 문제지만, 더 큰 문제는 임의설치나 총독에 의한 설치의 경우 모두 포교규칙 제4조의 적용을 받게 되는 점이다. 또, 매년의 신고의무에 대해 정한 제5조와 제12조도 포교관리자와 관련하여 적용되었는데, 제5조는 포교관리자 특유의 의무이지만 제12조에 의해 포교관리자가 휘하의 포교담임자들을 총괄해서 신고를 대신할 수 있으므로 절차상의 복잡함을 덜 수 있었다. 당국은 이 규정을 들어 포교관리자 설치가 선교회 입장에서도 편리한 것임을 강조하고 설치를 독려했다.

문제의 제4조는 "조선총독은 포교의 방법, 포교관리자의 권한 및 포교자 감독의 방법 또는 포교관리자를 부적당하다고 인정할 때 그 변경을 명할 수 있음"이라 하여, 총독에게 포교방법, 포교관리자의 권한, 포교자

감독방법은 물론 포교관리자를 변경할 수 있는 임의적인 권한을 부여했
다. 제6조와 함께 적용하면 총독이 직접 포교관리자에 대한 설치권과 해
임권을 모두 갖게 되는 셈이다. 따라서 기독교단에 대한 매우 강력하고
직접적인 통제수단을 장악할 수 있게 하는 장치였다. 덧붙여 제13조는
모든 신고와 인가·허가 신청시는 일단 포교관리자를 거쳐 부서를 첨부
토록 하여 절차적으로 철저를 기하고 책임소재를 분명히 하도록 조치하
고 있다.

　한편, 제14조의 벌칙조항 역시 내무성령·통감부령에는 없는 특유의 것
으로 포교규칙이 통제법임을 잘 보여준다. 제15조의 종교유사단체에 대한
준용규정도 총독의 임의적인 권한에 의해 좌우되는 것으로, 종교유사단체
를 공인종교라는 타이틀로 유인하여 체제 안으로 끌어들이려는 것이었다.

　3개 법령에 공통적인 내용의 비교와 함께 포교규칙에만 특유한 법 규
정들을 검토한 결과, 포교규칙의 특징은 다음과 같이 정리된다. 첫째, 세
법령이 공통적으로 가지고 있는 규정 중 포교규칙이 정하는 요건들은 다
른 두 법령에 비해 전반적으로 강화되어 있다. 신고사항, 허가사항 모두
기존의 두 법령보다 많은 내용을 요구하고 있다. 이는 실제 법 시행시에
절차상의 번잡과 지연을 초래한 주요한 원인이 되었다. 둘째, 포교규칙
에는 모델이 된 두 법령에는 없는 통제적인 내용들이 추가되었다. 총독
의 포교관리자 설치·변경조항과 포교관리자의 부서첨부 의무조항, 벌칙
조항, 유사종교 관련 조항 등이다. 특히 포교관리자 설치와 통제는 내무
성령 등에 존재하지 않았던 것으로, 포교관리자를 통해 교파 전체에 대
한 통제권을 손쉽게 장악하려 한 당국의 의도를 읽을 수 있다. 셋째, 총
독에게 많은 재량권을 부여하고 있다. 포교관리자의 설치와 변경명령,
포교관리자 요건사항에 대한 변경명령이 대표적이다. 이런 점들은 조선
법체계의 특징인 중앙집권적 행정권의 발현이면서 기독교에 대한 당국
의 강력한 간섭의지를 보여준다. 이 같은 성격은 법령의 세부적인 집행

과정에서 더 심화되었고 기독교계는 대응에 부심해야 했다. 더구나 당시 기독교계는 포교규칙보다 몇 개월 앞서 공포된 개정사립학교규칙으로 인해 충격을 받고 그와 관련된 교섭에 전력을 쏟고 있는 중이어서 포교규칙의 공포는 문제에 문제를 더해준 것이었다.

2) 개정사립학교규칙(1915)과 종교교육 전면금지

병합 당시 기독교 사업에 대한 당국의 재보장을 신뢰하여 사립각종학교의 표준화를 위해 노력하던 선교사들 앞에 암운이 드리워진 것은 1914년에 들어서면서였다. 1914년 1월 『朝鮮統治三年間成績』의 간행이 그 시작이었다. 총독부 시정 3주년을 맞아 조선통치의 성과를 선전하기 위해 조선총독부가 펴낸 이 책에는 교육과 종교의 분리주의를 관철하기 위한 총독부의 장래 계획이 언급되어 있었다.

> 종래 조선에서 보통교육 정도의 학교로서 다소 불만한 것은 많은 경우 외국선교사들이 설립에 관계한 학교인 탓에 지금 갑자기 교육과 종교의 분리를 강제한다면 전도를 목적으로 설립된 이들 학교는 모두 존속할 수 없을 것이다. 따라서 그에 대신할 관공립학교가 완비되지 않은 현재로서는 그 폐교에 의해 교육상 심각한 결함이 발생할 것이므로, 현재에 있어서는 다만 그 폐단을 방지함에 멈추고, 장래 교육제도가 완성되는 시기에 이르러 교육과 종교의 분립주의를 힘써 행하려 한다.[63]

이 청사진에 대한 선교사들의 반응은 즉각적이었다. 기독교 선교회가 운영하는 학교들에서 교육과 종교의 분리를 실행하여 종교교육을 금지하는 것이 총독부의 계획임을 감지한 선교사들은 통감부시기 이토 통감과의 협정은 물론 병합시의 재보장을 위배하는 것이라 반발했다.[64] 이

---

63) 『朝鮮統治三年間成績』, 朝鮮總督府, 1914, 65쪽.

64) *Senate of the educational federation of Christian missions in Korea, no. 6. 1914.,*

보장들에 기초해 많은 투자와 함께 교육사업을 확대해 온 선교회들에게 "이러한 진술은 경악스럽고 절대로 기대하지 않았던 것"이었다.[65] 당국과의 협의에 돌입한 선교사들은 총독부가 고려하고 있는 궁극적인 정책은 일본 국내와 동일한 수준이며, 적어도 앞으로 10년 이상은 현재의 정책을 변경할 가능성이 없다는 보장을 받아냈다.[66] 하지만 이 약속은 1년을 조금 넘겨 유지되었을 뿐이다.

외국인 거류지의 행정권문제가 완결되어 府制가 실시된 얼마 후인 1915년 3월 24일 '개정사립학교규칙'(조선총독부령 제24호)이 공포되었다. 종교교육을 전면금지한 이 법의 제정과 공포는 데라우치 총독이 주도했다. 1915년 7월 일본에 체제 중이던 언더우드(H. G. Underwood)는 일본의 고위관리와 만나 이 법을 강제한 것은 총독의 계획이며 따라서 현재의 총독이 재임하는 한은 그 법이 강요될 것이라는 이야기를 들었다.[67] 주일 미국대사 거스리(George W. Guthrie)도 1915년 10월 미국무장관에게 보낸 문서에서 개정규칙은 데라우치 파벌에 의한 것으로 보고하고 있다.[68] 당시 총독부 학무과장이었던 유게 코타로 역시 사립학교규칙의 개정은 데라우치가 단행했으며 사립각종학교에까지 종교교육을

pp.17~18.

65) *Minutes and reports of the annual meeting of the Korea Mission of the Presbyterian Church in the U.S.A., 1914*, p.39.

66) 위의 자료; *Senate of the educational federation of Christian missions in Korea, no. 6. 1914.*, p.18.

67) 이만열·옥성득/편역, 『언더우드 자료집』 V, 159쪽.

68) 「도쿄 미국 대사관에서 워싱턴 국무장관에게 보낸 편지 No. 370」 1915. 10. 21, 『원문정보 마이크로필름자료: 미국무부소장한국관계문서』, 한국독립운동사정보시스템. 이 자료에는 자료번호가 붙어있지 않고 원본에 작성자의 표기도 없다. 그러나 거스리가 작성한 자료 번호 3-004541-028-0020 「조선의 개정된 학교령이 미국선교학교에 미치는 영향」이 원본상 같은 문서번호(No. 370)와 날짜를 가지고 있고 내용상 연계되어 있으므로 동일하게 거스리가 작성해서 미국무장관에게 제출했던 문서로 보는 것이 타당할 듯하다.

금지한 것은 '상당한 용단'이었다고 기술했다.[69] 이는 사립학교를 주밀하고 엄정하게 지도, 감독하여 국민교육의 완성을 기하려 한 데라우치의 의도였다.[70]

종교교육 금지조항은 교육칙어를 근간으로 한 천황제 공교육과 대항관계인 기독교계 사립학교에 대한 통제가 기독교 사학이 융성했던 조선에서 일본 국내보다 더욱 강화된 모습을 드러낸 것이라 할 수 있다. 육군파벌에게 법령의 제정을 비롯한 식민통치 전반의 권력이 집중되어 있던 상황은 이를 가능하게 했다. 1911년 조선교육령 체제의 확립으로 총독 재량에 의한 식민지 교육법제의 제정이 가능해지고, 1914년 이후 서양 각국과의 불평등조약 문제가 해결되자 대내외적으로 사립학교규칙 개정의 장애물은 모두 제거되었다.

1915년 개정사립학교규칙은 1911년 사립학교규칙의 제3조와 제12조 중 일부 내용이 변경된 외에 다음과 같은 주요 조항들이 신설된 형태였다.[71]

---

69) 弓削幸太郎, 『朝鮮の教育』, 191~192쪽.

70) 大野謙一, 『朝鮮教育問題管見』, 67쪽.

71) 참고로, 개정사립학교규칙이 나온 얼마 후인 1915년 8월 16일에는 총독부령 제84호로 '內地人을 교육하는 사립학교에 관한 건'이 공포되었다. 일본인과 조선인에 대한 학제차별로 인해 별도로 공포된 이 법령은 전체 3조로 구성된 간단한 내용으로 1920년 3월 개정사립학교규칙에 흡수되어 폐지된다. 총독부령 제84호의 제1조는 사립학교규칙의 대부분을 준용하고, 제2조에서 "보통교육·실업교육을 하는" 사립학교의 교과과정에 대해 개정사립학교규칙과 유사한 제한을 설치하고 있다. 단, 이 법은 개정사립학교규칙과 달리 사립각종학교를 법의 적용대상으로 명시하고 있지는 않다. 이는 당시 조선 내 대부분의 일본인 교육기관이 정규학교들이었고 사립각종학교는 극소수로 종교학교도 없었던 점 때문으로 보인다. 1911년 통계에 의하면 7개로 집계된 재조일본인 각종학교 중 조선총독부가 설립한 관립각종학교가 하나 포함되어 있고, 나머지 6개 학교들도 동양협회가 설립한 학교와 일본 거류민단이 설립한 학교들로 종교학교는 아니었다. 『第一次朝鮮總督府統計要覽』, 1911.

〈표 15〉 1915년 개정사립학교규칙 신설 조항

법령의 명칭 신설 조항	개정사립학교규칙(1915년 3월 24일, 조선총독부령 제24호)
사립전문학교 설립시 재단 법인설치 의무화 (제3조의 2)	전문교육을 하는 사립학교의 설립자는 그 학교의 설립유지에 족한 재산을 가진 재단법인일 것을 요함
교과과정통제 / 종교교육금지 (제6조의 2)	1. 보통학교, 고등보통학교, 여자고등보통학교, 실업학교 또는 전문 학교가 아니면서 보통교육, 실업교육 또는 전문교육을 하는 사립 학교의 교과과정은 보통학교규칙, 고등보통학교규칙, 여자고등보 통학교규칙, 실업학교규칙, 전문학교규칙에 준해 정할 것 2. 前項의 경우 보통학교규칙, 고등보통학교규칙, 여자고등보통학교 규칙, 실업학교규칙, 전문학교규칙에 규정한 이외의 교과과정을 가할 수 없음
교원의 자격조건과 국어사용 의무 (제10조의 2)	1. 보통교육, 실업교육 또는 전문교육을 하는 사립학교의 교원은 국 어에 통달하고 해당학교 정도에 응하는 학력자일 것. 단 초등보통 교육을 하는 사립학교의 교원은 별도로 정한 시험에 합격한 자, 교원면허장을 가진 자 또는 조선총독이 지정한 학교를 졸업한 자 에 한함 2. 오직 외국어, 조선어 및 한문 또는 특별한 종류의 기술을 교수하 는 자에 한해 前項의 규정을 적용하지 않음
부칙-유예규정	1. 本令은 1915년 4월 1일부터 이를 시행함 2. 초등보통교육을 하는 사립학교 교원 또는 고등보통교육, 실업교 육, 전문교육을 하는 사립학교에서 修身, 국어, 역사, 지리, 체조 이외의 교수를 하는 교원에 대해서는 1920년 3월 31일까지 제10 조의 2의 규정에 의하지 않을 수 있음 3. 本令 시행의 현재 인가를 받아 존재하는 사립학교는 1925년 3월 31일까지 제3조의 2, 제6조의 2, 제10조의 2의 규정에 의하지 않 을 수 있음

* 출전: 『朝鮮總督府官報』 1915. 3. 24.

제3조의 2는 1911년 일본의 개정사립학교령(1911. 7, 칙령 제218호)
에 신설되었던 사립학교 설립시의 재단법인 의무화 조항이 도입된 내용
이다. 일본의 경우 중학교와 전문학교를 설립할 때 재단법인을 설치하도
록 했으나 조선은 전문학교 설립시만 재단법인 조직이 의무화되었다. 개
정사립학교규칙과 함께 공포된 '전문학교규칙'(부령 제26호)으로 고등교

육기관에 대한 법제를 갖추면서 재단법인 조직을 의무규정화했기 때문
이다. 1911년의 조선교육령에는 전문학교에 대한 규정이 포함되어 있지
만 당국의 식민지 중등·고등교육 억제방침에 따라 전문학교에 관한 부
분은 1915년까지 법적 공백상태였다.[72] 이로 인해 당시 중등학교 졸업
생들에게 상급학교 진학지도를 자제할 것이 지시되었을 정도였다.[73]

새로 제정된 전문학교규칙은 공포 직후인 1915년 4월 1일부터 시행
되었고, 제7조에서 "本令에 의해 설립한 전문학교가 아니라면 전문학교
라고 칭할 수 없다"고 규정함에 따라 기존의 보성, 세브란스, 숭실, 이화
등은 즉시 학교명을 잃고 사립각종학교가 되어야 했다. 이제 재단법인
설립과 종교교육 금지는 기독교계 전문학교들의 설립을 막는 주요한 장
애물이 되었다.[74] 당시 기독교계는 언더우드를 중심으로 1914년 말 서
울에 연합기독교 칼리지의 설립을 확정하고 개교를 추진하고 있었다. 따
라서 이 조항은 신설될 연합 칼리지에 적용될 규정이기도 했다. 세브란
스와 연희전문은 선교회들의 연합으로 재단법인을 설립하여 1917년에

---

72) '時勢와 民度에 따르면' 조선인에게는 고등보통학교가 전문학교에 해당한다는 것
이 당국의 입장이었다. 「寺內總督諭告」, 『朝鮮總督府官報』 1911. 11. 1; 「宇佐美
長官訓示要綱」, 『公立普通學校長 講習會講演集』, 1912, 13, 30~31쪽; 弓削幸太
郞, 「朝鮮敎育法規」, 37쪽.

73) 선교사들은 1905년 연합숭실대학을 통해 이미 고등교육을 실시하고 있었고 전문
학교 내지 대학 수준의 선교회 연합학교 설립을 지속적으로 추진했다. 저급한 수
준의 식민지 교육을 시행하려 한 조선총독부와 중고등교육을 확충하여 초등교육
부터 고등교육까지의 기독교 교육을 완성하려 한 선교사들 사이에는 갈등과 대응
의 양태가 나타난다. 정준영은 총독부의 중고등교육정책은 외견상 일본인이 일방
적으로 주도한 것처럼 보이지만, 정책의 변화 자체가 미션스쿨이라는 체제 외부
의 도전에 대한 대응이라는 측면이 강했음을 지적하면서 총독부가 사립학교령을
정비하고 중등·고등교육에 관한 규정을 새로 세우게 된 것은 바로 서울칼리지의
설립 직전인 1915년 3월이었다고 지적하고 있다. 정준영, 「1910년대 조선총독부
의 식민지교육정책과 미션스쿨 - 중·고등학교의 경우」, 『사회와 역사』 72, 2006,
225~226, 238쪽.

74) 숭실대학교90년사 편찬위원회/편, 『숭실대학교90년사』, 숭실대학교, 1987, 199쪽.

사립전문학교로 인가받을 수 있었다. 나머지 보성, 숭실, 이화는 1925년 유예기간 완료를 앞두고서야 겨우 재단법인을 설립해 전문학교로 인가받았다.[75] 그 후 이들 전문학교 법인들에게는 1912년 공포된 조선총독부령 제71호 '법인의 설립 및 감독에 관한 규정'과 '조선민사령' 중의 법인에 관한 규정들이 적용되었다.

1915년 개정사립학교규칙에서 중등교육기관에 대한 법인설치 의무규정을 두지 않은 이유는 무엇일까. 개정규칙과 이후 총독부의 사립학교들에 대한 정책을 볼 때, 당시 총독부는 중등교육을 시행하는 기독교계 사립학교들을 '종교교육이 금지된' 정규 중등보통학교로 편입시키려 유도하고 있었다고 생각된다. 실제로 1915년 이후 감리교계의 중등학교들은 정규의 보통학교체제에 편입되었는데 이는 총독부의 방침과 일치하는 움직임이었다. 당국으로서는 이들 학교들에게 법인설립이라는 장벽까지 만들어 정규학교체제로의 진입을 막을 필요가 전혀 없었다.

덧붙여 신설된 제10조의 2 역시 선교사들에게 큰 장애가 되는 조항이었다. 선교사들은 대부분 한국어를 배워 사립학교에서 한국어나 영어로 강의를 진행했고, 일부 일본어 교사를 제외한 기독교계 학교의 교원들은 한국어로 강의를 하는 상황이었던 까닭이다. 또 특별한 자격 없이 기독교계 중등학교를 졸업한 뒤 보통학교 교원으로 종사하는 경우가 많았으므로 교원의 학력조건 역시 당면한 큰 문제였다. 제10조의 2는 교원 충당문제로 학교경영을 어렵게 하고 선교사들의 강의는 막으면서, 일본어 교육을 통해 학생들에게도 일본어를 보급시킨다는 여러 가지 효과를 노렸다고 할 수 있다.[76] 때문에 연합대학 설립을 준비하던 언더우드도 서울 내 일본인 목회자들을 각 과목의 교원으로 초빙하는 방안을 마련하느

75) 손인수, 『韓國近代教育史』, 121~122쪽; 숭실대학교90년사 편찬위원회/편, 『숭실대학교90년사』, 숭실대학교, 1987, 201쪽.
76) 이만열·옥성득/편역, 『언더우드 자료집』 V, 127쪽.

라 부심해야 했다.[77]

　제6조의 2가 문제의 종교교육 완전금지조항이다. 前項의 "보통학교, 고등보통학교, 여자고등보통학교, 실업학교 또는 전문학교가 아니면서 보통교육, 실업교육 또는 전문교육을 하는 사립학교"란 정규 사립학교가 아닌 사립학교령에 의한 인가만을 받은 사립각종학교를 의미한다. 이들 사립각종학교들도 각 학교규칙에 정한 교과과정을 따라야 하며, 後項에 규정하듯 각 학교규칙에 정한 교과과정 이외의 교과를 추가로 실시할 수 없다. 따라서 각 학교령에 교과과정으로 지정되어 있지 않은 성서 등의 종교교과는 당연히 교수할 수 없다. 1899년 일본의 문부성훈령 제12호는 정규 사립학교에 대한 종교교육을 금지한 것으로, 사립각종학교로 남는 한은 종교교육의 자유가 주어졌던 제한적인 종교교육의 금지였다. 1911년 조선의 사립학교규칙과 유사한 상황이다. 그에 비해 1915년의 개정사립학교규칙은 사립각종학교에까지 종교교육을 금지했다. 일본의 경우 학교로 존속할 수 있는 선택지가 남아 있었던 것과 달리, 조선은 종교교육을 계속한다면 학교로서 존속할 수 없다는 차이가 있다. 1915년 조선기독교선교회 교육연맹평의회(Senate of The Educational Federation of Christian Missions in Korea)의 총서기(General Secretary)로 총독부, 미국 해외선교부 등과의 교섭을 담당했던 북장로교 선교사 애덤스(J. E. Adams)는 이 점을 정확하게 지적하고 있다.

　　이러한 상황은 일본 본토에서는 결코 존재하지 않음을 주목해야 합니다. 정말로 이 상황은 본질적으로 다른 것입니다. 일본 본토에서는 의무교육이 시행되는 보통학교에는 미션스쿨이 거의 없습니다. 그리고 이 학교들에 대한 정부의 요건은 엄격합니다. …… 만약 학교가 정부의 시스템에 순응하고 세속화하여 다른 조건에 맞춘다면 다른 학교에 부여되지 않는 특별한 특권들을 가집니다. 그러나 학교들은 정부의 시스템에 순응하지 않고 계속 운영할 수

---

77) 위의 자료, 132~133쪽.

도 있고, 이 경우 그들은 그 교과과정에서 최고의 자유를 누릴 수 있습니다. 이러한 유형이 우리(장로교)의 메이지학원이며, 감리교의 아오야마학원입니다. 이들에게 주어진 선택은 '순응하느냐 아니면 체제의 밖에 머무느냐'입니다. 조선에서 선택으로 주어진 것은 '순응하느냐 아니면 문을 닫느냐'입니다. 하나는 허용을 전제로 한 선택이며, 다른 하나는 금지를 전제로 한 선택입니다. 이 점에서 이들은 근본적으로 다르고 한국에서의 상황이 일본보다 훨씬 더 심각합니다. 선택의 자유는 전혀 주어지지 않았습니다. 학교는 세속화하던지 문을 닫아야 할 것입니다. (괄호: 필자)[78]

강도가 큰 개정내용에 대한 기독교계의 반발을 예상하고 미리 준비한 것 같은 부칙조항은 교원자격과 관련해서 5년, 종교교육과 관련해서 기설학교의 경우 10년간의 유예를 부여했다. 여기서 '기설학교'란 개정사립학교령 공포 이전에 신청한 인가신청서의 학칙란에 종교교육을 하는 학교로 기재하여 인가를 받은 학교로 정의되었다.[79] 그런데 앞장에서 지적했듯이 1908년 사립학교령에 의한 인가시에는 학칙 등에 대한 심사는 생략하고 일단 인가를 해주는 정책이 시행되었고, 1911년 사립학교 규칙은 이미 인가받은 이들 학교들을 모두 그대로 인정했다. 때문에, 갑자기 1915년의 개정규칙에서 학칙사항의 유무에 의해 기설여부를 기준으로 판단한 점도 어느 정도는 학교들에 타격이 되었으리라 생각된다.

긴 유예기간의 설치는 일종의 혜택으로 선전되어 선교사들의 항의에 대한 방어책으로 활용되었다.[80] 하지만 유예기간은 기독교계 학교의 감

---

78) 이 글은 애덤스(J. E. Adams)가 1915년 7월 13일 작성한 글 중의 일부로 다음 자료에 발췌·인용되어 있다. 「도쿄 미국 대사관에서 워싱턴 국무장관에게 보낸 편지 No. 370」 1915. 10. 21. 자료 내용 중 Ooyama Gakuin 은 Aoyama Gakuin(靑山학원)의 誤記로 생각된다.

79) 국가기록원 소장문서 CJA0004678 「私立學校ノ整理改善ニ關シ注意方ノ件」, 『例規(學務課)』 1915.

80) 關屋貞三郎, 「私立學校規則ノ改正」, 『朝鮮彙報』 1915. 4, 24쪽; 『朝鮮彙報』 1915. 9, 82쪽.

소를 예상한 조치이기도 했다. 총독부 통계에 의하면 병합 이후 사립학교에 대한 법제의 실행 등을 원인으로 기독교계 학교의 숫자는 1910년 746개에서 1914년 473개로 감소했다. 4년간 매년 평균 68개가 감소한 셈이다. 이런 추세로 감소한다면 6~7년 후에는 일본과 마찬가지로 보통교육에 종사하는 기독교계 학교는 완전히 멸종하게 되리라고 당국은 전망하고 있었다.[81] 외사국장 고마츠의 표현대로 "교회가 보통교육에 종사하는 變態는 일시적인 현상에 불과하다"는 것이다.[82] 즉 유예기간은 기독교계 학교의 소멸을 기다리는 기간이기도 했다. 물론 당국이 자연적인 소멸을 기다리기만 한 것은 아니다. 1915년 7월 13일 총독의 결재를 받아 내무부장관 우사미가 각 도 장관에게 발령한 통첩(學 제1078호) '사립학교의 정리개선에 관한 주의방법의 건'은 다음과 같이 지시하고 있다.

1. 지난번 사립학교규칙 개정의 결과 보통교육 기타 주요한 교육을 하는 사립학교의 교과과정은 보통학교규칙 기타에 준거해야만 하도록 되었으므로 본 년도부터 각 학교의 교과과정을 일제히 보통학교규칙에 준거하여 개정하게 할 것을 답신하는 바이다. 물론 이번 개정규칙의 유예기간 중에도 사립학교 당사자들로 하여금 스스로 개정규칙에 따르도록 권장해야할 것이지만, 이미 유예기간이 설정된 이상은 당사자의 뜻에 반해서까지 강제로 본 년도부터 실행시키려 함은 규칙의 취지가 아님을 오해 없도록 주의할 것.

2. 사립학교 지도감독의 실효를 거두려면 실제로 시찰하는 것이 가장 유효하다. …… 종래 사립종교학교에 대해서는 지방청의 감독지도가 충분하지 않은 감이 있으므로 지금부터는 특히 주의하여 지방관이 도청소재지 종교학교를 시작으로 주된 학교 관계 선교사와의 연락소통을 도모하여 스스로 그 교육의 개선을 기함에 태만하지 않아야 할 것이다. 무엇보다도 축제일에 국가를 부르게 하는 것과 총독부 편찬의 수신서를 사용

---

81) 小松綠, 「朝鮮に於ける敎育と宗敎」, 『朝鮮彙報』 1916. 1, 13~14쪽.
82) 위의 글.

하게 하는 등의 일은 속히 실행을 기하도록 지도할 것을 요한다.[83]

기설학교가 아닌 경우 당장 교과과정을 개정하도록 하고 기설학교의 경우는 일단 유예기간이 주어진 이상 강요는 하지 말 것이지만, 유예기간 중이라도 스스로 개정규칙에 의해 종교교육을 그만두도록 권장할 것이 지시되고 있다. 특히 2항에서는 지방관의 직접적이고 적극적인 종교학교 감독을 지시하고 있다. 교과과정에 대해서 통첩은 '강제'가 아닌 '권장'을 지시하고 있지만, 실제로 기독교계 학교들이 체감한 것은 강한 압력이었다. 지방관들은 기존에 받은 학교설립 인가서의 타당성에 문제를 제기해서 신규설립 학교로 취급하려는 방법 등을 동원했다. 이에 대해 선천의 휘트모어(Whittemore) 선교사는 특히 저학년 과정의 교회학교들이 어려움을 겪고 있다면서 "아직 10년간 허용된 유예기간 중 2년도 지나지 않았는데 여기저기서 종교교육을 포기하라는 강력한 압력이 가해지고 있다"고 보고하고 있다.[84]

1915년에 들어와 공포된 개정사립학교규칙과 포교규칙은 조선기독교에 대한 두 번의 기습적인 공습이었다. 치외법권을 누린 병합 이전의 상태에 안주하고 있었던 기독교계는 일본이 병합시의 재보장을 저버리리라고는 상상하지 못했던 것 같다. 105인 사건의 경험에도 불구하고 무단통치하의 반기독교적인 정세를 제대로 감지하지 못한 것이다. 총독부의 기독교정책에 대한 선교사들의 인식은 1915년 이후에야 전환되기 시작한다.[85] 1911년 사립학교규칙의 공포시에는 거의 보이지 않던 당국에 대한 대응도 본격적으로 나타난다. 그러나 이미 치외법권 등의 특권을 상실한

---

83) 국가기록원 소장문서 CJA0004678 「私立學校ノ整理改善ニ關シ注意方ノ件」.

84) 「Norman C. Whittemore가 A. Brown에게 보낸 편지」 1916. 3. 1, 『원문정보: 재한선교사보고문건』, 한국독립운동사정보시스템.

85) 이성전, 『미국선교사와 한국근대교육 – 미션스쿨의 설립과 일제하의 갈등』, 서정민·가미야마 미나코/역, 한국기독교역사연구소, 2007, 37~38쪽.

기독교는 이전과 달리 더 이상 본국 정부의 힘에 기댈 수도 없었다.

3. 1915년 기독교 통제법에 대한 기독교계의 대응양상

1) 포교규칙의 시행과 기독교계의 반응

포교규칙이 제정된 1915년 8월 16일 이후 총독부는 법령의 구체적인 집행을 위해 '告示 제253호'(1915. 10. 1)로 포교규칙에 규정된 신고, 허가 등을 위해 필요한 布敎屆, 布敎願, 布敎者名簿, 布敎管理者設置屆, 布敎所設置願, 信徒數屆의 서류형식을 지정고시했다.[86] 고시는 각각의 서류 항목마다 구체적으로 기입해야 할 내용을 세세하게 지정하고 있다. 예를 들어 포교규칙 제2조의 포교자 자격증명을 위해 조선총독에게 신고해야 하는 서류인 布敎屆의 경우 포교의 방법에는 "포교소에서 하는 포교, 순회포교, 가정전도, 통신포교 등 그 방법을 상세히 기입하고, 소속 교파·종파에서 포교자의 職名도 기재할 것"을 지시하는 식이다.[87] 다른 서식도 마찬가지로, 제12조에 의한 "信徒數屆"의 경우는 총신도수만 보고하는 것이 아니라 총독부에서 제시한 표의 양식에 맞추어 신도의 현재 숫자를 내지인(일본인), 조선인, 외국인으로 나누어 각각 조사하고 또 올해 안에 신도가 된 자, 탈퇴한 자, 그 합계와 증감상황을 각각 기입해야했다.[88] 조선의 포교 상황을 철저하게 파악하려는 의도였다. 또 총독부는 시시때때로 행정기관에 통첩을 발령해서 포교규칙의 시행에 지연이 있거나 미비점이 있으면 독려하고 세부적인 집행 관련 사항들을 지

---

86) 『朝鮮總督府官報』 1915. 10. 1.

87) 『朝鮮總督府官報』 1915. 10. 1.

88) 『朝鮮總督府官報』 1915. 10. 1.

휘했다. 예를 들어 '통첩 제342호'(1915. 12. 9)는 각 도 장관에게 포교
자 신고가 지연되지 않도록 경고하면서 제출의무를 가진 당사자들에게
주의를 주도록 하고,[89] '통첩 제351호'(1915. 12. 24)는 서류들을 제출할
때 경미한 사항이라도 기재시 누락되거나 필요한 서류가 탈루되는 일이
없도록 지방관청이 주의할 것을 명령하고 있다.[90]

기독교계는 일단 절차적인 면에서 이러한 요구사항들에 대응하기가
매우 어려웠다. 당시 서울·제물포 등지의 감리사를 맡고 있던 노블(W.
A. Noble)은 감리교연회 보고문에서 어려움을 토로하고 있다.

> 1915년 8월 포교를 규제하기 위해 83호로 알려진 규칙이 총독부에 의해
> 공포되었다. 이 규칙은 10월 1일부터 실행되었고 모든 교회와 포교자들에게
> 등록을 요구했다. 보고서의 형식을 준비하고, 교회들로부터 등록에 필요한 자
> 료들을 수집하기 위해 10월을 보냈다. 이는 새로운 경험이라 목사들은 무엇
> 이 필요한지 몰라 적지 않은 혼란을 겪었다. 작업을 끝내기도 전에 총독부 관
> 리들은 (법령을) 이행할 것을 선언했다. 나는 이 일에 일 년 동안 넉 달을
> 소비했고 평양, 영변, 공주를 방문했다. …… 여러 달 동안 목사들은 등록에
> 필요한 자료와 사실들을 수집하느라 적극적인 전도사업을 할 수 없었던 것이
> 사실이다. (괄호: 필자).[91]

천주교 경성교구의 뮈텔 주교도 포교규칙 공포 5개월이 경과한 1916
년 1월 1,300건이 넘는 신고서류에 시달리고 있음을 기록하고 있어,[92]

---

89) 『朝鮮總督府官報』 1915. 10. 9.

90) 『朝鮮總督府官報』 1915. 12. 24.

91) *MINUTES OF THE KOREA ANNUAL CONFERENCE OF THE METHODIST
EPISCOPAL CHURCH, 1916.*, pp.41~42;.

92) 뮈텔 주교는 포교규칙 관련 제출서류들이 반려되었다면서 당국이 신부가 상주하
지 않는 公所들에 대해서도 신고를 요구해 600장의 서류를 추가작성해야 하며,
제출서류의 총수가 이미 발송한 720장을 합쳐 1,320장에 이른다고 적고 있다.
『뮈텔주교일기』 6권, 1916년 1월 6일.

당시 선교회들과 교회들의 고충을 짐작할 수 있게 한다.

　더구나 당국은 기재사항들을 늘리는 것 이외에도 절차상 단계를 추가하는 식으로 서류처리를 지연시켰다. 포교규칙 자체는 조선총독에게만 신고하거나 허가를 받도록 규정하고 있지만 실제로는 중간 단계를 거치도록 하는 행정명령들이 계속 발령되었다. 1915년 12월 24일의 '통첩 제351호'는 포교규칙에 따른 각종 서류들을 직접 총독부에 제출하지 말고 지방청을 경유하도록 규정했다.[93] 다음해 발령된 '통첩 제40호'(1916. 1. 26)는 제12조에 의한 信徒數屆를 제출할 경우 해당 포교관리사무소를 거쳐, 소재지 관할 지방청을 경유한 후에 총독부에 제출하도록 정하고 있다.[94]

　어려운 상황은 제도가 시행된 첫 해에만 끝나지 않았다. 매년 1월 31일까지 신고해야 하는 각종 통계들 역시 법령에 명시된 것에 그치지 않고 지속적으로 요구내용이 추가되었던 것 같다. 천주교 대구교구의 드망즈 주교가 남긴 일기를 보면, 주교는 1918년 1월 12일 도청에 매년의 보고를 위한 통계와 필요한 서류들을 제출했는데, 그 뒤 제출서류와 관련하여 도청과 분쟁이 계속되었다. 4월 12일의 일기에는 다음과 같은 내용이 남아있다.

　통계표에 대해 나와 도지사 사이의 갈등 때문에 도지사의 비서가 왔다. 나는 도청에서 그에게 보고하게 한 것을 다시 말해 주었다. 즉 법이 요구하는 것을 제공해야 한다고 생각하지만 그 밖의 것은 다 거부한다고. 결과는 두고

93) 『朝鮮總督府官報』 1915. 12. 24; 통첩 발령보다 2개월 정도 앞선 1915년 10월 11일자 『뮈텔주교일기』에는 포교규칙 문제로 고마츠 외사과장을 만나러 갔던 주교가 "생각했던 것과는 달리 신고는 선교사 각자가 군청에 해야 하고, 군에서는 그것을 도청에 넘기고 도지사는 그것을 다시 총독에게 넘겨야"한다는 이야기를 듣고 왔다고 적고 있어, 포교규칙의 중첩적인 신고절차는 당국이 본래 의도한 바였음을 짐작하게 한다. 『뮈텔주교일기』 6권, 1916년 10월 11일.

94) 『朝鮮總督府官報』 1916. 1. 26.

보아야 할 것이다.[95]

  행정절차의 복잡함과 지연상황에 대해서는 1920년 포교규칙 개정시 조선총독부 스스로도 개정 이전의 포교규칙이 사소한 점에 걸쳐 복잡한 수속을 요구하여 도리어 실제적인 실행을 어렵게 했었다고 자인할 정도였다.[96]

  포교규칙의 집행과정에 더욱 문제가 된 것은 경찰력의 개입이었다. 본래 병합 이후 포교규칙 시행 이전에 포교에 관한 수속은 내부적으로 모두 관할 경찰관서에 신고하도록 규정되어 있었다.[97] 물론 이 시기는 기독교에 대한 공식적 행정통제가 실시되기 이전이었으므로 통감부시기와 마찬가지로 종교 관련 업무는 대부분 일본인이 포교하는 신도·불교·기독교와 관계된 업무였다.[98] 포교규칙이 제정된 후 원칙적으로 이 업무들은 지방행정기관으로 이전되었지만,[99] 경찰과의 밀접한 업무연계는 계속되었다. 경무총감부의 高等警察課 機密係가 종교취체를 담당했던 점도 이를 뒷받침한다. 정무총감이 각 도 장관에게 발령한 통첩 제855호 '포교규칙 시행에 관한 건'(1915. 10. 15)도 경찰과의 업무협조하에 포교규칙을 시행하도록 지시하는 내용이다.

---

95) 드망즈 주교, 『드망즈주교일기 1911~1937』, 한국교회사연구소/譯註, 카톨릭신문사, 1987, 228, 240~241쪽.

96) 『朝鮮に於ける新施政』, 1921, 58쪽.

97) 『每日申報』 1915. 8. 24.

98) 국가기록원 소장문서 CJA0004741 『社寺宗敎』(1911)에는 경무총감 아카시 모토지로를 경유해 데라우치 총독에게 제출된 일본 종교단체의 포교 관련 서류들이 보관되어 있다.

99) "宗敎 宣布에 關한 手續에 대하여는 從來의 規則에 依하면 모두 管轄 警察官署에 신고하도록 規定되어 있었는데 這般 宣布規則의 發布와 동시에 이와 같은 届出은 모두 地方行政廳에서 受付키로 되었다고 한다." 『每日申報』 1915. 8. 24.

이번에 포교규칙을 발포하여 10월 1일부터 시행하도록 되었다. 종래의 '종교의 선포에 관한 규칙'은 이전의 통감부가 제정에 관계한 것이므로 내지인에게만 적용되었지만 병합 후에는 내지인과 조선인 및 외국인을 구별할 이유가 없으므로 이를 동일하게 취급하려는 취지이다. 이 점에 대해 오해가 생기지 않도록 본 규칙제정의 취지를 일반에 주지시켰으면 하고, 또 이 같은 사무는 本令 시행과 함께 貴官(道長官)의 소관으로 이전하지만, <u>원래 종교에 관한 사무는 경찰기관과의 관계가 적지 않으므로 항상 상호 간에 연락을 유지하여 실시상 유감이 없음을 기했으면 한다.</u> (괄호·밑줄: 필자).100)

이어서 통첩은 각 도 장관이 시행해야 할 다섯 가지 항목을 구체적으로 적시하고 있다.

1. 만약 布敎届의 제출을 태만히 하는 자가 있을 때는 경무기관과 협의하여 속히 제출하도록 주의를 주고, 또한 그 명령에 따르지 않을 때는 행정집행령에 의해 독촉을 가할 것.
2. 포교자의 주소·성명, 포교관리자의 주소·성명, 포교소의 소재지·명칭 및 그 변동은 本府(조선총독부)에서 당분간 조선총독부관보에 게재할 것.
3. 교회당·설교소·강의소의 종류에 대한 설치허가신청과 같은 것은 당분간 지방청에서 취사선택하지 말고 속히 총독부에 진달할 것.
4. 本令 시행상 예규가 될 만한 것 또는 특히 필요하다고 인정되는 것이 있을 때는 이를 경무부장에게 통지할 것.
5. 도청에 다음과 같은 장부를 비치하고 정리할 것: 布敎者名簿, 布敎管理臺帳, 布敎管理者名簿, 布敎所臺帳, 布敎擔任者名簿. (괄호: 필자).101)

위 통첩을 통해 포교규칙의 집행이 경찰기관과의 긴밀한 연계 아래 이루어졌음을 명확히 알 수 있다. 특히 1항에서 보듯이 경찰은 포교규칙의 절차 이행과 관련하여 '행정집행령'에 의거한 처분을 강제하고 科料

---

100) 국가기록원 소장문서 CJA0004747 「포교규칙시행에 관한 건(각 도장관)」 1915, 『寺刹關係書類』.
101) 위의 자료.

를 부과할 수도 있었다.[102] 특별히 포교규칙이 공포된 시기는 헌병경찰의 강력한 통제가 사회전반에 미치고 경찰에 의한 기독교인, 기독교 집회에 대한 감시와 조사가 공공연하게 이루어지던 무단통치였음을 유의해야 한다. 경찰력·경찰기관에 대한 동시대인의 체감도는 1920년대와 비교하더라도 상당한 압박으로 감지되었을 터였다. 당시 경찰들은 포교규칙에 관련된 조사라는 구실하에 수시로 교회에 출입하며 신자들을 괴롭혔다.[103] 포교규칙에 대한 대책을 논의하던 1915년 9월 장로교 연회는 "무수한 정탐에 등 뒤를 둘러싸여" 공공연한 의논을 진행할 수 없어 일단 폐회한 후에 비밀회의를 개최했을 정도였다.[104] 박은식의 『한국독립운동지혈사』에도 다음과 같은 기록이 남아있다.

> 총독부는 포교규칙을 제정하여 교회관리자를 두었고 교회당, 설교소, 강의소는 허가 없이 설립할 수 없게 했다. 교회가 전도사업과 교회당건축을 청원하면 고의로 질질 끌어 해가 바뀌도록 허가하지 않았다. 전도회, 사경회, 부흥회, 기도회, 예배회 및 宣講會에도 꼭 경찰을 보내어 감시하였다.[105]

요컨대 포교규칙은 법규의 내용면은 물론 집행의 측면에도 탄압적인 색채가 강하게 작동한 법이었다. 실제의 집행에 경찰기관이 동원된 것은

---

102) 1914년 7월 11일 제정되어 1914년 9월 1일부터 시행된 제령 제23호 '행정집행령' 제5조의 규정을 적용할 것을 지시한 것이다. 행정집행령 제5조는 다음과 같다. **제5조** 행정관청은 법령 또는 법령에 의한 처분에 의하여 명한 행위 또는 불행위를 강제하기 위하여 다음 각 호의 처분을 할 수 있음.
  1. 스스로 의무자가 해야 하는 행위를 하거나 제3자로 하여금 이를 행하게 하고 그 비용을 의무자로부터 징수하는 것.
  2. 강제해야 할 행위로서 타인이 할 수 없는 것일 때 또는 불행위를 강제하여야 할 때에는 조선총독이 정하는 바에 의하여 25圓 이하의 料料에 처하는 것. 『朝鮮總督府官報』1914. 7. 11.
103) 윤선자, 『일제의 종교정책과 천주교회』, 75쪽.
104) 『신한민보』 1916. 5. 25.
105) 박은식, 『한국독립운동지혈사』, 서문당, 1987, 109쪽.

이 법이 행정상의 신고나 허가 절차를 규정한 법에 그치는 것이 아니라 경찰에 의한 실질적 제재를 가하는 기능까지 했음을 보여준다. 그럼에도 총독부는 포교규칙을 공포하면서 이는 신교의 자유를 보장하기 위한 간단한 규칙으로 기독교의 포교를 공인하여 국가의 보호를 받게 하는 법이라고 선전했다.[106) 또 이 규칙의 발포로 조선인 및 외국인 포교자는 다소 번거롭게 될 것임은 인정하면서도, 통감부시기 조선 내 일본인들을 대상으로 한 '종교의 선포에 관한 규칙'과 차이가 없는 것으로 조선인과 외국인으로 적용대상만 확대되었다고 주장했다.[107) 기독교인으로 통감부시기부터 선교사들의 회유에 동원된 와타나베 토오루(渡邊暢) 판사도 포교규칙이 지난 8, 9년간 한국에 있는 일본인에게 실시되었던 규칙과 동일한 것으로 일본에서 몇 년간 실시된 규칙과 제4조와 제6조의 두 항목에서만 다르다고 선교사들을 안심시켰다.[108) 물론 실제는 그렇지 않았다.

포교규칙에 대해 당시의 조선인들이 어떻게 인식하고 있었는지를 찾아보기는 매우 어렵다. 1920년 창간된 『동아일보』도 해방 이후에는 포교규칙에 대해 "종교의 자유를 구속한 간교한 법령"이라 평가했지만,[109) 일제하에서는 그러한 언급을 찾아보기 힘들다. 더구나 총독부의 기관지를 제외하고는 거의 모든 언론기관이 폐쇄되었던 무단통치기에 법규 자체

---

106) 『매일신보』 1915. 8. 18.

107) 『매일신보』 1915. 8. 18, 8. 19.

108) 이만열·옥성득/편역, 『언더우드 자료집』 V, 연세대학교 출판부, 2010, 162~167 쪽; 와타나베 토오루는 통감부시기 한국 정부의 고빙으로 大審院長으로 임명된 뒤 병합 후에는 고등법원장으로 근무했던 인물이다. 와타나베는 기독교인으로 애초에 그의 고빙도 이토 통감이 조선의 선교사들을 의식해서 행한 인사라는 소문이 많았다고 한다. 실제로 와타나베는 이후 한국 YMCA의 명예이사로 임명되고 1915년 조선기독교대학의 정관작성에 참여했으며 재단이사로 활동하는 등 한국기독교와 관련된 여러 활동을 하고 있다. 『每日申報』 1916. 4. 16; 『한국근현대인물자료』, 국사편찬위원회 한국사데이터베이스 NIKH. DB-im_215_10932.

109) 『동아일보』 1947. 11. 28.

에 대한 공공연한 의견제시나 비판을 조선 내에서 찾기란 어려울 수밖에 없다. 이에 반해 당시 국외에서 발간되었던 자료들은 솔직한 반응들과 개개의 법조항들에 대한 구체적인 평가들을 내놓고 있다. 이 같은 자료들을 보면 동시대에도 포교규칙의 문제점들을 제대로 인식했음을 알 수 있다.

1909년부터 미국에서 발행되던 『신한민보』는 "저들이 지금 한국에서 행하는 일을 보건대 생각이 곧 법령이요. 그 말이 곧 법령"으로 포교규칙은 "일본의 한국예수교 박멸정책"이라고 하면서 ①제4조와 제6조에서 총독이 포교방법·포교관리자의 부적당함을 판단하여 포교관리자를 변경할 수 있는 권한은 침범할 수 없는 종교의 자유를 유린하는 것으로 로마교황도 하지 못할 일이라 비판하고, ②제9조가 포교소 설립시 총독의 허가와 포교담임자의 이력서를 요구하는 것은 많은 경우에 村里의 단칸방을 빌어 권사를 비롯한 일반 교인들이 설교나 講道를 하는 한국교회의 형편에 비추어 볼 때 교회사업을 저해하고 속박하기 위한 것으로, ③제14조 벌금조항에 대해서는 일반 교인들이 講道를 하고도 벌칙의 적용을 받게 될 것을 우려하고 있다.[110]

또한 1919년 상해임시정부에서 간행된 사료집도 포교규칙을 "宗敎界를 壓迫ᄒ며 人民의 思想과 信仰과 自由를 束縛"하기 위한 것이라고 평가하면서 포교규칙의 조문에 대해 상세하게 비판하고 있다.

> 布敎規則 第二條에 布敎者의 資格證明書를 要ᄒ이니 是ᄂᆞᆫ 以前에 韓國敎會가 傳道者의 資格이 具備치 아니ᄒᆞᆫ 者라도 牧師의 許可를 得ᄒᆞ야 自由로 傳道ᄒ으로 敎會가 活潑히 進行ᄒᆞ얏거늘 此一條로써 其活潑氣象을 制限ᄒᆞ야 敎會發展上에 一大打擊을 與ᄒᆞ랴 ᄒ이며 ᄯᅩ 資格의 不充分ᄒᆞᆫ 者라는 口實로써 敎會에 在ᄒᆞᆫ 熱誠者를 除去ᄒᆞ랴ᄂᆞᆫ 計策이며 同規則 第六條에 朝鮮總督이 必要로 認ᄒᆞᄂᆞᆫ 時ᄂᆞᆫ 第三條 以外의 敎派 又ᄂᆞᆫ 宗派에 對ᄒᆞ야 布敎管理者를 置케 ᄒ음도 有ᄒ이라 ᄒᆞ얏스니 宗敎와 分離된 政治家가 宗敎界의 皮相만 察ᄒ

---

110) 『신한민보』 1916. 5. 25.

고 能히 干涉ᄒ며 能히 管理者를 擇ᄒ 수 잇으리오 此ᄂ 韓國基督敎會에 對
ᄒ야 機會를 得ᄒ야 總督이 敎會管理者를 實ᄒ고 其管理者로써 敎會를 治理
ᄒ면 總督은 結局에 敎會의 首가 되고 敎會ᄂ 總督의 僕이 되게 ᄒ랴ᄂ 思想
이며 同規則 第九條에 「宗敎用에 供ᄒ기 爲ᄒ야 敎會堂 說敎所 講義所의 類
를 設立코져 ᄒᄂ 者ᄂ 左의 事項(七項)을 具ᄒ야 朝鮮總督의 許可를 受흠」
이 可흠이라 ᄒ엿ᄂ듸 …… 此ᄂ 傳道事業의 進捗을 障害ᄒ랴ᄂ 目的이 明
白흠은 同規則 第十四條에 「第九條 第一項 又ᄂ 第十條에 違反ᄒ 者ᄂ 百円
以下의 罰金 又ᄂ 科料에 處흠」이라 ᄒ엿슴으로 推察ᄒ지랴.[111]

즉, 제2조는 포교자의 자격증명을 요구하여 한국교회가 전도자의 자
격을 구비하지 않은 사람 중에 목사의 허가를 얻어 자유로 활발하게 전
도하던 것을 제한하는 것이고, 제6조 포교관리자 규성은 총독이 교회의
머리가 되고 교회는 총독의 종이 되게 하려는 의도이며, 제9조와 그에
대한 제14조의 벌칙규정은 전도사업의 진척을 막으려는 목적이 명백히
드러난 것이라 비판하고 있다.

이들 자료들에서 공통으로 지적된 것은 대체로 포교소 설치시 총독의
허가권, 포교자의 이력서 제출, 포교관리자 설치, 그리고 벌칙과 관련된
문제이다. 그 중 포교소설치 허가제와 포교관리자 조항은 선교사들도 큰
문제로 인식했던 부분이었다. 일제의 정책에 대해 비교적 많은 불만을
표시했던 천주교 대구교구의 드망즈 주교는 포교관리자 규정이 총독에
게 주교들을 폐위시킬 권한까지 부여한 것으로 간주했다.[112] 포교규칙
제7조와 같이 임의로 포교관리자를 두는 경우도 조선총독의 포교관리자
변경권 조항이 적용되므로, 총독이 주교폐위권까지 가지게 된다고 우려
한 것이다. 뮈텔 주교와 함께 총독부에 항의한 결과 이 조항이 천주교에
는 해당되지 않는다는 답변을 받고,[113] 일단은 총독부의 방침을 따랐지

---

111) 「七. 朝鮮基督敎會에 對흔 日本의 壓迫」, 『대한민국임시정부자료집 7: 한일관계
    사료집』, 국사편찬위원회 한국사데이터베이스, NIKH.DB-ij_007_0020_00070.
112) 드망즈 주교, 『드망즈주교일기 1911~1937』, 151쪽.

만 여전히 불만을 가지고 있었던 드망즈는 1920년 1월 로마에서 교황을 알현한 기회에도 포교규칙의 본문을 제출하여 조선총독의 권한남용에 대해 교황청의 관심을 환기시키려 시도했다.[114]

　기독교 각 교파의 선교사들 역시 포교규칙이 공포된 후 곧 선교회연합공의회에서 이 문제를 다루었다. 여기서도 포교관리자에 대한 총독의 권한을 규정한 제4조와 제6조가 특히 문제시되었다.[115] 이에 따라 1915년 9월 4일 우사미 내무부장관과 선교사들의 교섭에서 제9조의 포교소 설립에 대한 총독의 허가규정, 포교자의 자격문제와 함께 포교관리자 조항이 쟁점으로 다루어졌다.[116] 선교사들은 우선 제9조의 '허가(permission)'의 정확한 의미를 물었다. 우사미는 이 조항의 허가는 인가(permit)로서, 단지 보고(reporting)의 의미일 뿐이라고 대답했다. "기독교 교단들의 특권을 제한하는 것이 규칙의 의도가 아니기 때문"이라는 것이다.[117] 그러면서 우사미는 기독교회는 이전과 다름없이 완전히 자유롭게 가정집이나 교회건물에서 설교와 예배를 행할 수 있고, 다만 어떤 건물을 정식 교회건물로 사용한다면 이를 정부에 보고하면 될 뿐이라고 안심시켰다.

113) 윤선자,『일제의 종교정책과 천주교회』, 73쪽.

114) 드망즈 주교,『드망즈 주교일기 1911~1937』, 327~331쪽.

115) 이만열·옥성득/편역,『언더우드 자료집』Ⅴ, 162~167쪽.

116) 이 면담보고서는 언더우드가 미국 해외선교부의 총무 아서 브라운에게 보낸 연례보고 안에 남아있는데『언더우드 자료집』Ⅴ에 번역문과 원문이 들어있다. 위의 자료, 221~224, 605~608쪽.

117)『언더우드 자료집』Ⅴ에 실린 자료는 우사미의 발언 중 허가를 'permission'으로, 인가를 'permit'으로 기재하고 있다. 이러한 번역이 선교사들에 의한 것인지 우사미나 통역관에 의한 것인지는 알 수가 없다. 당시 선교사들은 총독부 영자기관지 *The Seoul Press* 1915년 8월 19일자에 영문으로 번역되어 게재된 포교규칙을 기초로 교섭을 전개했다. 이 영문번역에 허가는 'permission'이지만 인가와 신고(屆出)는 모두 'reporting'으로 되어 있다. 또한 *The Seoul Press*의 영문번역본은 일본 주재 미국대사가 미국무장관에게 보낸 보고문건에도 첨부되어 있다. 「조선의 선교를 위한 새규정(The new regulations for religious propagation)」,『원문정보 마이크로필름자료: 미국무부소장한국관계문서』, 한국독립운동사정보시스템.

다음으로 포교자의 자격과 관련하여 선교사들은 제9조 5항의 포교담임
자 자격서류의 제출에 대해 제출이 필요한 것은 전임 종사자인 정식 목사
와 선교사만이고, 교회의 다른 직원들과 일반 신자들은 이 조항에 해당하
지 않는 것으로 이전처럼 자유로이 설교할 수 있음을 총독부 측에 확인했
다. 이에 따라 이후 장로교에서는 포교담임자를 목사만으로 한정하고 助
師는 제외하기로 결정하고 있다.118) 마지막으로, 포교관리자 관련 조항이
일본에는 없는 것임을 지적하고 '포교관리자'의 영문번역도 '감독
(Superintendent)' 대신 정부에 선교회 또는 교회의 보고서를 제출해야 하
는 업무를 담당한 자를 의미하는 '공식 대표자(Official representative)'로
수정하기로 했다.119) 우사미 역시 선교사들에게 감독이라는 단어가 종교
적 업무에 대한 감독을 지칭하는 것이 아님을 특별히 강조했다. 이에 따라
선교사들은 포교관리자 설치규정은 임의적인 것으로 이 직책의 설치가 총
독부와의 의견교환에 실질적인 도움은 되겠지만, 일본 본토에서처럼 공식
대표자 없이 사업하기를 선호한다면 굳이 필요한 것은 아님을 납득했다고
한다. 즉 포교관리자의 선임은 전적으로 교단의 자유임을 확인했다는 것
이다.120)

이 교섭의 결과에 대해 당국은 만족했지만121) 선교사 측의 견해는 나

---

118) 『조선예수교장로회총회 제5회 회록』 1916, 24쪽; 助師(에 대해서는 각주 59를
참조.

119) '포교관리자'에 대한 영문표기 역시 *The Seoul Press* 1915년 8월 19일자에 영문으
로 번역된 포교규칙에서 사용된 것이다.

120) 『언더우드 자료집』 V, 223~224쪽.

121) 총독부는 다음과 같은 기록을 남겨 만족을 표시했다. "在朝鮮傳道敎會聯合會의
회합에서 근래 발포된 새로운 포교규칙이 어떤 방면에서는 크게 걱정과 불안의
원인이 되어, 이로써 제국헌법이 허락한 충분한 종교의 자유도 조선인민에게는
거절되는 것이 아닌가 우려되었지만, 실제로는 이 규칙은 우리가 일본에서 친
숙하게 알고 있는 규정과 내용에 큰 차이가 없는 것으로서 해당 연합회의 위원
2명이 총독부의 우사미씨와 회견하고 충분히, 자유롭게 교섭한 결과 이 규칙은
하등 종교의 자유를 침해하는 것이 아니고, 다만 정부는 종교의 선전에 관한

누어진 듯하다. 언더우드는 미국 해외선교부의 총무 브라운에게 보낸 1915년 9월 4일자 편지에서 "우사미씨를 방문했던 위원회는 가장 즐거운 면담을 나누었습니다. 모든 일이 만족스럽게 정리되었고 우리는 이제 우사미씨에게 직접 제출할 보고서를 준비하고 있는데 나중에 인쇄해서 그 사본을 귀하께 보내드리겠습니다. 저는 이것이 귀하께서 가질 수도 있는 걱정을 확실히 불식시키리라고 생각하는데, 우리는 처음에 종교 사역의 방향에 대한 이 규칙과 규제에 대해서 그런 걱정을 가지고 있었습니다"라고 쓰고 있다.[122] 그렇지만 이 서한은 언더우드가 개인 자격으로 보낸 것이었고 장로교 선교회의 일부 선교사들은 이런 견해에 동의하지 않고 있었다.[123] 미국 해외선교본부의 생각 또한 그러했다. 미국북장로교 해외선교본부의 브라운과 미국감리교 위원회의 서기 노스(North)는 공동으로 朝日감리교 감독 해리스에게 조선의 각 선교회에 회람시킬 것을 명시해서 다음과 같은 전보를 발송했다.

(조선의) 선교회들은 선교본부와의 연락을 위해 총독부에게 포교규칙의 적용을 보류할 것을 요청하기를 권고함. 담당 선교본부들이 협의를 위해 제때에 권고하지 못했음. 만약 (당국으로부터) 압력을 받는다면, 법령의 적용이 수정될 때까지 저항하면서 묵인할 것. (괄호: 필자).[124]

전보를 받은 선교회들은 선교회연합공의회의 법사위원회를 소집했고, 장로회 선교회는 실행위원회를 소집해서 이 문제를 논의했다. 실행위원회의 선교사들 역시 의견이 둘로 나뉘었는데 특히 서울 지역 선교사들은

일절의 보고를 계속 보유할 것을 구할 뿐임을 명백하게 선교사단도 이해했다." 「外國宣敎師の見たる朝鮮」, 『朝鮮彙報』 1916. 3, 141쪽.

122) 『언더우드 자료집』 V, 162~163쪽;

123) 위의 책, 174~176쪽.

124) 「훈령83호 – 한국에서의 종교선교규제에 대한 답변」, 『원문정보 재한선교사보고 문건』, 한국독립운동사정보시스템.

언더우드의 견해에 동의하고 있었다. 이에 따라 언더우드와 노블(Noble) 은 10월 5일 선교본부를 진정시키기 위해 당국과의 협의로 포교규칙에 대한 우려가 종식되었다는 전보를 다시 보냈다.[125] 미국해외선교본부는 이 전보를 받고 일단 안심했지만, 여전히 우려하면서 개정사립학교규칙 과 포교규칙에 관한 논의를 위해 조선에서 활동하는 선교회 위원회의 대 표들을 모아 연합회의를 소집했다.[126] 이후 선교사들이 뚜렷한 움직임 없이 포교규칙이 요구하는 수속을 시작한 것은 당국에 반대해 입을 불이 익을 우려하기도 했고,[127] 개정사립학교규칙과 관련된 협상이 우선시되 었기 때문으로 보인다.

  선교사들과는 별도로 포교규칙에 대한 조선교회와 총독부의 교섭도 행해졌다. 장로교회는 1912년 조선예수교장로회 총회가 창립되고 7노회 -전라, 경기충청, 황해, 경상, 남평안, 북평안, 함경노회가 처음 구성되 면서 조선장로교회를 대표할 수 있는 기관이 조직되어 있었다. 1915년 9월 제4회 장로교총회는 비밀리에 모임을 가지고 포교규칙 관련 대책을 논의했다. 당시 논의는 여러 파로 갈려, 신앙의 자유를 지키기 위해 포교 규칙에 항거하자는 파, 총회에서 총대 5인을 택하여 총독부에 질문해 본 뒤 결정하자는 파, 법령만 발포하고 그대로 행하지 않을 것이라는 말이 있으니 공연히 긁어 부스럼을 만들지 말자는 파, 통리권을 가진 정부에 서 하는 일을 간섭할 수 없을 것이라는 파로 나뉘어 의견이 분분했다고 한다.[128]

---

125) 이만열·옥성득/편역, 『언더우드 자료집』 V, 174~176쪽.

126) 「훈령83호-한국에서의 종교선교규제에 대한 답변」, 『원문정보 재한선교사보고 문건』.

127) 실제로 언더우드는 미국 해외선교부에 보낸 1915년 10월 14일자 서한에서 자신 이 10월 5일의 전보를 발송한 중요한 이유의 하나는 당국에 대한 저항을 권고한 해외선교부의 전보가 공개적으로 도착하여 조선에서 자신들에게 미칠 영향을 우려했기 때문이라고 적고 있다. 이만열·옥성득/편역, 『언더우드 자료집』 V, 175쪽.

결국 총회는 포교규칙에 필요한 신고서 작성절차를 총독부에 자세히 문의하기 위해 김필수 등 3인을 총독부에 대한 교섭위원으로 정하고, 각종 신고에 필요한 서식들을 만들어 각 교회에 반포하기로 결의하였다.[129) 총독부에 대한 직접적인 교섭은 포교규칙에 의한 불이익을 입지 않도록 절차적인 대비를 위한 내용으로 한정되었다. 총회는 교회 내부의 절차적인 준비작업으로 1915년 이후 1년 동안 포교규칙을 한글로 번역하여 각 노회에 배부하고 필요한 서식들을 출간했다.[130) 그러나 여전히 출간하지 못한 서식들이 있어 포교규칙 공포 이후 1년이 지나도록 제출 서식의 준비가 완료되지 못했다고 자인할 만큼 작업량은 많고 복잡했다. 1917년 제9회 총회에서 포교규칙 관련 서식 17종을 1,000매씩 총 21,000매를 인쇄하여 각 교회에 분배하는 작업을 완료했다고 보고하고 있을 정도였다.[131) 17종에 이르는 서류를 제대로 작성하는 것도 큰 문제여서 이들 서식의 제출을 위해 각 노회에 사람을 두고 서류작성에만 전력하게 하자는 논의도 있었다.[132)

총독부와의 교섭과 관련해 조선장로교회는 1915년 총독부 내무부장에 질의한 결과를 「의질해답」이라는 글로 만들어 각 교회에 배포했다. 그런데 그 내용은 "가장 중요한 제4조는 감히 내놓아보지도 못하고 오직 제9조를 질문하였는데 내무부장의 대답이 먼저 신고만 하면 아무 일도 없을 것이라 하였다"는 데에 불과했다.[133) 일차적인 교섭의 성과는

---

128) 『신한민보』 1916. 5. 25.

129) 『조선예수교장로회총회 제4회 회록』 1915, 32쪽;『신한민보』의 보도에 의하면 총대 5인을 택하였다고 하는데 장로교총회록의 기록에는 교섭위원은 김필수를 포함한 3인으로 되어있다. 『신한민보』 1916. 5. 25; 1916년 총회에서 정해진 교섭위원도 김필수, 홍승한, 함태영 3인이었다. 『조선예수교장로회총회 제5회 회록』 1916, 89쪽.

130) 『조선예수교장로회총회 제5회 회록』 1916, 12쪽.

131) 『조선예수교장로회총회 제6회 회록』 1917, 33쪽.

132) 위의 자료.

미약했지만 이후로도 장로교회는 '포교규칙에 대한 교섭위원'과 '포교규칙 교섭부'를 두어 필요한 서류들을 준비하는 한편 총독부와의 교섭을 계속했다.[134] 1918년 8월 장로교총회 회의록에는 포교교섭부의 보고사항이 다음과 같이 기재되어 있다.

1. 교회설립자에 관한 일에 대하여는 공시는 받지 못하였고, 당분간은 설립자의 사망 혹은 이전을 인하여 그 교회와 관계가 끊어질 경우에는 설립자의 명의로 제출할 願屆수속은 당회장의 명의로 제출함이 가하다는 당국의 묵인을 얻은 일.
2. 각종 願屆용지는 계속 인쇄하여 각 교회의 요구대로 수응할 일.
3. 각 願屆서식은 당초에 당국이 지시한 模本대로 재인쇄하여 각 교회에서 사용하는 것인데 혹 서식이 不合하다고 하여 퇴각된다 하니 이런 경우에는 즉시 위원에게 통지하여 협의해 정함이 가한 일.[135]

장로교회가 포교규칙으로 필요한 각종 서식의 준비를 돕고, 법령대로 실행하기 곤란한 사항에 대해서는 당국과 협의하여 벌칙 등을 피하도록 하고, 당국의 처리지연 등에 대처하기 위한 교섭을 지속하고 있었음을 알 수 있다. 보다 적극적인 대응노력으로 장로교총회의 교섭위원들은 총독부에 신고규정을 간소화해달라는 건의와 교섭을 진행하기도 했다. 총회록에는 총독부와 교섭하여 '포교담임자의 자격과 선정방법 변경원'을 폐지하기로 했다는 교섭위원들의 보고내용도 보인다.[136] 또 교회당 설

---

133) 『신한민보』 1916. 5. 25.
134) 『조선예수교장로회총회 제5회 회록』 1916, 89쪽; 1917년의 총회록에는 '포교규칙 교섭부 위원'이라는 명칭이 등장하고, 이후 총회록에는 '포교규칙 교섭부'의 보고가 등장하는 것으로 보아 장로교회 내에 포교규칙과 관련된 교섭사무를 담당하는 부서가 마련된 것을 알 수 있다. 『조선예수교장로회총회 제6회 회록』 1917, 69쪽, 『조선예수교장로회총회 제7회 회록』 1918, 19쪽.
135) 『조선예수교장로회총회 제7회 회록』 1918, 19쪽.
136) 『조선예수교장로회총회 제6회 회록』 1917, 33쪽. 실제로 이 변경원이 폐지되었는지는 확인되지 않는다.

립자가 사망·이전한 경우 설립자를 개인명의가 아닌 본 교회나 노회명의로 변경할 수 있게 하기 위한 교섭이 수차례에 걸쳐 이루어졌다.[137]

장로교회는 당국이 요구하는 행정적인 신고절차를 완비하여 현실적으로 닥칠 수 있는 불이익을 최소화하고, 당국과의 교섭을 통해 포교규칙의 집행을 교회의 이익에 맞도록 교정하는데 주력하고 있었다고 생각된다. 사실 당시의 엄중한 상황을 고려하면 총독부와의 교섭은 물론, 절차적인 준비 자체도 조선교회로서는 힘겨운 당면과제였다. 서류를 제출해야 하는 기일은 포교규칙의 시행일로부터 3개월로 한정되어 있어, 이때까지 서류가 완비되지 않는다면 당장 포교소의 문을 닫거나 포교자의 자격을 잃을 수밖에 없었기 때문이다.

무단통치기 포교규칙에 대한 기독교계의 대응들은 당국의 법적인 통제를 수용한 위에 행해질 수밖에 없었다. 더욱이 당시 선교사들의 가장 큰 관심은 포교규칙보다 몇 달 먼저 공포된 개정사립학교 규칙에 집중되어 있었다. 기독교계 학교의 종교수업을 금지한 조항의 문제를 해결하기 위해 동분서주하는 중에 포교규칙 문제가 겹친 상황이었던 것이다.[138] 만약 두 법령의 공포시점을 의도적으로 조율한 것이 총독부의 작전이었다면 성공을 거둔 셈이다.

선교사들은 당국과의 교섭에서 포교소설립의 '허가'가 실제는 '인가'나 '신고'와 같은 것이며, 포교관리자의 설치는 교파의 임의에 따른다는 우사미 내무부장관의 말을 신뢰했을지도 모른다. 그러나 실제의 상황은 당국의 보장과는 다르게 전개되었다. 포교소설립과 관련된 절차에서 당국의 고의적인 지연으로 폐지되는 교회들도 나타났다.

---

137) 위의 자료, 34쪽.
138) 1915년 7월 24일부터 12월 13일의 기간 동안 쓰여진 언더우드의 편지들에도 그러한 상황이 잘 드러나 있다. 이만열·옥성득/편역, 『언더우드 자료집』 V, 154~184쪽.

교회에서 傳道事業을 擴張ㅎ기 爲ㅎ야 許可願書나 혹 變更請願을 제출ㅎ
즉 其手續은 行치 아니ㅎ고 文書를 接受ㅎ지 數個月後에 文書中의 二, 三文
字의 誤錯을 執ㅎ야 全部를 退却ㅎ야 更히 수정케 ㅎ기를 幾次라도 ㅎ야 세
월을 遷延ㅎ게 ㅎ며 可成的 許可치 아니홀 방침을 취ㅎ니 所以로 該許可狀이
半年, 一年에 終不結末ㅎ니 此는 전도사업의 進步를 障害ㅎ랴는 목적이 명백
홈은 …… 총독의 許可 업시는 설립이나 변경홀 수 업고 願書를 제출ㅎ즉
許可는 하급관청으로브터 상급관청까지 遷延ㅎ기로만 爲主ㅎ니 일례를 擧ㅎ
면 1918년에 義州郡 玉上面 三下敎會가 건물의 腐朽로 因ㅎ야 建築變更願書
를 제출ㅎ즉 총독부로서 返戾ㅎ며 增築願書로 제출ㅎ라고 書式까지 給홈으
로 依式 제출ㅎ즉 更히 返戾ㅎ며 조사ㅎ 결과 建築變更願인즉 變更願을 제출
ㅎ라 ㅎ엿느니 是以로 同規則이 傳道上에 一大 障礙物이 될 뿐 아니라, 義州
郡 加山面 朴達所 예배당은 認可를 不與홈으로 仍히 廢止가 되엿스니 如此ㅎ
制裁가 잇스면 도저히 한국교회가 신앙자유의 福利를 享치 못ㅎ겟노라. (밑
줄: 필자).139)

포교소설립의 '허가'가 실제로는 '인가'나 '신고'로 취급되었다면, 요
건을 갖춰 설립을 신청한 경우 당국은 당연히 설립을 인정해야만 했다.
그러나, 갖은 조건을 달아 설립을 지연시키고 폐지에까지 이르게 한 점
을 보면, 이 허가제는 우사미의 약속과는 달리 철저히 관청의 재량사항
으로 운용되었음을 알 수 있다. 또 장로교총회가 당국이 요구하는 서식
을 완비하는 데만 2년여가 걸린 점을 고려하면, 실제로 유사한 예들은
무수히 많았을 것으로 생각된다.140) 이는 1920년 선교사들이 총독부에
요구한 진정서의 내용에서도 입증된다.

복음전도는 그동안 지속적으로 방해받아왔다. …… 기독교인의 집에서 모

---

139) 「七. 朝鮮基督教會에 對ᄒ 日本의 壓迫」, 『대한민국임시정부자료집 7: 한일관계
  사료집』.
140) 당시는 총독부 어용언론 이외에는 모든 언론기관이 폐지된 상태였고, 또한 포교
  규칙과 관련된 주요한 자료인 포교대장이 현재 유실되어 있기 때문에 구체적인
  정황을 추적하기는 어렵다. 앞으로 해결되어야 할 과제라고 생각된다.

임과 예배를 드릴 때도 허가를 받지 않았다는 이유로 금지되었다. 교회나 설교소를 조직하기 전에는 허가를 받아야 하고, 또한 교회 건물을 세우거나 개조할 때도 사전에 허가를 받아야만 한다. 또한 이러한 허가들은 지연되거나 거절되어서 사역에 많은 지장을 초래했다.[141]

포교관리자 문제 역시 당국과의 교섭을 통해 포교관리자를 두는 것이 임의적인 사항이고 포교관리자가 감독권을 가지는 것은 아니라고 당국의 확인을 받았지만, 확정적이고 가시적인 성과는 아니었다. 포교규칙 제6조가 폐지되지 않는 한, 총독은 마음만 먹으면 언제든지 기독교 교파에 대해 포교관리자를 두어 감독할 수 있었기 때문이다. 9월 4일 선교사들과의 교섭에서 포교관리자는 종교적 업무의 감독이 아님을 강조했던 우사미는 교섭 한 달 후 드망즈 주교에게 보낸 10월 7일자 답변서에서 포교관리자는 "조선 全道에 걸쳐 그 교파·종파에 속하는 포교자를 감독하는 자"라고 단언하고 있다.[142] 당국이 선교사들과의 교섭에서 공언한 말과는 전혀 다른 속셈을 가지고 있었음을 알 수 있다. 이런 점에서 『신한민보』는 당시 기독교계의 안이한 대응을 비판하고 있다.

　　日人이 그동안 예수교 박멸의 정책을 여러 가지로 시험해 보았는데 일백이십인을 잡아 고문한 것이 第1의 사실로 드러난 일이라. 그 때에 크게 실패하고 교인을 질시함이 더욱 심하여 필경 포교령(포교규칙)까지 발포한 것이라. 대저 한인은 저희 수중에서 명을 잡고 있으니 그 망서릴 것이 없거니와 성가신 외국 선교사가 중간에 끼어서 단번에 참수할 수 없난고로 소위 포교령은 발표만 하여놓고 …… 한인을 꾀이되 포교령은 발표만 이러케 하지 꼭 그대로 하는 것이 아니라 하니 죽기까지 이르도록 깨닫지 못한 한인은 이를 믿는 자가 많으며 외국 선교사들은 보통으로 생각하기를 우리가 뒤에 앉았거늘 종교자유를 그렇게 쉽게 빼앗을까 하더라. 우리도 그렇게 되기를 바라는

---

141) *A Communication to His Excellency, Baron Saito, Governor - General of Chosen from the Federal Council of Protestant Evangelical Missions in Korea*, pp.2~3.

142) 국가기록원 소장문서 CJA0004747 「포교규칙에 관한 건(즈만쥬)」, 『寺刹關係書類』.

것이라. 만일 그렇게 되었으면 얼마나 좋으리오마는 오늘까지 지나온 경력이 우리로 하여금 이를 믿지 않게 하나니 …… 생각할수록 어이가 없는 것은 법령을 발표하여 놓고 그대로 행치 않는다 하니 한인을 얼마나 어리석게 보았으며 이를 믿는 한인은 참으로 어리석다 하노라. (괄호: 필자).143)

포교규칙에 대한 『신한민보』의 예측은 실현되었다. 장로교를 제외한 대부분의 기독교파와 천주교회는 1916~1917년 임의설치의 형식으로 포교관리자를 정하게 되었다.

〈표 16〉 포교규칙 공포 이후 설치된 기독교 각 교파의 포교관리자

교파명	포교관리자	朝鮮總督府官報 게재일자
일본조합교회	渡瀬常吉	1911. 9. 14.
천주공교 조선경성교구	Mutel	1915. 11. 13.
천주공교 조선대구교구	Demange	1915. 11. 13.
제칠일안식일 예수재림교	C. L. Butterfield	1915. 12. 16.
성공회	M. N. Trollope	1915. 12. 16.
미국감리교회	M. C. Harris	1916. 2. 26.
미국남감리교회	W. G. Cram	1916. 3. 3.
구세군 조선본영	G. French	1917. 4. 7.

* 출전: 『朝鮮總督府官報』.

표를 통해서도 알 수 있듯이 포교관리자는 교구의 주교이거나 해당 교파의 대표 내지 감독을 맡고 있던 선교사들이다. 조합교회의 포교관리자 설치가 1911년으로 유일하게 포교규칙 공포 이전인 이유는 통감부령 '종교의 선포에 관한 규칙'에 의해 교파·종파관리자로 인가받아 그대로 포교관리자로 인정되었기 때문이라 생각된다. 일본교단이어서 포교규칙 제정 이전에 이미 통감부령의 적용 대상이었던 탓이다. 천주교의 경우 포교관리자가 두 명인 것은 법 규정에는 본래 교파별로 한 명의 포교관

---

143) 『신한민보』 1916. 5. 25.

리자를 두도록 되어 있었지만, 총독부와의 교섭을 통해 교구별로 설치할 수 있도록 조정했기 때문이다.[144] 대부분의 기독교파가 포교관리자를 설치한 가운데 장로교는 포교관리자를 설치하라는 당국의 압박에 계속 저항했지만, 1930년대 말 결국 포교관리자를 임명하게 된다.

2) 개정사립학교규칙의 시행과 선교회의 대응

기독교계 학교에 일대타격을 가한 1915년 개정사립학교규칙에 대한 선교사들의 반대는 맹렬했다.[145] 포교규칙으로 인한 문제들은 포교기관의 존립을 당장 위협하는 수준은 아니었지만, 개정사립학교규칙의 종교교육 완전금지는 기독교의 주력 사업인 교육사업의 존립 자체를 위협했기 때문이다. 선교사들의 반발에 대해 총독부 학무당국자들은 조선의 사정은 일본과는 다르다거나, 적자생존의 원칙에 따라 사립학교의 소멸은 당연한 일이다, 혹은 각국의 법적인 선례가 없더라도 국민교육의 방침을 정하여 국민에 강제하는 것은 국가주권의 당연한 작용이라는 등 구구절절 변명을 늘어놓았다.[146] 그러나 당시의 학무과장 유게 코타로가 1923년의 시점에서 인정하듯이, 1915년 개정사립학교규칙은 "상당히 난폭한 개정이라는 비난이 (총독부 내의) 局外者로부터도 나온" 정책이었다.[147]

---

144) 드망즈 주교,『드망즈주교일기 1911~1937』, 151~152쪽; 국가기록원 소장문서 CJA0004747「포교규칙에 관한 건(즈만쥬)」,『寺刹關係書類』; 이후에도 1936년의 기록을 보면 천주교의 포교관리자는 경성교구, 대구교구, 평양교구, 원산교구 각각 한 명씩 모두 4명으로 되어있다. 국가기록원 소장문서 CJA0004831「神社卜宗教二關スル件」,『종교사원창립 포교관리자 기타에 관한 건』 1936.

145) 弓削幸太郎,『朝鮮の教育』, 192쪽.

146) 關屋貞三郎,「宗教學校關係者의게向ㅎ야講論全文」,『基督申報』1916. 6. 28; 弓削幸太郎,「教育의眞意義」,『基督申報』1916. 8. 9; 弓削幸太郎,「朝鮮教育法規」,『公立普通學校教員 講習會講演集』1916, 45쪽.

147) 弓削幸太郎,『朝鮮の教育』, 192쪽.

　개정사립학교규칙에 대한 대응은 크게 두 방향에서 진행되었다. 하나는 재한 선교사들과 총독부 학무국 사이에서, 다른 하나는 미국장로교 해외선교본부와 총독부 외사국 사이에서 전개되었다. 우선, 1911년 조직된 교육재단위원회(The Educational Foundation Committee)의 평의회(한국기독교선교회 교육연합평의회, Senate of The Educational Federation of Christian Missions in Korea; 이후, '선교회연합교육평의회')가 법령 공포 일주일 뒤인 3월 31일부터 4월 1일까지 모임을 가졌다. 교육재단위원회에 참여한 선교회별 한 명씩의 대표로 구성된 연합교육평의회는 세키야 학무국장을 초대하여 법령에 대한 설명을 들었고, 이후 학무당국과 회담을 열었다. 이 회담에서 학교수업 외, 학교 외의 장소에서 자발적으로 학생들이 참여하는 경우 종교교육이 가능하지만 이 경우도 학교들은 교육사업에서 종교와 교육을 분리해야 한다는 언질을 받았다.[148] 이는 선교사 측에서 원하는 대답과는 거리가 멀었다.

　장로교 선교사들은 미국해외선교본부의 브라운과 연락을 취해 본부의 도움을 얻고자 했다. 브라운은 미국무성과 도쿄 주재 미국대사와 연락하는 한편, 총독부 외사국장 고마츠 미도리와 서한으로 이 문제를 논의했다. 1915년 4월부터 몇 달간 전개된 논의들은 브라운과 고마츠 간의 "종교와 교육의 분리에 관한 논쟁"으로 불린다. 이성전의 연구로 잘 알려진 이 논쟁에서는 서구 각국의 교육에서 종교의 분리에 대한 원칙들과 사실들에 대한 양측의 다른 논지들을 중심으로 통감부시기 보장받은 내용들, 일본과 조선에서의 보장의 차이 등이 쟁점으로 다루어졌다.[149]

---

148) *Senate of the educational federation of Christian missions in Korea, 1915. No.8*, pp.1~3; *Senate of the educational federation of Christian missions in Korea, 1915. No.9*, pp.16~17.

149) 자세한 내용은 다음을 참조. 이성전, 『미국선교사와 한국근대교육 — 미션스쿨의 설립과 일제하의 갈등』; 또한, 당시 양측이 주고받은 서한들은 대부분 한국독립운동사정보시스템의 『재한선교사보고문건』에서 원문파일을 열람할 수 있다.

논쟁의 명칭에서도 알 수 있듯이 이 논쟁은 주로 원칙적인 부분을 다루었지만, 브라운은 강경한 어조로 총독부의 정책을 비판하고, 6월 16일에는 북미외국선교협의회(The Foreign Missions Conference of North America)의 대표자격인 자문위원회(Committee of Reference and Counsel) 명의로 저명한 신학자들과 교육학자들의 견해를 모아 반대의 입장을 전달하기도 했다.150) 이와 함께 조선에서는 9월 1일부터 3일 동안 개최된 한국복음주의선교회연합공의회(The Federal Council of Protestant Evangelical Missions in Korea)가 다음의 결의안을 발표했다.

조선총독이 공포한 1915년 개정사립학교령이 개정사항들 중에서 교회와 선교회가 운영하고 지원하는 수백 개의 학교들을 포함한 모든 사립학교에서 종교교수나 종교의식을 배제시킬 것을 의도하고 있다. 따라서 한국복음주의 선교회 연합공의회는 우리 고국의 후원자들이 가진 관심 아래 공의회의 구성원들이 이 땅에 체류하는 유일한 목적과 학교들의 유지를 위한 자금이 기부되는 목적을 생각할 때, 우리의 판단으로는 우리 기독교 학교들이 완전히 폐지되거나 설령 그렇게까지 되지는 않더라도 상태가 심각하게 손상을 받을 것이라 확신한다. 우리는 또한 개정사립학교규칙이 기독교 학교의 聖書敎授라는 관점에서 당국이 부여했던 이전의 보장과 일치하지 않는다는 사실과 일본의 교육 시스템은 사립 교육기관에서 종교교육의 자유를 허용하고 있다는 사실에 대해 당국이 주의를 기울일 것을 정중하게 요청한다. 따라서 우리는 기설학교에 부여된 10년의 유예기간이 만료되기 전에 어떠한 수정이 이루어질 것이라는 희망 속에서 우리의 학교를 계속 유지할 것이며, 유예기간 동안 신설될 학교들에 대해 적어도 일본 본토와 동일한 조건들로 운영되는 방식의 적절한 조치들이 제공될 것이라 믿는다.151)

결의안은 종교교육에 대해 일본 국내와 같은 수준의 보장을 요청하고

150) 「북미외국선교협의회에서 고마츠에게 보낸 편지」 1915. 6. 16, 『원문정보: 재한 선교사보고문건』, 한국독립운동사정보시스템.

151) *Annual meeting of the Federal Council of Protestant Evangelical Missions in Korea, 1915.*, p.32.

이를 위해 계속 당국과 협의하겠다는 의사의 표현이었다. 그런데 결의안 발표 직후 조선총독부는 각 도 장관과 경무총장에게 정무총감 통첩을 발령했다. 통첩 제1371호 '私立學校聖書教授에 관한 건'(1915. 9. 17)은 다음과 같은 내용이다.

本年 府令 제24호로써 보통학교·실업학교 또는 전문교육을 하는 사립학교의 교과과정에 대한 규정을 설치한 결과, 이들 학교에 있어 교과과정 중에 종교를 넣을 수 없도록 된 것은 물론이고, 일반 교과과정 외 隨意科 등의 명의를 사용하는 경우 역시 적어도 학교의 사업으로서는 종교상의 교육을 시행하고 의식을 행할 수 없다. 그러나 학교의 사업 외로 학교건물을 종교상의 목적으로 사용하는 것은 상관없으며 이 경우 학교의 사업과 혼동하거나 생도에게 신교를 강제하는 것 같은 일이 없도록 주의할 것.[152]

이 통첩의 내용 중 학교사업 외로는 학교 내 종교교육의 여지를 인정한 듯한 내용의 해석문제가 선교사들의 관심사로 떠오르게 되었다. 필리핀 등지를 방문하고 있던 북장로교 해외선교본부의 스피어(Robert E. Speer)가 브라운의 요청으로 조선을 방문한 것은 마침 그 즈음이었다.

스피어는 데라우치 총독을 비롯해 이 문제의 직접적인 담당자들인 고마츠 외사국장, 우사미 내무부장관, 세키야 학무국장을 비롯한 총독부의 고위관료들, 감리교의 해리스 감독과 스미스(Frank H. Smith) 선교사, 장로교의 언더우드, 게일과 함께 회담에 참여했다. 또 고마츠와는 별도의 회담을 갖고 언더우드의 집에서는 우사미, 세키야와 회담했다. 조선선교회는 이를 통해 자신들의 입장이 관철될 수 있기를 기대했지만 기대와 달리 스피어는 총독부 관료들에게 매우 협력적인 태도로 일관했다.[153]

152) 국가기록원 소장문서 CJA0004678 「私立學校聖書教授ニ關スル件」, 『例規(學務課)』 1915; 朝鮮教育會/編, 『朝鮮教育法例規大全』, 朝鮮教育會, 1927, 531쪽.
153) 김여운, 「미북장로교 선교본부의 조선문제 인식과 정치적 입장-선교본부 총무의 조선방문보고서(1897~1915)를 중심으로」, 연세대학교 석사학위논문, 2011,

우호적인 분위기로 진행된 회담에서 스피어는 개정법령에 따라 학교 내
에서도 정규 수업시간이 아닌 때라면 종교교수나 종교의식이 가능하리
라는 구두약속을 받았다. 그러나 그 후 진행된 선교사들과 총독부의 협
상에서 이 약속은 지켜지지 않았다.[154]

　10월 14일 개최된 선교회연합교육평의회는 당국에 대표를 파견해 개
정법령하에서 신설학교와 기설학교에 허용되는 종교교수의 범위와 새로
설립될 연합대학에 10년의 유예가 적용될지 여부를 당국에 문의하기로
결정했다.[155] 10월 16일 미국 북장로교의 애덤스(J. E. Adams), 감리교
의 베커(A. L. Becker), 캐나다 장로교의 롭(A. F. Robb)으로 구성된 평의
회 대표는 우사미와의 면담을 통해 ①고등보통학교로 인가받은 기존의
학교교과에 別科 과정을 추가하는 경우 유예기간의 적용문제, ②신설학
교의 선택과목으로 성서수업 설치문제, ③오래전에 설립되어 개정법령
공포 이전부터 인가신청서를 낸 상태였던 북장로교 소속 선천의 여학교
(보성여학교)와 남장로교 소속 순천의 남자학교(은성학교)에 대한 유예
기간 적용문제, ④연합대학의 인가 관련 문제를 협의했다.

　우사미는 이에 대해 ①의 경우 고등보통학교에는 10년의 유예기간이
적용되지만 새로 설치되는 別科는 개정법령에 의해 규율되어야 하고,
②는 절대불가하며, ③의 학교들과 ④의 연합대학도 개정법령을 적용해
신설되는 규정대로 해야 한다고 대답했다.[156] 당국은 인가의 신설과 추
가·변경, 기설학교의 인가조건이 부족한 모든 경우에 개정법령을 적용

　　45쪽.
154) 「Sharrocks가 브라운에게 보낸 편지」 1916. 1. 24, 『원문정보: 재한선교사보고문
　　　건』, 한국독립운동사정보시스템.
155) *Senate of the educational federation of Christian missions in Korea, 1915. No.9*, p.11.
156) 「도쿄 미국 대사관에서 워싱턴 국무장관에게 보낸 편지 No. 370」 1915. 10. 21;
　　　「개정사립학교령과 관련해 우사미씨와 가진 면담에 관한 평의회 보고서」, 1915.
　　　10. 18, 「한국의 現교육 상황 개관」(J. E. Adams가 A. Brown에게 보낸 문서),
　　　1916. 7. 31, 『원문정보: 재한선교사보고문건』, 한국독립운동사정보시스템.

한다는 원칙을 고수했다.

면담이 별다른 성과 없이 끝난 후 11월 24일 선교회연합교육평의회 서기장(General Secretary) 애덤스는 통첩 제1371호 '私立學校聖書教授에 관한 건'과 관련한 질의서를 우사미에게 제출했다.[157] 학교의 과정 외·수업시간 외에는 학교건물을 종교목적으로 사용할 수 있는지를 확인하는 내용이었다. 사실 이 통첩의 지시내용이 불명확하다고 여긴 것은 선교사들만이 아니었다. 이미 통첩을 받은 관리들도 교회와 학교가 건물을 겸용하는 경우 교회는 그 건물을 이용할 수 있다거나, 혹은 교회 건물이 특별한 모임이 이루어지기에 너무 작은 경우 학교 건물을 이용할 수 있다는 것을 의미한다는 부칙을 덧붙여 활용하고 있었다.[158] 또한 9월 22일에는 통첩이 학교건물을 종교목적으로 사용함을 인정함으로써 학교사업과 종교목적에 사용하는 것의 구분이 명확하지 않게 되어 단속에 곤란한 점이 있다며 경무총장이 정무총감에게 다음과 같은 조회문을 발송했다.

통첩 제1371호로 학교건물을 종교목적으로 사용함을 인정함으로써 학교사업과 종교목적에 사용하는 것의 구분이 명확하지 않게 되어 단속상 의문스러운 부분이 발생하므로 경무부장으로부터 문의가 있어 그 부분을 분명히 해주

---

157) 애덤스는 이 질의서를 보내기에 앞서 일본에서 활동하던 장로교 선교사 임브리(William Imbrie), 일본기독교청년회동맹 위원장이면서 메이지학원의 교장 이부카 카지노스케(井深梶之助)에게 이 통첩의 해석에 관해 협의를 요청하면서 통첩의 사본 한 부를 도쿄의 장로교 선교사인 신학박사 라이샤워(A. K. Reischauer)에게 보냈고, 이들과의 논의를 거쳐 신중하게 질의서를 작성했다. 「도쿄 미국 대사관에서 위싱턴 국무장관에게 보낸 편지 No. 370」 1915. 10. 21, 『원문정보: 재한선교사보고문건』; 국가기록원 소장문서 「私立學校聖書教授ニ關スル件」에는 애덤스(Adams)의 편지사본과 그에 관한 각종 官의 통첩, 지시들이 첨부되어 있다. CJA0004678 「私立學校聖書教授ニ關スル件」, 『例規(學務課)』 1915.

158) 「한국의 現교육 상황 개관」(J. E. Adams가 A. Brown에게 보낸 문서), 1916. 7. 31, 『원문정보: 재한선교사보고문건』.

시기를 요청드립니다.

　수업 전 또는 수업 후(예를 들면 학교의 시작을 오전 8시로 하는 경우 오전 7시로부터 8시까지 1시간 또는 오후 2시를 終業으로 하면 2시부터 3시에 이르는 1시간)를 과정 외로 隨意科라는 명칭을 사용하지 않고 단순히 학교건물을 종교의 용도에 사용한다고 하고 각 교실에서 종교의 교의를 각별하게 설파하고 기도예배 등을 행하는 경우, 아동들은 신도의 자제가 다수이고 정규교과의 수업과 연속되는 관계 기타에 의해 수업을 받는 것과 같은 결과가 되어 학교사업과 혼동할 우려가 있습니다.[159)

　이 조회에 대해 10월 29일 정무총감은 유예기간이 주어진 기설학교가 아닌 경우는 "청강자가 당해 학교의 생도라면 학교사업과 구별하기 어렵기 때문에 금지해야 할 것"이라는 답변을 보내고 있다.

　앞서 11월 24일 애덤스가 내무부장관에게 문의한 것은 통첩의 내용이 ①학교 수업시간이나 교과과정 외로 종교교육과 의식집행을 할 수 있다는 의미인지, 아니면 ②교회와 학교가 동일한 건물을 사용하거나 특별한 교회모임을 하는 경우 교회가 학교건물을 사용하는 것은 가능하지만, 교과 외·수업시간 외에도 학생들을 위한 종교수업에는 사용할 수 없는 것인지였다. ①의 경우라면 학교사업 이외로 비공식적으로는 학생들에게 학교건물 내에서 종교교수를 할 수 있다는 것이고, ②라면 이것도 금지된다는 의미였다. 이에 대해 우사미는 10월 29일 경무총장에게 보낸 것과 동일한 답변을 하여 ②의 입장임을 확실히 했다. 따라서 학생들에게는 교과 외·수업시간 외로도 종교교수가 금지된다는 것이 다시금 확인되었다.[160) 애덤스는 "이렇게 해서 우리들의 희망도 끝이 났다"라고 쓰고 있다.[161)

---

159) 국가기록원 소장문서 CJA0004678 「私立學校聖書教授二關スル件」.

160) 위의 자료.

161) 「한국의 現교육 상황 개관」(J. E. Adams가 A. Brown에게 보낸 문서), 1916. 7. 31, 『원문정보: 재한선교사보고문건』.

한편, 선교사들의 교섭이 별 소득 없이 진행되는 중에 조선을 방문하고 돌아간 스피어의 보고를 받은 브라운은 그간의 입장을 선회하게 된다. 스피어는 선교사들의 사역 의도나 효과와 무관하게 그들이 처해있는 상황 자체가 매우 정치적임을 강조했고 브라운도 이에 동의하게 되었다. 이러한 견해는 곧바로 선교본부에 전달되어 1916년 1월 선교본부의 회의 결과에 반영되었다. 선교본부는 조선에서 선교사업을 유지하기 위해서는 미국인들이 조선에서 일본의 입지를 약화시키려는 의도가 없음을 보여줄 필요가 있다고 결정했다. 1916년 2월 7일 선교본부는 일본제국의 방침에 완전히 동의하고 이를 적극적으로 따를 것을 확인하는 13가지 원칙을 결의하여 조선선교회와 총독부에 서한을 발송했다.[162] 이로

---

162) 13원칙은 스피어(Speer)의 제안을 거의 모두 수용한 것으로 다음과 같다. 1. 조선이 일본제국에 필요불가결한 일부분임을 인정하고 합법적 정부에 대해 복종하고 존중할 것, 2. 총독부의 조선인 동화 정책에 대해 진심어린 이해를 표함, 3. 조선에 대한 정부의 지배가 외국인으로부터 문제시되어서는 안 되며 이에 주의할 것, 4. 총독부가 현명하고 유효한 법을 많이 제정해왔으며 조선인에게 가치 있는 여러 개혁을 도모해왔다는 것을 인정함, 5. 정치적 관여는 주의 깊게 줄여나갈 것이며 선교본부와 조선선교부의 정치력 행사는 총독부에 충실하고 진심으로 협력하는 노선으로 따라갈 것, 6. 선교본부와 조선선교회는 학년제, 커리큘럼, 학교의 성격 등의 개선에 관한 총독부의 규칙을 준수하여 조선의 청년들에게 충성의 개념을 주입시킨다는 요구에 어긋나는 교육을 행해서는 안 될 것, 7. 이후 조선에 부임하는 선교사, 특히 교육종사자는 일본어 지식을 익힐 것, 8. 미션스쿨의 종교교육에 관해서는 총독부가 인정한 10년의 유예기간을 이용해 성서교육과 예배를 계속할 것, 9. 선교본부·선교회와 총독부의 협상이 있을 때까지 교육기관은 신설하지 않을 것, 10. 서울에 기독교 대학을 개설하는 문제에 대해서는 규칙 공포 2년 전부터 계획이 있었으므로 현존 학교와 같은 취급을 받을 수 있게 총독부와 협상할 것, 11. 정부와의 갈등을 피하며 초등교육보다 더 높은 수준의 교육기관에 힘을 기울일 것, 12. 의료 종사자에 과하는 법률로 정해진 시험에서 합격해야 한다는 총독부의 요구를 수용할 것, 13. 우사미 장관의 정보제공과 협력에 감사할 것. 김여운, 「미북장로교 선교본부의 조선문제 인식과 정치적 입장─선교본부 총무의 조선방문보고서(1897~1915)를 중심으로」, 연세대학교 석사학위논문, 2011, 48~50쪽; 이성전, 『미국선교사와 한국근대교육─미션스쿨의 설립과 일제하의 갈등』, 108~109쪽.

써 장로교 해외선교본부를 통한 교섭은 총독부 방침을 수용하고 학교의 신설을 중지한 채 10년의 유예기간 동안 종교교육을 계속하는 것으로 결론이 내려졌다.

조선선교회의 실행위원회 의장이었던 샤프(Charles E. Sharp)와 애덤스, 샤록스 등 북장로교 선교사들은 이 결정을 비판했지만 선교본부의 방침을 수용할 수밖에 없었다.[163] 이것은 일본 주재 미국대사관이 내린 결론과도 일치했다. 치외법권문제가 모두 해결된 1915년 현재 미국대사나 영사는 1908년 사립학교령 공포 때와는 달리 일본 내부의 법률적인 문제로서 관망할 뿐이었다. 주일 미국대사 거스리(Guthrie)도 개정사립학교규칙과 관련해 조선영사, 미국무장관과 연락을 취하면서 상황을 주시하고는 있었지만 그가 내린 결론은 데라우치 총독 이후 정책이 바뀔 것을 기다리면서 10년의 유예기간 동안 법령의 위배 없이 "해당 법의 개정을 확보할 모든 적절한 수단으로 정중하고 공손하지만 확고한 저항과 노력을 해야만 한다는 것"이었다. 일본 정부는 그 신민들을 교육하는 학교에서 합당한 교육적인 기준을 요구할 권리를 의문의 여지없이 가지고 있다는 이유였다.[164] 애덤스 역시 개정사립학교규칙이 공포된 이후 조선주재 미국영사인 밀러(Miller)와 수많은 협의를 했지만 그의 대답은 늘 법령에 따르는 외에는 방법이 없다는 것이었다고 밝히고 있다.[165]

---

163) 김여운, 「미북장로교 선교본부의 조선문제 인식과 정치적 입장 - 선교본부 총무의 조선방문보고서(1897~1915)를 중심으로」, 52쪽.

164) 다음 문서들은 개정사립학교규칙과 관련 주일 미국대사 거스리가 미국무장관에게 보낸 문서들로 한국독립운동사정보시스템에서 원문을 모두 열람할 수 있다. 「개정된 학교령」 1915. 2. 15(자료번호 3-004541-028-0014); 「조선의 개정된 학교령」 1916. 4. 5(자료번호 3-004541-028-0016); 「조선의 개정된 학교령이 미국 선교학교에 미치는 영향」 1915. 10. 21(자료번호 3-004541-028-0020); 「도쿄 미국 대사관에서 워싱턴 국무장관에게 보낸 편지 No. 370」 1915. 10. 21.

165) 「브라운 박사에게 보낸 편지」 1916. 7. 6, 『원문정보: 재한선교사보고문건』, 한국독립운동사정보시스템. J. E. Adams가 Brown에게 보낸 편지이다.

결과적으로 개정사립학교규칙은 조선의 기독교계 사립학교들에 수용되었다. 다만 수용과정과 대응양상은 각 선교회별로 다르게 나타났다. 장로교 선교회의 경우 기설 사립각종학교들은 10년의 유예기간 동안 종교교육을 계속하면서, 개정법령의 적용을 바로 받아야 하는 학교 신설은 억제하는 전략을 지속했다. 예를 들어 황해노회에서 요청한 교회학교의 설립은 개정사립학교규칙에 의거해야 하기 때문에 선교회에서 거부되었다.[166] 개정규칙 공포 이전부터 17차례의 인가신청이 총독부에 의해 거절되었던 북장로교 소속 선천여학교는 개정규칙하의 인가를 포기하고 결국 폐교명령을 받았다.[167] 남장로교 소속의 순천남학교도 폐쇄되었다. 1916년 3월 학교 폐쇄시 남장로교는 애덤스의 충고에 따라 주일 미국대사관에 항의서를 제출했다.[168] 그러나 개정법령에 순응하여 분리된 건물에서 수업시간 이외의 시간에 종교교육을 하기로 하는 결정을 내린 감리교 선교회와 비슷한 결정을 하기를 바란다는 미국 정부의 권고만 받았을 뿐이다.[169]

---

166) *Minutes and reports of the annual meeting of the Korea Mission of the Presbyterian Church in the U.S.A. 1916.*, p.73.

167) 샤록스(Sharrocks)에 의하면 선천여학교가 설립인가신청서를 제출한 것은 1910년 10월로, 그때부터 1915년 봄까지 17차례에 걸쳐 총독부에 설립요청서를 제출했고 거절될 때마다 최선을 다해 당국의 지시대로 시정을 했다고 한다. 시정 내용이 근본적인 경우에는 전체 양식을 재작성해야 해서 전면 재작성도 다섯 차례나 이루어져 이 인가신청서들을 다 합하면 거의 1,000장에 달할 것임에도 결국은 인가신청이 거부되었다. 1915년 개정사립학교령 공포 이후에는 앞에서 보았듯이 기설학교로 인정받으려 당국과 협의했으나 실패하고 있다. 「Alfred M. Sharrocks가 小松綠에게 보낸 편지」 1916-07-21, 『원문정보: 재한선교사보고문건』, 한국독립운동사정보시스템.

168) 「브라운 박사에게 보낸 편지」, 1916. 7. 6, 『원문정보: 재한선교사보고문건』.

169) 「애드니 아디가 한국 남부 장로교 선교회에 보낸 편지」 1916. 7. 21, 『원문정보: 재한선교사보고문건』, 한국독립운동사정보시스템. 미국무부 장관 차석서기관보 아디(Adney A. Adee)가 남장로교의 스와인하트(M. L. Swinehart)에게 보낸 편지이다.

이 권고에서 가리키고 있는 감리교학교는 배재학당이다. 배재학당은 1916년 2월 기독교계 학교로서는 최초로 정규 고등보통학교로 인가를 받았다. 이 사건을 계기로 감리교는 선교회교육연합에서 탈퇴하게 되었고 다른 선교회들에게 큰 충격을 안겼다.[170] 감리교의 이탈은 교육선교사업에서 근대교육 보급의 측면을 중시하는 감리교 선교방침에도 기인하고 있었지만, 친일 선교사로 유명한 감리교 감독 해리스의 영향도 컸다.[171] 주일 미국대사 거스리가 작성한 비망록(Memorandum)에 의하면 해리스 감독은 개정사립학교령 공포 직후 이미 개정법령에 대한 긍정적 견해와 낙관적 전망을 확고히 내보인 바 있다.

그는(Harris) 자신의 생각으로는 그 법령에 아무런 반대할 것도 없으며, 그의 교회의 선교사들에게 기꺼이 그 법령을 따를 것을 충고하고 있다고 하면서, 이것이 감리교연회에서 채택될 입장이 될 것이라고 믿는다고 말했다. 그는 그 명령이 실제로 실시되려면 10년의 유예기간이 있고, 그 때가 되면 일본 정부는 매우 다른 기준을 취할 것이고 아마도 사립학교에서 절대적인 종교교육의 자유를 부여하는 미국식 시스템을 채용할 것이라고 언급했다. (괄호: 필자).[172]

실제로 1915년 10월 연회에서 미국북감리교 조선선교회는 모든 소속 학교가 가능한 신속하게 개정규칙을 따르기로 결정했다. 1916년 8월 선교회연합공의회에서는 감리교 선교사 노블의 공식적인 입장표명이 있었다. 노블의 발표문은 장로교와는 다른 길을 택한 감리교의 입장과

---

170) *Minutes and reports of the annual meeting of the Korea Mission of the Presbyterian Church in the U.S.A. 1916.*, p.75.
171) 장규식·박현옥, 「제2차 조선교육령기 사립 중등학교의 정규학교 승격운동과 식민지 근대의 학교공간」, 『중앙사론』 32, 2010, 186쪽.
172) 1915년 10월 15일에 작성된 이 Memorandum은 다음 자료에 첨부되어 있다. 「조선의 개정된 학교령이 미국선교학교에 미치는 영향」 1915. 10. 21(자료번호 3-004541-028-0020), 『원문정보: 미국무부소장한국관계문서』, 한국독립운동사 정보시스템.

학교체제 구상을 잘 보여준다. 이 글에서 주목되는 것은 개정규칙에 의
한 등록결정이 감리교의 이전 정책과 다른, 갑작스러운 전환이 아니라
고 한 점이다. 선교회의 교육연합평의회와 위원회들이 동등한 대표권을
근거로 조직되지 않고 선교회의 회원수 등에 따라 구성된 까닭에, 다수
인 장로교 회원들이 주장한 바가 항상 정책으로 채택되었을 뿐이라는
것이다. 노블은 소수의 다른 회원들의 견해에 대한 배려가 없는 상황에
서 감리교로서는 자신들의 원칙과 반대되는 경우를 따라야 하는 일이
많았다고 항변하며, 장로교 위주로 운영된 선교회 연합조직에 대해 불
만을 표시했다.[173]

　노블은 배재의 경우도 ①기존의 인가장에 의거한 배재학당은 존속시
킨 채, ②배재학당의 한 건물만을 분리시켜 배재고등보통학교로 새로이
등록하는 '학당·고보병설체제'로 운영하기로 했다고 밝히고 있다.[174] 따
라서 ①의 학당은 여전히 10년 유예기간의 적용 아래 종교교육을 시행
하고, ②의 경우는 고등보통학교로서 진학기회 같은 특권을 누리면서도
학무당국과의 교섭을 통해 학교건물 외, 수업시간과 교과 외로 자발적인
학생참여에 의한 종교교육을 허가받았다고 밝혔다. 노블은 조건부 종교
교육 허가에 대한 우사미와의 교섭내용과 자필서명이 된 1916년 8월 28
일자 문서를 공개했다. 덧붙여 새로 인가를 받은 인가서에 소년들을 위
한 기독교신앙을 계발한다는 문구가 들어있으므로 감리교는 선교회교육

---

173) "Statement Concerning Pai Chai Schools Made Before The Federal Council Made
　　Before The Federal Council", *Annual meeting of the Federal Council of Protestant*
　　Evangelical Missions in Korea, 1916., pp.33~37.

174) 위의 자료; 학당·고보병설체제는 감리교 학교인 배제와 이화에서 실시된 것으로
　　각종사립학교인 2년제의 학당과 보통교육체제에 속한 정규학교인 4년제(1922년
　　5년제로 변경) 고등보통학교를 동시에 한 교육기관 안에 두는 제도이다. 1916년
　　배제에서 재학생들에게 학당과 고보 중 하나를 선택하게 하면서 시작되었다. 장
　　규식·박현옥, 「제2차 조선교육령기 사립 중등학교의 정규학교 승격운동과 식민
　　지 근대의 학교공간」, 186쪽.

연합에 대한 의무를 저버린 것이 아님을 강조했다.

감리교의 방식은 개정사립학교규칙이라는 기독교 교육에 대한 큰 장벽 앞에서 일종의 편법 내지는 편의적인 제도를 고안해 낸 것이라 할 수 있다. 이를 통해 얻는 가장 큰 이점은 조선학생들에 대한 교육기회의 제공이었다. 노블도 강조하고 있듯이 배재의 인가 이후 봄학기의 신입생 모집에는 진학 가능한 성적의 학생이 800명 이상 몰려들었고, 그보다 미달되는 학생들도 200명이 입학하기 위해 왔다고 한다.[175] 일본인과 조선인을 차별하는 교육체제하에서 사립 중등교육기관에 대한 잠재적인 수요는 상당했다.

문제는 노블 자신도 총독부와의 교섭과정에서 우사미에게 문의했듯이, 장래에는 결국 당국이 과정 외로도 종교교육을 완전히 금지할 것이라는 의심을 지울 수 없었다는 점이다. 병합시의 재보장과 1914년의 보장을 쉽게 뒤집은 당국을 또 다시 신뢰할 수 있을 것인가라는 물음 앞에서 감리교와 장로교의 선택지가 나뉘었다고 할 수 있다.

감리교가 선택한 방식의 또 다른 문제점은 학당·고보병설체제의 지속적인 존속가능성이었다. 학당과 고보 어느 쪽을 선택하는가는 학생들에게 달려있었다. 제도의 실시 초기인 1917년에는 학당 재학생이 월등히 많았으나 학당이 문을 닫은 1925년이 되면 학당 30명, 고보 108명으로 크게 역전되고 있다.[176] 학생들의 입장에서는 졸업 후 특혜가 부여되는 고보를 택하는 것이 당연했다. 1920년대에 사립학교규칙이 재개정되어 사립각종학교에 종교교수의 자유가 회복되지 않았더라도 이러한 역전현상은 마찬가지였으리라 생각된다. 이 점은 배재학당이 고등보통학교로 인가를 받은 이후에 입학지원자가 몰려들었던 상황으로도 입증된

---

175) *Annual meeting of the Federal Council of Protestant Evangelical Missions in Korea, 1916.*, p.34.

176) 장규식·박현옥, 「제2차 조선교육령기 사립 중등학교의 정규학교 승격운동과 식민지 근대의 학교공간」, 186쪽.

다. 그렇다고 한다면 학당·고보병설체제의 실효성에 의문이 있을 수밖에 없다. 감리교 선교사 스톡스(Stokes)도 인정하고 있듯이 보통학교로 인가받은 학교들은 당국이 정한 규정사항들을 준수하기 위해 힘을 기울이느라 기독교적인 교육의 중요성을 크게 상실할 위기에 놓이게 되었다. 종교과목 교수는 크게 줄 수밖에 없었고 적당한 교과서도 없었으며 교사들도 이런 상황에 대처하기 힘들었기 때문이다.[177]

단, 한 가지 주의할 것은 감리교의 이러한 방침은 중등교육기관에 한정되었다는 점이다. 뒤의 <표 22>에서도 알 수 있듯이 초등수준의 학교들에 있어서는 감리교 역시 1939년까지도 꽤 많은 수의 학교들이 사립각종학교로 남아 있는 것을 볼 수 있기 때문이다.[178] 감리교 개별 교회들이 운영하는 소규모 학교들은 사립각종학교로 남아 종교교육을 지속했다. 이런 측면에서 감리교의 전체적인 학교정책은 좀 더 연구되어야 할 필요가 있다. 초등교육기관까지 고려한다면, 감리교는 100% 당국의 방침에 따르는 것도 아니고 100% 장로교와 같은 길을 선택한 것도 아니었다. 물론 당시 교육사업에서 선교사들이 직접적으로 관계하고 선교회의 물적·인적 투자가 집중되었던 곳은 중등·고등교육기관이었기 때문에 선교회 교육정책에서 이들 교육기관이 차지하는 비중이나 상징성이 압도적으로 컸던 것은 사실이다.

감리교의 이러한 결정에 대해 장로교는 크게 반발했다. 노블은 연합공의회에서의 진술 뒤에 다른 선교사들의 이의제기로 아무런 말조차 할 수 없었다.[179] 애덤스도 브라운에게 보낸 편지에서 격한 어조로 감리교

---

177) Charles D. Stokes, 『미국감리교회의 한국선교역사, 1885~1930』, 298쪽.

178) 1939년 2월 현재 감리교계통의 초등정도 학교 중에서 16개는 소학교규정에 의한 소학교였지만, 30개는 사립학교규칙에 의거한 사립각종학교로 되어있다. 또한 중등정도의 학교에서도 감리교계 사립각종학교가 3개 존재하고 있다. 이는 1939년의 통계이므로 그 이전 시기에는 더 많은 소학교 수준의 사립각종학교가 있었을 것으로 생각된다.

를 비판하고 있다. 그는 감리교가 선교회교육연합에 가입한 선교회들의 단 하나의 합의조건인 "학교에서 聖書를 교과서로 사용할 것"을 위배했다고 판단했다. 그는 "큰 연합이 궁극적인 배신으로 끝나고, 어떤 합의도 구속력이 없었다"라고 하면서 감리교도들은 자신들만의 판단에 기초해서 자신들만의 이익을 생각한다고 비난했다.[180] 과정 외로 성경을 가르치도록 허락받았다고는 해도, 성서를 정식 교과서로 사용하는 것은 정규 보통교육체제에서 불가능했다. 정규학교들의 교과서와 교과과정은 모두 총독부의 엄격한 통제를 받고 있기 때문이다. 원칙의 고수와 타협이라는 다른 입장을 취한 결과 장로교와 감리교가 각기 당국에서 얻어낸 바를 보면 장로교 선교사들이 분개한 원인을 더 잘 이해할 수 있다.

〈표 17〉 1915년 이후 기독교계 사립중등학교의 종교교육 상황과 선교회별 입장

쟁점 선교회	학교의 상태	종교교육 금지조항의 적용	가능한 종교교육의 형태
장로회	무인가 각종사립학교	즉시적용 폐교처분 수용	없음
	기설 사립각종학교	10년간의 유예인정/ 유예기간 종료 후 즉 시적용	유예기간 동안 가능/유예기간 이후 개정사립학교규칙과 통 첩 제1371호에 의해 과정 외· 수업시간 외에라도 학생참여 불가
	정규 사립학교 (장로회 소속 정규 사립학교 없음.		

---

179) 「브라운 박사에게 보낸 편지」 1916. 9. 1, 『원문정보: 재한선교사보고문건』, 한국독립운동사정보시스템. 애덤스가 브라운에게 보낸 편지로 노블의 진술이 실린 *The Korea Mission Field*의 기사가 첨부되어 있다.

180) 이 편지에서 애덤스는 지금과 같은 상황에 처하게 된 데에는 장로교의 스피어 목사와 함께 감리교 해리스 감독의 탓이 크다고 지적하기도 하였다. 「브라운 박사에게 보낸 편지」 1916. 7. 6, 『원문정보: 재한선교사보고문건』; *Minutes and reports of the annual meeting of the Korea Mission of the Presbyterian Church in the U.S.A. 1916.*, p.76.

감리회	신설계획도 없음)		
	무인가 각종사립학교	즉시적용/ 정규학교 인가추진	정규학교 인가시 교과 외·校舍 외·수업시간 외 자발적인 참여학생을 대상으로 가능
	기설 사립각종학교 (배재학당의 경우)	10년간의 유예인정/ 유예기간 종료 후 즉시적용	유예기간 동안 가능/유예기간 이후 개정사립학교규칙과 통첩 제1371호에 의해 과정 외·수업시간 외에라도 학생참여 불가
	정규 사립학교(배재 고보 등의 경우)	교섭에 의한 수정적용	교과 외·校舍 외·수업시간 외 자발적인 참여학생을 대상으로 가능

　　장로교의 기본입장은 기설 사립각종학교로 10년의 유예기간 동안 이전과 같은 종교교육을 실시하면서 조선총독의 교체 후 정책이 바뀌기를 기다리는 것이었다. 통첩 제1371호의 해석을 둘러싼 총독부와의 협의도 별다른 성과 없이 끝났으므로, 총독부의 정책전환 없이 유예기간이 종료되면 장로교 학교들에게는 개정법령이 바로 적용되어 종교교육이 완전히 금지된다. 감리회는 사립학교규칙뿐 아니라 개별 학교규칙에 의한 정규 사립학교로 인가받는 길을 택했고, 정규 교과과정을 준수한다는 조건 하에서 과외적인 종교교육을 인정받을 수 있었다.[181] '무인가 상태의 사립각종학교'란 예를 들자면 애덤스와 총독부의 교섭에도 등장한 북장로교 소속 선천의 보성여학교와 남장로교 소속 순천의 은성학교와 같이 실질적으로 개정규칙 한참 전부터 학교로 운영되면서 인가신청을 계속하고 있었지만 여러 가지 사유로 인가신청이 반려된 경우이다. 장로교는 이 두 학교를 기설학교로 인정받기 위해 당국과 지속적으로 교섭했지만 실패하고 신규 인가를 포기한 채 폐쇄처분을 수용했다. 이런 측면에서 장로교는 유예기간 동안 정책변화가 없다면 학교사업을 포기하는 것까

---

181) Charles D. Stokes, 『미국감리교회의 한국선교역사, 1885~1930』, 237~238쪽.

지도 각오하고 있었다고 생각된다. 같은 경우 감리교였다면 신설학교로 이들을 등록하는 데 아무 문제가 없었을 터이다.

이 표를 통해서도 드러나지만, 당국은 사립각종학교보다도 정규사립학교들에게 과외적인 종교교육의 편의를 보장해주었다. 여기에는 감리교의 선택을 다른 기독교 학교들에 대한 유인책 내지 선전책으로도 활용하려는 당국의 의도가 있었다고 보인다. 배재고등보통학교는 인가신청 즉시 신속하게 승인되었고, 이어 남감리교도 송도의 한영서원에 대해 유사한 절차를 준비했다.[182] 1920년까지 감리교계의 중등학교인 송도, 호수돈, 이화, 광성, 정의는 정규학교로 등록을 완료했다.

양측의 이런 입장 차이에도 불구하고 감리교와 장로교 등 선교회교육연합이 진행하던 연합교육사업, 즉 세브란스 의학전문학교의 운영과 기독교 연합대학의 설립사업은 계속 추진되었다. 기독교계 고등교육기관이 필요하다는 공통적인 인식과 학교법인의 조직을 위해서는 필수적인 재정적 협력 때문이었다. 연합대학은 처음 계획을 시작했던 언더우드가 세속적인 교육기관의 필요성을 주장했던 점, 감리교 사태에 자극을 받은 쿤스(W. Koons) 등 서울지역 장로교 선교사들이 연합대학 설립을 위해 적극적으로 행동했던 점이 지속적인 사업진행의 원동력으로 작용했다. 이들은 평양지역 장로교 선교사들의 반대에도 불구하고 학교설립을 위해 총독부와 협의를 진행했다. 기설학교로 인정받아 유예기간을 얻으려한 처음의 협상목표에는 도달하지 못했지만, 서울지역 선교사들의 주도로 1917년 3월 연희전문학교가 인가를 받게 되었다.[183] 세브란스 역시

182) 위의 책.
183) 관련 내용에 대해서는 다음의 연구들을 참조. 손인수, 『韓國近代教育史』; 이성전, 『미국선교사와 한국근대교육 – 미션스쿨의 설립과 일제하의 갈등』; 장규식·박현옥, 「제2차 조선교육령기 사립 중등학교의 정규학교 승격운동과 식민지 근대의 학교공간」; 정선이, 「1910년대 기독교계 고등교육의 특성 – 숭실과 연희전문을 중심으로」, 『교육사학연구』 19집 2호, 2009.

개정사립학교규칙과 전문학교규칙으로 인해 설립에 어려움을 겪었지만, 1916년부터 에비슨(Oliver R. Avison)을 이사장으로 하는 이사회를 구성하여 전문학교 인가신청을 위한 재단법인 설립작업을 시작했고 1917년 3월 재단법인을 설립하여 5월에 사립세브란스 연합의학전문학교로 개교했다.[184] 장로교 선교회도 의학전문학교는 종교교육을 고수해야 하는 다른 일반 교육기관과는 구별됨을 인정하여 법인설립의 제안을 통과시키고 있다.[185]

그러나 장로교의 나머지 교육사업의 상황은 그다지 좋지 않았다. 각 교파의 방침이 어느 정도 결정된 1916년 중반 『基督申報』에는 기독교 관계자들에 대한 총독부 학무담당자들의 일련의 강론·강연들이 게재되고 있다.[186] 여기서 학무국장 세키야는 조선의 교육사업은 "我國의 법규에 의하야 현재 교육의 제도를 知悉"하고 "교육상의 시설로 ㅎ야 법령의 규정흔 處에 준거"한 일본의 정세에 적합해야 하며 그렇지 않으면 적자생존의 원칙에 따르게 될 것임을 경고하고 있다.[187] 경고대로 이 시기 기독교계 사립각종학교들은 지속적으로 10년의 유예기간을 포기하라는 압력과 학교폐쇄의 위협에 직면해야 했다.[188]

1916년 10월 데라우치 총독의 퇴임 이후에도 같은 조슈벌로 데라우

---

184) 이만열, 『한국기독교의료사』, 아카넷, 2003, 328~330쪽.

185) *Minutes and reports of the annual meeting of the Korea Mission of the Presbyterian Church in the U.S.A. 1916.*, p.70.

186) 關屋貞三郞, 「宗敎學校關係者의게向ㅎ야講論全文」, 『基督申報』 1916. 6. 28; 「宗敎學校關係者의게向ㅎ야講論全文(續)」, 『基督申報』 1916. 7. 5; 弓削幸太郞, 「敎育의眞意義」, 『基督申報』 1916. 8. 9; 弓削幸太郞, 「敎育의眞意義(續)」, 『基督申報』 1916. 8. 23.

187) 關屋貞三郞, 「宗敎學校關係者의게向ㅎ야講論全文」, 『基督申報』 1916. 6. 28.

188) A. F. McKenzie, 『한국의 독립운동』, 신복룡/역주, 집문당, 1999, 184~187쪽; 「라이너가 아서 브라운 박사에게 보낸 편지」, 1919. 7. 19, 『원문정보: 재한선교사보고문건』, 한국독립운동사정보시스템.

치의 직계인 하세가와 요시미치(長谷川好道)가 총독으로 부임하여 장로교의 기대와는 달리 조선통치의 모든 방침은 이전과 동일하게 유지·강화되었다. 사립각종학교는 신설은 물론 증설도 확장도 할 수 없는 상태에 놓였다.[189] 증설이나 확장은 인가요건의 변경을 필요로 하기 때문에 재인가를 받아야 했고, 이런 경우 신규학교로 취급되기 때문이다. 기독교계 학교의 숫자는 1917년 420여 개에서 1919년 360여 개로 감소했다.[190] 총독부의 기독교 배척은 대외적으로도 일본의 시정에 대한 비난을 증대시켰지만 변화의 조짐은 보이지 않았다.[191] 1917년 7월 숭실학교 학장인 북장로교 선교사 레이너(Reiner)는 다음과 같이 예상했다.

> 2년 내에 우리가 개정법령에 순응하도록 강요받을 것이라는 몇 달 전 저의 예언은 할당된 시간의 반도 지나지 않아 성취될 운명인 것 같습니다. 그 첫 번째 공격대상은 우리의 평양학교들이 될 것이 명백합니다.[192]

기대할 수 없었던 변화는 급작스럽게 시작되었다. 1919년의 3.1운동은 직접적인 계기를 마련했다. 이와 함께 다이쇼시기 정당내각의 등장과 조슈벌의 쇠퇴라는 일본 국내 정치구도의 변화, 그로 인한 영미 외교노선의 중시경향은 식민지 통치방식의 변화로 이어졌다.

3) 기독교계의 법인설립 시도와 좌절

1912년 관련 법제의 도입과 함께 활발히 추진되던 기독교단체의 법인화 작업은 1915~1916년을 기점으로 정지상태에 놓여 있었다. 포교규

---

189) 弓削幸太郎, 『朝鮮の敎育』, 193쪽.
190) 弊原坦, 『朝鮮敎育論』, 230쪽; 『基督申報』 1917. 2. 14.
191) 弓削幸太郎, 『朝鮮の敎育』, 193쪽.
192) 「브라운씨에게 보낸 편지」 1917. 7. 11, 『원문정보: 재한선교사보고문건』.

칙과 개정사립학교규칙의 공포로 야기된 문제를 해결하는 것이 더 시급한 과제였기 때문이다. 게다가 지속적인 법인화 신청의 거절을 통해 총독부의 법인설립 불허방침을 확인하게 된 점도 배경으로 작용했다. 1915년 후반 이후 장로교 총회록은 법인 관련 업무보고가 줄어든 대신 포교규칙 발령 후 당국에 제출해야 할 서류들과 관련된 논의로 채워져 있다.[193] 포교규칙과 관련된 교섭위원이 선정되고, 재단법인 설립과 관련되어 행해지던 총독부와의 교섭사무는 이제 포교규칙과 관련된 내용으로 무게중심이 이동되었다. 포교규칙은 기독교 측의 법인설립 요청에 대응하면서 그 처리방안을 두고 고심하던 식민당국이 내놓은 답이기도 했다.[194] 당국이 고심한 까닭은 장로교회 등의 법인신청과 관련해 대리로 활동했던 변호사 구도 타다스케의 글에서도 엿볼 수 있다. 구도는 1914년 「조선의 공익법인에 대해」라는 글에서 자신이 최근 조선에 있는 미국 각 교파의 법인조직 사무를 의뢰받았음을 밝히면서 다음과 같이 적고 있다.

조선의 외국교회와 같은 것은 현재 선교사 수가 5백에 이르고 그 주의를 신봉하는 학교도 6백에 달해 관립학교를 능가하려는 추세를 보이고 있기 때문에 이미 실재하는 것을 (법인으로) 인가하지 않는 것은 곤란하지만, 또 인가되어 완전히 권리의무의 주체가 되어 제휴·활동하게 되면 그 세력은 어떤 방면에서도 실로 무시할 수 없는 것이 될 것이므로 법률가 이외의 인사도 또한 깊이 조사연구를 요하는 문제라고 생각한다. (괄호: 필자).[195]

법인격을 인정할 경우 초래될 위와 같은 위험성 때문에 식민당국은

---

193) 『조선예수교장로회총회 제4회 회록』 1915, 32쪽; 『조선예수교장로회총회 제5회 회록』 1916, 89쪽; 『조선예수교장로회총회 제6회 회록』 1917, 33, 88~89쪽; 『조선예수교장로회총회 제7회 회록』 1918, 19쪽.

194) 『뮈텔주교일기』 5권, 1912년 8월 26일.

195) 工藤忠輔, 「朝鮮に於ける公益法人に就いて」, 『朝鮮及滿洲』 83, 1914, 30쪽.

장로교회의 법인인가 신청을 쉽게 허가할 수 없었다. 특히 무단통치기 식민당국은 조선 내의 단체 또는 조직의 설립에 대해 철저하게 금지하고 있다. 친일단체인 일진회까지 해산시켰던 것을 상기해 보면 그 정도를 짐작할 수 있다. 더구나 기독교세력은 일찍부터 배일집단으로서 감시의 대상이었다. 기독교단체는 법률상 지위와 권리를 갖는 법인이 아니라 일방적인 통제의 대상으로만 존재해야 했다. 따라서 당국의 입장에서는 권리부여는 없고 의무만 부과된 포교규칙에 의한 통제가 가장 적절했고, 무엇보다 선행되어야 했다. 기독교계는 기한을 맞춰 제출해야하는 포교규칙에 관련된 보고사항들을 준비하느라 바쁘게 움직였고 그 와중에 법인신청과 관련된 작업들은 중지되었다.

포교규칙이 공포된 다음날 총독부 기관지 『경성일보』는 포교규칙의 장점을 열거하면서 포교규칙에 의거해 공인된 "기독교의 교파 등에 있어서는 그 소속 교회당이 독립·자급의 조직을 가지고 다수의 신도를 소유하여 기초가 확실하게 된 것은 민사령의 규정에 따라 총독의 허가를 얻어 법인됨을 얻을 수 있을 것"이라 보도했다.196) 마치 포교규칙에 의한 인가를 받으면 수월하게 법인을 설립할 수 있는 것처럼 선전하며 포교규칙의 수용을 독려했지만, 실상은 그렇지 않았다.

1919년 상해임시정부에서 발행한 『사료집』은 교회에 대한 일제의 탄압상을 정리하면서 "社團과 財團의 成立을 不許홈"이라는 제목하에 다음과 같은 상황을 기술하고 있다.

韓國基督敎會 特히 長老敎會가 一九一三年 秋로브터 全國 長老敎會로써 社團法人을 成立ᄒ랴 ᄒ야 總督府에 交涉ᄒᆫ즉 日本에서 基督敎會의 財團法人을 組織ᄒᆫ 것이 업다 ᄒ야 退却홈으로 不得已 京城 長谷川町에 在ᄒᆫ 日本人基督敎會가 財團法人을 成立ᄒᆫ 例를 倣ᄒ야 申請ᄒ며 此事件을 日本人辯護士 工藤의게 委托ᄒ랴 官廳에 交涉ᄒ랴 ᄒ엿더니 此頗彼頗ᄒ야 屢月屢年에 終是

---

196) 『京城日報』 1915. 8. 17.

不許ㅎ며 各敎會組合制度로 ㅎ랴홈을 個敎會分離制度로 ㅎ라ㅎ야 遲延홀 口
實을 삼으며 辯護士 工藤이 官廳의 無誠意홈과 人民을 壓迫홈과 理由업시 延
拖홈을 質問ㅎ얏더니 其後에 刑事를 送ㅎ야 工藤이 外國宣敎師의 關係有無를
調査ㅎ얏스며 于今七年에 都是 問題로 삼지도 아니ㅎ엿스며.197)

조선총독부가 장로교회의 법인설립 신청에 대해 이런저런 핑계를 둘
러대고 법인설립을 신청한지 7년이 지나도록 허가를 내주지 않았다는
것이다. 법적 대리를 맡은 구도 변호사가 무성의한 지연상황에 대해 당
국에 질문한 일로 경찰조사를 받았을 정도였다. 1912~1913년 장로교회
가 내무부장관 우사미와의 교섭으로 노회별 재단을 신청하기로 조정했
던 것도 결국 당국의 지연작전에 말려든 것일 뿐이라고 할 수 있다.

총독부의 고민은 장로교회가 개별 교회 단위가 아닌 노회라는 단위로
법인을 설립하려 한 점에도 기인했을 것으로 보인다. 일본에서도 선교회
들의 법인설립이 인정된 이후 개별 교회법인들이 설립되었고, 1920년대
에 들어와 교파들에 대한 '유지목적의 법인'이 인정되었기 때문이다. 그
렇다고 해도 1910년대의 조선에서는 선교회법인까지 허가하지 않아 일
본보다 훨씬 강경한 입장을 취했다고 할 수 있다. 결국 이 시기 조선에
서 유일하게 재단법인으로 허가받은 기독교회는 위의 인용문에 보이는
경성 하세가와마치(長谷川町; 현재의 소공동)의 일본인 기독교회였
다.198) 이는 일본기독교회 소속의 경성교회로,199) 당시 조선고등법원장
이었던 와타나베 토오루를 보호자로 하고 있었던 덕에 허가를 받았다고
한다.200)

1910년대 총독부의 기독교단체에 대한 정책방향을 보여주면서 재단

---

197) 「史料集」 第2, 1919년 9월, 上海, 『한국독립운동사자료』 4(국사편찬위원회 한국
사데이터베이스, NIKH.DB-kd_004_0020_0130_0010).

198) 工藤忠輔, 「朝鮮に於ける公益法人に就いて」, 29쪽.

199) 『基督敎年鑑』, 日本基督敎會同盟, 1920, 95쪽.

200) 『뮈텔주교일기』 6권, 1917년 3월 14일.

법인화 신청에 쐐기를 박은 것이 내무부장관 우사미가 1917년 9월 3일 朝鮮耶蘇長老會宣教師會에 참석하여 행한 연설이다. 연설에서 우사미는 조선에서의 기독교 보급과 발전은 근대의 기적이라고까지 불릴 만하지만, 실상은 다소 의심스러운 면이 있다고 전제했다. 그의 주장에 의하면 조선 내 기독교 신자의 급격한 증가는 진정한 교세의 확장이 아니라 병합 후의 사정에 부화뇌동하여 교회에 들어온 자들 때문이다. 이어 우사미는 조선교회의 문제점을 통계적으로 제시하면서 첫째, 조선의 신도수·포교당 숫자에 대비한 포교자 숫자의 비율이 일본에 비해 너무 적고 둘째, 일본의 포교자들은 학문에 상당한 소양이 있고 신학교육을 받은 자들인 반면, 조선에서 포교자로 신청한 자들은 자격이 있는 자를 손에 꼽을 정도로 수준이 저급하다고 지적했다. 마지막으로, 외국 전도회사에 속한 교회당·강의소의 수도 2,886개에 달해 독립하여 자급할 수 있는 교회의 숫자도 많지 않다고 보았다.[201] 우사미의 결론은 다음과 같다.[202]

> 만약 능히 독립자급의 실적을 거두고 자격 있는 목사를 담당포교자로 하는 교회에 대해 법령에 따라 법인이 될 자격을 부여하는 것은 정부로서는 이를 거부할 수 없을 뿐 아니라 기꺼이 그 건전한 발달을 보호하기 위해 법인의 자격을 부여하려 하지만, 이제까지 아직 법인의 허가를 출원한 이 같은 교회를 보지 못한 것은 혹 이 같은 자격을 가진 교회는 존재하지 않기 때문이 아닌지 의심하지 않을 수 없다.

조선의 교회들은 객관적으로 법인이 될 자격이 없어 총독부로서는 허가해주고 싶어도 할 수가 없다는 뜻이다. 조선교회가 '법인이 될 자격'이란 결국 외국선교회로부터 경제적으로 분리되어 자립적으로 존재해야 하고, 제대로 신학교육을 받은 조선목사를 갖춰야한다는 것이 된다. 법

---

201) 宇佐美勝夫, 「朝鮮に於ける基督教」, 『朝鮮彙報』 1917. 10, 9~11쪽.
202) 위의 글, 10~11쪽.

령상의 요건도 아닌 이러한 자격조건은 당시의 조선장로교회뿐 아니라 다른 기독교파의 실정상 현실적으로 실현하기 불가능한 조건이었다. 더욱이 이 같은 조건들을 내세운 것은 조선에서는 당시 일본에서 인정되고 있던 개별 교회법인들도 인정할 수 없다는 의미였다. 이 연설은 선교회법인의 설립을 허용하지 않는 이유에 대해서는 언급하고 있지 않지만, 이 시기 선교회법인 역시 허용되지 않은 것은 마찬가지였다. 이러한 당국의 입장은 1920년대에 들어와서야 전환되었다.

1915년을 종점으로 1899년 일본에서 제정된 기독교 통제의 기본법들이 모두 조선에 이식되었다. 병합 이전 사립학교령을 시작으로 도입되기 시작한 법제들이 완비되었다고 할 수 있다. 이 시기의 기독교 통제법들은 1915년 당시의 필요성 때문에 갑자기 출현한 것이 아니라, 때를 기다려서 등장한 것들이다. 즉 병합 당시의 총독 유고나 훈시에서 잘 드러나듯 일제당국은 관련 법제의 필요성을 이미 충분히 인식하고 있었지만, 서구와 관련된 불평등조약 문제의 해결을 기다려야 했다. 이는 조선인만을 적용대상으로 하는 법제의 이식과는 확연히 다른 전개방식이었다. 무단통치하에서 조선인만을 대상으로 한 법령들은 그와 관련한 교섭이나 대응이 불가능한, 식민당국의 의도를 온전히 실행하기 위한 통치수단이었을 뿐으로, 그 제정과 시행에 어떠한 제약도 없었다. 불교와 유교 관련 법제들의 도입과 시행을 보면 이를 잘 알 수 있다.

그러나 단계적인 실행의 과정 내지 방법은 달랐지만, 기독교 관련 법들 역시 식민당국이 계획했던 목표까지 도달했다. 조슈벌을 등에 업은 데라우치 총독의 강경한 입장이 식민법제에도 고스란히 반영된 것이다. 이런 점은 사립학교 관련 법령에서 가장 잘 볼 수 있다. 데라우치는 조선교육령체제를 기반으로 기독교 사립학교에서 종교교육을 완전히 금지한다는 목표를 관철했다. 기독교계 사립학교에 대한 통제는 1908년 사립학교령에 의한 법체제 내로의 포섭을 시작으로, 1911년 사립학교규칙에 의한 종교교육의 제한적인 자유를 거쳐 1915년 개정사립학교규칙의 종교교육 완전금지로 정점에 달했다. 종교교육 금지조항은 사립각종학교에 선택지를 허용하지 않는 점에서 일본의 법령보다 한층 강화된 규정이었다. 이로 인해 기독교의 주력 사업인 사립학교는 존립 자체를 위협받게 되었다. 게다가 이 조항으로 인해 정규학교 등록의 길을 선택한 감리교계 학교를 이용하여 사립각종학교의 정규학교화를 유도하고, 이에 순응하는 학교에 차별적인 특혜를 부여하여 기독교계 학교사업의 분열을 조장했다.

1910년대에 기독교단체에 대해서는 포교규칙만이 적용되고 법인설립은 허용되지 않았다. '조선민사령'과 '법인의 설립 및 감독에 관한 규정'은 공포는 되었지만 기독교단체에 관한 한 시행되지 않는 허울뿐인 법으로 존재했다. 이로써 기독교회, 선교회는 법적인 권리의 주체가 될 수 없었다. 기독교회와 선교사들은 포교규칙에 의해 통제를 받는 대상일 뿐이었다. 특히 일본법령에는 없는 독특한 포교관리자 설치규정은 당국의 기독교 조직 통제를 위한 이상적인 밑그림을 보여준다. 총독이 자의적으로 임명하고 변경할 수 있는 대표자를 교파별로 두어 기독교세력을 마음대로 요리하려는 의도가 확연히 드러난 조항이었다.

무단통치기 다른 많은 법들과 마찬가지로 이 시기 구축된 기독교 관련 법들은 일제강점기 전 기간에 걸쳐 기독교의 조직과 사업을 규율하는 항시적인 기본법으로 작동했다. 이들 법들은 이식의 첫 단계에서부터 모두 모법인 일본 법들보다 통제성이 강화되어 등장했고 이후 여러 차례의 개정에도 불구하고 이 점은 변하지 않는 특징으로 남았다.

무단통치기 총독부의 법적용에 대해 기독교계는 크게 반발했다. 선교사들의 경우 이전까지의 우호적인 태도에 비해 가장 큰 대응의 움직임을 보였다고도 할 수 있다. 그만큼 1915년 공포된 법령의 조항들은 기독교의 조직과 사업에 치명적이었다. 하지만 이미 치외법권적인 특권은 상실되었고 영미정부의 외교적인 도움은 기대하기 힘들었다. 특권에 안주해 당국의 약속을 신뢰했던 선교회들의 대응은 실효를 거두지 못했다. 절차적인 편의를 위한 교섭을 제외하면, 장로교가 포교관리자 규정의 적용제외를 인정받고 정규의 사립학교로 편입된 감리교계 중등학교들이 과정 외의 종교교육을 허용받은 정도가 선교회들이 이룬 교섭의 성과였다.

이 시기 대응의 측면에서는 오히려 조선교회의 움직임을 눈여겨 볼 만하다. 조선장로교총회를 처음 조직한 조선장로교회가 선교회와는 별도로 교섭을 위한 조직을 구성하여 포교규칙의 시행이나 노회법인의 설립을 위해 총독부와의 교섭에 지속적으로 나섰던 점은 기억될 필요가 있다. 비록 당장의 가시적인 성과는 없었지만 이후 1920~1940년대까지 이어지는 식민당국의 법제들에 대한 조선장로교회의 대응의 기틀이 형성되었기 때문이다. 또 하나, 이 시기부터 식민당국에 대응하는 기독교 교파 내의 연합전선이 이미 와해되기 시작했다는 점도 주목해야 한다. 이는 장로교·감리교 계열 사립중등학교의 진로선택에서 가장 잘 드러나지만, 포교규칙의 포교관리자 설치규정을 두고서도 발생했다. 이러한 분열은 기독교에 대한 당국의 회유정책이 적극적으로 실시되는 1920년대에 더 심화되어간다.

제4장

1920년대 기독교 통제법의 운용과

기독교계의 대응

1. 선교사 회유정책과 총독부 종교행정의 변화

제1차 세계대전이 끝난 1918년 말부터 1919년에 걸친 기간은 역사적으로 큰 변화의 시기였다. 세계사적으로는 베르사이유 체제와 함께 영국에서 미국으로 외교의 축이 옮겨가는 국제질서의 재편이 이루어졌다. 일본에서는 쌀소동으로 데라우치 마사다케 내각이 퇴진하고 정당내각인 하라 다카시(原敬) 내각(1918. 9. 29~1921. 11. 4)이 등장해 소위 '다이쇼(大正) 데모크라시'의 본격적인 막이 올랐다. 하라 다카시를 포함한 일본 정부당국자들은 제1차 세계대전 이후 형성된 국제환경의 변화를 부단히 의식하면서 정책결정에 임했다. 영미와의 국제협조체제, 특히 대미협조의 유지는 일본의 이익확보를 위해 이전 시기보다 중요하게 여겨졌다. 하라 내각하에서 일본은 국제연맹의 발족과 함께 상임이사국의 일원이 되었고 중국대륙에서 권익을 확대하려던 기존의 정책방향을 수정했다. 중국 내정불간섭과 중일친선의 방침을 내세워 서구열강, 특히 영미와 협조를 도모하려는 방향선회였다.[1]

---

[1] 당시 이 같은 외교노선에 대해서는 원로 야마가타 아리토모도 동의하여 "일본의 움직일 수 없는 국시는 미국에 대한 친밀한 관계의 유지"라고 하여 지지를 표명하는 상황이었다. 특히, 미국, 영국, 프랑스, 일본이 참가하여 1920년 10월 뉴욕에서 개최된 對中國新四國借款國 컨소시엄(The New Powers Consortium)에서 일본 대표들은 가능한 만주와 몽고 지역에서 자국 권익을 확보하려 했고, 이를 위해 이 무렵 미국의 일본인식, 일본의 대외행동에 대한 미국의 평가와 대응은 일본 정부 내에서 최대의 관심사가 되어 있었다. 신희석, 「근대일본의 대외정책결정연구시론 1919~1920」, 『일본연구논총』 1, 1979, 121~122, 150~151쪽; 川田稔, 『原敬と山縣有朋: 國家構想をめぐる外交と內政』, 中央公論, 1998, 131~143쪽.

　1919년의 3.1운동은 이러한 상황 속에서 일어났다. 병합 이래 대부분
의 선교사들은 조선의 정치적인 상황에 대해서는 중립을 지키려 애써왔
지만 3.1운동을 잔혹하게 진압하는 일제당국의 행위에는 반발했다. 특히
기독교 신자 및 교회에 특별히 가해진 박해들에 대해서는 적극적인 대응
에 나섰다. 외국 보도기관에 실상을 알리고 본국 선교본부에 보고하여 본
국 정부의 조치를 촉구하거나, 일제당국자들과 직접 교섭하는 일들이 계
속 시도되었다.[2) 에비슨, 노블 등의 선교사들은 조선총독부 당국자들과
회견했고 웰치(Welch)를 비롯한 어드만(Erdman), 휘트모어(Whittemore),
홀드크로프트(Holdcroft), 스코필드(Scofield) 선교사는 일본으로 건너가
하라 다카시와 직접 회견하여 대책을 촉구했다.[3) 선교사들의 보고를 받
은 미국기독교회 연합협의회 동양관계위원회는 3.1운동과 관련한 일제
의 조선인, 조선교회 탄압상을 정리한 *The Korean Situation*이라는 책자를
발간하고 재미 일본인 유력자들을 통해 하라 총리에게 압력을 넣었다.
*The Korean Situation*은 미국 언론의 보도자료로 활용되었고 미국 의회의
사록에도 게재되었다. 선교사들 중 미국에 귀국해 있던 베크(S. A. Beck)
는 상원의원 노리스(G. W. Norris)에게 조선의 실정을 알려 제암리 사건
을 보도한 뉴욕타임즈 기사를 의회의사록에 게재하도록 했고, 헐버트
(Hulbert)는 미국 의회에서 직접 증언하기도 했다. 특히 헐버트는 3.1운
동 당시 일제의 만행뿐 아니라 1905년의 을사조약과 1910년 병합조약의
불법성까지 거론하며 병합의 완전무효를 주장했다.[4)

　미국과의 관계를 중요시하던 일본의 대외정책기조에서 볼 때 이들 선
교사의 활동은 큰 문제였다. 기본적으로 하라 다카시는 선교사들, 그 중
에서도 미국 선교사들을 미일 간의 외교관계에 큰 영향을 미칠 수 있는

---

　2) 長田彰文, 『日本の朝鮮統治と國際關係』, 平凡社, 2005, 208~209쪽.
　3) 『原敬日記』 1919. 5. 16, 1919. 3. 11, 東洋印刷株式會社, 1981, 94~95, 136쪽.
　4) 長田彰文, 『日本の朝鮮統治と國際關係』, 211~220쪽.

존재로 간주하고 있었다.[5] 게다가 3.1운동과 관련해서도 "在朝鮮 선교사는 소동을 선동함에 틀림없는" 존재라고 여기고 있었다.[6] 일제가 보기에 "주요한 독립운동가들은 모두 교회와 연락을 가지고 있었고 그들이 배포한 불온문서의 인쇄도구도 모두 교회의 지하실에서 나오는 식으로, 선교사들과 조선 독립운동 사이에 관련이 있음은 부정할 수 없는" 상태였다.[7] 따라서 이후의 조선통치에서 선교사문제는 반드시 해결해야만 하는 과제로 떠올랐다. 하라는 3.1운동 발생 직후인 1919년 3월 19일 각의결정을 통해 조선총독에게 다음과 같은 訓電을 보내고 있다.

이번의 사건은 내외에 대해 극히 경미한 문제로 되어야하고, 그와 함께 실제로는 엄중한 처치를 취해 다시 (이 같은 사건이) 발생하지 않도록 기해야 함. 단, 외국인이 더욱 이 사건에 주목하여 혹독하고 까다로운 비평을 초래하지 않도록 충분히 주의해야할 것. (괄호: 필자).[8]

3.1운동 진압에 대한 선교사들의 비난과 대외적인 여론 악화에 곤혹스러웠던 식민당국은 선교사들과 여러 차례의 회견을 열어 사태의 진정 방안을 논의했다. 1919년 3월 29일의 회담에서 학무국장 세키야 데이자부로는 시위의 진정을 위해 조선인들을 설득시켜 줄 것을 선교사들에게 요청하면서, 문제해결을 위한 건의사항을 당국에 제출하도록 제안하기도 했다.[9]

---

5) 帝國地方行政學會/編, 『朝鮮統治秘話』, 帝國地方行政學會, 1937, 190쪽; 齋藤子爵記念會/編, 『子爵齋藤實傳』 2, 560~561쪽.

6) 『原敬日記』 1919. 8. 29.

7) 「渡邊豊日子口述 朝鮮總督府回顧談」, 『朝鮮近代史料研究 – 友邦シリーズ』 6, 69쪽. 와타나베 도요히코(渡邊豊日子)는 1930년대 전반에 조선총독부 학무국장으로 재임한 인물이다.

8) 『原敬日記』 1919. 3. 11.

9) 「3월 29일 토요일 오후 및 3월 30일 일요일 저녁 세키야(Sekiya) 씨와의 회담에 대한 보고서」, 『원문정보: 재한선교사보고문건』, 한국독립운동사정보시스템. 관련

하세가와 총독 후임으로 선정된 사이토 마코토(齋藤實)와 정무총감
미즈노 렌타로(水野錬太郎)는 조선 부임시 하라로부터 선교사문제에 관
해 특별한 당부를 받았다. 또한 이 무렵 파리강화회의의 전권대신으로
참석해 일본의 조선통치에 대한 서양 각국의 곤혹스러운 질의를 받았던
원로 사이온지 긴모치(西園寺公望)로부터도 같은 주의를 들었다.[10] 당
시 정세와 관련된 미즈노의 회고담이 아래와 같이 남아있다.

　　(조선부임 당시) 일본의 조선통치에 대한 (선교사들의) 비평은 조선 내에
　있는 선교사들 사이에서 거의 모든 악선전이 총망라된 느낌을 줄 정도로 극
　심하게 자행되었기 때문에 우선 그들의 오해를 풀어 일본이 조선에 행한 일
　을 외국에 보여 줄 필요가 있었다. (괄호: 필자).[11]

이런 배경 아래 선교사문제의 해결은 3.1운동 이후 조선통치 개혁을
위한 과제의 하나로서 중점적으로 다루어지게 되었다.[12] 우선적으로 선
교사들과의 교섭이 확대되었다. 하라 다카시는 이토 통감과 데라우치 총
독은 선교사들과의 소통에 주의를 기울였던 반면, 하세가와 총독은 주의
가 부족했던 것이 실책이었다고 판단했다.[13] 선교사와의 관계는 이토가
통감으로 재임하던 시절에 가장 잘 처리되었고 데라우치 총독도 노력을
했지만 하세가와 총독기에는 교섭이 단절된 상태였다는 것이다.[14] 미즈
노도 "실제 우리들이 조선에 처음 부임했을 때의 상황은 확실히 선교사
측과 총독부 측 사이에 소원한 간격이 있었고 의사소통도 잘 안 되는

　　연구로는 다음을 참조. 김승태,『한말·일제강점기 선교사연구』; 나카타 아키후미,
　　『일본의 조선통치와 국제관계』, 박환무/옮김, 일조각, 2008.
10) 帝國地方行政學會/編,『朝鮮統治秘話』, 191쪽.
11) 위의 책.
12) 위의 책, 189쪽.
13) 『原敬日記』 1919. 6. 10.
14) 帝國地方行政學會/編,『朝鮮統治秘話』, 189쪽.

상태였다. 이로 인해 외국으로부터 수많은 비난을 받았고 일본의 조선통
치의 진의에 대해서조차 의구심을 갖게 하는 하나의 요인이 되었다"고
회고했다.15) 선교사들과 의사소통을 확대하고 선교사들을 회유하는 것
이 조선통치의 시급한 현안으로 떠오름에 따라, 총독에 내정된 사이토
마코토는 조선부임 이전부터 도쿄에서 재일본 장로교 선교사를 초청하
여 재조선 선교사들과의 협력방안에 대해 자문을 구하기도 했다.16)

선교사들과의 소통확대는 몇 가지 경로를 통해 이루어졌다. 일차적으
로 총독을 위시한 총독부 관리들과 선교사들의 개인적인 접촉이 활발하
게 행해졌다. 이런 면에서 퇴역 해군장성 사이토의 총독임명은 문관총독
을 원했던 하라 다카시와 무관총독을 고집한 일본 군부의 타협에서 이뤄
진 것이었다고는 하지만,17) 효과적인 선택이었다고 할 수 있다. 젊은 시
절 미국유학과 재미 일본공사관 근무를 통해 영어구사와 외국인과의 교
제에 익숙했던 사이토는 이를 선교사와의 교류에 십분 활용했다. 1919
년~1920년경 사이토의 일기를 보면 공적인 행사 이외에도 사적으로 선
교사들을 빈번하게 만났음을 알 수 있다.18) 이토 통감과 데라우치 총독
시기 해리스와 같은 일부 친일적인 기독교 지도자들에게 집중되었던 개
인적인 교류가 사이토 총독기에는 선교사 전반으로 대폭 확대되었다. 미
국 귀국길에 정무총감의 만찬초대를 받은 모펫 선교사의 말을 빌린다면,
선교사들은 "지금까지 총독부와 접촉한 적이 없었고 총독이나 정무총감
의 관택에 출입해 본 적도 없고 정무총감으로부터 초대를 받은 것도 오
늘이 처음"이었다. 사이토 총독기에는 미국이나 영국 등에 가면서 경성
을 경유하는 선교사가 있을 때마다 총독이나 정무총감이 이들을 초대하

---

15) 같은 책, 191쪽.

16) 齋藤子爵記念會/編, 『子爵齋藤實傳』 2, 850~851쪽.

17) 『原敬日記』 1919. 5. 23, 1919. 5. 27, 1919. 6. 13, 1919. 6. 27.

18) 『子爵齋藤實傳』 2권에는 1919년 9월부터 1920년 12월까지 사이토 총독과 외국
선교사와의 교제일정이 사이토의 日記를 근거로 정리되어 있을 정도이다.

곤 했다.[19) 이 같은 방법은 일제 당국자들이나 선교사들의 기록을 볼 때 상당한 효과가 있었던 듯하다. 정무총감 미즈노는 물론, 사이토의 후임 총독인 우가키 가즈시게(宇垣一成)도 선교사 회유 성과를 높이 평가하고 있다.

> 사이토 총독에 대해 또 하나 기억할 것은 외국인에 대한 태도이다. 조선의 외국인, 특히 선교사는 종래 총독정치에 반항하여 배일·항일의 불량 조선인을 비호하는 경향이 있고 총독의 명령도 이 같은 외국인 선교사 때문에 저지되는 경향도 있어, 독립소요사건 때도 이러한 외국인이 본국인 영국·미국 등에 악선전을 하여 일본의 조선통치에 대한 외국의 비평들은 좋지 않았다. 특히 하와이나 중국에 있는 조선인은 그들 외국인의 선전과 서로 화합하여 총독정치의 악평을 하여 이 외국인들의 비평이 조선통치에 미친 해악은 심히 깊은 것이었다. 그러나 사이토 총독이 부임한 이래 외국인 선교사들과 자주 접촉하고 융화를 도모하고 또한 도쿄 주재 영미인에 대해서도 조선의 실정을 소개하는 등 여러 가지로 노력했기 때문에 이 같은 나쁜 풍조도 점차 해소되게 되었다. 사이토 총독은 미국공사관 근무도 했고 영어도 상당히 능숙하여 서양인과의 교제가 극히 원만했다. 그의 부인도 자주 이들 외국인과 접촉하고 만찬회·다과회 등에 부부동반으로 참석하고 또 우리들도 이에 따라 외국인과 자주 교제하여 외국인과의 사이가 극히 원만하게 되면서 선교사들의 조선통치에 대한 나쁜 감정도 부임 후 일 년 만에 완전히 일변했다. 이는 확실히 사이토 총독이 아니면 할 수 없었던 일로 지금도 나는 그 공적을 찬양하는 것이다.[20)

> 子爵(齊藤實)이 남긴 조선통치의 遺跡·偉業은 많지만 …… 자작의 식견·인격에 걸맞는 것 하나를 생각하면 조선에 거주하고 왕래하는 외국인, 특히 선교사들에 대해 노고를 꺼리지 않고 번거로움을 참고 접촉과 응대에 힘쓴 것이다. 주지하다시피 조선에는 李朝시대부터 다수의 선교사가 들어와 상당한 토착의 민심을 얻고 있고, 그것이 병합 이후 대부분 배일적인 것이 되어 교회당

---

19) 帝國地方行政學會/編, 『朝鮮統治秘話』, 198쪽.
20) 齋藤子爵記念會/編, 『子爵齋藤實傳』 3, 263~264쪽. 미즈노 렌타로의 글이다.

은 배일무리의 소굴이라 불리는 경향이 있고 …… (선교사들이) 당시 조선에
서 일본의 통치를 惡한 것으로 세계에 유포하고 음으로 양으로 일본의 통치를
방해하고 있었던 것이 자작이 반도에 부임한 때의 실황이었다. 자작이 隱忍하
여 이들 외국인을 접근하게 하고 조선통치의 진의를 그들에게 점차 이해시키
고 인식시킨 고심과 인내와 노력은 우리 같이 직접 조선의 통치에 참여하여
간담을 졸인 자가 아니면 상상도 할 수 없는 일이다. (괄호: 필자).[21]

개인적 교류는 선교사 회유라는 목적 아래 철저히 정략적으로 실행된
일이었다. 예를 들어 1921년 12월 9일자로 일본 경시총감이 총독부 내
무국장에게 보낸 기밀문건은 도쿄에 체재 중인 사이토 총독을 감리교 선
교사 웨인라이트(Wainright)가 초대한 일을 전달하고 있다. 이 문서는 일
본 주재 미국선교사, 신문기자, 목사 등이 참석한 모임이 가능해진 것을
자찬하면서, 재일 미국선교사에 대한 회유공작이 성공했다고 평가하고
있다.[22] 이는 Japan Times社의 지배인 시바 소메타로(芝染太郎)의 "조선
통치정책상 최대 급무의 하나는 재조선 미국선교사를 회유하여 우리 조
선통치에 찬동시킴에 있고, 이를 위해서는 그들을 지휘·감독하는 도쿄·
요코하마 주재 미국선교사의 회유부터 시작해야 한다"는 조언을 조선총
독부가 수용한 결과였다. 사이토 총독은 1920년 겨울부터 총독부와 시
바의 세밀한 계획에 따라 도쿄 방문시 이들 미국인을 누차 초대하고 의
견을 청취했다.[23] 조선 내 선교사들뿐 아니라 일본 내 선교사들에 대한
회유공작까지도 총독부 주도로 면밀하게 계획되어 펼쳐졌던 것을 알 수
있다. 또 이러한 내용이 일본 정부에도 보고되고 있음을 보면 선교사문
제에 관한 일본 정부의 관심도 지속되고 있었다고 생각된다.

선교사들의 기록에도 사이토 총독에 대한 부분은 호의적인 내용이 많

---

21) 위의 책, 257~258쪽. 우가키 가즈시게의 글이다.
22) 「外秘乙 第1592號 米國宣教師의 齋藤朝鮮總督招待會의 件」, 『한국독립운동사 자
　　료』 38, 국사편찬위원회, 2002, 405~406쪽.
23) 위의 자료.

다. 사이토 사후 출판된 『子爵 齋藤實傳』에는 그의 죽음을 애석해하고 추모하는 선교사들의 글들이 수십여 편 담겨있다.[24] 하지만 선교사들의 태도 역시 당국과 마찬가지로 외형적으로 나타난 것이 전부는 아니었다. 사이토 부임 직후인 1919년 9월 29일 개최된 선교사들의 비밀회의에 대한 경찰 보고문건을 보면, 감리교 선교사 노블, 밀러와 장로교 선교사 왓슨, 겐소, 에비슨 등 10여 명의 선교사들은 "在鮮기독교에 대한 일본 관헌의 이유 없는 경계와 이면의 압박을 면하게 할 것" 등과 함께 다음 사항을 결의했다고 한다.

> 선교사가 일본 관헌으로부터 의심을 받게 되면 그 여파가 바로 조선인 교도에게 轉化됨으로 표면적으로는 당국과 친선을 가장할 것.[25]

선교사들도 이미 병합 당시 신교의 자유 보장 등에 대한 당국의 약속 불이행과 무단통치를 거쳐 3.1운동시의 교회와 기독교도에 대한 탄압을 체험한 상황이었다. 따라서 '문화통치'에 대해 기대감만을 가지고 있었다고 보기는 힘들다.[26] 무단적인 식민정책의 방침이 전환된다는 점에서는 일단 환영을 표시했겠지만, 이제 일본 정부나 총독통치에 대한 신뢰도는 예전과 같은 수준으로 회복될 수 없었다. 단지 총독부나 선교사 모두 일단 외형적으로는 유화적인 자세를 취하기로 한 것이고, 양측의 이

---

24) 『子爵齋藤實傳』 3권, 469~553쪽.

25) 일본방위성 방위연구소 소장문서 C06031113000 「密第102号 其491 宣敎師秘密會の內容」 『陸軍省大日記』 朝鮮事件 大正8年-同10年 共7冊 其4 朝鮮騷擾事件關係書類.

26) 예를 들어, 스코필드(Scofield) 선교사가 1920년 일본의 영자신문인 *The Japan Advertiser*에 연재한 일련의 기사들을 보면 헌병경찰제의 폐지나 언론출판의 자유 허용, 교육개선, 고문의 폐지 등 '문화통치'의 대표적인 정책들의 문제점을 조목조목 지적하고 있는 것을 볼 수 있다. 김승태·유진·이항/엮음, 『스코필드 박사 자료집 - 강한 자에는 호랑이처럼 약한 자에는 비둘기처럼』, 110~152쪽.

런 입장이 조율되어 1920년대 선교사와 총독부 간 활발한 교섭이 이루어진 것이라 생각된다.

총독부가 열어놓은 교섭통로는 총독 개인과의 교제만이 아니었다. 각 관서에도 선교사들과의 소통로가 확대되었다. 사이토 총독은 1919년 11월 도지사회의 중 '학무에 관한 지시사항'에서 지방관들에게 종교가들과의 의사소통에 힘쓰고, 특히 언어·관습이 다른 종교가들과의 관계에서 소통이 소홀하지 않도록 하라고 주문했다. 이어 경찰업무 관련 지시사항으로 외국인 선교사와 평소에 소통하고 상호이해를 위해 노력하여 그들의 반감을 초래하지 않도록 재삼 당부하고 있다.[27]

총독부의 종교행정 역시 이러한 정책방향에 맞추어 재편되었다. 1919년 8월 20일 개정된 '조선총독부관제'(칙령 제386호)와 '조선총독부사무분장규정'(부령 제30호)으로 총독부체제는 6局 4部制로 개편되고, 학무국은 처음으로 내무행정에서 독립했다.[28] 독립된 학무국은 학무과, 편집과, 종교과로 구성되어 교육·학예·종교로부터 경학원·조선총독부관측소까지 담당하고, 학무국에 속한 종교과는 '신사 및 사원에 관한 사항'과 '종교 및 享祀에 관한 사항'을 관장했다. 1910년대와 달리 학무국이 종교와 교육의 독립된 주관부서가 되어 일본과 유사한 행정체제를 갖추게 되면서 1932년 종교과 폐지 전까지 기독교 행정사무는 포교규칙과 법인설립 관련 부분은 종교과가, 기독교계 사립학교 관계 사무는 학무과가 담당하는 체제로 이루어진다. 물론 1920년대 학제개정에 참여했던 초대 종교과장 나카라이 기요시(半井淸)가 진술했듯 학무국 내에서 이런 업무분담이 항상 획일적으로 행해지지는 않았다.[29]

---

27) 『朝鮮彙報』1919. 11, 155~156쪽; 朝鮮新聞社/編, 『朝鮮統治の回顧と批判』, 158쪽.

28) 6局 4部制는 내무국·재무국·식산국·법무국·학무국·경무국과 총독관방의 서무부·토목부·철도부를 말한다.

29) 半井淸, 「意氣と熱の三年半」, 『朝鮮統治の回顧と批判』, 194쪽.

또한 개정된 관제하에서 1910년대 총독 직속의 독립기관이었던 경시총감부가 경무국으로 변경되어 局체제에 편입되고, 그 소속인 高等警察課의 업무에서 "宗敎取締"가 삭제되었다. 1910년대 중반까지 선교사 관련 업무의 중심이었던 외사국도 서양과의 거류지문제가 해결되고 개정 사립학교규칙 문제가 일단락된 1916년 이후 외사과로 축소되었고, 사이토·우가키 총독시기 이후는 주로 在滿 조선인문제를 담당하는 기구로 전환되었다.30) 다만, 1920년대 중반 기독교단체의 법인화가 본격적으로 진행되었던 시기에는 외사과도 어느 정도 관련 사무에 개입하고 있다. 선교회의 법인설립을 위해서는 외국영사관들이 선교회의 부동산 소유권을 입증해주어야 했고 영사관들과의 작업은 외사과 관련 업무였기 때문이다.31) 그러나 1920년대 법인설립의 공식적인 허가·인가 지령들이 종교과 명의로 발령되었음을 볼 때, 종교과는 기독교단체 법인설립에 있어서도 주무 부서였음이 명백하다.

'문화통치' 초기의 조선총독부 인사는 '미즈노 인사'라고도 불릴 정도로 하라 총리대신이 인사권을 일임한 정무총감 미즈노 렌타로에게 맡겨져 있었다.32) 오랜기간 내무성에 재직하면서 조선부임 직전에는 내무대신의 위치에 있었던 미즈노는 자신의 인맥을 동원해 총독부 관리를 대거 물갈이했다. 학무국 역시 마찬가지였다. 1919년 8월 초대 학무국장으로 임명된 시바타 젠자부로(柴田善三郎)는 大阪府 등지에서 경무부장, 내무부장을 거친 인물이다. 그 휘하의 학무과장은 1921년 2월까지 유게 코타로(弓削幸太郎)가 유임되었다. 행정적인 수완은 시바타보다 낫다는 평을 들었던 유게의 유임은 학무경력이 없는 시바타를 고려한 인사였다고 생

---

30) 萩原彦三, 「朝鮮總督府施政の法制上の基礎」, 『朝鮮近代史料研究－友邦シリーズ』6, 5쪽.

31) *Minutes and reports of the annual meeting of the Korea Mission of the Presbyterian Church in the U.S.A.*, 1924, p.64.

32) 李炯植, 「文化統治初期における朝鮮總督府官僚の統治構想」, 『史學雜誌』115, 2006, 75~76쪽.

각된다. 유게는 제1차 조선교육령으로부터 제2차 조선교육령, 1920년 개
정사립학교규칙의 제정에도 깊이 관여한 유일한 학무관료라 할 수 있다.
이후 유게는 학제개정이 마무리된 시점에 사직하고, 1919년 8월 사이토
의 총독부임과 함께 조선에 건너와 전라북도 경찰부장으로 근무하던 마
츠무라 마츠모리(松村松盛)가 학무과장에 취임했다. 마츠무라의 발탁 역
시 3.1운동 이후 치안유지에 부심했던 미즈노가 주도했다.[33] 학무국장
시바타와 학무과장 마츠무라 모두 경찰 경력을 가지고 있는 점을 보면
1920년대 학무정책의 경향을 짐작할 수 있다.

초대 종교과장 나카라이 기요시(半井淸)는 내무관료 출신으로 大阪府
에서 시바타 아래 근무했던 것을 계기로 미즈노에게 발탁되었다.[34] 나
카라이는 기독교와 선교사에 대한 대책을 마련하기 위해 자신이 임명되
었지만, 취임 초기는 마땅한 계획을 세울 수 없어 매우 난감했다고 회고
한다.

> 종래 조선에서는 종교와 정치는 밀접한 관계를 가지고, 특히 당시의 기독
> 교는 조선통치상 간과할 수 없는 중요한 관계에 있었다. 따라서 이러한 사정
> 에 대해서는 상당한 연구를 했다. 또한 그와 관계된 여러 가지 성가신 문제들
> 이 있어 상당히 고심을 한 일이 많았다.[35]

나카라이는 조선총독부가 1923년 『朝鮮의 統治와 基督教』를 간행한
것도 "조선총독부가 기독교의 전도에 상당한 압박을 가하고 있다는 식
의 잘못된 소문"을 방지하기 위한 목적이었다고 밝히고 있다.[36]

공식적으로 종교과는 신사·사원·종교·향사의 담당부서였지만, 설치

33) 稲葉継雄, 「朝鮮總督府學務局長·學務課長の人事」, 78쪽.
34) 위의 글, 80쪽.
35) 半井淸, 「意氣と熱の三年半」, 『朝鮮統治の回顧と批判』, 193쪽.
36) 위의 글; 『朝鮮の統治と基督教』, 1~2쪽.

의 주된 배경은 물론 사무의 중심도 기독교 관련 업무에 집중되어 있었다.[37] 설치 당시 종교과 안에는 사무관 1명, 촉탁 1명과 판임관 이하 수명을 두었는데 직원 중 기독교 신자 2명을 포함시키고, 특별히 촉탁은 기독교도로서 영어가 가능한 자를 두어 외국인과의 연락기관으로 외국인과 교제하고 의사소통을 도모하도록 했다.[38] 1916년 총독부에 들어가 참사관으로 법령의 제정과 심의를 담당하고 이후 문서과장과 학무과장을 지냈던 하기와라 히코조(萩原彦三)는 다음과 같은 녹취기록을 남기고 있다.

> 종교과라는 것은 大正 8년 만세사건 이후 아시는 대로 선교사문제가 중요하게 되어 이를 계기로 만들어진 것입니다. 신도·기독교·불교 등 종교 일반에 대한 사무를 취급한 것은 말할 것도 없습니다. 그 즈음 선교사 등이 총독부에 와서 의견을 진술하는 경우 그 상대가 되는 것이 종교과의 주된 임무로 선교사 등은 이후 현저하게 우리들에게 협력해주었습니다.[39]

종교과가 종교 관련 행정업무를 처리한 기관인 것은 확실하지만 설치 당시의 주된 목적은 역시 선교사에 대한 의사소통 확대와 회유에 있었다고 할 수 있다. 종교과의 구성원에 가시적인 변화가 생기는 것은 1920년대 중반부터이다. 1925년도 『朝鮮總督府及所屬官署職員錄』을 보면 종교과장을 포함 3명의 직원이 있었던 그 이전 년도와 달리, 종교과장 밑에 15명의 직원이 대거 충원되고 있다. 1920년대 초기 종교과의 업무가 선전과 교류를 통한 선교사 회유공작에 집중했다고 한다면, 1920년대 중반에는 '문화통치' 시기 가장 큰 선교사 회유책으로 꼽을 수 있는 기독교단

---

37) 「朝鮮總督府官制とその行政機構」, 『朝鮮近代史料研究: 政治·法律 ほか』, 友邦シリーズ 第6卷, 6쪽.

38) 『朝鮮の統治と基督教』, 15쪽.

39) 「朝鮮總督府官制とその行政機構」, 『朝鮮近代史料研究: 政治·法律 ほか』, 友邦シリーズ 第6卷, 6쪽.

체의 법인화 허용으로 실질적인 업무량이 대폭 늘어났기 때문으로 여겨
진다. 이후에도 한두 명씩 늘어나던 종교과 소속 촉탁과 판임관들의 숫자
는 선교회의 법인화 작업이 마무리되는 시기와 맞물려 5대 총독 야마나
시 한조(山梨半造)가 부임하는 1929년경부터 감소되기 시작한다.[40]

종교행정의 재편과 발맞추어 사이토 총독기에 이루어진 기독교 관련
법령들의 개정 역시 선교사들의 의견을 수렴하는 형식을 취했다. 1919
년 9월 경성에서 개최된 '한국복음주의선교회연합공의회'(The Federal
Council of Protestant Evangelical Missions in Korea)에 사이토는 시바타
학무국장을 파견해 종교에 관한 총독부의 방침을 설명하면서, 선교사들
의 의견과 희망사항을 제출해 달라고 제안했다.[41] 마침 서울의 선교위
원회에서는 몇 달 전부터 제출할 기회가 있기를 바라면서 진정서를 작성
중이었다.[42] 이 진정서는 에비슨과 모펫 등을 포함한 많은 선교사들과
의 협의를 통해 저다인(J. L. Gerdine)과 로즈(H. Rhodes)가 최종안을 만
들고 선교사대회의 법제위원회에서 수정한 후 9월 29일 총독부에 제출
되었다.[43] 「全鮮宣教師大會 陳情書」(*A Communication to His Excellency,
Baron Saito, Governor General of Chosen, from the Federal Council of Protestant
Evangelical Missions in Korea*)가 그것이다.[44] 여기서 선교사들은 세계의 대

---

40) 『朝鮮總督府及所屬官署職員錄』 1925~1929.

41) 齋藤子爵記念會/編, 『子爵齋藤實傳』 2, 851~852쪽; 『朝鮮の統治と基督教』, 15,
46쪽; 『每日申報』 1919. 9. 25. 시바타의 연설은 *Annual meeting of the Federal
Council of Protestant Evangelical Missions in Korea*, 1919, 35~36쪽에도 게재되어 있는
데 여기서 그는 당국과 선교회 간의 상호이해와 상호협조를 강조하고 있다.

42) 이 제안서의 작성이 앞에 서술한 1919년 3월 세키야 학무국장과의 면담에서 나온
건의사항 제출요청을 선교사들이 받아들인 결과인지 아니면, 선교사들의 독자적
인 움직임이었는지는 분명치 않다.

43) H. A. Rhodes, *History Of The Korea Mission Presbyterian Church U. S. A. 1884~1934*,
YMCA Press, Seoul, Korea, 1934, p.502; 『每日申報』 1919. 10. 3.

44) *A Communication to His Excellency, Baron Saito, Governor General of Chosen from the
Federal Council of Protestant Evangelical Missions in Korea*, Federal Council of

국들과 마찬가지로 일본제국에서도 헌법이 보장하는 신교의 자유가 시행되기를 촉구하면서, 일본이 조선을 통치한 9년간 신교의 자유에 대한 제한과 억압들로 인해 현행 법규하에서는 종교적 자유를 향유할 수 없음이 명확하다고 단언했다.

> 총독부가 교회에 대해 극도로 세밀한 사항까지 규율하려 한 상황에서 종교의 자유는 불가능하기 때문이다. 교회, 선교회, 기독교주의 학교, 선교회 경영의 병원들에 대해 너무나 많은 보고사항들을 요구한 것은 당국이 자유를 부여할 의도가 없고 언제라도 자의적으로 교회 또는 선교회의 경영에 간섭할 권리를 유보하고 있음을 의미한다. 전도와 교육 및 의료에 관한 복잡한 규칙들과 제한들, 종교문헌의 간행에 관한 검열과 제한, 종교적 목적의 집회에조차 너무 자주 가해지는 집회자유에 대한 제약들은 모두 종교의 자유에 반하는 것이다. 더구나 경찰이 무엇을 허용하고 금지할 것인지를 명령할 권리를 사칭하면서 교회와 선교문제에 간섭하는 것도 종교의 자유에 반한다.[45)]

이어 선교사들은 교회와 선교사, 교육사업, 의료, 종교문헌, 소유권 및 재정, 도덕적 개선의 6가지 부분에서 요구사항들을 제시했다. 이들 요구들은 선별적으로 수용되어 1920년대 개정법령들에 반영되었다. 1920년대 일제의 기독교정책은 외형적으로는 외국인 선교사와의 유대를 강화하는 적극적인 정책을 구사하면서 오랫동안 선교사들의 숙원이었던 종교단체의 법인화를 인정하고, 사립각종학교의 종교교육 금지와 포교소 설립의 허가제를 폐지하는 등 선교사들이 원하는 방향으로 전환되었다고 할 수 있다. 하지만 선교사들을 회유하기 위한 이들 정책의 실상을

Protestant Evangelical Missions in Korea, Seoul, Korea, 1919. 진정서의 일본어 번역은 『朝鮮の統治と基督教』, 53~65쪽에도 실려 있는데 '한국복음주의선교회연합공의회'로 통상 번역되는 The Federal Council of Protestant Evangelical Missions in Korea를 '全鮮宣敎師大會'라고 표기하고 있다.

45) *A Communication to His Excellency, Baron Saito, Governor General of Chosen from the Federal Council of Protestant Evangelical Missions in Korea*, pp.2~3.

들여다보면 사후적인 법적 통제수단의 확보와 함께 기독교 내의 분열을 조장하기 위한 장치들이 가동되고 있었다. 1920년 개정포교규칙에도 이러한 성격이 그대로 투영되고 있다.

2. 개정포교규칙(1920)의 내용과 성격

포교규칙은 일제강점기 두 차례의 개정을 겪는다. 처음의 개정은 1920년 4월 7일(조선총독부령 제59호)에, 두 번째는 1933년 12월 1일 (조선총독부령 제135호)에 행해진다.[46] 1차 개정은 전체적으로 조문의 변경, 삭제, 첨가가 수반된 대폭적인 개정이었던 반면, 2차 개정은 제11조의 내용이 약간만 변경되었다. 특히 1920년의 1차 개정은 '문화통치' 시기 기독교정책의 전개와 성격을 규명하는 데 중요한 의미를 가진다.

1919년 「全鮮宣敎師大會 陳情書」에도 포교규칙에 대한 개정 요청이 선교사들의 요구사항 중 가장 첫 머리에 등장한다.

교회와 선교사들에 대한 단속을 완화할 것 : 복음전도는 그동안 지속적으로 방해받아왔다. 기독교 사역자들은 거리나 시장에서 노방선교를 할 때 늘 간섭을 받았다. 기독교인의 집에서 모임과 예배를 드릴 때도 허가를 받지 않았다는 이유로 금지되었다. 교회나 설교소를 조직하기 전에는 허가를 받아야 하고, 교회 건물을 세우거나 개조할 때도 사전에 허가를 받아야만 한다. 또한 이러한 허가들은 지연되거나 거절되어 사역에 많은 지장을 초래했다. 심지어 교역자들의 성경연구회나 전도회 등도 불필요한 단속과 부당한 간섭들에서 자유롭지 않다. 선교사들은 여행 중에 당국자들에게 늘 감시당하고 종종 방해받는다. 모든 외국손님들의 도착은 24시간 이내에 경찰에 보고되어야 한다. 이러한 법 아래서는 순회 선교사가 헌병주둔소나 우편소에서 먼 곳에 머무른다면 순회 선교사를 초대한 조선인에게 큰 불편함을 끼치게 된다. 이 같은 단속은

---

46) 『朝鮮總督府官報』 1920. 4. 7, 1933. 12. 1.

지나친 구속들로 우리는 포교규칙이 요구하는 보고체제를 폐지하거나 크게 간소화할 것을 요구한다.[47]

위의 요구내용을 보면 1910년대 포교규칙에 의한 통제가 하위 행정 명령들과 경찰력 동원을 통해 법규 자체에 규정된 내용보다 훨씬 주밀하 게 실시되고 있었음을 알 수 있다. 불만이 집중된 곳은 포교규칙에 따른 허가제도와 포교규칙을 구실로 삼은 경찰의 감시와 단속이다. 진정서에 서 선교사들은 포교규칙 자체의 폐지까지는 주장하지 않고 있다. 또 1915년 포교규칙 공포시 가장 큰 불만사항이었던 포교관리자에 대한 내 용도 언급되어 있지 않다. 이미 장로교를 제외한 기타 교단은 포교관리 자를 설치했고, 장로교에 대해서는 1915년 9월 우사미 내무장관과의 교 섭에서 보장된 교단재량에 의한 포교관리자 설치약속이 일단은 지켜지 고 있었기 때문으로 보인다.

진정서를 통해 선교사들의 건의를 받은 후 이루어진 1920년의 포교 규칙 개정은 선교사들의 요구에 부응한 내용임이 강조되었고, 정무총감 미즈노는 개정령은 이전보다 통제를 완화했다고 선전했다.[48] 하지만 당 시 『개벽』에 실린 기사는 아래와 같은 논평을 내고 있다.

(총독부가) 외국 선교사에게 환심을 사는 일로써 포교규칙을 개정하야 전에는 인가를 요하든 것을 신고에만 그치게 하며 벌금형을 없애는 등 개선 의 조건을 보였스며 …… 근년에 와서 선교사들의 총독시정에 대한 태도는 호감 내지 謳歌를 부르게까지 되엿다. …… 조선의 외국 선교사들도 …… 그 아래에 잇는 신도에게 향하야 정치운동과 종교는 다르다는 것으로 부지런히 說道하면서 현상을 긍정케 하며 모든 권세는 한우님에게서 나온 것이니 上等 人에게 굴복하라고 일너준다. (괄호: 필자).[49]

---

47) *A Communication to His Excellency, Baron Saito, Governor General of Chosen from the Federal Council of Protestant Evangelical Missions in Korea*, p.203.
48) 『매일신보』 1920. 4. 3.

개정포교규칙을 완화된 내용으로 평가하면서도 여기에 회유된 선교
사들을 비판하고 있다. 개정된 포교규칙 조항의 실질적인 문제점들을 지
적하지 않은 기사내용으로 보아 법제의 완화라는 총독부의 선전은 어느
정도 효과를 보았던 것 같다. 그러나 개정의 실상을 구체적으로 살펴보
면 총독부의 선전을 그대로 받아들일 수만은 없다고 생각된다.

1차 개정은 외관적으로도 큰 폭의 개정이었다. 전체 19개 조항 중에
서 3개가 삭제되고 2개가 새로 첨가되었으며 5개 조항에서 내용변경이
있었다.[50] 총독부가 포교규칙의 개정으로 통제를 완화했다고 내세운 점
은 구체적으로 ①총독의 허가사항이던 포교소의 설립을 신고사항으로
개정하고, ②규칙위반자에 대한 벌금형을 폐지했으며, ③전반적인 수속
을 간이화했다는 세 가지이다.[51] 실제로 종교용 장소 설립시 총독에게
허가를 받아야 했던 것(제9조)을 신고제로 개정하고, 제14조의 형벌조항
은 폐지했다. 제9조의 요건사항도 1호와 3호를 삭제하여 외형적으로는
어느 정도 수속을 간소하게 고쳤다고 할 수 있다.

이 중에서 특히 총독부가 강조한 점은 포교소 설립허가제의 폐지였
다. "이는 아직 內地에서도 不行하는 解放제도"로 선전되었다.[52] 1899
년 내무성령 제41호의 포교소설립 허가제는 일본 국내에서 여전히 유지
되고 있었기 때문이다. 이런 점에서 허가제의 폐지 자체는 확실히 법령
이 완화된 측면이었다. 그러나 외견과는 달리 몇 가지 점에서 1차 개정
은 법규 자체의 통제성이 완화되었다고 평가하기는 어려웠다.

첫째는, 당국이 포교소 설립허가제를 폐지한 대신 설치한 규정이라
밝혔던 제12조의 신설이다.[53]

---

49) 「에루살넴의 朝鮮을 바라 보면서, 朝鮮 基督敎 現狀에 對한 所感」, 『개벽』 61,
    1925, 61쪽.
50) 『朝鮮總督府官報』 1920. 4. 7.
51) 『朝鮮に於ける新施政』 1920, 39쪽.
52) 半井淸, 「宗敎規則 改正의 要點」, 『基督申報』 1920. 4. 20.

　　제12조 조선총독은 현재 종교의 용도에 제공하는 교회당, 설교소 또는 강의소의 종류에 있어 안녕질서를 문란하게 할 우려되는 이유가 있다고 인정될 때에는 그 설립자 또는 관리자에 대해 그 사용을 정지하거나 또는 금지할 수 있다.

　이 조항에 의하면 총독은 명확한 기준 없이 "안녕질서를 문란하게 할 우려"라는 자의적인 판단에 의해 포교소 등의 시설 사용을 정지시키거나 금지시킬 수 있다. 따라서 설립 허가제가 신고제로 변경되었더라도 실질적인 통제에는 아무런 문제가 없다. 사전적인 통제방법을 사후적인 방식으로 전환한 것으로, 일단 설립된 포교소에 대해 사용을 정지·금지할 수 있는 시기나 기준은 모두 총독의 임의에 맡겨져 있어 오히려 통제의 범위가 확대되었다고 해야 한다.

　둘째, 총독부가 폐지했다고 자찬하고 있는 벌칙규정의 경우는 본래 포교소 등의 장소설립조항을 위반하면 부가했던 것이다. 그런데 과연 '百圓 이하의 벌금이나 과료'가 제12조에 의거한 '시설사용의 정지나 금지'보다 무거운 제재였는지 의문스럽다.

　셋째, 제14조의 신설이다. 제14조는 "조선총독은 포교관리자, 포교담임자 또는 조선사찰주지에 대해 필요하다고 인정하는 보고의 제출을 명할 수 있다"고 되어 있다. 이는 결국 제9조의 요건사항 중에서 삭제된 1호와 3호의 신고 요건 대신에 기능할 수 있는 조항이다. 만일 제14조를 발동한다면 총독은 언제라도 삭제된 1호, 3호뿐 아니라, 그 외의 어떠한 사항도 포교기관으로부터 보고받을 수 있기 때문이다.

　넷째, 폐지된 제8조(포교자의 성명변경, 거주지 이전, 포교 폐지시 10일 이내 조선총독에 대한 신고의무)는 제2조의 後項에 첨가되었으므로 규제가 폐지된 것이 아니라, 조문의 위치만 변동된 데에 지나지 않는다.

---

53) 위의 글.

요컨대 1920년 개정포교규칙의 특징은 기만성에 있다고 할 수 있다. 당장의 사전적인 행정절차는 간소화되었지만, 그 대가로 언제든지 더 큰 간섭과 통제가 가능한 길을 열어놓았기 때문이다. 또 이 때에 신설된 조항들은 같은 시기 일본에는 존재하지 않는 식민지 조선 특유의 것들이었다. 일본 국내의 경우1899년 내무성령 제41호는 1905년의 개정을 마지막으로 변동 없이 유지되어, 포교소 설립허가제는 존속되었지만 조선의 개정포교규칙과 같은 조항들은 설치되지 않았다. 개정포교규칙의 신설 조항들은 선교사들을 회유하면서도 3.1운동과 같은 움직임의 재발만은 철저히 막으려는 식민당국의 의도가 강하게 반영된 내용이었다. 총독부도 포교규칙 개정의 핵심은 제12조에 있고, 그 신설을 통해 "포교를 정치적으로 이용하는 것을 禁壓함을 企圖"한 것이라고 설명하고 있다.[54] 1920년 포교규칙 개정 당시의 종교과장 나카라이 역시 『基督申報』에 게재한 글에서 "포교소를 허가제로 두는 것은 번잡한 수속으로 종교의 자유로운 발전을 막는 것이고 본래 종교가를 경시하는 데에 기인했던 것이므로 이를 폐지"했다고 하면서도, 다음과 같은 경고를 남기고 있다.[55]

만일 宗教家가 그 본분을 沒却ᄒ고 국가의 질서를 紊亂케ᄒᄂ 위험성을 存有ᄒ얏다 인정될 경우에ᄂ 용서업시 直히 基督敎라든지 講義所라든지 布敎所의 폐쇄를 命ᄒ던지 혹은 中止케ᄒᄂ다ᄂ 條文이 이 改正令 중에 明記되얏스며.

3.1운동에 기독교세력이 깊이 관여했다는 당국의 인식을 기초로 제12조가 신설되었음을 여실히 알 수 있다. 그렇지만 기독교계 입장에서 포교소 설립허가제의 폐지는 포교소에 관해서는 당장 숫자상으로 체감할 수 있는 효과로 이어졌다.

---

54) 『朝鮮に於ける新施政』 1920, 39~40쪽.
55) 半井淸, 「宗敎規則 改正의 要點」.

〈표 18〉 포교규칙 시행 이후 기독교 포교소·포교자 상황

	布教所	布教者
1914년	2,338	3,150
1915년	3,106	2,085
1916년	3,214	2,306
1917년	3,252	2,413
1918년	3,253	2,490
1919년	3,246	2,490
1920년	3,279	2,477
1921년	3,478	2,614
1922년	3,555	2,695
1923년	3,685	2,656
1924년	3,814	2,683
1925년	3,896	2,120

* 출전: 『朝鮮總督府司法統計年報』 1932.

위의 표는 포교규칙의 직접적인 집행 대상이던 포교소와 포교자 관련 통계이다. 포교소의 경우 1914년에 비해 1915년에 급격히 숫자가 증가한 이유는 포교규칙에 의해 본격적인 조사가 행해지면서 그동안 탈루되었던 시설들이 제대로 파악된 까닭으로 보인다. 앞서 서술했지만 포교규칙 시행 이전 일제당국은 정탐 등을 통한 자체조사 외에는 기독교 세력에 대한 정확한 조사자료를 얻을 통로를 확보하고 있지 못했다.

포교소 설치시 총독의 허가가 필요하게 된 1915년 이후에는 포교소의 설치가 소폭으로 증가하고 있음을 볼 수 있다. 특히 1917년~1918년 사이는 1개소의 증가에 불과하고 1918년~1919년 사이는 오히려 7개소가 감소했다. 그러다 1920년의 개정으로 포교소 설치가 허가제에서 신고제로 바뀐 후에는 1년 동안 199개소의 증가를 보이고 있고 이후에도 꾸준히 증가하고 있다.

포교소와는 반대로 포교자 숫자는 1914년~1915년의 경우 크게 감소하고 있다. 이는 자격을 갖추지 않은 사람들도 목사의 허가에 의해 포교자로 임명되어 자유롭게 전도를 행하고 있던 상황에서 갑자기 포교규칙

이 시행되어 제2조의 포교자 자격요건을 구비하기가 어려웠던 때문일 것이다. 따라서 1년 새 1,065명에 이르는 포교자 숫자의 감소가 이루어졌고 이는 결과적으로 전도활동에 급격한 위축을 가져왔으리라 생각된다. 이후에도 포교자의 숫자는 포교규칙의 개정과는 상관없이 소폭의 증가에 멈추고 있고 포교규칙 실시 10여 년이 지난 1925년에도 2,120명에 그쳐 포교규칙 실시 이전의 상태를 회복하지 못하고 있다.

개정포교규칙에 대한 기독교계의 반응은 찾아보기 힘들다. 무단통치기에 포교활동에 많은 지장을 받았던 기독교계는 일단은 포교소 설립의 자유만으로도 만족했던 듯하다. 사후적인 통제규정들은 1920년대의 분위기에서는 실제로 시행되기 힘든 조항들이라고 판단했을 수도 있다. 또 총독부의 설명대로 포교규칙 제12조가 포교를 정치에 이용하는 경우를 처벌하는 데에 국한된다면, 정치와 종교의 분리론에 따라 반대할 이유도 없었을 터이다. 또 하나, 당시 기독교계의 관심은 개정사립학교규칙 이후 교육사업에서 발생한 문제들과 드디어 가능해진 법인설립에 집중되어 있었다.

3. 개정사립학교규칙(1920·1922)과 기독교계 학교

1) 1920년대 개정사립학교규칙의 내용과 성격

교회와 기독교계 학교들은 3.1운동의 전개와 확산에 조직적인 기반을 제공했다. 세브란스와 연희전문, 이화학당 같은 대표적인 기독교계 학교들은 3.1운동의 중심세력으로 당국의 의혹을 받았다.[56] 1910년대 모든

---

56) 朝鮮總督府學務局/編, 「騷擾と學校」, 1921. 渡部學·阿部洋/編, 『日本植民地教育政策史料集成(朝鮮編)』 16에 수록.

집회와 결사가 금지되었던 삼엄한 사회 분위기 속에서 식민당국에게 장악되지 않은 채 세력과 조직을 유지하고 있던 기독교계는 정치적인 활동의 구심점이 되었고[57] 그 중에서도 기독교계 학교들은 "배일사상의 양성소"로 지목되었다.[58] 3.1운동 이후 선교사 회유책을 선택한 식민당국은 기독교계 사립학교에 대한 선교사들의 요구를 수용하면서 학교들을 체제 내로 편입시키기 위한 방법을 강구해야 했다.

일제당국은 우선 무단통치기 사립학교규칙 중에서 가장 큰 반발을 낳았던 종교교육 금지조항의 개정을 서둘렀다. 이 문제는 1919년 선교사들이 총독부에 제출한 「全鮮宣敎師大會 陳情書」의 기독교 교육사업에 관한 요청에서도 첫 번째로 요구된 항목이었다. 교육사업과 관련된 7항목의 내용은 다음과 같다.

1. 기독교주의 사립학교에 대해 성서 및 종교적 의식을 과목 중에 포함시키는 것을 허락할 것.
2. 조선어 상용 제한을 철폐할 것.
3. 사립학교경영에 관해 현재 이상의 자유를 부여하고 불필요한 관헌의 간섭을 폐지할 것.
4. 교원 및 생도의 양심의 자유를 인정할 것.
5. 조선인에 대해 교육상 일본인과 동일한 기회를 부여하고 교과서의 선택에는 한층 자유를 부여하며, 조선역사 및 세계사를 교수함에 대한 제한을 철폐할 것.
6. 총독부의 허가를 얻은 사립학교의 졸업생은 같은 정도의 관립학교의 졸업생과 동등한 특전을 부여할 것.
7. 사립학교에 대해 과도한 재산상의 요구를 하지 않을 것.[59]

---

57) 河野節夫, 「朝鮮宗敎の政治的將來」, 『警務彙報』, 1923. 1.

58) 일본국립공문서관 소장자료. 本館-2A-014-00 纂01463100 「衆議院議員山道襄一提出朝鮮統治ニ關スル質問ニ對スル總理大臣答弁書衆議院議長ヘ送付ノ件」, 『公文雜纂』 大正八年(1919), 第十五卷 帝國議會三.

59) *A Communication to His Excellency, Baron Saito, Governor General of Chosen from the*

특히, 첫 번째 항목으로 요청된 종교교육의 자유에는 다음과 같은 부연설명이 붙어있다.

성서를 가르치고 종교적 의식을 행함은 다른 나라들에서는 모든 사립학교에 인정되는 거의 보편적인 특권이다. 기독교 학교의 목적은 자유로운 종교교수를 함에 있다. 우리는 성서 및 종교의 본질적인 가치 때문에, 그리고 법을 준수하는 국민을 훈육하는 최고의 방법으로서 성서 및 종교를 가르치기를 원한다. 당국은 우리 교회학교들의 교과과정에서 성서를 배제하도록 한 (1915년) 개정사립학교령의 조항을 교회, 선교회, 선교본부가 감수하는 것이 이의가 있음에도 마지못해 하는 것임을 명심해야한 한다. 우리는 일본 본국에서 사립학교들에 인정되는 것과 동일한 종교교수의 자유를 요청한다. (괄호: 필자).[60]

그동안 개정사립학교규칙의 종교교육 금지조항에 순응했던 것이 결코 교회, 선교회, 선교본부의 본의가 아니었음을 선언하고 일본과 동일한 수준의 종교교육의 자유를 요구하고 있다. 선교사들의 요구에 대한 총독부의 응답은 즉각적이었다. 1922년 제2차 조선교육령의 공포에 앞서 1920년 3월 사립학교규칙의 개정을 통해 사립각종학교에 대한 종교교육 금지조항이 폐지되었다. 조선교육령을 새로 준비하는 과정에서 우선적으로 선교사들의 요청에 부응하기 위해 사립학교규칙을 서둘러 개정한 것으로, 이로 인해 사립학교규칙은 제2차 조선교육령의 공포를 전후하여 1920년과 1922년 두 차례 개정되었다.

1919년 8월 일본에서 조선의 관제개정 등의 작업을 사전에 마치고 9

Federal Council of Protestant Evangelical Missions in Korea; 『朝鮮の統治と基督教』, 56~59쪽.

60) A Communication to His Excellency, Baron Saito, Governor General of Chosen from the Federal Council of Protestant Evangelical Missions in Korea., p.4; 『朝鮮の統治と基督教』, 56~57쪽. 이 진정서를 일역해 게재한 『朝鮮の統治と基督教』의 번역은 인용된 부분에 오역이 있는 듯해서 원문을 기초로 재번역했다.

월 조선에 부임한 사이토 총독은 서둘러 교육제도의 개정에 착수했다. 관제개정과 함께 내무부에 속해 있던 학무국을 독립된 국으로 승격시킨 일도 교육과 종교에 대한 중시방침을 드러낸 것이다.『매일신보』1919년 8월 14일자 사설도 "학무국의 독립은 장래 통치의 방침을 교육과 종교방면에 가장 힘을 기울여 철저하게 皇化를 두루 미치게 하려는 취지"라고 총독부의 입장을 밝히고 있다.

조선의 교육제도는 3.1운동 이후 일본 내부적으로도 失政으로 지목되고 있었고, 하라 다카시가 주창하는 내지연장주의 방침에 맞추기 위해서도 전반적인 개정이 필요한 분야였다. 하지만 식민지 교육제도의 근간인 조선교육령의 개정은 하루아침에 총독부 마음대로 결정할 수 있는 부분이 아니었다. 내용상으로는 무단통치기의 실정을 바로잡는다는 명분을 충족시켜야 했고, 절차적으로는 칙령으로서 필요한 내각·법제국의 심사와 추밀원의 심사를 거쳐야 했다. 더구나 1911년의 조선교육령이 야마가타-가쓰라-데라우치 간의 밀실협의로 추밀원심의를 생략한 채 공포되어 큰 반발을 산 전례가 있어, 개정작업에 부담으로 작용했을 터였다.

조선총독부의 실무 담당자들보다 훨씬 많은 수의 일본 측 인물들이 조선교육령 개정을 위한 임시교육조사위원회에 참여했던 이유도 이런 배경에 기인했다고 생각된다. 총독부는 조선교육령개정안을 입안한 후 내각제출을 앞두고 1920년 12월 미즈노 정무총감을 위원장으로 일본의 문부성 학무국장, 법제국 참사관, 척식국 차관, 문부성 종교국장, 대장성 참사관, 귀족원의원, 도쿄제국대학 교수, 경성제국대학 교수, 총독부 내무국장·학무국장·재정국장 등으로 구성된 임시교육조사위원회를 설치해 '총독부안'을 부의하여 의견을 청취했다.[61] 조선교육령의 입안과 심사가 신중하게 진행되는 가운데 먼저 학제에 대한 부분적 개정이 1919

---

61) 위원회의 자세한 구성과 역할에 대해서는 다음을 참조. 廣川淑子,「第二次朝鮮教育令の成立過程」; 강명숙,「일제시대 제2차 조선교육령 개정 과정 연구」.

년 말부터 1920년 초에 서둘러 이루어졌다. 이로써 조선교육령과 보통
학교규칙의 부분개정으로 일본인과 조선인에 대한 대표적인 차별교육제
도로 비난받던 보통학교 수업연한이 연장되었다. 이와 함께 1920년 3월
사립학교규칙도 개정되었다. 당국이 밝힌 사립학교규칙의 신속한 개정
이유는 사립학교의 교과에 관한 조항을 개정하여 종교수업에 관한 금지
를 풀어주기 위해서였다.[62] 그러나 후술하겠지만, 이 개정의 폭은 상당
히 컸고 종교교육 금지조항의 개정에 그친 정도가 아니라서 개정의도를
당국의 말대로만 판단할 수는 없다.

　　1915년 개정사립학교규칙을 종교와 교육의 분리방침에 입각한 국가
주권의 당연한 작용으로 합리화했던 학무과장 유게 코타로는 그대로 유
임되어 1920년 사립학교규칙의 개정도 담당했다. 유게는 1921년 조선총
독부 지방행정강습회에서 1915년과는 전혀 다른 종교와 교육의 관계에
대한 당국의 입장을 피력했다. 그에 따르면 종교와 교육의 분리주의는
세계적인 대세이지만 이는 법제상의 분리일 뿐 교육과 종교는 인격을 완
성한다는 목적을 공유하므로, 종교를 교육상 유해하다고 간주하여 배척
함은 진실로 유감스러운 일이며 신교의 자유는 제국헌법상 보장되어 있
어 이를 교육제도에 적용한다면 다음과 같다고 한다.

1. 관공립학교에서는 종교상의 교육을 시행할 수 없다.
2. 법령으로 학과과정을 규정한 학교에서는 종교교육을 시행할 수 없다.
3. 관공립학교 및 법령으로 학과과정을 규정한 이외의 사립학교·서당 등에
   서는 종교교육을 시행할 수 있다.
4. 종교교육을 하는 학교 기타 교육시설에 대해 국가는 일반에 부여하지
   않는 특권을 부여하거나 또는 일반에 부여한 권리를 빼앗을 수 없다.[63]

---

62) 弓削幸太郎, 『朝鮮の教育』, 249쪽.
63) 弓削幸太郎, 「敎育に就て」, 『朝鮮總督府地方行政講習會講演集』, 朝鮮總督府, 1921,
　　191~194쪽.

1915년 개정사립학교규칙 당시의 방침과는 완전히 달라진 모습으로, '관공립학교 및 법령으로 학과과정을 규정한 이외의 사립학교' 즉 사립 각종학교의 종교교육의 자유를 제국헌법상 신교의 자유에 기초한 제도 라고 인정하고 있다. 이렇듯이 제국헌법상 침해할 수 없는 기본권이라는 신교의 자유와 그에 기초한 원칙은 식민당국의 정책변화에 따라 손쉽게 변용될 수 있었다. 유게는 이후 자신의 저서에서도 1920년의 '응급적인' 개정은 초등 정도의 보통교육을 하는 사립각종학교에서 종교를 과정 중 에 가할 수 있도록 하고, 교원의 자격도 완화하여 1915년 이래 선교사들 이 특별히 불만으로 여기던 장애를 제거했다고 적고 있다.[64] 그러나 실 제로 조선교육령의 전면적인 개정 이전에 응급적으로 공포된 1920년의 사립학교규칙이 사립학교들에 대해 권리보장과 자유만을 부여한 법령이 었는가는 따로 검토해보아야 할 문제이다.

1922년 2월 제2차 조선교육령(칙령 제19호)의 공포는 '문화통치'시기 교육제도의 틀을 짠 것이었다. 제2차 조선교육령은 비록 제1차 조선교육 령의 입안·제정과정과는 다른 모습을 보여주었지만, 본국의 내각과 총 독부가 하나가 되어 추진한 법제라는 점은 같았다. 또한 1911년에 확립 된 상위의 조선교육령과 하위의 각 학교령이라는 – 칙령과 조선총독부령 으로 구성된 위계적인 식민지 교육법체제가 수정되지도 않았다. 새로운 조선교육령은 내지연장주의에 따른 내선차별을 철폐했다고 대대적으로 선전되었다. 하지만, 잘 알려진 대로 '국어(일본어) 상용자'와 '비상용자' 사이의 차별이 여전히 유지되었다.

특별히 사립학교와 관련해서는 다음 두 가지 점을 짚어 볼 필요가 있 다. 첫째, 사립각종학교에 대한 법제는 조선교육령에 규정하지 않고 여전 히 조선총독이 정하도록 하고 있는 점이다. 1911년의 조선교육령 제29조 에 규정했던 "本令에 규정된 것 이외의 학교에 관해서는 조선총독이 정

---

64) 弓削幸太郎, 『朝鮮の教育』, 227~228쪽.

하는 바에 의한다"라는 내용이 1922년에는 제26조로 변경되어 "本令에 규정된 것을 제외한 사립학교, 특수의 교육을 하는 학교 기타의 교육시설은 조선총독이 정하는 바에 의한다"고 재규정되었다. 이로써 1910년대와 마찬가지로 정규 교육체제에 포함되지 않는 기독교계의 사립각종학교들은 여전히 총독의 재량에 맡겨지게 되었다.

둘째, 사립 고등교육에 관한 통제와 억제방침이다. 제2차 조선교육령은 제정과정에서 총독부안에 포함되어 있던 사립대학의 설립에 관한 규정이 추밀원의 반대로 삭제되었다. 신설된 제12조의 대학에 관한 규정 중 대학설립의 주체로 관립·공립과 함께 사립을 포함시켰던 부분이 삭제된 것이다.[65] 민립대학 설치를 허용하려던 총독부의 본래 의도는 조선인의 고등교육에 대한 욕구와 수요는 높은 반면, 대학은 설치되어 있지 않아 중국이나 미국·일본에서 대학교육을 받은 조선인들이 증가하고 있고 이들 중에는 배일사상을 가진 자가 많다는 판단 때문이었다. 선교사들이 운영하는 전문교육기관은 대학으로 승격시켜도 될 정도의 수준이므로 이를 활용해서 해외유학 수요를 국내 대학으로 흡수하고 총독부의 감독 아래 두려는 의도였다. 총독부는 이것이 조선통치의 대외적인 선전에도 유리하다고 여겼다.[66] 하지만 일본 내 심의과정에서 조선에 사립대학설립은 불가하다는 방침이 재확인되었다. 이는 이후 전문학교를 대학으로 발전시키려 한 기독교계의 대학승격운동을 비롯한 조선의 민립대학설립운동을 좌절시키는 원인이 되었다. 1924년 경성제국대학 설립의 주된 목적도 미국선교사들을 비롯한 민간의 사립대학설립운동을 잠재우기 위해서였다.[67]

---

65) 玄川淑子, 「第二次朝鮮教育令の成立過程」, 81~84쪽.

66) 帝國地方行政學會/編, 『朝鮮統治秘話』, 297~298쪽.

67) 有吉忠一, 「思ひ出のまま」, 朝鮮新聞社/編, 『朝鮮統治の回顧と批判』, 70쪽; 松村松盛, 「變り行く朝鮮の姿」, 같은 책, 200쪽; 長野幹, 「京城大學設立の經緯」, 같은 책, 218쪽.

제2차 조선교육령 공포 이후 그 체제에 맞추기 위해 학교관제들이 신설되었다. 1920년 미리 개정·공포되었던 사립학교규칙 역시 재개정되었다. 기독교계 학교와 관련된 1915년, 1920년, 1922년 개정사립학교규칙의 주요 내용을 비교하면 다음과 같다.[68]

〈표 19〉 1915·1920·1922년 개정사립학교규칙의 주요 내용 비교

법령의 명칭 \ 법령의 내용	1915년 개정사립학교규칙	1920년 개정사립학교규칙	1922년 개정사립학교규칙
종교교육 제한	보통학교, 고등보통학교, 여자고등보통학교, 실업학교 또는 전문학교가 아니면서 보통교육, 실업교육 또는 전문교육을 하는 사립학교의 교과과정은 보통학교규칙, 고등보통학교규칙, 여자고등보통학교규칙, 실업학교규칙, 전문학교규칙에 준해 정할 것(제6조의 2)	보통교육을 하는 사립학교는 그 정도에 따라 보통학교규칙, 고등보통학교규칙, 여자고등보통학교규칙 또는 조선공립소학교규칙, 조선공립고등여학교규칙, 조선총독부중학교규칙이 정한 각 교과목의 요지 및 수업상의 주의에 의해 교수할 것(제6조 1항)	보통교육을 하는 학교에 類한 사립각종학교는 그 정도에 따라 소학교규정, 보통학교규정, 중학교규정, 고등보통학교규정, 고등여학교규정, 여자고등보통학교규정이 정한 각 교과목의 요지 및 수업상의 주의에 의해 교수할 것(제6조 1항)
	前項의 경우 보통학교규칙, 고등보통학교규칙, 여자고등보통학교규칙, 실업학교규칙, 전문학교규칙에 규정한 이외의 교과과정을 가할 수 없음	前項의 학교에는 교과목 중 수신, 국어를 缺할 수 없음(제6조 2항)	前項의 학교에는 교과목 중 수신, 국어를 가할 것(제6조 2항)
재단설립 의무	전문교육을 하는 사립학교의 설립자는 그 학교를 설립유지하기에 족한 재산을 가진 재단법인일 것을 요함(제3조의 2)	전문교육을 하는 사립학교 설립자는 학교를 설립유지하기에 족한 재산을 가진 재단법인일 것을 요함(제4조)	사립의 전문학교, 중학교, 고등보통학교 설립자는 학교를 설립유지하기에 족한 재산을 가진 재단법인일 것을 요함(제4조)
			1925년 3월 31일 이전에 설치인가를 받은 사립각종학교는 1925년 3월 31일까지 제4조, 11조의 규정에 의하지 않을 수 있음(부칙)

68) 1920년과 1922년 개정사립학교규칙의 全文의 내용비교는 <부록 3>을 참조.

학교장·교원 채용/해직시 절차		학교장·교원의 채용시는 도지사의 인가를 요함. 해고시는 도지사에게 신고할 것 (제13조)	1. 설립자가 학교장·교원 채용시는 전문학교, 중학교, 고등보통학교, 고등여학교, 여자고등보통학교, 직업학교·실업보습학교 이외의 실업학교는 조선총독의 인가, 기타 학교는 도지사의 인가를 받고 / 해직시는 각각 조선총독과 도지사에게 신고
			2. 前項의 인가신청서에는 소학교, 보통학교 및 그에 類하는 각종학교의 경우 본인의 이력서, 기타 학교는 본인 이력 및 담임교과목을 기재한 서류를 첨부할 것
			3. 제1항의 인가를 신청한 경우 사립학교 교원의 자격 및 인원수에 관한 규정 제11조의 규정에 의하려 할 때는 前項의 서류 외에 그 교원의 채용기간 및 현재 교원의 성명, 자격을 기재한 서류를 첨부할 것
			4. 사립학교 교원의 자격 및 인원수에 관한 규정 제5조 1항 또는 제9조 1항의 규정에 의해 제1항의 인가신청을 한 경우 상당한 학력을 가지고 국어에 통달함을 인정하기 어려운 때는 본인의 지망에 의해 시험시행 가능
지방관의 감독권	사립학교는 특별한 규정이 있는 경우를 제외하고 道長官의 감독에 속함(제18조)	1. 특별한 규정이 있는 경우를 제외하고 사립학교는 道知事의 감독에 속함 (제18조 1항)	1. 특별한 규정이 있는 경우를 제외하고 사립학교는 道知事의 감독에 속함 (제18조 1항)
		2. 府尹·郡守·島司는 초등보통교육을 하는 학교에 대해 필요하다 인정시 실지조사를 하거나 보고를 받거나, 의견을 감독관청에 具申가능(제18조 2항)	2. 府尹·郡守·島司는 사립의 소학교, 보통교육 또는 그에 類하는 각종학교에 대해 필요하다 인정시 실지조사를 하거나 보고를 받거나, 의견을 감독관청

		에 具申가능(제18조 2항)
	3. 교원채용을 인가한 관청은 교장·교원이 부적당하다고 인정될 때 그 해직명령, 인가취소 가능(제14조)	3. 학교장 또는 교원채용을 인가한 관청은 교장·교원이 부적당하다고 인정될 때 그 해직명령, 인가취소 가능(제14조)

* 출전: 『朝鮮總督府官報』 1911. 10. 20, 1920. 3. 1, 1922. 3. 28.
** 1922년 개정사립학교규칙 중 밑줄 친 부분은 1920년의 규칙에서 개정된 부분을 표시한 것임.

1920년과 1922년 개정사립학교규칙은 유사한 구조로, 1922년의 규칙은 1920년의 개정내용을 크게 변경하지 않고 보완하는 것이 주된 개정방향이었다.[69] 따라서 각 조항에서 애매한 내용들이 보충되고 절차 등이 세부적으로 규정되었다.

가장 핵심문제인 종교교육 금지와 관련된 규정을 보면, 1920년의 법령은 제6조 1항에서 사립학교에 대한 교과목 제한을 해제하여 종교교육을 가능하게 했다. 대신 제6조 2항에서 수신과 국어(일본어)만은 필수과목으로 반드시 교과과정에 포함시키도록 하여 종교교육을 허용하면서도 일본의 국체관념을 주입하는 과목을 필수로 강제하고 있다. 그런데 이 조항과 관련해 보다 주의 깊게 살펴보아야 하는 부분들이 있다.

첫째, 1920년 개정규칙의 경우 "보통교육을 하는 사립학교"라고 정했던 것을 1922년에는 "보통교육을 하는 학교에 類한 각종사립학교"로 변경하고 있는 점이다. "보통교육을 하는 사립학교"라고 할 경우는 정규의 사립보통학교와 보통학교 정도의 교육을 하는 사립각종학교가 포괄될 수 있는 표현이다. 이와 달리 1922년 개정규칙의 경우는 정확하게 후자 즉 사립각종학교만을 대상으로 지정하고 있다. 1920년 개정규칙이 공포된 직후 학무국장 시바타는 "개정에 의해 모든 사립학교들이 교과과정

---

69) 다만, 제20조는 신설된 규정으로 당시 증가추세에 있던 기독교계 유치원까지 사립학교의 범주에 포함시켜 사립학교규칙 대부분을 유치원까지 적용해서 통제를 강화하고 있다. 부록 3의 <표>를 참조.

에서 종교교육을 할 수 있게 되었다"고 선전했다.[70] 당시 조선 주재 미
국영사 밀러(Miller) 역시 그 내용을 그대로 미국무성에 보고했다.[71] 하
지만 1920년의 개정 이후 실제로는 앞에 인용한 학무과장 유게의 말과
같이 모든 사립학교가 아닌 사립각종학교의 종교교육만 허용하는 입장
이 관철되었다. 임시적으로 급하게 개정을 하다가 발생한 미비점인지,
시바타의 발언이 고의 또는 실수였는지는 명확하지 않다. 분명한 사실은
당국이 법령의 집행을 담당한 지방관들을 대상으로 개최했던 1921년의
강습회에서 정규사립학교의 종교교육은 여전히 금지한다고 지시했다는
점이다.[72] 1920년 말에 발행된 *The Korea Mission Field*도 동일한 점을 지
적하고 있어 선교사들도 그 해 말에는 법령의 적용범위를 인식하고 있었
음을 알 수 있다.[73] 1922년의 제6조 1항의 재개정은 이러한 방침을 확
인했다고 보인다.

둘째로, 제6조에서 흥미를 끄는 사실은 후반부의 교과목 제한과 관련
된 법령의 문구도 매우 모호하다는 점이다. 제6조는 당국에서 사립각종
학교의 종교교육에 자유를 부여하는 의미라고 확언해 주지 않았다면 다
른 해석이 얼마든지 가능한 조항이다. 즉 1915년 종교교육 금지조항이
법 적용의 대상과 교과과목 제한을 명시하고 있는데 비해 1920년과
1922년의 조항은 교과목에 대한 추상적인 규정만 하고 있어 교과목에

---

70) *The The Seoul Press*, 1920. 3. 5.
71) 「개정된 사립학교규칙(Revision of private school regulations)」, 『원문정보 마이크
로필름자료: 미국무부소장한국관계문서』, 자료번호 3-004541-028-0024, 한국독립
운동사정보시스템.
72) 弓削幸太郞, 「教育に就て」, 191~194쪽.
73) 이 기사에는 정부학교로 인가받은 사립학교들뿐 아니라 신설되어 새로운 사립학
교규칙으로 등록하는 학교들도 종교교육의 자유를 누릴 수 없다고 하고 있다. 법
령상으로는 그러한 내용이 없으므로 실제로 그러한 적용이 있었는지 아니면 법령
에 대한 해석에 오류가 있었는지를 좀 더 조사해 볼 필요가 있다. "A Review of
the Year", *The Korea Mission Field*, 1920, Vol. 16, No. 12., p.260.

대해 구체적으로 명시하지 않았을 뿐 아니라, 제6조를 법령의 문구만으로 소극적으로 해석할 경우는 일견 성서교수를 허용하지 않는다는 해석까지 가능하다.[74] 사립각종학교가 따르도록 되어있는 정규학교의 교과목이나 수업 관련 규정은 종교교육을 금지하기 때문이다. 이런 애매함 때문에 실제로 이 조항의 정확한 의미를 묻는 충청남도 도지사의 조회가 1930년에도 있었다. 이에 대한 대답으로 학무국장이 발령한 통첩 '私立學校聖書教授에 관한 件'은 1915년의 개정규칙 제6조의 2항이 삭제된 점 등을 근거로 조항을 "적극적으로 해석"해서 사립각종학교의 종교교육이 가능하다는 의미로 보아야 한다고 답하고 있다.[75] 1920년의 개정은 응급적이었다 하더라도 충분한 시간이 주어진 1922년의 규정도 마찬가지인 점은 의도적이라고 밖에 할 수 없는데, 사립학교규칙 개정의 핵심이었던 조항에 이런 불명확한 표현을 사용한 의도가 궁금하다.

그 외에 1915년의 개정규칙에 비해 1920년대 개정규칙들의 중요한 변화는 사립학교에 대한 지방관들의 통제권이 대폭 강화된 점이다. 1915년의 규칙에서는 각 도장관의 일반적인 감독권(제18조)만이 규정되었던 반면, 1920년에는 일반적인 감독권은 그대로 두고(제18조 1항) 여기에 더하여 ①학교장·교원의 채용시 인가권을 부여하고, ②교원이 부적당하다고 인정되는 경우 도지사가 직접 해직명령을 내리거나 채용 인가를 취소할 수 있게 하고, ③도지사 아래의 부윤·군수·島司에게도 초등보통교육을 하는 사립학교에 대한 조사권과 보고를 요구할 권한 등을 부여했다. 제일선에서 사립학교의 상황을 직접 파악할 수 있는 지방관들에게 강력한 권한을 부여하여 통제의 그물을 촘촘하게 하고, 총독부가 직접적인 책임은 회피하면서도 지방관의 조회와 그에 대한 지시체계를 갖춘 통제망을 완성했다고 보아야 한다.[76] 또 ②의 경우는 1915년의 법

---

74) 『朝鮮教育年鑑』, 朝鮮教育圖書出版部, 1936, 338쪽.

75) 위의 자료.

령에서 학교장·교원이 禁錮刑 등의 자격제한 조항의 요건에 해당하는 경우에 총독이 설립자에 대해 간접적으로 해고명령을 할 수 있었던 것을, "부적당하다고 인정시"라는 매우 주관적인 조건만 충족되면 지방관이 직접적으로 해고할 수 있도록 개악한 분제조항이었다. 1930년대가 되면 국가축일의 의식이나 신사참배 행사를 둘러싸고 지방관들의 참여명령에 대해 기독교계 학교들이 여러 가지 갈등을 겪게 된다. 이때 지방관들의 권한들, 이를테면 학교장·교원에 대한 해임이나 인가취소권이 큰 무기로 활용되는데 그 법적인 근거가 이때에 만들어졌다고 할 수 있다.

덧붙여 사립학교에 대한 지방관의 통제권은 1925년 개정에서 더욱 강화되었다. "제9조를 제외한 모든 조항에서 조선총독으로 규정한 것을 도지사로 할 것"이라는 제18조의 2가 신설되었다. 이로써 제9조 교과용도서의 검인정에 관한 부분을 제외한 모든 부분에서 도지사의 감독권을 앞세운 이중적인 통제망이 완성되었다.

마지막으로 1922년의 개정규칙에서 점검해 볼 것은 범위가 확대된 제4조의 재단설립 의무조항이다. 1915년과 1920년의 규칙에서는 전문학교에만 의무화되었던 재단법인의 설립이 중학교, 고등보통학교까지 확대되었다. 단, 이 조항은 신설된 부칙 3항에 의해 "본령 시행시 기설의 사립고등보통학교"에는 적용이 제외되었다.[77] 따라서 배재고등보통학교

---

76) 예를 들어 ③의 부윤·군수·도사의 보고권에 근거해서 전라남도 도청은 1925년 5월 내무부장 통첩으로 '私立學校 月末調査報告에 관한 件'을 발령하여 관내의 사립각종학교를 포함한 모든 사립학교는 공립학교의 月末 조사보고서 양식에 따라 매달 조사보고서를 작성하여 제출하도록 지시하고 있다. 국가기록원 소장문서 CJA00022493 『전라남도예규집(내무)』 1937.

77) 1922년까지 고등보통학교로 인가를 받은 사립학교들은 이들 감리교 학교 이외에 숙명·진명 같은 구왕실 관료들이 설립한 학교들, 보성·휘문 등 지주자본가에 의해 설립된 학교들이 있다. 이들 학교는 본래 어떠한 건학이념을 가지고 있었던 지에 관계없이 이제 법규상으로는 "충량하고 근면한 국민" 육성을 교육목적으로 하는 '고등보통학교규칙'에 따라 교육과정을 운영하는 학교였다. 김경미, 「일제하 사립중등학교의 위계적 배치」, 131쪽.

를 시작으로 1922년 4월까지 고등보통학교로 인가를 받은 송도, 호수돈, 이화, 광성, 정의 등 대부분의 감리교 계열 고등보통학교들은 혜택을 받을 수 있었을 것으로 생각된다. 현재 남아있는 사이토 마코토 관계 문서 중 "외국인의 논평"이라는 항목 안에 분류되어 있는 「在留外國人對總督政治思想變遷」이라는 문건은 이러한 혜택이 주어진 이유의 일단을 설명해준다. 사이토의 수결이 남아있는 이 문건은 사이토 총독 부임 초기의 정책들에 대한 조선 거주 외국인들의 반향을 조사한 내용으로 1920년에 작성된 것으로 표기되어 있는데, 내용상 1920년 3월의 사립학교규칙 개정 이후의 것임을 알 수 있다. 여기에 선교사들이 1920년의 사립학교규칙 개정에 대해 한편으로는 만족하면서도 한편으로는 곤혹스러워 했던 이유를 아래와 같이 적고 있다.

    이번 교육령 개정(사립학교규칙개정)에 의해 일반 미션스쿨이 무기한으로 종교교육의 자유를 부여받은 것은 선교사들이 모두 만족하는 것이지만, 당국은 明治 44년(1911) 조선교육령 발포시 일본 정부의 교육방침을 이해하고 당국의 희망을 수용하여 大正 14년(1915)을 기다리지 않고 속히 그 조직을 고쳐 교과목에서 종교를 제외한 소위 인가학교의 조치에 대해 하등 연구하지 않았기 때문에 먼저 당국에 대해 가장 호의를 보인 이 종류의 학교가 이번에 도리어 개정령의 중대한 은택을 입지 못한 일은 그들로서는 一大 형벌에 처한 것과 같은 결과가 발생한 것으로 심히 불공평하다고 할 것이다. (괄호: 필자).[78]

1920년 사립각종학교에 대한 종교교육의 자유가 허용되면서 유예기간 10년 동안 사립각종학교로 남아 종교교육을 계속한 기독교계 학교들이 기한 없이 완전한 자유를 보장받게 된 것과 비교해서, 당국의 방침에 따라 정규학교로 인가를 받은 감리교 계열의 사립고등보통학교들은 오히려 종교과목을 자유로이 교수할 수 없는 상황에 놓였다는 것이다. 이

---

78) 『齋藤實文書』 12, 高麗書林, 1999.

들 인가학교들에 대해 어떠한 혜택도 부여하지 않은 점이 개정의 미비점으로 지적되고 있다. 이 같은 상황이 고려되어 기설 정규학교들에 대해 1922년 재단법인 의무화 조항의 적용면제가 이루어진 것이 아니었을까 생각된다. 제20조의 규정과 부칙 제3항은 당국의 통치방침에 순응했던 학교들을 배려하면서도, 3.1운동 이후 다시 전개된 사립학교 설립운동을 배경으로 중등교육에 진입하려 한 사립학교들의 움직임을 막는 적절한 수단이었을 것이다.

1920년대 전반에 행해진 두 번의 사립학교규칙 개정은 지방관의 권한강화를 중심으로 통제적인 내용이 확장된 것이 특징이었지만, 기독교계 학교로서는 당장 피부에 와 닿지 않는 문제였고 일단 학교의 존립문제가 걸려 있던 종교교육의 자유가 주어진 점이 중요했다. 총독에게 진정서를 제출했던 선교회공의회는 당국이 진정서의 요청을 수용한 데 대해 감사를 표시하고 다른 사항들도 계속 실현되기를 희망했다.[79] 장로교 선교회도 사립학교규칙의 개정에 대해 하나님과 총독의 조치에 감사함을 표시하고 있다.[80] 그러나 '문화통치'시기 기독교계 사립학교에 대한 총독부의 정책은 그 희망에 부응하는 방향으로만 나아가지는 않았다.

2) 기독교계 학교의 대응과 분화

1915년 이후 총독부의 방침을 받아들여 중등교육기관을 정규학교로 등록한 감리교는 '문화통치' 기간 외형적으로는 대체로 만족스러운 경영을 유지했던 것으로 보인다. 때때로 학생들의 동맹휴학이 일어나기는 했지만 배재고보를 중심으로 등록학생은 꾸준히 증가하여 1923년에는 1,116명에

---

79) *Annual meeting of the Federal Council of Protestant Evangelical Missions in Korea, 1920.*, p.14.

80) *Minutes and reports of the annual meeting of the Korea Mission of the Presbyterian Church in the U.S.A., 1920.* p.41.

달하고 있고 종교교육 역시 과정 외이긴 하지만 지속되고 있었다.[81] 그럼
에도 배재의 경영이 순조롭기만 하지는 않았다. 총독부의 유화적인 제스
처에도 불구하고 사립학교를 통제하려는 본질적인 방침이 바뀌지는 않았
기 때문이다. 더구나 배재를 비롯한 기독교계 사립학교는 소속 학생들이
3.1운동의 주요 참여세력 중 하나였기 때문에 당국의 감시·감독의 시선에
서 결코 자유로울 수가 없었다. 대표적인 예가 1920년 배재·배화의 교장
인가 취소사건이다.

3.1운동 1주년을 맞아 1920년 3월 1일 배재와 배화에서 발생한 학생
들의 만세사건에 대한 책임을 물어 3월 2일 배재교장 아펜젤러(H. D.
Appenzeller), 3월 4일 배화교장 스미스(B. A. Smith)의 교장인가가 취소
되었다.[82] 도지사들이 2월 27일 사립학교 교장들을 소집하여 학생들의
시위발생에 대해 엄중히 경계할 것을 지시했음에도 스미스는 사전에 학
생들에게 경고하지 않았고, 아펜젤러는 사후에 주동자색출을 거부했다
는 이유였다. 당국의 신속한 결정에 기초해 경기도지사가 발령한 교장인
가 취소명령은[83] 1920년 3월 1일 공포되어 당일부터 즉시 시행된 개정
사립학교규칙 제14조에 의거하고 있다. 마치 준비된 것처럼 사건 이후
매우 신속하게 발령된 이 취소명령은 경기도지사를 통해 발령되기는 했
지만 학무당국과 경찰의 관여, 그리고 정무총감 미즈노의 진두지휘에 따
른 일이었다.[84]

미즈노 자신이 회고한 바에 의하면 이 사건은 선교사가 경영하는 학

---

81) *MINUTES OF THE KOREA ANNUAL CONFERENCE OF THE METHODIST
    EPISCOPAL CHURCH, 1923.*, p.278; *MINUTES OF THE KOREA ANNUAL
    CONFERENCE OF THE METHODIST EPISCOPAL CHURCH, 1921.*, p.127.

82) 「3월 1일의 정치적 선동과 선교학교의 태도(Political agitation on March 1. Attitude
    of mission schools)」, 『원문정보 마이크로필름자료: 미국무부소장한국관계문서』 자
    료번호 3-004541-025-0037, 한국독립운동사정보시스템.

83) 『培材八十年史』, 학교법인 배재학당, 1965, 481~482쪽.

84) 帝國地方行政學會/編, 『朝鮮統治秘話』, 224~227쪽.

교라도 치안을 문란하게 하는 경우는 경찰이 교내에 진입하여 수사할 수 있고, 선교사에 대해서도 총독부가 처분권한이 있음을 보여주는 조선통치상 매우 좋은 선례였다. 이런 이유로 인가취소 명령이 나온 뒤 당시 도쿄 체재 중이던 사이토 총독이 감리교 웰치(Welch) 감독의 항의를 받고 선교사들과의 관계를 고려해서 명령을 취소할 것을 요청했지만 자신이 끝까지 강경하게 주장하여 관철시켰다고 한다.85) 선교사들은 이 사건이 무단통치 이후 남아있던 총독부의 구관료들 때문이라고 믿었지만,86) 실제로는 새롭게 부임한 미즈노와 학무국장 시바타의 주도에 의한 일이었다. 시바타 역시 사건처리에 대해 "당시 조선에서 미국선교회의 세력은 절대적인 것이어서 이러한 처치가 외국인에 대해 취해진 것은 총독정치 개시 후 10여 년간 전례가 없던 일이었다"고 자찬하고 있다.87)

　감리교가 당면했던 또 하나의 문제는 학당·고보 병설체제의 포기였

---

85) 교장인가를 취소당한 스미스는 1년간 수업을 정지당했다. 아펜젤러는 웰치 감독과 미국영사 밀러의 교섭으로 총독의 승인을 얻어 교장복직의 전 단계로 같은 해 6월 배재고보의 영어교사로 복직했다. 한편, 1920년 12월 발행된 *The Korea Mission Field* 기사에는 아펜젤러가 총독의 승인을 얻어 교사로 복직하기로 한 뒤 배재의 교장이 교원인가를 경기도청에 신청했을 때 이를 거절당했다고 한다. 하지만 1921년의 감리교연회록에는 아펜젤러가 다시 배재의 교장으로서 학당과 고보에 대한 보고를 하고 있는 것을 볼 수 있다. "A Review of the Year", *The Korea Mission Field*, 1920, Vol. 16, No. 12., p.260; *MINUTES OF THE KOREA ANNUAL CONFERENCE OF THE METHODIST EPISCOPAL CHURCH, 1921.*, p.127; 미즈노 정무총감의 회고에 의하면 아펜젤러가 1년 정도 경과 후 시바타 학무국장을 면회하여 자신의 행동의 부당함을 인정하고 추후 총독부의 방침에 따르겠다고 함에 따라 복직시켰다고 하지만, 미국영사가 미국무장관에게 보고한 일련의 문서들을 볼 때 실제로는 이미 1920년 6월경부터 교장복직 방침이 총독선에서 결정되어 있었다고 보인다. 帝國地方行政學會/編, 『朝鮮統治秘話』, 227쪽; 「선교학교의 태도 - 아펜젤러의 경우(Attitude of Mission Schools - H.D.Appenzeller Case)」, 『원문정보 마이크로필름자료: 미국무부소장한국관계문서』 자료번호 3-004541-025-0043, 한국독립운동사정보시스템.

86) "A Review of the Year", *The Korea Mission Field*, 1920, Vol. 16, No. 12., p.260.

87) 齋藤子爵記念會/編, 『子爵齋藤實傳』 4, 267~268쪽.

다. 1915년 개정사립학교규칙 이후 사립각종학교로서 유지해 오던 배재학당이 1925년 결국 폐지되고 배재고보만 남게 되었다. 배재학당은 배재고보에 비해 학생수는 적었지만 종교교육을 자유롭게 실시한다는 점에서 감리교 교육사업 중 차지하는 상징적인 의미가 큰 기관이었다. 학당폐지의 정확한 이유는 알 수 없지만, 배재학당이라는 교명 변경과 정규학교로의 등록에 대한 당국의 압력이 지속되었던 것이 큰 이유였던 것으로 보인다.[88] 『培材八十年史』도 "일본인들의 등살에 학당을 폐지"했다고 기록하고 있다.[89] 1925년 4월 동맹휴학 중이던 배재학생들도 학당의 폐지소식을 전해 듣고 학당폐지를 반대하고 있는 것을 보면 학당폐지는 학생들의 요구사항도 아니었다.[90] 감리교연회록에는 1925년 배재학당·고보에 대한 보고를 마지막으로 1926년 이후 배재고보에 대한 어떠한 보고도 보이지 않는다. 1925년의 교육 관련 보고는 특별히 "성서교수와 소년들을 예수에게로 인도하는 것이 오늘날 미션스쿨로서 배재가 존재하는 가장 큰 목적이며 유일한 이유"라고만 강조하고 있다.[91] 최소한 학생들이나 감리교 측에서 자발적으로 학당을 폐지한 것은 아님을 짐작하게 한다.

중등교육기관으로 종교교육을 자유롭게 실시할 수 있었던 학당이 폐지된 뒤, 1926년 감리교는 종교교육협의회(The Korea Council of Religious

---

88) 『培材史』, 배재중고등학교, 1955, 163쪽.

89) 『培材八十年史』, 학교법인 배재학당, 1965, 370쪽. 감리교 연회록에는 이에 관한 기록이 나오지 않는다. 감리교의 여성교육기관인 이화 역시 '이화학당'이라는 명칭하에 이화유치원, 이화보통학교, 이화고등보통학교, 이화보육학교, 이화여자전문학교를 운영하고 있었으나, 1927년 3월 '이화학당' 명칭을 폐기하기로 하고 1929년 1월 각 소속 학교들이 행정상으로 분리되었다. 이화 100년사 편찬위원회/편, 『이화 100년사』, 이화여자고등학교, 1994, 218~219쪽.

90) 『동아일보』 1925. 4. 3.

91) *MINUTES OF THE KOREA ANNUAL CONFERENCE OF THE METHODIST EPISCOPAL CHURCH, 1925.*, p.143.

Education)를 조직하여 각 선교지역에 지부를 설치하고, 소속 교회와 학교의 종교교육을 강화하기로 결정한다. 교육을 위한 교재의 제작과 종교교육을 담당할 지도자 양성도 중요한 사업의 하나였다. 협의회는 주일학교 교육과 감리교 소속 일반학교들의 종교교육까지 담당했다. 협의회 구성 당시 감리교 선교회연회는 종교교육협의회가 모든 교회와 기독교학교에서 적어도 매주 2시간의 종교교육을 학교 프로그램으로 도입하도록 요청하고 있다.[92] 1926년의 감리교연회록에도 종교교육협의회를 설치하기로 했으며 협의회 회원은 각 지방에서 1인씩으로 하고 그 외에 10인으로 조직할 것이며, 이는 "매일 학교 즉 보통학교로 전문학교까지 성경과목의 사용될 교과서를 階段的으로 편집하여 종교교육의 목적을 속히 성취"하기 위한 것이라 밝히고 있다.[93] 배재학당의 폐지로 종교교육이 약화된 부분을 종교교육협의회의 조직과 활동을 통해 보완하려 했다고 보인다.[94]

정규학교로서 관공립학교와 동일한 특권을 누릴 수 있었던 배재가 종교교육을 보완하려고 노력했던 반면, 사립각종학교로서 종교교육의 자유를 누리고 있었던 장로교 계열의 학교들은 관공립학교와 같은 특권을

---

92) *MINUTES OF THE KOREA ANNUAL CONFERENCE OF THE METHODIST EPISCOPAL CHURCH, 1927.*, p.342~345; *MINUTES OF THE KOREA ANNUAL CONFERENCE OF THE METHODIST EPISCOPAL CHURCH, 1930.*, pp.266~267.

93) 『예수教 美監理朝鮮年會錄』 19, 1926, 48쪽.

94) 1930년 남북감리회가 합동하여 '기독교조선감리회'가 설립된 후에는 감리교연회록에 더 이상 종교교육협의회의 명칭은 보이지 않지만, 대신 종교교육부, 종교교육사업 심사위원을 두어 유사한 업무를 담당시키고 있다. 특히 1931~1934년간의 『基督教朝鮮監理會 東部·中部·西部聯合會年會會錄』의 교육위원 보고를 보면 교단 소속 고등보통학교의 종교교육과 관련하여 ①각 학교에 校牧 배치, ②보통학교 교원을 위한 특별강습회 개최, ③종교교육 교재의 편찬과 배포, ④교회 소속 모든 교육기관의 직원을 入教人으로 채용하는 등의 활동을 지속하고 있었음을 알 수 있다. 『基督教朝鮮監理會總會會錄』 1-3, 1930, 1934, 1938; 『基督教朝鮮監理會 東部·中部·西部聯合會年會會錄』 1-4, 1931~1934.

인정받으려 노력해야 했다. 1922년 제2차 조선교육령으로 인해 일본과 유사한 학제를 가지게 됨에 따라 고등보통학교와 같은 진학조건을 갖추지 못한 각종학교들은 학교 간의 위계에 의한 차별에 더 심하게 노출되었다.[95] 중등교육을 받은 학생들의 숫자가 계속 축적되어가면서 학생들의 진학욕구를 만족시킬 수 없었던 장로교계 사립각종학교들은 학교사업 유지에 많은 어려움을 겪었고 학생들의 동맹휴학도 빈번하게 발생했다.[96] 장로교 선교사들은 소속 중등학교들이 각종학교로서 종교교육을 지속하면서도 진학 등에서 특권을 얻을 수 있도록 당국과 교섭을 시작했다. 이러한 권리들은 일본의 기독교 계열 사립각종학교들에게는 이전부터 인정되고 있었고, 학교지정을 위한 근거법령인 '전문학교입학자검정규정'이 1921년 4월 조선총독부령 제72호로 공포되어 교섭을 가능하게 하는 법적인 근거도 마련되었다. 그러나 동시에 공포된 '조선총독부 고시 제105호'는 조선총독부령 제72호 제8조의 '지정'은 "문부대신이 전문학교입학에 관해 중학교의 졸업자 또는 수업연한 4년의 고등여학교 졸업자와 동등한 학력을 가진 것으로 지정한 자"라고 규정하고 있었다.[97] 즉 '전문학교입학자 검정규정' 제8조는 조선총독이 전문학교 입학

---

95) 이미 1910년대부터 일제는 보통학교–고등보통학교–전문학교로 연계되는 학교 체제를 설정하고 중등보통교육기관의 경우 고등보통학교와 각종학교 간에 진학과 취학의 유·불리에 따른 위계를 형성함으로써 사립학교를 식민지교육체제로 포섭하려 하였다. 제2차 조선교육령으로 인해 고등보통학교의 학제가 일본의 중학교 학제와 동일하게 변경됨으로써 위계에 의한 차별은 더욱 심화되었다. 조선의 고등보통학교 졸업생은 일본의 중학교 졸업자와 동등하게 일본의 전문학교에 진학할 수 있는 자격을 가지게 된 반면, 중등의 사립각종학교 졸업자는 조선 내에서도 별도의 검정이나 지정을 통하지 않으면 상급학교 진학이 불가능했기 때문이다. 더하여 전문학교입학자 검정규정에 의한 검정시험합격자가 일본의 전문학교 입학 자격을 가지게 되는 1926년 이전에는 일본의 상급학교에 진학할 수 있는 길도 막혀 있었다. 김경미, 「일제하 사립중등학교의 위계적 배치」, 128~143쪽.

96) 장규식·박현옥, 「제2차 조선교육령기 사립 중등학교의 정규학교 승격운동과 식민지 근대의 학교공간」, 162~163쪽.

자격을 지정하는 것처럼 되어 있지만, 고시에 의해 실제로는 일본의 문부대신이 지정권한을 가지도록 하여 조선 내에서는 지정신청 자체가 곤란하도록 만들어진 구조였다.

이런 상황에서 선교사들은 교섭의 근거로 사립각종학교에 관한 일체의 사항을 조선총독에게 위임한 제2차 조선교육령의 제26조를 제시했다.[98] 에비슨과 코엔(Coen), 쿤스(Koons)를 대표로 한 장로회와 총독부 학무당국의 교섭은 쉽지 않았다. 가장 걸림돌이 된 것은 역시 종교교육 문제로, 1923년 1월에는 성경과목만을 과정에서 제외시키면 바로 고등보통학교와 같은 특권을 부여해주겠다는 총독부의 제안도 있었다. 이에 대해 언더우드(H. H. Underwood) 등 서울 주재 선교사들은 제안을 수용하자는 입장을 취했지만 평양 선교사들의 완강한 반대를 설득할 수가 없었다.[99] 장로교 선교사들의 "끈덕진 요청" 끝에[100] 1923년 4월 사이토 총독은 에비슨과 쿤스에게 종교교육을 유지하면서 교원, 설비와 교과과정 등을 관공립학교 수준으로 정비한다는 조건으로 정규의 보통학교와 같이 '지정'된 사립각종학교를 인정할 방침을 통고했다.[101]

선교사들에게 '1923년 4월 선언'으로 불린 이 방침은 기독교계 학교

97) 『朝鮮總督府官報』 1921. 4. 25; 일본의 경우 이미 1903년 3월에 문부성령 제14호로 전문학교입학자 검정규정이 공포되어 전문학교 입학을 위한 학생들에 대한 검정시험과 학교에 대한 지정이 문부대신 주관하에 이루어지고 있었다. 한편 조선은 제2차 조선교육령 제12조에서 전문교육은 일본의 전문학교령에 의하도록 규정했지만 전문학교령 중 문부대신의 직무는 조선총독이 행하도록 위임되었다. 따라서 전문학교입학을 위한 검정시험이나 학교지정을 총독이 정할 수 있는 근거가 되었다.
98) Horace Horton Underwood, *Modern education in Korea*, New York: International Press, 1926., p.217.
99) 『동아일보』 1923. 1. 30; 경신사편찬위원회/편, 『경신사』, 경신중고등학교, 1991, 318~321쪽.
100) Charles D. Stokes, 『미국감리교회의 한국선교역사, 1885~1930』, 295쪽.
101) Horace Horton Underwood, *Modern education in Korea*, p.219.

의 오랜 소망이 이뤄진 것으로 장로교뿐 아니라 전체 선교사들의 환영을 받았다.102) 이 선언에 기초해 작성된 각서(memorandum)에는 "소속 학생들의 입학자격, 조직, 설비, 교원, 학과과정, 과목, 출석과 학위 그리고 졸업생들의 기록과 숫자 등에 대한 철저한 심사를 거친 후" 사립각종학교가 정규학교와 같은 상급학교에 대한 진학자격을 가진 학교로 지정될 것이 명시되었다.103) 이로써 기존에 ①정규 사립보통학교, ②사립각종학교, ③서당과 같은 마을학교로 위계화된 조선의 사립학교체제에 '지정된 사립각종학교'라는 또 한 단계가 추가되었다.104)

일차적으로 지정을 받은 경신학교는 1923년 11월 2일자로 신교육령에 의한 고등보통학교의 자격을 지정받고 그 효력은 1925년 3월 졸업생부터 인정되는 것으로 결정되었다.105) 장로교 측은 경신학교의 지정 이후 모든 소속 중등교육기관의 지정을 서두르기로 하고 이를 위한 설비마련을 위해 조선교회를 재정적으로 지원할 것을 결의했다.106) 1915년 이후 사립각종학교의 지위를 고수하면서 상급학교 진학의 기회를 얻지 못해 지속적인 학생들의 동맹휴학과 학교사업의 열세를 감수해왔던 장로교로서는 당국의 요건들을 충족시켜 종교교육의 자유를 보장하는 '지정'

---

102) Alfred W. Wasson, "Significance of the New Educational Ruling of the Governor General", *The Korea Mission Field*, 1923, Vol. 23, No. 7., pp.148~150; *Minutes and reports of the annual meeting of the Korea Mission of the Presbyterian Church in the U.S.A., 1924.*, p.12; *Annual meeting of the Federal Council of Protestant Evangelical Missions in Korea, 1923*, p.26; H. A. Rhodes, *History Of The Korea Mission Presbyterian Church U. S. A. 1884~1934*, p. 420, 503.

103) Alfred W. Wasson, "Significance of the New Educational Ruling of the Governor General", p.149.

104) Horace Horton Underwood, *Modern education in Korea*, p.219.

105) 『동아일보』 1923. 11. 2.

106) *Minutes and reports of the annual meeting of the Korea Mission of the Presbyterian Church in the U.S.A., 1924.*, p.12; 이들 학교는 북장로교 소속인 숭실, 정신, 숭의, 신성, 계성, 신명인 듯하다.

을 꼭 성취해야만 했다. 지속적이고 건전한 선교사업의 발전을 위해 소속 중등교육기관들의 유지는 최우선적인 요건이었기 때문이다.[107] 장로교계 학교의 지정은 학교의 발전과 존립에 관계된 문제였을 뿐 아니라 해당 학교 학생들의 진학과 장래가 걸린 문제였다. 따라서 식민당국과의 끊임없는 교섭과 본국 선교본부에 교육예산 증액을 요청하는 역할은 선교사들이 담당했지만, 지정학교운동은 학생과 학부모, 학교의 동문들, 학교당국 나아가서 해당 지역의 교회와 노회들이 그 전반을 이끌었고 지역주민들의 주된 관심사이기도 했다.[108]

지정방침의 선언 이후 장로교 선교회, 학교교원과 학생들 모두 고무되어 다른 소속 학교들도 곧 같은 결과를 얻을 것으로 기대했다.[109] 그렇지만 상황은 예상과는 다르게 전개되었다. 그야말로 '철저한 심사'가 몇 년간이나 지속된 까닭이다. 이로 인해 1926년 중반에서 1927년 초에 걸쳐 장로교에서는 지정을 받지 못한 나머지 학교들의 존폐문제가 집중적으로 논의될 정도였다. 1926년 9월의 장로교총회는 이들 중등학교의 지정을 총독부와 교섭하기 위해 각 중등학교 지정운동위원 215명을 선정하기로 결의하고 실행위원을 선출했다. 지정운동위원들은 회의를 개최하여 교섭을 통해 지정을 받지 못한다면 일본 문부성에 알리고 그래도 안 되면 학교인가를 반환하고 장로교회가 경영하는 모든 남녀 중등학교를 폐지하기로 결정했다.[110] 학교지정에 장로교총회가 참여하게 된 일

---

107) *Minutes and reports of the annual meeting of the Korea Mission of the Presbyterian Church in the U.S.A., 1925.*, p.21.

108) 장규식·박현옥, 「제2차 조선교육령기 사립 중등학교의 정규학교 승격운동과 식민지 근대의 학교공간」, 179~182쪽.

109) E. W. Koons, "Effect of Designation on A Mission School", *The Christian movement in Japan, Korea and Formosa: a year book of Christian work*, 23, Tokyo: The Federation of Christian Missions in Japan, 1925, pp. 525~527.

110) 박혜진, 『1920~30년대 미국북장로회선교부 관할 중등학교 운영과 한국인 인계과정 연구』, 45~46쪽.

은 이 운동이 학교차원에서 끝나는 것이 아니라 교단 내 문제로 확대되었으며 선교사들 중심으로 운영되던 학교운영에 조선인들이 참여하는 계기가 마련되었다는 점에 의미가 있다.[111] 어려웠던 재정문제로 인해 각 지역 노회들의 지원이 이루어지면서 노회들은 해당 지역 중등학교의 이사회에 임원을 파견했고, 이사회 참여를 통해 조선교회는 학교들에 대한 재정부담과 함께 실질적인 학교운영에도 참여하게 되었다.[112]

장로교 계열 학교들의 지정과정이 힘겨웠던 것은 지정학교제도의 실시를 약속했지만 실제로는 이를 달가워하지 않았던 식민당국의 태도가 큰 원인이었다. 국가기록원 소장문서 중 숭실학교 지정에 관한 서류철에는 1925년 12월에 제정된 '전문학교입학자 검정규정 제11조에 의한 지정에 관한 내규'가 첨부되어 있다. '내규'라는 것은 외부적으로는 공표하지 않는 총독부 내부의 지침이라 할 수 있다. 이 내규 중에 학교지정과 관련하여 학교의 형식·내용에 관해 학교설립자가 제출할 여러 가지 사항들을 확인한 뒤에도 "3년간 이를 지속하여 성적이 양호하다고 인정될 것을 요한다"라는 규정이 있다.[113] 법적인 요건이 충족되었음에도 지정을 신청한 각 학교들이 인가를 받기까지 오랜 시일이 걸렸던 배후에는 이러한 내규가 존재하고 있었기 때문이다.

1923년 6월 지정학교로 신청을 한 숭실학교의 경우 무자격 교원이 존재한다거나, 지정학교 검정시험의 결과 학생들의 성적이 미흡하다는 등 이런저런 이유로 지정이 거부되었다. 숭실학교의 끈질긴 요구와 전교생

---

111) 위의 글.

112) 위의 글, 46~108쪽. 박혜진은 재학생들, 동창회, 총회·노회 등 조선교회, 지역사회의 노력으로 학교지정운동이 이루어진 과정을 세밀하게 추적하고, 학교재정의 부족을 지정이 어려웠던 이유로 지적하면서 숭실, 정신, 경신, 신성, 계성, 신명 등의 학교에 노회 파견 이사들이 참여하게 되는 과정을 자세히 밝히고 있다.

113) 국가기록원 소장문서 CJA0004712『專檢規程에 의한 무시험검정제에 관한 서류(평양숭실학교)』1928.

의 재시험 등을 통해 6년 뒤인 1928년 5월 23일에야 1931년 3월 이후의 졸업생을 대상으로 자격이 부여되었다. 그런데 이 지정도 무조건적인 것은 아니었다. 추후에 ①학무국과의 협의와 그 지시에 의해 교원을 채용하고 교원조직을 개선할 것, ②생도들에게 국민으로서의 성격을 양성하고 국어(일본어) 숙달에 노력할 것, ③장래 수시로 총독부·도 관리의 출장을 통해 설비내용 조사와 생도의 학력시험을 시행하여 답안을 조사함을 인정할 것, ④시험성적이 불량하다고 인정할 때는 언제라도 지정이 취소될 수 있다는 조건하에 허가된 지정이었다.[114]

여기에 더하여 1923년 6월에서 1928년 5월 23일에 이르는 기간 동안 관련 법제들이 개정되어 지정학교에 대한 통제는 더욱 강화되었다. 1921년 4월 제정되었던 '전문학교입학자 검정규정'(조선총독부령 제72호)이 1925년 4월 개정(조선총독부령 제49호)되어 학교지정에 대한 조항이 제11조로 이동되고, 그 안에 지정에 관한 법령을 별도로 정하도록 명시되었다.[115] 이로 인해 제정된 '전문학교입학자 검정규정 제11조의 규정에 의한 지정에 관한 규정'(조선총독부령 제26호)은 숭실학교 지정 이틀 전인 1928년 5월 21일에 공포되었다.[116] 그 중 제5조는 중학교규정, 고등보통학교규정, 고등여학교규정, 여자고등보통학교규정 등에 규정된 주요 규정들, 즉 폐지시의 절차, 表簿비치의무, 학교장의 의무와 권한제한에 관한 규정들을 그대로 준용하도록 정하고 있다.[117] 지정학교는 사

---

114) 위의 자료.
115) 1925년 4월 개정된 전문학교입학자 검정규정 제11조는 다음과 같다.
　　無試驗檢定은 당해 전문학교에서 입학의 때에 이를 행한다.
　　無試驗檢定을 받을 수 있는 자는 조선총독이 전문학교입학에 관해 중학교 또는 수업연한 4년의 고등여학교졸업자와 동등이상의 학력을 가진 것으로 指定한 자에 한한다.
　　前項의 指定에 관한 규정은 별도로 이를 정한다.
　　『朝鮮總督府官報』 1925. 4. 20.
116) 『朝鮮總督府官報』 1928. 5. 21.

립각종학교로서 사립학교규칙을 따르는 것이 아니라, 강화된 정규학교 규칙에 의거하게 하여 관공립학교에 준하는 통제가 가해졌다. 숭실학교의 경우 종교교육을 교과과정으로 실시할 수 있다는 점을 제외하면 관공립학교와 거의 같은 통제를 받으면서도, 지정시 부과된 네 가지 조건으로 인해 언제라도 지정이 취소될 수 있다는 점에서 정규학교보다 불안한 위치에 놓이게 되었다고 할 수 있다. 종교교육을 고수하던 장로교 중등학교들은 학생들에게 진학기회를 부여하고 학교를 존립시키기 위해 이를 감내해야만 했다.

1923년에서 1935년까지 지정학교로 승격된 14개 학교 중에서 일반학교였던 중동과 실업학교, 조선총독부 철도종업원양성소 같은 총독부소속 학교들을 제외한 8개 학교(경신, 숭실, 신성, 숭의, 계성, 신흥, 일신, 정신)는 모두 장로교 계열 학교들이었다.[118] 이 중 남장로계인 신흥과 호주장로교 소속인 일신여학교를 제외하면 모두 북장로교 학교들이다.

---

117) '전문학교입학자 검정규정 제11조의 규정에 의한 지정에 관한 규정' 제5조는 다음과 같다.
　　중학교규정 제8조, 제43조, 제54조 및 제58조, 고등보통학교규정 제5조, 제38조, 제48조 및 제52조, 고등여학교규정 제8조 제52조, 제67조 및 제69조, 여자고등보통학교규정 제5조, 제44조, 제56조 및 제58조 아울러 사립학교교원의 자격 및 員數에 관한 규정 제6조, 제8조 제1항 및 제9조 내지 제11조의 규정은 指定을 받은 학교에 이를 준용한다.

118) 계성은 1922년 이래 10여 년의 노력 끝에 1933년 4월 12일 지정학교로 인가되었다. 계성 역시 교원자격의 개선, 일본인 교사의 채용, 설비확충 등에 관한 5가지 조건이 붙은 지정을 받았고, 이 조건들에 불철저하거나 위반되는 경우는 지정취소가 가능하게 되었다. 啓聖八十年史編纂委員會/편, 『啓聖八十年史』, 大邱啓聖中高等學校, 1989, 124~148쪽; 신성학교는 1923년부터 지정인가 신청서를 제출해서 1931년 3월 16일 인가를 받고 있고, 1933년 졸업생부터 자격이 인정되었다. 한편, 북장로교 소속의 신명은 1935년까지 결국 지정을 받지 못했다. 박혜진, 「선천지역 미션스쿨의 지정학교 승격과 학교 인계 과정 연구」, 266~269쪽; Harry A. Rhodes and Archibald Campbell, edits., *History of The Korea Mission: Presbyterian Church in The U.S.A.*, v. 2, 1935~1959, New York: The United Presbyterian Church in the U.S.A, 1965, p.7.

이때까지 장로교 4개 교단(미국 북장로교, 남장로교, 호주빅토리아장로교, 캐나다장로교)은 북장로교를 중심으로 협력해서 교육사업의 방침을 결정하고 따랐지만, 지정학교문제를 계기로 캐나다장로교 소속 학교들은 다른 길을 걷게 되었다.

캐나다장로교의 포교지역이던 함흥의 영생학교와 영생여학교는 본래 1924년 학교를 신축·확장하면서 학교가 완성되는 즉시 지정학교로 신청할 계획을 세우고 1925년 초에 학무당국과 협의를 진행하고 있었다.[119] 1926년 8월경에는 당국에 지정인가 신청서를 제출하고 "필사적으로 운동"했지만,[120] 학무당국은 "高普校 승격은 학교내용만 충실하면 혹 모르지만 지정학교로는 절대로 승격시킬 수 없다"는 방침을 밝혔다.[121] 지정학교로는 인가할 수 없고 정규학교인 고등보통학교로만 인가신청을 받아줄 수 있다는 입장이었다. 당국의 강경한 태도 앞에 결국 학교 측은 캐나다선교회 본부와 조선장로교 총회, 함경도의 각 노회, 캐나다선교회의 승인을 받아, 지정을 포기하고 고등보통학교 승격을 추진하기로 방침을 변경했다. 캐나다장로회의 선택은 감리교계 고등보통학교와 같이 정규학교로 인가를 받은 후 과외의 종교교육을 보장받는 방식이었다.[122] 1928년 10월 20일 영생학교와 영생여학교는 함께 고등보통학교 설치인가원을 제출했다.[123] 영생여학교는 1929년 9월 30일 인가를 받았다.[124]

---

119) 영생학교와 영생여학교는 캐나다장로회가 1922년부터 보다 효율적인 중등교육을 위해 예산을 집중하는 방침을 마련하면서 양성하기로 한 학교들이었다. 그런데 1922년 봄에 학교 교사가 화재로 소실되면서 신창리의 예배당을 교사로 사용하게 되었고 재원을 마련하여 1924년부터 교사를 신축하고 지정학교로 인가받기 위한 계획을 세운 것이다. *The Korea Mission Field*, 1922, Vol. 22, No. 9., pp.207~208; 『동아일보』 1924. 4. 5, 1925. 1. 16, 1925. 3. 14.

120) 『동아일보』 1927. 3. 5. 한편, 인가서 신청날짜에 대해서는 『동아일보』 1928년 11월 1일자는 1926년 8월, 『동아일보』 1931년 3월 5일자는 1926년 9월에 인가서를 제출했다고 하고 있다.

121) 『동아일보』 1927. 6. 14.

122) *The Korea Mission Field*, 1928, Vol. 24, No. 9., p.185.

영생학교의 경우는 시일이 좀 더 지체되었는데 학무당국이 고등보통학교가 아닌 실업학교로 인가받기를 종용했기 때문이다. 이 문제로 여러 번 교섭이 거듭된 결과, 1931년 3월 2일 실업과를 설치한 고등보통학교로 인가를 받게 되었다.[125]

캐나다장로회 소속 학교가 지정학교를 포기하고 고보로 승격한 사건은 장로회 계통 학교들 사이에서 큰 파문을 일으켰다. 공동의 보조를 취했던 장로교 교육사업에 이탈자가 발생한 때문이다.[126] 영생학교·여학교의 고등보통학교 승격은 1915년 개정사립학교규칙 이후 감리교가 정규학교로 인가를 받은 것과 같은 분열상황이 장로교 내에서도 발생했다는 의미였다.

이렇게 종교교육의 자유 이외에 많은 것을 대가로 내어주고 얻어낸 지정은 경신학교를 제외하고는 1930년대 초에 이루어졌고, 지정 즉시 효력이 발생하는 것이 아니라 지정 몇 년 후의 졸업생들부터 효력이 발생하도록 정해졌다. 그런데 1935년부터 사립학교를 중심으로 전면적으로 강요된 신사참배문제는 장로교의 교육사업 철수라는 결과로 이어졌다. 힘들게 얻어낸 지정의 열매를 수확할 충분한 시간은 주어지지 않았던 셈이다. 다만 1920년대 학교지정운동을 계기로 노회를 통해 조선인들이 학교이사회에 참여하게 되었고, 이로써 1930년대 선교사들의 교육

---

123) 『동아일보』 1927. 6. 14, 1928. 11. 1.

124) 『동아일보』 1929. 10. 20.

125) 『동아일보』 1930. 11. 28, 1930. 12. 15, 1931. 3. 5.

126) 장규식·박현옥은 그 이유에 대해서 캐나다장로회가 기타 장로회들보다 신학적으로 유연한 입장을 취하고 있었기 때문이라고 지적하고 있다. 캐나다 선교회본부와 선교회가 학교측의 고보승격 요청을 어렵지 않게 승인한 점을 보면 타당한 설명이다. 그러나 1930년대 초까지 장로교 소속의 다른 학교들의 지정을 인가해준 총독부의 입장에서 영생학교에 대해서만 강경하게 반대한 이유에 대해서는 더 검토해 볼 필요가 있다고 생각된다. 장규식·박현옥, 「제2차 조선교육령기 사립 중등학교의 정규학교 승격운동과 식민지 근대의 학교공간」, 173~174쪽.

철수 과정에서 조선기독교인들이 학교들의 폐쇄를 막고 인수·경영하려
한 학교 인계운동의 기초가 형성되었다는 점은 의의가 있다고 생각된다.

4. 기독교단체의 법인설립과 특징

1) 기독교 선교회·교회의 법인화 과정

(1) 기독교계의 법인화 요청과 추이

조선총독부가 기독교단체의 법인설립을 허용한 일은 1920년대의 대
표적인 선교사 회유정책이었다. 이로써 무단통치기에 법인 관련 법령들
을 도입하고도 기독교단체에 대한 통제방침에 따라 거의 시행되지 않았
던 법령들이 도입 후 10년이 지나서야 활용되는 기회를 맞이했다. 물론
관련 법령들은 액면 그대로 적용되지는 않았다. 법인설립을 허용하면서
도 일제당국은 설립허가조건을 요구하기도 하고, 선교회와 조선교회들
에 대해 차별적으로 법을 적용했다.

1919년 9월의 「全鮮宣敎師大會 陳情書」는 포교규칙과 사립학교규칙
에 대한 개정요구와 함께 기독교단체의 법인설립을 허용하도록 요청했
다. "조선인교회 및 선교단체의 이름으로 재산을 소유하고 등기할 수 있
도록 이를 법인으로 하는 길을 열 것"을 주장한 것이다.[127] 선교사들은
"교회와 선교회를 법인으로 인정받기 위한 지난 9년간의 노력들이 아무
성과도 없이 끝난 결과, 수백만 엔의 가치에 달하는 자산이 개인의 명의
로 등기되어 각종 분쟁과 성가신 일들과 불필요한 비용들을 수반하고 있

---

127) *A Communication to His Excellency, Baron Saito, Governor General of Chosen from the
Federal Council of Protestant Evangelical Missions in Korea*, ibid., pp.8~9; 「全鮮宣敎
師大會 陳情書」, 『朝鮮の統治と基督敎』, 61~63쪽.

는 상황"임을 당국에 환기시키면서 현재의 문제점들을 지적하였다. 왜
냐하면 이 같은 상태에서는 ①교회에 대해 호의를 가지지 않은 지방관
헌은 쉽게 교회재산에 대해 소송을 제기할 수 있고, ②교회의 권리가 법
적으로 인정되지 않아 교회재산의 명의자가 분쟁을 일으키기를 좋아하
거나 명의자의 상속인이 기독교인이 아니어서 임의로 교회재산을 횡령
하여 소유권에 대한 분쟁이 발생한다면 교회는 법적으로 그 배상을 구할
방법이 없으며, ③선교회의 경우도 조선병합 이래 선교회가 매입한 재
산은 모두 선교사 개인 명의로 등기되어 해당 선교사가 사망하거나 사
직, 귀국하는 경우 여러 가지 분쟁과 곤란이 발생하고 불필요한 경비가
들고 있다는 것이다. 따라서 선교사들은 교회 및 선교회를 법인으로 인
정할 것과 개인 명의로 되어있는 재산을 등기료의 부과 없이 정당한 소
유자인 교회·선교회로 소유권을 이전해 주도록 요구하였다.[128]

　이 사안들에 대해 총독부 당국자들은 일단 수용의 뜻을 표시했다. 미
국 북감리교 선교사로 全鮮宣敎師大會의 총무(Secretary)였던 빌링스
(Billings)의 글에 의하면 진정서를 제출한 며칠 뒤 사이토 총독이 자신을
만나 진정서를 검토했으며 그 중의 많은 제안들이 이뤄질 수 있을 것이
라 보장했다고 한다. 또 빌링스가 1923년 휴가차 미국에 있는 동안 재단
법인설립의 경과에 대해 사이토 총독이 직접 편지를 보내 알려주었다고
기록하고 있다.[129] 법인설립의 허용은 사립학교규칙의 개정, 포교규칙의
개정과 함께 대표적인 '문화통치'의 기독교통제 완화책으로 선전되었
다.[130] 하지만 교회·선교회의 재단법인 설립은 곧바로 시행되지는 않았
다. 일제당국과 선교회는 법령 적용과 세금문제 등을 조율해야 했고, 교

---

128) 위의 책.
129) Bliss W. Billings, "Viscount Makoto Saito. An Appreciation", 『子爵齋藤實傳』 3,
　　543~544쪽.
130) 『朝鮮に於ける新施政』, 조선총독부, 1920, 39쪽; 『朝鮮の統治と基督教』, 18~20쪽.

회와 선교회는 당국과의 협의를 통해 필요한 증명서와 서류들을 준비해야 했기 때문이다. 여기에는 몇 년이 소요되었다.

기독교계와 총독부의 협의가 진행되는 사이에 당국은 유교와 불교단체의 법인문제를 먼저 처리했다. 병합 이전에 향교재산을 부윤·군수에게 귀속시켰던 당국은 소유권을 향교에 돌려달라는 유교계의 요구를 받고 있었다. 이에 대해 총독부는 '향교재산관리규정(1910. 4, 학부령 제2호)'을 폐지하고 1920년 6월 '향교재산관리규칙(부령 제91호)'을 공포, 향교를 법인화하여 소유권을 향교에 귀속시켰다.[131] 그러나 여전히 향교재산의 관리권은 부윤·군수·島司에게 속했고 교육·교화사업 이외에는 재산의 사용도 불가능했다. 한편, 불교계의 재단법인 설립은 불교계의 요청에 의해서가 아니라 총독부에 의해 주도되었다. 30本寺의 주지들이 개별적으로 관리하던 사찰재산들을 당국이 중앙집권적으로 관리하기 위해서였다. 1922년 12월 재단법인으로 인가된 조선불교중앙교무원은 일본 승려 가미야 소이치(神谷宗一)를 고문으로 초빙하는 등 친일적인 인물들로 구성된 불교계의 단일기구가 되었다.[132] 기독교인들에 의해 주도되고 관리된 기독교계 재단법인들과는 완전히 다른 성격이었다고 할 수 있다.

당국과 선교회의 교섭에서 선교회재단의 설립시기 결정은 법인의 종류, 등록세의 액수와도 관련된 핵심적인 문제였다. 총독부와 선교회의 협의는 조선복음주의선교회 연합공의회(이후 연합공의회로 표기)를 통해서도 전개되었지만, 1910년대부터 법인화를 추진했던 장로교 선교회는 교섭에 더욱 적극적이었다. 1920년 장로교 선교회연회에서 선교회 법인위원회(Mission Incorporation Committee)의 젠소(Genso)는 일 년 동안 계속된 총독부와의 교섭에서 선교회 소유재산을 등록세 없이 법인으

---

131) 윤선자, 「일제하 종교단체의 경제적 기반 확보 과정」, 74쪽.
132) 위의 글, 75~77쪽.

로 이전할 수 있도록 당국에 요청했고, 이는 현재의 법령에 비추어 불가능하므로 담당관리들이 이를 해결하기 위해 노력하고 있다고 보고했다.133) 1921년~1922년에 장로교 선교회는 연합공의회와 함께 총독부와 교섭을 계속하면서 영미영사와의 협의를 통해 선교회 소유재산의 명의 등을 정리하고 소유권을 증명하는 작업을 진행했다.134)

선교회재단의 설립시기와 세금적용을 둘러싼 문제는 1923년에 이르러 타결되었다. 이로써 선교회들은 1912년 4월 1일 조선민사령 시행 이전에 재단으로 설립된 것으로 인정받았고 이에 따라 그 이전에 취득했다고 인정된 부동산의 경우는 소유권 이전등기의 등록세를 현재 시세의 5/1000의 비율로 감면받게 되었다. 감면 이전에는 소유권 이전등기의 경우 35/1000, 보존등기의 경우 30/1000이었다.135) 자세한 상황은 아래와 같다.

a. 1912년 4월 1일 이전 재단의 소유인 부동산

i) 재단(선교회)에 속한 토지로서 등기되지는 않았지만 지방관청의 토지

---

133) *Minutes and reports of the annual meeting of the Korea Mission of the Presbyterian Church in the U.S.A, 1920.*, p.28.

134) *Minutes and reports of the annual meeting of the Korea Mission of the Presbyterian Church in the U.S.A, 1921.*, p.31; *Minutes and reports of the annual meeting of the Korea Mission of the Presbyterian Church in the U.S.A, 1922*, p.29.

135) 당시 '조선등록세령'(1919. 4. 21, 제령 제9호)은 부동산에 관한 등기시, 증여·유증, 기타 無償名義에 의한 소유권 취득시는 부동산 가격의 50/1000을 원칙으로 하고, 단 신사·사원·祠宇·불당 또는 민법 제34조의 규정에 의해 설립된 사단 또는 재단법인이 無償名義에 의해 소유권을 취득한 때는 부동산 가격의 30/1000으로 정하고 있다. 또한 매매, 기타 有償名義에 의한 소유권 취득의 경우는 부동산 가격의 35/1000이었다; 참고로, 부동산 등기에 있어 소유권 보전등기는 미등기부동산에 대하여 소유권을 보존하기 위하여 행해지는 것으로 그 부동산에 관해 최초로 행해지는 등기이다. 따라서, 보존등기를 하게 되면 그 부동산에 관한 登記用紙가 새로 개설되고, 이후에 일어나는 그 부동산에 관한 권리변동과 그에 따른 등기는 보존등기를 기초로 하여 이루어지게 된다. 한편, 소유권 이전등기는 부동산물권을 승계취득한 경우에 권리자의 명의이전을 하는 등기로 예를 들면 매매·증여·상속 등을 원인으로 하는 소유권 이전등기가 전형적이다.

대장에 기재된 것 : 법인명의로 정정하고 등록세 부과 면제. 명의 정
정의 경우 보존등기는 관할 법원에 신청하고 신청서는 지방관청에서
발급한 토지대장의 사본을 제출해 증명할 것.

ii) 개인 명의로 관할 법원에 등기된 부동산 : 법인 명의로 수정하고 법원
에서 이전등기 할 것. 등록세는 시가의 1/6에 대해 30/1000円의 비율.

b. 1912년 4월 1일 이후 재단법인의 소유인 부동산

i) 재단법인을 대신해서 개인소유로 되어 있고 아직 등기되어 있지 않
은 것 : 토지대장의 명의 정정은 법인 명의로 정정하고, 명의 정정의
경우 보존등기는 관할 법원에 신청하고 신청서는 지방관청에서 발급
한 토지대장의 사본을 제출해 증명할 것. 등록세는 시가에 대해
5/1000円의 비율.

ii) 이미 개인 명의로 등기된 부동산

a) 개인 명의로 보존등기된 것 : 재단법인 명의로 이전하여 등록하
고 등록세는 시가의 1/6에 대해 30/1000円의 비율.

b) 개인 명의로 이전등기된 것 : 재단법인 명의로 정정하고 법원에
서 이전등기. 등록세는 a)와 같음.136)

선교단체의 재단법인들은 민법시행법 제19조에 의거하여 "민법 제34
조의 공익법인으로 민법 시행 전부터 독립의 재산을 가진 사단 또는 재
단"으로 존재한 '당연설립된 법인'으로 인정받았다. 또한 일본민법이 아
니라 1912년 4월 1일 조선민사령의 시행시점이 세금 감면의 분기점이
되었다. 조선민사령 시행 이전에 소유한 것으로 인정되는 부동산 중 재
단이나 선교회 명의로 토지대장에 기재된 것은 등록세가 면제되었고, 그
외의 것들은 등록세가 감면되었다. 또 '조선등록세령' 제7조에 의해 직
접 예배당으로 사용되는 부지에는 등록세도 면제되었다. 당국으로서는
재정적인 손해를 감수하는 대신 선교사들을 회유하고 등기를 통해 선교

---

136) Frank Herron Smith, "The Transfer of Mission Property", *The Korea Mission Field*,
1923, Vol. 19, No. 7., pp.147~148.

회의 재산상황을 정확하게 파악하는 쪽을 선택했다고 할 수 있다. 선교
회 소유 부동산의 경우 대부분 개인 명의로 등록되어 있어 당국도 정확
한 규모를 알 수 없는 상황이었기 때문이다. 선교사들에 대한 회유책으
로 실시된 정책이지만 총독부도 손해만 보는 입장은 아니었다고 할 수
있다.

오랜 숙원이었던 법인설립과 세금감면에 대해 선교회연합공의회는
1923년 연회록에서 다음과 같이 조선총독에게 감사를 표시하고 있다.

> 선교회연합공의회는 1912년 4월 1일(조선민사령 시행일) 전에 조선에서
> 사역하던 모든 선교회들이 그 날짜로부터 법인으로 인정받는다는 총독의 제
> 안에 감사한다. 또한 공의회는 지금까지 선교사들 개인 명의로 되어있던 재
> 산을 선교회법인 명의로 이전하는 데 특별한 편의를 제공해준 것에 대해 총
> 독에게 진심으로 감사한다. (괄호: 필자).137)

협상타결 이후 대부분의 기독교 교회·선교회의 재단법인 인가·허가
는 1924~1926년경에 본격적으로 이루어졌다. 국가기록원은 기독교단
체 법인설립의 인허가 작업과 관련된 문서들을 상당량 소장하고 있는데
기독교 교회·선교회에 관계된 것만을 정리하면 다음과 같다.138)

---

137) *Annual meeting of the Federal Council of Protestant Evangelical Missions in Korea*, 1923,
p.25.
138) 이 문서들은 연도별로 크게 몇 개의 문서철로 묶여져 있는데 이는 당시 조선총
독부에서 분류, 보관하던 그대로의 형태로 생각된다. 그 안에는 기독교회나 선
교회뿐 아니라 기독교 서회 등의 기독교 관련 단체들, 불교·천주교·신도에 관계
된 문건들이 같이 포함되어 있다. 또 어떤 경우는 포교규칙과 관련된 문서들과
함께 묶여 있는 경우도 있다. 하지만 북장로회 선교부의 문서 중 건물분은 유실
되어 있는 등, 모든 서류들이 남아있는 것은 아니며 특히 장로회총회록과 대조
해 볼 때 1930년대 장로회노회 재단신청 관련 문서들의 상당량은 현재 국가기
록원에 남아있지 않은 것으로 보인다. 그렇지만 주요한 기독교 선교회와 교회의
문서들은 대부분 남아있고 신청과정의 추이를 추적할 수 있는 중요한 서류들이
포함되어 있어 관련 정책사 연구뿐 아니라 당시 각 교단의 자산구조 등을 연구

〈표 20〉 국가기록원 소장 문서철 중 기독교 선교회·교회법인 관련 문서

문서철명 (국가기록원관리번호)	생산 연도	재단법인 관련 기록물명
포교관리자 관계 및 재단법인 기타 관계서류 (CJA0004759)	1923	조선야소교장로회 경북노회 유지재단 인가신청에 관한 건
기독교에 관한 철 (CJA0004763)	1924	재단법인 미국야소교 북장로파 조선선교회 유지재단 인가 신청건 재조선구세군 유지재단법인에 관한 인가신청의 건 재단법인 미국야소교 남장로파 조선선교회 유지재단 인가 신청건 재단법인 야소교동양선교회 유지재단에 관한 인가신청건
기독교천주교 재단법인 관계서류 (CJA0004764)	1924	재단법인 호주빅토리아국장로교 조선선교회 유지재단에 관한 인가신청건
기독교재단법인 관계서류 (CJA0004766)	1925	재단법인 조선야소교 캐나다장로교회 유지재단 인가신청건 재단법인 남감리교회 조선선교부 유지재단 인가신청에 관 한 건 지령안 재단법인 남감리교회 조선선교부 소유부동산목록 교회재단의 법인설립허가지령의 조건삭제의 건 제7일안식일야소재림교 조선회유지재단 설립허가 지령변 경원
기독교미감리교 재단설 인가관계 (CJA0004769)	1926	재단법인 조선기독교 미감리교회 유지재단 인가신청에 관 한 건 미감리교회유지재단 설립허가취소 및 재단법인 미감리교 회 조선선교부 유지재단 인가신청에 관한 건
사원 기타 관계서류 (CJA0004796)	1931	재단법인 조선야소교장로회 평양장로회 유지재단 설립허 가신청에 관한 건
기독교재단법인 관계서류 (CJA0004808)	1933	재단법인 조선야소교장로회 의산로회 유지재단 설립허가 신청건 재단법인 조선야소교장로회 경안로회 유지재단 설립허가 신청건 재단법인 조선야소교장로회 황해로회 유지재단 설립허가 신청건

하는 데도 중요한 자료로 생각된다.

		재단법인 조선야소교장로회 평북로회 유지재단 설립허가 신청건 재단법인 기독교조선감리회 유지재단 규정사항 중 변경인 가건
기독교 기타 관계서류 (CJA0004842)	1936	재단법인 조선야소교장로회 산서노회 유지재단 설립에 관한 건
종교사원창립허가 및 재단인 기타 관계서류 (CJA0004850)	1939	재단법인 조선야소교장로회 평양노회 유지재단 기부행위 변경인가신청건
종교사원 기타 관계서류 (CJA0004876)	1940	재단법인 조선야소교장로회 용천노회 유지재단 설립허가 신청건
신도사원법인기독교 법인인가 관계서류 (CJA0004896)	1941	재단법인 남감리교회 조선선교부 유지재단 기부행위변경 인가건 재조선구세군 유지재단 기부행위변경인가건 재단법인 미감리교회 조선선교부 유지재단 기부행위변경 인가신청건 재단법인 조선야소교장로회 의산노회 유지재단 기부행위 변경인가건 재단법인 야소교동양선교회 유지재단 기부행위변경인가건
종교법인 사원관계 서류 (CJA0004899)	1942	재단법인 조선야소교장로회 용천노회 유지재단 기본재산 처분 인가신청건

이 중에서 재단법인 인허가 문서들은 「재단법인 미국야소교 북장로파 조선선교회 유지재단 인가신청건」과 같이 총 415쪽에 달하는 것부터 총 23쪽의 「재단법인 야소교 동양선교회 유지재단에 관한 인가신청의 건」 까지 자산정도에 따라 분량은 제각각이다. 문서들의 기본구조는 크게 다음과 같다. ①총독부터 정무총감, 학무국장, 종교과장, 문서과장, 외사과장 등의 결제수결이 있는 表題와 指令案이 들어있는 부분으로, 해당단체의 재단법인을 인가·허가한다는 총독부의 지령과 인·허가의 근거가 되는 관련 법규가 명시되고 '기안의 이유'로서 근거법규가 간단히 說示되어 있다. 다음에는 ②법인 인·허가를 신청한 단체의 신청서가 첨부되고, ③재단법인의 기부행위로서 법에 규정된 사항들이 기재되어 있고, ④변호사 등 신청대리인이 있는 경우는 위임장이 덧붙여져 있고, ⑤총재산목

록이 첨부되어 있다. 재산목록에는 해당 부동산의 구입시기와 명의인·소유자를 확정하는 증명서류들(토지대장등본, 등기부등본, 토지소유관계에 관한 각국 영사와 등기명의 수탁인들의 성명서 내지 증명서)이 포함되어 있다. 토지의 경우는 대체로 '취득부동산목록'의 地目에서 대지, 전, 답, 분묘지, 임야, 잡종지 등으로 분류하고 지가, 지번, 소재지, 취득연월일이 소유자와 함께 기록되어 있다. 건물분의 재산목록은 소유한 건물의 경우 소재지(주소), 구조(목조 등), 종류(교회당 등), 동수, 건평, 가격, 소유자 등을 기재하고 있어 매우 세세하게 분류하여 보고한 것을 알 수 있다. ②~⑤는 모두 재단을 신청한 쪽에서 준비하여 제출한 서류들로 자산을 많이 소유하고 있던 북장로교 선교회 등은 제출서류들을 준비하는 데만도 많은 시간과 노력이 소요되었을 것으로 보인다. 이 문서들과 『朝鮮總督府官報』의 법인등기 광고란에 공시된 것을 기초로 1920년대 주요 선교회·교회의 재단설립 상황을 정리하면 다음과 같다.[139)]

〈표 21〉 1920년대 주요 교단의 선교회·교회 유지재단 설립상황

재단법인명칭	법인신청일 (신청인=대표자)	설립일	등기일	자산총액 (부동산가격, 圓)
재단법인 호주빅토리아국장 로교 조선선교회 유지재단	1923. 3. 29. (J. N. Mckenzie)	1924. 9. 3.	1924.10. 20.	152,469
재단법인 야소교 동양선교회 유지재단	1923. 10. 3. (E. A. Kilbourne)	1924. 6. 16.	1924. 7. 3.	42,835
재조선구세군 유지재단법인	1923. 11. 30. (W. Stevens)	1924. 3. 18.	1925. 2. 21.	98,600
재단법인 조선야소교	1923. 12. 19.	1925. 6. 22.	1925. 7. 27.	278,304

---

139) 이 시기에 선교회 이외에도 선교사들이 설립한 기타 기독교단체들의 법인이 함께 인가되었다. 대영성서공회 조선지부 유지재단, 재조선야소교 장로파선교회 신학교유지재단, 피어선기념성경학원 유지재단, 조선중앙기독교청년회 유지재단 등으로 이들도 선교회 법인들과 같은 혜택을 받고 민법시행법 제19조의 인가 법인으로 설립되었다.

캐나다장로교회 유지재단	(F. G. Vesey)			
재단법인 미국야소교 남장로파 조선선교회 유지재단	1923. 12. 25. (J. V. N. Talmage)	1924. 6. 14.	1924. 6. 25.	127,074
재단법인 미국야소교 북장로파 조선선교회유지재단	1924. 2. 27. (J. F. Genso)	1924. 6. 16.	1924. 7. 3.	1,097,886
재단법인 남감리교회 조선선교부 유지재단	1924. 5. 22. (A. W. Wasson)	1925. 6. 22.	1925. 7. 10.	140,800
재단법인 조선기독교 미감리교회 유지재단	1925. 2. 21. (D. A. Bunker)	1926. 5. 7.	1926. 5. 24.	120,579
재단법인 미감리교회 조선선교부 유지재단	1925. 4. 25. (D. A. Bunker)	1926. 5. 7.	1926. 5. 24.	464,690

* 출전: <표 16>의 국가기록원 소장문서들;『朝鮮總督府官報』1924. 7. 17, 1924. 7. 18, 1924. 11. 17, 1925. 9. 4, 1925. 9. 7; 장형일,『구세군 한국사』, 구세군대한본영, 1975, 88쪽.

표에서 법인신청일은 신청 단체가 서류 일체를 완비해서 대표자명의로 총독부에 제출하여 접수한 날짜이고, 설립일은 총독부가 재단법인설립을 인·허가한 날짜이다. 이 표에서 보이듯이 선교회가 아닌 교회의 경우 감리교 조선교회가 법인을 설립하여 등기되었으나, 장로교회는 4개 선교회만 각각 설립, 등기되고 교회법인은 1920년대에 설립되지 못했다. 이는 뒤의 <표 23>에서도 확인되지만 장로교 노회의 법인설립이 총독부와의 어려운 협상과정에서 1930년대 이후로 미뤄졌기 때문이다.

1920년대에 인가를 받은 선교회법인 중에서 인가신청은 호주빅토리아장로교 선교회가 제일 먼저, 설립은 구세군이, 등기는 동양선교회와 남장로교 선교회가 최초였다. 사실은 호주빅토리아장로교 선교회에 앞서 설립허가를 받은 1920년 12월 '미감리교회 유지재단'과 1922년 5월 '제칠안식일야소재림교 조선합회 유지재단'이 존재했지만, 두 유지재단은 다른 '인가' 법인들과 달리 조건부 '허가'를 받은 다른 성격의 법인이었다. 법인인정과 관련된 총독부의 초기 방침이 두 법인의 허가조건 취소신청 과정을 통해 드러난다. 우선 감리교의 경우를 통해 이 허가법인의 성격을 살펴보고, 다음에 노회 법인의 설립 때문에 일제말기까지 지난한 협상을 계속해야 했던 장로교의 상황을 검토해 보려 한다.

(2) 감리교 선교회·교회의 법인설립

감리교회의 법인설립은 5단계를 거친다. ①1920년 7월 5일 설립신청하여 1920년 12월 18일 설립 '허가'된 '미감리교회 유지재단', ②1925년 6월 22일 설립 '인가'된 '남감리교회 조선선교부 유지재단', ③1925년 7월 4일 ①의 재단허가시 허가조건으로 첨부되었던 指令의 삭제, ④1926년 5월 ①의 설립허가 취소와 함께 인가된 '재단법인 미감리교회 조선선교부 유지재단', ⑤1926년 5월 인가된 '조선기독교 미감리교회 유지재단', ⑥1930년 남북감리교 합동 이후의 재단법인 조직 단계이다.

①의 재단법인 신청 관련 서류는 국가기록원에 남아있지 않지만, 설립 사실과 취소이유 등이 ③, ④ 관련 서류에 명시되어 있다. 이를 보면, ①의 재단법인은 재단법인의 명칭에 '선교부'라는 단어가 빠져있어 선교회법인인 점이 명시되어있지는 않지만, 감리교 선교회의 재단법인으로 생각된다. 1926년 5월 '미감리교회 유지재단'의 설립허가 취소가 '재단법인 미감리교회 조선선교부 유지재단'의 명의로 신청되어 있으므로 동일한 선교회법인으로 보는 것이 타당할 것이기 때문이다. ①의 재단법인은 1920년 12월 18일에 설립이 '허가'된 법인이다. 이는 신·구교를 포함해서 가장 먼저 설립된 '京城區천주교회 유지재단'[140] 다음으로 설립된 선교회법인으로 보이며, 개신교 중에서는 가장 빨리 설립되었다고 생각된다.

특별히 ①의 재단법인은 ④의 '재단법인 미감리교회 조선선교부 유지재단'과는 달리, 민법 제34조에 근거를 둔 허가법인이었고, 허가의 조건으로 "(법인이) 새롭게 토지를 취득하려 할 때에는 조선총독의 허가를

---

140) 1920년 5월 8일 설립된 '京城區천주교회 유지재단'에 관해서는 『朝鮮總督府官報』(1920. 6. 1)의 법인설립 공시를 볼 수 있고 또한 『동아일보』(1920. 5. 9)에도 설립사실이 게재되어 있다.

얻을 것"이 부가되어 있다. 교회 등 포교소나 교회 관련 시설의 신설 또는 확장을 위한 새로운 토지취득시마다 총독의 허가를 필요로 한다는 것은 매우 번거로울 뿐 아니라, 교회의 독립성을 침해할 수 있는 조건이었다. 이런 조건은 1923년 이후 인가된 다른 기독교단체 법인의 지령서에는 첨부되어 있지 않으며, 1925년 인가법인으로 설립된 ②의 남감리교선교부의 재단법인과도 다른 형태이다. 이 같은 허가법인은 잠시 등장했던 형태로, 다른 선교회 법인들이 허가조건 없이 인가된 후에 허가조건이 취소되었다.

이와 관련된 문서가 ③의 「교회재단의 법인설립 허가지령의 조건삭제의 건」이다.[141] 이 문서에 의하면 당시까지 기독교단체 중 법인으로 인·허가된 것은 21개에 이르고 그 안에 설립인가 형식에 의한 것은 15개, 설립허가의 형식에 의한 것은 6개이며, 토지취득시 허가조건이 첨부된 법인은 1920년의 감리교법인과 1922년의 '제칠안식일야소재림교 조선합회 유지재단법인' 그리고, 1922년 설립된 '京城基督敎靑年會 재단법인'의 3개뿐이라고 한다.[142] 1920년 설립된 뮈텔 주교의 경성구천주교회 유지재단법인은 민법 제34조에 의한 허가법인이었지만 허가조건은 첨부되지 않은 법인이었다.[143] 기독교단체의 법인설립이 본격적으로 허

---

141) CJA0004766 「교회재단의 법인설립허가지령의 조건삭제의 건」.

142) 설립인가를 받은 법인의 경우는 자료가 확인되지 않아 정확히 알 수 없지만, 조선에 진출했던 일본 기독교단체들이었을 것으로 보인다. 京城基督敎靑年會財團法人은 일본인 니와 세이지로(丹羽淸次郎)를 이사로 하여 1922년 4월 14일 재단법인으로 설립허가를 받고 있다. 위의 자료.

143) 1920년 설립된 경성구천주교회 유지재단법인은 1924년 4월 8일자로 1920년의 법인설립 허가를 취소하고, 다시 조선민사령 제1조 및 민법시행법 제19조 2항에 의한 법인으로 '인가'받고 있다. 취소와 인가의 이유로는 민법시행법 제19조 2항에 의한 기설 법인에 해당함에도 사실의 착오가 있었다고 기재되어 있다. 또하나 주목되는 점은 1920년의 법인허가는 '學秘第103號 지령'으로, 1924년의 인가는 '宗第72號 지령'으로 발령되고 있는 점이다. 허가지령은 1919년 8월 종교과 설치 이후인데도 학무국 지령으로 발령되었고 비밀지령으로 발령된 점이

용되기 이전에 법인설립에 성공한 단체들 중에는 '인가', '허가', '조건
부 허가'라는 차등이 존재했고, 최초로 설립에 성공한 개신교단체들에게
는 허가조건이 붙은 가장 엄격한 형식이 적용되었음을 알 수 있다.

「교회재단의 법인설립 허가지령의 조건삭제의 건」의 뒷부분에는 총
독부가 미감리교 재단법인의 대표자인 벙커(Bunker) 앞으로 허가조건을
지령한 1920년 12월 8일의 '宗第223號'가 첨부되어 있다. 여기서 당국
이 밝힌 허가조건 부가의 이유는 "교회재단이 무제한적으로 토지를 취
득하는 것을 억제하려는 취지"였다. 그 뒤 ③의 단계에서 허가조건을 삭
제 처리한 이유는 이후 인가받은 다른 법인들과의 형평성 문제도 있었지
만, 보다 직접적으로는 내부적인 절차문제에 기인했다. 허가조건에 따라
조선총독의 허가서를 '부동산등기법' 제35조 제1항 4호의 서면으로 제
출하는 절차에 대해 총독부 법무국장으로부터 반대의견이 제시된 때문
이다.144) 등기시 필요한 서류를 규정한 부동산등기법 제35조 제1항 4호
의 "등기원인에 대해 제3자의 허가, 동의 또는 승낙을 요할 때는 이를
증명하는 서면"이란, 다른 법령에 규정이 있는 경우의 서면만을 의미하

눈길을 끈다. 이러한 법인화 허가와 인가, 허가조건의 유무 등 정책의 변동과정
을 보면, 기독교단체 법인화 인정은 처음부터 방향을 결정하고 시작된 정책이
아니라 조심스럽게 추진된 업무였음을 짐작하게 한다. 이에 따라 종교과 역시
법인화 작업이 궤도에 오른 시기에 들어와 주관부서의 역할을 본격적으로 담당
하게 되었다고 할 수 있다. CJA0004764 「재단법인 경성구 천주교회 유지재단설
립 허가취소의 건 및 재단법인 경성구천주교회 유지재단인가의 건」.

144) 일본의 법률인 '부동산등기법'은 '조선부동산등기령'에 의해 대부분의 조항이 조
선에 의용되고 있었다. 부동산등기법 제35조 제1항은 다음과 같다.
제35조 등기를 신청함에는 다음의 서면을 제출할 것을 요한다.
1. 신청서
2. 등기원인을 증명하는 서면
3. 등기의무자의 권리에 관한 登記濟證
4. 등기원인에 대해 제3자의 허가, 동의 또는 승낙을 요할 때는 이를 증명하는
서면
5. 대리인에 의해 등기를 신청할 때는 그 권한을 증명하는 서면

는 것으로 계약이나 행정처분에 의해 특별히 요구되는 서면은 포함되지
않는다는 주장이었다. 따라서 "등기소는 본건 등기신청에 대해 조선총
독의 허가서 첨부를 명령할 수 없다는 의견을 회부해 왔으므로 이 견해
에 의하면 이러한 조건은 기대한 효력을 거둘 수 없어 이 후 법인설립의
허가 혹은 인가에 대해서는 조건을 붙이지 않고 지령했다"고 한다.[145]

애초에 기독교단체의 법인을 허용하면서 총독부는 기독교(개신교)단
체의 신규 토지취득을 엄격히 규제하려는 의도를 가지고 있었고, 당연설
립이 인정되는 민법시행법 제19조의 인가법인이 아니라 민법 제34조의
허가법인만을 인정하려 했다고 생각된다. 하지만 허가조건의 실행을 불
가능하게 하는 법 적용상의 문제가 발생한 것을 계기로 원래의 방침을
포기하고, 이후 선교회들과의 교섭을 통해 1923년 민법시행법의 인가법
인을 허용하는 것으로 방향을 전환한 것이라 볼 수 있다.

허가조건은 총독부에 의해 삭제되었지만 여전히 민법 제34조에 의한
허가법인으로 남아있었던 감리교 선교회가 다른 선교회법인들처럼 민법
시행법 제19조의 '인가법인'이 되기 위해 법인허가의 취소와 함께 법인
인가를 신청하여 설립된 것이 ④의 '재단법인 미감리교회 조선선교부
유지재단'이다. 1926년 4월 25일 신청된 감리교 조선선교부 유지재단은
1926년 5월 7일 인가를 얻었다. 법인의 대표에는 벙커(D. A. Bunker),
이사로는 벙커와 함께 반버스커크(J. D. Van Buskirk), 노블(W. A.
Noble)의 이름이 올라있다. 이로써 감리교 선교회법인은 허가법인에서
인가법인으로 전환했다. 요컨대 감리교 선교회법인은 조건부 허가재단
의 형태로 다른 기독교법인들보다 먼저 성립되었지만 다른 기독교단체
의 인가법인들이 성립된 이후 허가조건이 삭제되고, 법인허가의 취소와

---

145) 총독부 법무국장에 의하면 부동산등기법 제35조 제1항 4호에 해당하는 서면은
    예를 들자면 市制 제167조나 町村制 제147조에 법적으로 규정되어 있는 서면이
    다. CJA0004766 「교회재단의 법인설립허가지령의 조건삭제의 건」.

함께 인가를 취득하여 다른 기독교단체 법인들과 같은 형태를 갖추게 되었다고 할 수 있다.

감리교 선교회보다 조금 늦게 감리교 조선교회도 법인설립을 추진했다. 1921년 9월의 감리교연회록을 보면 재단법인 대표는 벙커, 노블, 최병헌, 홍순탁으로 선교사 2인, 한국교역자 2인을 선출하고 연회의 동의를 얻고 있다.[146] 1922년~1924년의 연회록에도 계속해서 법인설립 수속 중이라는 보고가 이어지다가 1926년의 연회록에서 재단성립의 보고가 나온다. 이것이 1926년 5월 인가된 ⑤의 법인이다. 조선감리교회법인은 감리교 선교회와 동일하게 민법시행법 제19조의 법인으로 인정되었고 대표자도 벙커로 선교회법인과 같다. 이사 역시 1921년 선출되었던 인물들 그대로이다.[147]

남감리교회의 경우는 ②의 선교회법인 설립 이후 별도로 교회재단법인이 설립되었는지가 분명치 않지만 법인설립을 준비하다 불발로 끝난 것으로 추정된다. '남감리교회 조선선교부 유지재단'은 그 명칭과 함께 신청서류의 이사명단이 왓슨(A. W. Wasson)을 대표로 갬블(F. K. Gamble), 메이너(N. H. Maynor), 저다인(J. L. Gerdine), 니콜스(Lillian E. Nichols)인 것으로 보아 선교회법인이 분명하다.[148] 또 선교회재단 설립 이후인 1925년 9월에 개최된 남감리교회 조선매년회는 연회재산의 소유권을 가진 재단법인을 조직할 것과 재단법인위원으로 왓슨, 갬블, 저다인, 윤치

---

146) *MINUTES OF THE KOREA ANNUAL CONFERENCE OF THE METHODIST EPISCOPAL CHURCH, 1921.*, p.102~103.

147) 『예수教美監理會朝鮮年會錄』 1922, 15쪽; 1923, 29쪽; 1924, 21쪽; 1926, 54쪽; CJA0004769 「재단법인 조선기독교 미감리교회 유지재단 인가신청에 관한 건」; 1926년 연회록의 기록에 의하면 법인인가 신청일이 1925년 4월 25일로 기록되어 있지만, 국가기록원에 보관된 제출서류 원본에는 1925년 2월 21일로 되어 있으므로 2월 21일로 보아야 할 것 같다.

148) CJA0004766, 「재단법인 남감리교회 조선선교부 유지재단 인가신청에 관한 건 지령안」.

호, 양주삼, 정춘수를 선출하여 법인의 이사로 하기로 결의하고 있다.[149] 하지만 이후 몇 년간 남감리교회 연회록에는 재단위원들의 이름만 기재되어 있을 뿐 진척상황은 보고되지 않는다. 1929년에 이르러 "교회재산을 교회명의로 증명하여 두기 위해" '조선매년회 재단법인'을 즉시 조직하고 다음해 연회 내로 이를 실현시킬 것을 다시 결의하고 있다.[150] 그렇지만 1930년의 연회록에도 법인이 설립되었다는 보고가 없는 점으로 보아, 결국 남감리교는 선교회법인만 설립된 채로 북감리교와 합동하게 되었다고 생각된다.[151]

1930년 남북감리교회가 합동한 이후 남북감리교의 업무통합을 논의하기 위해 모인 1931년 '기독교 조선감리회 중앙협의회'의 제1회 회의에서는 선교사 2인, 조선인 2인, 총리사 5인으로 구성된 재단위원회를 조직하여 재단법인 설립을 추진하기로 했다.[152] 재단법인은 새로운 재단을 신청하는 형식이 아니라, 기존의 북감리교 유지재단의 명칭을 '재단법인 기독교조선감리회 유지재단'으로 변경하는 절차를 밟아 1932년 6월 16일 설립되었다. 아마도 남감리교회의 유지재단이 설립되어 있지 않았기 때문에 번거롭게 새로 신청하지 않고 간단한 절차를 선택한 것으로 보인다. 법인의 이사로는 총리사인 양주삼을 비롯, 노블, 아펜젤러(H. D. Appenzeller), 쿠퍼(S. K. Cooper), 윤치호, 변성옥, 신흥식, 남천우, 이호무, 김득수, 최창신, 한예건, 주기원으로 선교사들을 포함해 남북감리교의 인사들이 포함되었다.[153]

---

149) 『南監理敎會朝鮮每年會錄』 1925. 9(9회), 4, 21~22쪽.

150) 위의 자료, 1929. 9(12회), 90쪽.

151) 이에 관해서는 국가기록원에 남아있는 문서도 없고, 양주삼이 편찬한 『朝鮮南監理敎會三十年紀念報』(1930, 朝鮮南監理敎會傳道局)에도 관련 내용을 찾아 볼 수 없다.

152) 『基督敎朝鮮監理會中央協議會會錄』 제1집, 1931. 6쪽.

153) 『基督敎朝鮮監理會 第二會總會會錄』, 1934, 114쪽.

유의할 것은 이 때에 합동된 것은 조선교회의 법인만으로 남·북감리
교 선교회의 재단은 여전히 별개로 존재하고 있다는 점이다. 이는 1941
년 일본의 '敵産管理法'이 조선에 실행되면서 남·북감리교 선교회재단
이 각기 적산으로 지정·고시된 데서도 알 수 있다.[154] 1930년 조선감리
교의 합동과 재단법인 설립에 즈음해 선교회의 재산까지 모두 점차적으
로 조선교회에 넘겨야 한다는 주장도 존재했지만, 결국 미국 선교본부의
재산으로 되어 있는 부분은 선교회법인에서 별도로 관리하도록 결정된
것으로 볼 수 있다.[155] 따라서 통합된 남북감리교회에 있어서 선교회와
조선교회의 자산은 분할되어 관리되었다.

유의할 점은 감리교뿐 아니라 다른 기독교단체 재단법인들의 재산을
정리하는 경우도 유사했을 터이지만, 법인으로 인가를 신청하는 시점에
서 재산의 정리가 완료되는 것이 아니라는 점이다. 인가신청시에는 재산
목록과 그 소유사실에 대한 증빙서류만를 제출하고, 인가를 받은 후에
부동산들의 등기작업이 몇 년에 걸쳐 이루어졌다. 『監理會報』를 보면,
감리교회의 경우 1939년까지도 그러한 상황이 계속되고 있었음을 알 수
있다.[156] 1938년에도 1/4 가량의 재산이 교회법인 명의로 등기되고 있
지 못했다.

> 우리 교회의 재산소유권을 보호하기 위하여 재단법인을 설정하고 교회에
> 부속한 부동산을 그 명의로 등기케 하였습니다. 과거 7년 동안에 우리 교회
> 모든 재산을 재단에 편입코저 노력하였으나 거게 요구되는 경비와 기타 여러
> 가지 이유로 인하여 아직도 등기되지 못한 것이 재산 전부의 四分之一 가량
> 이나 됩니다.[157]

---

154) 『敵産管理法及關係命令並二告示』, 大藏省外資局, 1943, 205쪽.
155) 『基督申報』 1930. 8. 27.
156) 통합된 감리교회 법인으로의 재산이전 상황은 1930년대에도 『監理會報』에 계속
　　해서 公示되고 있다. 『監理會報』 1934. 3. 10, 4. 10, 5. 10, 6. 10, 1935. 6. 10,
　　1936. 10. 1, 7. 10, 1937. 3. 16, 4. 1, 1938. 1. 16, 9. 16, 1939. 5. 1.

특히 남감리교회의 경우 교회법인이 별도로 설립되지 않았던 관계로 교회 소유의 재산들이 선교회 명의로 등록되어 있는 경우가 많아 남북감리교 통합 이후에 명의를 이전해야 했다.[158] 이처럼 조선교회의 재산으로 편입되지 못한 재산들은 일제말기 결국 선교회재산으로 간주되어 적산으로 처리되는 경우도 많았을 터이다. 법인의 설립은 신청과 재산등기에 이르기까지 선교회, 교회의 힘을 쏟아 부어야 하는 다년간에 걸친 지난한 작업이었다. 장로교의 법인설립 과정은 이를 더욱 극명하게 보여준다.

(3) 장로교 선교회·교회의 법인설립

병합 초기부터 법인설립에 적극적이었던 장로교의 경우 1921~1922년경부터 장로교회와 선교회 모두에서 재단법인 조직의 움직임이 나타난다. 우선, 북장로교 선교회는 특별위원회로서 선교회 회계 젠소를 위원장으로 하는 '선교회재단위원회(Mission Incorporation Committee)'를 구성하여 법인조직을 준비하기 시작했다. 총독부와의 교섭을 통해 법인설립 시기와 등록세에 대한 방침이 결정되자, 1923년 북장로교 선교회 연회는 선교회 재단법인을 만드는 데 필요한 시일을 감안해 젠소의 선교회 회계직을 3달 동안 피터스(Pieters)에게 이전하도록 결정했다.[159]

교회법인과 선교회법인을 별개로 설립하려는 과정에서 내부적으로 문제가 된 것은 각각의 재산을 분리하고 확정하는 작업이었다. 별개의 법인을 설립하기 위해서는 교회와 선교회의 자산이 독립적으로 등기되어야 했기 때문이다. 특히 기독교파 중에서 가장 큰 교단으로 많은 자산

---

157) 『基督敎朝鮮監理會 第三會總會會錄』, 1938, 13~14쪽.

158) 『監理會報』 1934. 3. 10, 4. 10.

159) 이 결정은 1923년의 회의에서 내려졌지만, 서기가 실수로 기재하지 않아 1924년도 회의록에 게재되어 있다. *Minutes and reports of the annual meeting of the Korea Mission of the Presbyterian Church in the U.S.A.*, 1924, pp.28~29.

을 소유했던 북장로교의 경우 이 문제를 잡음 없이 처리하는 일은 조선교회들과의 관계에서 대단히 중요했다. 북장로교는 조선전도의 초기부터 조선인의 자립적인 교회·사업 운영을 원칙으로 하는 네비우스 선교방침을 채택하여 조선교회의 투자비중이 다른 교파의 교회들보다 훨씬 높았다. 그런데 1923년 북장로교 조선선교회의 재정위원회 보고에 따르면 선교본부와 장로교회의 공동소유로서 개개의 교회들이 점유하고 있는 재산을 장로교회 재단법인들에게 이전하는 데 대한 선교본부의 결정사항은 다음과 같았다.

> 1. 선교본부가 반 이상의 자금을 댄 토지나 건물에 대해서는 조선장로교회와 협약을 통해 권리증서들을 선교본부의 명의로 만들어 양측의 수탁자로서 선교회 회계에 의해 보관해야 한다.
> 2. 만약 조선장로교회가 반 이상을 투자한 경우는 그 권리증서들을 장로회 재단의 명의로 하여 同재단이 양측의 수탁자로서 보관해야 한다.
> 3. 어떤 경우에도 어떤 자산의 일부분도 선교회와 선교본부 양자의 구체적인 결정 없이는 조선장로교회에 주어질 수 없다.[160]

조선교회가 온전히 자금을 투자하여 구입한 자산을 교회재단의 명의로 돌리는 것은 문제되지 않았지만 선교본부가 함께 투자한 경우가 문제였다. 위의 결정사항 대로라면 공동으로 투자한 경우는 투자액수의 반을 기준으로 반 이상 투자한 쪽이 명의자가 되는 원칙이 정해진 셈이다. 이런 원칙하에서는 투자하고도 명의자가 되지 못하는 경우 특히, 양쪽 투자액수의 차이가 크지 않은 상태에서 명의자가 되지 못한 측의 불만이 발생할 가능성이 크다. 또 선교회나 선교본부의 결정 없이는 조선교회에 자산의 일부도 양도할 수 없게 한 3항의 내용도 분쟁의 소지가 있어 보

---

160) *Minutes and reports of the annual meeting of the Korea Mission of the Presbyterian Church in the U.S.A.*, 1923, p.106.

인다. 재산분리원칙의 구체적인 결정과정이나 이후의 적용과정은 앞으로 관련 자료를 확보하여 더 검토해야 할 부분이다. 하지만 당시 북장로교가 많은 자산을 소유하였고 주요 선교거점지에 상당한 토지와 건물들을 소유하고 있었음을 고려하면,[161] 이런 원칙 아래 진행된 재산분리 과정이 아무런 잡음도 없이 진행되었으리라고는 여겨지지 않는다.

이와 관련하여 주목되는 움직임이 재단법인화가 진행된 1920년대 중반을 전후하여 장로교를 중심으로 나타난 자치교회들이다. 이제까지 자치교회운동의 등장과 관련해서는 선교사가 교회들에 행사했던 지배나 감독에 대한 반발이 주요 원인으로 거론되어 왔지만, 1920년대 선교회 재단법인화와 관련된 교회재산의 분리문제도 중요한 배경의 하나로 고려해 볼 필요가 있다. 대표적으로 대구 남성정교회의 이만집 목사가 주도한 자치교회 설립운동은 교회당과 학교 관련 소유권을 둘러싸고 1923년 자치파 대 선교회·경북노회의 소송으로 발전했다. 대구에 설립된 최초의 개신교 교회로 이 지역 선교의 거점이었던 남성정교회의 토지는 베어드(William Barid) 선교사가 구입했지만, 처음 건축되었던 교회당이 1908년 태풍에 의해 파괴된 후 교회당 신축비용은 200~300달러 정도의 선교회 기부금을 제외하고는 조선교인들에 의해 마련되었다.[162] 이 때문에 선교회에서 조선교회의 분리독립을 주장한 자치파 교인들은 교회당은 선교회 소유가 아닌 교회소유여야 한다고 보았다. 1923년 제기

---

161) CJA0004763「재단법인 미국야소교 북장로파 조선선교회 유지재단 인가신청건」의 부동산명부 참조.

162) 당시 대구지역 선교를 맡고 있던 브루엔(Henry Bruen) 선교사가 선교본부의 아서 브라운에게 보낸 보고에 의하면 베어드 선교사가 교회토지를 구입한 가격은 푼돈에 지나지 않았지만 1923년 당시 시세로는 15,000달러에 달하는 가치를 지니게 되었다고 한다. 이 보고는 토지시세에 비해 조선교인들이 신축한 교회건물은 아주 적은 저예산으로 지어졌다고 평가하고 있다.「1923. 9. 19. Henry Bruen이 Athur J. Brown에게 보낸 보고서」, Henry Munro Bruen, *40 YEARS IN KOREA*, 한국기독교역사연구소 자료총서 제22집, 1998, 298쪽.

된 소송은 1931년 고등법원 확정판결이 나오기까지 십 년 가까이 지속
되었고 결국 선교회의 승리로 종결되었다.[163] 1923년 4월 23일 조선총
독부에 제출된 경북노회 유지재단 인가 신청은 이 같은 분쟁과정의 산물
이었던 것으로 보인다.

국가기록원 소장 문서철의 「조선야소교장로회 경북노회 유지재단 인
가신청에 관한 건」은 1923년 4월 23일 재단법인 설립을 신청했던 경북
노회가 11월에 이르러 인가신청을 취소해 줄 것을 조선총독부에 청원하
여 받아들여진 문서이다.[164] 경북노회의 대리인 변호사 아사쿠라 도모
테츠(朝倉外茂鐵)가 작성·제출한 이 문서에 의한다면 장로교 노회 중에
1920년대에 제일 처음으로 법인 인가를 신청한 것은 경북노회라고 할
수 있다. 이 문서에는 경북노회가 재단법인신청을 취소하게 된 이유는
기재되어 있지 않지만, 당시 남성정교회를 두고 복잡하게 전개되고 있던
선교회·경북노회(노회파)와 자치파의 대립과정에서 법인인가 신청과 취
소가 행해진 것으로 추정된다.[165] 인가를 신청한 시기는 노회파가 교회
의 포교담임자 변경 등을 변호사에게 위임하여 법적인 대표권과 소유권
을 확보하려고 노력했던 시기로, 경북노회가 법인으로 인정된다면 자치
파에 대항해 직접 재산권을 행사할 수 있는 법적인 신분을 확보할 수
있었기 때문이다. 1923년 1월 23일의 인가신청은 장로교회 노회별로 행

---

163) 자세한 내용은 다음 논문을 참조. 정태식, 「1920년대 기독교 민족자치사상 형성
　　과정에 대한 사회학적 일고찰 - 대구 3.1만세운동과 교회 자치선언사건을 중심
　　으로」, 『인문과학』 16, 2003; 김성홍, 「1910~1930년대 대구지역 '자치교회운
　　동'과 그 성격」, 한국교원대학교 석사논문, 2012.

164) CJA0004759 「조선야소교장로회 경북노회 유지재단 인가신청에 관한 건」.

165) 취소원을 제출한 시기는 1923년 11월 교회학교와 관련된 소송에서 선교회와 노
　　회에 유리한 판결이 선고된 직후이면서 한편으로는 장로교총회가 주도하는 법
　　인화 작업이 구체화되었던 시기와도 맞물린다. 브루엔 선교사의 부인 마사 브루
　　엔의 일기에도 이 같은 정황들이 기록되어 있다. 「DIARY OF MARTHA
　　SCOTT BRUEN-1923 TAIKU, KOREA」, Henry Munro Bruen, *40 YEARS IN
　　KOREA*, pp.306~325.

해진 최초의 법인설립 시도로, 이후의 노회별 법인설립 작업들이 장로교
총회의 계획과 주도에 의해 진행된 것과 달리 비정상적인 분쟁상황에서
돌출된 것이었다.166)

장로교단 내부의 재산분리 작업은 일단 선교회재단의 소유자산을 확
정하는 것을 시작으로 각 노회별 재산분리가 행해졌을 것이다. 젠소는
법인신청 서류들을 준비하고 총독부 당국과 이를 조율하는 작업을 했
고,167) 그 결과물로 1924년 6월 16일 '재단법인 미국야소교 북장로파
조선선교회 유지재단'이 설립되었다. 1924년 7월 31일부터 개최된 북장
로교 선교회연회에서 재단위원회는 "이제 막 법인설립의 인가가 났고,
법인등기증명서를 선교회금고 안에 보관하였다"고 보고했다. 더하여 앞
으로의 법인재산 등기문제에 대해, 우선 미국영사의 조언에 따라 서울에
있는 선교본부 명의의 자산을 재단명의로 등기하는 작업을 시작하고 이
것이 순조롭게 진행되면 각 지방 스테이션에 그 방법과 진행절차를 알리
겠다고 밝히고 있다.168)

이에 따라 우선 서울소재 자산의 등기작업이 꾸준히 진행되어 1924
년 7월 초까지 부동산등기가 완료되었다. 총독부의 담당자들이 대폭 교
체된 시기와 맞물려 낯선 관리들과 업무를 처리해야 하는 어려움 때문에
작업이 좀 늦어졌지만, 선교회는 총독부 관리들의 적극적인 도움을 받았
다고 한다. 재단위원회는 앞으로 그 절차와 방법을 각 스테이션에 통보
하여 해당 회계연도 안에는 등기작업이 완료되리라 전망했다.169) 이 같
이 부동산의 등기는 법인등기와는 별도로 서울을 시작으로 각 지방 스테

---

166) 1923년의 법인신청 취소 이후 경북노회는 장로교총회의 주도하에 1934년 1월
  법인으로 인가받게 된다.
167) *Minutes and reports of the annual meeting of the Korea Mission of the Presbyterian Church
  in the U.S.A.,* 1924, p.64.
168) ibid.
169) ibid., p.101.

이선 순으로 순차적으로 이루어지고 있었다. 1924년~1925년 사이 각각 설립·등기된 남장로교, 호주장로교, 캐나다장로교 선교회유지재단들도 비슷한 경과를 거쳤을 것으로 보인다.

그런데 별다른 문제없이 관리들과의 협조 속에 순조롭게 이루어진 장로교선교회를 비롯한 기타 선교회의 재단법인들이나 감리교회 재단법인 설립과는 달리, 조선장로교회의 법인신청은 지속적으로 난항을 겪었다. 1910년대 법인조직에 열성적이었던 장로교총회는 1921~1922년 기존의 '포교교섭부'를 확대개편하여 '총독부교섭위원'을 설치하고 '재단부'와 함께 법인설립사무를 담당하도록 하면서 의욕적으로 법인조직에 뛰어들었다.[170] 1923년 9월의 제12회 총회에서는 작업이 더욱 구체화되어 다음 사항들이 결의되었다.

1. 각 노회에 재단부를 두고 총회에는 재단총본부를 설치할 일.
2. 법인의 명칭은 각 노회의 명칭을 따라서 정할 것이니 예컨대 조선예수교장로회 義山財團部라 할 일.
3. 법인의 목적은 조선예수교장로회 경영에 속하는 토지건물의 소유를 관리하기로 목적할 일.
4. 각 노회총대회에서 재단실행위원 3인씩 택정하여 본 위원(총독부교섭위원)과 협의하게 할 일.
5. 재단실행위원을 택하기 위하여 금일 오전 정회시간 후 30분간 각 노회 총대회가 모이기로 허락할 일.
6. 각 노회는 재단부이사를 3년조로 9인씩 택할 일.
7. 재단총본부위원은 상비위원으로 9인을 선정할 일. (괄호: 필자)[171]

장로교회는 각 노회별 재단법인 설립을 목표로 정하고 노회마다 재단

---

170) 『조선예수교장로회총회 제5회 회록』 1916, 89쪽; 『조선예수교장로회총회 제11회 회록』 1922, 60~61쪽; 『조선예수교장로회총회 제12회 회록』 1923, 40쪽.
171) 『조선예수교장로회총회 제12회 회록』 1923, 40쪽.

부를 두고, 총회에는 9인의 상비위원으로 구성된 재단총본부를 설치하여 법인설립을 위한 조직을 정비했다. 총회 이후 1923년 12월 19일에는 총회의 재단부가 경성에서 모여 재단법인 설치수속을 담당할 실행위원 5인을 선정하여 총독부와 교섭하고, 법인수속을 위한 제출서류들의 양식을 마련하고 있다. 모든 준비를 마친 1924년 총회에서는 경충노회를 시작으로 노회재단법인을 조직하기로 결정하고 재단법인 등록세는 총독부 교섭위원에게 맡겨 총독부와 교섭하기로 하였다.

그러나 총독부와의 교섭은 장로교회의 계획대로 진행되지 않았다. 제일 큰 걸림돌은 장로교회재단이 '조선민사령' 공포 이전에 설립된 것을 증명하는 문제였다. 이는 선교회재단이나 감리교회재단처럼 민법시행법 제19조의 인가법인으로 인정받고 법인등록세를 감면받기 위해 필수적인 조건이었다. 조선민사령 공포 이전에 재단으로서 이미 존재했음을 증명하기 위해 수년간 수없이 많은 서류증명 작업이 계속되었다. 외국선교회 재단들과 '미감리교 조선기독교 유지재단'의 경우에는 1912년 4월 1일 이전에 취득한 토지들의 소유권을 미국영사의 증명으로 입증받았다. 그에 비해 조선장로교회는 소유권을 입증할 자료나 증거가 따로 없었으므로 1907년 조선예수교장로회 노회가 설립된 증명서류, 1912년 조선예수교장로회 총회가 설립된 증명서류와 조선민사령 공포 전에 재단인가를 준비했던 서류들을 확보해야 했다.[172] 그 외에도 1912년 3월 31일 이전에 취득한 토지에 관한 증명, 각 노회의 설립시기 증명서류 등이 총독부와의 교섭시마다 요구되었고, 주무부서인 총독부 종교과는 외사과에도 청원서를 제출하도록 지시하는 등 교섭담당부서도 확대되었다.[173]

결국 1929년 장로교총회는 조선민사령 이전에 재단이 설립되었다는 사실의 증명을 포기하고 민법 제34조의 허가법인을 신청하는 방향으로

---

172) 『조선예수교장로회총회 제14회 회록』 1925, 40쪽.
173) 『조선예수교장로회총회 제15회 회록』 1926, 35, 42쪽.

전환하기로 결정한다.[174] 이전의 기독교단체 법인들이 보장받은 각종 혜택들을 포기하고 1929년 전남노회를 허가법인으로 신청하고, 이 첫 시도가 성공하면 동일한 양식에 따라 다른 노회도 신청하기로 하는 계획이었다. 이에 따라 전남노회가 1930년에 드디어 법인설립을 허가받았다.[175] 장로교가 법인설립을 최초로 시도했던 1910년대 초반은 제외하더라도 1921년 총독부교섭위원을 총회에 설치하여 본격적인 교섭에 나선지 9년만의 일이었다. 이렇게 오랜 숙원사업은 이루어지는 듯했지만, 장로교총회의 기대와는 달리 전남노회법인의 설립허가가 곧바로 다른 노회법인의 설립으로 연결되지는 않았다. 장로교노회들에게는 여전히 지난한 법인설립 과정이 기다리고 있었다. 외형적으로라도 기독교에 온건한 정책을 내세웠던 '문화통치'시기는 끝나가고 있었다.

2) 기독교계 법인설립에 적용된 法理의 특징

병합 이후 허용되지 않았던 법인설립을 1920년대에 기독교회와 선교회에 인정하면서 총독부는 선교사들의 진정서를 받아 이를 적극 수용하는 형식을 취했다. 당국은 이를 선교사 회유뿐 아니라 '문화통치'를 선전하는데 크게 활용했다. 실제로 1910년대와 비교하면, 법인이 허용된 사실 자체는 물론, 적용된 법리도 완화된 부분이 있었다. 그러나 이를 구체적으로 살펴보면 1920년대의 법인허용에는 총독부의 복잡한 계산이 반영되어 있음을 알 수 있다.

우선, 재단허용과 관련하여 총독부는 선교회재단을 '외국법인'이 아니라 '내국법인'으로 인정했다고 강조했다.[176] 외국법인은 외국의 법률에

---

174) 『조선예수교장로회총회 제18회 회록』, 1929, 42쪽.

175) 같은 자료, 42쪽; 『조선예수교장로회총회 제19회 회록』 1930, 46쪽.

176) 『朝鮮に於ける新施政』, 58쪽.

의해 성립된 법인을 말한다.[177] 즉 주된 사무소의 소재지를 외국에 두고 외국의 법에 의해 법인격을 부여받은 후 일본에서 활동하는 법인이다. 당시 일본 법률은 원칙적으로 외국 국가, 외국의 행정구획이나 상사회사 외에는 외국법인을 인정하지 않았다. 단, 조약 또는 법률에 의해 인정되는 예외가 있었는데 1929년 현재 외국과의 조약에 의해 허용된 민사회사들이었다.[178] 따라서 외국법인 중 사법인이며 공익법인인 병원, 사원, 학교법인은 원칙적으로 허용되지 않는다. 예를 들어 조선선교회를 미국선교본부의 지부로서 보는 경우, 조선선교회는 외국법인이 되므로 조선에서 법인격을 취득할 수 없고 그에 따른 재산권 행사 등의 법률행위도 불가능하다. 조선에 있는 선교회재단을 외국법인이 아니라 내국법인으로 허용했다는 것은 위와 같은 원칙을 적용하지 않고 선교회를 일본법의 적용을 받는 일본 국내의 법인으로 간주하겠다는 것이다. 그렇지만 제1장에서 보았듯이 이미 일본 내에서는 1901년경부터 외국선교회 계열의 기독교 재단·사단들이 법인을 설립하고 있었다.[179] 새삼스럽게 이러한 주장을 한 것은 법인설립을 시혜적인 것으로 선전하려는 의도로 보인다.

한편, 이 시기 재단법인 허용을 둘러싼 법적인 문제에서 가장 핵심적인 부분은 선교회 재단법인에 민법시행법 제19조의 재단법인이 '인가'된 것이었다. 1910년대 법인 관련 법제의 도입과정에서 보았듯이 조선에서 공익법인의 설립에 적용되는 '법인의 설립 및 감독에 관한 규정'은 민법 제34조의 허가법인만을 대상으로 하고 있다. 1910년대에 총독부는 '민법시행법' 제19조가 규정하는 당연법인은 인정할 의도가 없었다. '법인의 설립 및 감독에 관한 규정'은 1944년 10월 24일 도 장관을 도지사로 개정하고, 법인 청산시 조선총독의 등기소 통지규정을 신설했을 뿐,

---

177) 三淵忠彦, 『日本民法新講』, 145쪽.
178) 위의 책, 146쪽.
179) 『宗敎要覽』, 193~198쪽.

1912년의 공포 당시와 같은 형태로 해방까지 유지된다. 민법시행법 제19조의 법인까지를 적용대상으로 하는 일본의 '문부대신의 주관에 속한 법인의 설립 및 감독에 관한 규정'(문부성령 제39호, 1899)을 모법으로 했음에도 문부성령과 달리, 총독부령은 민법시행법 제19조의 법인은 끝까지 적용대상으로 규정하지 않았다.

그렇지만 선교회법인들은 '조선민사령'에 의해 의용된 민법시행법 제19조의 인가법인으로 설립되었다. 이는 "이 令 시행 전 발생사항으로 조선인 외의 관계자가 없는 경우에 한해 민사시행법 중 민법시행 전에 발생한 사항의 규정을 준용한다"고 규정한 조선민사령의 부칙 제81조도 무시한 것이다. 물론 민법시행법의 인가법인을 허용하는 것은 1920년대에 처음부터 성립된 방침은 아니었다. 1920년 12월 18일 설립허가된 '미감리교회 유지재단'의 허가조건을 보면 본래 총독부가 의도했던 방향은 명백하다.[180] 신규토지 취득시 조선총독의 허가를 받도록 하는 조건을 붙여 민법 제34조에 의거한 허가법인을 허용하고자 했다. 즉, 총독부는 처음에는 민법시행법의 법인이 아니라 법인설립에 당국의 재량권을 활용할 수 있는 민법 제34조의 허가법인을 인정하려는 방침이었다. 이후 총독부 법무국이 법적 절차상 이러한 조건의 실현이 불가능함을 주장하고, 선교단체들과의 교섭이 몇 년간 진행되면서 결국 이러한 방침을 포기하게 되었다고 보아야 한다.

민법시행법 제19조의 인가법인을 허용해 주기 위해 총독부는 선교회 재단들에 대해 민사령 공포 이전에 재단으로서 이미 존재했다는 증명을 요구했다. 대신에 부동산 등록세의 감면과 함께 민법시행 3개월 후에 인

---

180) 단, 앞서 보았듯이 1920년 설립된 경성구천주교회 유지재단법인은 민법 제34조에 의한 허가법인이었지만 허가조건은 첨부되지 않았고, 토지취득시 허가조건이 부가되어 있던 법인은 미감리교회 유지재단(1920), 제칠안식일야소재림교 유지재단(1922), 경성기독교청년회 재단(1922) 3개뿐이었음을 보면, 기독교 내에서도 천주교와 개신교 법인에 차등적인 정책을 시도했음을 알 수 있다.

가받도록 되어있는 민법시행법의 재단신고일자를 연장시켜주었다.[181] 조선민사령 공포 이전에 법인으로 존재했다는 사실을 입증하기 위해 선교회재단들은 조선민사령 공포 이전 구입한 부동산 목록과 이 사실을 증명하는 미국 등 각국 영사들이 발행한 증명서를 작성하여 총독부에 제출했다. 영사의 사실증명서는 영문으로 자필서명된 원본이 일어 번역문과 함께 제출되었고, 조선민사령 이전에 선교회 유지재단이 성립되어 선교회나 개인 명의로 부동산들을 소유했음을 증명하는 증거자료로 인정되었다. 이에 따라 선교회의 재단법인신청서들은 재산목록 부분을 토지와 건물 부분으로 크게 구분하고, 다시 각각 조선민사령 이전 취득한 목록과 이후 취득한 목록을 나누어 기재하고 있다. 총독부의 배려 아래 1920년대 중반에 설립된 주요 선교회재단들의 재단법인 인가지령안에는 '起案의 理由'로 다음과 같은 법적 근거와 인가배경이 적시되어 있다. ① 1912년 4월 1일 민사령 시행 이전부터 독립의 재산을 가지고, ②기독교의 선포·교육·자선 등의 사업경영을 계속하고 있어 민법시행법 제19조에 해당하는 재단법인으로 인정되며, ③일체의 필요한 서류를 첨부하였으므로, 민사령 제1조 및 민법시행법 제19조에 의해 인가한다는 내용이다.[182]

허가법인이 아닌 인가법인의 인정, 법 적용 기한의 10여 년이 넘는 연장, 세금감면 혜택은 1910년대와는 비교할 수 없는 특혜라 할 수 있다. 선교회법인만 떼어놓고 보면 선교회연합공의회에서 총독에게 감사를 표시할 만한 일이었다. 그러나 여러 부분을 종합적으로 보면 1920년대의 재단법인 허용은 특혜라는 측면만을 가진 것은 아니었다.

그 이유는 첫째, 위에 언급한 특혜들은 주로 외국선교회에게 차별적

---

181) 장로회 총회록에는 1923년 2월 말일까지로 연장해 주었다고 되어 있으나, 실제 <표 21>을 보면, 외국선교회에 대해서는 그 이후까지도 연기해 주었던 것으로 보인다. 『조선예수교장로회총회 제18회 회록』 1929, 42쪽.

182) 국가기록원 소장문서 CJA0004763, CJA0004764, CJA0004766.

으로 주어졌다는 점이다. 또한 같은 조선교회만을 놓고 보더라도 선교회
재단들과 동일한 조건을 적용받은 감리교회 법인과 달리, 장로교회는 차
별을 받았다.[183] 이는 노회라는 장로교의 특별한 조직체계 때문일 수도
있으나, 당시 계열 사립학교의 정규학교화 또는 포교관리자 설치문제와
묶어서 본다면 장로교보다 일제의 정책에 협조적이던 감리교를 장로교
와 차별해서 대우한 것으로도 볼 수 있다.[184] 후술하겠지만, 포교관리자
설치문제가 1930년대에 장로교 노회법인 설립과 관련된 쟁점으로 다시
등장하는 것을 볼 때 특히 그러한 인상을 지울 수 없다. 1924년 별다른
어려움 없이 인정된 장로교선교회 재단법인들과는 달리, 수없이 많은 교
섭을 거쳐 1930년에야 인정되기 시작한 조선장로교회 노회법인들의 허
용조건은 완전히 달랐다. 인가법인, 법 적용시한의 연장, 세금감면의 어
느 것 하나 동일한 조건이 인정되지 않았다. 결국은 민법 제34조의 허가
를 받아 허가법인으로 설립되었다고 하지만,[185] 허가서의 '지령안'에도
'이유'를 說示한 부분에도 근거법규조차 명시되어있지 않다. 선교사들과
의 사적·공적인 접촉을 중요시한 일제당국의 회유정책의 일환으로 일부

---

183) 단, 1939년까지도 계속되었던 감리교회 법인의 재산등록 작업에서도 선교회와
     같은 혜택이 주어졌는지는 더 조사해 볼 필요가 있다.
184) 실제로 1919년 법인설립을 추진하고 있던 뮈텔 주교는 카톨릭 교도인 일본 궁내
     성 소속 무관에게서 조선총독부가 법인허가를 주저하는 이유는 미국의 어떤 종
     교단체에 대한 의심 때문일 것이라는 정보를 얻고 있다. 또한 총독부 외사과장
     히사마츠(久水三郞)에게서는 총독부는 카톨릭과 일반적인 선교사들 모두에게 법
     인을 허락할 용의가 있지만 "조선인의 관점에서" 생길 수 있는 결과들을 사전에
     연구할 필요가 있어서 쉽지 않다는 이야기도 들었다고 적고 있다. 뮈텔 주교의
     이 같은 증언을 참조한다면 카톨릭법인, 감리교법인, 선교회법인과 장로교회의
     노회법인들에 대한 당국의 차별적인 법 적용의 배경이 어느 정도 이해된다. 당
     국은 일제의 정책에 비교적 협조적이었던 카톨릭이나 감리교에 비해, 장로교 그
     중에서도 장로교 조선교회에 대해 가장 엄격한 잣대를 적용하고 있기 때문이다.
     『뮈텔주교일기』 6권, 1919년 3월 2일, 3월 3일.
185) 『조선예수교장로회총회 제18회 회록』 1929, 42쪽.

에만 주어진 이러한 특혜들은 선교회에 대한 반감을 낳았고 조선교회와
의 분열을 초래하는 하나의 원인이 되었다.

둘째로, 포교규칙과 관련된 측면을 기억할 필요가 있다. 1910년대 기
독교에 관한 정책에서 총독부는 법인은 허용하지 않고 포교규칙에 의한
통제만을 시행했다. 1920년대 이후 재단법인이 허용된 후에도 포교규칙
은 기독교 기관을 다루는 기본법규였고, 어떤 의미에서는 재단법인 설립
을 가능하도록 도운 법령이기도 했다. 즉 1920년대의 재단법인 허용은
포교규칙이라는 통제의 기반 위에서 가능해진 정책이었다. 1910년대 포
교규칙에 의한 각종 신고로 포교자, 포교소, 포교관리자에 대한 포교대
장이 완성되어 기독교 세력에 대한 통계적인 파악이 가능해졌다. 또 포
교규칙에 의한 각종 통제수단의 확립은 1920년 4월 7일의 개정으로 더
욱 강화되었다. 시기적으로도 포교규칙의 개정은 재단법인 허용문제를
놓고 총독부가 고심하던 시기에 이루어졌다. 총독부는 포교규칙으로 기
독교에 대한 통제수단을 확보한 후 법인을 허용하기 시작했다고 할 수
있다.

셋째, 조선총독부령 제71호 '법인의 설립과 감독에 관한 규정'은 일본
의 모법보다 통제적인 규정을 가진 법령으로 정비되었고, 선교회와 조선
교회가 설립한 모든 법인들에 적용되었다. 1929~1931년 총독부 학무국
종교과에 근무한 다나카 도지로(田中藤次郎)도 민법과 총독부령 제71호
가 기독교법인에 대한 일반적인 보호감독규정이라고 명시하고 있다.[186]
또한 1926년 4월 5일 총독부 학무국장은 경상남도에 "최근 법인의 설립
및 감독에 관한 규정(조선총독부령 제71호)의 제3조의 의무이행에 태만
한 법인이 있으므로" 해당 법인에 조선총독부령 제71호를 배부하도록
지시하고 있다. '재단법인 호주빅토리아국 장로교조선선교회 유지재단'
이 그 대상법인이다.[187] 민법시행법 제19조의 인가법인이었던 선교회법

---

186) 田中藤次郎, 「宗教及び祭祀に關する法人」, 130쪽.

인도 예외 없이 총독부령 제71호의 적용대상이었다.[188] 이는 법인의 성
립과정에서 외국선교회를 중심으로 부여되었던 특권들도 법인성립 이후
통제의 측면에서는 전혀 작용하지 못한 것을 의미한다.

물론 1920년대 기독교단체의 법인화는 권리의 획득이라는 면도 가지
고 있다. 이는 앞에서 본 불교나 유교단체의 법인화 과정과 비교하면 더
욱 분명해진다. 기독교계의 법인설립은 처음부터 끝까지 기독교인들이
주도하고 관여한 작업이었다. 구성된 법인의 모습도 유교나 불교단체의
법인들과는 달랐다. 법인으로 설립되면서 기독교단체들은 법률행위의
주체가 될 수 있었고, 무엇보다도 재산권 행사와 관련된 법적 주체로서
의 지위와 그에 수반한 안정적인 사회경제적 지위를 확보하게 되었다.
이를 통해 사업운영의 독립성도 확보할 수 있었음은 물론이다. 특히 장
로교회의 20년간에 걸친 법인설립을 위한 교섭과 노력은 식민당국에 대
한 재산권 보호투쟁 나아가 사회적 지위를 획득하기 위한 투쟁이라는 면
에서 평가받을 수 있다. 실제로 일제말기에 선교회재단의 재산들은 敵產
으로 처리되었지만 1920년대 법인화 과정에서 선교회와 법적으로 재단
이 분리된 조선교회들, 조선감리교회나 장로회 노회법인의 재산들은 적
산으로 처리되지 않고 일단 교회재산으로 보존될 수 있었다.

그럼에도 법인화는 식민당국의 감시와 감독 아래로 들어간다는 의미
에서 통제의 수용이라는 측면이 있었던 것도 사실이다. 법인설립 이후

---

187) 국가기록원 소장문서 CJA0027590 「법인의 설립 및 감독에 관한 규정배부방법
의뢰의 건」.

188) 조선총독부령 제71호는 제1조에서 "민법 제34조에 의하여 조선총독의 허가를
받아 사단 또는 재단을 법인으로 하고자 하는 때에는"이라고 하여 민법 제34조
의 허가법인만을 대상으로 함을 명시하고 있어, 원칙적으로는 민법시행법 제19
조에 의한 인가법인들은 총독부령 제71호의 적용대상이 아니어야 한다. 그러나
이 부분에 대한 법령의 개정도 없이 인가법인들도 모두 총독부령에 의한 통제의
대상으로 취급된 것이다. 비체계적이고 편의적인 식민지 법체제의 문제점을 그
대로 보여주고 있다.

'법인의 설립 및 감독에 관한 규정' 등의 적용에 의해 재산목록과 사업상황, 지출과 수입이 일일이 당국에 보고되어야 했고, 각종 기부행위의 변경, 재단형태의 변경상황은 당국의 인허가를 받아야 했다. 국가기록원에 소장되어 있는 많은 문서들은 이러한 상황을 잘 보여준다. 법인의 사무소 이전, 이사의 변경, 사업연도 변경 등이 모두 당국에 보고되어야 했다. 포교규칙에 의해서만은 불가능했던 세세한 부분에 이르는 정보, 특히 기독교단체의 자산구조와 목록, 소유관계 등의 재산상황과 관련된 정보들이 당국에게 모두 공개되었고 그에 대한 당국의 통제를 용이하게 해주었다.

나아가 법인이라는 지위의 획득과정에서 이루어진 차별적인 법 적용은 선교사들과 조선교회의 분열을 조장하는데 기여했다. 그러면서도 법인설립 이후 통제라는 측면에서는 선교회와 조선교회 양쪽 모두에게 중층적인 감독이 이루어졌다. 일제당국으로서는 얼마간의 양보를 통해 선교회와의 우호관계를 쌓아 조선통치에 대한 인식을 전환시키고 조선교회와 선교사 간에는 분열을 심는데 성공한데다 포교규칙과 조선민사령, 총독부령 제71호에 의해 기독교단체에 대한 겹겹의 통제수단을 쥐게 된 손해 볼 것 없었던 정책수행이었다고 할 수 있다.

1920년대 조선에서 기독교 관련 정책과 법제의 키워드는 '회유와 분열', 그리고 '외형적 완화와 사후 통제권의 확보'였다고 할 수 있다. 제1차 세계대전 이후 미국 중심의 국제질서 구축과 일본의 적극적인 동참, 일본 내 정당내각의 출현, 3.1운동으로 인한 식민정책의 再考를 배경으로 새로운 진용으로 물갈이 된 조선총독부는 기독교에 대한 통제의 완화를 공언했다. 일단 가시적으로 포교규칙과 사립학교규칙의 개정, 기독교단체에 대해 법인설립 허용을 통해 이를 실천하는 모양새를 취했다. 포교소의 설립을 허가제에서 신고제로 변경하고 사립각종학교에 대한 종교교육을 허용하고, 선교회법인들에게 완화된 법을 적용한 일은 분명히 외국인 선교사들에 대한 회유의 측면이었다. 그러나 이와 함께 정규학교와 사립각종학교에 대한 차별, 법인설립에서 보이는 차별적인 정책들은 선교회와 조선교회, 장로교와 감리교 나아가 영생학교 문제에서 보듯이 장로교 내의 분열을 조장했다. 그러면서도 식민당국은 개정포교규칙 제12조의 신설, 사립학교들에 대한 도지사의 권한 강화, '법인의 설립 및 감독에 관한 규정'의 적용을 통해 사후적인 통제의 끈은 확실하게 확보하고 있었다고 할 수 있다.

이 같은 1920년대의 법제와 정책하에서 조선 기독교계는 총독부와 지속적인 교섭을 통해 가능한 많은 것을 얻어내려 했다. 당국과의 교섭조차 불가능했던 1910년대 후반기와 달리 교섭의 통로가 열린 1920년대의 이점을 충분히 활용하려한 포석이었다. 총독을 위시한 식민당국자들이 선교사들과의 교분을 쌓으면서 회유정책을 시행했다면, 선교사들로서는 역으로 식민당국자들과의 직접적인 교류를 활용하여 기독교계에 유리한 정책을 이끌어내려 했던 것으로 생각된다. 병합 초기 치외법권적인 특권의 상실을 경험하고, 당국의 약속이나 보장에 대한 신뢰 역시 상실한 선교사들이 그나마 확실한 보장으로 선택할 수 있었던 것은 '법적인' 지위의 확보와 권리의 보장이었을 것이다. 그렇지만 법적인 보장을 받기 위한 교섭의 과정은 쉽지 않았다. 총독부의 허용방침이 분명했던 선교회법인 설립도 몇 년에 걸친 교섭을 통해 실현되었다. 장로회의 지정학교 운동 역시 마찬가지였다.

이 시기 주목해야 할 것은 조선장로교회의 움직임이다. 지정학교 운동과 관련해서는 각 지역의 노회들이 중등학교들의 재정을 보조하면서 학교 이사회에 진출했고, 이는 1930년대 장로교 선교회의 교육철수시기에 학교인계운동의 기반이 되었다. 법인과 관련해서도 장로교회는 노회 단위로 설립을 추진하면서 적극적으로 당국과 교섭하는 모습을 보여준

다. 1910년대부터 시작된 장로교회의 법인설립 시도는 1930년대에 들어
와 결실을 맺기 시작했다. 1930년대를 넘어 1940년대까지 이어지는 노
회의 법인설립운동은 불안한 식민정치하에서 법적인 지위와 재산권을
보장받으려는, 나아가 이를 기반으로 교회의 독립과 신교의 자유를 확보
하려는 노력이었다.

제5장

1930~1940년대 기독교통제의 강화와

기독교계의 종속

1. 전시체제하 기독교통제와 신사참배문제

식민정책사적으로 전시통제가 본격화된 것은 중일전쟁이 개시된 1937년 이후라고 할 수 있지만 그 기반은 1920년대 중반에서 1930년 초반에 이르는 시기에 이미 마련되고 있었다. 일본 국내에서 사회분위기의 硬化와 파시즘화의 과정이 1920년대에 이미 진행되고 있었던 것과 유사하다. 정우회 총재로 조슈벌의 후계자였던 다나카 기이치(田中義一)가 구성한 내각(1924. 4~1929. 7)은 1925년 '치안유지법'의 공포와 함께 대대적인 사회주의운동 탄압에 나섰고, 제1차 산동출병(1927. 5)을 시작으로 중국침략을 실행에 옮겼다. 다나카 내각의 중국침략정책은 영미와의 외교적 마찰을 불러왔고 만몽점령 계획의 좌절과 외교적인 고립으로 이어졌다.[1] 외교적 실패를 주요 원인으로 실각하게 된 다나카 내각 이후 하마구치 오사치(浜口雄幸), 와카츠키 레이지로(若槻礼次郎), 이누카이 츠요시(犬養毅)를 수반으로 하는 정당내각이 조직되었지만, 1932년 해군장교들이 이누카이를 암살한 5.15사건을 끝으로 정당내각의 명맥은 끊어지게 되었다. 뒤를 이은 사이토 마코토 내각(1932. 5~1934. 7)은 원로 사이온지 킨모치(西園寺公望)와 육해군의 협의에 의해 성립한 거국일치내각(중간내각)으로 일본의 파시즘화는 쉼표 없이 계속 진행되었다. 대외적으로 일본은 1931년 9월의 만주사변과 1932년 초의 상해점령, 1932년 9월의 만주국 건국선언을 통해 영미협조의 외교노선을 방기하는 방향으로 나아갔다. 1933년 3월에는 국제연맹을 탈퇴했고, 1934년

---

1) 강동진, 『일본근대사』, 한길사, 1989, 349~353쪽.

12월에는 영미와 해군군축을 합의했던 워싱턴조약의 폐기를 선언했다. 일본 내부적으로도 국체명징이 고취되면서 1935년 천황기관설 사건이 발생했고, 군부와 혁신관료를 중심으로 총력전체제와 전시통제경제에 대한 계획이 준비되어 갔다.[2] 1899년의 '문부성훈령 제12호'를 학교에서 특정 종교의 교의를 가르치거나 의식을 행하는 것을 금지한 내용으로 재정의한 문부성통첩 '학교에 있어 종교적 情操의 함양에 관한 건'이 발령된 것도 이 즈음이다.[3]

1937년 중일전쟁에 이어 태평양전쟁(1941)이 발발하면서 전시통제는 악화일로로 치달았다. 당시의 법제는 이를 잘 반영하는 지표이다. 일본에서 1938년 공포된 '국가총동원법'(1938. 4, 법률 제55호)은 총력전체제 운영의 중핵이 된 법으로 일본과 조선에서 동시에 시행되었다. 국가총동원법의 제정은 제1차 고노에 후미마로(近衛文麿) 내각에서 각의결정된 '국민정신총동원계획실시요강'(1938. 8)에 의해 전개되고 있던 거국적인 총동원운동을 법적으로 뒷받침하기 위해서이기도 했다. 국민정신총동원운동의 목적은 천황제이념으로 국민의 사상적 통합과 단결을 꾀하고 전쟁참여를 독려하기 위한 데 있었다. 총동원법의 또 다른 주요

---

2) 위의 책, 373~374쪽.

3) 三橋節, 『教學刷新の實際的基調』, 大同館, 1937, 53~55쪽; 1935년 11월 28일 문부성 차관의 통첩으로 각 지방장관에게 발령된 이 통첩은 "1899년 문부성훈령 제12호는 해당 학교에 있어 특정의 교과·종파·교회 등의 교의를 가르치거나 의식을 행함을 금지하는 취지에 있으며, 종교적 정조를 함양함으로 인격도야에 이바지함을 막으려 한 것은 아니다"라 하여, 학교교육은 일체의 교과·종파·교회 등에 대해 중립불편의 태도를 유지하며 학교에서 종교적 교육을 시행함은 절대로 불허하지만 인격의 도야를 위해 학교 교육을 통한 종교적 정조의 함양은 필요하며, 학교교육은 원칙적으로 교육칙어를 근본으로 행해져야 한다는 내용이다. 이 통첩은 1920년대 활발하게 전개된 사회주의 운동의 학교침투를 막기 위해 종교를 수단으로 이용했다고도 평가된다. 학생들에게 특정 종교의 교육은 철저히 금하면서 종교적 정조-종교적 감정을 육성하도록 권장하여 교육칙어에 기초한 천황제이념을 주입하려는 목적이었다.

역할은 총력전체제에서 칙령의 형태로 발령된 무수한 위임입법의 근거법으로 기능한 점이다. 총동원법을 토대로 '전시', '특별', '임시' 등의 명칭이 붙은 수많은 법령들이 거의 모든 분야에서 남발되어 그나마 작동하던 미약한 근대법체제의 붕괴를 가져왔다.[4]

실제로 1930년대 이후 일본 내각 법제국에 근무했던 관리들은 당시 법제국에서 심의했던 법령 중 제국의회에 제출하기 위한 법률안은 매우 적었던 반면, 많은 비중을 차지했던 것은 칙령이었다고 회고하고 있다.[5] 천황의 대권사항 즉 칙령의 專管사항이 광범위했을 뿐 아니라 법률이 칙령에 위임하는 경우가 많았고, 특히 국가총동원법이 시행된 이후는 상상도 할 수 없을 정도로 폭넓은 위임입법이 칙령을 통해 행해졌다. 조선·대만 등 식민지법제 역시 마찬가지로, 조선의 제령이나 대만의 율령 기타 식민지에 시행되는 칙령 등의 심사도 일부 중요한 안건을 추밀원에 송부하는 외에는 모두 법제국이 심사를 담당했다고 한다.[6] 칙령에 의한 통제법체계가 구축된 결과 정부의 독재권이 강화되고 의회의 권한이 현저히 저하된 상태가 법제도로 고정화된, 사실상의 무헌법 상황이 도래했다.[7]

법제의 수단적, 도구적 성격이 정점에 달하여 최소한의 법적인 보장과 신뢰도 무너진 시기였다고 할 수 있다. 이 같은 전시법제하에서 일본의 기독교 통제법령들은 1939년의 '종교단체법'(법률 제77호)을 중심으로 재편되었다. 종교단체법이 기독교 교단, 교파, 교회의 설립과 그 법인의 설립에 관한 기본법이 되었기 때문이다. 이로써 1899년의 내무성령 제41호와 문부성령 제39호(1935년 개정 문부성령 제19호)는 기독교 포

---

4) 日本近代法制史研究會/編, 『日本近代法120講』, 242~245쪽.

5) 內閣法制局百年史編集委員會/編, 『證言內閣法制局の回想: 近代法制局の軌跡』, ぎょうせい, 2008, 77, 97, 801쪽.

6) 위의 책.

7) 日本近代法制史研究會/編, 『日本近代法120講』, 187~188쪽.

교기관에 대해서는 적용되지 않게 되었다. 종교단체법하에서 종교단체를 감독하는 주무대신은 문부대신으로 정해져 문부성은 기독교를 포함한 공인종교와 유사종교까지 담당하는 중앙집권적인 종교행정의 관할기구가 되었다.[8] 한편, 종래 국가신도를 담당하던 내무성 신사국은 1940년 공포된 '神祇院官制'에 의해 내무성의 外局인 神祇院으로 승격되었다. 神祇院은 내무대신을 총재로 하여 神宮, 官·國幣社 이하의 神宮 및 神職, 敬神사상 보급을 관장했고, 천황의 신성을 절대화하는 국체의 교의는 국민교화의 중심에 더욱 뿌리박게 되었다.[9]

종교단체법을 근거로 일본 기독교계는 정부가 설계한 중앙집권적 통제의 틀에 완전히 종속되었다. 일찍부터 체제협력적이었던 일본의 기독교계는 커다란 대응 없이 여기에 순응했다. 일본의 국제연맹 탈퇴 후인 1933년 11월 일본기독교연맹은 이미 아래와 같은 '비상시국에 대한 성명'을 발표하여 정부의 시책에 협력할 것을 선언한 바 있다.

이때를 당하여 우리들은 국민적 운동의 동향에 깊이 유의하고 일본정신의 진의를 파악하며 그 장점과 美點을 옹호하고 이를 발양함에 힘써야하며 …… 기독교의 사상·신앙은 우리 황실의 존영, 국운의 기초를 천명함에 최선의 공헌을 하는 것이라고 우리들은 믿는다. …… 안으로는 점차 종교적 교양에 의한 국민정신의 작흥을 도모하고 더욱 일본정신을 성화하고 확충하지 않으면 안 된다.[10]

이후 신사참배에도 적극적으로 참여했던 일본의 기독교 교파들은 종교단체법에 근거하여 1941년 6월 24일 '일본기독교단'이라는 단일교단으로 출범했다. 단일교단은 각 교파의 교리나 신조의 독특성을 포기한

---

8) 根本松男, 『宗敎團體法論』, 嚴松堂書店, 1941, 106쪽.

9) 原誠, 「日本基督敎団とファシズム時代」, 9쪽.

10) 佐々木敏二, 「治安維持法改惡とキリスト敎會」, 『キリスト敎社會問題硏究』 10, 1966, 44쪽에서 재인용.

합동으로, 국가의 종교통제를 용이하게 하고 서구의 전통에서 완전히 벗어난 '일본적 기독교'의 수립을 위한 정부주도의 작품이었다. 일본기독교단 참여를 거부하고 독자적인 교단을 창설하려 했던 유일한 교파인 일본성공회는 결국 1942년 3월 종교단체법에 의한 해산통고를 받았다.[11]

전시체제기 종교단체법과 함께 일본에서 기독교통제의 쌍벽을 이루었던 것은 1941년 3월 전면 개정된 '치안유지법'(법률 제54호)이었다. 개정치안유지법은 제7조와 제8조, 제9조에서 "국체를 부정하거나 神官 혹은 황실의 존엄을 모독할 사항을 목적으로" 결사를 조직한 자, 결사의 임원, 집단을 결성하거나 지도한 자, 집단에 참여한 자, 금품 기타 재산상의 이익을 제공하거나 제공하기로 약속한 자 등을 처벌할 수 있는 규정을 신설했다. 이로써 종래 '치안경찰법'이나 형법의 불경죄 등으로 처벌하던 종교사범에 대해 한층 강력한 무기가 마련되었다. 現人神으로서의 천황의 신격, 아마테라스 오미카미(天照大神)의 신격과 배치되는 기독교의 유일신사상, 삼위일체사상, 천지창조설, 재림신앙 등을 고집하는 소수의 기독교파는 반국가적, 반국체적인 것으로 간주되어 탄압의 대상이 되었다.[12]

실제 개정치안유지법의 심의과정에서는 국체에 직접 관계되거나 국체의 기초에 직접 관계된 매우 불온한 사안에는 '치안유지법'을, 그 나머지 부분에 대해서는 '종교단체법'을 운용하여 행정적으로 처리하는 방식이 논의되었다. 전시체제기 기독교통제는 종교단체법과 치안유지법의 상호 임무분담으로 더욱 강화되었다고 할 수 있다. 치안유지법이 종교통제의 한 축이 되었다는 것은 문부성의 행정적 통제에 내무성과 군부의 통제가 본격적으로 가세하게 되었다는 의미이기도 했다.[13]

---

11) 서정민, 『한일기독교 관계사연구』, 135~140쪽.

12) 佐々木敏二, 「治安維持法改惡とキリスト教會」, 53~61쪽.

13) 原誠, 「日本基督教団とファシズム時代」, 14~16쪽.

식민지 조선에 대한 정책에도 이러한 상황이 반영될 수밖에 없었다. 일본의 치안유지법은 1925년 5월 12일부터 일본과 동시에 조선에서 시행되었다.[14] 특히 조선에서 치안유지법은 사회주의운동은 물론 독립운동에 대해서도 포괄적으로 적용되었고, 그에 따른 처벌 역시 일본 국내보다 강도 높게 부가되었다.[15] 1920년대 후반 다나카 기이치의 추천으로 사이토 마코토를 이어 조선총독에 부임한 야마나시 한조(山梨半造)는 외형적으로는 "문화통치의 계승"을 표방했지만 식민정책의 방향은 이미 전환되고 있었다.[16] 단적으로 야마나시 총독 시기의 교육정책은 보통학교 보급과 실업훈련 중심주의로 복귀하여 데라우치 총독의 무단정치가 부활한 것으로 평가되고 있다.[17] 1920년대 후반 장로교 계열 학교들의 지정학교운동이 난항을 겪은 것에는 이 같은 배경도 자리하고 있다.

이러한 경향은 1931년 6월 부임한 우가키 가즈시게(宇垣一成) 총독 시기에 더욱 강화되었다. 다나카 기이치(田中義一)와 긴밀한 관계를 유지하면서 1924년~1931년 5대 내각에서 약 7년간 육군대신으로 재임했던 우가키는 육군뿐 아니라 정재계에 걸쳐 광범위하게 자신의 파벌을 형성한 인물이다. 특히 '宇垣閥'에 속한 육군 쪽 인물에는 전시체제기 조선총독으로 재임한 미나미 지로(南次郎), 고이소 구니아키(小磯國昭), 아베 노부유키(阿部信行)가 모두 포함되어 있어 1930년대 이후 조선의 식

---

14) 일본에서 치안유지법의 의회 통과와 관련하여 당시 사이토 총독은 만약 일본 의회에서 치안유지법이 통과되지 못하더라도 조선에서는 제령의 형식으로라도 실시할 것임을 밝힐 정도로 조선시행에 적극적이었다. 장신, 「삼일운동과 조선총독부의 司法대응」, 『역사문제연구』 18, 2007, 81쪽.

15) 이와 관련해서는 다음의 논문을 참조. 水野直樹, 「朝鮮에 있어서 治安維持法 體制의 植民地的 性格」, 이영록/역, 『법사학연구』 26, 2002.

16) 야마나시 한조는 다나카 기이치와 육군사관학교, 육군대학교 동기동창으로 하라 다카시 내각 시절 육군대신 다나카 밑에서 육군차관으로 근무했던 인물이다. 稻葉継雄, 「山梨總督時代の朝鮮教育」, 24쪽.

17) 위의 글, 23쪽.

민정책에 미친 우가키의 영향력을 짐작하게 한다.[18] 우가키의 강력한
추천에 의해 1936년 8월 5일 조선총독으로 부임한[19] 미나미 총독시기
의 정책들은 우가키가 닦아놓은 기반 위에 실현되었다고 할 수 있다. 이
런 측면에서 우가키 시기의 조선통치는 전반적으로 총력전체제의 포석
을 놓은 것으로 평가되기도 한다.[20]

이미 제1차 세계대전 직후부터 軍民一致의 총력전사상과 총동원체제
의 필요성을 주장했던 우가키 총독은 조선을 대륙진출의 전초기지로 삼
기 위한 구상을 실현해 갔다. 부임 직후 발생한 만주사변은 그에게는 천
재일우의 기회였다. 급변한 분위기 속에 '문화통치'에 대한 비판과 '무
단통치'로의 복귀가 공공연히 주장되는 시기가 도래했다. 우가키 역시
같은 입장이었다.

> 정치는 민중을 悅服하게하여 환영하도록 하던지, 신뢰하여 안심하게 하던
> 지 혹은 畏怖하여 복종시키는 어느 하나가 되지 않으면 안 된다. 조선에서 寺
> 內政治는 마지막의 형태로 셋 중 하나에 해당한다. 齋藤政治는 셋 중 어느 하
> 나에도 속하지 않는다. 나쁘게 말하면 정치의 체계를 갖추지 못한 것이라 생
> 각된다.[21]

우가키가 보기에 '문화통치'는 조선인들에게 환영받을 만큼 온건한
정치도, 조선인들을 완전히 복종시킬 만큼 강력한 정치도 아니었다. 조
선인에게 환영받거나 신뢰받는 것이 어렵다면 조선인을 완전히 압도하
는 정치를 선택해야 했다. 식민통치의 방향은 만주사변과 이어진 일본의
중국침략, 서구와의 외교관계 단절을 배경으로 더욱 선명해졌다. 우가키

---

18) 안유림, 「1930년대 총독 宇垣一成의 식민정책」, 『梨大史苑』 27, 1994, 144쪽.
19) 御手洗辰雄 編, 『南次郎』, 南次郎伝記刊行會, 1957, 415~417쪽.
20) 福島良一, 「宇垣一成における朝鮮統治の方針」, 堀眞淸/編著, 『宇垣一成とその時代』, 新評論, 1999, 126쪽.
21) 『宇垣一成日記』 2, みすず書房, 1988, 810쪽.

총독기 식민정책의 중점은 일본의 북진을 위해 조선을 전진기지화하는 데 두어졌고, 이에 따라 전시 조선인 동원에 대비하기 위해 천황제 이데올로기로 조선인을 통할할 필요성은 더욱 증대되었다. 우가키 부임 초기부터 전개된 국민정신작흥운동은 1935년경부터 心田개발운동으로 발전하여 천황제 이데올로기의 주입을 보다 강화하고 노골화했다.[22]

1932년 2월 13일 '總督府事務分掌規程'이 개정되어 1920년대에 신설되었던 학무국 종교과가 폐지되었다. 대신 내무국 산하에 있던 사회과가 새로이 학무국으로 이속되면서 폐지된 종교과의 업무를 흡수했다. 기독교 관련 업무를 주축으로 하던 종교과가 사회과에 포함되면서 식민통치에 맞는 인간개조사업을 전담하는 기구로 확대변형되었다. 사회과는 우가키가 추진한 심전개발사업을 위해 불교, 신도, 기독교, 유교 등 모든 종교를 총독부의 교화사업에 동원했다.[23] 종교과의 폐지는 1920년대에 확장되었던 기독교와 당국 사이의 교섭통로가 다시 축소되었음을 의미한다. 이후 종교과가 부활하는 일은 없었다. 이러한 체제는 미나미 총독 시기에 들어 더욱 강화되었다. 사회과는 학무국에서 내무부로 이속되어 종래 학무국의 업무였던 사회사업 업무만을 전담하게 되었고, 학무국에는 사회교육과가 신설되어 사회교화교육 업무에 주력하게 되었다. 사회교육과는 이전에 사회과에서 담당하던 종교 관련 업무도 흡수하였다.[24]

---

22) 李淳衡, 「植民地工業化論と宇垣一成總督の政策」, 『宇垣一成とその時代』, 175～177쪽; 1929년의 세계대공황 이후 경제적 위기와 함께 사회주의 사상이 일본 내에서 확산되고, 1930년대에 들어와서는 헌법학자 미노베 다츠키치의 천황기관설이 천황제 국체론에 대한 도전으로 지목되어 큰 파문을 일으켰다. 이 같은 사회적 배경 하에서 국체관념을 명확히 하려는 움직임이 크게 대두되었고, 조선의 심전개발운동 역시 이와 궤를 같이하고 있다고 할 수 있다. 심전개발운동이 본격적으로 표면화하는 것은 1935년 초부터이지만 이미 당국 내부에서는 1933년 말 이래 관련 논의가 진행되고 있었다. 김순석, 『일제시대 조선총독부의 불교정책과 불교계의 대응』, 157～161쪽.

23) 『施政三十年史』, 朝鮮總督府, 1940, 378쪽; 이명화, 「朝鮮總督府 學務局의 機構變遷과 機能」, 51쪽.

이제 종교는 사회교화를 위한 수단에 불과했다. 사회교화 수단으로서의 종교는 천황제국가 일본과 그 식민지체제를 지지하고 견고히 하기 위한 것이어야만 했다. 우가키는 본래 종교를 제외한 "物質이나 理智만으로는 사회국가의 통제를 쉽게 진행할 수 없다"는 인식을 가지고 있었다.25) 여기서 종교는 천황제 국체론을 의미한다. 서양문명의 발전에 기독교가 그 역할을 했다면 일본에서는 황실이 같은 역할을 수행해야 한다는 생각이었다.26) 우가키가 추진했던 농촌진흥운동에서도 이 같은 정신교육이 강조되었다.

제정일치의 사상은 일찍부터 영향력이 줄어들고 있다. 정치와 도덕이 구별되어 있는 것이 현대정치의 특질이다. 오늘날 정치라고 하면 당파적인 투쟁이나 계급적 투쟁의 한 형태로 되어 있다. 나는 절실하게 정치와 도덕의 밀접한 관계를 부흥시키고 제정일치의 사상을 고조시키고 싶다고 생각하고 있다. 지난번 농촌진흥(운동) 관련 지시에 관한 농림국의 기안에 대해서 내린 주의도 경제 일변도로 빠지지 않도록 이 같은 정신에서 연원한 것이다. (괄호: 필자).27)

그에게 있어 제정일치의 통치란 "국민교육의 근본을 국체의 정화를 了得시키는" 데에 두는 것에서 출발했다.28) 조선의 기독교는 국가신도체제를 수용하여 사회교화의 도구가 되어야 했다. 그렇지 않으면 존재할 필요가 없었다. 1930년대에 들어와 기독교계 학교에 대한 신사참배 강요가 거세어진 이유에는 이러한 시대적, 정치적 배경이 자리하고 있었다.

병합 이후부터 조선총독부는 官國幣社의 창설과 함께 기존 민간 신사를 제도적으로 관공립화하는 신사정책을 추진하여 국가신도와 교파신도

---

24) 위의 글, 52, 76쪽.

25) 『宇垣一成日記』 1, 437~438쪽.

26) 위의 자료, 9쪽.

27) 『宇垣一成日記』 2, 891쪽.

28) 『宇垣一成日記』 1, 523쪽.

를 구분하는 위계적인 신사제도를 확립해 갔다.29) 이로 인해 기독교계
학교들에 대해서는 이미 1910년대부터 천황사진 배례강요와 요배강요,
신사에의 기부금 강요 등이 문제되었고, 1920년대에 들어와서도 조선신
궁 진좌제 참석 등을 둘러싸고 식민당국과 기독교계 간에 때때로 갈등이
발생하고 있었다. 큰 사건으로 확대되지 않았을 뿐이다. 신사와 관련된
강제동원은 관공립학교에 해당하는 사항이었고, 기독교계 사립학교들은
당국과의 조율을 통해 의식에 불참하는 형태로 신사참배에 참여하지 않
는 것이 가능했다.30) 그러나 1930년대는 이와 전혀 달랐다. 다음 절에서
자세히 다루겠지만, 1935년 평양학교들에 대한 신사참배 강요사건은 결
국 장로교 선교회의 교육철수로 이어진다. 선교사들의 항의에 대해 식민
당국은 1920년대와는 전혀 다른 대응양상을 보인다.

우가키 총독의 사임 직후인 1936년 8월 1915년의 '神社寺院規則'이
폐지되고 신사의 위계서열을 정비하는 '神社規則'(조선총독부령 제76
호)을 시작으로 일련의 신사 관계 법령들이 공포되었다.31) 이러한 일련
의 개정을 통해 조선신궁을 정점으로 官幣社－國幣社－道供進社 이하
의 神社－神祠라는 체계가 완성되었다.32) 또 모든 神社·神祠들은 社格
에 따라 도·부·읍·면으로부터 神饌幣帛料를 供進받을 수 있게 되어 신
사의 관공립적 성격이 보다 강화되었고, 신사의 수를 증설하는 1면 1신
사정책이 추진되었다.33)

우가키의 뒤를 이어 조선에 부임한 미나미 지로는 우가키의 정책방향

---

29) 김승태, 「일본신도의 침투와 1910·1920년대의 신사문제」, 294~300쪽.

30) 위의 글, 313~338쪽.

31) 靑野正明, 「朝鮮總督府の神社政策と敬神崇祖」, 『桃山學院大學總合硏究所紀要』 28, 2003, 5쪽.

32) 山口公一, 「戰時期 朝鮮總督府の神社政策」, 『韓國史硏究會論文集』 36, 1998, 199 ~208쪽.

33) 김승태, 『식민권력과 종교』, 57쪽.

을 승계하여 강화해갔다. 미나미 총독 시기를 상징하는 황민화정책은 조
선인을 '황국신민'으로 개조한다는 구호 아래 천황에 대한 신앙의 강제
를 축으로 하여 민족성의 말살을 단기적으로 달성하려 했다. "반도의 히
틀러"라 불린 총독부 학무국장 시오바라 도키사부로(塩原時三郞)는 '황
국신민'이라는 용어를 조선총독부 정책의 공식용어로 만든 장본인으로,
미나미의 심복이며 브레인이었다.[34] '다이쇼 데모크라시'에 대항한 일본
파시즘의 총본산 國本社의 일원이었던 굳건한 황도주의자 시오바라에게
전시체제기의 조선은 이상적인 무대였다. 시오바라는 미나미의 전폭적
인 지지 아래 황국신민의 서사 발의, 육군특별지원병제도와 제3차 조선
교육령 제정, 국민정신총동원운동의 시행을 실질적으로 추진해갔다. 창
씨개명과 일본어 상용 등이 강제되고, 신사참배와 같은 정신적인 동원은
학교뿐 아니라 사회 전체에 강요되었다. 특히, 중일전쟁 이후 전개된 국
민운동으로서의 신사참배는 일본의 官制운동인 국민정신총동원운동에
호응해 본격적으로 개시되었다. 이는 총독부가 추진한 인적·물적 전쟁
동원정책의 일환이었다.

　전국적으로 신사참배가 확대되면서 신사참배는 職域과 지역을 기반으
로 강제되었다. 즉, 전시의 신사참배는 학교나 기업체 등 단체 단위로도
행해졌지만, 1938년 7월 국민정신총동원 조선연맹이 결성된 후는 각종
연맹과 애국반이 조직되어 그 지도하에 지역 단위로도 참배가 행해졌다.
지역에서의 신사참배 강요는 애국반을 통해 말단까지 확장되었고, 참배
행위 이외에도 국민운동의 명목하에 신사 관련 작업에 동원되어 근로봉
사활동 등이 대대적으로 전개되었다. 매일 아침의 궁성요배, 신사참배,
황국신민서사 낭독, 국기의 게양 등이 의무화되고 부여신궁 조영공사대
의 파견 등 근로봉사작업이 강요되었다. 神宮大麻와 神棚의 보급도 추

---

34) 宮田節子, 『조선민중과 황민화정책』, 이형랑/역, 1997, 일조각, 104~107쪽; 稻葉
　　繼雄, 「塩原時三郞硏究: 植民地朝鮮における皇民化敎育の推進者」, 189쪽.

진되었고 일반 가정에서의 제사지도도 애국반을 통해 이루어졌다.[35]

이런 상황하에 기독교회나 기독교 신자에 대한 신사참배의 강요는 당연한 일이었다. 1932년부터 신사참배문제를 놓고 입장을 정리 중이던 천주교회 내부에는 평양교구 소속 메리놀회 선교사들처럼 일부 반대 의견도 존재했다. 하지만 1936년 5월 26일 신사참배를 허용하는 교황청 포교성의 훈령이 발표되었고 포교성은 훈령에 대한 어떠한 논쟁도 금지했으므로 성직자들과 신도들은 그에 따를 수밖에 없었다.[36] 마지막까지 저항하던 장로교회도 1938년 결국 신사참배를 결의했고 일본의 교단에 편입되는 길을 걷게 된다.

기독교계 사립학교들은 신사참배 문제로 폐지되어 복잡한 인계과정을 거치고, 교회의 조직과 재산은 전시체제 수행을 위해 당국의 의도대로 동원되고 재편되었다. 이 같은 과정에서 기존의 기독교 통제법들은 전방위적으로 확장되어 활용되었다. 일본의 종교단체법은 조선에 도입되지 않았지만, 사실상 종교단체법은 도입되지 않은 것이 아니라 도입될 필요가 없었다. 삼엄한 전시체제하에서 기독교의 조직과 사업들은 기존 법들의 활용을 통해서도 충분히 처리될 수 있었다. 그 첫 걸음은 사립학교로부터 시작되었다.

2. 기독교계 사립학교의 전시교육체제 편입

특별히 기독교계 사립학교에 관한 한, 우가키 총독 시기의 교육정책은 미나미 총독 시기와 별도의 것이 아니라 그 기반을 닦은 것이었다고

---

35) 山口公一, 「戰時期 朝鮮總督府の神社政策」, 208~214쪽.

36) 윤선자, 「일본 군국주의 종교정책과 조선 천주교회의 신사참배」, 『한국사연구』 98, 1997, 148~159쪽.

할 수 있다. 1935년 숭실학교 신사참배문제를 계기로 발생한 장로교 선교회의 교육철수 과정은 이를 단적으로 보여준다. 또한 법제적으로도 사립학교규칙의 개정추이와 적용 관련 부분에서 이 같은 성격을 찾아 볼 수 있다.

사립학교규칙의 전체적인 개정상황을 보면 조선은 일본에 비해 잦은 개정을 반복하고 있다. 일본의 사립학교령은 1945년까지 4차례 개정에 그쳤지만 조선의 사립학교규칙은 1915년 개정을 시작으로 1920년, 1922년, 1925년, 1929년, 1930년, 1932년, 1935년, 1937년, 1938년까지 거듭 개정되었다. 이는 그만큼 사립학교 정책에 잦은 변동요인이 존재했음을 시사한다. 1930년대에 이루어진 5차례 개정의 경우 장로교 선교회의 교육사업 철수가 마무리되는 시점을 지나 일단 멈추었다가, 1938년 제3차 조선교육령의 공포에 부응하여 다시 개정작업이 이루어졌다. 이후 1943년 '제4차 조선교육령'과 1945년 '전시교육령' 제정으로 전반적인 교육제도는 전시체제에 맞추어 다시 개편되었다.

여러 차례의 개정에서 기독교계 학교와 관련이 있는 주요한 내용을 몇 가지 추려 보면, 우선 1929년 신설된 제16조의 2를 들 수 있다. 이는 감독관청이 학교사업이라고 인정하는 것에 대해 관계자에게 통고하여 사립학교규칙에 의거하거나 금지시킬 수 있도록 한 규정이다.[37] 이 조항의 설치는 "종래 사립학교규칙은 학교라고 인정되는 것에 대해서만 국가 행정작용이 미치는 것이어서 사실상 학교사업을 경영하는 자에 대해서는 하등 국가 법규가 미치지 못했다"는 이유로 학교와 유사한 사업을 하면서도 법적인 규제를 회피하는 경우를 감독하기 위한 목적이었다.[38] 따라서 학술강습 등의 명칭으로 "영속적으로 또 공공의 목적으로 일정한 장소를 설치하고 일정한 학과를 교수하는 것은 명칭 여하를 불문

---

37) 『朝鮮總督府官報』 1929. 2. 19.
38) 「朝鮮教育諸法令改正等に就いて」, 『文教の朝鮮』 48, 朝鮮教育會, 1929, 19쪽.

하고 개정규정의 학교에 類하는 사업으로 인정할 것"이 천명되었다.[39] 이미 1913년의 '사설학술강습회규칙'(조선총독부령 제3호)으로 지방관에게 강습회의 내용, 장소, 기간 등의 사항을 인가받도록 하고 있었음에도 이 조항을 통해 지방관의 자의적인 판단으로 학교유사 여부를 결정하게 하고 이에 의거해 금지명령과 같은 더욱 강력한 조치를 취할 수 있게 한 셈이다. 당시 교회나 YMCA 등의 기관에서 성경공부와 함께 한글이나 일반 학과를 가르치던 경우가 많았는데 이 규제의 대상이 되었을 것으로 생각된다.

1930년 개정의 경우는 여러 부분에서 이루어졌는데 크게 다음 세 가지로 나누어 볼 수 있다.[40] 첫째는 사립각종학교의 기숙사에 대한 감독 강화였다. "종래 등한시되어 왔지만 근래 학생, 생도의 언동 및 사상의 경향을 볼 때 기숙사와의 관계는 교육상 크게 주의할 필요 있다고 여겨" 설치인가 조항 중에 기숙사에 대한 것을 첨가했다고 한다.[41] 1929년 광주학생운동에 배재, 이화 등 사립학교들의 참여가 잇따르자 대책의 하나로 기숙사에 대한 감독강화를 꾀한 것이다. 또한 학교인가의 조건으로 기숙사시설을 추가하여 학교에 재정상의 부담을 가중시키려는 의도이기도 했다.

둘째, 교원의 신상에 대한 인가사항을 규정한 제13조의 개정이다. 종래 채용의 경우만 인가를 필요로 했지만 이제 이를 해직시에도 의무화했다. 해직사유의 파악 등을 통해 사립학교 교원임용에 관한 간섭을 강화하고, 특히 사립학교들이 의무적으로 채용해야하는 일본인 교원의 해직을 사립학교가 임의로 하지 못하도록 한 장치였다.

셋째, 부칙의 개정으로 1922년 사립학교규칙에서 사립중학교와 고등

---

39) 『朝鮮敎育年鑑』, 朝鮮敎育圖書出版部, 1936, 337쪽.

40) 『朝鮮總督府官報』 1930. 4. 16.

41) 위의 자료.

보통학교에는 유예되었던 재단법인의 설립이 의무화되었다.[42] 덧붙여 1930년 개정규칙과 함께 정무총감이 도지사들에게 발령한 통첩 '사립학교규칙 중 개정의 건'에서 이와 관련된 지시가 내려졌다. "기설 학교 중에서 재단법인을 설립할 필요가 있는 학교로서 아직 재단법인의 설립이 없는 것에 대해서는 당분간은 개정규칙을 적용하지 않더라도 재단법인으로 하도록 장려하고 소기의 목적을 달성함에 유감이 없도록 할 것"이고, 나아가 "규정의 범위를 확장하여 중등정도 이상의 학교에 있어서는 재단법인을 설립시켜 재정불안에 기초한 諸種의 교육상 폐해를 제거하고 개선을 기하도록 할 것"이라는 지시였다.[43] 사립중학교·고등보통학교는 물론 각종학교로서 중등 정도의 교육을 하는 학교에는 재단법인을 의무적으로 설립하도록 한 내용이다. 이와 관련 1931년 지정학교가 된 장로교계 학교 신성은 재단법인 조직을 전제로 법적 유예기간을 얻어 지정을 받은 후 법인 설립을 위한 모금운동을 계속하고 있다.[44] 이 같이 전시체제기에 명맥을 잇고 있던 사립학교들은 재단법인 설립을 위해 지속적으로 노력해야 했다. 당국은 법인설립을 장벽으로 사립학교의 존립을 어렵게 하여 학교들을 도태시킬 수 있었고, 일단 법인이 설립된 사립학교에는 '조선민사령'과 '법인의 설립 및 감독에 관한 규정'에 근거한 통제를 가할 수 있었다.

---

42) 1930년 부칙규정은 다음과 같다. "본령 시행의 때에 현존하는 고등여학교, 여자고등보통학교 및 직업학교, 실업보습학교 이외의 실업학교에 대해서는 당분간 제4조의 규정을 적용하지 않는다." 제4조는 다음과 같다. "사립의 전문학교, 중학교, 고등보통학교, 고등여학교, 여자고등보통학교 또는 직업학교 및 실업보습학교 이외의 실업학교의 설립자는 그 학교의 설립유지에 족한 재산을 소유한 재단법인일 것을 요한다." 따라서 사립의 전문학교와 중학교, 고등보통학교는 재단설립이 유예되지 않는다.

43) 『朝鮮敎育年鑑』, 337~338쪽.

44) 『조선일보』 1938. 1. 20; 박혜진, 「선천지역 미션스쿨의 지정학교 승격과 학교 인계 과정 연구」, 169~171쪽.

이어진 1937년의 사립학교규칙 개정은 1935년 평양학교의 신사참배 문제에서 발단한 장로교 선교회의 교육철수와 관련된 것으로, 우선 신사 참배 사건을 둘러싼 사건의 경과를 살펴볼 필요가 있다. 신사참배를 둘러싼 평양학교들과 당국의 갈등은 1932년에도 이미 두 차례 있었다. 만 주사변에서 사망한 일본병사들에 대한 참배에 숭실학교 등이 참여를 거부하면서 발생한 사건들이었다.[45]

1932년은 일본에서도 카톨릭계 上智대학 학생들의 야스쿠니신사참배 거부사건이 발생했던 해이다. 일본의 카톨릭계는 신사참배는 종교적인 것이 아니라 교육적인 이유에 기초한 애국심과 충성의 표현일 뿐이라는 문부차관 통첩(1932. 9. 22)을 그대로 수용하여, 샴봉(Chambon) 대주교 가 산하 학교들에 신사참배 참여를 통고하면서 상황을 수습했다. 그러나 유사한 상황에서 평양의 기독교계 학교들은 신사참배를 거부했고, 1932 년 11월 17일 조선총독부 학무국장은 일본 문부성 종교국장에게 취급방 침을 문의했다. 문부성의 회답은 직접적인 지시사항이 아니라 上智대학 사건 당시 문부차관 통첩과 샴봉 대주교의 통지문으로 구성되어 있어, 조선총독부에 上智대학 방식의 해결을 권고한 의미로 해석된다.[46]

만주국 설립 이후 국제여론을 의식하고 있던 일본의 입장에서는 아직 기독교계 학교들에 대한 신사참배 강제가 부담스러운 일이었다. 1932년 평양학교들의 신사불참배 사건은 일단 유야무야된 듯 보였다. 이후에도 신사참배에 관한 식민당국과 선교사들의 협상은 물밑에서 계속 진행되

45) 안종철, 「미국 북장로교 선교사들의 활동과 한미관계, 1931~1948」, 서울대학교 박사학위논문, 2008, 29~34쪽.

46) 이 같은 내용의 회답에 대해 고마고메 다케시는 조선의 교육은 문부성의 관할 외 였기 때문에 직접적인 방침을 지시하는 데 주저했을 가능성이 컸던 것으로 보고 있다. 또한 일본 내에서도 우선 카톨릭계 학교를 목표로 한 것은 미국이나 영국 기독교계를 상대하기가 조심스러웠기 때문일 것이라 지적하고 있다. 駒込武, 「一 九三〇年代台湾·朝鮮·內地における神社參拜問題 - キリスト教系學校の変質·解体を めぐる連鎖構造」, 『立教學院史研究』 3, 2005, 6-10, 15쪽.

었지만 신사참배에 대한 당국의 근본 입장은 변하지 않았다. 당국으로서
는 어떤 계기가 필요했을 뿐이다. 1933년 3월 일본의 국제연맹 탈퇴는
하나의 신호탄이었다. 당국과의 협상과정에서 재조선 선교사들은 지속
적으로 선교본부에 사문을 구하면서 신사불참배 방침을 굳혀가고 있었
다. 장로교총회에서도 기독교계 학교가 신사 및 관련 의례에 참여할 수
없음을 결의하고 교섭위원을 선출하여 당국과 교섭을 전개했다. 교섭이
원만하게 진행되지 않는 가운데 1934년 12월 6일 신사참배에 관한 청원
서가 당국에 재차 제출되었다. 이에 대해 총독부는 조선교육령에 의해
운영되는 학교인 이상에는 당국의 교육정책에 따라야 한다는 입장을 다
시 분명히 했다.47) 그 직전인 1934년 9월 우가키 총독은 전국 중학교장
회동 석상에서 다음과 같이 말한 바 있다.

> 나의 취임 당시에 있어서는 국가의 축제일에도 국기를 게양하지 않는 것이
> 거의 일반적이고 일부 민중의 감정 내지 학도의 맹휴 등을 꺼려 (교육)칙어의
> 봉독조차 조심스럽게 하고 있는 곳도 있었던 것 같습니다. 이 같은 한심한 사
> 태는 결코 간과할 수 없어 이를 알게 된 후 조속히 일반의 주의를 환기시키기
> 위해, 국체를 존숭하고 君國에 충실하고 도의에 정진하는 것이 국민된 자격
> 의 기초이고 최고의 의무로 이 점을 수양에 缺하는 자는 어떠한 학예·기능에
> 뛰어나다 해도 국민으로서의 자격이 없는 것이고 또 이러한 인물을 양성하는
> 학교는 국가에 무용 아니, 유해한 존재이므로 이 같은 학도와 학교가 있다면
> 단호하게 퇴학시키는 것도 불가하지 않고 폐교도 가능하다는 의미를 諭하고
> 엄히 경계했습니다만, 이삼년 후인 지금은 이 같은 좋지 않은 습관이 제거되
> 었습니다. (괄호: 필자).48)

이는 당국의 방침을 따르지 않으려면 학교의 폐쇄까지 각오하라는 일
종의 경고였다. 1935년 3월, 1932년의 불참배사건을 담당했던 후지하라

---

47) 朴均燮, 「心田開發論과 教育引退問題」, 『日本學報』 47, 2001, 477~478쪽.
48) 『伸び行く朝鮮 - 宇垣總督講演集』, 56~57쪽.

기조(藤原喜藏) 도지사 대신 야스다케 타다오(安武直夫)가 평안남도지사
로 임명되었다. 야스다케는 대만총독부 문교국장으로 "최근 대만 선교
회와 기독교계 학교에 대해 신사참배 정책을 강제하여 큰 성공을 거둔"
인물로 인식되고 있었다.[49] 야스다케는 1919년 정무총감 미즈노 렌타로
주도의 인사에 의해 조선총독부 문서과장 등으로 근무한 경력이 있다.
1919년 함께 조선에 건너와 내무국 제1과장으로 임명되었던 와타나베
도요히코(渡邊豊日子)는 1935년 당시 조선총독부 학무국장으로 재직하
고 있었다.[50]

1935년 9월 학교직원들의 敬神崇祖, 국체관념 명징을 독려하라는 학
무국장 통첩이 도지사들에게 발령되었다.[51] 1935년 11월 평안남도 도지
사가 소집한 중등학교장 회의에서 평양신사 참배가 제의된 것은 예정된

---

49) Letter T. S. Soltau from to C. B. McAree, Jan. 25, 1936, 이만열/엮음, 『신사참배
    문제 영문자료집 - 미국 북장로회 해외선교부 문서 편』 II, 한국기독교역사연구
    소, 2004, 54쪽.

50) 야스다케는 도쿄대학 법학부를 졸업한 후 내무성 경보국 사무관 등을 거쳐 1919
    년 10월 조선총독부 사무관으로 임명되어 문서과장 등으로 근무했다. 1922년 일
    본으로 돌아가 사회국 서무과장에 임명되었고, 1927년 資源局을 거쳐 1932년 대
    만총독부 문교국장으로 부임했다. 평남지사 취임시 매일신보에 게재된 인터뷰에
    서 야스다케는 조선은 15년 만이지만 문서과장 시절 평양을 방문한 적이 있으며
    총독부와 각 도에 親知도 많다고 밝히고 있다. 『朝鮮總督府官報』 1919. 12. 11;
    『朝鮮公論』 제23권 제5호, 1935, 56쪽; 『매일신보』 1935. 4. 11, 4. 13; 국사편찬
    위원회 한국사데이터베이스 한국근현대인물자료; 야스다케는 대만 문교국장 재임
    시 '종교계 단체 경영 학교의 신사불참배 기타 불참배에 관한 건'(1932. 12. 20)이
    라는 통첩을 발령하여 대만 신사참배문제에 대한 당국의 지침 내지 예규의 기초
    를 마련했다. 발령된 통첩의 別紙에는 1932년 11월 17일 조선총독부 학무국장이
    일본 문부성 종교국장에게 신사불참배 취급방침을 문의한 내용과 그에 대한 일본
    정부의 답변 - 上智대학 사건 당시 문부차관 통첩과 샴봉 대주교의 통지문이 포함
    되어 있어, 신사참배문제에 대한 일본 - 조선 - 대만 간의 연쇄적 진행상황을 잘
    보여주고 있다. 이에 대한 상세한 연구로는 駒込武, 「一九三○年代台湾·朝鮮·內
    地における神社參拜問題 - キリスト教系學校の変質·解体をめぐる連鎖構造」를 참조.

51) 국가기록원 소장문서 CJA0004831 『종교사원창립 포교관리자 기타에 관한 건』
    1936.

수순이었다. 도지사의 신사참배 요구를 거부한 3개 기독교계 학교 - 숭
실, 숭의, 의명학교의 교장들에 대해 야스다케는 12월 20일까지 신사참
배 여부와 학생들의 참배여부를 답하도록 지시했다.[52] 또 신사참배 반
대결의가 예상되는 12월 13일 평양노회의 임시총회에 대해 집회금지를
명령하고 경찰을 동원해 노회 간부들의 모임을 차단했다.[53] 회유와 협
박에도 불구하고 숭실학교 교장 매큔(George S. McCune)은 12월 19일
신사참배는 불가능하다는 답변서를 제출했다.[54]

　　매큔의 신사참배 거부의사에 맞서 야스다케는 총독부 학무국장에게
매큔에 대해 학교장 사직을 권고하고 싶다고 요청했다. 총독부는 일단
현지에서 가능한 한 평온하게 문제를 해결하려 했다.[55] 기독교계를 중

---

52) 당시 숭실의 교장 매큔은 '제1회 전 조선 예수사립보통학교 교원수양회'를 의욕
　　적으로 추진하고 있었는데 이러한 점도 사건발생의 한 원인이 되었을 가능성이
　　있다. 105인 사건으로 국외로 추방당한 전력이 있는 매큔은 배일선교사의 대표적
　　인 인물로 일찍부터 당국에 지목되고 있었다. 『기독신보』 1935년 10월 2일자의
　　공고를 보면, 교원수양회는 1935년 12월 26일부터 이듬해 1월 2일까지 숭실전문
　　학교에서 개최되어 전국의 기독교계 사립보통학교 교원 등을 대상으로 聖經教授
　　法, 朝鮮文法, 교육과 종교, 사립학교문제 등의 과목을 가르칠 예정이었다. 기독교
　　교육이 금지된 정규 사립학교에 근무하는 교원들에게 이 같은 내용을 강습하려
　　한 시도는 당국의 방침에 완전히 역행하는 움직임이었다. 그러나 이후 매큔의 사
　　임문제를 놓고 1936년 초까지 당국과 교섭이 계속되는 와중에 수양회가 실제로
　　개최되었는지는 알 수 없다. 『동아일보』 1935. 9. 22; 『基督申報』 1935. 10. 2.

53) 日本外務省 外交史料館 소장문서 B04012557300 「本邦神社關係雜件 第一卷 3.
　　平壤神社」, 『外務省記錄』 I 門 文化·宗教·衛生·勞働及社會問題, 2類 宗教·神社·
　　寺院·教會; 『신한민보』 1936. 1. 9.

54) 신사참배문제와 선교사들의 학교사업 철수에 관한 자세한 내용은 다음의 연구를
　　참조. 김승태, 『한말·일제강점기 선교사연구』; 안종철, 「미국 북장로교 선교사들
　　의 활동과 한미관계, 1931~1948」; 이성전, 『미국선교사와 한국근대교육 - 미션스
　　쿨의 설립과 일제하의 갈등』.

55) 「南鮮及平壤二於ケル外國人私立學校長ノ神社不參拜問題ノ經緯並其後ノ經過概要」,
　　『朝鮮教育令及學校規定綴』. 이 문서는 국립도서관 소장의 『朝鮮教育令及學校規
　　定綴』(朝鮮總督府學務局, 1939)에도 들어가 있지만, 『大野綠一郎關係文書』 중
　　제74회 제국의회설명자료(1938. 12)에 포함되어 있는 것으로 볼 때 애초에 의회

심으로 신사참배에 대한 거부운동이 전국적으로 확산되는 것을 막기 위해서였다.

12월 30일 야스다케의 요청에 따라 학무국장은 매큔을 총독부로 불러 諭旨를 전달하고 엄중한 경고를 했다. 종교와 교육을 혼동한 매큔의 행동은 국민교육상으로는 물론 일반 기독교도들의 행동에도 중대한 결과를 초래할 것이므로 학생과 함께 신사에 참배할 것을 지시하고 그렇지 않을 경우 "필요한 처치"를 강구하겠다는 내용이었다.56) 이 자리에는 학무국장 와타나베와 사무관 오노 겐이치(大野謙一) 외에 매큔과 북장로회 실행위원회의 홀드크로프트(James G. Holdcroft), 솔타우(Stanley T. Soltau)가 동석했다. "필요한 처치"의 구체적인 의미에 대해 와타나베는 매큔 스스로의 사임이나 도지사에 의한 사임명령뿐 아니라, 학생들의 신사참배를 허락하지 않을 경우 학교폐쇄까지 시행할 예정임을 분명히 하고 있다. 또한 신사참배는 모든 학교에서 당연히 시행되어야 하며 특별히 공립학교와 동일한 특권을 인정받은 지정학교들이 배제될 수 없다고 강조했다. "학교는 더 이상 기독교 일꾼을 훈련하기 위한 신학교처럼 될 수는 없다"는 것이다.57)

1936년 1월 16일 야스다케 도지사는 다시 매큔을 도청에 불러 최후회답을 요구했고, 1월 18일 매큔이 신사불참배 의사를 재표명함에 따라 사립학교규칙 제14조에 의거해 숭실학교장 인가취소지령을 발령했다. 마

제출을 위해 만들어진 것으로 보인다.

56) 이 경고의 요지문은 「崇實學校長尹山溫氏二對スル警告要旨」라는 제목으로 1936년 2월 21일 발령된 학무국장 통첩 '神社와 종교에 관한 건'의 첨부문서로서 다음 문서철에 포함되어 있다. 국가기록원 소장문서 CJA0004831 『종교사원창립 포교 관리자 기타에 관한 건』 1936. 또한 다음 자료집 72~73쪽에 영문번역본이 실려 있다. 이만열/엮음, 『신사참배문제 영문자료집 – 미국 북장로회 해외선교부 문서 편』 II, 한국기독교역사연구소, 2004.

57) "NOTES ON CONFERENCE OF DEC. 30th, 1935.", 이만열/엮음, 『신사참배문제 영문자료집 – 미국 북장로회 해외선교부 문서 편』 II, 51쪽.

찬가지로 신사참배를 거부한 장로교 소속 숭의여학교 교장 스눅(Snook)
도 1월 20일 교장인가를 취소당했다. 반면, 안식교 소속 의명학교는 당국
의 방침을 수용하는 길을 택했다. 당시 매큔은 숭실학교뿐 아니라 숭실전
문학교장이기도 했기 때문에 야스다케는 그 인가취소에 관해서 총독부에
문의했다. 1922년 개정 이후 설치된 사립학교규칙 제14조에 근거하여 숭
실학교에 대해서는 도지사의 학교장 인가취소권을 발동한 것이고, 숭실
전문학교에 대해서는 인가취소권자인 총독에게 승인을 요청한 것이다.[58]
총독부의 결정에 따라 1월 20일 매큔의 전문학교장 자격 역시 취소되었
다.[59] 1936년 1월 20일 학무국장 작성 문서 「숭실전문학교장 파면에 대
해」에는 그 이유가 다음과 같이 제시되어 있다.

> 숭실학교는 조선교육령 및 전문학교령에 의해 설립된 것으로 조선교육령
> 및 전문학교령에 의하면 국체관념의 함양은 교육상 가장 중시되는 것이다.
> 국체관념의 양성이 우리 국민도덕의 근원인 敬神崇祖의 念을 두텁게 함에 의
> 해 달성될 수 있는 것임은 말할 필요도 없는 것이므로 본부는 (매큔이) 숭실
> 전문학교장으로서도 역시 부적당하다고 인정하여 부득이하게 파면의 조치를
> 한 것이다. (괄호: 필자).[60]

결과적으로 야스다케 도지사의 조치는 단독으로 내려진 것이 아니라
총독부와의 협의에 의한 것임은 의심할 나위가 없다. 12월 30일 와타나
베 학무국장의 발언에서도 이는 명확하게 드러난다. 신사참배는 종교가

---

58) 사립학교규칙 제14조는 다음과 같다. "학교장 또는 교원 채용을 인가한 관청은
교장·교원이 부적당하다고 인정될 때 그 해직명령 또는 인가취소를 할 수 있다."
따라서 지정학교였지만 각종사립학교였던 '숭실학교'는 사립학교규칙상 학교장
인가권자였던 도지사에게 인가취소권이 있었고, 제2차 조선교육령하에서 전문학
교령의 적용대상이었던 '숭실전문학교'는 조선총독에게 인가취소권이 있었다.

59) 「南鮮及平壤ニ於ケル外國人私立學校長ノ神社不參拜問題ノ經緯並其後ノ經過概要」.

60) CJA0004831 「崇實專門學校長罷免に就て」, 『종교사원창립 포교관리자 기타에 관
한 건』1936.

아닌 국가의례이며 사립학교도 예외가 될 수 없다는 입장은 도지사와 총
독부가 동일했다. 단지, 사건 이후 야스다케의 경질 상황을 고려하면 대
응방식의 강도 내지 완급조절이라는 측면에서 야스다케와 총독부의 입
장 차이가 존재했을 가능성은 있다. 특히 숭실학교장 인가취소 조치와
관련된 제국의회 설명자료「南鮮 및 平壤에 있어 外國人私立學校長의
神社不參拜問題의 經緯 및 그 後의 經過槪要」를 보면, 매큔의 사임권고
와 숭실전문학교장 인가취소에 대해서는 야스다케로부터 총독부에 문의
내지 요청이 있었다고 밝히고 있지만 숭실학교장 인가취소에 대해서는
총독부와의 사전 교섭에 대해 기술하고 있지 않다.[61] 총독부는 인가취
소라는 극단적인 조치보다는 사임을 권고하여 자발적으로 물러나게 하
는 방식을 고려하고 있었던 것이 아닌가 짐작된다. 고마고메 다케시 역
시 최근 연구에서 재경성 영국공사의 보고를 인용하여 야스다케의 돌출
적인 대응은 조선총독부의 방침과 어긋났고 군부로부터 부추겨진 행동
이었다고 기술하고, 신사참배문제에 대한 일본 우익 특히 재향군인회의
활동을 주목하고 있다.[62] 1936년 5월 평남지사에서 경질된 야스타케의
후임은 총독부 보안과장 출신의 가미우치(上內彦策)로, "평남도지사 시
절 神棚知事라는 별명을 얻을 정도로 敬神崇祖의 필요성을 역설하는 신
념이 강한 사람"이었다.[63]

---

61)「第79回 帝國議會說明資料 − 法務 學務 警務 衛生」, 1941. 12,『大野綠一郎關係文書』.
62) 단, 고마고메도 총독부의 방침과 관련하여 우가키 총독이 신사참배에 반대했을 리
   가 없으며 미묘한 판단의 차이가 존재했을 가능성이 있다고 보고 있다. 야스다케
   의 평남지사 임명과 퇴진, 그와 관련된 총독부의 개입, 신사참배문제에서 양자의
   입장 차이, 군부세력의 관여 등은 앞으로 좀 더 검토가 필요한 부분이다. 駒込武,
  「一九三〇年代台灣·朝鮮·內地における神社參拜問題 − キリスト敎系學校の變質·解
   体をめぐる連鎖構造」,『立敎學院史硏究』3, 2005, 17쪽; 고마고메 다케시,「1930년
   대 타이완에서의 미션스쿨 배격운동」, 사카이 나오키 외,『총력전하의 앎과 제도』,
   이종호·임미진·정실비·양승모·이경미·최정옥/옮김, 소명출판, 2014, 279~280쪽.
63) 국사편찬위원회 한국사데이터베이스 한국근현대인물자료; 야스다케는 사건이 마
   무리된 직후인 1936년 5월 평남지사에서 물러나 다른 직위에 임명받지 못하고 도

후일 오노 도쿠이치로(大野綠一郎) 정무총감의 기술대로 "기독교의 교의는 본래 그 근저부터 일본의 국체 및 국민도덕에 융합함이 불가능한 것으로" 1935년의 평양 신사불참배사건은 언젠가 터질 일이 터진 것이기도 했다.[64] 사건 얼마 후 우가키의 『일기』에는 1936년 4월 29일 天長節(천황탄생일)에 외국인 신사참배객이 증가했다면서 이는 "신사참배문제에 대한 우리의 태도와 心田개발의 영향"이라고 자찬하는 내용이 보인다.[65] 자신감을 얻은 당국은 신사참배 지시를 전국의 기독교계 학교와 교회들에 확대해갔다.

1936년 1월 총독부는 심전개발위원회를 개최하고 '심전개발시설요항'을 발표하여 종교 각 교파는 물론 학교교육에서 더욱 적극적으로 심전개발운동을 실행할 것을 천명했다.[66] 1936년 2월 학무국장이 도지사들에게 발령한 통첩 '신사와 종교에 관한 건'은 기독교 관계자들을 선도하여 심전개발운동에 지장이 없도록 주의시키고 있다. 통첩은 신사참배는 종교가 아니므로 학교에서 교직원과 학생들이 참배하는 것은 국민도덕상 당연한 일이고, 개인의 신앙의 자유를 침해하는 것이 아님을 유의시키도록 지시한 내용이다. 특히 이 통첩은 기독교 각 교파의 포교관리자를 통해 일반 교역자나 신도들에 대해 위의 취지를 철저히 할 것을 지시하고, 통첩의 별지로 포교관리자 명부를 첨부하고 있다.[67]

1936년 6월 개최된 북장로교 선교회 연회는 신사참배가 강요되는 상황 속에 학교사업을 지속할 것인가를 논의하는 중요한 회의였다. 연회의

쿄로 퇴관했다. 공문서상으로도 그의 행적은 더 이상 추적되지 않는다. 언론의 화려한 조명을 받았던 도지사 취임 때와는 전혀 다른 상황이었다고 할 수 있다. 『매일신보』 1936. 5. 22.

64) 「第79回 帝國議會說明資料－法務 學務 警務 衛生」, 1941. 12, 『大野綠一郎關係文書』.

65) 『宇垣一成日記』 2, 1061쪽.

66) 『朝鮮公論』 1936, 2, 84~85쪽.

67) 국가기록원 소장문서 CJA0004831 「神社ト宗敎ニ關スル件」, 『종교사원창립 포교관리자 기타에 관한 건』 1936.

시작 전에 실행위원들은 연회에서 신사참배문제 자체가 토의되지 않을 것이며 그와 관련된 어떠한 방침도 취해지지 않을 것이라는 점을 당국에 서약해야만 했다. 연회에는 매 회의마다 경찰관이 참석했고 위원회의 결정사항들은 낭독하기 전에 사본으로 경찰에 제출되어야만 했다.[68] 이미 1915년 개정사립학교규칙하에서 교육사업 철수까지 각오했었던 장로교 선교사들은 결국 조선에서 교육사업을 포기하기로 결정했다. 연회에서 가결된 교육철수안은 9월 미국 선교본부의 승인을 얻었다. 추이를 살피던 남장로교도 당국이 1936년 10월 秋季例祭에 학교생도들의 신사참배를 명한 통첩을 다시금 발령하자, 11월에 소속 학교를 폐쇄할 것을 결의했다. 신사참배에 대해 가장 크게 반발한 남장로교는 '풀톤(Fulton)성명'을 발표하고 소속 학교 모두를 폐교시키는 절차를 밟았다. 이로 인해 광주의 숭일, 목포의 영흥·진명, 순천의 매산, 전주의 신흥·기전, 군산의 영명학원이 폐교되었다. 남장로교의 강경한 입장은 북장로교의 폐교 움직임을 가속화시켰다.[69]

1939년 학무국에서 작성한 「남선 및 평양의 외국인 사립학교장 신사불참배문제의 경위 및 그 후의 경과개요」에는 남·북 장로교 학교들의 폐쇄결의 이후의 상황이 자세하게 정리되어 있어 총독부가 지대한 관심을 가지고 경과를 주시했음을 알려준다.[70] 학교폐쇄 과정에서 조선인에게 학교를 인계하는 문제와 함께 재산처리문제 등이 복잡하게 전개되자 총독부는 1937년 4월 사립학교규칙을 개정해 기존에 신고사항이었던 사

---

68) 이러한 서약은 1937, 1938년의 연회에서도 반복되었다. 당시 당국이 신사참배 반대결의가 선교회의에서 공표되어 사회적인 파장이 커질 것을 극도로 우려하고 있었음을 알 수 있다. Harry A. Rhodes and Archibald Campbell, edits., *History of The Korea Mission: Presbyterian Church in The U.S.A.*, v. 2, 1935~1959, pp.9~11.

69) 한국기독교역사연구소/편, 『한국기독교의역사』 II, 296~299; 이성전, 『미국선교사와 한국근대교육 - 미션스쿨의 설립과 일제하의 갈등』, 265쪽.

70) 「南鮮及平壤ニ於ケル外國人私立學校長ノ神社不參拜問題ノ經緯並其後ノ經過槪要」.

립학교의 유지방법, 수업료와 입학금의 변경과 사립학교의 폐지에 관한 것을 인가사항으로 전환시켰다.[71] 기독교계 사립학교의 폐쇄와 인계과 정에 당국이 개입할 수 있도록 통로를 만들었다고 볼 수 있다.

개정법령은 공포 즉시 적용된다고 규정하고 있었기 때문에 1937년 6월 장로교 선교회연회에서는 법률 개정으로 경신학교의 폐교에 당국의 인가가 필요해진 데 따른 문제가 논의되었다.[72] 폐교절차가 진행되던 숭실, 숭의의 경우도 개정규칙 때문에 폐교 인가가 반려된 채 교직원과 학생의 처리 문제 등을 당국과 협의해야만 했다. 숭실의 폐교 직전에는 총독부의 제안으로 당국이 학교 건물 일부를 빌려서 사용하는 일도 있었다고 한다.[73] 한인보, 이춘섭 등이 숭실전문학교를 계승하려는 시도를 했지만 사립학교 성립에 최소 50만 엔이 필요하다는 당국의 요구 때문에 좌절되기도 했다. 평양예수교장로회의 도 당회를 비롯한 평양 기독교계 인사들의 노력에도 불구하고 결국 평양학교들은 폐교되었다. 철저하게 보수적인 신학적 입장을 견지했던 평양 북장로교 선교사들의 성향과 함께 학교폐지문제가 집중적으로 논의되던 1936년 말~1937년 초 학교에 이사진을 파견하던 노회들이 파견을 중지하기로 결정한 것도 폐지의 한 배경으로 작용했다.[74] 1938년 3월 19일 폐교인가 이후 숭실전문 학생들은 연희전문으로 편입하고, 숭실중학 학생들은 총독부가 설립한 평양제3중학교에, 숭의여학교 학생들은 평양여자고등보통학교에 수용되었다.[75] 사립학교규칙에 신설된 폐교인가 절차를 통해 기독교계 학교의

---

71) 『朝鮮總督府官報』 1937. 7. 22.

72) 『동아일보』 1937. 12. 8.

73) 李省展, 『미국선교사와 한국근대교육-미션스쿨의 설립과 일제하의 갈등』, 269~270쪽.

74) 박혜진, 『1920~30년대 미국북장로회선교부 관할 중등학교 운영과 한국인 인계과정 연구』, 127~174쪽. 그런데 이 지역 노회들이 왜 이 시기에 이사파견을 중지했는지에 대해서는 앞으로 좀 더 연구가 필요한 부분이라 여겨진다.

75) 위의 글.

승계와 사후처리를 당국의 방침에 맞는 방향으로 유도하려 했음을 볼 수 있다.

평양의 장로교 학교들과 남장로교 소속 학교들은 모두 폐교처리되었지만, 기타 지역의 장로교 학교들은 교육철수에 반대하는 언더우드를 포함한 일부 선교사들과 학교승계를 원하는 조선인들의 노력에 의해 형태를 바꾸어 존속되었다. 실제로 당시 폐교위기를 맞은 기독교계 학교들을 살리기 위한 조선인들의 기부운동은 전국적으로 활발히 전개되었고, 이는 조선학교와 조선교회의 문제로서 선교사들이 결정할 것이 아니라는 비판도 강력하게 대두되었다.76) 이러한 움직임으로 인해 몇 개의 학교는 조선인들에게 인수되어 존속될 수 있었다.

대표적으로 경신의 경우 1920년대 지정학교 승격 이후 1929년부터 경기노회와 선교회의 공동경영이 이루어지고 있어 학교인계 과정에 조선인들이 적극적으로 참여할 수 있었다.77) 경신학교는 부교장 최태영과 친척관계이던 황해도 안악의 대부호인 김씨 가문에 의한 인수교섭이 계속되어 1939년 3월 학교부지와 건물을 다른 곳으로 이전하고 학교명을 바꿀 것을 조건으로 교섭이 타결되었다. 최태영의 회고에 따르면 당시 선교사들은 다수결에 의한 친일행각을 우려해 학교 이사진에 여러 사람이 참여하는 것을 극도로 꺼려했다고 한다. 학교의 정릉 이전과 학교명 변경이라는 조건도 신사참배에 휘말리지 않도록 한 일이고, 결국 참배를 허용하게 되는 경우는 학교명을 바꾸기로 약속했다고 한다. 광산을 소유한 자산가로 메이지대학에서 법학을 공부했던 최태영은 안악 김씨 문중

---

76) 이즈음의 『基督申報』에는 학교를 인수할 조선인 독지가가 나설 것을 촉구함과 함께 선교회에서 조선기독교가 독립해야 함을 주장하는 글들이 많이 등장하고 있다. 『基督申報』 1936. 1. 8, 1. 15, 1936. 2. 12, 2. 26, 1937. 1. 13, 2. 10, 2. 17, 3. 10, 3. 17, 3. 24, 5. 196. 30, 7. 6, 7. 7, 7. 14.

77) 박혜진, 『1920~30년대 미국북장로회선교부 관할 중등학교 운영과 한국인 인계과정 연구』, 160쪽.

의 김홍량과 함께 두 사람만이 전권을 가지는 재단법인을 1939년 3월에 설립했고, 곧바로 일본이 경영하는 조선식산은행에 13만원의 근저당을 설정하여 당국의 압류를 막아 끝까지 학교를 지킬 수 있었다.[78]

대구의 신명과 계성은 선교본부의 승낙을 얻어 경북노회에 인수되어 유지되었다. 처음에 조선선교회는 선교회총회의 결정대로 두 학교를 폐지할 것을 주장하여 인수에 반대입장을 표시했다. 그러나 이 두 학교에 관해서는 1921년의 협정으로 선교회와 노회가 공동경영을 하면서 "일방이 引退할 시는 다른 일방이 이를 계속 경영"한다고 정해져 있었기 때문에 경북노회의 학교 인수가 가능했다.[79] 또 1927년부터 평북·의산 노회가 선교부와 공동경영을 시작하면서 조선인이 학교의 이사와 설립자에 참여했던 선천의 신성·보성학교도 지역사회의 도움을 받아 노회에 인계될 수 있었다.[80]

일제말기인 1939년, 1941년 해당법령에 근거한 교파별 기독교계 사립학교의 상황은 다음과 같다.

〈표 22〉 1939년·1941년 기독교 교파별 학교종류와 통계

학교의 종류 / 敎派의 명칭	전문정도학교		중등정도학교				초등정도학교		유치원	강습소 및 서당	합계
	전문학교규정에 의한 것	사립학교규칙에 의한 것	중학교규정에 의한 것	고등여학교규정에 의한 것	실업학교규정에 의한 것	사립학교규칙에 의한 것	소학교규정에 의한 것	사립학교규칙에 의한 것			
천주교		1(0)			1(1)		2(8)	9(9)	16(16)	27(28)	65(62)
조선예수교		(1)	1(1)	1(1)		7(4)	9(4)	82(66)	103	80(52)	283

78) 최태영에 의하면 해방 직전인 1945년 총독부 학무과장은 그를 구금하여 은행의 저당을 갚고 학교를 인계하도록 협박하는 등 일제당국에 의한 학교인계 요구는 계속되었다고 한다. 최태영, 『최태영회고록 인간단군을 찾아서』, 학고재, 2000, 105~116쪽; 경신사편찬위원회/편, 『경신사』, 경신중고등학교, 1991, 525~554쪽.

79) 啓聖八十年史編纂委員會/편, 『啓聖八十年史』, 172~176쪽.

80) 박혜진, 『1920~30년대 미국북장로회선교부 관할 중등학교 운영과 한국인 인계과정 연구』, 96~98, 192~196쪽.

장로회									(111)		(240)
기독교 조선감리회	1(1)	1(0)	2(2)	5(5)		3(3)	16(12)	30(21)	65(54)	24(20)	147 (118)
성공회									3	5(2)	8(2)
제칠일 안식일 예수재림교						1(1)		4(3)		10(9)	15 (13)
구세군							1(0)			4(4)	5(4)
일본 기독교회					1(1)				(1)		1(2)
일본 감리교회										3	3
감리교· 장로교 연합	2(2)					1(1)					3(3)
합계	3(3)	2(1)	3(3)	6(6)	2(2)	12(9)	37(24)	125(99)	190 (182)	150 (115)	530 (444)

* 출전: 『朝鮮に於ける宗教及享祀要覽』, 朝鮮總督府 學務局 社會敎育課, 1939, 1941.

** 괄호 외의 숫자는 1939년, 괄호 안의 숫자는 1941년의 학교 수를 표시함.

*** 일본기독교회와 일본감리교회는 1941년도에는 일본기독교단으로 통합되었고 이에 따라 괄호 안의 숫자는 일본기독교단의 학교 수를 나타냄.

이 표에서 '전문학교규정'에 의해 설립된 것은 감리회의 이화여자전문학교, 감리·장로 연합의 연희전문과 세브란스의전(1941년에는 旭醫學專門學校로 개명)이다. 중등학교로서 '중학교규정'에 의한 정규 중학교는[81] 캐나다장로회의 영생중학교와 감리교의 배재, 광성이고, 고등여학교는 캐나다장로회의 영생고등여학교와 감리교의 배화, 이화, 호수돈, 정의, 누씨였다.[82] '사립학교규칙'에 의한 중등 정도의 사립각종학교는 서울의 경신, 대구의 신명, 계성 등과 같이 조선인들에 의해 인수된 장로교계열 학교들이었을 것으로 생각된다. 그 외에 살아남은 정규의 사립중등교육기관은 신사참배를 종교의식이 아닌 국가의례로 수용한 감리교계 학교들과 캐나다장로교계열 학교들뿐이었다. 어렵게 존속을 결정한 이들 학교들도 통제일변도로 가는 전시체제하에서 지속적인 압박들을 견

---

81) 제2차 조선교육령하의 고등보통학교는 1938년 제3차 조선교육령 이후 중학교로, 여자고등보통학교는 고등여학교로 명칭이 바뀌었다.

82) 『朝鮮に於ける宗教及享祀要覽』, 朝鮮總督府 學務局 社會敎育課, 1939, 1941.

더내야 했다. 1939년과 1941년의 학교 숫자를 비교해 보면 거의 모든 종류의 학교들이 감소추세임을 볼 수 있다. 주목되는 것은 계속 감소하면서도 살아남은 소규모의 교회학교들, 즉 사립인 각종초등학교들과 서당·강습소의 형태로 유지된 교회학교들이다. 연구와 자료의 미비로 아직 자세한 내용이 밝혀져 있지는 않지만, 일제의 통제를 피하기 위해 존립할 수 있는 형태로 지역 교회들의 지원을 받아 일제말기의 탄압을 견디면서 끝까지 존재했던 이들 학교들 역시 기독교 교육 나아가 민족교육을 지탱한 중요한 축이었다고 생각된다.

평양학교들의 신사참배문제에서 발단된 장로교 학교사업의 폐지와 인수작업은 우가키 총독 시기에 시작되어 미나미 총독에게 인계되어 마무리되었다. 나머지 기독교계 학교들은 신사참배를 받아들임으로써 존속할 수 있었다. 오랜 기간 식민당국의 숙원사업이었던 기독교계 사립학교 학생의 신사참배가 이 때에 실현된 것으로, 미나미 총독기 교회와 일반 민중에까지 확대된 신사참배 강요의 정지작업은 우가키 총독기에 이루어졌다고 할 수 있다. 우가키는 조선총독 퇴임 이전인 1936년 2월 21일 통첩 '신사와 종교에 관한 건'을 발령하여 교회에 대한 신사참배 강제를 지시하고 있기도 하다.[83] 기독교계 사립학교들에 대한 신사참배문제는 일단락되었고 이제 본격적으로 교회에 대한 작업을 시작할 때가 되었다는 당국의 자신감을 볼 수 있다.

황민화정책을 슬로건으로 내세운 미나미 총독 시기에는 신사참배와 같은 정신적 동원이 학교뿐 아니라 사회 전체에 강요되었다. 이와 함께 조선주둔군의 강력한 요청으로 1938년 3월 '제3차 조선교육령'이 제정되었다. 이 교육령은 1938년 2월 '육군특별지원병령'의 공포에 따라 조

---

83) 이 통첩은 관련 사안의 주무자인 학무국장이 도지사들에게 발령한 것이지만 우가키 총독 자신의 결제인이 되어 있어 총독의 열람과 허가를 받은 것임을 알 수 있다. 국가기록원 소장문서 CJA0004831 「神社ト宗敎二關スル件」, 『종교사원창립 포교관리자 기타에 관한 건』 1936.

선인을 전쟁에 필요한 병력자원으로 동원하기 위한 것이었다.[84] "國體
明徵, 內鮮一體, 忍苦鍛鍊"을 교육의 3대 강령으로 내세운 이 시기는
1938년 5월 '국가총동원법'의 적용과 함께 '황국신민의 서사' 강요(1937.
10), 학도근로보국대의 조직(1938. 6), 조선학생정신연맹의 결성(1939. 7)
등으로 전쟁동원 목적을 이루기 위해 숨 가쁘게 달려갔다.

일본과 영미 간 전쟁가능성이 짙어지는 가운데 본국의 철수명령에 의
해 1940년 11월 장로교·감리교 선교사들 대부분은 가족들과 함께 귀환
했다. 이 시기를 전후하여 감리교계열 학교들도 선교회에서 조선교회로
경영권이 이양되었다. 선교회로부터 재정적인 후원이 중단된 학교들은
학교의 존립을 지킬 수 있는 방법으로 재단법인 설립을 추진했다. 1930
년의 사립학교규칙 개정 이후 재단법인 설립은 학교의 의무이기도 했다.
배재의 경우 선교부가 철수를 결의하면서 학교재단을 조직하여 학교재
산을 기부하기로 결정되었으나, 감리교회 내부의 갈등으로 대지·건물·
기타 재산을 이양받지 못하고, 1940년 8월 유지경영비에 한정된 유지재
단이 설립되었다.[85]

이화여전의 경우는 선교사들이 철수하면서 미감리교 부인선교부 유
지재단이 양주삼, 김활란 등 5인을 재단이사로 임명했고, 이화고등여학
교는 선교사들이 교장인 신봉조에게 학교부지와 건물에 대한 기부증서
를 넘겨주었다.[86] 이를 토대로 이화여전은 이전부터 계획 중이던 재단
법인 설립을 위해 끊임없이 노력했다. 총독부는 재단설립을 위한 기부금
모집을 방해하고 세 차례나 인가원을 퇴각시킨 끝에 1943년 8월 법인설
립을 허가했다.[87] 반대로 이화고등여학교는 재산권을 등기하여 敵産으

---

84) 宮田節子, 『조선민중과 황민화정책』, 107~119쪽.

85) 『培材八十年史』, 585쪽; 『培材史』, 163~164쪽.

86) 이화 100년사 편찬위원회/편, 『이화 100년사』, 이화여자고등학교, 1994, 263쪽.

87) 이화 100년사 편찬위원회/편, 『이화 100년사』, 이화여자대학출판부, 1994, 270~275쪽.

로 압류당할 것을 우려한 교장 신봉조의 판단하에 기부 받은 학교재산을 등기하지 않고 있었다. 태평양전쟁 이후 신봉조는 학교재산이 조선인의 소유임을 증명하는 새로운 서류를 만들어 총독부에 제출했으나 당국은 결국 이를 적산으로 지정하고, 1년 기한으로 1943년 5월까지 재단구성을 명령하면서 기한 내 재단을 구성하지 못하면 학교의 경영권을 접수하겠다고 통고했다. 이로 인해 어렵게 강의영의 기부를 받아 재단을 설립하고 당국의 지시에 따라 '유하학원'으로 명칭을 변경하여 1944년 4월 24일 법인을 구성하게 되었다.[88] 장로교계열 학교로 경북노회에 인수되었던 계성 역시 재정곤란과 일제의 탄압 속에서 학교유지의 유일한 방법으로 재단법인 조직에 노력하고 있었다. 결국 김성재라는 인물이 학교의 부지·교사와 부속 건물 등을 인계하고 별도의 기본금을 충원하여 재단을 설립, 1945년 2월 13일 공산중학교로 전환하게 되었다.[89]

이렇게 일제말기 겨우 살아남은 사립학교들의 존립과 관련하여 재단법인 설립이 적극적으로 추진되자 당국은 재단법인을 설립하려는 학교에 대해서는 이를 지연시키고, 설립을 기피하는 학교에 대해서는 설립을 명령하면서 법인의 설립에 관한 법규들을 확장시켜 활용했다. 1940년 총독부 학무국 사무관 오카 히사오(岡久雄)가 집필한 『朝鮮教育行政』에 의하면 새롭게 재단법인을 설립하는 경우는 '법인의 설립 및 감독에 관한 규정'에서 정한 法定사항 이외로도 부속서류로서 자산기부의 증빙서류, 기부할 자산의 소유권증명서, 사업계획서, 설립자의 신원에 관한 官署의 증명서 및 설립자 이력서를 반드시 첨부해야 했다.[90] 법인 설립요건들을 강화하여 사립학교의 존속을 방해하려 했음을 알 수 있다. 또한 1941년 3월 大邱府 내무부장이 관할 부윤, 군수, 島司에게 발령한 學事

---

88) 이화 100년사 편찬위원회/편, 『이화 100년사』, 263~265쪽.
89) 啓聖八十年史編纂委員會/편, 『啓聖八十年史』, 211~213쪽.
90) 岡久雄, 『朝鮮教育行政』, 217쪽.

例規 '법인의 설립 및 감독에 관한 건'을 보면 이러한 조건들은 더욱 강화되어 부가되었다.[91] 예규에 의하면 "이번 학교의 유지경영 또는 원조를 목적으로 하는 재단법인의 설립 및 감독에 관한 사무제요를 별지와 같이 정함에 따라 이후 이에 의거하여 일층 감독·지도에 적절함을 기할 것"이라고 하여, 사립유치원과 기설의 재단법인에 대해서도 예규에서 부가한 규정들을 시행하도록 지시하고 있다. 별지 14페이지에 걸쳐 빼곡하게 이어지는 규정들은 7개 항목으로 민법상의 기부행위에 대한 요건과 금지사항을 비롯하여, '법인의 설립 및 감독에 관한 규정' 제1조 설립요건시의 제출서류와 제3조 매년의 보고사항을 강화한 내용 등으로 구성되었다. 그 중에서 '학교의 인계를 위한 調書'는 "종래 존립한 組合·會 등을 학교의 유지경영을 목적으로 하는 재단법인으로 하는 경우 또는 종래 존립한 학교를 계승하여 유지경영하기 위한 재단법인을 설립하려는 경우"에 작성하여 제출하는 것으로 다음 사항을 정비하도록 지시하고 있다.

1. 組合·會 등의 규약 또는 그에 類하는 것.
2. 학교에 있어서는 그 종래의 유지방법, 관계 役員 및 학교의 현황일반 등.
3. 당해 組合·會 또는 학교의 재산목록, 재산의 권리증명서 및 기왕 3년간의 모든 사업 상황과 세입출결산.
4. 당해 組合·會의 총회 또는 학교설립자의 법인설립, 재산처분 및 설립자 대표선임에 관한 결의서 또는 승낙서.[92]

대구의 계성을 비롯한 기독교계 사립학교들이 선교사들 철수 이후 학교사업 인계와 법인 설립을 위해 분투하던 상황에서 이 같은 법규의 강

---

91) 국가기록원 소장문서 CJA0027605 「法人의 설립 및 감독에 관한 건」, 『學事例規 綴』 1912~1943.
92) 위의 자료.

화는 큰 장애가 되었을 것이다. 위의 예규는 「대구부 학사예규철」에 편재되어 있지만 사실 당시 이러한 통첩들은 총독부 학무국에서 도에 발령한 것을 부윤·군수들에게 이첩하는 경우가 대부분이었으므로 전국적으로 시행되었다고 보는 것이 타당하다. 이러한 상황은 일본에서는 1936년 11월 '문부대신의 주관에 속한 법인의 설립 및 감독에 관한 규정'(문부성령 제19호)이 개정되어 도입되었던 조항들이 식민지에서는 정상적인 법 개정 절차를 거치지 않고 '예규'라는 하위 행정명령에 의해 얼마든지 당국의 의도대로 강화될 수 있음을 보여준다. 상위법의 범주를 넘어서는 하위법의 형태라는 점에서 식민지 법제의 제정과 운용에서 절차적·내용적 합법성이 얼마나 쉽게 무너질 수 있는지를 보여준다.

한편, 장로교·감리교 연합전문학교로서 일찍이 법인을 조직하고 있었던 연희전문의 경우 법인조직은 당국의 학교접수에 대한 방어막이 되지 못했다. 언더우드가 최후까지 남아 1942년까지 교육철수를 연기하고 있었지만, 재산이 조선인에게 이전되지 않은 채였던 탓으로 敵産으로 지정되는 것을 피할 수 없었다. 요컨대 전시체제기 어떻게든 살아남은 기독교계 사립학교들은 학교재산 관련 증빙자료가 완벽하게 구비·증명된 상태로 조선인 명의로 이전되고, 당국이 요구하는 기본재산이 확보된 위에 계속적인 법규의 확대적용에 의해 시시때때로 늘어나는 까다로운 요건들을 충족시킬 수 있었던 학교들뿐이었다고 할 수 있다. 물론 이들 학교들도 교육과정의 통제와 변경, 전시근로동원 등으로 이미 교육내용에 있어서는 기독교계 학교라고는 하기 힘든 상황이었다.

1941년 12월 태평양전쟁 발발 이후 공포된 1943년 4월 1일의 '제4차 조선교육령'은 학교교육을 연성교육체제와 학도총동원체제의 두 방향으로 개편하기 위한 법제였다.[93] 전쟁이 막바지에 이르자 '戰時學徒體育

---

93) 제4차 조선교육령으로 중학교령, 고등여학교령, 실업학교령이 폐지되고 대신 중등학교령에 의하게 되었다. 수업연한은 기본적으로 4년으로 정해지고, 지역상황

訓練實施要綱'(1943. 4. 26), '學徒戰時動員體制要綱'(1943. 6. 25), '戰
時教育非常措置方策'(1943. 12. 24), '學兵制'(1943. 10. 20), '學徒軍事
教育要綱' 및 '學徒動員非常措置要綱'(1944. 3. 18), '學徒勤勞令'(1944.
8. 23), '緊急學徒勤勞動員方策要綱'(1945. 1. 18), '戰時教育令'(1945.
5. 22) 등이 쉴 새 없이 쏟아져 나와 정상적인 학교교육을 정지시키고
교육을 전쟁동원에 활용했다. 특히 1943년 10월 일본 각의결정 '教育에
관한 戰時非常措置方策'은 초등학교로부터 대학교에 걸친 전 교육기관
에 걸쳐 전쟁수행에 필요 없는 교과를 없애고 이공계통과 기술 중심의
교과에 집중하여 국방훈련과 근로동원에 능률적인 체제로 재편하기 위
한 것이었다. 그 중 각종학교에 대해서는 다음과 같은 정리방침을 밝히
고 있다.

1. 남자에 대해서는 專檢指定學校 및 특히 指定한 것 외에는 정리한다.
2. 여자에 대해서는 專檢指定學校 외에, 戰時 국민생활 확보상 긴요한 것
   및 職業補導上 필요한 것을 제외하고 정리한다.[94]

이 각의결정에 의거하여 조선총독부에서도 10월 13일 '戰時非常措置
方策'을 결정했다. 각종학교에 대해서는 "대개 內地에 준해 정리를 행할
것이지만, 초등정도의 것에 대해서는 초등학교 보급의 현상에 비추어 당
분간 존치시키는 것으로 한다. 사설학술강습회에 대해서는 국어보급 등
의 목적으로 하는 것에 한해 존치시킨다"고 하고 있다.[95] 즉 사립각종학
교와 사설학술강습회는 폐지하는 것을 원칙으로 하고, 다만 각기 지정을
받은 것과 국어보급을 위한 것만 남겨두기로 한 것이다.[96] 조선에서 곧

에 따라 단축이 가능해져 3차 조선교육령에 비해 수업연한이 더욱 단축되었다. 古
川宣子, 「일제시대의 中·高等教育」, 『교육사학연구』 6·7, 1996, 50쪽.
94) 文政研究會(文部省內)/編, 『文教維新の綱領』, 新紀元社, 1944, 282~286쪽.
95) 『昭和 20年 朝鮮年鑑』, 京城日報社, 1945, 184~185쪽.

실시될 예정인 징병제를 위해 필요한 초등수준의 사립각종학교만이 존속될 수 있다는 방침이었다.

또한 각의결정이 사립전문학교에 대해 문과계의 이과계로의 전환과 입학정원의 1/2 축소, 여자의 경우 직업교육의 시행을 목적으로 통합·정리하도록 지시함에 따라 조선에서도 사립전문학교에 대한 조치가 취해졌다. 보성, 연희, 혜화 세 학교는 모두 1945년도부터 신입생 모집이 정지되고 새로이 京城拓殖經濟專門學校 및 工業經營專門學校의 2개 학교를 설립하는 것으로, 숙명과 이화여전은 女子靑年鍊成所의 전임지도원 양성기관으로 개조하기로 결정되었다.[97] 이에 따라 이화여전은 1943년 12월 이화여자전문학교 女子靑年鍊成所 指導者 養成科가 설치되었고, 적산으로 지정된 연희전문은 1944년 경성공업경영전문학교로 개편되어 해방을 맞게 되었다.[98]

이와 같이 선교회들의 교육철수 이후에도 일제말기까지 사립학교규칙과 법인의 설립에 관한 법령들은 조선교회의 영향 아래 있는 사립학교들을 장악하기 위해 계속 작동되었다. 기독교계 학교들은 전시의 필요를 확충하려는 당국의 압력과 기독교계 학교의 소멸을 목적으로 수시로 바뀌었던 비상조치적인 법령들의 요구에 맞추지 않으면 살아남을 수 없었다. 그런데 이러한 법령들의 계속적인 발령과 시행은 뒤집어 말하면 이들 학교들이 끝까지 학교사업을 포기하지 않았기 때문이기도 했다. 이들 학교들이 일제말기 친일적인 행보를 한 부분은 객관적으로 지적되고 평가받아야 마땅하지만, 학교의 이름을 지키는 것조차 어려웠던 상황에서 조선인 학생과 교육을 지키려고 노력했던 점도 함께 기억해야 할 부분이다.

---

96) 지정학교의 경우도 존치는 되었지만, 중등학교에 대한 방침이 남녀학교 모두 상업학교, 농공업학교로 전환시키는 것이었기 때문에 유사한 방향으로 전개되었으리라 생각된다.

97) 『昭和 20年 朝鮮年鑑』, 186쪽.

98) 정재철, 『日帝의 對韓國植民地敎育政策史』, 일지사, 1985, 497쪽.

3. 포교규칙의 적용확대와
조선기독교의 '일본기독교단' 편입

1930년대 포교규칙의 개정과 적용 역시 기독교에 대한 통제를 강화
해가는 방향으로 나아갔다. 포교규칙에 대한 재개정 논의가 일어났던
1939년에 당국은 "포교규칙은 1915년 발포 이래 수차 개정이 있었지만
文句 개정 정도에 지나지 않았다"라고 하여 제정 당시의 본질이 유지되
고 있음을 주장했지만,[99] 앞에서 보았듯이 포교규칙의 개정과 적용은
단순한 '유지'가 아니라 '유지강화'의 과정이었다.

우선, 일제말까지의 개정상황을 검토하면 우가키 총독 시기인 1933년
12월 1일 포교규칙의 2차 개정이 있었다. 제11조 한 조항의 변경만 이루
어진 소폭 개정이었지만, "종교의 용도에 제공할 교회당, 설교소 또는
강의소 종류를 폐지하려 할 때는 10일 내에 조선총독에게 신고해야 한
다"는 원래의 조항에 "그 설립자에 변경 있을 때"를 첨가하여 신고사항
을 하나 더 늘린 내용이다. 이는 포교규칙에서 포교소 설립과 폐지의 경
우만 신고하도록 규정하고 설립자 변경의 규정이 미비했던 점을 보충했
다고 할 수도 있다. 당시 총독부도 기존에 포교소 설립자의 변경이 있는
경우에 규정이 미비하여 포교소를 일단 폐지하고 다시 그 포교소를 신설
하는 형식을 취하던 불편을 개선하려는 것이 개정이유라고 밝혔다.[100]
하지만 개정령의 공포와 동시에 도지사들에게 발령한 학무국장 통첩은
포교소 설립자 변경시 구설립자도 連署하여 서류를 제출하도록 지시하
고 있다.[101] 때문에 포교소 설립자의 사망 혹은 부재로 연서할 수 없는

---

99) 『朝鮮通信』 4040, 朝鮮通信社, 1939.

100) 『동아일보』 1933. 12. 1.

101) 국가기록원 소장문서 CJA0004747 「포교규칙중개정의건 - 학무국장」 1933, 『사
　　찰관계서류』. 국가기록원에서는 목록에서 이 문서의 생산년도를 1911년으로 기
　　재하고 있으나, 실제 문서에 소화 8년(1933) 12월 1일자 통첩임이 기재되어 있

경우는 여전히 포교소를 폐지한 후 재신고하는 절차를 밟을 수밖에 없었다.[102] 실제로 이 같은 곤란함 때문에 이후에도 장로교회는 총독부와 절차의 간소화를 위해 교섭하는 일이 종종 있었던 것으로 보인다.[103]

미나미 총독이 부임하고 본격적인 전시체제로 진입한 1937~1939년에 걸쳐 포교규칙의 개정은 다시 시도된다.[104] 1938년 3월 15일 『매일신보』에는 이미 학무국이 법안을 완성해 심의와 총독의 결재만 있으면 4월 1일부터 시행될 예정이라는 기사도 보인다. 기사에 의하면 개정안은 "종교 특히 기독교의 통제와 취체를 강화하야 현하 비상시국하의 국민정신 총동원운동에 있어 종교가 가진 중요한 역할을 유감없이 발휘케하도록 종교행정을 혁신"하기 위한 것이었다.

기독교만은 종내에 여러가지 관계로 사실상에서 너무 자유롭게 방임하여 둔 관계로 신사참배문제를 비롯하야 자칫하면 반국가적 또는 비국민적 언동이 잇서 세상에 말성을 일으키게 되엇섯다. 그러므로 이번에 포교규측을 개정하는 목표는 일반적으로 종교의 통제와 취체를 강화함에 잇스나 종래에 너

다. 즉 1933년 개정포교규칙과 같은 날 발령된 통첩이다.

102) 한편으로 생각해보면, 해당 규정이 설치되기 전에는 포교설립자를 바꾸기 위해 굳이 시설을 폐지하고 다시 신고하는 번거로움 없이, 포교설립자가 변경된 사실상의 상태를 유지하는 경우도 많았을 것이다. 법에 신고의무도 없는 사항을 굳이 포교소를 폐지해야하는 절차까지 행하면서 변경할 이유가 없는 것이다. 즉 기존에 설립자가 변동되어도 신고 없이 그대로 사용되어 규제의 그물망에서 빠져나가는 경우가 많아 이를 방지하기 위해 신고사항으로 추가했다고 보는 것이 더 타당할 것 같다. 덧붙여 포교담당자가 아닌 포교소 설립자를 굳이 변경해야 할 경우는 교회재산을 두고 분란이 있을 때가 아니었을까 생각된다. 대구 남성정교회 사건의 경우에도 교회의 소유권 문제를 두고 자치파 측에서 기존 설립자 홍승한 대신 자치파의 장한진을 설립자로 변경하려는 교회당 설립자 확인소송을 제기한 바 있다. 이런 상황에서라면 과연 연서로 설립자를 변경하는 것이 가능했을지 의문이며 교회 내부적으로 분쟁의 소지가 있는 경우에는 설립자 변경 조항이 오히려 분쟁을 부추기는 역할을 했을 가능성도 있다.

103) 『조선예수교장로회총회 제23회 회록』 1934, 64쪽.

104) 『조선일보』 1938. 8. 28; 『동아일보』 1939. 2. 1.

무 자유롭게 방임하엿든 기독교에 대하야 당국의 행정적 감독을 엄중히하려
는 것으로서 선교사나 목사는 반다시 총독의 인가를 마터야 포교에 종사할
수 잇게되야 그 인물의 선택이 엄중하게 될 터이며 또 포교당도 마음대로 설
치못하게 되는 관계로 종내 기독교내부에 잇서 교파 또는 당파적 관계로 조
곰한 지방이 교회가 둘셋식 濫立되는 일도 자연히 통제를 밧게 될 터이다.[105]

전시통제기 강화된 사상통제정책에 발맞추어 종래 신사참배 등을 둘
러싸고 당국과 마찰을 빚었던 기독교 세력의 통제를 위해 포교규칙 개정
에 착수하였음을 알 수 있다. 내용적으로는 포교자 임명이나 포교소 설
립에 대해 당국의 개입을 강화하는 방향으로 진행되었다.

그런데 이 개정작업에는 두 가지 장애가 존재했다. 하나는 종교행정
의 주무부서인 총독부 학무국과 함께 경무국이 개정에 관여하면서 발생
한 의견충돌이었고, 다른 하나는 일본 내의 종교단체법 통과문제였다.
조선총독부 내의 의견충돌은 주관부서인 학무국에서 개정안을 입안한
뒤 경무국에 송부하면서 발생했다. 학무국안에 대해 경무국이 이의를 제
기하면서 개정안의 중요부분에 대한 의견차이가 생겨 전면적으로 법안
을 수정해야 했다. 학무국안은 1920년 개정 이후 신고제였던 종교시설
의 설치를 1915년과 동일하게 허가제로 복귀시키고 포교관리자도 인가
제로 절차를 강화하는 것이 중심이었다. 이에 대해 경무국은 한 발 더
나아가 포교관리자뿐 아니라 선교사·목사·전도사 등의 일반 교역자들까
지 전부 인가제로 해야 한다고 주장했다.[106] 경무국의 의도는 "종래 기
독교회는 선교사, 목사 등의 임면권이 교회 자체에 있었지만 개정 이후
에는 당국이 인가해 주지 않으면 敎役을 하는 것이 불가능하다. 이러한
인가제 도입의 근본이유는 불온한 사상과 행동을 하는 당사자는 절대로
종교 지도자를 하지 못하게 하기 위해서이고 …… 종교를 통해 시대사

---

105) 『매일신보』 1938. 3. 15.
106) 『조선일보』 1938. 8. 28; 「布教規則の改正」, 『朝鮮通信』 4040, 1939.

상을 철저히 강화하는 데" 있었다.107) 양측의 대립으로 개정안은 완성되지 못하고 교착상태에 놓이게 되었다. 당시 종교행정에 관한 경무국의 영향력이 주무부서인 학무국 못지않았음을 알 수 있는 대목이다.

또 하나의 문제는 일본에서 본격적인 제정 작업에 착수된 종교단체법의 통과 여부였다. 애초에 총독부는 이 법이 통과될 것으로 그다지 기대하지 않고 포교규칙의 개정에 착수했다. 1890년대부터 몇 차례 시도되었던 종교법안들이 모두 일본 의회에서 통과되지 못했던 전례가 있었기 때문이다. 하지만 점차 종교단체법의 통과가 확실해지자 포교규칙의 개정작업은 일단 중단되었고 경무국을 중심으로 조선에도 통일적으로 종교단체법을 적용하자는 의견이 등장했다.108)

> 종교단체법은 (일본에서) 貴衆 양의원을 통과하야 …… 총독부 당국에서는 종교단체법을 조선에도 실시할 것이냐 아니냐로 아직 귀결을 짓지 못했다. 당국에서는 종래의 예로 보아서 이 법령은 그대로 통과치안코 유산될 것 아니냐는 견해 아래 조선포교규칙만을 개정하는 일을 진행시켜 오던 것인데 이 단체법이 예상 이외에 통과되고 보매 이에 대한 방책을 강구치 아니할 수 없게 되엇다. 이 법령의 결과여하를 기두려서 조선의 종교대책을 수립하자는 견지에서 포교규칙개정은 그대로 중단되어잇는 것이엇던 바이나 원래 경무당국에서는 종교단체법이 통일적으로 제정되는 이상 구태여 조선이 특수사정을 고집할 필요가 없는 것이 아닌가하는 주장인데(중략). (괄호: 필자).109)

종교단체법의 조선적용 여부는 제국의회의 종교단체법안 심의과정에서도 몇 차례 논의된 문제였다. 조선, 대만 등의 外地에도 이 법을 적용해야 하는 것이 아니냐는 의원들의 질의에 대해 문부대신 등 정부위원은 조선적용에 대해서는 관계기관 혹은 조선총독부에서 연구 중이라고 하

---

107) 「布教規則の改正」, 위의 글.
108) 『동아일보』 1939. 2. 1.
109) 『동아일보』 1939. 4. 11.

면서도, 협의한 바는 아직 없다는 입장을 피력했다.110) "조선이나 대만
은 종교사정이 내지와는 상당히 다르고",111) "외지의 특수사정을 잘 고
려해서 실시여부를 목하 연구 중"112)이라는 것이다. 애초에 입안된 종교
단체법안 중에 조선에 시행한다는 조항이 없었던 점을 보면, 당초 일본
정부로서는 조선 등의 외지에 이 법을 적용할 의도는 그다지 크지 않았
던 듯하다. 당시의 문부성 종교국장 마츠오 쵸우조(松尾長造)도 종교단
체법의 시행범위와 조선·대만에서 제령이나 율령으로 적용되도록 합의
한 바 있느냐의 질문에 대해 "내지에서만 시행할 의사"이며, "조선, 대
만에서도 여러 가지로 연구하는 것으로 생각하고 있지만 본법이 시행되
면 어떻게 할지에 대해서까지는 확실히 듣지 못했다"고 답하고 있다.113)

일본 정부의 간섭이 크지 않았던 가운데 종교단체법의 적용여부는 조
선총독부의 결정에 맡겨졌다. 경무국의 찬성 입장에 대해 학무국은 조선
에서 종교단체법은 無用하다고 주장했다.114) 1939년 3월 23일 종교단체
법이 중의원을 통과한 이후에도 총독부는 여러 차례 입장을 번복한다.
조선에 종교단체법을 적용할 준비에 돌입한다고 했다가 새로운 법령을
제정하기로 했다고도 하고, 다시 포교규칙을 전면적으로 개정한다고 하
는 보도가 이어진다.115) 1939년 10월에는 전면적인 개정안이 완성되어
1940년 1월 경 공포할 예정이라는 발표도 있었지만,116) 결국 포교규칙

---

110) 「第七十四會 帝國議會貴族院 宗敎法案特別委員會 議事速記錄 第一號」 1939. 2.
　　 7, 18~19쪽; 1939. 2. 16, 9쪽.

111) 문부성 종교국장 마츠오 쵸우조(松尾長造)의 발언. 「第七十四會 帝國議會衆議院
　　 宗敎団体法案委員會 議事速記錄 第十三回」 1939. 3. 17, 1쪽.

112) 척무성 정무차관 데라다 이치마사(寺田市正)의 발언. 「第七十四會 帝國議會貴族
　　 院 宗敎法案特別委員會 議事速記錄 第一號」 1939. 2. 7, 19쪽.

113) 위의 자료; 「第七十四會 帝國議會衆議院 宗敎団体法案委員會 議事速記錄 第十
　　 三回」 1939. 3. 17, 1쪽.

114) 『동아일보』 1939. 2. 1.

115) 『조선일보』 1939. 3. 27, 6. 3; 『동아일보』 1939. 4. 11; 『매일신보』 1939. 7. 29.

은 개정되지 않았고 종교단체법이 적용되거나 '새로운 특수법령'이 제정
되지도 않았다.[117]

　요컨대, 1937~1939년의 포교규칙 개정 움직임은 총독부 학무국과
경무국 사이의 충돌로 표류하던 중 예기치 않게 일본 의회에서 종교단체
법이 통과되고, 그 적용여부를 놓고 다시 의견대립이 일어나면서 개정
자체가 유산되었다고 보인다. 여기에는 조선은 포교규칙만으로도 충분
하다는 총독부 학무당국의 입김이 크게 작용했다.[118]

---

116) 『조선일보』 1939. 10. 29.

117) 일제강점기 조선의 신사제도와 정책을 연구해 온 아오노 마사하루(靑野正明)는
최근의 연구에서 1930년대 후반 포교규칙의 개정작업을 유사종교에 대한 단속
강화의 측면에 방점을 두어 파악하면서, 1941년 전면개정되어 시행된 치안유지
법으로 동일한 목적을 달성할 수 있게 되자 포교규칙 개정의 필요성가 없어져
개정작업이 중단된 것으로 추정하고 있다. 靑野正明, 『帝國神道の形成－植民地
朝鮮と國家神道の論理』, 岩波書店, 2015, 333~334쪽; 그러나, 당시 일련의 신문
보도는 포교규칙의 개정을 유사종교 단속보다는 포교자 인가제 전환이 주목적
이었던 것으로 다루고 있고, 학무국과 경무국의 견해가 충돌했던 지점도 이 부
분이었다. 또, 1939년 말 이후 종적을 감춘 개정논의와 1941년 초에 일본 의회
에 제출된 치안유지법 사이에는 상당한 시간적 간격이 존재한다. 1941년 대폭
개정된 치안유지법으로 인해 폭넓은 종교통제가 가능해진 것은 사실이지만 치
안유지법의 통제는 형법적 영역에 속했고, 포교규칙은 행정적 통제수단이었다.
유사종교 정책에 대해서만 국한한다면 아오노의 주장이 적절할 수도 있지만, 포
교규칙이 본래 공인종교인 기독교를 대상으로 제정·운용된 법제였다는 것을 고
려하면 1941년의 개정치안유지법은 포교규칙 개정의 대용품이었다기보다 2중
의 통제수단을 확보한 것으로 보아야 하지 않을까 싶다. 1941년 개정치안유지법
실시 이후에도 1943년 성결교 등의 해산에서 보듯이 포교규칙은 지속적으로 활
용되고 있기 때문이다. 개정작업 중단과 관련해서는 앞으로도 자료의 발굴과 검
토가 필요하다고 생각한다.

118) 당시 총독부 학무국의 입장에서 종교단체법 적용문제를 생각해보면, 우선 교파·
교단의 법인화를 인정한 종교단체법을 조선에 그대로 적용할 수는 없었을 터였
다. 일본기독교는 이미 교리상으로도 천황제를 받드는 '일본적' 기독교로 정부
방침에 적극 협력하는 상태로, 교단이 법인화되어도 정부에 예속되는 형태로 운
용이 가능했지만, 조선의 기독교에 대해서는 당국은 여전히 의구심을 가지고 있
었다. 법률로 제정된 종교단체법의 내용을 변경해 조선에 시행하려면 제령으로

학무당국에서는 조선이 이미 오랜 역사를 가지고서 종교행정을 실시해 와
서 이만큼 그 행정에 잇어서나 법령에 잇어서 일본내지에 비하야 우위의 지
위를 가젓는데도 불구하고 이 단체법을 실시할 필요가 없는 것이 아닌가하는
견해이다.[119]

기존 포교규칙으로 충분했던 이유는 1930년~1940년대 법령의 실제
적인 개정여부와는 상관없이 강화되어간 포교규칙의 적용상황을 들여다
보면 더욱 분명히 알 수 있다. 포교규칙의 법적인 적용범위는 공식적인
개정 없이도 이후 계속 확대되어 갔다. 첫째로, 1940년대에 들어서면 포
교규칙은 교회의 성경교습을 통제하는 수단으로 활용되었다. 1940년 대
구부에서 발령한 통첩 '慶北學秘 제76호 神學校, 聖經學校의 取締에 關
한 件'을 보면, 신학교, 성경학교 등의 시설에 대해 그동안은 적극적으로
법규를 적용하지 않았지만 지금은 종전과 사정이 현저하게 다르므로 이
들 시설에도 적극적으로 법규를 적용하여 국가의 지도감독이 미치게 할
것을 지시하고 있다. 그 중 사립학교규칙으로 단속할 수 없는, "성서만
을 강습하는 경우는 포교규칙에 의해 단속할 것"이라고 구체적으로 명
기하고 있다.[120] 1920년 개정포교규칙 제12조에서 안녕질서가 우려되는
경우 포교시설의 사용을 정지하거나 금지하도록 한 내용 등에 근거해 관

만들거나, 칙령으로 일부 내용을 적용제외한 채 공포하거나 혹은 종교단체법의
조항 속에 조선에 시행되는 내용을 포함시켜 법률 개정을 요청하는 방법이 있었
다. 제령으로 만드는 경우는 총독부에서 대상 법률을 모델로 조선에 맞게 기안
하여 본국에 송부하여 법제국, 척식국 등의 심의를 거쳐 내각에서 결재를 받아
야 했다. 칙령이나 법률 개정의 경우 총독부로서는 제령으로 만드는 경우보다
법의 내용결정에 관여할 수 있는 여지가 더 적다. 총독부의 입장에서는 종교통
제의 수단으로 마음대로 활용할 수 있는 법령이 이미 존재하는 상황에서 굳이
번거롭고, 독자적인 정책수행에도 도움이 되지 않는 새로운 법률을 도입하고 싶
지는 않았으리라 생각된다.

119) 『동아일보』 1939. 4. 11.
120) 국가기록원 소장문서 CJA0027605 「신학교성경학교등의취체에관한건」, 『학사예
규철』.

련 시설을 사용정지·금지하려 했다고 생각된다.

둘째, 포교규칙은 종교단체법의 대용물로 활용되었다. 이는 1943년 교리문제를 이유로 해산된 동아기독교, 성결교, 안식교의 경우에서 명확하게 알 수 있다. 일본에서는 종교단체법의 제정으로 종교단체의 병합 및 해산에 관한 조항이 처음으로 도입되었다. 종교단체법 제16조는 "종교단체 또는 교사가 행하는 종교교의 선포 또는 의식은 종교상의 행사가 안녕질서를 방해하거나 臣民된 의무에 위배될 때는 주무대신은 이를 제한하거나 금지하고, 교사의 업무를 정지하거나 종교단체의 설립인가를 취소할 수 있다"고 규정하고, 제14조는 종교단체법의 규정 외에 종교단체의 합병·해산에 관해 필요한 경우는 칙령으로 정하도록 했다. 종교단체법은 조선에 도입되지 않았고 포교규칙에는 이러한 규정이 없었지만 조선에서 성결교 등을 해산하는 데는 아무런 장애가 없었다.

성결교는 장로교·감리교·구세군과 함께 기독교 4대 교파 중의 하나로 재림신앙을 특징으로 했다.[121] 일제가 재림신앙을 유난히 경계한 이유는 유대민족의 재건이라는 민족주의적인 측면 때문이다. 일제당국은 말세론 및 그리스도의 왕권에 의한 천년왕국의 건설이라는 교리가 천황제 국체론과 전면적으로 배치되고 조선의 독립과 연결된다고 보았다.[122] 1943년 5월부터 당국은 성결교 주요 교역자를 검거하기 시작했다. 7개월간의 혹독한 취조를 겪은 뒤 성결교단은 일제의 강제에 의해 1943년 12월 29일 해산성명서를 발표했다. 형무소에 복역 중인 성결교 간부들에게 일본인 검사 오오쿠니 세이후(大國正負)가 교단해산을 지시하고 당국에서 작성해 온 해산성명서를 발표하도록 압박하여 이루어진 일이었다.[123] 1944년

---

121) 1939년 9월의 통계에 의하면 성결교회는 국내 외 지교회를 포함하여 230여 곳, 장년신자는 14,922명, 주일학생은 12,314명이었다. 김승태, 『식민권력과 종교』, 294쪽.

122) 윤선자, 『태평양전쟁 발발이후 일제의 인적지배와 그리스도교계의 대응』, 집문당, 2005, 81~82쪽.

4월 5일자 『朝鮮總督府官報』 휘보란에는 "포교규칙 제11조에 의해 布
敎所廢止届를 제출한 자는 다음과 같다"라고 하여 동양선교회 京城 竹
添町 聖潔敎會 등 폐지된 전국의 193개 성결교회의 명단이 공시되어 있
다.124) 이들 교회는 당국의 강압 아래 자진해산 형식으로 포교규칙에 의
한 포교소 폐지절차를 밟았다. 종교단체에 대한 인가취소 내지 해산명령
을 위한 법적 근거조항이 존재하지 않더라도 당국의 목적을 달성하는 데
는 아무 문제가 없었다. 종교단체법이 굳이 조선에 도입될 필요가 없었던
근본적인 이유는 이러한 편법으로 동일한 결과를 얻는 일이 얼마든지 가
능했기 때문이다.

마지막으로 포교규칙은 장로교노회의 법인설립과 관련하여 장애물로
활용되었다. 앞 장에서 보았듯이 기독교단체들의 재단법인 설립은 1920
년대에 각 교파의 선교회법인들을 중심으로 인가되었고, 장로교회의 법
인들은 설립조건들을 둘러싸고 1930년대에도 여전히 당국과 지루한 교
섭을 진행 중이었다. 교섭에 따라 노회별 재단법인을 설립하기로 정하고
이를 추진하는 과정에서 총독부는 노회별 포교대장의 정비를 조건으로
요구했다. 다른 교단과 달리 포교관리자를 선정하지 않은 장로회는 개별
포교기관마다 포교담임자가 포교규칙 제12조의 신고를 해왔을 터이므
로, 교파 전체는 물론 노회별 포교대장도 갖추고 있지 않았다. 이에 따라
장로교총회의 지도 아래 각 노회는 포교규칙이 요구하는 각종 서식에 맞
추어 포교대장의 대대적인 정리에 들어가야 했다.125)

---

123) 당시 피해당사자의 한 사람이었던 박현명 목사의 증언이다. 김승태, 『식민권력
과 종교』, 308~309쪽.

124) 이와 관련, 동아기독교, 성결교, 안식교가 해산된 사실을 근거로 조선에서도 종
교단체법이 시행된 것으로 본 도히 아키오(土肥昭夫)의 견해는 수정될 필요가
있다. 土肥昭夫, 『일본기독교사』, 305쪽; 또한 1944년 3월 11일자 『朝鮮總督府
官報』 彙報란에도 포교규칙에 의거한 布敎廢止届들이 여전히 게시되고 있는 것
으로 보아 종교단체법은 조선에 적용되지 않았음이 분명하다.

125) 『조선예수교장로회총회 제19회 회록』 1930, 42쪽.

보다 중요한 사실은 포교규칙의 포교관리자 설치문제 역시 노회재단
법인 설립과 관련해 다시 불거졌다는 점이다. 장로교회 소속의 노회들은
당국의 요구에 의해 포교규칙 관련 각종 서식을 노회별로 지방관청에 제
출해야 했는데, 이때 지방관청에서 노회별 포교관리자를 선임하도록 요
구했다. 1915년 선교사 대표들과 우사미 가즈오 내무부장관 사이의 교
섭으로 기독교단의 포교관리자 설치는 전적으로 교단의 임의적인 결정
사항임이 보장된 이래, 다른 교단과 달리 장로교는 1930년대까지도 포
교관리자를 설치하지 않고 있었다. 1910년대 포교관리자를 설치했던 감
리교는 1930년 남북 양 교단의 합동 이후에는 1931년 6월 15일자로 포
교관리자폐지계와 설치계를 제출하여 남북감리교 각각의 포교관리자를
폐지하고, 새로이 梁柱三을 포교관리자로 선임했다.[126] 감리교는 감독
이었던 해리스의 친일적인 성향 이외에도 감독제라는 정치구조의 특성
을 가지고 있었다. 원래부터 선교회를 대표하는 감독이라는 직책이 존재
했기 때문에 포교관리자라는 개념에 보다 쉽게 접근할 수 있었던 것으로
보인다. 반면, 장로교가 포교관리자 설치를 끝까지 거부한 것은 장로교
의 정치구조가 단독의 감독제가 아닌 노회별 합의제를 취하고 있었기 때
문이기도 했다. 식민당국의 눈에는 개별노회의 독자적 움직임이 가능하
고 조선교회의 견해가 개진될 수 있는 장로교의 정치구조 자체도 골칫거
리로 여겨졌을 것이다. 당국은 노회의 재단법인 설립을 기회로 장로교회
에 포교관리자를 설치하도록 강요했다.

국가기록원 소장문서 『宗教寺院雜件綴』에는 지방당국의 포교관리자
설치요구에 대해 장로교가 총독부에 청원한 문서가 남아있다. 1933년 9
월 15일 조선야소교장로회 총회장 張弘範의 명의로 조선총독에게 청원
한 내용이다.

---

126) 『朝鮮總督府官報』 1931. 7. 23.

교회에서 각종 서류를 제출한 경우 소관 관청에서 老會長을 管理者로서 수속하라는 이유로서 서류를 반려하는 일이 있으므로 이 같은 일이 없도록 헤아려 주시기 바랍니다.[127]

법인 설립에 관해 일차적인 서류심사를 담당하는 지방당국이 포교관리자를 임명해서 서류를 접수하지 않았다는 이유로 노회들이 제출한 서류의 심사를 거절하지 않도록 해달라는 것이다. 이에 대해 총독부의 답변은 다음과 같았다.

여기서 관리자라는 것은 포교관리자로서 조선야소교장로회는 포교관리자를 두지 않았지만, 이는 새삼스러운 일도 아니다. 포교규칙에 의하면 神道 각 교파 또는 내지의 불교 각 종파 이외의 교파 또는 종파에 대해서는 조선총독이 필요하다고 인정하는 때는 그 포교관리자를 설치할 수 있다는 규정이 있지만, 이를 설치하라는 뜻으로 소관 관청에서 서식들을 반려했을리 없다.[128]

청원에 대한 이 같은 답변에도 노회별 포교관리자를 임명하라는 압력은 계속되었다. 1935년 장로회총회도 "조선예수교장로회는 (포교)관리자가 없고 관리회(노회, 총회)가 주관하는 것이니 포교계, 포교소설치계, 포교담임자선정계 …… 등은 당해 노회장의 명의와 그 공인으로서 제출함을 인정해 달라"는 청원을 총독부에 제출하기로 결정하고 있기 때문이다.[129] 노회별 재단법인 설립절차를 통해 포교관리자를 설치하도록 하여

---

127) 국가기록원 소장문서 CJA0004813 「조선야소교장로회총회청원의건」, 『종교사원잡건철』 1933; 참고로 이 청원의 내용 중에는 교회 내 각종 집회에 정복차림의 경관이 臨席하지 않도록 해달라는 것도 포함되어 있다. 그러나 그에 대한 경무국 답변은 "교회 내의 집회들이라도 警察取締 외에 두기 어려운 사항이므로 청원의 취지에 응하기 어렵다"는 것이었다. 전시통제기가 본격화되기 이전인 1930년대 초반에도 교회에 대한 법적, 물리적 압박이 얼마나 심했는지를 단적으로 보여준다.

128) 위의 자료.

129) 『조선예수교장로회총회 제24회 회록』 1935, 9, 58쪽.

개별 노회에 대한 통제권을 장악하려 한 당국의 의도였다고 하겠다. 이 같이 포교규칙은 포교대장의 노회별 정비와 포교관리자 선임문제를 통해 재단법인 설립과정에도 십분 활용되었다. 이후로도 장로교는 포교관리자 설치에 대한 저항을 계속했지만 상황은 점점 더 어려워져 갔다.

앞 절에서 보았듯이 평양학교의 신사불참배사건이 학교장의 인가취소로 마무리 된 직후인 1936년 2월 21일 각 도지사에게 발령된 학무국장 통첩 '신사와 종교에 관한 건'은 신사참배는 종교행위가 아님을 일반 교역자, 신도들에게도 철저히 주지시킬 것을 지시하면서 각 교파의 포교관리자를 통해 이 같은 방침을 전달하도록 지시하고 있다.[130] 감리교의 경우 『감리회보』 1936년 4월 10일자에 「신사문제에 대한 통첩」이라는 제목으로 감리교 총리사 겸 포교관리자 양주삼의 다음과 같은 글이 게재되어 이 통첩을 전달하고 있다.

> 신사참배문제로 世論이 분분한 이때에 조선총독부 학무국장으로부터 左記와 如한 통첩을 경기도지사와 경성부윤을 경유하여 總理師에게 전달하면서 일반 교역자와 신도들에게 자세히 설명하여 주라하였으므로 그 全文을 번역하여 本報에 게재하니 자세히 읽고 참고에 供하기를 바라는 바이다.[131]

이러한 처리과정은 포교관리자에 대한 선임과 해임권한의 확보 이외에도 당국이 포교관리자를 왜 필요로 했는지 단적으로 보여준다. 총독부에 의한 직접적인 명령보다는 교단의 지도자격인 포교관리자를 통하는 것이 교인들을 통제하는 데에 효율적이었기 때문이다.

위의 통첩 말미에는 기독교 포교관리자 명단이 첨부되어 있어 당시 천주교, 러시아 정교를 시작으로 감리회, 성공회, 구세군 등 모든 교파에

---

130) 국가기록원 소장문서 CJA0004831 「神社ト宗敎ニ關スル件」, 『종교사원창립 포교관리자 기타에 관한 건』 1936.
131) 「神社問題에 對한 通牒」, 『監理會報』 1936. 4. 10.

포교관리자가 임명되어 있는 것을 알 수 있다. 유일한 예외가 조선예수
교장로회로, '포교관리자' 대신 '總會長' 鄭仁果로 명기되어 있다. 이 같
이 장로회는 재단법인 설립과 관련하여 노회장을 각 노회별 포교관리자
로 선정하는 것은 일단 피할 수 있었지만, 점차 가중되는 전시체제기의
압력을 견딜 수는 없었다. 특히 장로교 선교회의 교육인퇴 결정 이후 압
력은 더욱 가중되었다. 당국은 1938년 2월 '기독교도 지도방침'을 수립
하고 경찰좌담회를 열어 교역자 및 일반 신도들에게 신사참배를 강요했
다. 당시 조선총독부 경무국이 내부적으로 수립했던 지도방침에는 교회
당의 국기게양과 함께 그에 대한 경례 및 요배, 황국신민의 서사제창을
교인에게 실시할 것 등이 규정되어 있고, 특히 "당국의 지도실시를 받아
들이지 않는 頑迷한 교도에게는 부득이한 경우 행정집행령, 경찰범처벌
규칙, 기타의 관계법규를 활용하여 합법적으로 조치할 것"이라는 경찰
력을 동원한 강압적인 방침이 명기되어 있다.[132]

　1938년 9월 제27회 장로교총회 역시 이런 분위기 속에서 진행되었다.
노회의 대표인 총대들 사이사이에 경찰이 끼어 앉은 채 진행된 총회는
신사참배의 수용을 가결하고, 장로교 총회장 洪澤麒를 장로교 전체의
포교관리자로 선정하기로 결정했다.[133] 이로써 1915년 포교규칙 공포
이후 수많은 노력과 교섭을 통해 회피해오던 장로교의 포교관리자 임명
이 결국 이루어졌다. 포교관리자 설치계는 포교규칙 제7조 2항에 의거하
여 교·종파에서 자발적으로 규약 등에 의해 포교관리자를 설치하는 방
식으로 1938년 10월 20일자로 총독부에 제출되었다.[134] 성결교회의 폐
지가 포교규칙에 의해 자발적인 해산형식을 취했던 것과 마찬가지였다.

---

132) 『最近に於ける朝鮮治安狀況』 1938, 朝鮮總督府警務局, 389~392쪽.

133) 한국기독교역사연구소/편, 『한국기독교의역사』 II, 300쪽.

134) 『조선예수교장로회총회 제27회 회록』 1938, 58쪽; 『동아일보』 1938. 9. 11; 『朝
　　鮮總督府官報』 1938. 11. 7.

1939년 장로교 총회록에는 포교관리자 사무보고로서 포교관리자 사무소 소재지 등과 함께 다음과 같은 내용이 기록되어 있다.

> 당국으로서는 포교관리자를 법규상 대표자로 인정하는 까닭에 종래에 있던 교섭위원은 상대하지 않사오매 모든 교섭은 포교관리자가 직접 당하게 되었사오며.[135]

그동안은 포교관리자 대신 '총독부 교섭위원'들이 임명되어 장로교회의 대표로 당국과 교섭을 행했지만 이제는 포교관리자가 단독으로 총독부와의 교섭을 담당하게 되었다. 물론 이제는 '교섭'이라기보다는 당국의 지시를 전달하는 통로일 뿐이었다. 이후 다른 교파들과 마찬가지로 장로교도 일본기독교에 예속되는 길을 걸었다.

일제당국은 일찍부터 순응해 온 천주교나 감리교 등과 달리 "가장 頑迷하게 반항한 장로파"도 1938년 9월의 장로교총회를 계기로 결국 자신들의 방침에 따르게 되었다고 평가했다.[136] 장로교까지 복종시킨 당국은 한 발 더 나아가 "物心 양방면에 걸친 조선기독교의 구미 의존관계를 禁絶하고 일본적 기독교에 純化更生시킬 것"을 근본 방침으로 하는 '기독교에 대한 지도방침'을 정해 각 교파별 개조작업에 나섰다. 조선총독부 고등법원 검사국 사상부 발행의 『思想彙報』1941년 판에는 '기독교에 대한 지도방침'의 내용과 그에 따른 감리교, 장로교, 구세군의 지도상황이 상세하게 기록되어 있다. 방침에는 물질적 방면의 지도로써 기독교의 교육기관 기타 각종 사회사업을 점차 접수할 것, 외국의 전도국에 대한 재정적인 의존관계를 차단할 것과 함께 정신적 방면의 지도사항으로 신사참배의 철저, 각 교파의 教憲·教規의 검토와 개혁, 국체관념의 함양, 국민정신총동원연맹 가입, 외국 선교사에 대한 지도단속 강화 등이

---

135) 『조선예수교장로회총회 제28회 회록』 1939, 45쪽.
136) 『思想彙報』, 朝鮮總督府 高等法院檢事局思想部, 1941, 81쪽.

포함되었다.[137] 이 방침에 따라 감리교는 1940년 9월 26일 경기도 경찰부가, 장로교는 10월 3일 경기도 고등경찰과장이 해당 교파의 간부들을 '지도'한 결과 각각 '기독교조선감리회 혁신조항'과 '조선예수교장로회 혁신요강'을 제정하게 되었다. 각 파별 "혁신"의 내용은 다소 차이가 있지만 국체관념을 충실히 하고, 외국과의 관계를 철저히 차단하며 일본의 해당 교파들과 합동을 실현해 가는 방향으로 정리되어 있다.[138]

일제는 종교단체법하에서 1941년 일본 교파들이 합동한 것처럼 한국의 기독교파들도 하나의 조직으로 통합시키려 했다. 1941년 말 조선의 기독교파는 모두 25개였다. 1942년 1월의 '교파합동 추진위원회'와 1943년 1월 12일의 '조선기독교합동 준비위원회'는 통합을 위한 준비기관이었다. 헌병과 경찰들이 둘러싼 가운데 개최된 1943년 1월 25일 두 번째 준비위원회 모임에서 감리교 측이 탈퇴함으로써 합동운동은 일단 결렬되었다.[139] 감리교의 탈퇴 이유는 유대사상이 중심을 이루는 구약성서를 부정하고 신약을 중심으로 교의를 선포한다는 감리교 제출의 혁신안을 다른 교파에서 수정하려 했기 때문이었다.[140] 하지만 감리교 내의 교파연합 추진세력은 교단합동과 혁신안을 포기하지 않고 부분적으로 장로교 경기노회 부노회장 전필순 목사를 영입하여 혁신교단의 통리로 추대하고 '일본기독교조선혁신교단'(1943. 5. 5)을 창립하여 혁신교단의 조직을 관철하고자 했다. 이는 무리한 선택으로 장로교의 반발을 일으켜 장로교는 총회를 유지하려는 護法派와 혁신교단을 지지하는 교단파로 나뉘어 1년 이상 내부분쟁에 휩싸였고, 결국 경기노회는 전필순

---

137) 위의 글; '기독교에 대한 지도방침'의 구체적인 항목들은 다음의 논문에 번역, 소개되어 있다. 김승태, 「일제 말기의 한국교회」, 『한국기독교와 역사』 2, 1994.

138) 『思想彙報』, 1941, 81~86쪽.

139) 윤선자, 『태평양전쟁 발발이후 일제의 인적지배와 그리스도교계의 대응』, 76~78쪽.

140) 서정민, 「일제 말 '일본기독교조선교단' 형성과정」, 『한국기독교와 역사』 16, 2002, 84쪽.

목사를 탄핵하고 총회에 복귀했다. 감리교 역시 합동반대의 목사와 평신
도들이 반기를 들어 혁신교단을 탈퇴하면서 혁신교단은 5개월 만에 막
을 내렸다. 혁신교단은 일제의 공권력과 극단적인 부일협력 세력에 의한
활동으로 교회 내의 갈등과 분열만을 격화시킨 채 끝났다.[141)

혁신교단이 실패해 가는 와중에도 각 교파는 일본화의 수순을 개별적
으로 밟고 있었다. 1943년 5월 장로교는 일본기독교 조선장로교단으로,
같은 해 8월 감리교는 일본기독교 조선감리교단으로 개칭되어 각기 일
본의 교파에 종속되었다. 1943년 '조선예수교장로회'의 마지막 포교관
리자인 鐵原志化(한국명 최지화)는 포교규칙에 의거하여 '일본기독교장
로교단'으로 이름을 변경하는 敎派名稱變更届와 佐川彌近(한국명 채필
근)으로 포교관리자를 변경하는 布敎管理者變更届를 1943년 5월 15일
과 29일 각각 제출하고 있다.[142)

그러나 독립된 교파의 유지는 결국 허용되지 않았다. 합동공작은
1945년 봄 조선총독부 정무총감의 초청으로 조선에 온 일본 오사카 한
인교회의 전인선 목사가 몇 개월간 조선교회 상황을 조사하고 교계의 지
도자들을 만나 합동을 주장하면서 다시금 시작되었다. 1945년 6월 25일
정무총감은 조선과 일본교회의 지도자 55명을 회의장에 소집하여 조선
교회의 통합을 주장했고, 이 자리에 참석한 총독부의 학무·법무·경무국
장들은 격려사를 통해 이를 지지했다. 바로 그날 저녁 정무총감의 주재
아래 교파연합을 준비하는 위원회가 구성되었다. 총 20명의 준비위원회
에는 총독부 학무국의 대표도 2인 포함되었다.[143) 교파의 합동은 처음부
터 끝까지 관 주도로 기획되고 실행되었다.

---

141) 위의 글; 윤선자, 『태평양전쟁 발발이후 일제의 인적지배와 그리스도교계의 대
     응』, 77~79쪽.
142) 『朝鮮總督府官報』 1943. 6. 25.
143) 서정민, 「일제 말 '일본기독교조선교단' 형성과정」, 84~89쪽.

해방 직전인 1945년 7월 19일 조선의 모든 교파교회가 '일본기독교 조선교단' 즉 일본기독교단에 소속된 조선교회조직으로 통합되었다. 일본기독교 조선교단의 첫 총회에는 정무총감, 조선군 사령관이 참석했고 총독부 학무국 관리들이 임원선출의 투표를 관리하고 세부조직의 구성을 지도했다. 초대통리자는 장로교의 김관식 목사, 부통리자로는 감리교의 김응태 목사가 정해졌다. 통리자와 부통리자는 학무국 대표들과 협의하여 교단의 세부조직을 정비하고 임원을 선출한 뒤, 1945년 8월 1일 피어선 성서학원에서 개원식을 열어 업무를 시작했다.[144] 이 같이 전시체제하 일제 식민당국은 종교단체법의 적용 없이도 일본 국내와 동일한 상태를 충분히 만들어 낼 수 있었다. 경찰력의 동원과 치안유지법을 포함한 형사법령들의 위협도 큰 역할을 담당했다.

포교규칙의 포괄적인 확대적용과 일본에는 존재하지 않았던 포교관리자를 통한 교단관리체제를 활용한 기독교통제는 총독부 학무당국에서 일본에 비하여 우위에 있다고 자신할 만큼의 것이었다. 실제로 종교단체법에 의해 일본에 도입된 '교단통리자' 제도는 포교규칙의 포교관리자 개념이 활용되었을 가능성이 크다. 일제강점기 내내 포교규칙은 기독교 행정통제의 주축으로서 다른 법령들과 함께 기독교를 대상으로 한 넓고도 조밀한 통제의 그물망을 형성했다고 할 수 있다.

4. 장로교 노회법인 설립의 미완과 기독교계 재산의 강제처분

1910년대를 이어 1920년대 내내 시도된 장로교 노회들의 법인설립운동은 1930년 전남노회가 민법 제34조의 허가법인으로 인정됨으로써 결

---

144) 위의 글, 89~92쪽.

실을 맺는 듯했다. 하지만 장로교회의 예측과 달리 전남노회의 신청양식을 모델로 한 나머지 노회들의 법인설립은 거부되었다. 총독부의 요구조건이 지속적으로 증가했기 때문으로, 여타 노회들의 재단법인 설립조건과 과정은 전남노회와 전혀 다르게 진행되었다. 1930년 장로회 총회록에는 노회별로 대대적인 포교대장의 정비가 이루어지고 있음이 보고되고 있다. 총회 재단부의 주도로 포교규칙에서 요구하는 각종 서류 11종의 양식을 총독부 종교과에 제출하기 위해 새로 작성하여 탈마지(J. V. N. Talmage) 목사에게 위임해 등사한 후, 각 노회 재단부원에게 배부하기로 하고 있다.[145] 총독부에서 노회 재단법인의 허가를 위한 사전조건으로 각 노회별 포교대장을 새롭게 편제하도록 요구하여 포교규칙 관련 서류작업이 시작된 탓이었다.

그동안 포교규칙에 의한 포교관리자를 임명하지 않았던 장로교회는 개별 포교소·포교자가 각기 포교규칙에 의한 신고를 수행해 왔다. 장로교총회록에도 "이전의 布教所設置届는 개인명의로 설치가 되었으므로 불편한 점이 많음으로 이전 포교소는 폐지하고 노회장 직인을 날인하여 새 포교소설치계를 제출할 것"이라 하여, 그 전에는 노회에서 포교규칙이 규정하는 포교관리자의 업무를 실시하고 있지 않았음을 알 수 있다.[146] 따라서 노회나 총회 단위의 포교대장도 없었고, 포교관리자가 대표로 총독부에 포교규칙에 의한 신고를 행하는 일도 없었다. 그런데 이제 당국은 재단법인 신청을 빌미로 각 노회별 포교대장을 정리하고 대장을 비치하라고 요구했다. 이를 위해 각 노회별로 정비해야 할 서류는 布教届, 布教者資格證明書(布教者履歷書 첨부), 布教者居住地移轉届, 布教者職名變更届, 布教廢止届, 布教所設置届, 布教所廢止届, 布教擔任者選定届, 布教擔任者變更届, 布教所名稱變更届의 11종에 이르고 있

---

145) 『조선예수교장로회총회 제19회 회록』 1930, 42~43쪽.

146) 위의 자료.

다.147) 이들 신고서들로 이루어지는 포교대장을 만들기 위해 총회 재단부는 서식들을 노회별 재단부원들에게 배부하고, 각 노회의 구역에 따라 이를 정비하기 위한 대표자를 선정했다. 당시 당국의 의도는 법인허가의 조건을 까다롭게 하여 법인설립을 지연시키는 동시에 포교관리자 설치를 끝내 거부한 장로교회에 엄중한 통제체제를 만들려 한 것이었다고 여겨진다. 본래 각 교파별로 작성되고 관리되던 포교대장을 노회별로 마련한다는 것은 총독부의 직접적인 통제와 감시를 노회별로 받게 됨을 의미했기 때문이다. 게다가 앞 절에서 보았듯이 재단법인 신청과정에서 노회별 포교관리자를 임명하라는 압력 역시 지속적으로 행해졌다.

포교관리자 설치를 거절하면서 장로교 노회의 재단법인화 작업은 힘겹게 계속되었다. 1930년대에도 끊임없이 이어진 노회의 재단법인설립 운동은 단순히 교회재산에 대한 법적인 권리자로서의 지위를 획득하기 위한 일만은 아니었다. 법제적으로는 1930년대 초에 굳이 법인이라는 지위가 없더라도 법적으로 재산권을 행사할 수 있는 길이 열렸기 때문이다. 1932년 3월 17일과 4월 6일 『基督申報』에 실린 「財團法人設置에 關하야 愚見을 提出함」이라는 기사는 그 이유를 몇 가지로 정리하고 있다.148) 첫째, 1929년 일본 민사소송법의 개정으로 법인이 아니더라도 단체 또는 단체와 유사한 것은 그 대표자가 재판상의 원고 또는 피고가 될 수 있도록 되었다. 둘째, 1930년 조선부동산등기령이 개정되어 '법인이 아닌 사단이나 재단'을 등기권리자 또는 등기의무자로 간주하고 그 대표자나 관리자의 명의로 등기신청이 가능하게 되었다. 셋째, 자치교회 문제로 이만집 목사와 경북노회가 대구 남성정교회의 재산을 두고 벌인 재판이 십 년 가까이 계속되고 있었는데, 이에 대한 고등법원판결이 1931년 4월에 확정되었다.149) 교회를 점거한 이만집 목사 측에 대한 명

---

147) 위의 자료.
148) 『基督申報』 1932. 3. 17, 4. 6.

도소송에서 소송 당시 법인이 아니었던 경북노회는 소송의 당사자가 될 수 없었다. 따라서 교회헌법에 규정된 "토지가옥에 대한 분쟁이 발생할 때는 노회에서 처리한다"는 조항을 근거로 노회 편에 속한 설립자에게 訴權을 위탁했는데, 이것이 이 소송의 판례를 통해 인정되었다. 따라서 이후에는 법인명의의 등기가 되어있지 않더라도 노회가 교회대표자를 선정하여 재산권을 지킬 수 있었다. 기사의 작성자인 변호사 金宣均은 이러한 이유들을 들어 더 이상 노회가 법인설립에 매달릴 필요가 없음을 강조하고 있다. 그는 오히려 법인설립으로 소속 교회의 채무에 대한 책임문제나, 소속 교회의 건축 혹은 사업진행시 발생할 수 있는 저당문제 등에 노회가 휘말리게 될 위험이 있다고 지적하고 있다.

그럼에도 장로교 노회들이 계속 법인설립에 매달린 이유는 교회의 재산권을 확보하려는 목적을 넘어 법적인 지위확보를 통해 사회적으로 교회의 존립을 보장받으려 했기 때문이다. 지속적으로 압박을 가하는 식민당국에 대해 체제 내에서 획득가능한 최소한의 보호막을 얻으려는 자구책이었다. 이러한 노력의 결과로 1931년에는 평양노회가, 1933년에는 의산, 경안, 황해, 평북노회가 허가를 받았다. 관련 서류들을 검토하면 노회법인에 대한 당국의 심사가 계속 강화되어가는 과정을 확인할 수 있다. 우선, 법인신청문서들의 표제지에는 총독부 각 기관의 결제인감이 날인되어 있는데, 종교과장, 학무국장, 외사과장, 문서과장, 정무총감을 거쳐 총독의 최종결제를 받았던 선교회재단들과는 달리, 노회재단의 심사경로에는 위생과장, 보안과장, 내무국장, 경무국장이라는 네 단계가 추가되어 경찰 관련 부서의 심사가 보강되어 있다. 심사단계만 추가된 것이 아니라, 심사시 요구되는 서류의 수속절차도 강화되었다. 노회가 총독부에 제출한 서류들에는 재단법인을 설립하기로 결의한 노회록의

---

149) 정태식, 「1920년대 기독교 민족자치사상 형성과정에 대한 사회학적 일고찰 – 대구 3.1만세운동과 교회 자치선언사건을 중심으로」, 82쪽.

회의 사본도 첨부되어 있고, 노회회원들이 연서한 노회의 대표자선정서
도 첨부되어 있다. 또 기존에 총독부 종교과에 직접 제출했던 신청서들
은 우선 각 노회 소재지역의 도지사들에게 먼저 제출되어야만 했다. 도
지사는 중간심사를 위한 경유지가 되어 노회가 제출한 각종 서류들을 검
토하고 총독부의 지시를 받아 미비점을 보완하는 역할을 수행했다. 도지
사는 토지대장등본, 기부서, 대표자선정서, 재산목록서 등과 기부행위를
사실여부와 대조하여 철저히 심사하도록 총독부로부터 별도의 지시를
받고 있었다.[150]

　　1933년 「재단법인 조선야소교장로회 평북노회 유지재단 설립허가신
청건」에 부속된 서류철에는 노회법인에 대한 자세한 '심사요강'이 포함
되어 있어 당국의 엄격한 심사과정을 보여준다. 심사요강에 의하면 심
사과정은 크게 3부분으로 자세한 사실여부의 검토가 다음과 같이 행해
졌다.

> 1. 토지대장등본과 寄附書와의 대조 : 寄附書에 주소기입하고 토지대장등
>   본에 기입 없는 것/토지대장등본의 소유자 주소란에 대한 사실과의 相
>   違/토지대장등본 소유자 주소란 기재 없는 것/寄附書와 토지대장등본
>   소유자 주소 간의 차이/寄附書 목록 중 地積, 地價 불명료.
> 2. 寄附書와 대표자선정서와 대조 : 寄附書 주소·洞名·蕃地의 相違여부/寄
>   附書의 인감과의 相違/寄附書의 주소에 蕃地 기재 없는 것/指印의 날인
>   여부확인.
> 3. 기타 : 割印 불명료 여부/대표자선정서의 인감 불명료 여부.[151]

　　노회법인 설립절차와 관련된 통제는 시기가 흐를수록 더 강화되어
1940년의 「재단법인 조선야소교장로회 용천노회 유지재단 설립허가신

---

150) CJA0004796 「재단법인 조선야소교장로회 평양장로회 유지재단 설립허가신청에
　　관한 건」.
151) CJA0004808 「재단법인 조선야소교장로회 평북로회 유지재단 설립허가신청건」.

청건」을 보면 학무과장이 평안남도지사에게 발령한 통첩에 의해 법인의
사업계획과 소요경비, 재단에 참가하는 교회들과 교세표가 요구되었다.
이에 따라 용천노회는 법인설립을 위한 구체적인 계획의 세목들과 필요
경비, 노회에 소속된 교회들의 교역자명과 신도수가 기재된 교세표를 제
출하고 있다.[152]

　노회록들을 통해서도 이 같은 상황은 입증된다. 안동지역을 중심으로
한 경안노회는 재단부를 설치하여 1920년대에 지속적으로 재단법인 설
립작업을 진행했다. 경안노회는 1933년 8월에야 최종적으로 법인설립을
허가받는데, 내부적으로 소속 교회들의 재산정리에도 시일이 소요되었
지만 안동군청과 도청의 검열을 거친 후 총독부로 서류가 넘어가는 절차
를 거치느라 시일이 상당히 지체되었다.[153] 1929년 10월 재단법인 설립
을 신청한 전북노회도 1930, 1931, 1932년의 노회록에서 지연상황을 계
속 보고하고 있고 결국 1933년 서류를 재제출하여 1934년 9월에야 법인
을 설립했다. 지연의 이유들도 "수속의 相違와 서류의 오기"로 인한 반
려, 노회가 재단부 이사에게 전권을 위임한 노회록 사본의 제출요구, 각
교회 소유재산 중 부동산 목록의 첨부요구 등으로 다양했다. 특히 1932
년 노회록은 관련 서류를 제출했으나 10여 개월만에 미비된 4개 조항을
이유로 반려되어 다시 수속하여 도청에 제출하느라 재수속 비용이 들었
음을 보고하고 있기도 하다.[154]

　1940년의 장로교 총회록에 의하면 장로교 노회 중 20개 노회는 법인

---

152) CJA0004876 「재단법인 조선야소교장로회 용천노회 유지재단 설립허가신청건」.
153) 1932년 12월의 경안노회록에는 "재단법인에 관한 문부를 작성하야 총독부에 접
　　수되였는대 허가가 나면 등기수속을 곳하려 하나이다"라는 보고가 보이지만, 이
　　듬해 6월의 경안노회록은 "재단법인에 대한 서류를 작성하야 제출하엿드니 안
　　동군청에서 검열 후 양 4월 하순에 도청으로 되였음을 보고 하나이다"라고 하여
　　군청과 도청이 검열기관으로 추가되었음을 보여준다. 『경안노회록』 1권, 대한예
　　수교장로회 경안노회, 1978, 429, 445쪽.
154) 『전북노회록』 1930, 18쪽; 1931, 28쪽; 1932, 23쪽; 1933, 37쪽.

이 설립되었으나 아직 10개 노회는 미설립 상태라 하고, 1941년도 이후
의 총회록에는 더 이상 재단설립 관련 기록이 보이지 않는다. 1940년 총
회록이 기록한 20개의 재단설립 노회는 평양, 평서, 안주, 황해, 평북,
의산, 삼산, 산서, 함북, 함중, 함남, 경안, 경동, 경북, 경남, 전북, 전남,
순천, 제주, 용천노회이다. 그 중에서 총회록과 조선총독부관보, 국가기
록원에 남아있는 기록들을 통해 재단법인 허가 연월일을 확인할 수 있는
노회와 그 설립날짜는 다음과 같다.

<표 23> 조선장로교 노회재단법인의 설립상황

노회명	재단법인 설립일	노회명	재단법인 설립일
전남노회	1930. 9. 5.	황해노회	1933. 11. 10.
평양노회	1931. 6. 10.	경북노회	1934. 1. 15.
평서노회	1932. 11. 29.	함남·함중·함북 연합노회	1934. 4.
순천노회	1932. 12. 17.	전북노회	1934. 9. 6.
의산노회	1933. 8. 26.	안주노회	1934. 10 .10.
경안노회	1933. 8. 25.	산서노회	1937. 2. 1.
평북노회	1933. 11. 10.	용천노회	1940. 7. 8.

* 출전:『조선예수교장로회총회회록』;『조선총독부관보』; 국가기록원 소장 노회법인 관련 문서.

이와 같이 장로교 노회의 재단법인화 작업은 계속되었지만, 결국
1940년에 이르러서도 1/3에 달하는 10개의 노회는 법인으로 설립되지
못한 채 일제말기의 암흑기를 맞게 되었다.[155]

한편, 1920년대를 거쳐 1930년대에 선교회와 장로교 노회 일부의 법
인화가 일단 완료되어 감에 따라 이후 일제당국은 기독교단체에 대한 정

---

155)『조선예수교장로회총회 제22회 회록』1933, 48쪽;『조선예수교장로회총회 제23
   회 회록』1934, 65쪽;『조선예수교장로회총회 제24회 회록』1935, 58쪽;『조선
   예수교장로회총회 제25회 회록』1936, 72쪽;『조선예수교장로회총회 제28회 회
   록』1939, 81쪽;『조선예수교장로회총회 제29회 회록』1940, 51쪽.

확한 자산구조 파악을 기반으로 기독교재산의 확대를 방지하는 정책을
중층적으로 실행했다. 일제의 이런 의도는 일찍이 '미감리교회 유지재
단'(1920년 12월 18일 설립허가)의 법인허가조건에서 그 일단이 드러나
기도 했다. 전시체제가 진행되어 가면서 당국의 정책도 점점 노골화되었
을 뿐이다. 1936년 12월 칙령으로 선포된 '외국인토지법을 조선에 시행하
는 건'(칙령 제470호)에 의해 조선에서 시행되게 된 '외국인토지법'(1925.
4, 법률 제42호)도 그 하나였다.

'외국인토지법'은 1925년 일본에서 공포되었던 법령이 1936년 칙령
으로 새삼스럽게 조선에 시행된 경우이다. 조선에서는 일본인의 토지소
유 합법화를 위해 통감부시기에 '토지가옥증명규칙'(1906. 10, 칙령 제
65호)과 '토지가옥증명규칙시행세칙'(1906. 11, 법부령 제4호)이 제정된
이후 외국인의 토지소유가 합법적으로 인정되고 있었다. 이와 달리 일본
은 외국인 토지소유가 제한적으로 인정되다가 1925년에야 '외국인토지
법'으로 개방되었다.[156] 이 법률은 본래 일본에서는 외국인에게 거류지
등 한정된 지역에서만 인정되고 있던 토지소유를 일정 지역을 제외하고
허가하기 위한 목적을 가지고 있었다. 당시 일본 내 서양 거류지제도의
폐지 이후, 永代借地로 외국인들이 점유하고 있던 토지를 영구임대가
아닌 소유의 형태로 전환시켜 세금탈루 등을 방지하려던 법이라 할 수
있다. 일본에서 외국인토지소유의 금지를 풀기 위해 시행된 이 법은
1936년의 조선에서는 정반대의 목적을 위해 시행되었다. 이 법 제4조

---

156) 일본 정부는 1902년 '외국인의 토지소유권에 관한 법률'(법률 제51호)로 상호주
의 원칙에 따라 일본인에게 토지소유를 인정하는 국가의 외국인과 외국법인에
한해 내무대신의 허가를 얻어 토지소유권을 인정했다. 그러나 이때 소유권이 인
정되는 지역은 같은 법 제2조에 의해 북해도, 대만, 남사할린, 국방상 필요한 지
역에 한정되었다. 1925년 4월의 '외국인토지법'(법률 제42호)은 '외국인의 토지
소유권에 관한 법률'을 폐지하고, 외국인에게 일정한 제한─국방상 필요한 지역
을 제한하는 등의 제한을 둔 이외에는 내지에 대한 전면적인 토지소유를 인정한
것이었다.

규정은 다음과 같다.

> **제4조** 국방상 필요한 地區에 있어서는 칙령으로 외국인 또는 외국법인의 토지에 관한 권리의 취득을 금지하거나 조건 또는 제한을 붙일 수 있다. 前項의 地區는 칙령으로 이를 정한다.

위의 조항에 기초하여 '외국인토지법시행령'(1936. 12, 칙령 제471호)은 외국인과 외국법인의 토지소유가 금지된 조선의 지역들을 지정했다. 여기에는 각 도별로 주요한 도시지역들이 대부분 포함되어 있다. 예를 들어 평안남도의 경우 평양부·진남포부·대동군·용강군의 전 지역과 강동군의 만달면·원탄면, 중화군의 중화면·신흥면·해압면·양정면·당정면, 강서군의 동진면·잉차면·초리면·보림면·성암면, 안주군의 대이면·용화면·입석면·연호면·신안주면이 토지소유 금지지역이었다. 기독교 세력의 중심지인 평양부는 외국인·외국법인의 토지소유가 전면 금지되었다.

전시체제가 본격화된 1940년 4월 12일의 개정령(칙령 제267호)에 의해서는 더욱 많은 지역이 토지소유 금지지역에 포함되었다. 경기도의 경우 경성부, 인천부, 개성부 전체가 포함되어 있고 평안남도의 경우 평양부·진남포부·대동군·순천군·강동군·중화군·용강군·강서군·평원군·희주군·개천군 전 지역, 평안북도의 경우 희천군·강계군의 일부 지역을 제외한 전 지역이 토지소유 금지지역이 되었다. 이 법령은 재단법인 관련 법령들에 의해 단속할 수 없는 선교사들 개인명의의 토지소유를 원천적으로 금지하면서, 아직 법적인 통제 속에 편입되지 않은 외국인 소유 토지들을 통제체제 안으로 편입시키기 위한 대책으로도 활용되었다고 생각된다. 이로 인해 총독부의 통제를 피하기 위해 마지막까지 법인설립을 기피하면서 사제들의 개인명의로 토지를 소유하고 있던 드망즈 주교의 천주교 대구교구도 어쩔 수 없이 법인설립을 준비하게 되었다.[157]

나아가 일제의 기독교법인에 대한 재산파악과 이를 통한 통제라는 구
조는 일제말기 적산처리 과정에서도 그대로 이어진다. 태평양전쟁 발발
직전 동아시아에서 전운이 짙어지자 미국 정부의 권고에 따라 대부분의
선교사들이 철수하는 상황에서 선교회법인 명의의 자산들은 일제에 의
해 적산으로 처리되는 수순을 밟게 되었다. 먼저, '外國人關係取引取締
規則'(1941. 7. 28, 大藏省令 제46호)이 제정되어 지정국으로 고시된 국
가의 국민과 법인의 예금통장, 예금증서, 철도수하물상환증에 이르기까
지 거의 모든 재산에 대해 규제하고, 거래행위는 대부분 허가 없이는 불
가능하도록 통제했다. 이 규칙 제4조에는 "지정국 법인" 외에도 "지정국
계 법인"이라는 법 적용대상을 추가하고 있는데, 이는 다음과 같이 일본
국내 법인으로서 지정국과 관련이 있는 법인을 통제하기 위해서였다.[158]

> **제4조** 本令에서 指定國系 法人이라는 것은 指定國 法人 이외의 법인으로
> 서 다음에 게재된 것을 이른다.
> 1. 指定國 法人 또는 指定國人이 資本金의 1/2 이상을 점하는 것.
> 2. 指定國 法人 또는 指定國人이 前號 이외의 관계에서 경영을 지배
>   하는 것.
> 3. 指定國人, 指定國 法人, 제1호에 해당하는 것 또는 前號에 해당하
>   는 것이 자본금의 1/2 이상을 점하는 것 또는 기타의 관계에서 경
>   영을 지배하는 것으로서 前 各號에 해당하지 않는 것.
> 4. 大藏大臣이 지정한 것.

1920년대에 설립된 선교회법인들은 외국법인이 아니라 일본 국내의
법인으로 취급되었기 때문에 이 조항의 적용을 받게 되었다. 미국과 영
국은 1941년 일찌감치 지정국으로 고시되었고, 이에 따라 1942년 5월
22일 조선총독부 고시 제774호는 '外國人關係取引取締規則'에 의거하

---

157) 윤선자, 「일제하 조선천주교회의 법인화 과정」, 257~258쪽.
158) 中央經濟法研究會/編, 『敵産管理의 理論と實際』, 文阪寶文館, 1943, 128~132쪽.

여 다음의 법인들을 지정국계 법인으로 고시하고 있다.

〈표 24〉 1942년 조선총독부 고시 제774호에 의한 지정국계 법인

	指定國系 法人名
美國系	재단법인 미감리교회 조선선교부 유지재단 재단법인 미감리교회 조선부인선교부 유지재단 재단법인 남감리교회 조선선교부 유지재단 재단법인 미국야소교 북장로파 조선선교회 유지재단 경성 외국인학교 유지재단 재단법인 피어선기념 성경학원 유지재단 재단법인 조선기독교청년회 국제위원간사 유지재단 재단법인 야소교 동양선교회 유지재단 재일본 장로교 선교사 사단 재일본 회중교회 선교사 사단 재단법인 미국야소교 남장로파 조선선교회 유지재단 재단법인 재조선 야소교 장로파 선교회신학교 유지재단
英國系	재단법인 대영성서공회 조선지부 유지재단 재단법인 조선기독교서회 재단법인 호주 빅토리아국 장로파 조선선교회 유지재단 재단법이 조선 야소교 캐나다연합교회 유지재단

* 출전: 『朝鮮總督府官報』 1942. 5. 22.

위의 표를 보면 미국·영국계 선교사단체의 법인들이 모두 지정고시
되었음을 알 수 있다. 이들 법인들은 스스로의 거래행위가 규제되었을
뿐 아니라, 이들을 위해 대신 거래를 하거나 이들의 거래상대가 된 자까
지 단속대상이었다. 특히 규칙 제11조는 지정국 국민과 법인 소유의 부
동산, 가액 100엔 상당의 동산, 일본 통화, 외국 통화, 금액 20엔 상당
이상의 유가증권에 대해 허가 없이는 기탁을 하거나 기탁을 받지 못하도
록 금지하고 있다. 이 조항에 의해 선교회 자산을 조선인에게 기탁하는
방법 자체가 불가능하게 되었다고 할 수 있다.

태평양전쟁 시작 이후인 1941년 12월 22일에는 '적산관리법을 조선·

대만 및 화태에 시행하는 건'(칙령 제1178호)과 '적산관리법시행령'(칙
령 제1179호)이 일본의 '적산관리법'(1941. 12. 22, 법률 제99호) 공포에
맞추어 조선에서 시행되었다. 이어 1941년 12월 29일 '적산관리법시행
규칙'(조선총독부령 제343호)이 제정되면서 미국과 영국을 적국으로 고
시했다(1941. 12. 29, 조선총독부고시 제2086호).[159] 이제 선교회법인의
재산들은 본격적으로 적국의 재산으로 지정되어 일제당국의 관리 아래
놓이게 되었다. 당국은 1942년 5월 22일의 '조선총독부고시 제776호'를
통해 선교회 재단법인의 재산들을 적산으로 지정하고 적산관리인을 임
명했다. 1943년 大藏省 外資局이 발행한 『敵産管理法 및 關係命令과
告示』라는 책자에는 1942년 11월까지 조선에서 지정된 적산과 관리인
들이 열거되어 있다. 총 37건의 적산 중에서 선교회 관련 적산이 20건이
고, 그 중 선교회 관련 재단법인의 재산이 19건으로,[160] 이를 정리하면
다음과 같다.

〈표 25〉 선교회 관련 적산과 적산관리인 명단

敵産	敵産管理人	告示 年月日
1. 재단법인 미감리교회 조선선교부 유지재단에 속하거나 그 보관 중인 일절의 재산	梁原柱三	1942. 5. 22.
2. 재단법인 미감리교회부인 조선선교부 유지재단에 속하거나 그 보관 중인 일절의 재산	〃	〃
3. 재단법인 남감리교회 조선선교부 유지재단에 속하거나 그 보관 중인 일절의 재산	〃	〃
4. 재단법인 미국 야소교 북장로파 조선선교회 유지재단에 속하거나 그 보관 중인 일절의 재산	平岡義頂	〃
5. 경성 외국인학교 유지재단에 속하거나 그 보관 중인 일절의 재산	〃	〃
6. 재단법인 미국야소교 남장로파 조선선교회 유지재단에 속하거나 그 보관 중인 재산으로서 京城府 및 平壤府에 있는 것	〃	〃

159) 『敵産管理法及關係命令並二告示』, 大藏省外資局, 1943, 204쪽.

160) 위의 책, 205~207쪽.

7. 재단법인 피어선기념 성경학원 유지재단에 속하거나 그 보관 중인 일절의 재산	金山鍵昊	"
8. 재단법인 조선기독교청년회 국제위원간사 유지재단에 속하거나 그 보관 중인 일절의 재산	丹羽淸次郎	"
9. 재단법인 야소교 동양선교회 유지재단에 속하거나 그 보관 중인 일절의 재산	牧野明種	"
10. 재일본 장로교 선교사 사단에 속하거나 그 보관 중인 일절의 재산	花村美樹	"
11. 재일본 회중교회 선교사 사단에 속하거나 그 보관 중인 일절의 재산	諏訪章子	"
12. 재단법인 미국야소교 남장로파 조선선교회 유지재단에 속하거나 그 보관 중인 재산으로서 전라북도에 있는 것	재단법인 조선경찰협회 전라북도 지부 후원회	"
13. 재단법인 미국야소교 남장로파 조선선교회 유지재단에 속하거나 그 보관 중인 재산으로서 전라남도에 있는 재산으로 다른 적산관리인의 관리에 속하지 않은 것	재단법인 조선경찰협회 전라남도 지부 후원회	"
14. 재단법인 재조선야소교 장로파선교회신학교 유지재단에 속하거나 그 보관 중인 일절의 재산	평양신학교 대표 公山承吉	"
15. 재단법인 대영성서공회 조선지부 유지재단에 속하거나 그 보관 중인 일절의 재산	京城光化門通 朝鮮防共協會 경기도지부장 高安彦	"
16. 재단법인 조선기독교서회에 속하거나 그 보관 중인 일절의 재산	"	"
17. 재단법인 호주 빅토리아국 장로교 조선선교회 유지재단에 속하거나 그 보관 중인 일절의 재산	金澤秀典	"
18. 재단법인 조선야소교 캐나다연합교회 유지재단에 속하거나 그 보관 중인 일절의 재산	재단법인 조선야소교장로회 함남장로 咸中老會 및 咸北老會 유지재단	"
19. H. H. 언더우드에 속하거나 그 보관 중인 일절의 재산	平岡義頂	1942. 7. 18.
20. 사립연희전문학교 기독교연합 재단법인에 속하거나 그 보관 중인 일절의 재산	大野謙一	1942. 11. 26.

* 출전: 『敵産管理法及關係命令並二告示』, 大藏省外資局, 1943; 『朝鮮總督府官報』 1942. 5. 22.

'적산관리인'이란 당국에 의해 임명되어 당국의 지시에 따라 적산을 관리하는 직책이다. '관리'란 적산관리법 제2조의 규정에 의하면 정부가

명령으로 정하는 것에 따라 적산을 매각하거나 기타 필요한 곳에 사용하
도록 하는 일이다. 나아가 제2조에 기초해 발하는 당국의 명령에 위배하
는 경우와 당국의 '관리'를 면하거나 방해할 목적으로 적산을 취득, 처
분, 은닉, 毁棄, 손괴하는 경우는 3년 이하의 징역 또는 일만 원 이하의
벌금에 처해질 수 있었다(제8조, 제9조). 전력을 찾을 수 없는 스와 후미
코(諏訪章子)를 제외하고, 위의 표에 기재된 적산관리인의 면면을 보면,
梁原柱三은 감리교 총리사 양주삼이 창씨개명한 이름이고, 牧野明稙도
李明稙 목사의 일본 이름이다. 金山鍵昊는 장로교 목사로 피어선기념성
서학원 학감이던 金鍵昊이며, 公山承吉 역시 장로회 평양노회장 출신
李承吉 목사의 일본 이름으로 보인다. 일본인 히라오카 요시마루(平岡
義頂)는 재단이 적산처리되기 전인 1942년 2월 애덤스(J. E. Adams) 등
과 함께 북장로파 선교회 유지재단의 이사로 임명되었던 것을 볼 때, 선
교회와 관련이 있었던 인물로 생각된다.161) 니와 세지로(丹羽淸次郞)는
도쿄기독교청년회 간사, 도시샤(同志社) 교장 출신으로 1909년부터 이
미 조선기독교청년회 간사로 일해 왔던 인물이다. 이들 인물군은 적산관
리인은 적산사업의 관계자 중에서 임명한다는 일본 내 적산관리인 선임
기준에 맞는 인물들이라 할 수 있다.162)

　그렇지만 하나무라 요시키(花村美樹)는 경성지방법원 판사로 재직한
이후 경성제국대학 교수로 근무했고,163) 코우 야스히코(高安彦)는 경기
도 경찰부장 출신으로 사회주의 사상을 억누르고 국민정신총동원운동을
수행하기 위한 기관인 총독부 산하 朝鮮防共協會의 경기도 지부장을 맡
고 있었다.164) 가나자와 시게노리(金澤秀典)는 晉州 永和興業 회사조합

161) 『朝鮮總督府官報』1942. 2. 20.
162) 中央經濟法研究會/編, 『敵産管理の理論と實際』, 64~65쪽.
163) 국사편찬위원회 한국사데이터베이스 한국근현대인물자료.
164) 국사편찬위원회 한국사데이터베이스 한국근현대인물자료.

의 대표 金漢秀가 창씨개명한 이름으로 보이는데, 기록에 의하면 김한수는 친일경찰로 악명을 떨친 경남경찰부 고등과 외사주임 하판락(河判洛)의 측근으로, 하판락이 부산의 호주선교회 관리인 김준기를 황국신민정신이 결여되었다는 이유로 검거한 후 호주선교회재단의 관리인으로 임명했다고 한다.165) 연희전문학교의 경우 총독부 학무과장 오노 겐이치(大野謙一)가 직접 관리하고 있다. 또한 남장로교 선교회 유지재단은 '재단법인 조선경찰협회 전라북도·남도지부 후원회'가 적산관리인으로 임명되었다. 총독부 관리 내지 관변 인물, 특히 경찰 관련 인물과 기관의 활용이 특징적이다. 특이한 부분은 캐나다선교회 법인의 관리인으로 함중노회 및 함북노회 유지재단이 임명된 점으로, 캐나다선교회의 경우 소규모였고 지역적 기반인 함경도에 노회 재단법인이 설립되어 있었던 점, 교육정책의 예에서 보듯이 다른 장로파와 달리 당국의 정책에 협조했던 때문이 아닐까 생각된다.166)

이들 다양한 적산관리인들 중 1~3번의 감리교계열 재단·대영성서공회 재단 이외의 선교회 법인과 19번의 언더우드 소유 재산은 모두 1944년 3월 22일 '告示 제435호'와 1945년 5월 31일 '告示 제343호'에 의해 기존의 적산관리인이 해임되고, 1932년 총독부가 설립한 朝鮮信託株式會社로 적산관리인이 변경되어 직접적으로 당국의 관리를 받게 되었다.167) 대영성서공회 재단의 적산관리인은 조선방공협회(1942. 11. 이후

---

165) 해방 이후 친일파 행적을 기록한 자료에 의하면, 하판락은 고문왕으로 이름을 떨쳤고 신사불참배를 이유로 많은 기독교인들과 기독교계 반일결사를 검거, 투옥시킨 인물이다. 高元燮/編, 『反民者罪狀記』, 白葉文化社, 1949, 103~104쪽.

166) 앞 절에서 보았듯이 캐나다장로교 선교회는 교육정책 면에서 다른 장로파와 달리 감리교의 정책과 유사한 측면이 많았다. 중등학교의 경우 장로교 중에서는 유일하게 당국의 방침에 맞추어 사립각종학교를 포기하고 정규학교로 인가를 받았고, 선교사들의 철수 이전에 조선교회와의 재산정리 문제도 별다른 잡음 없이 이루어졌던 것으로 보인다. 이런 점들이 적산관리인 결정에도 반영되었으리라 생각된다.

조선사상국방협회)의 경기도 지부장들이 지속적으로 임명되었음을 보면,[168] 양주삼이 감리교 적산의 관리자로 해방까지 유임된 것은 예외적인 일이었다.[169]

전라도 지역의 남장로교 재산을 지키기 위해 마지막까지 조선에 남아 1941년 12월에서 1942년 4월 9일까지 투옥되었던 남장로교 선교회 유지재단의 대표자 탈마지 선교사가 남긴 회고록에 의하면, 경찰 등 관리들은 선교회의 재산을 전쟁기간 동안 일본에 임대한다는 내용의 계약서를 만들어 투옥 중의 탈마지에게 날인하도록 계속 요구했다고 한다.[170] 이미 1942년 5월 22일 적산관리인 지정 이전에도 조선경찰협회 전라남도지부 후원회장으로 여겨지는 인물로부터 이를 강요당했고, 탈마지와 다른 선교사들은 이를 끝까지 거부하다 결국 강제 추방당했다.[171] 4월 9일 석방 후 6월 1일 추방까지 얼마간의 기간을 선교지에 더 머물렀던 탈마지는 적산관리인이 고시된 5월 22일 이후의 선교회 재산 접수상황

---

167) 『朝鮮總督府官報』 1944. 3. 22, 1945. 5. 31.

168) 대영성서공회 유지재단의 적산관리인은 코우 야스히코(高安彦) 이후에도 지속적으로 조선방공협회(1942. 11. 이후 '조선사상국방협회'로 명칭 변경)의 경기도 지부장들이 맡고 있다. 『朝鮮總督府官報』 1944. 1. 4, 1945. 7. 27.

169) 양주삼은 마지막까지 조선에 남아있던 감리교 선교사 스나이더(L. H. Snyder), 앤더슨(L. P. Anderson) 등이 1941년 귀국하면서 부탁한 선교부 재산들과 관련 증서들을 개인적으로 보관하고 있었다. 1942년 3월 감리교 통리사 정춘수는 선교부 유지재단 이사장직을 맡고 있던 양주삼에게 이들 재산권을 넘겨 줄 것을 요구했으나 응하지 않자 2개월 후 양주삼을 감리교단에서 추방했다. 그 후 1942년 5월에 선교부재산이 적산으로 선포되고 양주삼이 적산관리인으로 임명되었다. 유동식, 『한국감리교회의 역사 1884~1992』 Ⅱ, 기독교대한감리회, 1994, 672~674쪽; 1943년 3월과 1944년 10월에 양주삼은 스나이더, 앤더슨 등이 남긴 재산에 대해서도 적산관리인으로 지정되고 있다. 『朝鮮總督府官報』 1943. 3. 10, 1944. 10. 18.

170) 타마자(John Van Neste Talmage), 『한국땅에서 예수의 종이 된 사람』, 마성식·채진홍·유희경/역, 한국장로교출판사, 1998, 223~232, 270쪽. 탈마지 선교사의 한국이름이 타마자(打馬子)이다.

171) 위의 책, 284쪽.

을 자세히 묘사하고 있다.

> 5월 25일 한 떼의 경찰관료들이 선교부로 몰려왔다. 그들 중에는 "수장－훈장"도 있었다. 그는 5월 22일 내게 공식 통보했었다. 조선총독부령에 의해 나환자촌을 접수한 道경찰이 같은 부속 법인인 선교부 재산도 관리하게 되었다는 내용이었다. …… 한 경찰관이 문 위에 딱지를 붙였다. 경찰 법인이 재산을 징수한다는 공고였다. …… 다음날 아침 정보와 형사 몇 명이 와서 비어있는 선교사의 집 열쇠들을 내놓으라고 했다. 그들은 열쇠로 모든 문을 열고 조사했다. …… 오후에 선교부는 한 떼의 관리들과 광주의 유지들로 득실거렸다. 자신들에게 임대될 집들을 둘러보기 위해 북새통을 이룬 것이었다.[172]

탈마지의 회고를 보면 경찰협회 후원회라는 것은 결국 경찰이나 마찬가지였다고 여겨진다. 선교회 소유 주택의 일부는 도지사와 일본인 유지들의 저택으로, 선교회 여학교는 상업학교로 사용되었다.[173] 적산으로 지정된 재산들이 어떻게 사용되었는지를 보여주는 일례라 할 수 있다.

한편, 양주삼이 계속 관리한 것으로 보이는 감리교선교회의 재산들과 관련된 해방 이후의 기록도 남아 있다. 해방 이후 친일행적을 이유로 반민족행위특별조사위원회의 조사를 받게 된 양주삼의 선처를 위해 감리교선교회의 운영위원장인 윌리엄 쇼(William Shaw)가 반민족행위특별조사위원회에 보낸 서한이다. 그에 의하면, 양주삼이 일제의 강요에 의해 어쩔 수 없이 재산을 양도하기도 했지만 해방 이후 즉시 양도된 재산들과 남은 재산에 관한 정확한 기록과 함께 회계장부를 선교회에 제출하고 남은 재산들을 인계했다고 한다. 또 이러한 자료들의 존재로 인해 미군

---

172) 위의 책, 284~285쪽. 인용문 중 번역자가 "수장－훈장"으로 번역한 사람은 조선경찰협회 전라남도지부 후원회 회장으로 보인다. 탈마지의 기록에 오씨라고 지칭되어 있는 이 사람도 제복을 착용하고 견장들을 달고 있었다고 하는 것으로 보아 경찰관리이거나 경찰관리 출신의 인물이었던 것 같다.

173) 위의 책.

정하에서 선교회가 처분된 재산들을 회복하는 데 많은 기여를 했다고 지적하고 있기도 하다.[174]

해방 이후 일제가 남긴 재산들이 미군정에 의해 다시 적산으로 분류되면서 일제시기 적산으로 압류되었던 선교회 재산들도 그에 포함되었다. 이후 한국전쟁으로 피난민과 무단 점유자들에 의한 점유 등이 겹쳐지면서 재산권에 대한 상태는 혼란이 더해가는 상황이었다. 이런 상황에서 북장로교 선교회 같은 경우는 북한 지역의 재산을 다 잃을 수밖에 없어 남은 재산은 절반 이하였다고 한다.[175] 1948년 1월 군정법령 제162호 '일본적산관리인 명의 등기말소에 관한 건'과 1961년 12월 법률 제804호 '일본적산관리인 명의의 등기말소에 관한 법률'의 공포로 비로소 일제강점기 적산관리인 명의로 등기되었던 부동산들의 등기가 말소되었고 소유권을 회복할 수 있는 길이 열리게 되었다.

선교회의 재단법인에 속했던 재산들이 해방 이후까지 위와 같은 경로로 처리된 것과 달리 조선교회의 재산들은 1945년 7월 19일 창립총회를 가지고 설립된 관제 통합교단인 '일본기독교 조선교단'에 양도하도록 조치되었다. 총회의 결의로 1945년 8월 31일까지 보유한 재정을 모두 새로 설립된 '일본기독교 조선교단'에 양도하고, 1945년 12월 31일까지는 모든 교파의 재산을 양도하기로 결정했다.[176] 8월 15일에 해방이 되지 않았더라면 이 양도계획은 그대로 실행되었을 것이다.

1920년대 중반부터 본격적으로 실행된 기독교단체의 재단법인화는

---

174) 반민족행위특별조사위원회에게 EXECUTIVE COMMITTEE of the Association of Methodist Missionaries in Korea, Chairman William Shaw가 보낸 서한, 국사편찬위원회 한국사데이터베이스, NIKH.DB-an_025_0090.

175) Harry A. Rhodes and Archibald Campbell, edits., *History of The Korea Mission: Presbyterian Church in The U.S.A.*, v. 2, 1935~1959, p.366.

176) 서정민, 「일제 말 '일본기독교조선교단' 형성과정」, 92쪽.

조선기독교의 입장에서는 권리의 획득이면서 통제의 수용이라는 두 가지 측면을 가진 것이었다. 재산권의 보장과 종교단체로서의 지위확립이라는 이점은 일견 이 제도가 왜 1910년대부터 기독교단에 의해 요청되었는지 설명해 준다. 장로교회의 경우 두드러지는 선교회법인과 조선교회에 대한 차별적인 법 적용, 인가된 법인에 대한 당국의 통제 등 주도면밀한 일제당국의 법 적용과 정책 운용에 의해 '법인'은 오히려 기독교단들에게 굴레가 된 부분도 많았던 것이 사실이다. 1942년의 적산지정은 이를 단적으로 보여주는 예이다. 법인제도를 통해 당국에 노출되어 있던 선교회의 재산들은 그대로 압류되고 처분되었다.

다른 한편으로, 1910년대 초부터 1940년대까지 이어진 장로교 노회의 재단법인 설립운동은 교회의 재산권을 수호하고 교회의 법적·사회적인 존립을 보장받으려 노력한 점에서 평가받아야 할 부분이 있다. 교회의 경제적인 자립의 확보는 교회 스스로의 독립이나 종교적 자유의 유지뿐 아니라 교회가 추진하는 사업들의 자율성 확보를 위한 가장 기초적인 전제조건이기도 했기 때문이다. 예를 들어 교회들이 재정지원을 담당한 학교, 농촌운동, 기타 각종 사회사업 등에 대한 자율적인 예산의 편성과 집행과도 곧바로 연결된 문제였다. 장로교회의 대응이 포교규칙이나 사립학교규칙보다 법인설립에 대한 부분에서 가장 집중적으로 나타나는 점도 그 때문이 아니었을까 여겨진다. 조선의 기독교회가 일제말까지 경제적인 독립을 어렵게나마 유지했기 때문에 지속적으로 국내외 민족운동과 사회운동에 인적·물적 공급처로서의 역할을 담당했던 측면이 있었을 것으로 생각한다. 이는 1910년대부터 소유재산의 감독·관리권이 당국에 넘어가 일제에 종속적인 길을 걸었던 불교나 유교단체의 활동과 대비하면 더욱 분명한 일이기도 하다.

결론

일제강점기 조선에서 기독교의 조직과 단체, 사업에 대한 일제의 통제는 식민통치화 작업의 초기부터 이식된 법령들을 통해 일제말까지 지속적으로 진행되었다. 기독교의 포교기관과 선교회·교회법인, 기독교계 사립학교에 대한 통제법들은 총독부 종교행정의 핵심을 이루었다. 본 연구는 식민지 조선에서 시행된 일련의 기독교 통제법들이 1899년 일본 본국에서 공포된 법령들에 뿌리를 두고 있음을 밝히면서 해당 법령들이 식민지 조선에 이식되어 변용되고 적용되는 상황과 그에 대한 조선기독교의 대응양상들을 살펴보았다.

제1장은 일본의 불평등조약 개정교섭과 근대법체제의 정비를 배경으로 등장했던 기독교 통제법들에 대해 검토했다. 국가신도를 공인종교의 위에 놓는 일종의 위계질서를 확립해가는 과정에서 메이지정부 담당자들은 기독교를 일본의 국체와 양립할 수 없는 서구의 종교로 규정했다. 이 같은 인식은 메이지정부의 기독교에 대한 대책과 법제에 반영되었다. 근대국가 수립의 목표를 위해 헌법상 신교의 자유는 인정되었지만 그에 대한 제한 역시 헌법 조문으로 규정되었다. 기독교의 공인은 묵허라는 형식을 취했고, 개정조약 실시와 맞물려 등장한 1899년의 '내무성령 제41호', '사립학교령'과 '문부성훈령 제12호', '문부성령 제39호'는 분할된 단위로서의 포교기관 통제, 지방과 중앙의 중층적인 감독구조를 구축했다. 이 법령들 아래에서 기독교의 교파·교단은 법인설립을 인정받지 못한 채 포교소 단위의 통제를 받았고, 종교활동 목적의 법인이 아닌 재산유지 목적의 법인만이 허용되었다. 기독교계 사립학교의 경우는 각종학교로 남는 한 종교교육과 교과과정 등의 선택에 대한 자유를 누렸지

만, 정규학교로 편입되는 경우는 제한을 받아야 했다. 이들 법제들은 이후 일본제국의 식민지들에서 변용되어 재활용되는 모법들이 되었고, 1939년 '종교단체법'으로 폐지된 '내무성령 제41호'를 제외하면 1945년까지 일본 내 기독교 통제의 기본틀로 활용되었다.

제2장은 통감부시기부터 병합 후 1915년 이전 시기에 행해진 기독교 관련 법제의 도입작업을 대상으로 했다. 1908년 '사립학교령'의 공포는 그 신호탄이었다. 그러나 당시 서구열강이 한국에서 누리던 치외법권을 비롯한 특권들로 인해 사립학교령의 제정과 적용에는 외교적인 통로를 통한 재한선교사들과의 타협이 필요했다. 장로교의 조선인 학교 관계자들을 중심으로 '사립학교령'에 대한 반발이 있었지만 선교사들과 당국간의 교섭타결로 결국 '사립학교령'은 수용되었다. 병합 전후 법제들의 이식과 활용의 본격적인 첫 단추는 데라우치 마사다케의 손에 맡겨졌다. 무단적 통치의 대명사 데라우치에게도 불평등조약 문제의 해결은 선결과제였다. 병합시 신교의 자유 보장을 선언하면서, 본격적인 기독교 통제법제의 공포를 유예시킨 것은 이 때문이었다. 이러한 속내는 관련 법령이 도입되고 기독교계의 끊임없는 요구가 있었음에도 허용되지 않은 기독교단체의 법인화문제에서도 잘 드러난다. 이 시기 시작된 장로교회의 법인설립 노력은 이후 1940년대까지 계속되는 교회존립을 위한 운동이 되어갔다. 한편, 선교사들은 병합시 일본 정부의 신교의 자유 재보장을 신뢰하여, 통감부시기보다 제한적인 종교교육의 자유를 규정한 1911년의 '사립학교규칙'에 대해서도 별다른 대응을 보이지 않고 있었다.

제3장은 1913~1914년 각국 거류지문제의 해결과 府制의 실시로 거류지행정권을 회수하는데 성공한 총독부가 본격적인 기독교 통제법체제를 완성한 시기를 다루었다. 1915년의 '포교규칙'은 1899년 '내무성령 제41호'를 모법으로 했지만 각종 설립요건이나 허가·신고요건들이 추가되어 있는 강화된 형태였다. 특히 포교관리자 설치조항은 포교규칙 독자

의 핵심적인 통제조항으로 기독교에 대한 당국의 직접적인 통제의도를 드러낸다. 또한 1915년의 '개정사립학교규칙'은 종교교육을 완전히 금지하여 '문부성 훈령 제12호'에서 주어졌던 각종학교로의 선택지마저 박달하였다. 식민당국은 지속적으로 이어지고 있던 기독교계의 법인설립추진에 대해서도 불허할 방침을 분명히 했다. 기독교 단체에게 법적인 지위를 부여하는 법인설립은 허가하지 않으면서 기독교계 사립학교의 종교교육은 금지하여 학교가 寺院 역할을 하는 것을 근본적으로 방지하고, 종교활동은 당국의 통제하에 있는 포교기관 내로 한정시키려는 의도였다. 더불어 포교기관들은 포교관리자 설치에 의해 당국의 통제를 받는 위치에 두는 것이 무단통치기 식민당국의 청사진이었다고 할 수 있다.

1915년의 법령들에 충격을 받은 기독교계의 대응은 그 이전 시기에 비해 적극적으로 전개되었지만 이미 치외법권적인 특권에 기댈 수도, 본국 정부의 외교적인 도움을 구할 수도 없었다. 이 두 법령에 대한 선교회들의 대응은 나누어졌다. 포교규칙의 포교관리자 임의설치와 관련, 장로교를 제외한 다른 교단들은 수용하는 방침을 채택하여 스스로 포교관리자를 설치했다. 개정사립학교규칙의 적용에 있어서도 장로교는 사립각종학교로 남아 10년의 유예기간 동안 종교교육을 고수하는 길을 선택한 반면, 감리교는 과외의 종교교육을 인정받는 조건으로 정규학교체제에 편입되는 길을 택했다. 조선교회의 대응은 개정사립학교규칙과 관련해서는 별로 드러나지 않는다. 종교교육 금지조항의 타격을 받은 것이 주로 선교사들이 직접 운영하는 중등교육기관이었던 관계로 선교회를 중심으로 교섭이 이루어졌기 때문으로 보인다. 또 당시의 조선교회는 총독부와 직접 교섭을 벌일 정도의 역량이나 경험이 부족했다. 이는 장로교 총회의 포교규칙 관련 대책논의에서도 드러난다. 1915년 9월 장로교 총회는 비밀회의를 열고 관련 대책을 의논했지만 의견만 분분했을 뿐, 결국은 복잡한 절차에 대한 문의와 그에 대한 철저한 대비로 교회의 불이익을 최소화하는 정도에 머물렀다. 무단통치기의 삼엄한 사회환경 속에서 선교사들의 치외법권도 소멸한 가운데 조선교회의 대응은 이전 시기보다 소극적이 될 수밖에 없었다.

제4장은 일제 식민통치의 방침이 변경된 1920년대를 대상으로 했다. 회유와 분열의 키워드로 대표되는 '문화통치'기의 성격은 기독교 통제법의 운용에도 그대로 반영되었다. '全鮮宣敎師大會 陳情書'를 통해 한국복음주의선교회 연합공의회에서 총독에게 요구한 주요 사안 중 '포교규칙'의 완화, 종교교육의 허용, 기독교단체의 법인화는 외형적으로는 모두 수용되었다. 그러나 기독교에 대한 통제의 완화를 공언하며 대폭 개정을 단행한 '포교규칙'과 '사립학교규칙'의 본질은 외형적인 완화와 사후적인 통제장치의 강화였다. '포교규칙'은 포교소 설립허가제를 신고제로 전환했지만, 대신 총독의 사후적 통제가 언제라도 가능하도록 개정되었다. 1920년과 1922년의 개정으로 사립각종학교의 종교교육은 허용되었지만, 대신에 사립학교장 해직명령권이 신설되는 등 사립학교에 대한 지방관의 권한도 대폭 확대되었다. 또한, 종교교육의 자유를 선택하여 각종학교로 남은 장로교계열의 중등학교들은 상급학교 진학자격 등을 얻기 위한 지정인가 작업에 힘을 쏟아야 했다. 당국은 내규를 통해 지정학교의 인정을 의도적으로 지연시켰다. 이 지난한 과정에서 결국 캐나다 장로교 소속 학교들은 정규학교로 편입되었다. 감리교 중등학교들도 배제학당의 폐지로 완전히 정규학교체제로 편입하게 되어 기독교계 사립중등학교의 분열은 심화되었다.

이 시기를 특징짓는 법제의 운용은 기독교단체의 법인화 과정에서 찾아 볼 수 있다. 선교회들은 교섭과 서류준비에 몇 년의 세월이 걸리기는 했지만 총독부의 호의 아래 법인화를 위한 여러 가지 법적인 편의들을 제공받아 오랜 숙원을 이룰 수 있었다. 총독부 학무국 내에 신설된 종교과를 주관 부서로 하여 1920년대 중반 대부분의 선교회 법인과 선교회

단체 법인들이 인가되었다. 한 명의 감독 – 포교관리자 아래에 있던 감리교는 1920년대에 선교회와 조선교회가 모두 법인설립에 성공했다. 문제는 조선장로교회였다. 그러나 선교회와 감리교회에 적용된 법제들과 달리 장로교 노회법인들에 대해서는 전혀 다른 법 적용이 이루어졌다. 이는 명백하게 장로교회를 분리하고 차별한 정책이었다.

1920년대 기독교계의 대응에서 눈여겨 볼 것은 장로교 노회의 지정학교운동 참여와 법인설립운동이다. 지정학교 승격을 위해 재정후원을 시작했던 노회들은 중등학교에 이사진을 파견하면서 1930년대 학교인계의 토대를 마련할 수 있었다. 1920년대의 선교회 법인설립이나 중등사립각종학교 지정운동의 교섭을 선교사들이 주도한 데 비해, 장로교 노회의 법인설립운동은 조선 기독교인들이 식민당국과 직접적으로 대면했다는 데 의의가 있다. 비록 일제말기에 미완으로 끝나기는 했지만 수십 년에 걸친 지난한 교섭과정에서 노회들은 총독부의 포교관리자 선임요구 등을 물리쳐가며 법인자격을 획득해 갔다. 특히 개별 교회 단위의 법인설립이 아니라, 지역교회들의 연합체인 노회의 법인설립을 추구했다는 점이 중요하다. 개별교회가 아닌 교회 연합단체의 법인설립은 일본이나 조선 모두에서 통치당국이 원하지 않던 모습이었다. 조선 장로교회의 법인설립 과정은 일제의 식민지배하에서 조선인들이 주도하는 기독교단체가 합법적인 과정을 통해 자신의 재산에 대한 법적인 권리와 사회적인 지위를 확보하는 일이 얼마나 어려웠는지를 분명하게 보여주는 사례라고 할 수 있다.

제5장은 만주사변, 중일전쟁, 태평양전쟁으로 치닫던 시기를 배경으로 당국에 의한 기독교 통제법들의 활용과 그에 따라 기독교계가 처하게 된 상황들을 살펴보았다. 모든 법제들이 중앙집중적으로 재편되어가는 전시체제의 작동을 위해 편의적으로 이용되었던 이 시기에 기독교 통제법들도 예외일 수 없었다. 1939년 일본의 '종교단체법'은 조선에서 적용

되지 않았지만 대신 기존 법령들이 전방위적으로 운용되었다. 법제나 제
도의 미덕인 恒常性은 사라진지 오래였다. 1920년대에 애써 얻은 법인
이라는 법적인 지위는 선교회들에게 아무런 보호막이 되어 주지 못했다.
법인제도는 오히려 모든 재산내역을 당국에게 공개하여 '外國人關係 取
引取締規則'과 '敵産管理法'의 시행을 용이하게 했다. '사립학교규칙'이
나 '법인의 설립 및 감독에 관한 규칙'도 기독교계 사립학교들의 존립을
방해하고 관공립학교로 흡수하기 위한 수단으로 활용되었다. 당국은 장
로교 선교사들의 학교사업 철수 이후 조선인들에게 학교들이 인계되는
과정에서 사립학교규칙을 개정하여 간섭하고, 기독교계 학교들이 매달
린 재단법인 설립운동에 대해서는 수시로 관련 법제를 강화하면서 방해
했다. 각 교단들도 총독부 주도하에 관 주도체제로 편입되었는데 1938
년 장로교회의 포교관리자 설치도 그 일환이라 할 수 있다. 이로써 일제
당국이 1915년부터 목표로 했던 포교관리자에 의한 교단 지도체제가 완
성되었고, 1945년 7월 모든 교단이 일본기독교 조선교단으로 통합되어
소유재산들을 일본기독교 조선교단으로 이양하도록 결정되었다. 1910년
대 이식된 기독교 통제법제들이 전시체제를 배경으로 당국의 의도에 맞
게 잘 활용되었다고 할 수 있다.

조선기독교계에게 1920년대가 지루한 교섭의 시대였다면 1930~40
년대는 그야말로 생존을 위한 투쟁의 시대였다. 이 시기 식민당국이 선
교회와 교회에 요구한 것들은 이미 교섭이 불가능한, 교회의 정체성을
포기하느냐 고수하느냐의 문제에 닿아 있었다. 식민당국과 더 이상의 교
섭은 불가능했다. 순응하지 않고 존속을 포기할 것이냐 체제에 순응해서
살아남을 것이냐의 선택이었다. 외국인 선교사들은 사업에서 철수했다.
태평양전쟁 이후는 철수할 수밖에 없는 상황이기도 했다. 한말 기독교가
포교를 시작한 이후 처음으로 조선인 기독교인들만이 남겨졌다. 성결교
회 같은 일부 소수 교단들이 교리의 내용 등을 이유로 강제로 해산되는

가운데 대부분의 기독교회들은 체제에 순응하여 교회를 존속시키는 방향을 선택했다. 이 시기 기독교 조직과 단체에서 두드러지는 움직임은 학교들을 지키려는 학교인수운동과 학교재단법인 조직운동, 1940년대까지도 이어진 장로교 노회의 재단법인 설립운동에서 찾아볼 수 있지만, 이것도 당국의 법적인 요건강화 등으로 인해 점점 더 불가능한 일이 되어갔다. 교회를 비롯해 학교 직원들, 졸업생들과 지역 유지들까지 동원되어 학교 살리기에 동참했지만, 학교의 명칭을 유지한 채 일제말까지 살아남은 기독교계 중등·고등 교육기관은 거의 없었다. 한편, 당국의 온갖 지연작전과 차별적인 법 적용에도 불구하고 노회들은 법인설립을 포기하지 않았지만 결국 일본기독교 조직으로 모든 조선교회들이 편입되어 가는 과정에서 전체 노회의 1/3 정도는 법인설립을 끝맺지 못한 채로 남았다.

이 같은 시기적인 추이를 통해 살펴본 결과 일제강점기 식민지 조선에 이식된 기독교 통제법들의 특징은 몇 가지로 정리해 볼 수 있다. 첫째, 조선의 기독교 통제법들은 제정과 시행의 측면에서 선교사로 대표되는 서양세력과의 관계에 의해 좌우된 부분이 뚜렷하게 존재했다. 특히 불평등조약의 문제가 완전히 해결되기 이전 시기에는 이러한 경향이 더욱 분명히 나타난다. 포교규칙과 개정사립학교규칙의 늦은 등장도 이러한 관계에서 설명이 가능한 일이었다. 또한 1908년 사립학교령의 경우는 이례적으로 법령의 내용을 둘러싸고 선교사들과의 사전교섭이 행해졌다. 선교사들의 요구사항들이 반영되는 형식을 취한 사립학교령의 제정과 시행 상황은 일제의 입장에서는 굴욕스러운 일로 기록되었다. 이러한 특성은 같은 법제의 시행에도 대상 집단에 따른 차별적인 적용상황을 만들어내곤 했다. 1920년대 선교회들이 총독부와의 교섭에서 얻어낸 법인설립시의 유리한 조건들은 당국의 선교사 회유정책을 배경으로 선교회 관련 법인들을 주요 대상으로 했다. 이 같이 선교회의 이해관계가 반영된 법 적용의 경우 조선교회와의 갈등을 수반했던 점도 기억해야 할 부분이다. 1908년 사립학교령을 수용하기로 한 결정은 장로교 학교 관계자들의 반발을 일으켰고, 선교회 법인설립과 관련된 재산정리는 자치교회문제 발생의 한 원인을 제공했으리라 생각된다. 선교회법인들과 유사한 조건으로 법인을 설립하려 했던 장로교 노회들에 대한 차별적인 법 적용문제도 마찬가지이다.

둘째로, 모든 시기에 걸쳐 조선의 기독교 통제법들은 일본 국내의 모법들에 비해 통제적인 조항들이 강화되었다. 중앙·지방 관청에 의한 감시와 감독, 절차상 단계와 요건사항들의 추가 등은 법령들이 조선에 처음 이식되는 순간부터 이미 그러했다. 모델이 된 일본의 법제와 동일한 수준의 통제가 행해지는 경우는 거의 없었다. 일본 법령과 유사한 조항은 요건사항이나 절차가 강화되거나, 일본 법령에는 존재하지 않는 조항들이 추가되었고, 때로는 일본 법령에서 이미 삭제된 내용이 재등장하기도 했다. 일본 법제의 특징인 지방과 중앙정부 2중의 중층적인 감독구조 역시 조선에서 그대로 유지되었지만, 지방관의 통제권한이 확대강화되었다. 유일하게 예외적인 부분이 선교사들과의 교섭을 반영해 1908년 사립학교령에서 종교교육 제한규정이 제외된 점이지만, 이 때에도 종교교육 부분 외의 나머지 조항들은 일본과 비교해 월등하게 통제적인 내용이었다.

셋째, 조선의 기독교 관련 법제들은 당국의 의도에 맞추어 정책을 실시하고 식민지의 상황에 대응하는 손쉬운 도구 역할을 담당했다. 법제의 형식도 이를 뒷받침한다. 조선총독에게 전적인 발령권이 있는 조선총독부령의 형식을 취하여 식민통치당국의 임의적인 改變이 매우 자유로웠기 때문이다. 일본의 법령들 역시 1939년 '종교단체법'이 법률인 것을 제외하면 명령의 형식이었지만, '사립학교령'은 칙령으로 제정되어 내각 이외에도 추밀원의 심의를 거쳐야 했고, 엄밀히 말하자면 법인에 관한

'문부성령 제39호'도 일본 국내에서는 의회가 제정하는 민법의 하위법령이었다. '조선민사령'이 제령의 형식으로 그 제정에 총독의 권한이 크게 작용하는 것과는 다른 상황이라 할 수 있다. 일제말기까지 조선의 기독교 관련 법령들의 상황을 훑어보면 시대적·사회적 상황에 따라 개정이 빈번하게 계속되고 적용에 관련된 통첩들이 자주 발령되었음도 알 수 있다. 개정의 횟수도 일본 법령들에 비해 월등히 많았고 개정의 폭이 큰 경우가 많았다. 또한 법령 자체를 의도적으로 애매하게 규정하고 통첩들로 방침을 확정하려 한 것이 아닌가 의심이 될 정도로 통첩의 활용도는 높았다. 예를 들어 1915년 사립학교규칙의 종교교육 금지조항은 과정 외, 학교건물 외로 허용되는지 여부의 해석을 두고 통첩이 발령되어 별도로 그 해석을 위한 교섭이 진행되어야 했다. 종교교육을 허용한 1920년과 1922년의 조항도 애매한 문구 때문에 지방관의 문의가 있었던 것을 볼 수 있다. 하위명령인 통첩들이 법적으로 강한 구속력을 가지고 상위법인 조선총독부령들을 해석하여 적용의 범위를 확장시키거나 제한시키는 경우는 물론, 조선총독부령에는 없는 조건들을 첨가시키는 경우도 종종 있었다. 1939년 일본에서 제정된 '종교단체법'이 조선에 도입되지 않은 배경에는 편리한 법적 활용이 가능했던 식민지 법체제의 상황이 존재했다.

넷째, 서구와의 관계나 일본 내부의 정치변화, 식민지인의 대응 등을 배경으로 일제의 기독교 통제법들도 어느 정도 변화하는 양상을 보여준다. 서구의 치외법권이 살아있던 통감부시기 선교사 회유를 중심한 정책은 1908년 '사립학교령' 교섭과정에서 드러나고, 병합 전후 외국세력을 의식해야했던 총독부의 기독교통제법의 유예기간은 1915년까지 유지된다. 1915년 기독교 통제법체제의 완비는 서양과의 불평등조약 관련 교섭이 완료되면서 이루어졌다. 1919년 3.1운동과 일본의 정당내각의 등장, 미일 간의 외교관계 중시방침은 전체적인 식민지 통치방식의 변화를 요구했다. 1920년대 기독교통제법의 운용은 외형적인 회유·완화와 함께 사후적인 법적 통제수단의 확보, 차별적인 법 적용으로 특정된다. 그러나 1920년대 후반에 이르면 일본 국내정치의 파쇼화와 함께 이러한 정책도 다시 변화하기 시작한다. 1930년대 일제당국은 평양학교 신사참배 문제를 기회로 사립학교장의 인가취소를 단행했고 기독교계와의 타협을 거부해 장로교의 교육사업 철수를 이끌었다. 본격적인 전시체제기에 돌입하면서 기독교 통제법들은 일본의 '종교단체법'을 대신해 성결교단의 해산이나 장로교회의 포교관리자 선임 등에 활용되었고, 사립학교의 폐교, 법인재산의 압류 등에 이용되었다. 회유와 완화, 유예를 내세운 정책과 노골적인 통제강화정책이 여러 대내외적 요인들에 의해 교차되면서 실시되었다고 할 수 있다.

다섯째, 기독교 관련 법제를 추적하다 보면 1910년대 법제의 이식시기부터 일제말기까지 각 시기마다의 특성도 드러나지만 한편 전 시기를 잇는 법령의 연속성이 존재함도 알 수 있다. 일제강점기 수십 년간 빈번한 개정들을 거쳤음에도, 이 법령들은 폐지되거나 법령 자체의 성격, 형식이 변화되는 커다란 개정 없이 일제말기까지 존속되어 적용되었다. 이 과정에서 1910년대 법제들을 이식하면서 당국이 의도했던 목표들이 식민통치의 전 기간 동안 끈질기게 유지되고 달성되어 갔다. 대표적인 것이 포교관리자 설치이다. 1915년 '포교규칙'에 규정된 이 조항의 실행과 관련하여 장로교에 대한 당국의 요구는 1920~1930년대에도 계속되었고, 끝내 일제말기에 강제적으로 실행되었다. 또한 사립학교규칙의 종교교육 완전금지는 1915년의 개정규칙에만 들어 있지만, 종교와 교육의 분리는 1908년 사립학교령부터 1920년, 1922년 개정사립학교규칙을 관통하는 식민당국의 의지라 할 수 있다. 그리고 결국 전시체제기에 사립학교들은 종교교육 완전금지와 다르지 않은, 더 심각한 상황하에 놓여졌다. 덧붙여 모든 법령에서 통제성은 완화되는 방향이 아니라 강화되는

방향으로 진행되었다. '통제적인 성격의 恒常性'은 '문화통치'시기라고
예외는 아니었다. 법제에 존재하는 이 같은 통제의 항상성은 식민통치
전 기간에 존재했다고 할 수 있다.

여섯째, 법제의 통제성은 집행의 측면에서는 지방관청 특히 지방관청
과 경찰력의 연계활동으로 더욱 강화되었다. 이미 통감부시기 학부차관
타와라 마고이치가 헌병대장과 각 도의 경무부장들에게 지시한 내용에
서 사립학교령이 경찰과의 밀접한 관계 아래에서 시행되었음을 보았지
만, 이는 조선총독부시기에도, 그리고 다른 기독교 관련 법들의 실시과
정에서도 마찬가지였다. 1915년 개정사립학교규칙 시행과정에서 학교건
물의 종교목적 사용에 관한 단속은 물론, 포교규칙 시행에 대해서도 지
방관과의 긴밀한 상호협조가 통첩을 통해 경찰에 지시되었다. 1930년대
말 포교규칙 개정논의에서도 총독부 학무국과 함께 경무국이 개정방침
을 주도하고 있다. 법인설립과 관련해서도 1930년대 설립된 장로교 노
회법인들의 경우 재단법인의 허가여부를 심사하는 경로에 위생과장, 보
안과장, 내무국장, 경무국장이라는 경찰 관계 기관들이 포함되어 있어
그 관련성을 짐작할 수 있다. 일제말기에 가면 이러한 상황은 더욱 심화
되어 장로교 총회나 선교회 연회에 경찰들이 공공연하게 참석하여 의사
결정과정에 압력을 행사했다는 기록이 많이 발견된다. 남감리교의 전라
도 지역 재산에 대한 적산관리인으로는 직접적으로 경찰 관련기관인 재
단법인 조선경찰협회 전라남·북도지부 후원회가 임명되고 있기도 하다.
식민지배 초기 헌병경찰로부터 시작된 기독교 기관과 단체에 대한 경찰
의 감시·감독은 일제말기까지 지속된 특징이었다. 특히 당시의 경찰은
1912년 공포된 '경찰범처벌규칙'(조선총독부령 제40호)에 의해 온갖 종
류의 행위에 대해 구류 또는 과료에 처할 수 있는 권한을 가지고 있었음
을 상기할 필요가 있다. 해당 법령과 관련된 직접적인 사항뿐 아니라 감
시·감독을 명분으로 파생되는 각종 상황에 대해 형벌부과를 수반하는

경찰력이 사용되었다는 의미이다.

이러한 특징들을 지닌 법제의 적용에 대해 조선기독교계의 대응이 어려웠으리라는 점은 분명하다. 또한 대응의 내용과 결과는 일본 국내의 정치상황, 일본과 서양과의 관계, 조선 내부의 정치적·사회적 상황, 각 기독교 교단의 정책과 성향, 조선교회와 선교사 간의 관계 등 여러 가지 요인들에 의해 좌우되었다. 조선기독교의 대응에서 나타나는 특징들을 집단별로 정리해 보면, 우선 선교사들의 경우 통감부시기부터 일제말 본격적인 사업철수까지 일제당국과 교섭의 통로를 유지하고 있다. 통감부의 외사기구와 학부의 일본인 관리들로부터 시작하여 총독부의 외사과와 학무과가 그러한 역할을 담당했고, 1920년대의 학무국 종교과는 공식적인 창구였다. 종교과가 폐지된 1930년대에는 교섭통로의 폭이 줄어들기는 했지만, 그 업무는 학무국이 여전히 취급했기 때문에 선교사들은 학무국을 통한 교섭을 계속했다.

시기별로 보면 역시 치외법권의 힘을 빌릴 수 있었던 병합 전후의 시기가 법제에 대한 선교사들의 영향력이 가장 컸음을 알 수 있다. 그러나 불평등조약 문제가 해결된 이후의 상황은 완전히 다르게 전개되었다. 1915년 개정사립학교규칙 관련 교섭에서 선교사들은 적극적으로 교섭에 나섰지만 성과는 거의 없었다. 외적인 환경의 변화로 선교사들의 의견이 수용된 1920년대의 경우 형식적으로는 선교사들의 요구조건을 수렴하는 방식으로 법령이 재정비되었지만 당국은 사후적인 통제장치를 마련해 두고 있었다.

또한, 선교사들은 교파 간 연합기구의 설치를 통해 선교회들의 견해를 수렴하여 당국과 교섭을 행하기도 했지만 교파별로 이해관계가 다른 경우는 선교회 단독의 교섭도 활발히 진행했다. 포교관리자 설치조항의 문제를 두고 교섭한 장로교 선교회의 경우나, 1915년 개정사립학교규칙을 수용했던 감리교 선교회와 총독부 학무국장의 교섭, 허가법인의 형식이기는 했지만 1920년대 초반 가장 먼저 인정된 감리교 선교회의 법인설립은 그러한 상황을 잘 보여준다. 식민당국과의 교섭결과를 보면 선교회별 차이가 더 잘 드러난다. 포교관리자의 선임, 1915년 개정사립학교규칙의 수용, 가장 빠른 법인설립의 면면을 볼 때 감리교 선교회는 일제의 정책에 대해 장로교 선교회보다 훨씬 유연하고 순응적인 대응양상을 보여준다. 해리스에서 웰치로 이어지는 감리교 감독들의 친일적 성향이나 감리교의 감독 중심 정치제도, 선교보다는 교육을 중시했던 감리교의 선교정책 등이 원인으로 지적될 여지가 있으나, 그 원인에 대해서는 추가적인 연구가 진행될 필요가 있을 것이다.

조선교회의 대응을 보면, 감리교 조선교회의 경우는 선교회와 별도의 견해를 보이거나 다른 방침으로 움직이는 상황이 크게 드러나지 않는다. 반면, 장로교회의 경우는 선교회와 별도의 움직임을 보이거나 대립하는 상황도 종종 찾아볼 수 있었다. 1908년 사립학교령의 수용을 둘러싼 당국과의 교섭에서 한국 교회관계자들의 반발이 계속되어 선교사들이 이를 봉합해야 했던 정황도 그러하다. 1915년 포교규칙의 적용여부와 관련해서도 조선교회는 총회에서 별도의 교섭조직을 마련했고, 이 조직을 통해 미약하나마 총독부와 지속적인 교섭을 실행했다. 1910년대부터 추진된 노회의 법인설립운동은 대표적인 예이다. 1940년대 초까지 지속된 재단법인 설립과정에서 장로교회는 총독부의 여러 가지 요구사항들을 처리하고 응대하는 기술을 축적해 갔다. 한편, 노회들은 장로교계 사립학교 지정운동과 관련해서도 지역 학교들의 재정을 지원하면서 적극 참여했다. 일부 노회들은 이들 학교의 이사회에 참여해 선교회와의 공동경영의 길을 열기도 했다. 이렇게 성장한 노회들은 1936년 장로교 선교회가 교육철수를 선언하자 해당 지역의 중등학교들을 살리기 위한 노력을 아끼지 않았다. 대표적인 예가 경북노회의 신명과 계성 인수이다. 이는 장로교 선교회의 폐교 방침에 장로교회가 맞서 얻어낸 성과였다. 비록 전시체제기에는 일제에 종속되는 길을 걷게 되기는 하지만, 타 교파와 구별되는 장로교회의 이 같은 움직임은 장로교의 민주적인 정치구조나 자급자족의 교회운영체제, 개신교 중 가장 큰 규모의 교파였다는 점 등에도 원인이 있다고 생각된다. 이에 대해서는 앞으로 좀 더 다각적인 연구가 필요하다.

　본 연구는 일제시대의 기독교 행정에 관련된 주요 법령들을 중심으로 그 구체적인 내용과 작동의 양상, 그리고 그에 대한 조선기독교의 대응들을 살펴보았다. 연구의 수행과정에서 드러난 미진한 점들을 바탕으로 앞으로 해결해야 할 과제들을 정리하면 다음과 같다. 첫째, 본 연구가 항시적인 기독교 관련 행정법제들을 대상으로 함에 따라 소외된 법제들이 있다. 특히 일제말기 신사참배 문제의 실체규명에도 필요한 형사법제들의 문제이다. 조선형사령의 불경죄 등으로부터 시작되어 1925년 도입되는 '치안유지법', 1941년 '개정치안유지법' 등 형사법제들과 종교통제의 문제는 일제하 기독교 정책과 관련된 중요한 연구과제임이 분명하다. 이 문제는 앞으로 조선과 일본의 사상통제 법제들의 존재양태, 활용방식 등과 관련된 연구들이 함께 진행되면서 규명되어야 한다.

　둘째, 조선교회의 대응과 관련한 문제로, 이 부분은 앞으로 보다 많은 자료의 발굴과 조사가 뒷받침되어 연구될 필요성이 있다. 남아 있는 선교회 관련 자료들에 비해 조선교회와 관련된 자료들은 턱없이 부족한 형편이다. 개별 교회들이 소규모이지만 독자적으로 운영했던 교육사업이나 사회사업들은 한말로부터 일제말기까지 꾸준히 지속된 조선교회의 운동이었고 교회 대표기관들의 활동과 유지를 뒷받침한 뿌리였다. 이는 조선교회의 대응에 있어 중요한 비중을 차지하는 부분임에도 불구하고 공식적인 자료에서는 정확한 통계조차 찾아보기 힘든 상황이다. 앞으로 이에 대한 연구가 필수적이라 생각한다.

　셋째, 본 연구는 사립학교 관련 법제의 연구에서 사립학교규칙 자체의 연구에 집중한 관계로 관련된 기타 법령들에 대한 검토가 미흡한 점이 있다. 특히 학교 지정에 관련된 법령들의 경우 일본에서의 관련 법제들의 내용과 시행이 조선과 비교·검토되어야 함에도 정밀한 연구가 진행되지 못하였다. 이 부분은 일본의 '각종학교'와 기독교계 중등학교들에 대한 연구와 함께 차후에 점검되어야 할 대상이라 생각한다.

마지막으로, 본 연구의 대상이었던 기독교 관련 통제법들의 존재가 해방 이후의 기독교 관련 법제 내지는 정책에 미친 영향의 문제이다. 일본의 경우는 패전 이후 미군정하에서 1939년의 '종교단체법'이 폐지되고 기독교회 등의 재산을 보전하기 위한 '종교법인령'이 1945년 공포·시행되다가, 1951년 '종교법인법'이 제정되어 현재에 이르고 있다. 반면, 우리의 경우 종교단체에 대한 법제가 존재하지 않아 지금까지도 종교법인에 관한 법률을 제정해야 한다는 논의들이 계속되고 있다. 일부 연구는 현재 우리사회의 종교제도가 기독교와 불교만을 공인종교로 취급하는 공인교적인 제도를 취하고 있다고 분석하면서 그 기원을 미군정기의 정책에서 찾고 있기도 하다.[1] 그러나 본 연구에서 보았듯이 공인교제도의 기원은 미군정이 아닌 일제강점기로 거슬러 올라가야 한다. 실제로 1962년 공포되었다가 1987년 폐지된 '불교재산관리법'은 일제시대의 '사찰령'을 답습하고 있다는 비판을 받았다.[2]

해방 이후 현대사의 격동기를 거치면서 일제강점기 법제들이 언제 폐지되었고 현재의 법제에 어떠한 영향을 남겼는지 구체적으로 알기는 쉽지 않다. 포교규칙의 경우만 보더라도 그 폐지는 1961년에야 이루어졌다. 포교규칙은 미군정과 제1공화국하에서도 그대로 잔존하다가 5.16 이후 국가재건최고회의에서 '구법령정리에 관한 특별조치법'(1961. 7. 15. 법률 제659호)이 제정되면서, 1962년 1월 20일 '寺刹令, 寺院規則, 布教

---

1) 강돈구, 「미군정의 종교정책」, 『종교학연구』 12, 1993.
2) 『경향신문』 1971. 5. 21.

規則廢止에 관한 법률'(법률 제994호)이 공포됨으로써 그 수명을 다하게 되었다. 법령의 내용은 다음과 같다. "西紀 1911년 制令 제7호 寺刹令, 西紀 1936년 總令 제80호 寺院規則, 및 西紀 1915년 總令 제83호 포교규칙은 이를 폐기한다."[3] 이 한 줄의 법령이 나오는데 해방 이후 17년이 걸린 셈이다. 우리의 현대 법제들이 가진 문제는 식민지시기 '근대법'의 문제점들에 기인한다는 지적이 많지만, 이를 실질적으로 밝히고 개선하기 위해서는 그에 대한 보다 정밀한 연구가 선행될 필요가 있다. 앞으로 후속 연구가 반드시 필요한 지점이라 생각된다.

---

3) 『관보』 3054, 1962. 1. 20. 공보부.

부록

〈부록 1〉 일본·한국(조선)의 주요 법령 연대별 비교표

공포연도	일본	공포연도	구한국/조선
1889. 2. 11.	일본제국헌법		
1890. 10. 31.	교육칙어		
1896. 4. 27.	법률 제89호 민법총칙·물권·채권편		
1898. 6. 21.	법률 제9호 민법친족·상속편		
1898. 6. 21.	법률 제11호 민법시행법		
1899. 7. 27.	내무성령 제41호 神佛道以外의 宗敎宣布 및 殿堂會堂 등 에 관한 규정		
1899. 8. 2.	칙령 제359호 사립학교령		
1899. 8. 3.	문부성 훈령 제12호		
1899. 8. 16.	문부성령 제39호 文部大臣의 主管에 속한 法人의 設立 및 監督에 관한 규정		
1900. 8. 1.	내무성령 제39호 종교의 선포 또는 종교상의 의식집행을 목적으로 하는 법인의 설립에 관한 규정		
1904.	문부성령 제23호 文部大臣의 主管에 속한 法人의 設立 및 監督에 관한 규정 개정		
1905. 12.	내무성령 제23호 神佛道以外의 宗敎宣布 및 殿堂會堂 등 에 관한 규정 개정	1905. 11. 17.	제2차 한일협약
		1906. 11.	통감부령 제45호 종교의 선포에 관한 규칙
		1907. 7. 24.	제3차 한일협약
		1908. 8. 26.	대한제국 칙령 제62호 사립학교령
		1910. 8. 29.	한일병합조약
			제령 제2호 거류지의 행정사무에 관한 건
		1911. 6. 3.	제령 제7호 사찰령
		1911. 6. 15.	조선총독부령 제73호 經學院規程
1911. 7. 29.	칙령 제218호 사립학교령 개정	1911. 7. 8.	조선총독부령 제84호 사찰령시행규칙
		1911. 8. 23.	칙령 제229호 조선교육령
		1911. 10. 20.	조선총독부령 제114호 사립학교규칙
		1912. 3. 18.	제령 제7호 조선민사령
		1912. 3. 30.	조선총독부령 제71호 법인의 설립 및 감 독에 관한 규정

		1913. 4. 21.	재조선 각국거류지제도 폐지에 관한 조선 총독부 외사국장 및 당해체약국영사관협의회 의정서
		1913. 10. 30.	제령 제7호 府制
		1915. 3. 24.	조선총독부령 제24호 사립학교규칙 개정
		1915. 8. 16.	조선총독부령 제83호 포교규칙
			조선총독부령 제84호 내지인을 교육하는 사립학교에 관한 건
		1920. 3. 1.	조선총독부령 제21호 사립학교규칙 개정
		1920. 4. 7.	조선총독부령 제59호 포교규칙 개정
		1922. 2. 4.	칙령 제19호 제2차 조선교육령
		1922. 3. 28.	조선총독부령 제27호 사립학교규칙 개정
1925. 4. 1.	법률 제42호 외국인토지법		
1925. 4. 22.	법률 제46호 치안유지법	1925. 5. 8.	칙령 제175호 치안유지법을 조선·대만·화태에 시행하는 건
1926. 11. 3.	칙령 제334호 외국인토지법시행령	1925. 5. 23.	조선총독부령 제63호 사립학교규칙 개정
		1929. 2. 19.	조선총독부령 제13호 사립학교규칙 개정
		1930. 4.	조선총독부령 제37호 사립학교규칙 개정
		1932. 4. 8.	조선총독부령 제39호 사립학교규칙 개정
		1933. 12. 1.	조선총독부령 제135호 포교규칙 개정
		1935. 4. 1.	조선총독부령 제54호 사립학교규칙 개정
1936. 11. 5.	문부성령 제19호 文部大臣의 主管에 속한 法人의 設立 및 監督에 관한 규정 개정	1936. 12. 28.	칙령 제470호 외국인토지법을 조선에 시행하는 건
			칙령 제471호 외국인토지법시행령 개정
		1937. 7. 22.	조선총독부령 제90호 사립학교규칙 개정
		1938. 3. 4.	칙령 제103호 제3차 조선교육령
		1938. 3. 30.	조선총독부령 제42호 사립학교규칙 개정
1939. 4. 8.	법률 제77호 종교단체법		
1939. 12. 23.	칙령 제856호 종교단체법시행령		
		1940. 4. 13.	칙령 제267호 외국인토지법시행령 개정

1941. 3. 1.	사립학교령 개정		
1941. 3. 10.	법률 제54호 치안유지법 개정	1941. 3. 10.	법률 제54호 치안유지법 개정
1941. 7. 28.	大藏省令 제46호 外國人關係 取引取締規則	1941. 7. 28.	大藏省令 제46호 外國人關係 取引取締規則
1941. 12. 23.	법률 제99호 적산관리법	1941. 12. 23.	칙령 제1178호 적산관리법을 조선·대만 및 화태에 시행하는 건
	칙령 제1179호 적산관리법시행령	1941. 12. 29.	조선총독부령 제343호 적산관리법시행규칙
			조선총독부고시 제2086호
		1942. 4. 22.	조선총독부고시 제774호 外國人關係 取引取締規則 제4조 제1항 제5호에 의거한 指定國系 法人
			조선총독부고시 제776호
		1943. 3.	제4차 조선교육령
1943. 10.	각의결정 敎育에 관한 戰時非常措置方策	1943. 10. 13.	戰時非常措置方策
		1945. 7. 1.	조선총독부령 제151호. 전시교육령
1945. 12. 28.	칙령 제718호 소화20년 칙령 제542호 포츠담선언의 수락에 수반해 발한 명령에 관한 건에 기초한 종교단체법 등 폐지에 관한 건		
	칙령 제719호 종교법인령		
1951. 4. 3.	법률 제126호 종교법인법		
		1961. 7. 15.	법률 제659호 구법령정리에 관한특별조치법
		1962. 1. 20.	법률 제994호 寺刹令·寺院規則·布敎規則 廢止에 관한 법률

〈부록 2〉 일제강점기 기독교 관련 주요 법령 조문

1. 일본제국헌법(1889) 제26조

日本臣民은 安寧秩序를 방해하지 않고 臣民으로서의 의무에 위배되지 않는
한에 있어 신교의 자유를 가진다.

2. 신불도 이외의 종교선포 및 전당·회당 등에 관한 규정(1899. 7. 27, 내무성령 제41호)

제1조 종교의 선포에 종사하려는 자는 다음의 사항을 구비하고 이력서를 첨부하
여 그 주소, 주소가 없는 때는 居所를 관할하는 지방장관에게 신고할 것.
　1. 종교의 명칭
　2. 포교의 방법
　본령 시행 전부터 종교의 선포에 종사한 자는 본령 시행 후 2개월 이내
에 전항의 신고를 할 것.
제2조 종교의 용도에 제공하기 위해 堂宇·會堂·說敎所 또는 講義所의 類를
설립하려는 자는 다음의 사항을 갖춰 그 소재지를 관할하는 지방장관의
허가를 받을 것.
　1. 설립을 요하는 이유
　2. 설치를 끝낼 기한
　3. 명칭, 소재지와 부지 및 건물에 관한 중요 사항, 圖面첨부
　4. 종교의 명칭
　5. 관리 및 유지 방법
　6. 담당포교자 둘 때는 그 자격 및 선정방법
　前項 제2호의 기한 내에 전항의 堂宇·會堂·說敎所 또는 講義所의 類
를 설치하지 않은 때는 전항의 허가는 그 효력을 잃음.
　본령 시행 전부터 종교의 용도에 제공한 堂宇·會堂·說敎所 또는 講義

所의 類의 설립자, 설립자가 없거나 故障이 있는 경우 관리자는 제1항에 게재된 사항을 본령 시행 후 2개월 이내에 관할 지방장관에게 신고할 것.

前項의 신고를 한 때는 제1항의 허가를 받은 것으로 간주함.

제3조 前條의 설립자, 설립자가 없거나 故障이 있는 경우 관리자는 관리자 및 담당포교자의 이력서를 관할 지방장관에게 제출할 것. 그 관리자 혹은 담당포교자를 변경하거나 증가한 경우 또한 같음.

제4조 제1조 각호에 게재한 사항을 변경하려고 하는 때는 설립자, 설립자가 없거나 故障이 있는 경우 관리자로부터 이유를 갖춰 다시 관할 지방장관에게 허가를 받을 것. 단, 소재지의 변경에 관련된 때는 移轉先地를 관할하는 지방장관의 허가를 받을 것.

종교의 용도에 제공하는 堂宇·會堂·說敎所 또는 講義所의 類를 폐지하거나 이전하려는 때는 2주간 이내에 폐지 또는 이전 전의 관할 지방장관에게 신고할 것.

제5조 神佛道의 포교자 및 그 寺院·佛堂·敎會所 등의 설립·이전·폐지에 관해서는 모두 종전의 규정에 의할 것.

제6조 본령은 1899년 8월 4일부터 시행함.

3. 사립학교령(1899. 8. 2, 칙령 제359호)

제1조 사립학교는 別段의 규정이 있는 경우를 제외하고는 지방장관의 감독에 속함.

제2조 사립학교를 설립하려는 자는 감독관청의 인가를 받을 것.

사립학교의 폐지 및 설립자의 변경은 감독관청에 보고할 것.

제3조 사립학교에서 교장 또는 학교를 대표하여 敎務를 掌理하는 자를 정하고 감독 관청의 인가를 받을 것.

본령 중 교장에 관한 규정은 학교를 대표하여 敎務를 掌理하는 자에게 적용함.

제4조 다음 각 호에 해당하는 자는 사립학교의 교장 또는 교원으로 할 수 없음.

    1. 重罪를 범한 자. 단, 國事犯으로 복권된 자 제외

    2. 定役(징역)이 부과된 輕罪를 범한 자

    3. 破産이나 資分散[1]의 선고를 받은 후 복권되지 않은 자 혹은 身代限[2]의 처분 후 채무변상이 끝나지 않은 자

    4. 징계로 면직된 후 2년이 경과하지 않거나, 징계가 면제되지 않은 자

    5. 교원면허장 박탈처분을 받고 2년이 경과되지 않은 자

    6. 性行不良으로 인정되는 자

제5조 사립학교의 교원은 상당학교의 교원면허장을 가진 자를 제외하고 그 학력 및 국어에 통달할 것을 증명하고 소학교, 맹아학교 및 소학교에 類한 각종 학교의 교원은 지방장관, 기타의 경우는 문부대신의 인가를 받을 것. 단, 오직 외국어, 전문학과 혹은 특종의 기술을 교수하는 교원 및 오직 외국인이 입학하게 하기위해 설립한 학교의 교원은 국어에 통달함을 증명할 것을 요하지 않음.

前項의 인가는 당해 학교 재직기간 동안 유효한 것으로 함.

제6조 前條의 증명이 불충분하다고 인정될 때 감독관청은 본인의 志望에 의해 시험을 시행할 수 있음.

제7조 사립학교의 교장 또는 교원으로서 부적당하다고 인정된 때 감독관청은 이미 부여한 인가를 취소할 수 있음.

제8조 사립학교로서 공립학교에 대용하는 사립소학교를 제외하고는 학령아동으로서 아직 취학의 의무를 끝내지 않은 자를 입학시킬 수 없음. 단, 소학교령 제21조 및 제22조에 의해 市町村長의 허가를 받은 아동을 입학시키는 경우는 제외함.

제9조 사립학교의 설비·수업료 기타 사항으로서 교육상 유해하다고 인정되는 때는 감독관청은 그 변경을 명할 수 있음.

---

1) 채무자가 빚을 전부 갚을 능력이 없을 때, 법원에서 강제 집행 처분으로 전 재산을 채권자에게 적절히 분배하는 것.

2) 江戶시대에, 빚을 갚지 못하게 된 채무자에 대하여, 官이 전재산을 몰수하여 채권자에게 제공함으로써 채무를 이행하게 한 것.

제10조 다음의 경우 감독관청은 사립학교의 폐쇄를 명할 수 있음.

    1. 법령의 규정을 위반한 경우

    2. 안녕질서를 문란케 하거나 풍속을 壞亂할 우려가 있는 경우

    3. 6개월 이상 규정의 수업을 하지 않은 경우

    4. 제9조의 감독관청의 명령을 위반한 경우

제11조 감독관청이 학교의 사업을 하는 것으로 인정한 때는 그러한 취지를 관계자에게 통고하고 본령의 규정에 의하게 할 것.

제12조 제10조에 의한 처분에 대해서는 訴願法에 의해 訴願할 수 있음.

제13조 제11조의 통고를 받고 제2조 제1항의 수속을 하지 않은 자 및 제2조 제2항의 규정에 위반한 자 및 제10조에 의한 폐쇄명령을 받은 후에도 사립학교를 계속하는 자는 5圓 이상 100圓 이하의 벌금에 처함.

제14조 제3조 또는 제5조의 인가를 받지않고 사립학교의 교장 또는 교원인자 및 제7조에 의해 인가취소된 후에도 사립학교의 교장 또는 교원인 자는 30圓이하의 벌금에 처함.

    그러한 사정을 알고도 사용한 자 또한 같음.

제15조 제8조에 위반한 자는 20圓 이하의 벌금에 처함.

제16조 본령의 규정은 사립유치원에 준용함.

제17조 문부대신은 본령 시행을 위해 필요한 명령을 발할 수 있음.

부칙

제18조 본령은 1899년 8월 4일부터 시행함.

제19조 기설의 사립학교로서 아직 설립인가를 받지 않은 것은 본령 시행의 날부터 3개월 이내에 본령의 규정에 의한 인가를 받을 것.

제20조 본령 시행의 현재 사립학교의 교장 또는 교원인 자로서 계속하여 당해 학교의 교장 또는 교원으로 있으려 하는 자는 상당학교의 교원면허장을 가진 교원을 제외 하고는 본령 시행의 날부터 3개월 이내에 그 취지를 감독관청에 보고할 것. 이 경우 제3조 또는 제5조의 인가를 받을 것을 요하지 않음.

4. 문부성훈령 제12호(1899. 8. 3)

일반의 교육을 종교 이외의 것으로 세우는 것은 學政上 가장 필요한 일이다. 따라서 官立·公立학교 및 學課程에 관해 법령의 규정이 있는 학교에서는 과정 외로 종교 교육을 시행하거나 종교의식을 행하는 것을 허락할 수 없다.

5. 문부대신의 주관에 속한 법인의 설립 및 감독에 관한 규정(1899. 8. 16, 문부성령 제39호)

제1조 민법 제34조에 의해 문부대신의 허가를 얻어 사단 또는 재단을 법인으로 하려는 때는 그 설립자는 사단의 경우 定款, 자산총액 및 社員의 員數, 재단의 경우 寄附行爲 및 자산총액을 갖춰 신청서를 문부대신에게 제출할 것.

제2조 법인의 설립자 및 법인에 의해 문부대신에게 제출할 서류는 모두 그 주된 사무소 소재지의 지방장관을 경유할 것.

　　지방장관은 前項의 서류를 받은 때는 상세한 조사를 하고 의견을 첨부하여 進達할 것.

제3조 법인은 그 설립의 허가 또는 민법시행법 제19조의 인가를 얻은 때는 다음의 사항을 지체없이 지방장관에게 보고할 것. 그 제1호 및 제2호의 사항 중에 변경이 생긴 경우 역시 같음.

　　1. 定款 또는 寄附行爲

　　2. 理事 및 監査의 성명, 주소

　　3. 재산목록 및 사단법인의 경우 社員의 員數

제4조 법인은 매년 4월 30일까지 사단법인은 재산목록 및 社員의 員數, 재단법인은 재산목록을 지방장관에게 제출할 것. 단, 특히 사업연도를 설치한 것은 그 연도의 끝으로부터 30일 이내에 이를 제출할 것.

제5조 지방장관은 법인의 업무를 감독 할 것.

제6조 지방장관은 법인으로부터 감독상 필요한 보고를 요구하거나 實地에 대해 그 업무 및 재산상황을 검사할 수 있음.

제7조 지방장관은 법인에 있어 민법 제71조 또는 민법시행법 제23조에 해당
하는 행위가 있다고 인정 될 때는 그 사유를 상세히 갖춰 문부대신에게
보고할 것.

부칙

제8조 본령 시행 전 허가 또는 민법시행법 제19조의 인가를 얻은 법인은 본령
시행의 날부터 30일 이내에 제3조의 사항을 지방장관에게 보고할 것.

6. 종교의 선포 또는 종교상의 의식집행을 목적으로 하는 법인의 설립에 관한 규정(1900. 8. 1, 내무성령 제39호)

제1조 종교의 선포 또는 종교상의 의식집행을 목적으로 하는 사단 또는 재단
을 법인으로 하려할 때는 설립자는 정관 또는 기부행위 외에 다음의 사
항을 기재한 서면을 제출할 것.
　1. 종교의 명칭 및 소속 교파·종파의 명칭
　2. 儀式 및 布敎의 방법
　3. 布敎者의 자격 및 選定방법
　4. 信徒와 法人과의 관계
　5 信徒 및 社員된 자의 員數
　6. 종교의 용도에 제공되는 堂宇·敎會所·會堂·說敎所 또는 講義所의 類
　　를 갖춘 것은 그 명칭, 소재지 및 설립허가의 연월일
제2조 前條의 법인이 前條 제1항 제1호 또는 제4호의 사항을 변경하려 할 때
는 인가를 받을 것.
제3조 제1조의 법인이 제1조 제1항 또는 제3호의 사항을 변경하려 할 때는
인가를 받을 것.
　　前項의 규정에 위배한 때는 민법 제71조에 의해 그 설립의 허가를 취
소할 수 있음.
제4조 본령에 의해 서면을 제출한 경우 神佛道의 교파 또는 종파에 속한 것은
모두 管長의 添書를 첨부할 것.

7. 문부대신의 주관에 속한 법인의 설립 및 감독에 관한 규정(1936. 11. 5. 개정, 문부성령 제19호)

제1조 민법 제34조의 규정에 의해 문부대신의 허가를 얻어 법인을 설립하려고 할 때는 그 설립자가 다음의 사항을 구비하여 문부대신에게 신청할 것.

    1. 사단은 정관, 재단은 기부행위

    2. 사단의 경우 사원의 員數

    3. 재산목록

    4. 부동산 기타 중요한 재산에 관한 권리의 소속을 증명하는 서류

    5. 사업계획 및 그에 수반하는 수지예산서

    6. 설립대표자를 정한 때는 그 권한을 증명하는 서류

    7. 설립자 또는 설립대표자의 이력서

제2조 법인은 그 설립의 허가를 얻은 때는 지체없이 전조 제3호의 재산의 이전을 받고 그 이전을 종료한 후 일 개월 이내에 이를 증명하는 서류를 첨부하여 그 뜻을 문부대신에게 보고할 것.

제3조 법인은 민법 제45조, 제46조 또는 제48조의 규정에 의해 등기를 한 때는 2주간 이내에 등기부등본을 첨부하고 이를 문부대신에게 보고할 것. 이사, 감사의 임면 또는 사망의 때는 2주간 이내에 문부대신에 이를 보고하고 취직의 경우는 그 이력서를 첨부할 것을 요함.

제4조 법인은 그 정관 또는 기부행위의 변경 인가를 받으려는 때는 다음 사항을 구비하여 문부대신에게 신청할 것.

    1. 변경의 조항 및 이유

    2. 사단법인은 총회의 결의록 사본, 재단법인은 기부행위 소정의 수속을 거친 것을 증명할 서류

제5조 법인은 문부대신이 지정한 기본재산을 처분하고, 수지예산으로 정한 것을 제외하고는 새롭게 의무를 부담하거나 권리를 포기하려는 때는 문부대신의 승인을 받을 것. 예산 내의 지출을 하기 위해 해당 年度 내의 수입으로 상환하는 일시적인 차입금 이외의 차입금에 대해서도 또한 같음.

제6조 법인은 종교에 관한 유지법인을 제외하고 年度개시 전에 다음 年度의

수지예산을 문부대신에게 보고할 것. 수지예산의 변경이 있는 경우도 또한 같음.

문부대신은 필요하다고 인정하는 때 수지예산의 변경을 명령할 수 있음.

제7조 법인은 年度 종료 후 2개월 내에 해당 年度 말의 재산목록을 첨부하여 해당 年度에 다음 사항을 문부대신에게 보고할 것. 대학, 고등학교 및 전문학교를 경영하는 인은 해당 年度 말의 대차대조표 첨부할 것을 요함.

1. 사업의 상황

2. 處務의 개요

3. 수결산서

4. 재산증감의 사유

5. 사단법인은 사원의 異同상황

전항 및 제2조의 年度는 정관 또는 기부행위에 즉시 이를 정하지 않은 것에 있어서는 매년 4월 1일을 시작으로 다음 해 3월 말에 종료하는 것으로 간주함.

제8조 법인은 그 사무소에 다음의 表簿를 갖출 것. 다만 다른 법령에 의해 이에 대신할 표부를 갖춘 때는 그에 한해 예외로 함.

1. 사단은 정관, 재단은 기부행위

2. 직원의 명부 및 이력서

3. 처무일지

4. 정관 또는 기부행위에서 정한 결의기관의 결의록

5. 수입장부, 지출장부 및 증빙서류

6. 資産의 臺帳 및 부채대장

7. 관공서 왕복서류

8. 기타 필요한 표부

전항 제3호 및 제7호의 표부는 1년 이상, 제4호의 표부는 永年, 제5호의 표부는 10년 이상 이를 보존할 것.

제9조 법인은 주된 사무소를 다른 도·부·현에 이전한 때는 지체없이 이를 새 주소지의 지방장관에게 보고할 것.

제10조 법인의 설립자 또는 법인으로부터 문부대신에 제출할 서류는 그 주된

사무소 소재지의 지방장관을 경유할 것.

지방장관은 전항의 서류를 받은 때는 의견을 첨부하여 진달할 것.

제11조 지방장관은 법인에 민법 제71조 또는 민법시행법 23조의 규정에 해당하는 행위가 있거나 또는 법인의 행위로서 사업의 수행상 지장이 있다고 인정할 때는 그 사유를 갖춰 문부대신에게 보고할 것.

제12조 지방장관은 제10조 제2항의 규정에 의해 의견을 첨부하거나 또는 전조의 규정에 의해 보고를 하기 위해 필요하다고 인정하는 때는 문부대신의 지휘를 받아 보고를 하거나 또는 실지조사를 할 수 있음.

제13조 법인은 다음 각 호에 해당하는 때는 그 이사 또는 감사를 백 엔 이하의 벌금 또는 과료에 처할 것.

　　1. 제5조의 규정에 위반한 때

　　2. 제8조 제1항 제1호 내지 제7호의 표부 준비에 태만하거나 그 표부에 허위의 기재를 하거나 또는 기재할 사항의 기재에 태만한 때

　　3. 본령에 정한 보고를 태만히 하거나 또는 허위의 보고를 한 때

부칙

본령은 소화11년 12월 1일부터 이를 시행함.

8. 사립학교령(1908. 8. 26, 대한제국 칙령 제62호)

제1조 사립학교는 별단의 규정이 있는 것을 제외하고 모두 본령의 규정에 의할 것.

제2조 사립학교를 설립하려는 자는 다음의 사항을 갖춰 학부대신의 인가를 받을 것.

　　1. 학교의 목적, 명칭 및 위치

　　2. 학칙

　　3. 校地校舍의 평면도

　　4. 一箇年의 收支豫算

　　5. 유지방법. 단, 기본재산 또는 기부금에 대해서는 증빙서류를 첨부

6. 설립자, 학교장 및 교원의 이력서

7. 교과용도서명

前項 제4호를 제외하고 각호의 사항에 異動이 발생한 때는 학부대신에게 보고할 것. 단, 승계자 또는 新任者의 보고에는 이력서를 첨부할 것.

사립학교의 개교 및 폐지는 설립자가 학부대신에게 보고할 것.

제3조 前條의 학칙에는 다음의 사항을 규정할 것.

1. 수업연한 및 학년에 관한 사항

2. 학과목 및 그 程度, 每週의 敎授시간에 관한 사항

3. 學員·學徒의 定員

4. 입학자 자격, 기타 입학·퇴학에 관한 사항

5. 수업료, 입학료 등에 관한 사항

6. 기타 학교에서 필요하다고 인정되는 사항

제4조 사립학교는 그 명칭상 "私立"의 2字를 붙일 것.

제5조 사립학교에는 학교장을 둘 것.

학교장은 학교를 대표하고 교무를 掌理할 것.

제6조 사립학교에서 사용하는 교과용도서는 학부가 편찬에 관계한 것 또는 학부대신의 검정을 받은 것 중에서 선택할 것.}

사립학교에서 前項 이외의 도서를 교과용도서로 사용하려할 때는 학부대신의 인가를 받을 것.

제7조 사립학교에는 다음의 장부를 비치할 것.

1. 학적부 및 출석부

2. 직원명부

3. 회계에 관한 장부

제8조 다음 각호 중 하나에 해당하는 자는 사립학교의 설립자·학교장 또는 교원이 될 수 없음.

1. 禁獄 이상의 형에 처했던 자

단, 特使復權된 자 제외

2. 징계처분에 의해 免官되고 2년이 경과하지 않은 자

단, 징계가 면제된 자 제외

    3. 敎員詐狀 환수처분을 받고 2년이 경과하지 않은 자

    4. 操行不良으로 인정할 자

제9조 사립학교의 설비, 수업 및 기타 사항이 부적당하다고 인정될 때 학부대
    신은 그 변경을 명령할 수 있음.

제10조 다음의 경우 학부대신은 사립학교의 폐쇄를 명할 수 있음.

    1. 법령의 규정에 위배한 경우

    2. 안녕질서를 문란하게 하거나 풍속을 壞亂할 우려가 있는 경우

    3. 6개월 이상 규정의 수업을 하지 않은 경우

    4. 제9조에 의한 학부대신의 명령을 위배한 경우

제11조 설립의 인가를 받지 않고 학교사업을 하는 것에 대해서는 학부대신은
    그 수업의 금지를 명할 수 있음.

제12조 사립학교장은 매년 5월 末日 현재의 직원성명, 담당학과목, 학년별 學
    員·生徒 재적자수 및 출석자수, 교과용도서명 및 회계상황에 관한 보
    고서를 調製하여 다음 달 중에 학부대신에게 보고할 것.

제13조 지방관은 학부대신의 지휘를 받아 所管 사립학교를 감독함.

제14조 본령에 의해 학부대신에게 제출한 문서는 관할 지방장관을 경유할 것.

제15조 본령은 書堂에 적용하지 않음.

부칙

제16조 본령은 1908년 10월 1일부터 시행함.

제17조 기설의 사립학교는 그 설립의 인가를 받았는지 아닌지를 묻지 않고
    모두 본령 시행의 날부터 6개월 이내에 본령의 규정에 준하여 학부대
    신의 인가를 받을 것.

9. 종교의 선포에 관한 규칙(1906. 11. 통감부령 제45호)

제1조 帝國의 神道·불교 기타 종교에 속한 敎·宗派로서 포교에 종사하려고
    할 때는 당해 관장 또는 그에 준하는 자는 한국에서 관리자를 선정하여
    이력서를 첨부하여 다음 사항을 갖춰 통감의 인가를 받을 것.

1. 포교의 방법

2. 포교자의 감독방법

제2조 前條의 경우를 제외하고 帝國臣民으로서 종교의 선포에 종사하려할 때
는 종교의 명칭 및 포교의 방법에 관한 사항을 갖춰 이력서를 첨부하여
관할 理事官을 경유하여 통감의 인가를 받을 것.

제3조 종교의 용도에 제공하기 위하여 寺院, 堂宇, 會堂, 說敎所 또는 講義所
의 類를 설립하려 할 경우 敎·宗派의 관리자 또는 前條의 포교자는 다
음 사항을 갖춰 그 소재지 관할의 理事官의 인가를 받을 것.

1. 명칭 및 소재지

2. 종교의 명칭

3. 관리 및 유지방법

제4조 敎宗派의 관리자 또는 제2조의 포교자는 소속 포교자의 성명 및 자격을
관할 理事官에게 신고할 것. 그 포교자에 異動이 있는 경우 또한 같음.

부칙

제7조 본칙은 1906년 12월 1일부터 이를 시행함.

제8조 본칙 시행의 현재 포교에 종사하거나 제3조 또는 제4조의 규정에 해당
하는 것은 본칙 시행 후 3개월 이내에 各條의 인가사항을 제출할 것.

10. 사립학교규칙(1911. 10. 20, 조선총독부령 제114호)

제1조 조선인을 교육하는 사립학교에 대해서는 특별한 규정이 있는 경우를 제
외하고 본령에 의함.

제2조 사립학교를 설립하려 할 때는 다음 사항을 갖춰 조선총독의 인가를 받
을 것.

1. 목적

2. 명칭, 위치

3. 학칙

4. 校地·校舍의 평면도(坪數 및 부근의 상황기재), 그 소유자

　　　5. 1년의 收支豫算

　　　6. 유지방법 단, 기본재산·기부금은 증빙서류를 첨부할 것

　　　7. 설립자, 학교장, 교원의 성명과 이력서

제3조 사립학교에서 前條 제1호 또는 제3호의 사항, 설립자 또는 학교장을 변
　　　경하려 할 때는 조선총독의 인가를 받고, 제2호, 제4호 또는 제6호의
　　　사항 또는 교원을 변경하려 할 때는 조선총독에게 신고할 것. 단, 설립
　　　자, 학교장 또는 교원의 변경에 대해서는 이력서를 첨부할 것.

제4조 사립학교의 개교 또는 폐지의 경우 설립자는 지체없이 이를 조선총독에
　　　게 신고할 것.

제5조 사립학교설치의 인가를 받고 6월 이내에 개교하지 않거나 6월 이상 소
　　　정의 수업을 하지 않은 때는 설치의 인가는 그 효력을 잃음.

제6조 학칙에는 다음 사항을 규정할 것.

　　　1. 수업연한, 교과목, 교과과정 및 每週 敎授時間數에 관한 사항

　　　2. 生徒의 定數

　　　3. 학년, 학기 및 휴업일에 관한 사항

　　　4. 입학자의 자격 및 입학·퇴학에 관한 사항

　　　5. 수업료에 관한 사항

　　　6. 앞의 각호 이외에 학교에 필요하다고 인정하는 사항

제7조 사립학교는 그 명칭에 사립이 문자를 붙일 것.

제8조 사립학교에는 학교장을 둘 것.

제9조 사립학교의 교과용도서는 조선총독부가 편찬한 것 또는 조선총독의 검
　　　정을 경유한 것을 사용할 것.

　　　前項의 교과용도서가 없을 때는 조선총독의 인가를 받아 前項 이외의
　　　도서를 사용할 것.

제10조 사립학교에서 前條 제1항의 교과용도서를 사용한 때는 그 도서의 명
　　　칭, 책수, 사용한 학년, 著譯者 및 발행자의 성명, 발행연월일을 갖춰
　　　조선총독에게 신고할 것.

　　　前條 제2항의 도서를 사용하려는 때는 그 도서의 명칭, 책수, 사용하
　　　려는 학년, 著譯者 및 발행자의 성명, 발행연월일을 갖춰 신청할 것.

제11조 다음 각 호의 하나에 해당하는 자는 사립학교의 설립자, 학교장 또는 교원이 될 수 없음.

　　1. 禁獄 또는 禁錮 이상의 형에 처했던 자. 단, 特赦·復權된 자 제외

　　2. 파산 또는 家資分散의 선고를 받고 복권되지 않은 자 또는 身代限의 처분을 받고 채무의 변상을 완료하지 않은 자3)

　　3. 징계로 면직에 처한 뒤 2년을 경과하지 않은 자. 단, 징계를 면제받은자 제외

　　4. 교원면허장 被奪처분을 받고 2년을 경과하지 않은 자

　　5. 性行不良으로 인정할 자

제12조 조선총독은 사립학교의 설립자가 前條 각 호의 하나에 해당할 때는 설립의 인가를 취소하고, 학교장 또는 교원이 前條 각 호의 하나에 해당할 때는 설립자에 대해 그 해고를 명할 수 있음.

제13조 사립학교의 설비, 수업 기타 사항으로 부적당하다고 인정될 때는 그 변경을 명령 할 수 있음.

제14조 다음 각 호의 하나에 해당하는 경우 조선총독은 사립학교의 폐쇄를 명할 수 있음.

　　1. 법령의 규정에 위반한 경우

　　2. 安寧秩序를 문란케 하거나 풍속을 壞亂할 우려가 있는 경우

　　3. 제13조에 의한 명령에 위반한 때

제15조 사립학교에는 다음의 表簿를 비치할 것.

　　1. 학적부, 출석부

　　2. 직원명부, 이력서

　　3. 교과용도서 배당표

　　4. 회계에 관한 장부, 校地·校舍의 圖面

제16조 사립학교장은 매년 5월 末日 현재 직원의 성명 및 그 담당교과목, 학년별 재적자수 및 출석자수, 교과용도서 배당표 및 회계상황을 다음 달 중에 조선총독에게 신고할 것.

제17조 본령은 書堂에 적용하지 않음.

---

3) 家資分散이나 身代限은 파산의 한 형태임.

제18조 사립학교는 특별한 규정이 있는 경우를 제외하고 道長官의 감독에 속함.

부칙

본령은 1911년 11월 1일부터 이를 시행함.

본령 시행 전 설치의 인가를 받은 사립학교는 본령에 의해 설치된 사립학교로 간주함.

11. 법인의 설립 및 감독에 관한 규정(1912. 3. 30, 조선총독부령 제71호)

제1조 민법 제35조에 의해 조선총독의 허가를 얻어 사단 또는 재단을 법인으로 하려는 때는 그 설립자는 사단의 경우는 정관, 자산의 총액 및 사원의 員數, 재단의 경우는 기부행위 및 자산총액을 갖춰 조선총독에게 신청할 것.

제2조 법인은 그 설립의 허가가 있는 때는 지체없이 다음에 게재된 사항을 주된 사무소 소재지의 도장관에게 보고할 것. 제1호 및 제2호의 사항 중에 변경이 발생한 경우 또한 같음.

　　1. 정관 또는 기부행위

　　2. 理事 및 監査의 성명, 주소

　　3. 재산목록 및 사단법인의 경우 社員의 員數

제3조 법인은 매년 3월말의 조사에 의해 다음 달 중 재산목록을 첨부하여 다음 사항을 조선총독에게 報知할 것. 단, 특별히 사업연도를 설치한 것은 年度末의 조사에 의하고 그 연도의 끝부터 30일 이내에 이를 보고할 것.

　　1. 법인의 목적인 사업의 상황

　　2. 前年 중 處務의 要目

　　3. 前年의 경비, 수입지출금액 및 그 費目

　　사단법인은 前項에 게재된 사항 외 社員의 員數를 보고할 것.

제4조 道長官은 법인의 업무를 감독할 것.

제5조 道長官은 법인의 감독상 필요한 보고를 요구하거나 實地에 대해 그 업무 및 재산상황을 검사할 수 있음.

前項에 의해 요구한 보고 또는 實地에 대한 검사의 성적은 지체없이 이를 조선총독에게 보고할 것.

제6조 道長官은 법인이 민법 제71조에 해당하는 행위가 있다고 인정할 때 그 사유를 상세히 갖춰 조선총독에게 보고할 것.

부칙

본령은 1912년 4월 1일부터 이를 시행함.

본령 시행 전 설립허가를 받은 법인은 본령시행의 날부터 30일 이내에 제2조에 게재된 사항을 道長官에게 보고할 것.

12. 개정사립학교규칙(1915. 3. 24, 조선총독부령 제24호) 중 개정 조항

제3조 사립학교에서 前條 제1호, 제2호 또는 제3호의 사항 또는 설립자를 변경하려는 때는 조선총독에게, 학교장 또는 교원을 변경하려 할 때는 道長官에게 인가를 받고 제4호 또는 제6호의 사항을 변경한 때는 조선총독에게 신고할 것. 단, 설립자, 학교장 또는 교원의 변경에 대해서는 이력서를 첨부할 것.

제3조의 2 전문교육을 하는 사립학교의 설립자는 그 학교를 설립유지하기에 족한 재산을 가진 재단법인일 것을 요함.

제6조의 2 보통학교, 고등보통학교, 여자고등보통학교, 실업학교 또는 전문학교가 아니면서 보통교육, 실업교육 또는 전문교육을 하는 사립학교의 교과과정은 보통학교규칙, 고등보통학교규칙, 여자고등보통학교규칙, 실업학교규칙, 전문학교규칙에 준해 정할 것.

前項의 경우 보통학교규칙, 고등보통학교규칙, 여자고등보통학교규칙, 실업학교규칙, 전문학교규칙에 규정한 이외의 교과과정을 가할 수 없음.

제10조의 2 보통교육, 실업교육 또는 전문교육을 하는 사립학교의 교원은 국어에 통달하고 해당학교 정도에 응하는 학력자 일 것. 단 초등보통교육을 하는 사립학교의 교원은 별도로 정한 시험에 합격한 자, 교원면

허장을 가진 자 또는 조선총독이 지정한 학교를 졸업한 자에 한함.
오직 외국어, 조선어 및 한문 또는 특별한 종류의 기술을 教授하는
자에 한해 前項의 규정을 적용하지 않음.

제16조 사립학교장은 매년 5월 末日 현재 직원의 성명 및 그 담당교과목, 학
년별 재적자수 및 출석자수, 졸업자의 상황, 교과용도서 배당표 및 회
계상황을 다음 달 중에 조선총독에게 신고할 것.

부칙

본령은 1915년 4월 1일부터 이를 시행함.

초등의 보통교육을 하는 사립학교 교원 또는 고등보통교육, 실업교육, 전문교육
을 하는 사립학교에서 修身, 국어, 역사, 지리, 체조 이외의 教授를 하는 교원에
대해서는 1920년 3월 31일까지 제10조의 2의 규정에 의하지 않을 수 있음.
本令시행의 현재 인가를 받아 존재하는 사립학교는 1925년 3월 31일까지 제3
조의 2, 제6조의 2, 제10조의 2의 규정에 의하지 않을 수 있음.

13. 포교규칙(1915. 8. 16, 조선총독부령 제83호)

제1조 본령에서 종교라고 칭하는 것은 神道, 佛敎 및 기독교를 이름.

제2조 종교의 선포에 종사하려는 자는 다음의 사항을 갖춰 포교자의 자격을
증명 할 문서 및 이력서를 첨부하여 조선총독에게 신고할 것. 단, 포교
관리자를 설치한 교파, 종파 또는 조선의 사찰에 속한 자는 제2호의 사
항을 생략할 수 있음.

1. 종교 및 그 교파·종파의 명칭
2. 敎義의 要領
3. 포교의 방법

前項 각호에 게재된 사항을 변경하려 할 때는 10일 내 조선총독에 신고
할 것.

제3조 神道 각 교파 또는 內地의 佛道 각 종파로서 포교를 하려고 하는 때는
그 교파 또는 종파의 管長은 포교관리자를 정하여 다음 사항을 갖춰 조

선총독의 인가를 받을 것.

1. 종교 및 그 교파·종파의 명칭

2. 教規 또는 宗制

3. 포교의 방법

4. 포교관리자의 권한

5. 포교자 감독의 방법

6. 포교관리사무소의 위치

7. 포교관리자의 성명 및 그 이력서

前項 각호의 사항을 변경하려 할 때는 조선총독의 인가를 받을 것.

제4조 조선총독은 포교의 방법, 포교관리자의 권한 및 포교자 감독의 방법 또는 포교관리자를 부적당하다고 인정할 때 그 변경을 명할 수 있음.

제5조 포교관리자는 조선에 거주하는 자일 것을 요함.

포교관리자는 매년 12월 31일 현재 소속 포교자명부를 작성하여 다음 해 1월 31일까지 조선총독에게 신고할 것.

前項의 명부에는 포교자의 성명 및 거주지를 기재할 것.

제6조 조선총독은 필요하다고 인정하는 경우 제3조 이외의 교파 또는 종파에 대해 포교관리자를 설치할 수 있음.

前項에 의해 포교관리자를 설치한 때는 10일 내 제3조 제1항 각호의 사항을 조선총독에게 신고할 것. 이를 변경할 때도 또한 같음.

제7조 前條의 포교관리자에 대해서는 제4조 및 제5조의 규정을 준용함.

제3조 이외의 교파 또는 종파로서 그 규약 등에 의해 포교관리자를 설치한 때는 제4조, 제5조 및 前條 제2항의 규정을 준용함.

제8조 종교의 선포에 종사하는 자의 성명을 변경하고 거주지를 이전하거나 포교를 폐지한 때는 10일 내에 조선총독에게 신고할 것.

제9조 종교의 용도에 제공하기 위해 교회당, 설교소 또는 강의소의 類를 설립하려고 하는 자는 다음 사항을 갖춰 조선총독의 허가를 받을 것.

1. 설립을 요하는 이유

2. 명칭 및 소재지

3. 敷地의 면적 및 건물의 평수, 그 소유자의 성명 및 圖面

4. 종교 및 교파·종파의 명칭

6. 설립비 및 그 支辨방법

7. 관리 및 유지방법

前項 제5호에 의해 포교담임자를 선정한 때는 설립자 또는 포교관리자는 그 성명 및 거주지를 갖춰 이력서를 첨부하여 10일 이내에 조선총독에게 신고할 것. 이를 변경한 때 또한 같음.

제10조 前條 제1항 제2호 내지 제7호의 사항을 변경하려할 때는 그 사유를 갖춰 조선총독의 허가를 받을 것.

제11조 종교의 용도에 제공할 교회당, 설교소 또는 강의소의 類를 폐지한 때는 10일 내에 조선총독에게 신고할 것.

제12조 포교관리자 및 조선사찰의 本寺住持는 각자의 소속 사원, 교회당, 설교소의 신도 증감수를 다음해 1월 31일까지 조선총독에게 신고할 것. 前項의 신고는 포교관리자를 설치한 교파, 종파 및 조선의 사찰에 속하지 않은 교회당, 설교소 또는 강의소에 있어서는 그 포교담임자가 신고할 것.

제13조 포교관리자를 설치한 교파, 종파에 속한 자 또는 조선의 사찰에 속한 자는 본령에 의한 허가를 받거나 신고를 하려는 때 포교관리자 또는 本寺住持의 副書를 첨부할 것.

제14조 제9조 제1항 또는 제10조에 위반한 자는 100圓 이하의 벌금 또는 科料에 처할 것.

제15조 조선총독은 필요한 경우 종교유사의 단체로 인정하는 것에 본령을 준용할 수 있음.

前項에 의해 본령을 준용할 단체는 이를 告示함.

부칙

제16조 본령은 1915년 10월 1일부터 이를 시행함.

제17조 1906년 통감부령 제45호는 이를 폐지함.

제18조 1906년 통감부령 제45호 제1조, 제2조 및 제3조에 의한 인가를 받은 자 는 본령 제2조의 신고를 하거나 제3조의 인가 혹은 제9조의 허가를

받은자로 간주함. 단, 본령 제2조에 해당하는 자는 同條 제1항 제2호
의 사항, 본령 제3조에 해당하는 자는 同條 제1항 제2호·제4호의 사
항, 본령 제9조에 해당하는 자는 同條 제1항 제3호·제5호의 사항 및
포교담임자의 성 명 및 이력을 갖춰 본령 시행일로부터 3일 내 조선총
독에게 신고할 것.

제19조 본령 시행의 현재 종교의 선포에 종사하고 포교관리자를 두거나 종교
의 용도에 제공하는 교회당, 설교소, 강의소의 類를 관리하는 자로서
前條에 해당하지 않는 자는 본령 시행일부터 3개월 내 제2조, 제3조
또는 제9조의 사항을 갖춰 조선총독에게 신고할 것.

前項에 의해 제9조의 사항을 신고한 자는 본령에 의한 허가를 받은 자
로 간주함.

14. 개정포교규칙(1920. 4. 7, 조선총독부령 제59호) 중 개정조항

제2조 종교의 선포에 종사하려는 자는 다음 사항을 갖춰 포교자 자격을 증명할
문서 및 이력서를 첨부하여 조선총독에게 신고할 것.

1. 종교 및 그 교파·종파의 명칭

2. 포교의 방법

前項 각호의 사항을 변경한 때는 10일 내 조선총독에게 신고할 것. 성
명을 변경하고 주소를 이전하거나 포교를 폐지한 때도 또한 같음.

제5조 제2항 및 제3항을 삭제.

제8조 삭제.

제9조 종교의 용도에 제공하기 위한 교회당, 설교소 또는 강의소의 類를 설립
한 자는 즉시 다음 사항을 갖춰 조선총독에게 신고할 것.

1. 명칭 및 소재지

2. 종교 및 교파·종파의 명칭

3. 布敎擔任者의 자격 및 그 선정방법

4. 설립비 및 그 支辨방법

5. 관리 및 유지방법

前項 각호의 사항을 변경한 때는 그 사유를 갖춰 즉시 조선총독에게 신고할 것.

제10조 前條 제1항 제3호에 의해 포교담임자를 선정한 때는 설립자 또는 포교관리자는 그 성명 및 주소를 갖춰 10일 내 조선총독에게 신고할 것. 이를 변경한 때도 또한 같음.

제12조 조선총독은 현재 종교의 용도에 제공된 교회당, 설교소 또는 강의소의 類로서 安寧秩序를 어지럽힐 우려가 있다고 인정될 때는 그 설립자 또는 관리자에 대해 그 사용을 정지하거나 금지할 수 있음.

제13조 중 "허가를 받거나"를 삭제.

제14조 조선총독은 포교관리자, 포교담임자 또는 조선사찰주지에 대해 필요하다고 인정되는 보고의 제출을 명할 수 있음.

부칙

본령은 발포일부터 이를 시행함.

15. 개정사립학교규칙(1920. 3. 1, 조선총독부령 제21호)

제1조 사립학교는 특별한 규정이 있는 경우를 제외하고 본령에 의함.

제2조 사립학교를 설치하려는 때는 다음 각호의 사항을 갖춰 조선총독의 인가를 받을 것.

1. 목적

2. 명칭, 위치

3. 학칙

4. 校地·校舍의 평면도(坪數 및 부근의 상황도 기재)

5. 일년의 수지예산(初年度부터 完成年度까지 나누어 기재)

6. 유지방법. 단, 기본재산·기부금은 증명서류를 첨부할 것.

7. 설립자의 이력서(재단법인의 경우는 기부행위로 함)

前項 1호·2호의 사항 또는 설립자를 변경하려고 할 때는 조선총독의 인가를 받고 제6호 사항을 변경한 때는 조선총독에게 신고할 것.

제3조 학칙에는 다음 사항을 규정할 것.

  1. 수업연한, 교과목, 교과과정 및 每週敎授時間數에 관한 사항

  2. 生徒의 定數

  3. 학년, 학기에 관한 사항

  4. 휴업일에 관한 사항

  5. 입학자 자격, 生徒의 입학에 관한 사항

  6. 생도의 퇴학·징계에 관한 사항

  7. 과정의 수료 및 졸업에 관한 사항|8. 수업료에 관한 사항9. 前 각호 이외로 학교에 필요하다고 인정되는 사항

  前項 1호, 제4호, 제5호 또는 제6호의 사항을 변경하려 할 때는 조선총독의 인가를 받고 제2호, 제3호, 제7호, 제8호, 제9호 사항 변경시는 조선총독에게 신고할 것.

제4조 전문교육을 하는 사립학교 설립자는 그 학교를 설립유지하기에 족한 재산을 가진 재단법인일 것을 요함.

제5조 사립학교의 개교 또는 폐지는 설립자가 지체없이 이를 조선총독에게 신고할 것.

제6조 보통교육을 하는 사립학교는 그 정도에 따라 보통학교규칙, 고등보통학교규칙, 여자고등보통학교규칙 또는 조선공립소학교규칙, 조선공립고등여학교규칙, 조선총독부중학교규칙이 정한 각 교과목의 要旨 및 수업상의 주의에 의해 교수할 것.

  前項의 학교에는 교과목 중 修身, 國語를 缺할 수 없음.

제7조 사립학교는 그 명칭에 사립의 문자를 붙일 것.

제8조 사립학교에는 학교장을 둘 것.

  학교장은 학교를 대표하고 교무를 掌理할 것을 요함.

제9조 사립학교의 교과용도서는 조선총독부가 편찬한 것, 조선총독의 검정을 경유한 것 또는 조선총독의 인가를 받은 것을 사용할 것.

제10조 교과용도서의 인가를 받으려할 때는 그 도서의 명칭, 卷冊의 記號, 사용할 학년, 著譯者·발행자의 성명, 발행연월일을 갖춰 신청할 것.

제11조 초등의 보통교육을 하는 사립학교의 교원은 사립학교 교원시험에 합

격한 자 또는 조선총독의 지정한 자로 할 것. 단, 오로지 조선어·한문만을 교수하는 자는 이 제한에 해당하지 않음.

초등의 보통교육을 하는 이외의 사립학교 교원은 해당학교의 정도에 응하는 학력을 가지고 국어에 통달할 것을 증명할 수 있음을 요함. 단, 오로지 조선어·한문·외국어·전문학과 또는 특종의 기술을 교수하는 자에 한하여 국어에 통달하지 않아도 지장 없음.

제12조 다음 각 호의 하나에 해당하는 자는 사립학교의 설립자, 학교장 또는 교원이 될 수 없음.

　　1. 禁錮 이상의 형에 처했던 자. 단, 特赦·復權된 자 제외

　　2. 破産 또는 家資分散의 선고를 받고 복권되지 않은 자 또는 身代限의 처분을 받고 채무의 변상을 완료하지 않은 자[4]

　　3. 징계로 면직에 처한 뒤 2년을 경과하지 않은 자. 단, 징계를 면제받은 자 제외

　　4. 교원면허장 被奪처분을 받고 2년을 경과하지 않은 자

　　5. 性行不良으로 인정할 자

제13조 학교장, 교원을 채용하려할 때는 道知事의 인가를 받고 학교장, 교원을 해직한 때는 道知事에게 신고할 것.

제14조 교원의 채용을 인가한 관청이 사립학교의 교장 또는 교원을 부적당하다고 인정한 때는 그 해직을 명하거나 부여한 인가를 취소할 수 있음.

제15조 조선총독은 사립학교의 설비, 수업 기타 사항으로 부적당하다고 인정된 때는 그 변경을 명할 수 있음.

제16조 다음 각 호의 하나에 해당하는 경우 조선총독은 사립학교의 폐쇄를 명할 수 있음.

　　1. 법령의 규정에 위반한 경우

　　2. 安寧秩序를 문란케 하거나 풍속을 壞亂할 우려가 있는 경우

　　3. 6月 이상 소정의 수업을 하지 않은 경우

　　4. 제14조, 제15조에 의한 명령에 위반한 때

제17조 사립학교에는 다음의 表簿를 비치할 것.

---

4) 家資分散이나 身代限은 파산의 한 형태임.

    1. 학적부, 출석부

    2. 직원이력서

    3. 졸업자명부

제18조 사립학교는 특별한 규정이 있는 경우를 제외하고 道知事의 감독에 속함. 府尹, 郡守 또는 島司는 초등의 보통교육을 하는 학교에 대해 필요하다고 인정할 때 실지조사를 하거나 보고를 요구하고 의견을 감독관청에 具申할 수 있음.

제19조 외국인을 교육하는 학교에는 본령을 적용하지 않음.

부칙

본령은 발포일부터 이를 시행함. 단, 제6조의 규정은 1920년 4월 1일부터 이를 시행함.

본령 시행 전 인가를 받은 사립학교에 관해 본령에 의한 인가를 요하는 사항은 본령에 의한 인가를 받은 것으로 간주함.

초등의 보통교육을 하는 사립학교의 교원 또는 고등보통교육, 실업교육 또는 전문교육을 하는 사립학교에서 修身, 국어, 역사, 지리, 체조 이외의 교수를 하는 교원에 관해 제11조에 규정된 자격자를 얻기 어려운 경우는 1915년 3월 31일까지 제11조에 규정된 이외의 교원을 채용할 수 있음.

1915년 3월 31일 이전에 설치인가를 받은 사립학교는 1915년 3월 31일까지 제4조, 제11조의 규정에 의하지 않을 수 있음.

1915년 조선총독부령 제84호는 이를 폐지함.

〈부록 3〉 1920년·1922년 개정사립학교 규정의 내용 비교

법령의 명칭 / 법령의 내용	1920년 개정사립학교규칙 (부령 제21호)	1922년 개정사립학교규칙 (부령 제27호)의 개정내용
적용대상	특별한 규정이 있는 것을 제외한 모든 사립학교(제1조)	삭제
사립학교 설립요건	사립학교를 설치하려는 때는 다음 각호 사항을 갖춰 조선총독의 인가를 받을 것(제2조) 1. 목적 2. 명칭, 위치 3. 학칙 4. 校地·校舍의 평면도(坪數 및 부근상황 기재) 5. 일년의 수지예산(초년도부터 완성연도까지 기재) 6. 유지방법. 단, 기본재산·기부금은 증명서류 첨부 7. 설립자의 이력서(재단법인은 기부행위) 前項 1호·2호, 설립자 변경은 조선총독의 인가 要 / 6호의 변경은 조선총독에게 신고 要	사립의 소학교, 보통학교, 중학교, 고등보통학교, 고등여학교, 여자고등보통학교, 실업학교, 전문학교의설립인가 신청서는 설립자의 이력서(재단법인은 기부행위), 기본재산의 목록, 기부금에 관한 증빙서류를 첨부할 것(제1조) 前條이외의 사립학교를 설치하려는 때는 다음 각호 사항을 갖춰 조선총독의 인가를 받을 것(제2조) 1. 목적 2. 명칭, 위치 3. 학칙 4. 校地·校舍의 평면도(坪數 및 부근상황 기재) 5. 일년의 수지예산(초년도부터 완성연도까지 기재) 6. 유지방법. 단, 기본재산·기부금은 증명서류 첨부 7. 설립자의 이력서(재단법인은 기부행위) 前項 1호·2호, 설립자 변경은 조선총독의 인가 要 / 6호의 변경은 조선총독에게 신고 要
학칙기재사항	학칙에 다음의 사항을 기재할 것(제3조) 1. 수업연한, 교과목, 교과과정 및 每週教授時間數에 관한 사항 2. 生徒의 定數 3. 학년, 학기에 관한 사항 4. 휴업일에 관한 사항 5. 입학자 자격, 生徒의 입학에 관한 사항 6. 생도의 퇴학·징계에 관한 사항 7. 과정의 수료 및 졸업에 관한 사항 8. 수업료에 관한 사항 9. 前 각호 외 학교에 필요하다고 인정하는 사항 前項 1, 4, 5, 6호 사항 변경시는 조선총독의 인가 要 / 2, 3, 7, 8, 9호 사항 변경시는 조선총독에게 신고	前條 제3호의 학칙에 다음의 사항을 기재할 것(제3조) 1. 수업연한, 교과목, 교과과정 및 每週教授時間數에 관한 사항 2. 生徒의 定數 3. 학년, 학기에 관한 사항 4. 휴업일에 관한 사항 5. 입학자 자격, 生徒 입학에 관한 사항 6. 생도의 퇴학·징계에 관한 사항 7. 과정의 수료 및 졸업에 관한 사항 8. 수업료에 관한 사항 9. 前 각호 외 학교에 필요하다고 인정하는 사항 前項 1, 4, 5호 사항 변경시는 조선총독의 인가 要 / 2, 3, 6호 내지 9호 사항 변경시는 조선총독에게 신고
재단설립의무	전문교육을 하는 사립학교 설립자는 학교를 설립유지하기에 족한 재산을 가진 재단법인일 것을 요함(제4조)	사립의 전문학교, 중학교, 고등보통학교 설립자는 학교를 설립유지하기에 족한 재산을 가진 재단법인일 것을 요함(제4조)
開敎·廢止시 신고의무	설립자는 지체 없이 조선총독에게 신고(제5조)	특별한 규정이 있는 경우를 제외하고 설립자는 지체 없이 조선총독에게 신고(제5조)
교과과정 통제 /	보통교육을 하는 사립학교는 그 정도에 따라	보통교육을 하는 학교에 類한 사립각종학교

종교교육제한	보통학교규칙, 고등보통학교규칙, 여자고등보통학교규칙 또는 조선공립소학교규칙, 조선공립고등여학교규칙, 조선총독부중학교규칙이 정한 각교과목의 要旨 및 수업상의 주의에 의해 교수할 것(제6조 1항)	는 그 정도에 따라 소학교규정, 보통학교규정, 중학교규정, 고등보통학교규정, 고등여학교규정, 여자고등보통학교규정이 정한 각교과목의 要旨 및 수업상의 주의에 의해 교수할 것(제6조 1항)
	前項의 학교에는 교과목 중 修身, 國語를 缺할 수 없음(제6조 2항)	前項의 학교에는 교과목 중 修身, 國語를 加할 것(제6조 2항)
사립학교 명칭 규제	사립학교는 그 명칭에 "私立"의 文字를 붙일 것(제7조)	삭제
학교장 설치의무	학교장을 설치할 것. 학교장은 학교를 대표하고 敎務를 掌理할 것(제8조)	동일
교과용도서 제한	교과용도서는 조선총독부가 편찬한 것 또는 조선총독의 檢定을 받은 것 또는 조선총독의 인가를 받은 것을 사용할 것(제9조)	교과용도서는 특별한 규정이 있는 경우를 제외하고 조선총독부가 편찬한 것 또는 조선총독의 檢定을 받은 것 또는 조선총독의 인가를 받은 것을 사용할 것(제9조)
교과용도서 인가절차	교과용도서의 인가는 그 도서의 명칭, 卷册의 記號, 사용할 학년, 著譯者·발행자의 성명, 발행연월일을 갖춰 조선총독에게 신청(제10조)	前條의 규정에 의한 교과용도서의 인가는 그 도서의 명칭, 卷册의 記號, 사용할 학년, 著譯者·발행자의 성명, 발행연월일을 갖춰 조선총독에게 신청(제10조)
교원의 자격조건과 國語사용 의무	1. 초등보통교육을 하는 사립학교의 교원은 사립학교교원시험에 합격한 자 또는 조선총독의 지정한 자로 할 것. 단, 조선어·한문만을 교수하는 자는 제외(제11조 1항)	삭제
	2. 초등보통교육 이외의 사립학교의 교원은 해당학교의 정도에 의하는 학력과 국어에 통달할 것을 증명가능한 자일 것. 단, 조선어·한문·외국어·전문학과 또는 특종의 기술을 교수하는 자는 국어통달 조건 제외(제11조 2항)	보통교육, 실업교육, 전문교육을 하는 학교에 類하는 사립각종학교의 교원은 해당학교의 정도에 의하는 학력과 국어에 통달할 것을 증명가능한 자일 것. 단, 조선어·한문·외국어·전문학과 또는 특종의 기술을 교수하는 자는 국어통달 조건 제외(제11조)
설립자·학교장·교원자격 제한	다음 각호 해당자는 설립자·학교장·교원이 될 수 없음(제12조) 1. 禁錮 이상의 형에 처했던 자. 단, 特赦·復權된 자 제외 2. 破産 또는 家資分散의 선고를 받고 복권되지 않은 자 또는 身代限의 처분을 받고 채무의 변상을 완료하지 않은 자 3. 징계로 면직에 처한 뒤 2년을 경과하지 않은 자. 단, 징계를 면제받은 자 제외 4. 교원면허장 被奪처분을 받고 2년을 경과하지 않은 자 5. 性行不良으로 인정할 자	다음 각호 해당자는 설립자·학교장·교원이 될 수 없음(제12조) 1. 禁獄 또는 禁錮 이상의 형에 처했던 자. 단, 特赦·復權된 자 제외 2. 破産 또는 家資分散의 선고를 받고 복권되지 않은 자 또는 身代限의 처분을 받고 채무의 변상을 완료하지 않은 자 3. 징계로 면직에 처한 뒤 2년을 경과하지 않은 자. 단, 징계를 면제받은 자 제외 4. 교원면허장 被奪처분을 받거나 제14조의 규정에 의해 해직을 명령받거나 인가가 취소되고 2년을 경과하지 않은 자 5. 性行不良으로 인정할 자
학교장·교원의 채용과 해직시 절차	학교장·교원의 채용시는 道知事 인가 要. 해고시는 도지사에게 신고할 것(제13조)	1. 설립자의 학교장·교원 채용시는 전문학교, 중학교, 고등보통학교, 고등여학교, 여자고등보통학교, 직업학교·실업보습학교 이외의 실업학교는 조선총독의 인가, 기타 학교는 道知事의 인가를 받고 / 해직시는 각각 조선총독

		과 道知事에게 신고
		2. 前項의 인가신청서에는 소학교, 보통학교 및 그에 類하는 각종학교의 경우 본인의 이력서, 기타 학교는 본인 이력 및 담임교과목을 기재한 서류를 첨부할 것
		3. 제1항의 인가를 신청한 경우 私立學校敎員의 資格 및 員數에 관한 規程 제11조의 규정에 의하려 할 때는 前項의 서류 외에 그 교원의 채용기간 및 현재 교원의 성명, 자격을 기재한 서류를 첨부할 것
		4. 私立學校敎員의 資格 및 員數에 관한 規程 제5조 1항 또는 제9조 1항의 규정에 의해 제1항의 인가신청을 한 경우 상당한 학력을 가지고 국어에 통달함을 인정하기 어려운 때는 본인의 志望에 의해 시험시행 가능
道知事의 학교장·교원에 대한 권한	교원채용을 인가한 관청은 교장·교원이 부적당하다고 인정될 때 그 해직명령, 인가취소 가능(제14조)	학교장 또는 교원채용을 인가한 관청은 교장·교원이 부적당하다고 인정될 때 그 해직명령, 인가취소 가능(제14조)
설비·수업 등에 대한 변경명령권	학교의 설비, 수업, 기타사항을 부적당하다고 인정할 때 총독은 그 변경명령가능(제15조)	학교의 설비, 수업, 기타사항에 대해 교육상 부적당하다고 인정할 때 감독관청은 그 변경 명령가능(제15조)
총독의 학교폐쇄명령권 (제16조)	다음의 각호의 하나에 해당하는 경우 조선총독은 사립학교 폐쇄명령가능 1. 법령의 규정에 위반한 경우 2. 安寧秩序를 문란케 하거나 풍속을 壞亂할 우려가 있는 경우 3. 6月 이상 소정의 수업을 하지 않은 경우 4. 제14조, 제15조에 의한 명령에 위반한 때	동일
表簿 비치의무	사립학교는 다음의 表簿를 비치할 것(제17조) 1. 학적부, 출석부 2. 직원이력서 3. 졸업자명부	사립학교는 특별한 규정이 있는 경우를 제외하고 다음의 表簿를 비치할 것(제17조) 1. 학적부, 출석부 2. 직원이력서 3. 졸업자명부
道知事의 감독권	1. 특별한 규정이 있는 경우를 제외하고 사립학교는 道知事의 감독에 속함(제18조 1항) 2. 府尹·郡守·島司는 초등보통교육을 하는 학교에 대해 필요하다고 인정시 실지조사를 하거나 보고를 받거나, 의견을 감독관청에 具申가능(제18조 2항)	1. 특별한 규정이 있는 경우를 제외하고 사립학교는 道知事의 감독에 속함(제18조 1항) 2. 府尹·郡守·島司는 사립의 소학교, 보통교육 또는 그에 類하는 각종학교에 대해 필요하다고 인정시 실지조사를 하거나 보고를 받거나, 의견을 감독관청에 具申가능(제18조 2항)
本令의 적용제외	외국인을 교육하는 학교는 本令 적용제외(제19조)	동일
		제20조 신설 1. 제8조, 제11조 내지 제16조, 제18조 및 제19조의 규정은 사립유치원에 준용

		2. 특별한 사정이 있는 경우 제11조에 해당하지 않는 자는 保姆로 채용가능
附則	1. 시행기일 – 발포한 날부터. 단, 제6조는 1920년 4월 1일부터 시행.	동일
	2. 本令시행전 인가 사립학교는 本令의 인가를 요하는 사항은 本令에 의해 인가받은 것으로 간주함	동일
	3. 초등보통교육을 하는 사립학교 교원 또는 고등보통교육, 실업교육, 전문교육을 하는 사립학교는 修身, 국어, 역사, 지리, 체조 이외의 敎授를 하는 교원에 관해 제11조의 자격자를 얻기 어려운 경우 1925년 3월 31일까지 제11조 자격 이외의 교원채용 가능	3. 보통학교에 類하는 사립각종학교교원 또는 고등보통학교, 여자고등보통학교, 실업학교, 전문학교에 類하는 사립각종학교는 修身, 국어, 역사, 지리, 체조 이외의 敎授를 하는 교원에 관해 제11조의 자격자를 얻기 어려운 경우 1925년 3월 31일까지 제11조 자격 이외의 교원채용 가능
	4. 1925년 3월 31일 이전에 설치인가를 받은 사립학교는 1925년 3월 31일까지 제4조, 11조의 규정에 의하지 않을 수 있음	4. 1925년 3월 31일 이전에 설치인가를 받은 사립각종학교는 1925년 3월 31일까지 제4조, 11조의 규정에 의하지 않을 수 있음
	5. 1915년 조선총독부령 제84호를 폐지함	동일
		附則 신설 1. 시행기일 – 1922년 4월 1일부터 시행
		2. 사립학교교원시험규칙을 폐지함
		3. 본령시행시 현존하는 사립고등보통학교에는 제4조의 규정을 적용하지 않음
		4. 조선교육령 제29조 2항의 규정에 의해 고등보통학교, 여자고등보통학교, 실업학교에서 舊令에 의한 생도를 교육하는 교원의 자격 및 조선교육령 제32조의 규정에 의해 존속한 전문학교교원의 자격에 관해서는 종전의 규정에 의함
		5. 본령시행 현재 보통학교, 고등보통학교, 여자고등보통학교, 실업학교에 재직하는 교원으로 私立學校敎員의 資格 및 員數에 관한 規程에 의한 자격이 없는 자에 대해서는 본령시행 후 1년에 限하여 그 학교의 교원으로서 제13조의 규정에 의한 인가를 받은 것으로 간주함
		6. 前項의 학교에 현재 재직하는 교원으로서 私立學校敎員의 資格 및 員數에 관한 規程에 의한 자격을 가진 자 및 현재 사립 전문학교 또는 각종학교에 재직하는 교원에 대해서는 본령시행시에 限하여 제13조의 규정에 의한 인가를 받은 것으로 간주함

* 출전: 『朝鮮總督府官報』 1920. 3. 1, 1922. 3. 28.
** 밑줄친 부분은 1922년 개정된 부분을 표시한다.

참고문헌

1. 일차 사료

(1) 신문·잡지

① 신문

『監理會報』『京城日報』『경향신문』『基督申報』『大阪朝日新聞』『大韓每日申報』『大韓學會月報』『독립신문』(上海 임시정부)『동아일보』『每日申報』『신한민보』『조선일보』『朝鮮通信』『중앙일보』『중외일보』『皇城新聞』 The Seoul Press

② 잡지

『개벽』『관보』(대한민국 공보부)『동광』『文教の朝鮮』『法制月報』『별건곤』『삼천리』『西北學會月報』『朝光』『朝鮮公論』『朝鮮及滿洲』『朝鮮司法協會雜誌』『朝鮮青年』『彗星』『公法雜誌』 The Korea Mission Field

(2) 기관 간행물

① 대한제국·통감부 간행물

『官報』(대한제국).

『觀察使會議要錄』, 京城: 學部, 1909.

『私立學校令』, 京城: 學部, 1908.

『殖民地便覽』, 東京: 內閣拓殖局, 1925.

『土地建物證明ニ關スル諸法令及實例要錄』, 京城: 統監府地方府, 1909.

『統監府公報』 1-2, 京城: 統監府, 1908~1909.

『統監府法規提要』, 京城: 統監府, 1908.

『統監府施政一斑』, 京城: 統監府, 1907.

『統監府特許局商標公報』 2-3, 京城: 統監府特許局, 1909.

『統監府特許局實用新案公報』1, 京城: 統監府特許局, 1910.

『韓國施政年報: 自明治39年至明治41年』, 京城: 統監府, 1908, 1910.

『韓國施政一般』 1권(韓國土地制度), 京城: 統監府, 1906.

『漢城府內私立學校 學會代表者招集席上 學部次官演說筆記』, 京城: 學部, 1908.

『韓國敎育』, 京城: 學部, 1909.

『刑法大全』, 京城: 大韓國法部, 1906.

② 근대일본 내각 간행물

『公益法人一覽』, 東京: 文部省社會敎育局, 1934.

『官報』, 東京: 內閣印刷局, 內閣官報局.

『內外地法令對照表』, 東京: 拓務大臣官方文書課, 1941.

『明治二十九年編纂 拓殖務省所管省務要覽』, 東京: 拓殖務大臣官房文書課, 1897.

『文部省例規類纂』, 東京: 文部省, 1935.

文政硏究會(文部省內)/編, 『文敎維新の綱領』, 東京: 新紀元社, 1944.

『法規類抄』 下, 東京: 內務省總務局文書課, 1900.

『法令全書』, 東京: 內閣印刷局, 內閣官報局.

『法人一覽』, 東京: 文部省.

『日本帝國文部省年報』, 東京: 文部大臣官房文書課.

『敵産管理法及關係命令並ニ告示』, 東京: 大藏省外資局, 1943.

『宗敎制度調査資料』, 東京: 文部省宗敎局, 1923.

『宗敎要覽』, 東京: 文部省宗敎局, 1916.

『學制五十年史』, 東京: 文部省, 1922.

③ 조선총독부 간행물

『公立小學校及公立普通學校 敎員講習會講演集』, 京城: 朝鮮總督府內務部學務局, 1915.

『公立普通學校長 講習會講演集』, 京城: 朝鮮總督府內務部學務局, 1912.

『公立普通學校敎員 講習會講演集』, 京城: 朝鮮總督府內務部學務局, 1911~1917.

『保護觀察制度の槪要』, 京城: 京城保護觀察所, 1941.

『私立學校關係法規』, 京城: 朝鮮總督府內務部學務局, 1915.

『伸び行く朝鮮-宇垣總督講演集』, 京城: 朝鮮總督府, 1935.

『思想彙報』, 京城: 朝鮮總督府 高等法院檢事局思想部.

『施政三十年史』, 京城: 朝鮮總督府, 1940.

「在韓國新敎傳道協會聯合會敎育部委員卜統監代理卜ノ會見覺書(譯文)」, 1908.

『第一次朝鮮總督府統計要覽』, 1911.

『朝鮮』

『朝鮮敎育令及學校規定綴』, 京城: 朝鮮總督府學務局, 1939.

『朝鮮敎育年鑑』, 京城: 朝鮮敎育圖書出版部, 1936.

『朝鮮に於ける新施政』, 京城: 朝鮮總督府, 1920, 1921.

『朝鮮に於ける宗敎及享祀要覽』, 京城: 朝鮮總督府學務局社會敎育課, 1939~1941.

『朝鮮ノ保護及倂合』, 京城: 朝鮮總督府, 1932.

『朝鮮の司法制度』, 京城: 朝鮮總督府法務局, 1936.

『朝鮮の統治と基督敎』, 京城: 朝鮮總督府, 1923.

『朝鮮法令輯覽』

『朝鮮司法保護』

『朝鮮年鑑』, 京城: 京城日報社.

『朝鮮人敎育 私立學校統計要覽』, 京城: 朝鮮總督府內務部學務局, 1913, 1916.

『朝鮮總督府官報』

『朝鮮總督府及所屬官署職員錄』

『朝鮮總督府司法統計年報』

『朝鮮總督府施政年報』

『朝鮮總督府調査月報』

『朝鮮總督府地方行政講習會講演集』, 京城: 朝鮮總督府, 1921.

『朝鮮總督府統計年報』

『朝鮮統治三年間成績』, 京城: 朝鮮總督府, 1914.

『朝鮮彙報』

『地方改良講習會講演集』, 1922, 1924, 京城: 朝鮮總督府內務局.

『總督訓示集』 第二輯, 京城: 朝鮮總督府, 1916.

『最近に於ける朝鮮治安狀況』 1933, 1938, 京城: 朝鮮總督府警務局.

④ 대만총독부 간행물

『臺灣事情』, 臺北: 臺灣總督府, 1922.

『臺灣總督府例規類抄』, 臺灣總督府, 1895.

『臺灣總督府學事年報』, 臺北: 臺灣總督府民政部內務局, 1908.

(3) 미간행 문서류[1]

① 국가기록원 소장문서(조선총독부생산서류철)

CJA00022493 『전라남도예규집(내무)』 1937.

CJA0002269 『재선외국거류지정리에관한하협의회개요참고서류』.

CJA0002274 『각국 거류지에 관한 취조 서류(1910년12월에서1911년3월)』.

CJA0002287 『재선외국거류지정리에관한건』.

CJA0002288 『외국거류지정리에관한건(1913년1월에서6월)』.

CJA0002289 『각국거류지관계서』 1913.

CJA0002293 『각국거류지관계서류』.

CJA0003244 『도행정에관한철』.

CJA0004467 『법령예규(학무)』.

CJA0004677 『예규(학무)』.

CJA0004678 『예규(학무과)』 1915.

CJA0004696 『공사립여자고등보통학교서류(대정15년6월)』.

CJA0004712 『傳檢規程에 의한 무시험검정제에 관한 서류(평양숭실학교)』 1928.

CJA0004731 『宗敎에 관한 雜件綴(明治39年2月-明治42年)』.

CJA0004734 『耶蘇敎에관한 諸報告(明治43년6월)(지방부)』.

CJA0004741 『社寺宗敎』.

CJA0004747 『寺刹관계서류』.

CJA0004747 『사찰관계서류』.

CJA0004759 『포교관리자관계 및 재단법인 기타관계서류』.

CJA0004763 『사찰관계서류』.

---

1) 이들 자료들은 대체로 온라인으로 열람가능하지만, 국가기록원 소장문서들의 경
우는 온라인 미제공 자료들도 많이 포함되어 있다. 또한 일본 자료들의 경우, 아
시아역사자료센터 홈페이지(http://www.jacar.go.jp)에서 열람가능한 경우도 많지
만, 일본국립공문서관 등 개별기관의 홈페이지에서만 열람가능한 자료들도 있어
일단 소장처를 구분하여 정리했다.

CJA0004764 『기독교·천주교재단법인관계서류』.

CJA0004766 『기독교재단법인관계서류』.

CJA0004769 『기독교미감리교재단설립 인가관계』.

CJA0004796 『사원기타관계서류』.

CJA0004808 『기독교재단법인관계서류』.

CJA0004813 『종교사원잡건철』 1933.

CJA0004831 『종교사원창립포교관리자기타에관한건』 1936.

CJA0004842 『기독교 기타관계서류』.

CJA0004850 『종교사원창립허가 및 재단법인기타관계서류』.

CJA0004876 『종교·사원 기타관계서류』.

CJA0004896 『신도·사원법인, 기독교법인 인가관계서류』.

CJA0004899 『종교법인사원관계서류』.

CJA0018268 「司法警察官에 대한 檢事正訓示」, 『예규에관한기록(1912년)』.

CJA0018268 「영국영사재판권철거에관한건」, 『예규에관한기록(1912년)』.

CJA0018268 「영국영사재판권철거에관한건」.

CJA0027590 『사찰향교문묘기타』.

CJA0027605 『학사예규철』.

CJA0027605 『학사예규철』 1912~1943.

② 일본국립공문서관 소장문서

類00861100-00600 『公文類聚』 第二十三編, 明治三十二年　第二十八卷 第二十八卷 學事門, 學制, 文書 6.

類00868100 「神仏道以外ノ宗教ニ對シ內務省令ヲ以テ取締法ヲ設ク附省令案」, 『公文類聚』 第二十三編 明治三十二年 第三十五卷.

類01365100 『公文類聚』 第44編 大正9年 朝鮮敎育令中ヲ改正ス

纂01463100 「衆議院議員山道襄一提出朝鮮統治ニ關スル質問ニ對スル議長へ送付ノ件」, 『公文雜纂』 大正八年(1919), 第十五卷 帝國議會三.

A01200051700 「朝鮮ニ朝鮮總督府ヲ置キ, 朝鮮ニ施行スヘキ法令ニ關スル件ヲ定ム」, 『公文類聚』 第三十四編 明治四十三年 第二卷, 官職門一, 官制一.

A01200064500 「朝鮮ニ施行スヘキ法令ニ關スル件ヲ定ム」, 『公文類聚』 第

三十五編　明治四十四年　第一卷，皇室·內廷、政綱一·詔勅·帝國議會·地方自治一·雜載.

A01200074000 「朝鮮敎育令ヲ定ム」,『公文類聚』第三十五編 明治44年 第十七卷.

A03020910100 明治44 勅令218 私立學校令中改正.

A03021175900 大正12 勅令19 私立學校令中改正.

A03021175900 大正8 勅令19 私立學校令中改正.

A03021186100 「御署名原本 大正八年 勅令第百二十一号 拓殖局官制中改正」.

A03023677100 「統監府外事部總督府外事部事務對照」,『公文別錄』韓國併合ニ關スル書類 明治四十二年－明治四十三年 第一卷.

A03023677700 「韓國併合ニ關スル閣議決定書 其三」,『公文別錄』韓國併合ニ關スル 書類 明治四十二年－明治四十三年 第一卷.

A03023678100 「韓國併合ニ關スル書類」,『公文別錄』韓國併合ニ關スル書類明治四十二年－明治四十三年 第一卷.

A03023678200 「合併後韓半島統治卜帝國憲法卜ノ關係」,『公文別錄』韓國併合ニ關スル 書類, 明治四十二年－明治四十三年 第一卷.

A03023678300 「韓國ノ施政ニ關スル件 / 韓國合併ニ關スル件」,『公文別錄』韓國併合ニ關スル書類, 明治四十二年－明治四十三年 第一卷.

A03023679900 「韓國併合ノ際ニ於ケル處理法案大要閣議決定」,『公文別錄』韓國併合ニ關スル書類 明治四十二年－明治四十三年 第一卷.

A03023680000 「韓國併合實行ニ關スル方針」,『公文別錄』韓國併合ニ關スル書類 明治四十二年－明治四十三年 第一卷.

A03033019100 「私立學校令」樞密院御下附案 明治32.

A03033074500 「朝鮮總督府官制 御下附案」,『樞密院會議文書』.

A03033080100 「私立學校令中改正ノ件」 明治44 樞密院御下附案.

A03033109900 「私立學校令中改正ノ件」 大正7 樞密院御下附案.

A03033141900 「私立學校令中改正ノ件」 大正12 樞密院御下附案.

A03033249300 「私立學校令中改正ノ件」 昭和15 樞密院御下附案.

A03033358800 「樞密院會議文書 私立學校令中改正ノ件」.

A03033513200 「樞密院會議文書 私立學校令會議筆記」.

A03033574400 「韓國併合ニ關スル條約」,『樞密院會議筆記』.

A03033574500 「朝鮮ニ施行スヘキ法令ニ關スル件」,『樞密院會議筆記』.

A03033574600 「朝鮮總督府設置ニ關スル件」,『樞密院會議筆記』.

A03033575800 「朝鮮總督府官制」,『樞密院會議筆記』.

A03033581800 「私立學校令中改正ノ件」明治44『樞密院會議筆記』.

A03034081300 「朝鮮教育令中改正ノ件」大正9.

A03034081500 「現行朝鮮教育法規」大正10.

A03034082000 「朝鮮人教育私立各種學校狀況」1冊 大正9.

A03034093500 『參考資料 現行臺灣教育法規(抄)』, 1921.

A10113415800 「田所美治外四名叙勳並勳章加授ノ件」, 1942.

③ 일본외무성 외교사료관 소장문서

B03041002600 「美國基督教外國傳導協會關聯」.

B04012527600 「本邦ニ於ケル宗教及布教關係雜件」第1券 3. 基督教 1.

B04012527700 「本邦ニ於ケル宗教及布教關係雜件」第1券 3. 基督教 2.

B04012529600 「本邦ニ於ケル宗教及布教關係雜件」2券-5. 基督教 1.

B04012529600 「本邦ニ於ケル宗教及布教關係雜件」2券-5. 基督教 2.

B04012529700 「本邦ニ於ケル宗教及布教關係雜件」2券-5. 基督教 3.

B04012531000 「本邦ニ於ケル宗教及布教關係雜件」第3券 2-基督教 1.

B04012531100 「本邦ニ於ケル宗教及布教關係雜件」第3券 2-基督教 2.

B04012535400 「各國宗教布教關係件」第1券 14-美國.

B04012536900 「各國宗教布教關係件」第2券 6-美國.

B04012557300 「本邦神社關係雜件 第一卷 3.平壤神社」,『外務省記錄』Ⅰ門 文化·宗教·衛生·勞働及社會問題, 2類 宗教·神社·寺院·教會.

B04120013400 「閣議決定書輯錄」第二卷 第26號 自明治34年 11月, 外務大臣 官方 文書課.

④ 일본방위성 방위연구소 소장문서

C06031088200 「密第33号-其171 基督教經營學校ノ紛擾」大正10.

C06031088900 「密第33号-其178 基督教經營學校ノ紛擾詳報」大正10.

C06031103000 「密第33号-其333 宣教師布教方便密讓ニ關スル件」大正8.

C06031113000 「密第102号-其491 宣教師秘密會の內容」『陸軍省大日記』朝鮮
　　事件 大正8年-同10年 共7册 其4 朝鮮騷擾事件關係書類.
C06031131900 「密第33号-其86 基督敎自由布敎ニ關スル件」大正8.
C06031133700 「密第33号-其103 朝鮮自由基督敎會ニ關スル件」大正10.

(4) 선교사·기독교 관련 자료

A Communication to His Excellency, Baron Saito, Governor－General of Chosen from the Federal Council of Protestant Evangelical Missions in Korea, Federal Council of Protestant Evangelical Missions in Korea, Seoul, Korea, 1919.

Annual meeting of the Federal Council of Protestant Evangelical Missions in Korea, Seoul, Federal Council of Evangelical Missions in Korea, 1912~1937.

Annual meeting of the General Council of Protestant Evangelical Missions in Korea, General Council of Protestant Evangelical Missions in Korea, 1906~1911.

Arthur Judson Brown, *The Korean conspiracy case*, New York: Northfield Press, 1912.

Charles Davis Stokes, *History Of Methodist Missions In Korea, 1885~1930*, Doctorial Dissertation, Yale University, 1947.

H. A. Rhodes, edits., History Of The Korea Mission: Presbyterian Church U. S. A. 1884~1934, Seoul: YMCA Press, 1934.

Harry A. Rhodes and Archibald Campbell, edits., *History of The Korea Mission: Presbyterian Church in The U.S.A., v.2, 1935~1959*, New York: Commission on Ecumenical Mission and Relations, the United Presbyterian Church in the U.S.A, 1964.

Henry Munro Bruen, *40 YEARS IN KOREA*, 한국기독교역사연구소 자료총서 제22집, 1998.

Horace Horton Underwood, *Modern education in Korea*, New York: International Press, 1926.

James Earnest Fisher, *Democracy and mission education in Korea*, New York: Teachers College, Columbia University.

Minutes and reports of the annual meeting of the Korea Mission of the Presbyterian Church in the U.S.A., Seoul: Council of Presbyterian Missions, 1907~1925.

MINUTES OF THE ANNUAL MEETING OF THE KOREA MISSION

METHODIST EPISCOPAL CHURCH, SOUTH, Seoul: Methodist Episcopal Church, South.

MINUTES OF THE KOREA ANNUAL CONFERENCE OF THE METHODIST EPISCOPAL CHURCH, Seoul: Methodist Episcopal Church. 서울: 基督教大韓監理會 百周年記念事業委員會, 1984.

Senate of the educational federation of Christian missions in Korea, 1914~1916.

The Christian movement in Japan, Korea and Formosa: a year book of Christian work, 23, Tokyo: The Federation of Christian Missions in Japan, 1925.

『경상남도로회록』

『경안노회록』

『基督教朝鮮監理會 東部·中部·西部聯合會年會會錄』

『基督教朝鮮監理會中央協議會會錄』

『基督教朝鮮監理會總會會錄』

『南監理教會朝鮮每年會錄』

양주삼/編, 『朝鮮南監理教會三十年紀念報』, 1930, 朝鮮南監理教會傳道局.

『예수教美監理朝鮮年會錄』

『전북노회록』

『조선예수교장로회총회회록』

(5) 해방 이전 발행 단행본

① 법령집·법학 관계 서적

高松泰介/編, 『現行宗教法令』, 東京: 有斐閣, 1902.

京城帝國大學法文學會/編, 『法政論纂(京城帝國大學法文學會第一部論集 第4冊)』, 東京: 刀江書院, 1931.

啓文社編輯部/編, 『石川縣教育法規』, 岐阜縣: 啓文社, 1937.

宮田四八郎, 『民法施行法講義』, 東京: 大日本新法典講習會, 1901.

根本松男, 『宗教團體法論』, 東京: 嚴松堂書店, 1941.

金子堅太郎, 『憲法制定と歐米人の評論』, 東京: 日本靑年館, 1937.

渡邊幾治郎, 『日本憲法制定史講』, 東京: 千倉書房, 1937.

渡邊兵吉/編,『宗敎法案雜纂』, 東京: 六合館, 1900.

東京行政學會,『最新文部省例規總覽』, 東京: 玄文社, 1938.

梅謙次郎,『民法要義』, 東京: 有斐閣書房, 1911.

美濃部達吉,『日本行政法』, 東京: 有斐閣, 1916.

美濃部達吉,『憲法講話』, 東京: 有斐閣, 1923.

美濃部達吉,『憲法撮要』, 東京: 有斐閣, 1924.

美濃部達吉,『現代憲政評論』, 東京: 岩波書店, 1930.

『民法判例集』, 靑木法律事務所, 東京: 有斐閣, 1910.

福田一覺,『大審院判例伺指令訓令諸法令摘要錄民法實用法典』, 東京: 進化堂,
　　　1903.

普文學會/編,『民法問題義解』, 東京: 淸水書店, 1909.

滋賀縣私立敎育會,『敎育法規』, 岐阜縣: 西濃印刷株式會社, 1910.

三淵忠彥,『日本民法新講』, 梓書房, 1929.

石川縣師範學校同窓會,『敎育法規類纂』, 金澤: 宇都宮書店, 1899.

新田邦達,『宗敎行政法要論』, 東京: 敬文堂書店, 1933.

我妻榮,『岩波法律學小辭典』, 東京: 岩波書店, 1937.

野村調太郎/編,『新案朝鮮六法』, 京城: 松山房, 1936.

與良熊太郎/編,『現行敎育法令』 第 1 續編, 東京: 岩村田活版所, 1900.

蓮生觀善,『宗敎法硏究』, 東京: 中央佛敎社, 1921.

伊東已代治,『法律命令論』, 東京: 牧野書房, 1890.

伊藤博文,『帝國憲法義解』, 東京: 國家學會, 1889.

伊藤博文/編,『憲法資料』 上,中,下, 東京: 叢文閣, 1934.

伊藤博文,『伊藤博文公修正憲法稿本』, 東京: 秘書類纂刊行會, 1937.

仁保龜松,『國民敎育法制通論』, 東京: 帝國印刷株式會社, 1904.

井上圓三/編,『日本制裁法規』, 東京: 淸水書店, 1926.

『朝鮮敎育法規例規大全』, 京城: 朝鮮敎育會, 1927.

朝鮮受驗學會/編,『朝鮮受驗講座』, 嚴松堂, 1927.

靜岡縣敎育協會/編,『現行敎育法規類聚』, 靜岡縣: 吉見書店, 1909.

宗敎行政硏究會/編,『宗敎法令類纂』, 東京: 棚澤書店, 1934.

宗敎行政硏究會/編,『宗敎法案資料: 第14, 52, 56回 帝國議會 貴族院議事速記
　　　錄』, 東京: 宗敎行政硏究會, 1934.

中川善之助·宮澤俊義,『現代日本文明史 5: 法律史』, 東京: 東洋經濟新報社, 1944.

靑木法律事務所,『民法判例集』, 東京: 有斐閣, 1910.

淸水伸,『獨墺に於ける伊藤博文の憲法取調と日本憲法』, 東京: 岩波書店, 1935.

淸浦奎吾,『明治法制史』, 東京: 明法堂, 1899.

萩原彥三,『朝鮮行政法』, 京城: 巖松堂京城店, 1923.

河副重一·山井基幹·左左木淸之丞/共著,『參考法制精設』, 東京: 敬文館, 1914.

川邊次郎/編,『敎育法規』, 橫浜: 南中舍, 1900.

② 종교·교육 관계 서적

岡久雄,『朝鮮敎育行政』, 京城: 帝國地方行政學會朝鮮本部, 1940.

高橋濱吉,『朝鮮敎育史考』, 京城: 帝國地方行政學會 朝鮮本部, 1927.

高田休廣·小笠原豊光/共著,『敎育行政』, 東京: 常磐書房, 1934.

敎育史編纂會/編,『明治以降敎育制度發達史』, 東京: 文部省, 1938.

弓削幸大郎,『朝鮮の敎育』, 東京: 自由討究社, 1923.

『基督敎年鑑』, 日本基督敎會同盟, 1920.

今泉眞幸,『日本組合基督敎會』, 東京: 東方書院, 1934.

渡瀨常吉,『朝鮮敎化の急務』, 東京: 警醒社書店, 1913.

木場貞長,『敎育行政』, 東京: 金港堂書籍株式會社, 1902.

文藝社編輯部/編,『全國各種學校名簿』, 東京: 文藝社, 1926.

比屋根安定,『日本基督敎史』 5권, 東京: 敎文館, 1940.

山本秀煌,『日本基督敎會史』, 日本基督敎會事務所, 1929.

三橋節,『敎學刷新の實際的基調』, 大同館, 1937.

三宅米吉·町田則文,『明治國民敎育史』, 東京: 昭和出版社, 1928.

小島末一,『私立學校事務提要』, 大阪: 大同書院, 1942.

野田義夫,『明治敎育史』, 東京: 育英舍, 1907.

日本基督敎會事務所/編,『日本基督敎會年鑑』, 東京: 日本基督敎會財務局, 1937.

『日本組合基督敎會規約』, 大阪: 日本組合基督敎會本部, 1938.

澤柳政太郎,『我國の敎育』, 東京: 同文館, 1910.

幣原坦,『朝鮮敎育論』, 東京: 六盟館, 1919.

海老澤亭,『基督敎各派の現狀』, 東方書院, 1934.

③ 전기류·회고담

故宇佐美勝夫氏紀念會/編, 『宇佐美勝夫之追憶錄』, 東京: 故宇佐美勝夫氏紀念會, 1943.

德富猪一郎, 『公爵桂太郎傳』 乾, 坤, 東京: 故桂公爵記念事業會, 1917.

德富猪一郎, 『素公山縣公傳』, 東京: 山縣公爵傳記編纂會, 1929.

德富猪一郎, 『公爵山縣有朋傳』 下, 東京: 山縣有朋傳公記念事業會, 1933.

渡瀨常吉, 『海老名彈正先生』, 東京: 龍吟社, 1938.

東川德治, 『博士梅謙次郎』, 東京: 法政大學, 1917.

小森德治, 『明石元二郎』, 台北: 臺灣日日新報社, 1928.

小松綠, 『朝鮮併合之裏面』, 東京: 中外新論社, 1920.

小原新三, 『草をむしる』, 佐藤喜八郎/編, 東京: 小原新三翁古稀記念會, 1942.

有馬純吉, 『人物評論 眞物歟贋物歟』, 京城: 朝鮮公論社, 1921.

伊藤公全集刊行會/編, 『伊藤公全集』 2, 3券, 東京: 伊藤公全集刊行會, 1927.

帝國地方行政學會/編, 『朝鮮統治秘話』, 京城: 帝國地方行政學會, 1937.

齋藤子爵記念會/編, 『子爵齋藤實傳』 2, 3, 東京: 齋藤子爵記念會, 1941.

鵜崎熊吉, 『人物評論 薩の海軍長の陸軍』, 東京: 政敎社, 1913.

朝鮮新聞社/編, 『朝鮮統治の回顧と批判』, 東京: 龍溪書舍, 1936.

朝鮮公論社/編, 『人物評論 眞物歟贋物歟』, 京城: 朝鮮公論社, 1917.

靑柳綱太郎, 『總督政治史論』, 京城: 京城新聞社, 1928.

秋山雅之介傳記編纂會/編, 『秋山雅之介傳』, 東京: 秋山雅之介傳記編纂會, 1941.

④ 기타

加田哲二, 『維新以後の社會經濟思想槪論』, 東京: 日本評論社, 1934.

山奇丹照, 『外地統治機構の硏究』, 東京: 高山書院, 1943.

山本茂, 『條約改正史』, 東京: 高山書院, 1943.

森谷秀亮, 『岩波講座 日本歷史－條約改正』, 東京: 岩波書店, 1934.

杉山靖憲, 『臺灣歷代總督の治績』, 東京: 帝國地方行政學會, 1922.

石森久彌, 『朝鮮統治の批判』, 京城: 朝鮮公論社, 1926.

阿部薰/編, 『朝鮮功勞者銘鑑』, 京城: 民衆時論社, 1935.

原敬, 『新條約實施準備』, 大阪: 大阪每日新報社, 1899.

伊藤博文/編, 『臺灣資料』, 東京: 秘書類纂刊行會, 1936.

伊藤博文/編, 『秘書類纂 臺灣資料』, 東京: 秘書類纂刊行會, 1936.

『日本外交年鑑』, 東京: 日本外交年鑑社, 1943.

鳥谷部銃太郎, 『內地雜居改正條約案內』, 東京: 博文館, 1899.

朝日新聞社/編, 『明治大正史』 IV, 東京: 朝日新聞社, 1931.

竹越與三郎, 『臺灣統治誌』, 東京: 博文館, 1905.

持地六三郎, 『臺灣植民政策』, 東京: 富山房, 1912.

清宮四郎, 『外地法序說』, 東京: 有斐閣, 1944.

『朝鮮施政15年史』, 조선매일신문사, 1925.

中央經濟法研究會/編, 『敵產管理の理論と實際』, 大阪: 文阪寶文館, 1943.

(6) 해방 이후 간행 자료

① 자료·자료집

강만길/편, 『식민통치비교자료집』, 선인, 2004.

『고종시대사』 5, 과천: 國史編纂委員會, 1998~2000, 1971.

國史編纂委員會/編, 『統監府文書』 1-11, 과천: 國史編纂委員會, 1998~2000.

國史編纂委員會/編, 『韓國獨立運動史資料 38: 宗敎運動編』, 과천: 국사편찬위
　　　원회, 2002.

國史編纂委員會/編, 『대한민국임시정부자료집』, 과천: 國史編纂委員會, 2005~2011.

김승태/편, 『일제강점기 종교정책사 사료집』, 서울: 한국기독교역사연구소, 1996.

김승태·유진·이항/엮음, 『스코필드 박사 자료집―강한 자에는 호랑이처럼 약
　　　한자에는 비둘기처럼』, 서울: 서울대학교출판문화원, 2012.

渡部學·阿部洋/編, 『日本植民地敎育政策史料集成(朝鮮編)』 1-69, 東京: 龍溪
　　　書舍, 1987~1991.

박은식, 『한국독립운동지혈사』, 서문당, 1987.

방기중/편, 『일제파시즘기 한국사회자료집』 3, 서울: 선인, 2005.

杉井六郎, 「小澤三郎編日本プロテスタント 史史料(三, 四, 五)―文部省訓令―
　　　二號とその反響」, 『キリスト敎社會問題硏究』 22-24, 1974~1976.

小川圭治·池明觀/편, 『韓日 그리스도교 關係詞資料』, 서울: 한국신학연구소, 1990.

송병기 外/편, 『韓末近代法令資料集』 1권, 2권, 서울: 대한민국국회도서관, 1970.

이만열/엮음,『신사참배문제 영문자료집－미국 북장로회 해외선교부 문서 편』
　　　Ⅰ, Ⅱ, 서울: 한국기독교역사연구소, 2004.
日本外務省/編,『日本外交文書』제40권 제1책, 제42권 제1책, 東京: 日本外交
　　　文書頒布會, 1960, 1961.
『일제하 조선의 치안상황』, 조선총독부경무국, 김봉우/역, 청아출판사, 1989.
『朝鮮近代史料研究-友邦シリーズ』6, 東京: 社團法人友邦協會, 2001.
『한국독립운동사자료』4, 38, 국사편찬위원회, 2002.
『現代史資料』45, 奧平康弘/해설, 1973, みずず書房.
日本外務省/編,『外地法制誌』1-13, 東京: 文生書院, 1990.

　② 개인문서

『桂太郞關係文書』, 千葉功/編, 東京: 東京大學出版會, 2010.
大山梓/編,『明治百年史叢書－山縣有朋意見書』, 東京: 原書房, 1989.
『大野綠一郞關係文書』, 日本國會圖書館 憲政資料室, 한국기독교역사연구소
　　　소장.
『寺內正毅關係文書』, 日本國會圖書館 憲政資料室, 국사편찬위원회 소장.
山本四郞/編,『寺內正毅關係文書: 首相以前』, 京都: 京都女子大學, 1984.
『齋藤實文書』1-17, 서울: 高麗書林, 1999.
李英美/編譯,「近代韓國法과 梅謙次郞」,『동아법학』39, 2007.

　③ 서한·일기·회고록 기타

高元燮/編,『反民者罪狀記』, 서울: 白葉文化社, 1949.
內閣法制局百年史編集委員會/編,『證言內閣法制局의 回想－近代法制局의 軌跡』,
　　　東京: ぎょうせい, 2008.
드망즈주교,『드망즈주교일기 1911~1937』, 한국교회사연구소/譯註, 서울: 카
　　　톨릭신문사, 1987.
『뮈텔주교일기』4, 5, 6권, 한국교회사연구소/역주, 1998, 2002.
御手洗辰雄 編,『南次郞』, 東京: 南次郞伝記刊行會, 1957.
『植民地帝國人物叢書』, 東京: ゆまに書房, 2010.
『宇垣一成日記』1-3, 東京: みずず書房, 1988.

『原敬日記』1-6권, 東京: 東洋印刷株式會社, 1981.

이만열·옥성득/편역, 『언더우드 자료집』Ⅲ, Ⅳ, Ⅴ, 서울: 연세대학교 출판부, 2007, 2009, 2010.

李仁, 『半世紀의 證言』, 명지대학출판부, 1974.

최태영, 『최태영회고록 인간단군을 찾아서』, 서울: 학고재, 2000.

타마자(John Van Neste Talmage), 『한국땅에서 예수의 종이 된 사람』, 마성식·채진홍·유희경/역, 서울: 한국장로교출판사, 1998.

A. F. McKenzie, 『한국의 독립운동』, 신복룡/역주, 서울: 집문당, 1999.

Charles D. Stokes, 『미국감리교회의 한국선교역사, 1885~1930』, 장지철·김홍수/옮김, 서울: 한국기독교역사연구소, 2010.

(7) 원문제공 전자자료

국사편찬위원회 한국사데이터베이스 http://db.history.go.kr.

한국독립운동사정보시스템 원문정보 http://search.i815.or.kr/Main/Main.jsp.

近代デジタルライブラリー http://kindai.ndl.go.jp.

アジア歴史資料センター http://www.jacar.go.jp

日本國立公文書館 http://www.digital.archives.go.jp.

日本法令索引 http://hourei.ndl.go.jp.

帝國議會會議錄檢索システム http://teikokugikai-i.ndl.go.jp.

2. 연구성과

(1) 단행본

家永三郎/엮음, 연구공간 '수유＋너머' 일본근대사상팀/옮김, 『근대일본사상사』, 서울: 소명출판, 2006.

강동진, 『일제의 한국침략정책사』, 서울: 한길사, 1980.

강동진, 『일본근대사』, 서울: 한길사, 1989.

岡本眞希子, 『植民地官僚の政治史－朝鮮·臺灣總督府と帝國日本』, 東京: 三元社, 2008.

駒込武,『식민지제국 일본의 문화통합』, 오성철·이명실·권경희/역, 서울: 역사비평사, 2008.

堀眞淸/編著,『宇垣一成とその時代』, 東京: 新評論, 1999.

宮田節子,『조선민중과 황민화정책』, 이형랑/역, 1997, 서울: 일조각.

권태억/외,『한국 근대사회와 문화 II－1910년대 식민통치정책과 한국사회의 변화』, 서울: 서울대학교출판부, 2005.

김건우,『근대 공문서의 탄생』, 서울: 소와당, 2008.

김동노/편,『일제식민지시기의 통치체제형성』, 서울: 혜안, 2006.

金文吉,『近代日本キリスト教と朝鮮-海老名彈正の思想と行動』, 東京: 明石書店, 1998.

金炳華,『韓國司法史』근세편, 서울: 일조각, 1976.

김순석,『일제시대 조선총독부의 불교정책과 불교계의 대응』, 서울: 경인문화사, 2003.

김승태/엮음,『한국기독교와 신사참배문제』, 서울: 한국기독교역사연구소, 2003.

김승태,『한말·일제강점기 선교사연구』, 서울: 한국기독교역사연구소, 2006.

김승태,『식민권력과 종교』, 서울: 한국기독교역사연구소, 2012.

김운태,『日本帝國主義의 韓國統治』, 서울: 博英社, 1988.

大江志乃夫/編,『近代日本と植民地 4: 統合と支配の論理』, 東京: 岩波書店, 2001.

大石眞,『日本憲法史』, 東京: 有斐閣, 2005.

渡邊洋三/編,『岩波講座 現代法 7: 現代法と經濟』, 東京: 岩波書店, 1966.

도히 아키오,『일본기독교사』, 김수진/역, 서울: 기독교문사, 1991.

鈴木敬夫,『법을 통한 조선식민지 지배에 관한 연구』, 서울: 고대민족문화연구소, 1989.

笠原英彦/編,『日本行政史』, 東京: 慶應義塾大學出版會, 2010.

마리우스 B. 잰슨,『현대일본을 찾아서』2, 김우영 등/역, 서울: 이산, 2006.

マーク ピーティ,『植民地: 帝國50年の興亡』, 淺野豊美/譯, 東京: 讀賣新聞社, 1996.

민경배,『한국기독교회사』, 서울: 연세대학교 출판부, 2008.

朴慶植,『日本帝國主義의 朝鮮支配』, 서울: 청아출판사, 1983.

박성진·이승일,『조선총독부공문서－일제시기 기록관리와 식민지배』, 서울:

역사비평사, 2007.

방기중/편,『일제 파시즘 지배정책과 민중생활』, 서울: 혜안, 2004.

방기중/편,『식민지 파시즘의 유산과 극복의 과제』, 서울: 혜안, 2006.

백낙준,『韓國改新教史』, 서울: 연세대학교출판부, 1973.

福島正夫/編,『日本近代法體制の形成』上・下, 東京: 日本評論社, 1982.

副田義也,『內務省の社會史』, 東京: 東京大學出判會, 2007.

사와 마사히코,『일본기독교사』, 서울: 대한기독교서회, 1995.

사카이 나오키 외,『총력전하의 앎과 제도』, 이종호・임미진・정실비・양승모・
　　　이경미・최정옥/옮김, 서울: 소명출판, 2014.

서울대학교 한국문화연구소/편,『한국 근대사회와 문화 I－19세기 말에서 20
　　　세기 초를 중심으로』, 서울: 서울대학교출판부, 2006.

서정민,『일본기독교의 한국인식』, 서울: 한울아카데미, 2000.

서정민,『한일기독교 관계사연구』, 서울: 대한기독교서회, 2002.

西川長夫・渡邊公三/共編,『世紀轉換期の國際秩序と國民文化の形成』, 東京:
　　　柏書房, 1999.

石井良助,『일본의 근대화와 제도』, 구병삭/역, 서울: 교학연구사, 1981.

石井良助,『日本法制史概要』, 東京: 創文社, 1979.

石川一三夫・中尾敏充・矢野達雄/編,『日本近代法制史研究の現狀と課題』, 東
　　　京: 弘文堂, 2003.

細川龜市,『日本近代法制史』, 東京: 有斐閣, 1961.

小熊英二,『日本人の境界』, 東京: 新曜社, 1998.

小川原宏幸,『伊藤博文の韓國併合構想と朝鮮社會－王權論の相克』, 東京: 岩
　　　波書店, 2010.

손인수,『韓國近代敎育史』, 서울: 연세대학교출판부, 1971.

松尾洋,『治安維持法と特高警察』, 東京: 敎育社, 1979.

松田利彦・やまだあつし/編,『日本の朝鮮・臺灣支配と植民地官僚』, 京都: 思
　　　文出版社, 2009.

秀武喜也,『大正期の政治構造』, 東京: 吉川弘文館, 1998.

신기욱・마이클 로빈슨/엮음,『한국의 식민지근대성』, 서울: 삼인, 2006.

역사문제연구소/엮음,『전통과 서구의 충돌』, 서울: 역사비평사, 2001.

鈴木敬夫,『법을 통한 조선식민지 지배에 관한 연구』, 서울: 고대민족문화연구소, 1989.

奥平康弘, 『治安維持法小史』, 岩波書店, 2006.

龍谷大學宗教法研究所/編, 『宗教法入門』, 東京: 新日本法規, 1976.

隅谷三喜男, 『近代日本の形成とキリスト教』, 東京: 新教出版社, 1961.

운노 후쥬쿠, 『한국병합사연구』, 정재정/역, 서울: 논형, 2008.

윌리엄 W. 스위트, 『미국교회사』, 서울: 보이스사, 1994.

유동식, 『한국감리교회의 역사 1884~1992』 Ⅱ, 서울: 기독교대한감리회, 1994.

由井正臣/編, 『樞密院の研究』, 東京: 吉川弘文館, 2003.

유봉호, 『韓國教育課程史 研究』, 서울: 교학연구사, 1992.

윤경로, 『105人事件과 新民會研究』, 서울: 一志社, 1990.

윤경로, 『105인 사건과 신민회연구』, 서울: 한성대학교출판부, 2012.

윤선자, 『일제의 종교정책과 천주교회』, 서울: 경인문화사, 2002.

윤선자, 『태평양전쟁 발발이후 일제의 인적지배와 그리스도교계의 대응』, 서울: 집문당, 2005.

윤혜원, 『일본기독교의 역사적 성격』, 서울: 한국기독교역사연구소, 1995.

이근삼, 『기독교와 신도국가주의의 대결』, 서울: 생명의양식, 2008.

이나바 쯔기오, 『구한말 교육과 일본인』, 홍준기/옮김, 서울: 온누리, 2006.

伊藤隆/編, 『山縣有朋と近代日本』, 東京: 吉川弘文館, 2008.

伊藤正己/編, 『岩波講座 現代法 14: 外國法と日本法』, 東京: 岩波書店, 1966.

伊藤之雄·李盛煥/編著, 『伊藤博文と韓國統治』, 京都: ミネルヴァ書房, 2009.

이만열, 『한국기독교의료사』, 서울: 아카넷, 2003.

이영미, 『한국사법제도와 우메 겐지로』, 김혜정/옮김, 서울: 일조각, 2011.

李省展, 『미국선교사와 한국근대교육-미션스쿨의 설립과 일제하의 갈등』, 서정민·가미야마 미나코/옮김, 서울: 한국기독교역사연구소, 2007.

이승일, 『조선총독부 법제정책 -일제의 식민통치와 조선민사령』, 서울: 역사비 평사, 2008.

仁井田陞博士追悼論文編輯委員會/編, 『日本法とアジア』, 東京: 勁草書房, 1970.

日本近代法制史研究會/編, 『日本近代法120講』, 京都: 法律文化社, 1992.

日本基督教團史編纂委員會/編, 『日本基督教團史』, 東京: 日本キリスト教團出版局, 2004.

日本外務省/編, 『小村外交史』, 東京: 原書房, 1966.

長田彰文, 『일본의 조선통치와 국제관계』, 박환무/옮김, 서울: 일조각, 2008.

赤澤史朗, 『近代日本の思想動員と宗教統制』, 東京: 校倉書房, 1985.

荻野富士夫, 『横浜事件と治安維持法』, 東京: 樹花舍, 2006.

정긍식, 『조선총독부 법령사료 I － 지배기구·입법』, 서울: 한국법제연구원, 1996.

정긍식, 『韓國近代法史攷』, 서울: 박영사, 2002.

정재철, 『日帝의 對韓國植民地教育政策史』, 서울: 일지사, 1985.

早稻田大學比較法研究所/編, 『日本法の中の外國法 －基本法の比較法的考察』,
          東京: 早稻田大學比較法研究所, 2014.

佐藤秀夫, 『敎育の文化史』 1, 東京: 阿吽社, 2004.

佐野通夫, 『近代日本の敎育と朝鮮』, 東京: 評論社, 1993.

佐野通夫, 『日本植民地敎育の展開と朝鮮民衆の對應』, 東京: 社會評論社, 2006.

仲神·伊藤敏行/編, 『日本近代敎育小史』, 東京: 福村出版, 1984.

中村菊男, 『近代日本の法的形成』, 東京: 有信堂高文社, 1976.

차기벽/엮음, 『일제의 한국 식민통치』, 서울: 정음사, 1985.

川田稔, 『原敬と山縣有朋: 國家構想をめぐる外交と內政』, 東京: 中央公論,
          1998.

淺野豊美·松田利彦/編, 『植民地帝國日本の法的構造』, 東京: 信山社, 2004.

淺野豊美·松田利彦/編, 『植民地帝國日本の法的展開』, 東京: 信山社, 2004.

淺野豊美, 『帝國日本の植民地法制』, 名古屋: 名古屋大學出判會, 2008.

靑野正明, 『帝國神道の形成－植民地朝鮮と國家神道の論理』, 東京: 岩波書
          店, 2015.

淸水伸, 『明治憲法制定史』 上, 東京: 原書房, 1981.

村上淳一, 『近代法の形成』, 東京: 岩波書店, 1979.

최유리, 『일제말기 식민지 지배정책사연구』, 1997, 서울: 국학자료원.

土方苑子/編, 『各種學校の歷史的研究』, 東京: 東京大學出版會, 2008.

土肥昭夫, 『일본기독교사』, 서울: 기독교문사, 1991.

土肥昭夫, 『일본기독교의 史論的 이해』, 서울: 한국기독교역사연구소, 1993.

阪本是丸, 『近世·近代神道論考』, 東京: 弘文堂, 2009.

한국기독교사연구회/편, 『한국기독교의역사』 I, 서울: 한국기독교사연구회, 1989.

한국기독교역사연구소/편, 『한국기독교의역사』 II, 서울: 한국기독교사연구회,

1990.

한국사연구회/편, 『한국근대사회와 제국주의』, 서울: 三知院, 1985.

하라 마코토, 『전시하 일본기독교사』, 서정민/옮김, 서울: 한들출판사, 2009.

한상일, 『제국의 시선』, 서울: 새물결출판사, 2004.

韓晳曦, 『日本の朝鮮支配と宗敎政策』, 東京: 未來社, 1989.

한석희, 『일제의 조선침략사』, 서울: 기독교문사, 1990.

한일관계사연구논집편찬위원회/편, 『일제 식민지지배의 구조와 성격』, 서울: 경인문화사, 2005.

『법무부사』, 법무부사편찬위원회, 서울: 법무부, 1988.

『법제처40년사』, 서울: 법제처, 1988.

W.G. ビーズリー, 『日本帝國主義 1894~1945: 居留地制度と東アジア』, 杉山伸也/譯, 東京: 岩波書店, 1990.

(2) 연구논문

塙叡, 「內地雜居實施にともなう諸變革」, 『東京工藝大學紀要』 Vol.3, No.2, 1981.

강돈구, 「미군정의 종교정책」, 『종교학연구』 12, 1993.

강명숙, 「일제시대 제1차 조선교육령 제정 과정 연구」, 『한국교육사학』 29권 1호, 2007.

강명숙, 「일제말기 학생 근로 동원의 실태와 그 특징」, 『한국교육사학』 30권 2호, 2008.

강명숙, 「일제시대 제1차 조선교육령 제정과 학제 개편」, 『한국교육사학』 31권 1호, 2009.

강명숙, 「일제시대 제2차 조선교육령 개정 과정 연구」, 『교육사상연구』 23권 3호, 2009.

강명숙, 「일제시대 교육과정 제시 체계와 초등 교육과정의 변천」, 『교육사학연구』 20-2, 2010.

강명숙, 「1910년대 사립보통학교의 성격 연구」, 『한국교육사학』 33권 2호, 2011.

岡孝, 「明治民法と梅謙次郎－歸國100年を機にその業績を振り返る」, 『法學志林』 88, 1991.

堅田剛, 『明治憲法の起草過程－グナイストからロェスラーへ』, 東京: 御茶の水書房, 2014.

啓聖八十年史編纂委員會/편, 『啓聖八十年史』, 대구: 大邱啓聖中高等學校, 1989.

高瀨幸惠, 「1930年代における小學校訓育と神社參拜－美濃ミッション事件
　　　を事例として」, 『日本の敎育史學: 敎育史學會紀要』 50, 2007.

高宇, 「近代日本における國家とミッション・スクール」, 『東京大學大學院
　　　敎育學硏究科紀要』 50, 2011.

古川宣子, 「일제시대의 中高等敎育」, 『교육사학연구』 6・7, 1996.

鍋澤幸雄, 「行政法學から見た日本の近代化－法律による行政の原理の變遷
　　　を通して」, 『比較法學』 1(早稻田大學比較法硏究所), 1964.

工藤市兵衛, 「學校敎育と宗敎敎育の問題點」, 『愛知工業大學硏究報告』 28, 1993.

谷雅泰, 「日本近代敎育法制史槪說」, 『福島大學敎育學部論集: 敎育・心理部門』
　　　71, 2001.

關義央, 「公益法人規定の適用對象と民法施行法」, 『千葉大學人文社會科學硏
　　　究』 23, 2011.

廣川淑子, 「第二次朝鮮敎育令の成立過程」, 『北海道大學敎育學部紀要』, 1977.

橋本鑛市・丸山和昭 「近代日本における敎育界の構造分析」, 『東京大學大學
　　　院敎育學硏究科紀』 49, 2010.

橋本誠一, 「帝國憲法の再檢討－比較憲法史的考察を手がかり」, 『靜岡大學法経
　　　硏』 42, 1994.

구대열, 「일제 식민지 시기 한반도의 국제관계－英・日관계와 영국의 對韓인
　　　식을 중심으로」, 『국제정치논총』 29, 1989.

久木幸男, 「訓令12号の思想と現實」 1, 『橫浜國立大學敎育紀要』 13, 1973.

久木幸男, 「訓令12号の思想と現實」 2, 『橫浜國立大學敎育紀要』 14, 1974.

久木幸男, 「訓令12号の思想と現實」 3, 『橫浜國立大學敎育紀要』 16, 1976.

久木幸男, 「1890年前後における文部省廢止問題－天皇制敎育体制確立過程に
　　　おける試行錯誤」 3, 『橫浜國立大學敎育紀要』 25, 1985.

久木幸男, 「19世紀末の文部省廢止論 －天皇制敎育体制確立一動搖期におけ
　　　る試行錯誤」 3, 『橫浜國立大學敎育紀要』 26, 1986.

駒込武, 「一九三〇年代台湾・朝鮮・內地における神社參拜問題 －キリスト
　　　敎系學校の変質・解体をめぐる連鎖構造」, 『立敎學院史硏究』 3,
　　　2005.

堀雅晴, 「私立大學における大學ガバナンスと私學法制をめぐる歷史的檢證」,

『立命館法學』316, 2007.

權芳蘭, 「교회부속 소학교의 설립과 운영, 1882~1905」, 『교육학연구』37권 3호, 1999.

權寧培, 「日帝下 私立各鐘學校의 指定學校 昇格에 관한 一研究」, 『한국사연구』13, 2004.

宮崎繁樹, 「キリシタン禁制高札撤去の背景－從來の研究の問題点を洗い直す」, 『サピエンチア英知大學論叢』41, 2007.

宮田節子, 「朝鮮における農村振興運動」, 『季刊現代史』2, 1973.

宮田節子, 「準戰時下朝鮮の農村振興運動」, 『歷史評論』377, 1981.

권한용, 「日帝식민통치기 초기 朝鮮에 있어서의 不平等條約의 國際法的 效力」, 『법사학연구』29, 2004.

吉岡良昌, 「近代公敎育における敎育と宗敎」, 『國際基督敎大學 I-A: 敎育研究』, 1986.

吉田善明, 「國家管理のもとでの大學の生誕と展開」, 『明治大學 法律論叢』82, 2010.

吉田善明, 「國家管理のもとでの日本の大學の展開と崩壞 －大學令の公布から第二次世界大戰終了時まで」, 『明治大學 法律論叢』83, 2010.

吉田昌弘/外, 「各種學校の歷史的研究」1, 2, 『日本敎育學會大會研究發表要項』63, 2004.

김경미, 「일제하 사립중등학교의 위계적 배치」, 『교육비평』19, 2005.

김동노, 「식민지시기 인식의 새로운 방향정립」, 『한국사회사연구』, 김필동·지승종/편, 서울: 나남, 2003.

김동노/편, 『일제식민지시기의 통치체제형성』, 서울: 혜안, 2006.

김득용, 「기독교계 초중등학교 교육연구, 한말－총독부초기」, 『신학지남』172, 1976.

김명한, 「日帝의 思想統制와 그 法體系」, 서울대학교 석사논문, 1986.

金文吉, 「日帝統治下における神社參拜と朝鮮キリスト敎」, 『アジア・キリスト敎・多元性』1, 2003.

김성홍, 「1910~1930년대 대구지역 '자치교회운동'과 그 성격」, 한국교원대학교 석사논문, 2012.

김승태, 「일본신도의 침투와 1910·1920년대의 신사문제」, 『한국사론』16, 1987.

김승태, 「일제하 천황제 이데올로기와 한국교회」, 『기독교사상』, 1990. 8.

김승태, 「일제 말기의 한국교회」, 『한국기독교와 역사』 2, 1994.

김승태, 「일제하 주한 선교사들의 신사문제에 대한 인식과 대응」, 『한국기독교의 역사적 반성』, 서울: 다산글방, 1994.

김승태, 「1940년대 일제의 종교탄압과 한국교회의 대응의 한 유형—전남순천노회 박해사건을 중심으로」, 『한국기독교의 역사적 반성』, 서울: 다산글방, 1994.

김승태, 「930년대 일제의 기독교계 학교에 대한 신사참배 강요와 폐교전말」, 『한국근현대사연구』 14, 2000.

김승태, 「한국개신교와 근대사학」, 『역사비평』, 2005, 봄호.

김양선, 「신사참배 강요와 박해」, 『한국기독교와 신사참배문제』, 서울: 한국기독교역사연구소, 1991.

김여운, 「미북장로교 선교본부의 조선문제 인식과 정치적 입장—선교본부 총무의 조선방문보고서(1897~1915)를 중심으로」, 연세대학교 석사학위논문, 2011.

김용진, 「舊法令 정리사업의 推移」, 『법제연구』 8, 1995.

김운태, 「日帝時代 政治行政 研究: 1910~1919의 總督政治體制를 中心으로」, 『행정논총』 10-1, 1972.

金翼漢, 「1910년 전후 山縣, 伊藤系의 對韓政策 기조와 종교정책」, 『한국사연구』 114, 2001.

金正仁, 「日帝 强占期 京城府의 教育行政과 教育實態」, 『서울학연구』 10, 1998.

김정해, 「1895~1910 私立學校의 設立과 運營」, 『歷史敎育論集』 11, 1987.

김종식, 「1919년 일본의 조선문제에 대한 정치과정」, 『한일관계사연구』 26, 2007.

김창록, 「식민지 피지배기 법제의 기초」, 『법제연구』 8, 1995.

김창록, 「일본의 근현대 천황제에 관한 법사학적 고찰」, 『법사학연구』 22권1호, 2000.

김창록, 「制勅에 관한 연구」, 『법사학연구』 26, 2002.

김철수, 「일제식민지시대 치안관계법규의 형성과 적용에 관한 연구」, 『한국사회학』 28, 1995.

남상호, 「근대일본의 국체론과 경신숭조」, 『일본학보』 86, 2011.

남상호, 「근대일본의 국민도덕론과 조상숭배」, 『한일관계사연구』 50, 2015.

남홍우, 「일제의 한국침략에 있어서의 법규범과 그 적용에 관한 문제」, 『아세아연구』 12-1, 1965.

內閣法制局百年史編集委員會/編, 『證言內閣法制局の回想－近代法制局の軌跡』, 東京: ぎょうせい, 2008.

多田鐵雄, 「各種學校の性格」, 『教育社會學研究』 6, 1954.

大迫章史, 「私立高等教育機關の民法による法人化過程－同志社と慶應義塾の比較分析」, 『東北大學大學院教育學研究科研究年報』 52, 2004.

大林正昭, 「國民教化政策の展開と教導職制の役割」, 『日本教育學大會研究發表要項』 36, 1977.

大石眞, 「日本における問題の位置づけ(일본에 있어서 외국법의 계수와 법률용어)」, 『법학논문집』 26(중앙대학교법학연구소), 2002

稻葉継雄, 「山梨總督時代の朝鮮教育」, 福岡: (九州大學)大學院教育學研究紀要』 8, 2005.

稻葉継雄, 「塩原時三郎研究: 植民地朝鮮における皇民化教育の推進者」, 『(九州大學)大學院教育學研究紀要』 1, 1999.

稻葉継雄, 「宇垣總督時代の朝鮮教育」, 福岡: 『(九州大學)大學院教育學研究紀要』 4, 2002.

稻葉継雄, 「朝鮮總督府學務局長·學務課長の人事」, 『(九州大學)大學院教育學研究紀要』 11, 2008.

稻田正次, 『明治憲法成立史』 上·下, 東京: 有斐閣, 1960, 1962.

桐ケ谷章, 「宗教法人法の改正をめぐる問題点－宗教団体に對する管理の要素の導入の有無と是非」, 『創価法學』 26, 1997.

藤波潔, 「日本による領台直後期の台湾外交をめぐる問題 －その制度的枠組みと外交問題に關する基礎的整理」, 『沖縄國際大學社會文化研究』 7, 2004.

류미나, 「식민지권력에의 협력과 좌절－經學院과 향교 및 문묘와의 관계를 중심으로」, 『법한국문화』 36, 2005.

梅溪昇, 「軍人勅諭成立史の研究」, 『大阪大學文學部紀要』 8, 1961.

木下隆南, 「105인 사건과 청년학우회 연구」, 숭실대학교 박사학위논문, 2011.

文竣暎, 「제국일본의 식민지형 사법제도의 형성과 확산 －대만의 사법제도를 둘러싼 정치·입법과정을 중심으로」, 『법사학연구』 30, 2004.

文竣暎, 「서평: 한국사법제도와 우메 켄지로－李英美, 『韓國司法制度と梅謙次郎』(法政大學出版局, 2005)」, 『법사학연구』 35, 2007.

文竣暎, 「이토 히로부미의 한국사법정책과 그 귀결－영사재판권 폐지 문제와의 관계를 중심으로」, 『부산대학교 법학연구』 49권 1호, 2008.

文竣暎, 「1895년 裁判所構成法의 '出現'과 日本의 役割」, 『법사학연구』 39, 2009.

文炯滿, 「일제의 식민교육과 종교교육의 갈등」, 『근대민족교육의 전개와 갈등』, 한국정신문화연구원, 1982.

尾崎利生, 「前期の憲法諸構想に於ける天皇大權規定の一考察(一)」, 『中京大學大學院生法學研究論集』 3, 1983.

尾崎利生, 「明治立憲主義と信敎の自由規定－帝國憲法第二八條の成立過程を中心にして」, 『東京家政學院大學紀要』 30, 1990.

尾崎利生, 「國家と宗敎－帝國憲法の原理と信敎の自由規定を中心として」, 『中京大學大學院生法學研究論集』 10, 1990.

민경배, 「宗敎法人法 立法에 대하여」, 『神學論壇』 19, 1991.

米井輝圭, 「近代化と宗敎」, 『東京大學宗敎學年報』 17, 1999.

박규태, 「일본의 종교와 종교정책」, 『종교연구』 46, 2007.

朴均燮, 「心田開發論과 敎育引退問題」, 『日本學報』 47, 2001.

박명규·김백영, 「식민 지배와 헤게모니 경쟁－조선총독부와 미국 개신교 선교 세력 간의 관계를 중심으로」, 『사회와역사』 82, 2009 여름.

박병호, 「동아시아에서의 법과 근대성」, 『법사학연구』, 제26호, 2002, 10월.

박성진·이승일, 『조선총독부공문서－일제시기 기록관리와 식민지배』, 서울: 역사비평사, 2007.

朴順愛, 「朝鮮總督府の情報宣傳政策」, 『マスコミュニケーション研究』 49, 1996.

박승길, 「일제무단통치시대의 종교정책과 그 영향」, 『현대한국의 종교와 사회』, 문학과 지성사, 1992.

박양신, 「明治中期 國民主義의 정치관과 세계인식－陸羯南의 정치사상」, 『東洋史學研究』 63, 1998.

박영준, 「청일전쟁 이후 일본의 대외정책론, 1895~1904－야마가타 아리토모(山縣有朋)의 전략론과 대항 담론들」, 『일본연구논총』 27, 2008.

박종호, 「韓國에서의 外國法의 繼受와 法律用語의 形成過程」, 『법학논문집』26 (중앙대학교법학연구소), 2002.

박환무, 「근대일본의 국가신도 형성과정과 천황제 이데올로기」, 『역사상의 국가권력과 종교』, 2000.

박혜진, 「선천지역 미션스쿨의 지정학교 승격과 학교 인계 과정 연구」, 『역사학연구』38, 2010.

박혜진, 『1920~30년대 미국북장로회선교부 관할 중등학교 운영과 한국인 인계과정 연구』, 숙명여자대학교 박사학위논문, 2012.

飯塚大造, 「第一次宗教法案否決後に於ける內務省の宗教政策」, 『宗教研究』82, 2009.

ベルント マルティン, 「日本の近代教育制度へのドイツの影響」, 『愛知文教大學比較文化研究』3, 2001.

浜田陽太郎, 「日本の近代化と教師」, 『教育社會學研究』28, 1973.

福島正夫, 「明治初年における西歐法の繼受と日本の法および法學」, 『日本法とアジア』, 東京: 勁草書房, 1970.

神木哲男, 「神戸外國人居留地と永代借地權問題」, 『(神戸大學經濟経營學會)國民經濟雜誌』171, 1995.

山口公一, 「戰時期 朝鮮總督府の神社政策」, 『韓國史研究會論文集』36, 1998.

山口和孝, 「訓導と教導職 －日本の近代公教育制度成立期にみられる宗教と教育の關係」, 『國際基督教大學學報Ⅰ-A: 教育研究』24, 1982.

山口輝臣, 「歐化のなかの國家と宗教－明治十七年」, 『史學雜誌』104, 1995.

三上敦史, 「近代日本における'中學校程度'の認定史」, 『北海道大學大學院教育學研究院紀要』103, 2007.

森川泉, 「戰前における單科大學制度の創設－私立大學政策問題史研究 1」, 『廣島修大論集』46卷 1號, 2006.

森川泉, 「戰前における私立大學の設置認可－私立大學政策問題史研究 2」, 『廣島修大論集』47卷 1號, 2006.

森川泉, 「戰前私立大學行政における國の姿勢 －私立大學政策の歷史的研究 3」, 『廣島修大論集』47卷 2號, 2006.

森川泉, 「戰前の大學設置(昇格)認可行政における私立大學財政問題」, 『廣島修大論集』48卷 1號, 2007.

杉井六郎, 「小澤三郎編日本プロテスタント史史料(三)－文部省訓令一二號と
　　　その反響」, 『キリスト教社會問題研究』 22, 1974.

上村敏文, 「明治維新政府の宗敎政策 －太政官布告令による明治初期の宗敎政
　　　策に關する一考察」, 『テオロギア・ディアコニア』(日本ルーテル神
　　　學大學) 31, 1998.

上村敏文, 「明治維新政府の宗敎政策 2 －日の丸・君が代の法案化についての 一
　　　考察」, 『テオロギア・ディアコニア』(日本ルーテル神學大學) 33, 1999.

生田勝義, 「日本における治安法と警察 －その動向と法的課題」, 『立命館法
　　　學』 6, 2003.

西岡祝, 「權利宣言規定の比較研究－明治憲法と同時代の憲法」, 『福岡大學法
　　　學論叢』 53, 2009.

서정민, 「일제 말 '일본기독교조선교단' 형성과정」, 『한국기독교와 역사』 16,
　　　2002.

서정민・이상규, 「중일・태평양 전쟁과 기독교」, 『한국기독교와 역사』 21, 2004.

서준식, 「전향, 무엇이 문제인가」, 『역사비평』, 1993, 가을.

西川伸一, 「戰前期法制局研究序說－所掌事務,機構,および人事」, 『政經論叢』
　　　69, 2000.

石田雄, 「日本における合法性成立過程の一特質」, 『日本法とアジア』, 東京,
　　　勁草書房, 1970.

石村修, 「プロイセン憲法と明治憲法－二つの憲法の關係」, 『聖學院大學總
　　　合研究所紀要』 48, 2010.

성주현, 「1910년대 식민지 조선의 일본조합교회 동향」, 『한국독립운동사연구』
　　　24, 2005.

小島伸之, 「明治32年宗敎法案論の再檢討」, 『宗敎と社會』 4, 1998.

小島伸之, 「特別高等警察による信敎自由制限の論理－皇道大本とひとのみ
　　　ち敎団不敬事件の背後にあるもの」, 『宗敎と社會』 14, 2008.

小島伸之, 「信敎の自由制限の困難性－戰前日本の宗敎取締と現代フランスの
　　　セクト問題の比較から」, 『目白大學短期大學部研究紀要』 44, 2008.

小森義峯, 「明治憲法とプロシア憲法の比較憲法的考察」, 『憲法論叢』 5, 1998.

小川原宏幸, 「統監府下學府の初等敎育政策の展開－私立學校令を中心として」,
　　　『(明治大學)文學研究論集』 9, 1998.

小川原宏幸,「日本の韓國司法權侵奪過程－韓國の司法及監獄事務を日本政府に依托の件に關する覺書をめぐって」,『明治大學大學院 文學研究論集』11, 1999.

小川原宏幸,「朝鮮における 各國居留地撤廢交渉と條約關係」,『明治大學大學院文學研究論集』14, 2000.

小川原宏幸,「日本の韓國保護政策と韓國におけるイギリスの領事裁判權－梁起鐸裁判をめぐって」,『明治大學大學院 文學研究論集』13, 2000.

손경찬,「民刑訴訟規則의 制定과 意義 」,『法史學研究』30, 2004.

孫晟,「日本의 宗敎立法의 敎訓－宗敎法人法을 中心으로」,『佛敎大學院論叢』1, 1993.

손정목,「일제하 扶餘神宮 造營과 소위 扶餘神都건설」,『한국학』49, 1987.

손정목,「조선총독부의 신사보급·신사참배 강요정책 연구」,『한국사연구』58, 1987.

송영걸,『伊藤博文 研究－明治政府內와 朝鮮侵略過程에 있어서의 役割에 관하여』, 한양대학교 박사학위논문, 2005.

松田利彦·やまだあつし/編,『日本の朝鮮·臺灣支配と植民地官僚』, 京都: 思文 出版社, 2009.

松川成夫,「明治期における教育と宗敎の分離問題」,『東京女子大學附屬比較文化研究所紀要』30, 1971.

水野直樹,「日本の朝鮮支配と治安維持法」,『季刊 三千里』47, 1986.

水野直樹,「治安維持法の制定と植民地朝鮮」,『人文學報』(京都大學人文學研究所) 83, 2000.

水野直樹,「朝鮮に있어서 治安維持法 體制의 植民地的 性格」, 이영록/역,『법사학연구』26, 2002.

水野直樹,「植民地獨立運動に對する治安維持法の適用」,『植民地帝國日本の法的構造』, 東京: 信山社, 2004.

신동운,「일제하 형사절차에 관한 연구」,『한국법사학논총』, 박영사, 1991.

신동운,「일제하의 예심제도에 관하여」,『법학』65, 1986.

神木哲男,「神戶外國人居留地と永代借地權問題」,『國民經濟雜誌』17, 1995.

神田修,「明治憲法下の教育行政機構の形成と意義について」,『立正大學人文科學研究所年報』7, 1969.

신희석,「근대일본의 대외정책결정연구시론 1919~1920」,『일본연구논총』 1,

1979.

野々目晃三, 「明治(前·中)期におけるキリスト教學校設立と發展－桃山學院の
　　　　位置づけの 試みとして」, 『桃山學院大學キリスト教論集』16, 1979.

安澤喜一郎, 「明治憲法論(一)」, 『法律論叢』 45, 1972.

安澤喜一郎, 「明治憲法論(續)」, 『法律論叢』 46, 1973.

안유림, 「1930년대 총독 宇垣一成의 식민정책」, 『梨大史苑』 27, 1994.

안유림, 「일제의 기독교통제정책과 포교규칙」, 『한국기독교와역사』 29, 2008.

안유림, 「조선총독부의 기독교 단체 법인화정책」, 『한국기독교와 역사』 30,
　　　　2009.

안종철, 「'韓國倂合'전후 미일 간 미국의 한반도 治外法權 廢止交涉과 妥結」,
　　　　『법사학연구』 36, 2007.

안종철, 「미국 북장로교 선교사들의 활동과 한미관계, 1931~1948」, 서울대학
　　　　교 박사학위논문, 2008.

안종혁, 「判例를 통해 본 寺刹」, 『법과 종교』 1, 1983.

安澤喜一郎, 「明治憲法論(一)」, 『法律論叢』(明治大學法律研究所) 45, 1972.

安澤喜一郎, 「明治憲法論(續)」, 『法律論叢』(明治大學法律研究所) 46, 1973.

野中俊彦·中村睦男·高橋和之·高見勝利, 『憲法』, 東京: 有斐閣, 2006.

양현혜, 「일본 기독교의 조선전도」, 『한국기독교와 역사』 5, 1996.

양현혜, 「일본 파시즘 체제하의 한일 기독교계의 "전향"」, 『한일관계사연구』
　　　　14, 2001.

歷史學硏究會·日本史硏究會/編, 『日本史講座』, 東京: 東京大學出版會, 2005.

鈴木美南子, 「近代日本の教育における宗教の意義に關する覺え書き－戰前
　　　　を中心に」, 『フェリス女學院大學紀要』 15, 1980.

吳成哲, 「東アジア近代教育比較史の可能性探索のための試論－植民地期朝鮮
　　　　の普通 學校、書堂、各種學校と近代日本の小學校、各種學校」, 『日
　　　　本教育學會大會 研究發表要項』 68, 2009.

王鐵軍, 「近代における日本と歐米諸國との不平等條約改正について」, 『中
　　　　京大學 大學院生法學研究論集』 20, 2000.

王鐵軍, 「近代日本政治における台灣總督制度の研究」, 『中京法學』 42, 2008.

왕타이성(王泰升), 양희철/역, 「臺灣法의 近代性과 日本 植民統治」, 『법사학연
　　　　구』 27, 2003.

原誠,「日本基督教団とファシズム時代」,『基督教研究』第61卷 第1号, 1999.

유한철,「韓末 私立學校令 以後 日帝의 私學彈壓과 그 特徵」,『한국독립운동사 연구』2, 1988.

윤경로,「일제의 기독교 정책과 '조선전도론'(Ⅰ)」,『기독교사상』34-4, 1990.

윤경로,「일제의 기독교 정책과 '조선전도론'(Ⅱ)」,『기독교사상』34-5, 1990.

윤경로,「일제의 초기 기독교정책과 한인 기독교계의 대응」,『한국사연구』114, 2001.

윤경로,「초대 통감 이토의 기독교인식과 '조선전도론'」,『漢城史學』24, 2009.

윤덕영,「1920년대 중반 일본 정계 변화와 조선총독부 자치정책의 한계」,『한국독립운동사연구』37, 2010.

윤선자,「일제하 조선천주교회의 법인화 과정」,『北岳史論』4집, 1997.

윤선자,「일본 군국주의 종교정책과 조선 천주교회의 신사참배」,『한국사연구』98, 1997.

윤선자,「1915년 포교규칙 공포 이후 종교기관 설립현황」,『한국기독교와역사』8, 1998.

윤선자,「일제의 종교정책과 新宗教」,『한국근현대사연구』13, 2000.

윤선자,「일제하 종교단체의 경제적 기반 확보 과정」,『한국근현대사연구』24, 2003.

윤선자,「조선총독부의 통치구조와 기구」,『일제 식민지지배의 구조와 성격』, 서울: 경인문화사, 2005.

윤선자,「1920년대 국제정세와 한국 종교계의 관계」,『역사학연구』28, 2006.

윤선자,「일제의 神社 설립과 조선인의 神社 인식」,『역사학연구』42, 2011.

윤정란,「일제강점기 경남 통영지역 최덕지의 민족운동과 신사참배 반대운동」,『역사와경계』52, 2004.

윤철홍,「종교단체의 법인화」,『비교사법』15-4, 2008.

栗原純,「明治憲法体制と植民地－台湾領有と六三法をめぐる諸問題」,『東京女子大學比較文化研究所紀要』54, 1993.

이규수,「조선총독부 치안관계자의 한국인식－미공개 녹음기록의 분석」,『동학연구』18, 2005.

伊藤正己/編, 丘秉朔/譯,『現代日本國憲法論』, 서울: 법문사, 1983.

伊藤彰浩,「大正期高等教育機關擴張計畫をめぐる政治過程」,『教育社會學研

究』41, 1986.

伊藤彰浩,「戰時期日本における人的資源政策·戰時動員と高等教育をめぐる 政治過程」,『廣島大學 大學論集』18, 1989.

伊藤彰浩,「五校昇格－大正期における官立大學昇格問題」,『廣島大學 大學 論集』21, 1992.

伊藤彰浩,「高等教育擴大過程における官と私－兩大戰間期の設置形態問題」, 『教育社會學研究』52, 1993.

伊藤彰浩,「近代日本の高等教育の歴史研究の展開」,『廣島大學 大學論集』36, 2006.

이명실,「일본 메이지 정부의 '문부성 훈령 12호'와 조선총독부의 '개정사립학 교규칙'에 관한 고찰」,『한국교육사학』30권 2호, 2008.

이명화,「朝鮮總督府 學務局의 機構變遷과 機能」,『한국독립운동사연구』6, 1992.

이성열,『대한제국 말기 일본인 학무관료의 교육간섭과 한국인의 교육구국운 동에 관한 연구』, 성균관대학교 박사학위논문, 2002.

李省展,「植民地朝鮮における神社參拜の强要とミッションスクール」,『惠 泉女學園大學研究紀要』32, 1999.

이윤갑,「일제하의 근대교육론과 식민지 교육문화」,『啓明史學』10, 1999.

이진구,「종교자유에 대한 한국개신교의 이해에 관한 연구－일제시대를 중심 으로」, 서울대학교 종교학과 박사학위 논문, 1996.

이진구,「신사참배에 대한 조선기독교계의 대응양상 연구」,『종교학연구』7집, 1988.

이진구,「일제의 종교/교육 정책과 종교자유의 문제－기독교학교를 중심으로」, 『종교연구』38, 2005.

이철우,「일제시대 법제의 구조와 법질서의 성격」,『한국정치와 헌정사』, 한 국 정치외교사학회, 2001.

이철우,「일제지배의 법적구조」,『일제 식민지시기의 통치체제형성』, 혜안, 2006.

李鉉淙,「舊韓末 外國人 居留地의 種別과 性格」,『진단학보』, 31. 1967.

李鉉淙,「구한말 외국인 거류지내 상황」,『사총』12, 1968.

李鉉淙,「合倂後 在韓 各國居留地 撤廢考」,『진단학보』32, 1969.

李炳植,「文化統治初期における朝鮮總督府官僚の統治構想」,『史學雜誌』115, 2006.

이형식, 「중간내각시기(1922.6~1924.7)의 조선총독부」, 『동양사학연구』 113, 2010.

이형식, 「무단통치 초기(1910.10~1914.4)의 조선총독부 - 인사·관제개혁·예산을 중심으로」, 『일본역사연구』 3, 2011.

이형식, 「조선총독의 권한과 지위에 대한 시론」, 『사총』 72, 2011.

임기정, 「1908년 <민사소송법안>의 성립과 그 성격」, 『민사소송』 14, 2010.

장규식·박현옥, 「제2차 조선교육령기 사립 중등학교의 정규학교 승격운동과 식민지 근대의 학교공간」, 『중앙사론』 32, 2010.

장동하, 「일제강점기 주교들의 결정사항과 선교정책 - 『경향잡지』에 발표한 내용을 중심으로」, 『가톨릭 신학과 사상』 48, 2004.

長尾一雄, 『日本國憲法』, 東京: 世界思想社, 1998.

장신, 「1920년대 民族解放運動과 治安維持法」, 『學林』 19, 1998.

장신, 「1930년대 전반기 일제의 사상전향정책 연구」, 『역사와 현실』 37, 2000.

장신, 「삼일운동과 조선총독부의 司法대응」, 『역사문제연구』 18, 2007.

藏田雅彦, 「日本統治下朝鮮における神社參拜問題と聖潔敎會彈壓事件」, 『桃山學院大學キリスト敎論集』 26, 1990.

藏田雅彦, 「近代天皇制國家の宗敎政策とキリスト敎 - 日本統治下朝鮮を中心にして」, 『國際文化論集』(桃山學院大學) 2, 1990.

藏田雅彦, 「일제하 한국기독교와 일본의 천황제와의 갈등관계에 대한 역사적 고찰」, 『한국기독교사연구』 30, 1990.

藏田雅彦, 「天皇制國家の朝鮮植民地支配と文化·宗敎政策」, 『韓國史硏究會論文集』 29집, 1991.

長田彰文, 「日本の朝鮮統治における皇民化政策と在朝米國人宣敎師への壓力·追放 - 神社參拜問題を中心に」, 『上智史學』 54, 2009.

荻野富士夫, 『横浜事件と治安維持法』, 東京: 樹花舍, 2006.

全燦旭, 「寺內正毅의 총독정치와 제27회 제국의회 논의 - 制令權과 재조일본인의 법적지위를 중심으로」, 서울시립대학교 석사학위논문, 2010.

정근석, 「식민지 지배와 신체규율」, 『한국사회사연구』, 나남, 2003.

정덕기 「일제시대의 토지제도 고찰」, 『호서사학』 8·9, 1980.

정중호·조원경, 「경남지역 여성평신도 신사참배 거부공동체」, 『신학사상』 138, 2007.

전상숙, 「러일전쟁 전후 일본의 대륙정책과 테라우치(寺內正毅)」, 『사회와 역사』 71, 2006.

전상숙, 「조선 총독정치체제와 관료제-1910년대를 중심으로」, 『韓國政治外交史論叢』 제31집 제1호, 2009.

전상숙, 「1920년대 사이토오(齋藤實)총독의 조선통치관과 "내지연장주의"」, 『담론201』 Vol.11, No.2 2008.

정선이, 「1910년대 기독교계 고등교육의 특성-숭실과 연희전문을 중심으로」, 『교육사학연구』 19집 2호, 2009.

정준영, 「1910년대 조선총독부의 식민지교육정책과 미션스쿨-중·고등학교의경우」, 『사회와 역사』 72, 2006.

정중호, 「경남지역 신사참배거부운동과 남명학파」, 『한국기독교신학논총』 49, 2007.

정태식, 「1920년대 기독교 민족자치사상 형성과정에 대한 사회학적 일고찰-대구 3.1만세운동과 교회 자치선언사건을 중심으로」, 『인문과학』 16, 2003.

早島瑛, 「ローレンツ・フォン・シュタインと明治憲法の制定」, 『商學論究』 27, 1980.

佐伯友弘, 「宗教法案の教育史的意義について」, 『キリスト教社會問題研究』 37, 1989.

佐野誠, 「文部省社會教育と內務省社會事業」, 『日本研究』 19, 2006.

佐々木敏二, 「日華事變下のプロテスタント教會-抵抗と日本化」, 『キリスト教社 會問題研究』 9, 1965.

佐々木敏二, 「治安維持法改惡とキリスト教會」, 『キリスト教社會問題研究』 10, 1966.

주명준, 「순천노회 박해사건의 역사적 의의」, 『전주사학』 3집, 1995.

中島三千男, 「明治國家と宗教-井上毅の宗教觀·宗教政策の分析」, 『(神奈川大 學)歷史學研究』 413, 1974.

中島三千男, 「大日本帝國憲法第二八條信仰自由規定成立の前史-政府官僚層の憲 法草案を中心に」, 『日本史研究』 168, 1976.

中島三千男, 「大日本帝國憲法第28條信仰自由規定の成立過程」, 『奈良大學紀要』 6, 1977.

中島三千男, 「明治憲法体制の確立と國家のイデオロギー政策-國家神道体

制の確 立過程」,『日本史研究』176, 1977.

中村哲,「植民地法」, 鵜飼信成·福島正夫·川島武宜·辻淸明/編,『日本近代法發達史』, 東京: 勁草書房, 1980.

川口曉弘,『明治憲法欽定史』, 札幌: 北海道大學出版會, 2007.

淺野豊美,「국제관계로부터 본 대만법제의 기원－무쯔(陸奧)개정조약의 대만 적용문제」, 이제수/역,『법사학연구』27, 2003.

淸水伸,『明治憲法制定史』上, 中, 下, 東京: 原書房, 1971~1974.

靑野正明,「朝鮮總督府の神社政策と敬神崇祖」,『桃山學院大學總合研究所紀要』28, 2003.

靑野正明,「朝鮮總督府の神社政策と國家神道の論理－1930年代を中心に」, 總合研究大學院大學 博士學位論文要約, 2014.

차종순,「호남교회사에서 복음적 사회운동에 대한 한 연구－五放 崔興琮목사의 생애와 사상을 중심으로」,『한국기독교와 역사』11, 1999.

崔京玉,「日本의 明治憲法制定에 있어서 外國人의 影響」,『헌법학연구』제7권 제1호, 2001.

崔京玉,「明治憲法思想と制國議會の特性」, 京都大學 박사학위논문, 2003.

최기영,「韓末 서울 소재 사립학교의 교육규모에 관한 一考察」,『한국학보』19, 1993.

최덕성,「순천노회 교역자 수난사건 재평가」,『한국기독교와 역사』10, 1999.

최종길,「국가지배질서 재편구상과 치안유지법에 나타난 국체론」,『일어일문학』31, 2006.

秋谷紀男,「大學令と大學昇格基金問題－私學の大學昇格基金調達過程の檢討」,『明治大學史紀要』10, 1992.

澤正彦,「일제하 신사문제와 기독교주의 학교」,『한국기독교와 신사참배문제』, 서울: 한국기독교역사연구소, 1991.

土方苑子,「井上毅文政期の私立學校取締法案」,『東京大學大學院敎育學研究科紀要』46, 2007.

平野武,『明治憲法制定とその周邊』, 京都: 晃洋書房, 2004.

平野武,「宗敎団体法下の本願寺派宗制」,『龍谷法學』42, 2010.

平原春好,「明治期における敎育行政の機構と思想－諮問機關としての高等敎育會議とその改革運動」,『東京大學敎育學部紀要』6, 1964.

平原春好·神田修,「戰前日本における敎育行政法論の檢討−敎育行政の意義·性質·地方自治との關連などについて」,『東京大學敎育學部紀要』 9, 1967.

平原春好,「戰前日本の敎育行政における命令主義」,『東京大學敎育學部紀要』 9, 1967.

平原春好,「敎育法硏究ノート(1)−小學校令と國民學校令との間」,『東京大學敎育學部紀要』 11, 1971.

平澤信康,「近代日本の敎育とキリスト敎」 1-7,『鹿屋體育大學 學術硏究紀要』 10-12, 14-18호, 1993∼1997.

표세만,「메이지시대의 내지잡거」,『일본어문학』 39, 2008.

한규무,「한국기독교민족운동사 연구의 현황과 과제」,『한국기독교와역사』 12, 2000.

한규무,「미국남장로회 순천스테이션의 교육선교와 매산남·녀학교」,『南道문화연구』 15, 2008.

한규완,「일제말기 기독교학교에 대한 신사참배의 강요에 관한 연구」,『한국교육사학』 11, 1989.

한긍희,「1935∼37년 일제의 심전개발정책과 그 성격」,『한국사론』 35, 1996.

한상범,「명치헌법과 식민지 조선에서의 종교에 대한 규제」,『亞太公法硏究』 2, 1993.

한상일,「『新人』을 통해서 본 '朝鮮問題'」,『사회과학연구』 14집, 2001.

한석희,「신사참배의 강요와 저항」,『한국기독교와 신사참배문제』, 서울: 한국기독교역사연구소, 1991.

한수신,「일제하 일본기독교의 한국전도론 연구−乘松雅休와 渡瀨常吉의 비교연구」, 연세대학교 석사학위논문, 2000.

한수신,「韓國倂合および武斷統治期における朝鮮總督府の宗敎政策−非西歐系宗敎と西歐 系宗敎の比較を通して」,『基督敎硏究』 66-1, 2004.

한수신,「韓國キリスト敎史硏究の方法論について−これまでの硏究方法と新たな視点による試み」,『基督敎硏究』 66-2, 2005.

한수신,「三·一運動および文化統治期における朝鮮總督府の宗敎政策−非西歐系宗敎と西 歐系宗敎の比較を通して」,『基督敎硏究』 67-2, 2006.

한수신,「滿州事変以降の半島兵站基地化期における朝鮮總督府の宗敎政策−非

西歐系宗教と西歐系宗教の比較を通して」,『基督教研究』69-1, 2007.

한수신, 「盧溝橋事件以降の皇民化政策および總動員体制下における朝鮮總督
　　　府の宗教政策－非西歐系宗教と西歐系宗教の比較を通して」,『基督
　　　敎硏究』69-2, 2007.

韓寅燮, 「治安維持法과 植民地 統制法令의 展開」,『박병호교수회갑기념한국
　　　법사학논총』1991.

咸仁善, 「日本植民地時代における行政法制－今日の法律による行政の原理
　　　から見た場合」,『법학논총』29, 2009.

芦部信喜,『憲法』, 東京: 有斐閣, 2008.

和田英夫, 「日本行政法の歷史的性格－明治憲法体制における行政法の地位」,
　　　『(明治大學法律研究所)法律論叢』35, 1962.

Jason Ānanda Josephson, The invention of religion in Japan, Chicago: The
　　　University of Chicago Press, 2012.

O'Brien, David M./著, 大越康夫/補著·譯,『政敎分離の憲法政治學』, 京都: 晃
　　　洋書房, 1999.

(3) 기타

鎌田東二/編著,『神道用語の基礎知識』, 東京: 角川書店, 2006.

경신사편찬위원회/편,『경신사』, 서울: 경신중고등학교, 1991.

啓聖八十年史編纂委員會/편,『啓聖八十年史』, 대구: 大邱啓聖中高等學校, 1989.

光成九十年史編纂委員會/편,『光成九十年史』, 서울: 光成中高等學校, 1984.

김승태·박혜진/엮음,『내한 선교사 총람 1884~1984』, 서울: 한국기독교역사
　　　연구소, 1994.

배재백년사편찬위원회/편,『培材百年史』, 서울: 배재백년사편찬위원회, 1989.

『培材史』, 서울: 배재중고등학교, 1955.

『培材八十年史』, 서울: 학교법인 배재학당, 1965.

普成80年史編纂委員會/편,『普成80年史』, 서울: 普成中高等學校, 1986.

숭실대학교90년사 편찬위원회/편,『숭실대학교90년사』, 서울: 숭실대학교, 1987.

숭의80년사 편찬위원회/편,『崇義八十年史』, 서울: 숭의학원, 1983.

안수훈,『한국성결교회 성장사』, 서울: 기독교 미주성결교회 출판부, 1981.

이재정/편저,『대한성공회백년사』, 서울: 대한성공회출판부, 1990.

이화 100년사 편찬위원회/편, 『이화 100년사』, 서울: 이화여자고등학교, 1994.
이화 100년사 편찬위원회/편, 『이화 100년사』, 서울: 이화여자대학출판부, 1994.
장형일, 『구세군 한국사』, 서울: 구세군대한본영, 1975.

안유림

이화여자대학교 사학과 졸업
이화여자대학교 대학원 석사
이화여자대학교 대학원 박사
현재 이화사학연구소 연구원

일본제국의 법과 조선기독교

초판 1쇄 인쇄 ㅣ 2018년 04월 25일
초판 1쇄 발행 ㅣ 2018년 05월 02일

지 은 이   안유림

발 행 인   한정희
발 행 처   경인문화사
총괄이사   김환기
편   집   김지선 한명진 박수진 유지혜 장동주
마 케 팅   김선규 하재일 유인순
출판번호   406-1973-000003호
주   소   파주시 회동길 445-1 경인빌딩 B동 4층
전   화   031-955-9300 팩   스   031-955-9310
홈 페 이 지 www.kyunginp.co.kr
이 메 일   kyungin@kyunginp.co.kr

ISBN   978-89-499-4743-3 93910
값 41,000원